未完の建築

前川國男論・戦後編

松隈 洋

みすず書房

未完の建築　前川國男論・戦後編　目次

Ⅶ　都市への提案を重ねる中で

Ⅷ　文明論からの問いを抱えて

凡　例

一、本書に頻出するさまざまな引用については、初出あるいは著者が底本とした文章のままとした。ただし、数字表記は本文に合わせ、人名の一部は書き改め、旧字旧かな遣いは新字新かな遣いにしたところもある。

一、写真・図版キャプション末尾にある＊は、該当写真・図版が前川建築設計事務所蔵であることをしめす。またキャプションに撮影者名のないものは、撮影者不明の一部の写真をのぞいて、すべて著者（松隈洋）撮影による。撮影年も併せて記したが、一部は不明である。

未完の建築　前川國男論・戦後編

序章　前川國男の戦後をどうとらえるのか

これから前川國男の戦後の建築家としての歩みについてつぶさに書きとめていきたいと思う。歴史を振り返れば、一九四五年八月十五日の敗戦から七九年、時の流れは速く、「戦後」も遠くなった感が強い。今さら一人の建築家の戦後を振り返ることにどれほどの意味があるのか、と問い返されてしまいそうだ。しかも、当然ながら、証言者が減り、資料の保存も不十分な中で、歴史の検証は困難さを増している。けれども、その一方で、明治維新一五〇年の節目の年となる二〇一八年頃から、さまざまな意味で日本近代とは何だったのか、が広く問われ始めている。[1] 背景にあるのは、ほころびの露呈した現代に対する強い危機感だ。そして、二〇二二年に戦前と戦後が同じ長さの七七年となり、敗戦が明治維新から一五〇年という時間を二分する合わせ鏡の分岐点となった。そんな今だからこそ、戦前と戦後の連続性や違いを含めて日本近代一五〇年を振り返り、私たちが何を得て何を失ったのか、戦後的な価値や方法をどれほど持ちえたのか、を確認することが重要なのではないだろうか。

そのことは、二〇一一年三月十一日の東日本大震災とその直後の津波により起きた福島第一原子力発電所の破局的な事故から七年が経った二〇一八年の時点で、七万三千人の人々が全国に散らばって避難生活を余儀なくされ、岩手、宮城、福島の三県で不自由な仮設住宅に暮らす人々が一万二千人以上いるという厳しい現実からも問われていた。二〇一二年二月に発足した復興庁によって、三二兆円もの巨額の復興予算が投じられたにもかかわらず、なぜ最優先されるべき人々の生活の再建が進まないのか。それは、究極的には、戦後の在り方を定めた日本国憲法の第二十五条に謳われた「すべて国民は、健康で文化的な最低限度の生活を営む権利を有する」は守られているのか、という問いさえも引き寄せる。

復興はなぜ人々を置き去りにして進むのか。二〇一八年、こうした事態を前に、弁護士の五十嵐敬喜は、復興予算の配分で被災者支援がわずか八パーセントに過ぎないことを問題視し、二〇二一年三月末に復興作業が終了とする方針への疑問を提示して復興庁の存続を求めた(2)。そうした意見が反映されたのか、翌二〇一九年十二月、復興庁の十年延長が閣議決定される。だが、政府の掲げた「創造的復興」とは何だったのか。二〇二一年、コロナ禍の混乱のもとで、半ば強引に開催された東京オリンピックは、なぜ「復興五輪」と呼ばれたのか。震災当初に約四七万人を数えた避難者数は、二〇二三年十一月現在で約三万人と報道されたが、それは実態を正確に反映しているのか。それらの背後には多くの問題が隠されたままである(3)。さらに、東日本大震災直後に、歴史学者の筒井清忠が問いかけたように、復興庁という組織の創設に、関東大震災後の震災復興院や太平洋戦争後の戦災復興院の歴史と教訓は検証されて活かされたのか、というより根本的な疑問も浮かび上がってくる(4)。

少し話を広げすぎたかもしれない。しかし、建築の戦後史を考えるとき、避けては通れない問題である。そして、私たちの目の前には、より深刻な難題が横たわっている。国土庁が公表した人口の長期的な推移に関する統計資料によれば、明治維新以来、急激な近代化によって人口増加を続けてきた日本は、二〇〇八年に一億二八〇八万人の頂点を迎えて以後、まったく未知の人口減少時代に突入した。これから五〇年ほどの間に、全人口の三分の一にあたる四千万人近くが減少するという(5)。このことは、成長を前提に組み立てられてきた戦後の枠組みの全面的な見直しが迫られていることを意味する。さらに、高度経済成長下に整備された上下水道、学校、道路、橋などのインフラが劣化し、補修や交換などで今後数百兆円規模の莫大な費用が必要になるとの指摘もある(6)。その一方で、防災と減災を目的に、「国土強靱化基本法」によって「公共事業の大盤振る舞い(7)」が進められようとしている。

こうした相矛盾する政策に建築も無縁ではいられない。それは建設需要と財政のバランスは健全と言えるのか。やはり、八〇〇万戸を超える「空き家」問題を抱える住宅産業に象徴されるように、成長に任せてひたすら建設に邁進してきた建築の戦後は正しかったのか、が問われ始めているのではないだろうか(8)。二〇〇〇年代に入って加速する都市の再

自邸（1942 年）の居間に置かれた前川事務所。戦後の前川國男の活動はすべてここから始まった*

開発によって乱立を続ける超高層ビルやマンションは、五〇年後にどうなっているのか。限りある資源と急激に少なくなる人口を前提にしながら、「健康で文化的な」生活環境をどうしたら守り育てることができるのか。建築は、経済学者の宇沢弘文が提唱した「すべての人々が、ゆたかな経済生活を営み、すぐれた文化を展開し、人間的に魅力ある社会を持続的、安定的に維持することを可能にするような社会的装置[9]」としての「社会的共通資本」と成りうるのか。問題は山積みだ。そのことを考えるためにも、建築の戦後史の検証が求められている。

前川國男が解こうとした課題とは何か

さて、前著[10]でも見てきたように、前川國男の建築家としての生涯も、敗戦によって二分されており、そうした意味からも、前川の歩みを一つの手がかりにして戦後社会の動きや建築界の状況を見直すことは、現在の私たちの立ち位置を見定める貴重な手がかりを与えてくれるに違いない。端的に言ってしまえば、前川の戦後とは、過酷な戦争へと突き進む時代のきわめて不自由な状況の中で、それでも原理的な問いと試行錯誤によって培われた建築思想と方法が、ようやく形となって開花し、実現する過程であった。

前川の戦前の歩みを振り返れば、一九三〇年四月にル・

コルビュジエのもとから帰国し、アントニン・レーモンドの事務所での実務経験を経て、一九三五年十月に自らの事務所を設立したものの、直後には一九三七年の日中戦争から太平洋戦争へと突入する時代に遭遇し、建築資材統制によって、鉄とガラスとコンクリートで組み立てる建築を手がける機会はまったく失われてしまう。同時に、前川は、建築界全体が戦争へと動員されていく中で、建築が矮小化され、戦争の道具になっていく絶望的な時代に立ち向かうことを余儀なくされていく。それは、まがりなりにも、ル・コルビュジエに学んだ「機械文明に生きる人間に心の健康と喜びを与え」、「各人の心の底に」、「希望」という「＋（プラス）を書き入れること」[11]を目指したモダニズム建築の理想や目標とはほど遠い状況だった。

　しかし、前川は、その中であくまでも建築を原理的に考え抜こうとする。そして、佐野利器が主導した建築学会の大東亜建築委員会を中心に展開された日本国民建築様式をめぐる論争や、自邸（一九四二年）や在盤谷《バンコク》日本文化会館コンペ（一九四三年）を通して、前川は、日本の伝統的な建築が持つ、モダニズム建築の空間構成の原理を拡張することのできる特質を発見し、自らの方法にしていったのである。閉ざされた戦時下で前川が獲得したのは、ル・コルビュジエやアントニン・レーモンドと同じく、長い歴史の中で建築のあり方を考える思考方法だったと思う。前川の戦後を検証しようとするとき、この思考方法が大きな主軸になっていることが確認できるのではないだろうか。たとえば、前川は、そのことを象徴するような言葉を、晩年の一九七九年に収録された宮内嘉久との対話[12]の冒頭で語っている。

「ポッシェ（pocher）って言うだろ？　図面で壁や柱の部分を墨で塗りつぶすのを。（…）建築について考えるときに、歴史を遡ってゆくと、そのポッシェということが浮かびあがってくる。つまり、エジプトのピラミッドの平面図はほとんど全部が黒く塗りつぶされて、真中に一点だけ玄室の空白があるわけだね。それがだんだんポッシェが少なくなってきて、近代以降は逆にポッシェされる部分がほとんど気づかれないくらい空白の部分が拡がってきた。（…）ということは、近代以前に較べて、近代以降の建築は、その空白の部分――みんな空間空間というけどね――、それに、より重点が移ったと考えられる。そこに一つの問題がある、と思う。都市空間というものをも含めて、この、寒天を流しこんで鋳型をとったあとの虚の空間、ヴォイドの部分が美しいか美しくないかって騒ぐわけだけども、そこに――言ってみれば虚実皮膜の間に、建築にとって大事な問題が隠されているんじゃないか、とぼくは思うんだ。」

さりげない発言だが、ここには、前川が近代以降のモダニズム建築を歴史的にどのように捉えていたのかが明快なかたちで語られている。石やレンガの厚い壁で覆われた近代以前の建築が、ル・コルビュジエのサヴォア邸のように鉄筋コンクリートの細い柱だけで支えられる虚の空間が支配的になるモダニズム建築になったとき、建築の在り方が根本的に変わったのではないか、という問題意識である。そして、同じインタビューの中で、自らの戦前期の仕事について、次のように回想する。

「事務所を持って、じきにもう本格的な建築は無理になってしまったけれど、実際の事に当っているうちに、近代建築というものは、それ以前のね、石なり、レンガなりが主体の建築っていうものとはギャップがあるということを、だんだん痛烈に感じてくるようになったね。(…) 近代建築というものの美しさ、ていうとおかしいけれど、そういうものに相当自信を持っていたっていうかな、たしかに自分のなかの心棒としてそれはあったんだけれども、いろいろと実際にぶつかってみるとね、これはだめなんじゃないかという気がしてね。近代建築の限界というかな、そういう疑いを持ち始めたのはそのころからだね、ほんとのところ。」

一九三五年に自らの事務所を設立した前川にとって、ル・コルビュジエに学んだモダニズム建築の切り拓いた新しい建築の姿は、まぶしく輝いていたに違いない。しかし、戦争へ突入するまでのわずかな時間とはいえ、自らの手で実践してみて、その脆弱さを痛感せざるをえなかったのだ。デビュー作の木村産業研究所(一九三二年)の挫折も大きく作用したに違いない。そして、より具体的な問題として、前川は続けてこう語っている。

「石とか煉瓦とかに代って、鉄とかコンクリートとか、産業革命によって大量生産が可能になった人工的なものによって近代建築はつくられるようになった。(…) いま街を埋めつくしている虚の空間っていうのは、そういう機械生産、マシニスムに支配された人工的エレメントの上に成り立っているわけだね。はたしてそのエレメントはどうか、というと、これが大問題じゃないかな。(…) 石というのは古くなればなるほどよくなるのに対して、鉄は逆だし、コンクリートは風化に耐えられない。だからね、美意識の上で、昔の建築と今の建築とを同日に談ずることはできないと思うんだな。」

語っていた。

同じころに行われた別の鼎談でも、前川は、次のように

「要するにインダストリー以前の建築と以後の建築との本質的に違った点が問題になるという気がするんだ。インダ

ストリー以前の建築が持っているその美というものは、インダストリー以後の建築には、もうなくなっているものじゃないかとさえ思われるふしがあるんだね。（…）モリスなんかはアンチ・インダストリーだろうね。そこで手工業の時代に帰れなんていうことがいわれるわけでしょう。しかし人間はふたたびそういう昔に帰ることはできないと、つまり新しい機械だけを逆手にとって美しいものを作りだそうという姿勢がコルビュジエなんかにはあるわけだ。しかしそういう機械による美しさというものはカテゴリーが違うのではないかという気がするのだ。ステンレスでもって、貼りくるんだ「庇」なんか、たとえ強風でそのステンレスが吹きとばされれば、なんとかはやくそれを貼りかえなくてはいけないという焦燥感にかられると思うが、しかし、石でつくった建物が風化作用でもってだんだん欠け落ちたようなものは、その時点その時点で価値をもったものが残っているような気がする。つまりステンレスとかスチールのデテリオレーション（deterioration）と、すなわち老化と、石のデテリオレーション、あるいはレンガのデテリオレーションとは次元が違うような気がする。[13]」

「インダストリー以前の建築」と「以後の建築」が持つ決定的な違いへの考察、それは、モノとして実在する建築に、いかにして時間の流れに耐える存在感を備えさせることができるのか、という課題を前川に自覚させたに違いない。そして、そのための工業化された確かな素材や信頼できる構法の地道な開発こそ、これから見ていくように、戦後の実践で前川と所員たちが取り組んでいった中心的な課題だったのではないか。

モダニズム建築の目標と建築家の使命

それでは、そのような取り組みの先に、前川が目指そうとしたモダニズム建築とは何だったのだろうか。あるいは、建築家の社会的な使命については、どのように自覚していたのか。今から五〇数年前の明治百年という節目にあった一九六八年から翌一九六九年にかけても、東京大学安田講堂の占拠に象徴される大学闘争の中で、学生たちが日本の近代への疑問を提示していた。そして、同じころに、前川は、建築家という職能について紹介する中高校生へ向けた文章[14]の中で、こう記していたのである。

「建築家という職業を外からみていますと、なにかはなやかなものだというように思われる方もあるかもしれませんが（…）私はそんなものでは決してないと思います。その社会環境のもっている、非常にふかい精神面が、自然と出てくるのが建築の仕事だと思うし、その意味では、建築家自身の意識の深さ浅さが、建てた物のなかに自然とあらわれてくるのです。（…）私たちをとりかこんでいる近代社会、つまり資本主義社会は、経済第一主義の社会ですから、工費とか予算という問題は、建造物をつくるうえで、大きな要素であるわけです。

そういう、現実的な要請とのかかわり合い、対話のなかから生れてくるのが建築物なのであって、だからこそ、知らず知らずのうちに、その社会の精神、文化的特性がにじみでてくるわけです。つまりそういう現実社会とのかかわりあいが、ふかければふかいだけ、建築の世界には、社会の体制が大きく影をおとすことになりがちです。」

当時は、高度経済成長下の建設ラッシュが続く中、メディアなどでも建築家が華やかな仕事として紹介されていたのだろう。だが、前川は、建築が現実社会との関係性の中で生まれることの意味の重要性を語り、だからこそ、建築家の意識のレベルが完成した建築に自然と現れてしまうことを指摘する。そして、社会の体制が大きく影を落とす中で、それがもたらす問題点について、続けてこう問いかけていく。

「たとえば、日本の庶民住宅の典型としてよくあげられる公団住宅にしても、国家の政策の一環として、政府の財政投融資をうけて、集合住宅をたてるということになると、その設計者にしろ、建築施行の責任者にしろ、官僚機構のなかに組みこまれた建築家でなきゃならないという宿命があるわけです。近代国家における官僚組織というものは、人間の愛や憎しみを以て遇しはしないのです。人間をすべて非人格的なもの、もしくは抽象された数字としてしか見ることを許されていない。これがぼう大な物と人とを管理するスペシャリストとしての官僚の特性でありましょう。そこからくるゆがみはその枠組のなかで働く建築家をゆがめずにはいません。ゆがめられた建築家の手でつくられた公団住宅が、すなおな形で人間的な建築として生まれてくるわけがないのです。

その一方、公団住宅のような規格化された住宅とは逆の方向で、建築は個性的でなければならないという自己主張から、一部の建築家が、勝手な物をつくって、それを住む人に推しつけるという問題がおこっています。しかも、やっている御当人は、前衛建築家気どりで、これこそが近代建築の本道であると思いこんでいるようですが、私は決してそうは思わない。それは官僚組織に組みこまれた建築家が、いまの体制に対して無批判であり、大勢順応的な姿勢に明けくれているのと同じように、ジャーナリズムのフットライトをあびて、得意げにたこ踊りをみせているだけのことで、既存の体制の地すべりに便乗して、コビを売っている裏返しの大勢順応にすぎない、と私はみています。

「現代はかなしい時代である。芸術家はよりよいものを作ろうとせずに、より変わったものを作ろうとばかりする」と、音楽、彫刻をやっているバッシェという人がいいました。建築家も例外ではありません。こうして街はますますおちつきのない、さわがしく醜いものになっていきます。」

ここで前川は、官僚機構に組み込まれ、抽象化された人間を規範につくられる非人間的な建築と、前衛気取りの建築家がつくり出した個性的で身勝手な建築とに引き裂かれている現代の不幸な状況を指摘し、続いて自らが考える近代建築の目指すべき本筋、本道について、明快な言葉で定義したのである。

「近代建築の本道は、建築家の個性的な精神によって検証されたところの、ひとつの「原型」としての建築を創造することであったはずなんです。つまり、近代社会が生み出すマス状況（人口や、人間の活動、生産物などが都市に集中し、大量化するような社会の状況）に対応しなければならないという、社会的な関心が底辺にあったわけです。「原型」であればこそ、近代建築は当然、社会性と普遍妥当性をもっていたはずなんですね。」

近代建築に求められるのは、人々の営みや都市への人口集中、大量消費社会という社会の状況への対応であり、それぞれの建築家の個性的な精神によって検証された上で提示される社会性と普遍妥当性を持った「原型」でなければならない。そのように前川は考えていたのである。前川の戦後とは、この「原型」を自らの考えにもとづく独自のアプローチによって追求することだったのではないか。そこには、当然のことながら、先に記してきたような、戦後日本と建築界を取り巻く状況が色濃く影を落としていたに違いない。そこで、そのつどできるだけの歴史を振り返りながら、前川の戦後の仕事と活動を振り返っていきたい。

I　敗戦後の混乱の中から

敗戦を迎えた前川國男と所員たち

前川國男は、一九四五年八月十五日の敗戦の日を、静岡県富士市にあった日産自動車の航空機部吉原工場で迎えた。後年、この日の心境を聞かれた前川は、「何よりもホッとしたという気持だね」[1]と答えている。けれども、当時直面していた現実には厳しいものがあった。敗戦のわずか二カ月半前の五月二十五日に東京を襲ったアメリカ空軍の焼夷弾による山の手空襲で、事務所が入居していた銀座商館ビルに窓から火が入って内部を全焼し、所員たちは焼け出され、図面や資料類も焼失してしまったからである。一方、目黒の自邸（一九四二年）は、前川自らが身を挺して決死の消火活動を行った結果、何とか延焼をくい止めることができた。そのため、三年近く一人暮らししてきた自邸の居間は、事務所の焼失後は仮の事務所として長く使われていく。

ここで、残された作品目録[2]から、敗戦時の所員たちの動静についても確認しておきたい。前川と共に東京の自邸にいたのは、寺島幸太郎、今泉善一、九十九喜一郎（事務）の三名だった。また、鳥取分室にいたのは、田中誠、吉川清の二名、出征していたのは、崎谷小三郎、大沢三郎、寺島正和、広川勇一郎、水之江忠臣、池田光夫の六名であり、渡辺籐松は徴用されていた。さらに、浜口美穂は、夫の浜口隆一と共に、六月に北海道へ入植者として渡り、石狩郡当別村にいた。そして、満洲の奉天分室に赴任していた野々口夫、道明栄治、佐世治正の三名は、敗戦まで現地に留まっていたために、抑留の憂き目にも遭遇する。それでも、幸いなことに、一五名の所員から一人の戦死者を出すことなく、全員無事で戦後を迎えることができたのである。また、前川は敗戦直後の八月十九日に、「モンペ姿のままやって来た」一一歳年下の旧姓・三浦美代と結婚し、新たな節目を迎えていた(3)。なお余談ながら、鳥取分室にいた吉川にも、前川から「小生この度国家と運命を供に致し候」というユーモアあふれる結婚報告のハガキが届いたという(4)。こうして、前川の戦後の歩みは、公私とも三〇坪の木造の自邸を根拠地に始まる。

それでは、敗戦直後の混乱の中で、事務所の仕事はどのように再開されていったのだろうか。敗戦からの五年間に設計に取りかかった建物のリストを見ると、総数は約九〇件にのぼる。しかし、残された資料は少なく、その多くは詳細不明だが、二八件は計画案に終わり、一〇件の住宅も含まれている。また、一九四五年はリスト自体が空白となっており、やはり苦しい再出発だったことがうかがえる。さらに、年ごとの物件を見ていくと、一九四六年は木造組立住宅プレモスに始まり、戦前から手がけていた森永キャンデーストアーの売店(銀座、田町、浅草)が続き、紀伊國屋書店の計画に着手する。一九四七年は慶應病院の依頼を受け、一九四八年に入ると物件数が格段に増え、保険会社のＡＩＵ関係の建物と後の日本相互銀行の前身である日本無尽の支店群の設計が始まっていく。一九四九年はＮＨＫの岡山分局と岐阜と和歌山の支局の設計が依頼される。このように前川事務所の敗戦後の五年間を振り返ると、最多となる日本無尽の支店群一七件とＡＩＵ関係の一二件をベースにしながら、戦後の仕事が徐々に再開されていったことがわかる。続いて、前川の戦後の出発点を考える上で重要と思われる敗戦後の社会状況について触れておきたい。

敗戦後の状況と戦災復興院の発足

敗戦を迎えた日本は、文字通り壊滅的な状態だった。被災した都市は全国で二五〇を数え、現在の東京都二三区を上まわる面積が焼け野原になっていた。戦争によって消滅した建物は、全都市建物の面積の三七パーセントを占めたという。住宅不足も深刻で、戦災による喪失戸数が二一〇万戸、空襲に対する非常手段として実施された「建物疎開」と呼ばれた強制的な建物の除却による喪失戸数が五五万戸、外地からの引揚者のための新たな需要数が六七万戸、戦時中の供給不足が一一万八千戸など、住宅不足の総数は四二〇万戸に上ると推定された(5)。当然のことながら、被災者の越冬のためにも、住む場所の確保が緊急に求められていた。そこで、政府は、早くも九月四日に「罹災都市応急簡易住宅建設要綱」を閣議決定し、一戸当たり二〇平方メートル程度の簡易住宅三〇万戸を急いで建設する方針を打

ち出す。だが、敗戦直後の混乱もあって、その実績は三分の一程度にとどまったという。(6)

また、この動きとは別に、戦災復興を一元的に監理統括し、復興事業を強力に推し進める新しい国の組織として、十一月五日に、内閣総理大臣のもとで国務大臣が総裁を務める戦災復興院が発足する。ここには、内務省国土局などから都市計画を専門とする技術系の官僚ら百数十名が集められたという。その発足時に掲げられた戦災復興院の事務内容を見ると、戦災地における「市街地計画」「住宅の建設及び供給」「建造物の営繕」「土地建物の処理」「戦災者の生活安定促進」とこの順に明記されていた。(7)だが、続いて十二月三十日に閣議決定された「戦災地復興計画基本方針」(8)では、戦災被害のあまりにも大きな規模を前にしての変更なのだろう、前文に、「基礎となるべき土地整理事業」は「急速に之を実施すべき」と記されて最優先され、「住宅の建設」や「生活安定促進」は後回しにされてしまうのである。それにしても、敗戦からわずか四カ月という短時間でスピード立案されたこの復興計画は、どのような経緯で作成されたのだろうか。そこには、どんな背景があり、どのような意図が盛り込まれていたのだろう。都市計画研究者の越澤明によれば、復興計画立案の背景には、戦時中に水面下で進められていた内務省の技術官僚たちによる次のような動きがあったのだという。

「一九四五年（昭和二十年）三月の東京大空襲により東京の市街地は一面焼け野原となった。その数日後、内務省国土局計画課長の大橋武夫（都市計画に熱意のあった数少ない内務官僚の一人、後の法務総裁、労働大臣）は戦災復興計画の検討を秘かに部下に命じた。八月十五日の数日前、敗戦のニュースを事前に知った大橋武夫は防空都市計画（建物疎開）の作業を中止し、戦災復興計画の基本方針の策定を指示し、内務省の都市計画関係のスタッフは一斉にこの仕事を開始した。こうして敗戦という日本社会全体の虚脱状態の中で、内務省の行政プランナー達は長年の課題であった都市改造の千載一遇のチャンスを逃すまいと、食うものの満足にない状態で都市の復興のためのプランづくりに取り組んだのである。(9)」

文中にある「防空都市計画」とは、一九三七年四月五日、日中戦争の直前に帝国議会で可決承認され、戦争勃発後の十月一日に施行された防空法(10)にもとづくもので、本土空襲の危機が迫る中で、都市防衛のために空襲に強い都市構造をつくることが、これ以降の都市計画の最大の目標にされていく。そして、続く太平洋戦争下になると、市街地に防空空地、外周部に環状空地帯を指定し、さらに既存の建物を強制的に除去して空地を確保する「建物疎開」という方針までが決定される。こうして、一九四一年九月に内務省に設置された防空総本部で建物疎開課長も兼任して、これらの仕事に取り組んでいた大橋武夫は、敗戦直後に、そのままスライドして戦災復興院の計画局長に就任し、一九四五年十二月に閣議決定される「戦災地復興計画基本方針」の作成に深く携わることになるのである。[11] このことは何を意味するのだろうか。越澤は、別の著書の中で、「この基本方針は今読み返しても非常に立派な内容のものである」として、その特徴をこう紹介している。

「市街地の外周に緑地地域（グリーンベルト）を設け、市内には河川などに沿って楔状に公園緑地を貫入させ、交通処理と防災、保険、景観上の観点から幅員一〇〇メートル、八〇メートルという広幅員街路（広い植栽帯を有し、公園緑地を兼ねるブールヴァール、アヴェニュー）を市内に創り出そうとした。[12]」

越澤が高く評価するように、復興計画に盛り込まれていたのは、十九世紀の第二帝政期にセーヌ県知事オスマンによって行われた都市大改造によって生まれたフランスのパリの街並みに代表されるような、整然と整えられた広い街路と広場、公園緑地から構成される近代的な都市への抜本的な転換への意志だった。だが、それは、都市計画史の研究者の石田頼房が、「都市計画担当者たちは、制度や計画論は戦前のまま温存したいと考え、戦災で都市が焼失したことだけを都市計画の千載一遇の機会と考えたふしがある。戦後の民主化を都市計画の立場からどうとらえるかを考え、新しい都市計画行政のあり方をもっと真剣に検討しなければいけなかったのではないだろうか[13]」と指摘したように、明治以来の帝国日本が目指した近代国家としての美観的な都市景観の実現を求めるものであり、ル・コルビュジエやグロピウスらがモダニズム建築運動で提唱したような、人間を中心とするものではなかった。また、だからこそ、その基盤となる土地整理事業が最優先され、目の前に膨大な数がいたはずの住む家を持たない被災者たちを救済する住宅の建設や生活の安定という方針は、後回しにされたのだろう。そこに読み取れるのは、国民不在の上からの都市政策であり、都市は誰のものかという視点の欠落である。敗戦後の戦災復興計画が、明治の国家像を踏襲し、戦争目的と直結した防空法とのつながりから生まれた、という事実を忘れてはならない。

「帝都復興計画要綱案」発表と前川國男の抗議

越澤によれば、この「戦災地復興計画基本方針」を受けて、それを「最も忠実に、大胆に、そしてロマンチックに採用[14]」したのが、東京都の都市計画局都市計画課長の石川

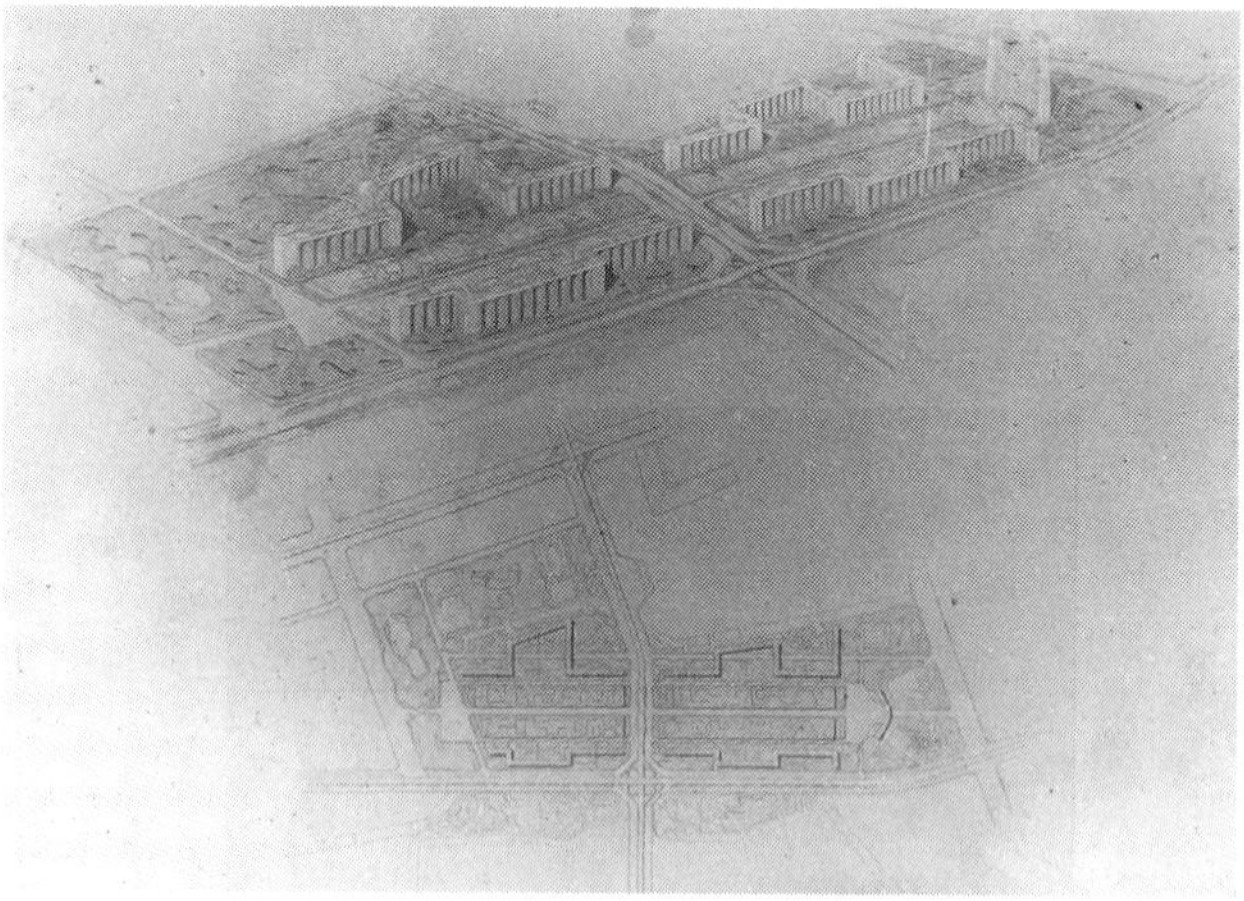

前川國男　帝都復興計画図案懸賞募集　銀座消費観興地区３等入選案＊

栄耀が敗戦直後の一九四五年末に作成した「帝都復興計画要綱案」だった[15]。そこでは、東京を、工業、商業、住居の三種類の地域に用途別に分割し、さらにその中で、文教、行政、消費、医療、交通運輸の五種類の地区を指定する提案が盛り込まれており、それに沿って、街路網や緑地の整備と区画整理などが計画されていた。だが、その計画の決定を行った都市計画東京委員会は、「当初から政府の関与がきわめて大きく、その実体はとても地方分権とはいえないもの」であり、「内務省の直轄下にあった戦前とほとんど差異はなかった[16]」のである。

驚くのは計画案の発表までのスピードである。委員としてこの決定に加わった東京帝国大学教授・内田祥三が遺した資料[17]には、戦前期と何ら変わらずに、内閣総理大臣・吉田茂の名前で「審議に付する」の指示書が多数含まれており、敗戦からわずか一年足らずの間に、都内の主要駅前の広場や街路、公園だけでなく、高速鉄道までがすべて計画済みで審議に付されていたのである。

こうして、水面下で作成されていた帝都復興計画要綱案で示された街路計画は、敗戦から七か月足らずの一九四六年三月二日に都市計画決定され、六日の『朝日新聞』に大きく掲載される。そこには、幅四〇、五〇、八〇、一〇〇メートルの四種類の放射環状道路を、合計四三〇本、総延長五二〇キロメートルにわたって、五カ年計画で東京じゅうに張りめぐらすことが紹介されていた。そして、すぐさまこの街路計画に対して抗議したのが、前川國男だった。『朝日新聞』四月二日付の読者投稿欄《声》の欄に、「百メートル道路の愚」と題する文書が掲載されたのである。そここには、次のような怒りの言葉が綴られていた。

「東京幹線道路計画が発表された。杜撰なご都合主義的な計画案で黙視するに忍びない。（…）発表案は幾本かの百メートル道路が首都を囲繞するといふ。百メートルといふ幅員は欧米にもその比を見ないかもしれない。しかしこの計画に見られる「羊腸たる百メートル道路」は依然たる封建都市の単なる拡大図である。（…）戦災によってわれわれは建築がわれわれの生活の上にもつ重大な意味を悟り始めている。都市計画は究極において建築の問題であり、住居の問題である。[18]」

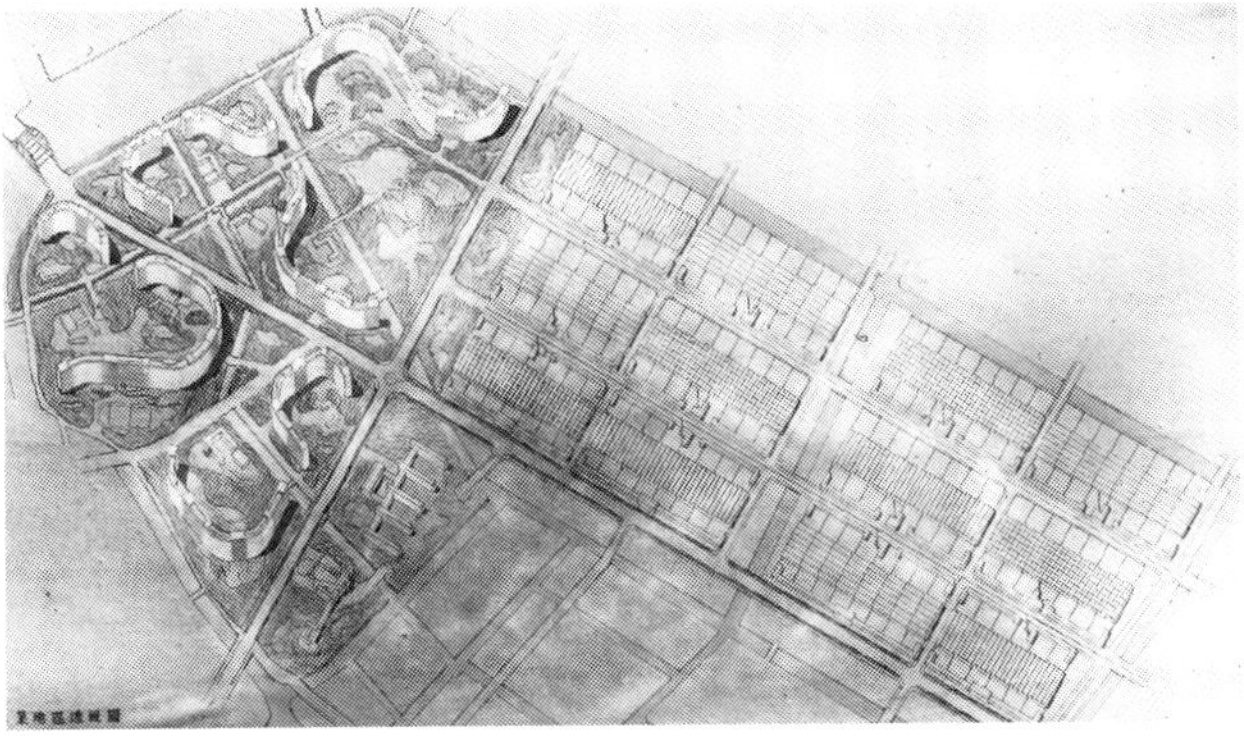

前川國男　帝都復興計画図案懸賞募集　深川中小工場地区　応募案＊

ル・コルビュジエのもとで、第一次世界大戦後の住宅不足を工業化住宅によって解決しようとする最小限住宅案（一九二九年）の作成を担当し、戦時下に上海で華興商業銀行総合社宅（一九四一年）を実現させた経験を持つ前川は、この突如発表された復興計画が、人間不在であり、目の前にある膨大な住宅不足にまったく応えていない時代錯誤的なものであることを見抜いていた。そして、自らもその解決のために、木造組立住宅プレモスに懸命に取り組んでいた最中だからこそ、投書というかたちでも発言しないではいられなかったのだ。前川の立ち位置を象徴するような発言である。そこには、石川が働きかけて東京都商工経済会が主催し、一九四六年に行われたコンペ、帝都復興計画図案懸賞募集[19]との整合性への疑問もあったのだろう。というのも、このコンペには、吉阪隆正、丹下健三、内田祥文ら壮年の建築家たちが応募し、前川も、銀座消費観興地区の提案によって三等入選を果たしているからだ[20]。また、このコンペの実施を石川に進言したという東京帝国大学助教授の高山英華の証言[21]によれば、審査委員長を務めたのは、他でもない、前川の恩師の東京帝国大学教授・岸田日出刀だった。こうした経緯を知るとき、うがった見方をすれば、石川ら都市計画を立案した官僚たちには、若い世代の建築家たちの提案をコンペで募りながらも、前川の言う「都市計画は究極において建築の問題であり、住居の問題である」との認識はなかったと思う。少なくともそこには、建築を空間構成から理解しようとする発想を読み取ることはできない。

当時、前川事務所の戦後の所員として活躍を始めた大高正人は、後の一九七三年に、広島の戦後復興を象徴する広島基町《もとまち》高層アパート（一九六九―七八年）の建設中に記した文章の中で、敗戦直後の状況とこのコンペを振り返って、次のように記している。

「戦後、建築を群として考える動機やチャンスがいくたびかあった。戦後間もなく焦土の上に数々の都市計画の設計競技が行われ、図面の手伝いに駆り出されたわれわれは、コルビュジエ風の建築が建ち並ぶ都市計画が今ここに実現するかと思う時期があった。（…）それらがひとつとして実現するという話しを聞かない間に、戦後の都市計画は別の手で進められていったのである。（…）建築は都市の末節であり、体系が決まれば末節は自らこれに従うという日本の都市計画の習慣は明治に始まるものではあるが、戦後のこの時期に決定的に定着し、今住むわれわれの都市を造りあげたといっても過言ではない。内田祥文さんは、競技設計の大作を制作する過労が原因で亡くなられたと聞いているが、それほどの努力をもってしても建築は公的な地位を獲得することができなかった。（…）慣習の壁の厚さを再度認識する始末なのである。ともあれ、建築家や建築会社は、都市や農村のイメージとは無縁の中で、技術を蓄積し、様式を論じ、公共的な性格とは縁の薄い経済や文化の行為を拡大し、それぞれに成果を挙げながら、その総体として到達したものは醜怪な都市や農村だったのである。[22]」

大高の証言からも、敗戦直後に新しい視点から建築と都市を考えようとする動きは実を結ぶことなく、挫折を余儀なくされていったことが見えてくる。そして、そのことは、自覚されることのないまま、二〇一一年三月十一日の東日本大震災後に設置された復興庁の孕む問題にも直結しているのではないだろうか[23]。敗戦前後の建築界をめぐる動きの検証が求められている。

建築家たちの「不吉な出発」

敗戦前後の建築家たち

　戦前から設計活動を続けていた建築家たちは敗戦後にどのような動きを見せたのだろうか。一九四七年に東京帝国大学第一工学部建築学科を卒業後、戦災復興院に勤務した後、一九五七年から日本建築家協会に勤務し、長く理事などを務めた建築評論家の藤井正一郎は、一九六九年に行われた前川國男との誌上対談の中で、次のような証言を残している。

「戦後の建築家の最初の出発点というものを考えるとき、戦争中に戦時建築団というものができて、その一部門として設計監理統制組合が軍部の仕事をやった。戦後、すぐに統制組合が監理協会になって進駐軍の仕事の分配をやって、そこから戦後の建築家というか建築事務所というものが始まったような形になっているんですけれども、それを考えてみますと、戦後の出発というのは、何か不吉な出発のような感じがするんですけど……。」[24]

　藤井が「不吉な出発」と指摘したのは、戦争遂行に協力するかたちで組織された戦時下の統制組合が、そのまま敗戦後に進駐軍の仕事の受け皿となっていったことを指している。戦前と戦後が奇妙なかたちで連続していたのである。

歴史を振り返れば、日本の建築界が戦争へと急速に取り込まれていくのは、一九三七年七月七日の日中戦争の勃発が起点となる。それは、戦争遂行のための物的資源の統制と人的資源の戦争への動員という二本立てのかたちで同時進行する。[25] 建築を成り立たせる建設資材の制限によって、建築界を言わば兵糧攻めにして締め上げげつつ、建築士や建設業者を戦争遂行のための建設工事に強制的に駆り出す仕組みが一挙に整えられていくことになる。

　前者の資材統制は、一九三七年の「軍需工業以外の建築物は、鋼材五〇トンを限度としてのみ許可される」と規定した「鉄鋼工作物築造許可規則」を皮切りに始まり、翌一九三八年には、「鉄鋼配給統制規則」により、「軍用建築以外は事実上すべて鉄鋼の使用不可能」となる。さらに一九三九年には、「木造建築統制規則」により、「一〇〇平方メートル以上の一般住宅建築および一六〇平方メートル以上の農林・畜産・漁業建築は許可制」とされ、実質的に木造バラックしか建てることのできない、近代建築にとって暗黒の時代に突入する。

　一方、後者の人的資源については、一九三八年に「国家総動員法」が施行されて、国会の審議を経ずに勅令のみで物的、人的資源を容易に動員しうる状況がつくり出されていく。さらに、翌一九三九年には「国民徴用令」が施行され、建築技術者の徴用令も一九四〇年に発動されて、これらの動きを受けるかたちで、日本建築士会は戦争協力のための「日本建築士公用団」を設立する。この組織は、一九四一年一月の臨時総会における、「高度国防国家完遂の国策に即応するの目的を以て建築士の職域に於て軍、官、公及特定の国策法人の事業に協力せんが為め全正員の参加し得べき日本建築士公用団の結成を認め之が運営に関する指導監督の全権を会長に一任す」という決議のもとで結成された。[26] そして、一九四〇年六月に近衛文麿の提唱で始まった「新体制運動」、すなわち、「戦争遂行にむけての、官僚と軍の主導による社会の合理的再編運動」[27]が展開される中で、一九四一年三月には、「国家の動向に副うべき建築の体制刷新に関する熱心な要望」[28]を受けるかたちで、建築学会、日本建築協会、日本建築士会、建設業協会の四団体は、日本大学名誉教授の佐野利器を委員長とする「建築聯合協議委員会」を設置し、ここに建築界が戦争遂行に組み込まれる挙国一致の体制が整えられていく。さらに、太平洋戦争の最終局面となる一九四五年六月に至ると、ついに建設産業に従事するすべての技術者を戦争へと動員する「戦時建設団」が結成されて、そこに、一九四四年三月に設立された日本建築士会の「日本建築設計監理統制組合」も組み込まれていったのである。それは、一九四四年に国家予算のじつに八五パーセントが軍事費に投入されていた戦時下の苛酷な現実がもたらした建築界の悲惨な結末だった。[29]

進駐軍工事という活路

　敗戦後、この戦時体制に組み込まれていた日本建築設計監理統制組合は、そのまま、進駐軍関連施設の設計監理業務を、最初は戦災復興院の特別建設部、後には一九四七年九月に設置された特別調達庁を通じて受注していくことになる。[30]そして、これによって建築界は息を吹き返していくのである。敗戦直後の建設業界の状況については、戦前から長らく大成建設に在籍していた三浦忠夫が、敗戦後の混乱の様子を証言している。

「建設業界は終戦と同時に戦時中の建設ブームをささえていた軍施設工事および軍需工場拡大工事の全面的停止、政府支払の洪水的実施、配給資材のやみルートへの流出などで大混乱となった。（…）戦災と強制疎開で消滅した建物は延べ二億四四五〇万平方メートルで、全都市建物面積の三七パーセントを占めた。戦災復旧の応急工事の開始に続いて二〇年十一月には進駐軍家族住宅団地建設工事や軍用接収ビルの修理工事が全国各地で発注され始め、その膨大な建設需要のために建設業界は思いもかけない建設ブームをむかえた。国の財政も重要企業も家計支出もすべて赤字一色の敗戦直後の縮小再生産の経済界のなかで、ひとり建設業界のみが好況となったために、従来からの建設業者のほかに新しく軍関係建設技術者、外地引揚技術者をはじめ、他産業界からも新興建設業者が一斉に大量進出することになった。

二一年五月には臨時建築制限令が公布され、建設資材の制限強化の割当実施によって戦災復興や進駐軍施設以外の不急工事は抑制されたが、しかもなお二一年の建設業所得は国民所得の六・九パーセントの高率に達し、二二年の大手建設業者の工事量の七〇パーセントは官庁工事で占められ、全工事量は実質的には昭和十六年の五〇パーセント程度で、そのうちの二分の一は進駐軍工事であった。」[31]

この進駐軍工事を象徴するのが、元の代々木練兵場、現在の代々木公園に建設されたワシントンハイツと呼ばれた米軍家族のための居住地区だろう。[32]一九四六年八月から工事が始まり、翌年九月に竣工する。二七万七千坪の広大な敷地に、八二七戸の戸建て住宅や学校、教会、消防署、クラブ等の附属施設が建設された。しかし、その一方で、先に三浦も触れているように、一九四六年五月に公布された「臨時建築制限令」によって、料理店、日舞踏場、劇場、映画館、演芸場等の建物は、不要不急とみなされて原則として建築禁止となり、住宅、店舗、事務所等も延床面積五〇平方メートルを超える新築、増築、改築が禁止される。当時、戦災復興院の技官は、この建築制限は、「今後約一年間建築用資材が特に著しく不足するものと予想されるので、この間応急な措置として目下比較的不急と認められる建築を抑制し、之に依って節約される資材を当面特に緊要な庶民住宅の建築、国民学校の復旧などに振向ける目的[33]」

をもって、住宅対策の一つとして実施されたと記していた。しかし、実際には、その見通しは希望的観測にとどまり、禁止とされた建物は、「法網をくぐって、相当数建設され、一方一般国民の住宅は、建設量に対する資材割当の少いことと、建築認可や資材割当に相当の時日を要したことのため、むしろ建設が阻害される方が大きかった」[34]という。おそらく、制限令による規制が裏目に出たのだろう。進駐軍工事や建設ブームの需要に沸き立って狂奔した建設業者の活況の陰で、結果的に、緊急を求められていた住宅の建設は置き去りにされてしまうのである。

進駐軍工事の発注の経緯については、日本建築設計監理統制組合の常務理事だった石原信之が記した事務局日誌[35]にも、生々しい記録が残されている。それによれば、早くも一九四五年十二月十九日に、進駐軍総司令部の日系二世と思われる日本人将校が同組合を訪れ、日本の建築士事務所の調査について問い合わせをしたという。翌年の一月十五日には、その求めに応じるかたちで、「組合員名簿及東京著名建築士名並に代表作品表」が提出される。この日誌を引用して解説を加えた建築史家の村松貞次郎の記述によれば、四六の事務所が名簿には記載されたという。そして、一月二十四日には、共にコーネル大学に学び、英語での交渉力に長けていた同組合理事で松田平田建築設計の松田軍平と平田重雄が、司令部にリンドレー大佐を訪ねて懇談し、その直後に、松田は石原に、「至急臨時理事会を開き士法並に進駐軍関係の件に付組合員の奮起を要望したし」と電話で伝えたという。

こうした慌ただしい一連の動きからは、統制組合が進駐軍による大量の工事発注の受け皿となるべく体制を整えつつ、これを機に戦前からの長い懸案となっていた建築士法の制定を推し進めようとした当時の建築家たちの姿が浮かび上がってくる。それは、混乱を極めた敗戦後の状況の中で、建築士たちが何とか生きるための仕事の活路を見いだそうとした苦肉の対応策だったに違いない。だが、それは、太平洋戦争下の一九四二年十一月に、それまで地道に積み重ねてきた建築士法制定運動を転換し、ナチス・ドイツの建築士法[36]に倣って、建築学会、日本建築協会、建設業協会の各会長との連名で、日本建築士会会長が、「建築新体制要綱に関する建議」を時の内閣総理大臣・東條英機と閣僚らに提出して、建築界が挙って戦争へと同調し、軍需工場の地下工場化[37]など軍関係の仕事によって生き延びようとした同じ構図を、進駐軍の仕事へとそのままスライドすることだったのではないだろうか。

進駐軍工事については、別の証言もある。前川の紹介でル・コルビュジエのアトリエに学び、パリ万国博覧会日本館（一九三七年）で華やかな建築家としての国際的なデビューを飾った坂倉準三は、帰国後の一九三九年に事務所を構えた。そして、戦時下の苦難の時代を経て、敗戦後に設計活動を再開させていく。後の一九六〇年に、坂倉の旧制・岐阜中学時代の同級生が、建築業界紙の坂倉特集に寄せた文章の中で、次のような証言を書き残している。

「都で駐留軍の設営工事を担当していた時にＧＨＱの担当者から軍の設計を手伝って貰うため日本の有能な設計家を推薦してくれと依頼されたことがあった。期限も四八時間以内と切られていたので、心当りの数人の方に頼んでみたところ都合が悪く、結局坂倉君とＹ先生に引き受けていただくことができてホットしたことがあった。後日軍からも立派な人を紹介して貰って仕事は巧く進んでいると感謝され面目をほどこしたものであった。[38]」

一九四七年九月に、進駐軍に対応する公法人として特別調達庁が設置されたのは、「占領下における連合国軍の基地設営や役務・労務の調達は、外務省管理下の終戦連絡事務局や、都道府県、戦災復興院、交易営団等が担っていたが、業務の増大に対処し一元化を図る目的[39]」だった。おそらく、上記の証言にある坂倉への進駐軍施設の設計依頼は、特別調達庁が設置される以前の東京都が発注していた時期のことだったのだろう。たしかに、この証言どおり、坂倉建築研究所に残る設計図面リスト[40]には、一九四六年十一月から一九五〇年四月にかけて描かれた、第一ホテルや伊勢丹百貨店、三信ビル、島津邸、八重洲ホテルなど接収された建物の改修や、ワシントンハイツの劇場や巣鴨プリズンに関するものなど、「ＧＨＱ」と表記された進駐軍が発注した膨大な仕事が掲載されている。こうして、さまざまなルートから、進駐軍にかかわる建設工事の設計が建築界へと大量に発注され、それによって、多くの建築家たちは敗戦後を生き延びるための仕事を得ていったのである。

前川國男の立ち位置とプレモス

さて、こうした敗戦後の状況に同じく遭遇した前川は、どのように行動したのだろうか。先の藤井の「不吉な出発」という発言を受けて、前川は次のように答えている。

「「不吉な出発」ということは、今考えてみれば、たしかにそういう気はするんだけれども、ぼくは非常に不思議な感じがしたんだな。進駐軍がやってきて、上陸したら逃げましょうやというような人が多かったわけだけれども、それが実際に進駐軍が来たら、進駐軍工事の発注がたいへんな量にのぼるぞというんで、建築家がある意味で有頂天になったというのかな、右往左往した。ぼくはそういうのをすなおな気持で受け取れなかったと言うのかな、不思議な感じがしたわけですよ。[41]」

こう感じた前川は、進駐軍の仕事を請けることを潔しとはせず、鳥取分室で敗戦を迎えた所員たちと共に、木造組立住宅プレモスの試作に取り組み始めるのである。敗戦直後の一九四五年九月のことだった。同じ対談の中で、藤井の進駐軍工事を「たまたま受けなかっただけ」なのか、との問いかけに、前川は続けて答えている。

「やっぱり意識的に受けなかった。建築界は非常に有頂天になっているけれども、ぼくが受けなかったというのは、良心がとがめるからということも一つあったけれども、もう一つ負けていいことあるわけがないというのは、これは常識だろ。もう一つは、きのうまで勝とうと思っていた相手のやつをやってやるのはシャクにさわるということがあった。それから、たまたま山陰工業に関係していたわけだけど、山陰工業は相当の木工所を持っていた。そして二千人から三千人ぐらい、何でも相当数の工員をかかえていたんだが、それが終戦になったとたんに仕事がなくなっちゃったわけ。グライダーを作っていたんだからね。それで社長がぼくに「どうしたらいいだろう」って相談するわけだ。それで、「木材はふんだんにあるのだし、木工機械は相当あるんだし、あなたが作れるもので、いま国民が一番必要としているものを作ったらどうですか」「何だい？」「家ですよ」「家は大工さんじゃないととれないだろう」と言うから、「あなたにできることは、家を作ることじゃないか、大工さんでなければ作れないというものじゃなくて、工業化ということもあるんだから、それに取り組んでみたらどうですか」ということになった。それがきっかけになってプレモスを作り出したわけです。」

また、これとは別に、一九六一年に行われた建築評論家の川添登との対談では、前川は、進駐軍工事を受けなかった理由について、こう語っていた。

「進駐軍工事というのは、われわれの税金でまかなわれる。同じ税金を使うなら、日本人の家を建てる方が先じゃないかという気持ちでおったのです。ところが、なかなか食えないんだな。事務所の人は、だんだん動員されていたのが帰って来るし、仕事はない。山陰工業という、鳥取のグライダー工場と、疎開関係の仕事をやっていたのだけれども、終戦でバッタリだめになった。工場に相当いた職工がとたんに路頭に迷うような状態だった。とにかく進駐軍工事はやらないにしてもなんとかして生きて行かねばならないというので、組立住宅をやったわけですよ。[42]」

この回想からは、前川もまた所員と共に戦後を生き延びるために、苦肉の策として、たまたま戦時下に携わっていた仕事を転用するかたちで、木造の組立住宅に取り組み始

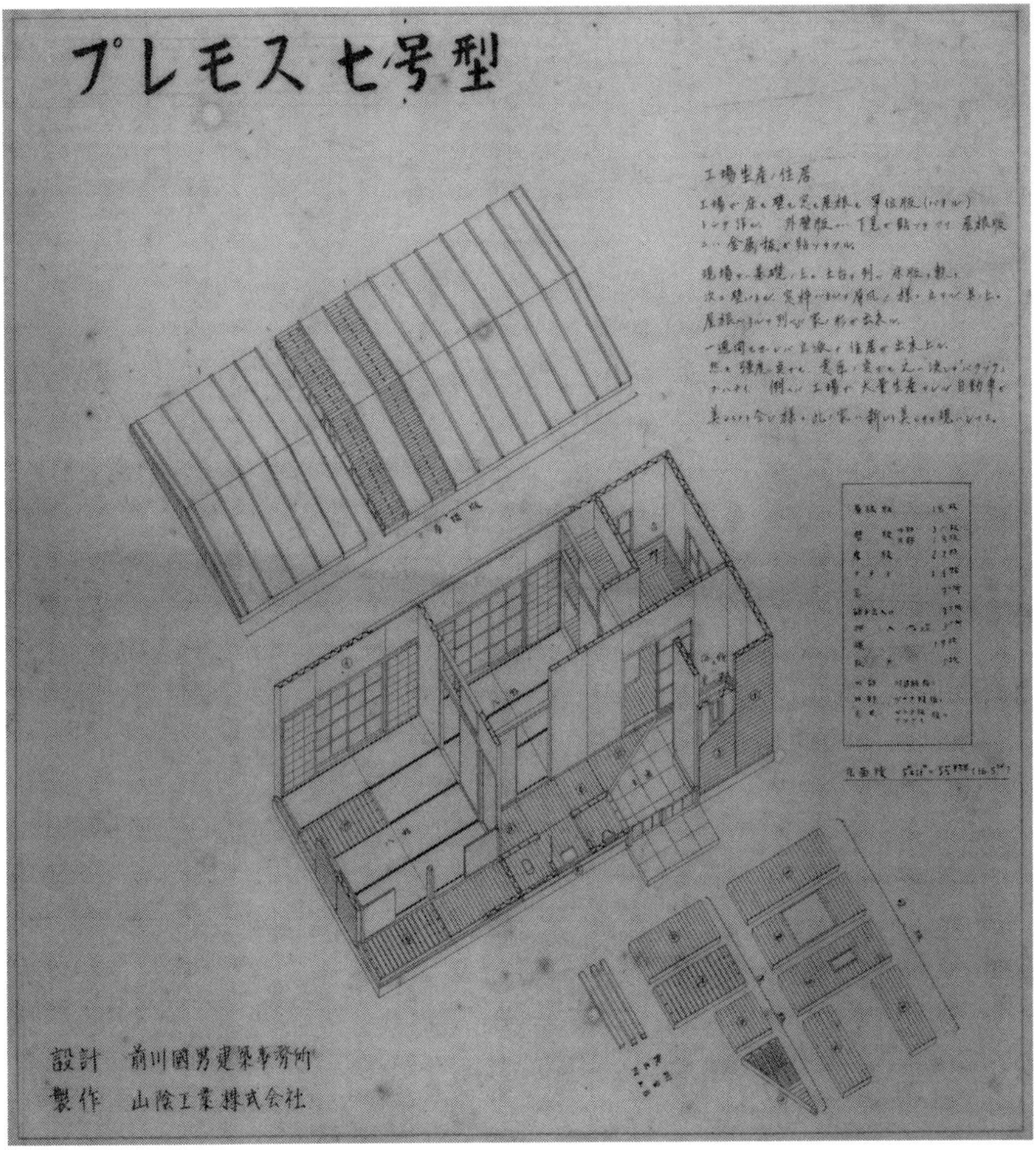

プレモス７号型説明図。組立住宅の仕組みと部材の構成をするために作成された＊

めたことがわかる。敗戦時に鳥取分室にいた所員の吉川清の回想録[43]によれば、山陰工業の仕事は、戦時中に満洲の奉天で戦闘機を製造していた満洲飛行機との関連で、前川の大学時代の同級生である西村源与茂からの紹介で始まったという。国立公文書館に残る一九四八年時点の資料[44]によれば、会社設立は一九三九年十月、満洲投資証券と日産重工業が株主となっており、鳥取工場の所在地は鳥取県気高《けたか》郡湖山村にあった。吉川の記述に戻れば、鳥取分室ができたのは一九四三年十一月であり、事務所の疎開の意味もあっての赴任だった。

　製造されていたのは、兵員輸送用の木製グライダーで、一九四五年六月頃に一号機が完成する。「五〇人位は乗れる大きさ」だったが、「木のフレームを組んで合板を張り、その上に布を張ってペンキを塗った」粗末なものに過ぎなかった。それでも、「レイテ島でグライダーが兵員を輸送して来て無事に降りて参戦したというニュース」があり、「敵上空で飛行機から離して滑空して目的地に降りる」方法で、「グライダーであるから音がしないから見つかりにくい」ということで製造されていた。戦争末期の厳しい資材不足の中で、それでも木製グライダーによって少しでも戦争を継続させようとしていたのだ。そのため、グライダー一号機の滑空に成功した際には、工員と職員一同が拍手喝采したという。また、吉川は、海側に作られた滑走路では、二人乗りの複葉練習機で、「中学生のような子が一生懸命ハチマキをして飛んでいた」とも記している。

　そんな中で、田中誠、寺島幸太郎、吉川の三人で始まった前川事務所の鳥取分室の戦時下の仕事は、満洲分室と同じように、山陰工業の建設課の補佐として現場の監理と指導だった。後年の田中の証言によれば、最初は「満洲から満洲飛行機が鳥取に引き揚げてきて大変危ない仕事をしているから、監督してくれ」という話だったという[45]。鳥取分室では工場や工員宿舎など新築の設計も手がけたものの、工場は計画だけに終わり、工員宿舎も建設工事の途中で敗戦を迎えたという。

　こうして、軍事用グライダーは製造不要となり、上記の前川の発言のような経緯から、同じ工場のラインを転用して、工員たちとの共同で、木製組立住宅プレモスの試作に取りかかることになるのである[46]。このような敗戦直後の社会状況や建築界の動きなどを詳細に振り返るとき、前川の立っていた場所の意味がはじめて理解できるだろう。続いて、プレモスについて見ていくことにしたい。

「プレモス」という出発点に託されていたもの

敗戦直後の軍需工場から

前川國男の戦後の出発点となる木造組立住宅「プレモス」、その始まりと名称の由来については、後年の一九五五年に、前川自身が次のように書き記している。

「終戦の頃、私達は山陰の鳥取市の近くにある山陰工業株式会社という大型のグライダーの製作工場の建設にたづさわっていた。工場がどうやら整備されて待望のグライダーがやっと数機出来上がったところで呆気なく戦争は終わってしまった。大勢の職工と大きな木工場を抱えて会社はトタンに路頭に迷う事となった。途方にくれる当路の人は私達に何か名案はないかと尋ねた。何の躊躇もなく住宅のプレファブを提案してこれにとりかかったわけである。「プレモス」という名称は小野薫君と私達が宿舎の温泉にヒタリ乍ら考えた名前である。「プレ」はプレファブの「プレ」であり、「モス」は前川事務所と小野薫君と山陰工業の頭文字を一字づつとって作ったものであった。「私達に出来る事で敗戦の国民にもっとも必要な仕事」というわけで数年間ホントに一生懸命に没頭した。[47]」

文中の小野薫は、戦時下の一九四二年四月に千葉市検見川町に新設された東京帝国大学第二工学部の建築学科で主任教授を務めていた構造学者である。前川の回想によれば、小野とは第一高等学校時代から交友があり、前川から依頼されてプレモスの構造顧問を担っていた。[48] また、おそらく逆に小野に招かれたのだろう、前川は、設立直後の建築学科の外来講師[49]として設計製図を教えており、初期教育のためのトレース課題に竣工したばかりの自邸（一九四二年）

の設計図面を用いていた。ちなみに、戦後に所員となってプレモスの設計にも携わることになる大髙正人も、当時の前川が教えていた学生の一人だった[50]。

さて、太平洋戦争末期に木製の軍事用グライダーを製作していた工場のラインを使ったプレファブ住宅の生産は、具体的にはどのようなプロセスで進められていったのだろうか。鳥取分室で設計の担当チーフを務めた田中誠の証言によれば、「外国文献等を参考にしたことはなく、すべて独自に考えて設計した[51]」という。同じく、このプロジェクトに携わった所員の今泉善一の記した文章[52]によれば、敗戦直後に設計の検討作業に取りかかり、早くも半年後の一九四六年二月末には図面が完成、四月には試作家屋の第一号となる「PREMOS7型」が鳥取工場の敷地内に竣工している。

その特徴として注目されるのは、木製グライダーの翼などを製作していたことも影響したのだろう、従来の木造住宅に見られるような柱と梁による軸組構造ではなく、木製パネルを用いた壁構造で建物全体が構成されていることだ。最初のプレモス7型の平面図を見ると、一一メートル×五メートル＝五五平方メートル（約一六・五坪）の床面積で、一メートルモデュールのグリッドに間仕切り壁が割り付けられている。また、床、外壁と間仕切り壁、屋根、庇のパーツをパネル化するにあたって特に留意されたのは、一枚のパネルの重量基準を二人の人が運搬して組み立て可能なものに設定することだった。そして、すべての部材を工場生産することによって、現場における基礎工事が済んでいれば、組立から内外の仕上げの完成まで、「大工一人、末熟工五人の六人一組の編成にて、一週間乃至十日間にてペンキ仕上まで完了する[53]」ことが目標とされたのである。

おそらく、このようなまったく新しい構法であることを製作にかかわる職工たちに理解させるために作成されたのだろう。平面図の上に壁をそのまま立ち上げるアクソメ図法によって描かれた「プレモス7号型」のパネル構法の組立説明図（二五頁に掲載）には、次のような設計意図が謳われていた。

「工場生産ノ住居　工場デ床モ壁モ屋根モ単位版（パネル）トシテ作ル、外壁版ニハ下見ガ貼ッテアリ、屋根版ニハ金属板ガ貼ッテアル。現場デハ基礎ノ上ニ土台ヲ列ベ床版ヲ敷ク。次ニ壁パネルヲ屏風ノ様ニ立テル。其ノ上ニ屋根パネルヲ列ベレバ家ノ形ガ出来ル。一週間ヲカケレバ立派ナ住居ガ出来上ル。然モ強度ノ点デモ、意匠ノ点デモ之ハ決シテ「バラック」デハナイ。例エバ工場デ大量生産サレル自動車ガ美シイノト同ジ様ニ此ノ家ハ新シイ美シサヲ現ハシマス」

プレモス７型　試作家屋　1946年＊

プレモス７型　試作家屋の屋根パネル設営の様子　1946年。家を建てた経験のない少年工によって建てられた＊

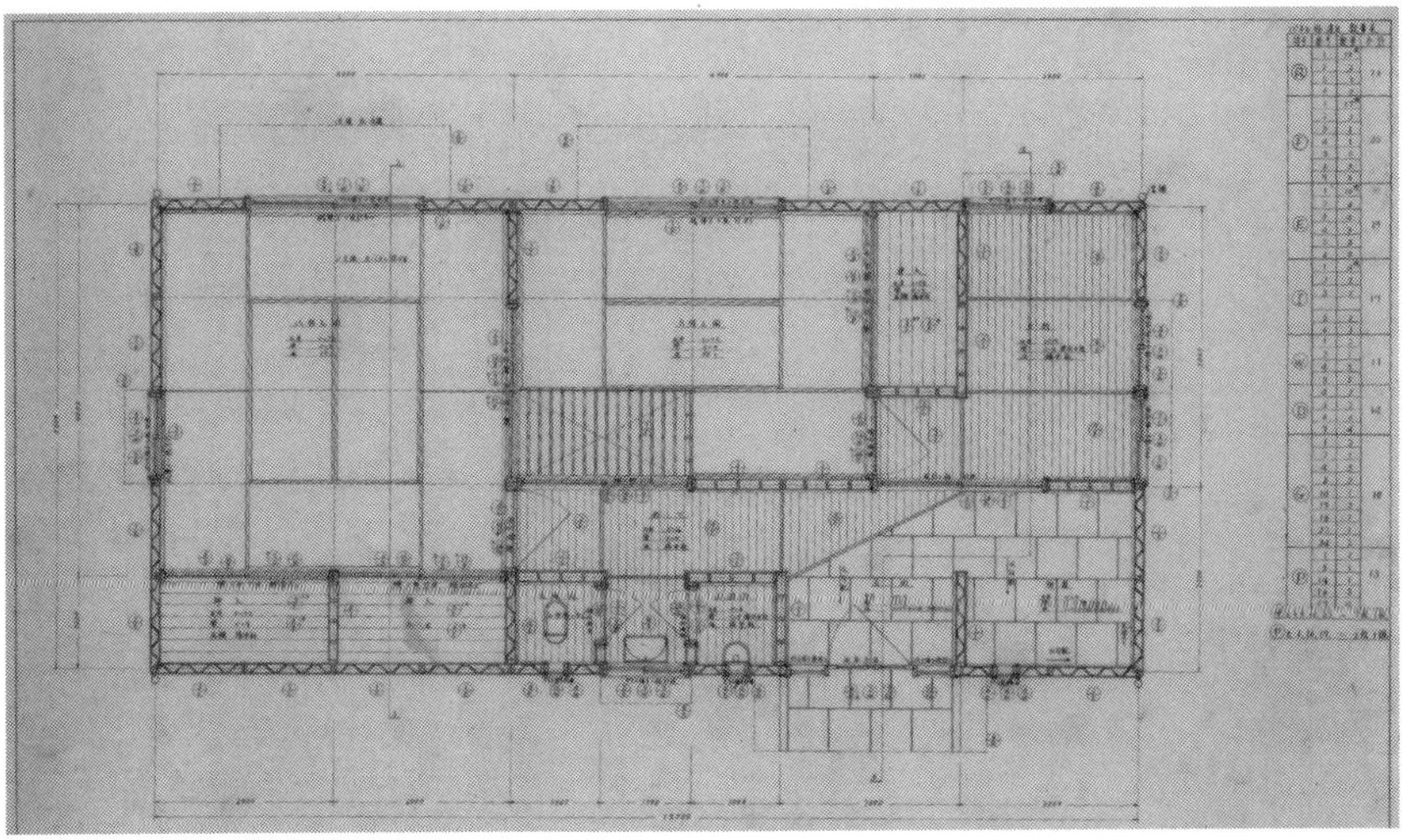

プレモス７型　平面図＊

大量生産される「自動車」を一つの手がかりに、間に合わせの「バラック」ではない「新しい美しさ」を持つ住宅の実現が目指されたのである。そこには、遠く、「ある日、住宅も自動車のようであり得ると気がついた。単純な包皮、その中に自由に無数の機構が内蔵できる」[54]と思いつき、自動車王と呼ばれたアメリカのH・フォードによって、一九〇九年に流れ作業による大量生産が始まったT型フォードに触発されて、住宅の工場生産化を構想したル・コルビュジエからの影響を読み取ることもできるだろう。

技術者から教えられた工業化の意味

後年、田中は、検討作業のすべてが未知数だったにもかかわらず、プレモスに挑戦することができた背景について、次のような回想を残している。

「「プレモス」は戦時中、木製飛行機をつくっていた鳥取市外のS工場の要請で立案され、その工場のもっていた木工機械、膠着設備やストックのあった木材の活用と多勢の雇傭人口を助けるといった役目を背負っていた。したがって木材への執着や程度の低い労働力とのくされ縁といったマイナスの面もあったが、同時に能率の悪かった日本の飛行機工場ではあっても、ともかくも工場のエンジニヤリングの筋だけは心得た技術者もいたわけで、われわれが建築生産を工場へもちこむという未知の世界に飛び込む勇気をもちえたのは彼らの技術への期待があったからである。生産計画・資材計画・工数・原価計算・工場原価・輸送計画などの耳慣れない言葉とはじめて取り組むこととなり、ここでわれわれは「プレモス」にかぎらず、一般建築の生産をもっと科学的に、もっと量産的におこなわねばならないことをこの人たちから教えられたといってよい。[55]」

プレモスの誕生には、飛行機工場という特殊な環境と、信頼できる技術者の存在が大きく影響していたのである。同時に、この経験は、前川と所員たちにとって、建築の工業化という課題に真正面から取り組む貴重な機会となったに違いない。しかし、続く文章の中で、田中は、戦時下の状況と比較しながらも、「当時の軍需工場は軍需省の御機嫌をうかがってさえいれば、資材についても販売についてもまったく無力であってよいわけで、終戦後の百鬼夜行の世情の中では、そのひ弱さを露呈せざるをえなかった」と記している。戦争遂行を至上目的とする戦時体制下の軍需工場では問われなかった生産効率や販売体制などの根本的な問題が、商品としての住宅を開発する段になって露呈してしまったのだ。そして、プレモスに取り組んでいた敗戦直後の状況については、今泉が書き留めた次のような文章からも、切迫していた当時の雰囲気が伝わってくる。

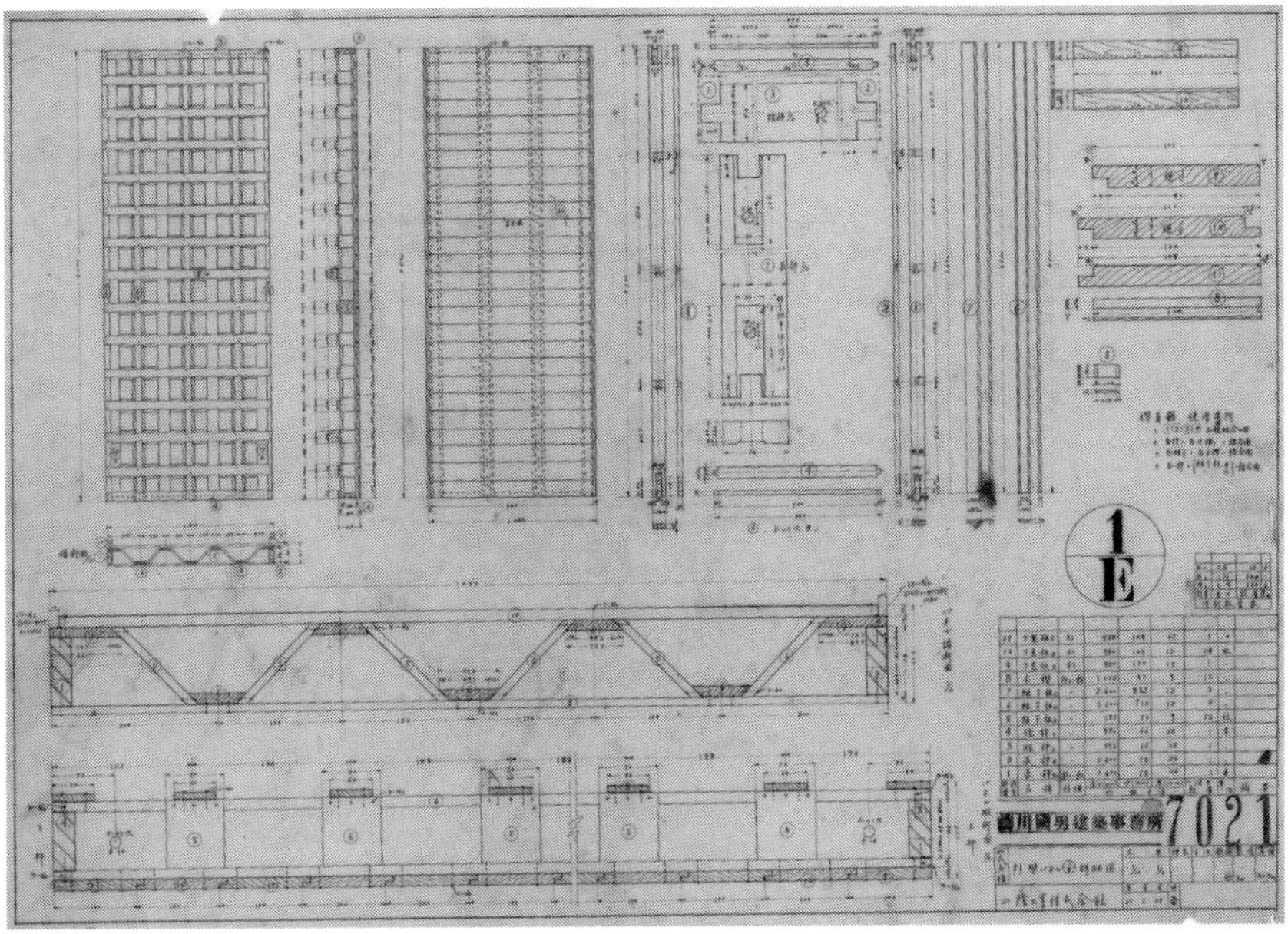

プレモス７型　外壁パネル詳細図＊

「吾々は今日この深刻化して来た住宅問題に関して、戦争中の封建的軍閥、官僚、財閥政府の取った便宜主義に落ち入ってはならない。今日応急対策すら満足に行かない現在の日本、資材、労力、経済の凡ゆる面では難題にぶつかっているが、それにくだけて、二度と再び、生活に間に合えばよい、出来るだけ不自由を我慢して、かつかつ用が足せればよいと云う、あの無定見な便宜主義、場当り主義から今や一斉に脱却しなければならない。（…）この大量不足の住宅の建設復興のために、否が応でも、住宅生産の工業ないし工場生産化が強力に推し進められなければならないものである。（…）それは又、この国の高き国民生活水準を実現する尤も基本的なコースであろう。[56]」

　こうした言葉からも、敗戦後の混乱した状況下にありながらも、少しでも将来へ向けた可能性を切り拓くべく、プレモス生産へ向けた地道な努力が続けられていたことがわかる。また、同じく担当者だった崎谷耿介の記した次の文章からは、建築の工業化がいかに新しい方法だったのかが見えてくる。

「建築が機械にのるということは、大工の手法を機械が果たすということではない。大工の手法そのものを放棄することだ。だからここでは「矩計図」というかつての基本的設計意図が、当然その生命を失った。それはもはや基本的

パネル組立工場。作業台がそのまま組立治具となっている＊

意義をもたない。

　総てが部材単位であり部材決定なのだ。部材とはここにあっては、建築の同意語であり亦建築分野の新しい術語でもある。設計の重点は従って、これに集中される。

　それは材種、形状、寸法、数量の単位で解体乃至集約される。釘に至るまで寸法と数量が、その在るべき最適の場を、予め決定せられるのだ。（…）設計という操作から、あらゆる気分的なもの、任意性、偶然性は追放された。[57]」

　ここで崎谷が指摘しているように、プレモスの開発は、「資材計画・加工組立計画・輸送計画そのほか一応飛行機工場時代のやり方にならって」進められ、前川事務所で描かれた各パネルの工作図は、「一品一葉」という工場生産品と同じような形式が取られていく。そこには、そのパネルを作るのに必要な「部材の員数・加工・パネルの組立などすべてが明瞭に図示され、しかもこれに必要とする副資材の釘の本数まで全部記載」されていく。[58] こうして、建築のつくり方は、それまでとは根本的に違う方法へと変換されたのである。やはり担当所員だった吉川清も、次のような回想を書き残している。

「事務所と工場との契約とか今後のやり方等について先生に来て貰う。自分のかいた平面を見て貰う。玄関の上り框を斜めに台所からも通じさせる様に斜めにかけてはどうかというので決まった。先ず第一号の平面が決まり、之に壁と窓をつける。寺島さんはパネル取付部のディテールを考える。そして、強度、組立方法等が決まった。工場で部材を作るために、一本一本の部材に分解して、それに仕口位置、寸法、ボルトの径、一本数、板の枚数、合板の寸法、釘の本数等、一つの部材を一枚の図面にし、数量、パネルの種類毎にかく。[59]」

　この吉川の証言からは、前川も自ら鳥取分室に何度も足を運び、平面図の決定などの指示を行っていたことがわかる。おそらく、こうした作業を通して、前川と所員たちは、木造という制約下にはあったものの、はじめて建築の工業化が何を意味するのか、を具体的に理解していったに違いない。残された組立工場内部の写真からも、敗戦直後の粗末な段階とはいえ、建築の工業化がもたらす画期的な新しさが伝わってくる。そして、それは、その後の一九五〇年代に精力的に進められる、「テクニカル・アプローチ」と呼ばれた工業化素材と構法の技術的な開発という作業へとつながっていくことになる。だが、プレモスの試作家屋第一号の完成後、実際に量産されて建設に漕ぎつけるまでには、工場内で成果品となって出荷される自動車とは異なる試練が待ち受けていた。

プレモスが遭遇した試練

後年の一九六〇年、田中は、「自動車のように」という彼らが掲げた合言葉とは裏腹となった住宅の量産化が抱える問題点について、詳しく書き留めている。[60] そこには、建築と自動車との相違点として、次の四点が指摘されていた。まず、建築が「土地に定着する宿命をもっている」ために、基礎工事などの現場作業が量産化というシステムと相容れないこと。また、自動車とは異なり、建築の「耐用年限」が三、四〇年と長いとみる習慣が根強く、住宅は一品ものと見られがちであること。さらに、同じく住宅は自動車と比べて「容積」が桁違いに大きく、工場から最終需要地までの距離が価格に大きく影響してしまうこと。そして、現状では庶民の「住宅の品質」がはなはだしく低いため、プレモスのような「正当な品質」の住宅をいくら量産しても、それらの粗悪品との価格競争が避けられないことである。これらの指摘は、いずれも敗戦直後の疲弊した社会状況にその要因の多くがあったといえる。しかし、その一方で、建築が持つ本質的な性格にも届いていたのではないだろうか。今から振り返れば、こうした自動車と建築との相違点に関する気づきもまた、建築の持つ独自の存在価値と意味とは何か、という視点を、長くその後の前川に考えさせるきっかけにもなったのだろう。さらに、当時の前川が記した次のような言葉からは、強い使命感からプレモスの開発に取り組んでいたことが読み取れる。

「敗戦の日本には資材も金も足りないことは分かりきっている。それだからといって壕舎生活や同居生活や身動きならぬ六坪住宅でどうしてわれわれは一人前の生産ができようか？　どうして日本の再建ができようか？　いかに耐乏生活を叫んでみても一合九勺では所詮生きてゆけなかったことは身に染みてわかったはずだ。われわれはまだ机の上の辻褄を合わせることばかり考える前に必死の知恵をしぼって生活の確立を考えるべきだ。

　普通の住宅六坪を建てる資材で一〇坪建てる方法はないか？　一坪七千円かかるものが五千円ですむ方法はないか？　こうした努力こそ、日本の建築家の社会的責任であり、日本の生産者の国民的義務であると考えて「プレモス」住宅の改良に日夜の努力が続けられている。[61]」

このように前川が記した言葉の背後には、一九二八年に渡仏してル・コルビュジエのアトリエに学ぼうとした初心と、帰国後の仕事や戦時下にも考え続けた、ある持続的な思考の蓄積があったのだ。

なぜル・コルビュジエに学ぼうとしたのか

敗戦後の混乱の中で、前川がプレモスの試作と開発に精力的に取り組もうとした背景には、どのような思いがあったのだろうか。もちろん、前述したように、進駐軍の仕事を潔く断りつつも、事務所を存続させるための苦肉の策として取り組んだのだろう。しかし、そこには、実は、約二〇年前の学生時代に前川が抱いた同時代の建築潮流についての独自の見解と初心的な使命感が託されていたと思う。はるか後年の一九七五年に、ル・コルビュジエのアトリエで共に学び、戦前戦後を通じて長い交友があった坂倉準三の没後に出版された『大きな声』と題する追悼集への寄稿文の中で、前川は、自らの学生時代を振り返って次のように記している。

「僕等の学生時代は「ワスムート」を中軸とするドイツ表現派の建築がさかんに建築界を賑わしていた。(…)表現派という名称からも明らかなように建築家の内面を自由に表現しようというわば神話的直感的な自由な造型的発想を競っていた。にも拘わらず表現派とは対蹠的な科学的(?)発想を中軸とする合理主義建築にひかれたのは何故だったか。

僕個人に関する限り、それはラスキンの名著『建築の七燈』の影響、殊にあの本の第二章にかかれた「真実の燈」からうけた強烈な印象と、第一次世界戦争の戦後急激に起った住宅不足に対応すべきであるという建築家の使命感であった。(…)

戦後のヨーロッパはお定まりの住宅難に苦しんでいた。それを救うために住宅の生産を近代工業生産にのせて、より早く、より安く、より安価に生産することに建築家は、その全力を傾ける社会的責任があると思われた。そこにはいささかも建築家の「お遊び」的妥協も許されないと考えられた。[62]」

ここに記されているように、前川は、一九二三年九月一日の関東大震災前後の第一高等学校時代に読んだジョン・ラスキンの著書に書かれていた、建築の真実とは何か、という眼差しを建築を志す原点にしていた。そんな前川にとって、目の前で起きていた都市の生活環境の劣悪化と住宅不足に対する社会的要請に応えることこそが、同時代を生きる建築家に求められる使命だと考えたに違いない。だからこそ、ル・コルビュジエの著書に書かれた言葉に惹かれ、彼に学ぼうと決意したのだろう。実は、一九三〇年に前川が自ら翻訳することになるル・コルビュジエの著書『今日の装飾芸術』には、ラスキンの『建築の七燈』に触れる文章も収録されていた。[63] あるいは、それがル・コルビュジエに対する共感につながったのかもしれない。何が前川の心に響いたのか。そのことについては、後の一九五七年に、ル・コルビュジエの一九三五年の初のアメリカ旅行の滞在記『伽藍が白かったとき』の邦訳本が出版された際、そこに寄稿した「まえがき」の中で、前川の学生時代を振り返った言葉から、より明快に読み取ることができる。

「この美しい訳文を読んで、彼の本に夢中になって読みふけった自分の青春時代を想い起した。(…)『建築へ』『ユルバニスム』『今日の装飾芸術』『近代絵画』等、主として『エスプリ・ヌーボー』から再録された初期の彼の著書は建築の設計とはどうやってやるものか五里霧中で迷っていた学生の私にとって文字通り闇夜の灯であった。

(…)青年たちにとって大都会は千の扉にとざされて、人はそのなかにフォークの響を耳にし乍らも空しく飢に死なねばならぬ沙漠であった(…)

『今日の装飾芸術』の巻末に誌《しる》されたル・コルビュジエの半生の「告白」を諳んじる程読み返した私はついに矢も楯もたまらなくなって一九二八年三月三十一日卒業式の夜、東京を発ってシベリヤの荒野をパリにはしった。[64]」

前川が手にしたのは、相継いで出版されたばかりのル・コルビュジエの著書五冊である。それは、若い助教授だった恩師の岸田日出刀が一九二六年のヨーロッパ視察の際に買い求め、前川に貸し与えたものだった。それらの著書を貪るように読んで、一九二七年十二月にまとめ上げた前川の卒業論文「大戦後の近代建築(ル・コルビュジエ論)[65]」の末尾には、先の文章にあるとおり、「告白」の章が全文訳出されている。前川にとって、ル・コルビュジエは、社会的な要請に応えようとする姿勢と新しい方法論を持つ建築家として、何よりもその人間性に共感できる存在として、心に迫るものがあったのだ。そして、時代の偶然は、一九二八年から二年間、ル・コルビュジエのパリのアトリエに学んだ前川に、まさしく、第一次世界大戦後の住宅不足を解決するための建築の工業化と量産化を目指す提案である「最小限住宅」のプロトタイプの作成を、彼のもとで担当させる機会を与えることになる。

プレモスに取り組んでいた最中の一九四六年二月、プレモスの構造共同者の小野薫東京帝国大学教授を編集顧問に、雑誌『生活と住居』が創刊された。[66] そこに掲載された文章の中で、前川は、敗戦という現実を前に、日本における戦時下の住宅問題について、次のような指摘を行っている。「我々は戦争で家を焼かれて見てはじめて家の有難さをしみじみと感ぜざるを得ない。まことに一日の労苦を癒し慰めるものは暖かい家の恵みである。更に我々の心を休め活動の力を与うるものは健康なる食物と共に清明なる家である。戦争中生産増強の要望に応えて鶏小屋の様な群少住宅が工員の為めに急速生産された。(…)そして極度の資材と労務の合理化節約を強要された粗悪な矮小な家が美しい国土を埋めつくした。しかし戦は敗れざるを得なかったのである。此等粗悪な「家」は果して新しい日本の活力の培養に役立ち得るであろうか。(67)」

続いて前川は、ル・コルビュジエの「最小限住宅」をめぐる後日談に触れながら、敗戦直後の日本で、住宅不足を解決する際に求められる前提条件と掲げるべき目標について、こう記すのである。

「第一次欧州大戦の直後、欧州に於て住宅問題が喧しく論議されて居た頃、(…)欧州の前衛建築家達はその第二回会議を一九二九年の秋フランクフルトに開催するに当って所謂「最小限住宅」をその課題として選び、茲に各国の真面目な若き建築家達は住宅問題解決の具体案として生活最小限の必要空間の構成を、その逞しき合理主義的精神によって追求したのであった。然し此が数年後の国際建築家会議の報告書には此の「最小限住宅」に関する反省と批判とを取り上げてパリの著名なる新建築家ル・コルビュジエは次の様に述懐している。「けれども茲でただ一つ欠けているものは空間である。(…)

まことに所謂合理主義建築に欠けたものは一見茫漠とした空間であり、しかも此が人間生活にとって致命的な欠陥である事が指摘されたことは有がたい事であった。かくして矮小なる日本住宅も遂に我等の生活を支えるものとはなり得ないであろう。今日以後我々は日本人の生活の矮小化を全力をつくして防がねばならない。」

こうして見てくると、前川にとってプレモスとは、唐突に現れたプロジェクトではなく、遠くル・コルビュジエやW・グロピウスらモダニズム建築運動の先駆者たちが提起した「最小限住宅」の工業化と量産化というテーマを、敗戦直後の日本において実践する、という自覚のもとで取り組まれていたことがわかる。そして、そこには、同時に、先の言葉にもあるように、戦時下から戦後へとつながる日本の建築界における住宅問題についての議論の不毛と、戦争へ同調していく体制との確執も含まれていたのである。

戦時下の住宅問題をめぐる状況

それでは、先に引用した前川の文章に、「戦争中生産増強の要望に応えて鶏小屋の様な群少住宅が工員の為めに急速生産され」、「粗悪な矮小な家が美しい国土を埋めつくした」とあるが、戦時下に前川が目撃したのはどのような現実だったのだろうか。ここに、当時の状況の一端をうかがい知ることのできる貴重な資料が残されている。それは、日中戦争下の一九三九年六月五日に建築学会に設置された住宅問題委員会の第一回の委員会で、出席者に供覧資料として配布されたと思われる、同潤会総務部長の乾眞介が記した「時局下の労務者住宅問題と其の対策」と題する冊子の次のような記述である。

「現在東京、大阪両府、神奈川、愛知、兵庫、広島などの諸県下竝に北九州一帯の殷賑産業地に於いては、時局産業部門の諸工場が、膨大な規模の下に新設、拡張せられ、而もそれが急激であるために、非常な住宅の不足が起り、地方に依っては、寺院や、映画館などを借入れたり、或は倉庫を改造して迄、新募の職工の宿舎に充てつつあるの実況である。（…）住居の数量的に不足する結果は、当然の帰結として、職工の生活環境が悪くなる。即ち密住の状態が先ず現れる。現に之等の地区に於いては、六畳一室に四―六人、八畳に七―九人と云う程度の過群生活は珍しいことではない。（…）従って斯くの如き住居では充分に休養が取れぬから、疲労の累積は作業場の負傷や、疾病の重大な原因となって、帰郷者が続出して居る。之は直接間接に人的資源を徒に枯渇せしむるものである。[68]」

ここに生々しく報告されているように、日中戦争の勃発によって戦時体制が急ぎ整えられていく中で、軍需生産のための大規模工場の大量建設が始まり、その工員たちの暮らす住宅が圧倒的に不足する事態が、全国各地の主要都市で起きていたのである。こうして、同じ文章では、次のような問題提起がなされていく。

「今次の住宅難の範囲は、現在の處、職工の住居に限られて居る。従って必要とするものは、小住宅である。又最近殷賑産業に於いては単独身の従業者が多いのであるから、夫等の為めには共同宿舎を必要とする。さて時局の要求で、之等の住宅の建築を優先せしむるものとせば、一定の坪数以上の住宅の建築には、一時的に建築制限を加えて、資材、労力を、小住宅竝に共同宿舎の建設に振向くべきであるまいか」

戦争遂行という「時局の要求」に従って「建築制限」を行い、軍需工場の工員住宅に資材と労力を集中すべきだ、との直截な提言である。しかしその一方で、乾は、結論部分では、「住宅の国勢調査を行い、（…）必要欠くべからざる住宅所要数を決定したい」という基礎的な調査の要請や、「住宅の経営は長期に亙る施設であるのに、我が国には恒常の住宅国策はないと云ってよい。内閣の変る毎に変動する政策は、真の国民の福祉とならないのであるから、之が対策として、住宅法を制定して、住宅供給の義務者の指定、必要ある場合住宅用地の収用（…）等の規程を設けたい」という、かなり踏み込んだ、今見ても原則論と思えるような真摯な要望も記していた。

おそらく、こうした提言を受けるかたちで進められたのだろう、翌一九四〇年七月八日には、建築学会会長の内田祥三の名で、「住宅緊急対策に関する建議」が、内閣総理大臣を始め、内務、大蔵、陸軍、海軍、農林、商工、厚生の各大臣宛てに提出される。[69] そこには、「住宅供給を目的とする」特殊法人の設立や、「一定数以上の労務者を雇傭する事業主」に「必要と認むる住宅の供給を命ずること」、「住宅建築資材を総合且一元的に配給する機構を整備すること」が明記された。そして、この建議書の主旨に沿って、早くも、翌一九四一年五月には、政府の全額出資により、「労務者其ノ他庶民ノ住宅ノ供給ヲ図ルコトヲ目的トス」として、関東大震災後に設立された財団法人同潤会を受け継ぐ組織として、「公益性の強い事業を非営利的に経営する特殊法人」[70]として、住宅営団が発足する。

こうした一連の動きを見てくると、建築学会における住宅問題委員会の設置には、戦争へと突き進む中で、建築界が遭遇した状況の劇的な変化を読み取ることができるだろう。この委員会での議論の成果は、一九四一年二月、「庶民住宅の技術的研究」という二九頁に及ぶ詳細な報告書の形で、『建築雑誌』に掲載された。[71] そこには、「本報告は主として都市勤労者を対象とした応急対策的のものであるが、現実のものに比し僅かに高い程度のものを目標とした」と但し書きされていた。たしかに、その内容を見ると、夫婦を中心とする四―五人家族を対象とし、床面積が六〇平方メートルおよび八〇平方メートル程度、東京地方が建設地として想定されており、厳しい状況にありながらも、守るべき住宅の最低基準を提示しようと、委員たちが腐心したものだといえる。また、「応急対策」の意味から、畳による「坐式」とされ、平屋か二階建ての簡素な木造ではあったが、さまざまなタイプの「平面計画参考図」も提示されていた。

この住宅問題委員会の総勢五〇名を超える委員を組織し、委員長を務めたのは、建築学会の名誉員であり、陸軍省の嘱託として、戦時下の建築界で絶大な権力を握っていた佐野利器である。だが、住宅営団の顧問にも就任する佐野が、住宅問題委員会の報告を受けた直後の一九四一年二月から四月にかけて実施したのは、意外にも、自らが審査長を務める「国民住居懸賞募集」と題された公開コンペだった。しかし、その内容は、従来のコンペとは大きく様相を異にしていた。主催者は、同潤会と東京日日新聞社、大阪毎日新聞社だが、後援には、陸軍省と海軍省を筆頭に、内務、農林、商工、厚生の各省と、戦争遂行の中枢機関だった企画院と情報局が顔を揃えた。また、審査員も、建築学会会長の内田祥三や、岸田日出刀、小林政一、今和次郎、森田慶一の各大学教授らの上に、厚生省の社会局長や住宅課長、大政翼賛会の生活指導部長や文化部長が名を連ねていた。さらに、審査員の上に、顧問として陸軍や海軍の少将が起用されるなど、建築界を遥かに超える戦時体制へと深く組み込まれた大きな動きであったことがわかる。[72] コンペの「募集の趣旨」には、次のような文言が明記されていた。

「事変の拡大と共に深刻化しつつある住宅難に対して政府は住宅営団法、貸家組合法等を以て一般勤労者向小住宅建設供給に努むる事になった。茲に吾々主催者は職域奉公の主旨の下に相協力して一般勤労者向国民住居の設計を懸賞募集しその標準の設定に資し、之を国内に普及し併せて民間住宅の改善を期し、以て国民生活の向上に寄与し国策を翼賛せんとする次第である。[73]」

　この文言からも、コンペ開催の意味が、実際には、「国民生活の向上」ではなく、戦争遂行という「国策を翼賛」するための国民運動という性格を持ったコンペだったことが読み取れるだろう。佐野の真意は、このコンペに先立つ一九四〇年十一月に行われた、「時局下建築家の覚悟」と題された紀元二千六百年記念会講演における次の発言からもうかがえる。

「人も物も金も不足だらけの現下に於て、外に興亜の大偉業を遂行する為には、内に国民の生活を簡素化し、合理化し、倫理化し、科学化することは勿論、政治も、経済も、教育も、文化も、何もかも一に帰して、所謂高度国防国家の建設に邁進しなければならなくなって来たのであります。[74]」

　この佐野の発言の背景には、一九三八年の国家総動員法公布、一九四〇年の近衛文麿による新体制運動と大政翼賛会の発会式という政府の動きがあったのであり、日中戦争の始まる一九三七年度の軍事費が国家予算の六九パーセントを占める中で、[75] 建築界が挙って「高度国防国家建設」という名の戦時体制へ組み込まれていく事態が深く進行していたのである。

　こうした状況下に、鳴り物入りで開催された佐野の「国民住居」コンペは、一等に二千円という破格の副賞が授与されることもあって、一〇二四点もの応募があり、審査結果は、「理想的な国民住居」と題して、一九四一年五月三十日の『東京日日新聞』一面に発表される。そして、六月十二日から二十二日まで、同新聞社と住宅営団の主催、厚生省と大政翼賛会の後援のもと、銀座松屋で「国民住居展」が開催されたのである。[76]ちなみに、このときの佳作入選者の一人に、前川國男の事務所員だった二十七歳の丹下健三がいた。

前川國男が立っていた場所

このような戦時体制へと大きく舵を切った佐野を中心とする建築界の動きの中で、前川は何を考えていたのだろうか。興味深いことに、佐野が「国民住居」のコンペを開催した直後の一九四一年六月から九月にかけて、建築学会では、「第一五回建築展覧会」出品募集の第三部競技設計の課題として「国民住宅」が取り上げられ、前川はその審査員を務めていたのである。[77]他の審査員には、市浦健、今井兼次、岸田日出刀、坂倉準三、高山英華、谷口吉郎、堀口捨己、山田守、山脇巌ら、岸田を中心とする若い建築家たちが名を連ねている。こちらのコンペの趣旨には、戦時色の印象は少なく、「我国将来ノ国民住宅ノ確立ヲ期シ特ニソノ意匠、構造、材料ノ上ニ画期的ナル創案ヲ求ム」とされていた。だが、実際には、前川ら審査員が正式な委嘱を受けたのは、コンペ募集直前の五月二十八日であり、[78]彼らが募集要項の作成に携わったとは考えにくい。でも、もしかしたら、佐野による大政翼賛的なコンペに対する岸田らの疑問と対抗心から、敢えて同じテーマをぶつけようとしたのかもしれない。しかし、入選賞金が一桁少ない二〇〇円だったことも影響したのか、応募案は八一通にとどまってしまう。それでも、「審査所感」を記した市浦健は、「構造に、材料に、意匠に相当画期的な工夫を凝らしたものを求めて居たのに対し、最近催された現実の国民住宅の応募案乃至入選案と大差ないものが多かった（…）折角若い建築家の登龍門として企てられた趣旨に反するし残念な事に思う」と、苦言を呈さずにはいられなかったのだ。[79]そんな中で、前川は、この間の動きについて、八月二日の日誌の中に、所員の丹下が入選した佐野の「国民住居」コンペの展覧会を見たときの感想か、「国民住宅」の審査の際のメモと思われる、次のような言葉を書き留めていた。

「大方の国民住宅は余りに小器用であり上品に纏まりすぎている（…）今日求められる国民住宅とはもっと四書五経的な晦渋さと生固さと不親和性（?）《ママ》とを抱懐したもっと不細工な不器用な逞しい不作法なものであるべきだ」[80]

そして、この審査と併行して前川が設計を手がけていたのが、一九四二年秋に実現する前川國男自邸である。それ

前川國男自邸（1942年）の居間　2016年撮影

は、木造三〇坪という戦時下の建築制限の中で、大らかな吹き抜けの居間を中心とする清新な空間構成と骨太な構造体を持つ住居であり、前川の求める「逞しい」国民住宅の姿だったのだろう。今もこの自邸から漂う心地よい緊張感と明るさは、前川が先の文章で書き留めたように、ル・コルビュジエが「最小限住宅案」に対して指摘した、建築にとって最も大切な「一見茫漠とした空間」そのものの実現だったに違いない。また、そこには、遠く上海において、前年の一九四一年秋に実現させた大規模な集合住宅、華興商業銀行総合社宅で培った経験も活かされていたと思う。前川は自作の実践を通して、時代の趨勢に一人対峙しようとしていた。

戦争末期の住宅問題の行方

こうして、戦時下の緊張感のある中で行われた国民住居をめぐる動きはあったものの、肝心の戦時下の住宅問題の解決は、より深刻な戦時体制へ突入する中で、置き去りにされてしまうのである。その間の経緯については、佐野の「国民住居」コンペの際に厚生省社会局住宅課の建築技師として審査会の幹事を務め、その後、住宅営団へ移り、戦後は戦災復興院で住宅政策にも携わることになる早川文夫が、後年の一九七二年にまとめた文章の中で、詳細に振り返っている。

「昭和六年に満州事変が勃発して以来、わが国は次第に戦時色を強めていった。(…) 昭和十三年には国家総動員法が成立し、議会の審議によらずに勅令をもってかなり広範に国民の権利が制限されるようになる。

軍事生産力の拡充が至上の命題となったが、それの担い手である労務者対策も重要な課題の一つとなり、昭和十三年に、内務省から独立して厚生省が設けられた。住宅の問題は、当初その社会局生活課で扱われたが、昭和十五年に住宅課が独立した。すなわち、皮肉な表現をすれば、わが国の住宅対策は、大震火災という災害を契機に同潤会という半公的な機関を生み、また、戦時下の労務対策の一環として、初めて独立した行政機関が設けられるようになったといえる。[81]」

ここで早川が指摘しているように、日本には住宅政策はもともと存在せず、関東大震災の復興事業や戦時下の労務対策として、いわば後付けの辻褄合わせの緊急対応策として実施されたに過ぎない。そのため、戦争の進行と共に資材の制約が最優先された結果、気がつけば、住宅問題の解決は後回しにされてしまうのである。早川は、同じ文章の中で、住宅営団の研究部において、太平洋戦争の直前に、市浦健、西山卯三、森田茂介の若い三人の技師たちによる「住宅設計基準」の制定や「営団型平面」の提示などが行われていたことも報告している。だが、戦争末期に至ると、「住宅供給のために設けられた住宅営団」が、「逆に建物疎開（主要街路に沿う建物をある幅に取りこわして、焼夷弾による火災の延焼を防ぐ措置）に協力せざるを得ないところまで追い込まれた」のだという。

こうして、切迫していたはずの戦争末期の住宅問題は、解決への糸口さえ見いだせないまま中断され、一九四五年八月十五日の敗戦の日を迎える。

四二〇万戸の住宅不足を前に

一九四五年八月十五日の敗戦を迎えた日本には、四二〇万戸にのぼる膨大な数の住宅が不足していた。この現実を前に、どのような対策がなされていったのだろうか。先にも見たように、政府は、早くも九月四日に「罹災都市応急簡易住宅建設要綱」を閣議決定し、一戸当たり二〇平方メートル程度の簡易住宅を年内に三〇万戸建設する方針を打ち出す。その後、復興事業を推し進める国の組織として十一月五日に発足した戦災復興院は、同月二十一日に「住宅緊急措置令」を公布し、即日施行する。これは、戦災者、引揚者、復員者、建物疎開で住宅を失った者などに対し、緊急の住宅確保を目的に、「罹災堅牢建物、倉庫工場寄宿舎、空住宅、留守番のみを置く別荘或は鉄道軌道のガード下等が、補修の上又はその儘で住宅として使用出来る[82]」とする暫定措置だった。「鉄道軌道のガード下」という言葉からも、雨露さえ凌げない当時の状況の苛酷さが伝わってくる。そんな中、戦災復興院は、翌一九四六年二月に、将来の復興につながる住宅の基準を定めることを目標に、「復興住宅建設基準」作成委員会を組織する。三つの部会から構成された延べ三〇人の委員を束ねたのは、他でもない、戦時下に建築学会の住宅問題委員会の委員長を務め、住宅営団の顧問を務めた佐野利器である。その立場は戦前と変わらなかったのだ。だが、その一方で、堀口捨己を主査とする「建設方針」を審議する第一部会の委員には、岸田日出刀、今和次郎、石本喜久治、清水一、高山英華と共に、プレモスに取り組んでいた前川國男も加わっていた。当時、戦災復興院の技師として委員会の世話役を務めていた早川文夫は、その経緯を次のように記している。

「越冬対策としてのバラックの建設は、昨秋全国に三〇万戸の計画で進められたが、戦後の混乱から労務・食糧・輸送等にいろいろの障害が起って、結局本年三月末までに約三分の一ぐらいしかでき上らなかった。本年度からは、いよいよ本格的な復興建設の芽が出なければならないが、食べる方の問題に追われていて、まだ新しい都市や住宅の面までを構想する気分になれないというのが、現在の実情であろう。しかし、いつまでもこんな状態で何もせずに時を過ごすことはできない。一応の目安をつける意味からも、早く具体的な方向をきめて、これを与論に問う準備が進められねばならない。復興院では、本年二月民間の権威者を集めて、この問題を審議して貰うこととした。(…)産業復興の方途もきまらず、賠償の様子も明らかにされていない今日、国民生活の基準をどこにきめるかは困難である。しかし、一応経済民主化の線に沿って、将来一定水準の生活が保障されることを予想して討議が進められた[83]。」

こうして、敗戦直後の混乱の中、一九四六年五月に策定された「復興住宅建設基準[84]」では、次のような目標が示された。まず、「概説」では、この基準が「相当将来を目標として方針を定めることに主眼を置いたため、理想的な場合の基準を示した部分が多い」と断った上で、「国土再建の方向」については、「大都市にのみ集中する我が国の人口並に文化を都市、農村を通じて分布した組織に切替える構想を以て進むべきである」と踏み込んだ提言をしている。続く「第一部建設方針」の「事業主体」の項目では、「大都市に於ける住宅は国営又は公営の貸家及事業主による給与住宅を可及的に多く建設すること」。また、「規模」は、「専用住宅は、家族構成に応じ、一人当り最小一五平方米、標準二〇平方米とすること」とし、「起居形式」は、「生活の能率化のため、将来の住居は、なるべく椅子式を奨励すること」とされた。そして、「平面計画」は、「大量生産工法に適せしめるため、平面はできる限り簡明にすること。家具はなるべく造附（ビルトイン）とする方針を以て、平面を計画すること」とし、「基準寸法」は、「メートル制を全面的に採用すること」が示され、平面の基準寸法は、「米整数値とし、柱真は在来の一間を二米として構成するのがよい」とされた。さらに、「意匠」は、「風土的特質及伝統（特に生活に即した文化の伝統）は重視せねばならぬが、既成の様式に捉われ不自然な意匠をしないこと。材料に即した意匠をすること。工業的材料をも自由に使って新しい美の創造に努めること」、「採光・換気」は、「夏期の高温多湿を考慮して、住宅はなるべく開放的なものとし、且主要開口を南北面にとり風通しをよくすること」、そして、「共同施設及び住環境」では、「住宅の共同化と共に、家事の簡易化を目標に、会館、保育所、産院、浴場、洗濯場等の共同施設を整備すること」が提言されたのである。戦前に学会が示した基準と比較すると、規模は変わらないものの、椅子式の奨励や大量生産に適した簡明な平面計画、造り付け家具の提案、工業化による新しい美の創造など、戦前には示されなかった新しい視点が盛り込まれていることがわかる。そこには、おそらく、プレモスを試作中だった前川の意見が反映されていたに違いない。早川は、後年の一九五五年に、次のような回想を残している。

「当時、業務局の住宅企画課にいた筆者は、委員会の審議に必要な基礎資料を集めるのに苦心しました。当時の不足数が四二〇万戸で、年間の恒常的需要が二〇万戸という数字の根拠もこの資料に一応理論づけられています。しかし、全般に相当達観的な数字であり、特に後者に関する推定には、今から考えれば、かなり無理な点があったようです。

この基準作成については、堀口主査始め、前川國男氏、高山英華氏等が、熱心に論じて下さったことを覚えています。一〇年後の現在、都市における共同住宅化のような大筋は通っていますが、一戸当りの規模を一八―二四坪と規定した理想は、まだ実現されていません。都市農村の均衡ある復興というような意図も、果たして現在生かされていると言えるでしょうか。[85]」

早川が記しているように、当時の日本には住宅に関する正確な統計資料すら存在しなかった。そして、基準作成から九年が経過した時点でも、ここに提示された内容はまったく活かされていなかったのだ。何が復興住宅の実現を妨げていたのだろうか。

それは、占領政策を指揮したＧＨＱ（連合軍総司令部）が、日本の非軍事化と民主化に重点を置き、住宅問題については積極的な政策を施すことがなく、一九四六年一月末に進駐軍の家族のための「占領軍家族住宅（Dependent Housing）」二万戸の建設を指示するなど、むしろ過大な財政負担を日本政府に強いたことが主な原因だった。[86] さらに、一九四一年五月に、庶民住宅供給のために創設された住宅営団についても、一九四六年十一月に、「戦時中設立された国策代行機関は廃止すべき」との理由によって、閉鎖に追い込まれてしまう。[87] こうして、応急対策で建てられた木造住宅の多くは、「住宅の質を犠牲にしたので、スラム化しているものが多い[88]」という結果に陥ってしまったのである。

炭鉱労務者住宅という活路と隘路

このような状況の中で、前川國男のプレモスが結果的にもっとも多く使われたのは、北海道や九州の「炭住」と呼ばれた炭鉱労務者のための住宅だった。背景には、戦後復興の要《かなめ》として一九四六年秋に立案され、一九四七年春から実施された「傾斜生産方式」と呼ばれる国家的な経済政策があった。これは、「乏しい物資を重点的に活用して基礎資材の増産にふりむけ、それを踏み台にして次々と生産を興そうというもの[89]」で、そのために主要エネルギー源の石炭の増産が緊急課題となった。そこで政府は、ＧＨＱの指示にもとづき、一九四七年一月に「臨時炭鉱労務者住宅建設規則」を施行し、戦災復興院の建設局に炭鉱住宅課を設け、石炭産業に特化した融資総額一五四億円の未曾有の規模となる住宅政策を実施することにしたのだ。[90] だが、そこにも、戦前から続く深刻な住宅問題が影を落としていた。一九四六年九月に設立された財団法人都市計画協会の機関誌『新都市』に、戦災復興院の技師として早川のもとで住宅不足数の推計を行っていた三輪恒[91]の次のような指摘がある。

「資本主義経営の下にあっては、あらゆる勤労者の住居がそうであった様に、炭鉱住宅もその質たるや誠に劣悪なもので現在でもその住宅は「納屋」とよばれている地方もある位である。（…）戦争はこの事にさらに拍車をかけた。異民族なる故に、俘虜なるが故に、人としての生活は全く保証されなかった人達にかぎらず、ほとんどの働く人達が驚くべき惨めな状況に於て出炭を強行され、荒廃した住居とは名ばかりの建物に密住したのである。無謀な戦争が終り、重要な戦時生産力であった外国人が故国に帰ったあとは、もともと住めるべき建物ではない故にその荒廃は救い難いものとなり、正常の労働力を収容し得る建物は質量ともに非常な不足の状況となったのである[92]」

こうして、戦争遂行を大義として強制労働[93]を含む劣悪な条件下にあった炭鉱労務者のための住宅は、そのまま敗戦後に持ち越され、荒廃を極めていたのである。当時の労務者住宅の状態については、次のような証言も残されている。「労働意欲はとみに低下していた。この最大の原因の一つは住宅の問題であり、福利厚生施設の問題であった。山に入った労務者の目にまず映るものは、軒は波打ち硝子もろくにはまっていない開口部、天井すらない薄暗いじめじめした室内、戸外に離れて設けられた共同便所、コバ葺で背中合せに八戸又は一〇戸ならんだ、俗に「タコ部屋」「監獄部屋」「納屋」「ハモニカ長屋」等とよばれる、陰惨極まりない坑夫長屋である。[94]」

本来なら膨大な住宅不足を根本から解消するために開発を進めていたプレモスだったが、住宅政策の欠如により、その構想は出鼻を挫かれる事態に遭遇していた。後年の一九五六年に行われた公共住宅建設に関する誌上座談会で、前川は次のように語っている。

「戦争でこれだけ家がなくなったんだから、一刻も早く家のできたほうがいいんじゃないかという立場で、建設省、当時は戦災復興院に御助力を願ったんだけれども、御助力は得られなかった。(…)住宅は早く建ってしまっては困るんだ、という乱暴な意見が、戦災復興院の代表者の口から投げつけられた。それで私はずいぶんけんかをしたわけなんです。[95]」

戦災復興院では、GHQの求めた家族住宅と炭鉱住宅の建設という至上命令によって、一般庶民への住宅供給という政策は皆無に等しかった。そのため、プレモスは炭鉱住宅という活路を見いだすことになっていく。前川は、別の対談でこう述べている。

「ぼくは生まれてはじめて、売り込みに行ったよ。(…)そして、北海道の炭鉱住宅というのに目をつけたんですよ。当時、石炭増産というのは国家の最大の要請だったために、炭住、炭鉱住宅という問題がクローズアップされた。そのときこれは相当威力を発揮したんです。北海道は工期が短いでしょう。わずかのあいだに建てなければいけない。それには、非常にぐあいいいわけだよね。[96]」

また、価格競争に打ち勝つための、プレモスにおけるプレファブリケーションの徹底した合理化の苦労についても、前川は、同じ対談で証言していた。

「ぼくらも幼稚だったんだけど、素材のセーブ、素材を極力減らすということを目標にしてプレファブリケーションをやったわけですよね。ところが木造の建築というのは、当時でも、値段を分析してみると、レイバーというのが、三、四割でマテリアルのほうが、六、七割というようなことだった。(…)だから、いかに技術的に苦労してセーブ

北海道十勝郡浦幌村の浦幌炭鉱労務者住宅に使われたプレモス721型の組立風景　1950年頃*

福岡市志免町の志免炭鉱労務者住宅に使われたプレモス7型　1947年*

してみても、それによって全体の値段を下げるということは、ほんとにスズメの涙なんだね。（…）当時、普通の建物が四石ぐらいでしょう。それが建具を入れて一・七石まで下げたんですよ。ところが、そんな苦労をして設計を進めると、インフレでもって材料の値段がパァーッとなっちゃうもんだから、技術的な苦労、努力なんていうものは、いっぺんで消し飛んじゃうわけだ。」

この発言からは、当時の前川とスタッフが遭遇した困難な状況が読み取れる。そして、このような経緯もあって、プレモスは本来の目的からは大きく逸れて、炭鉱住宅という活路であり、隘路へと入り込んでいく。担当スタッフの田中誠によれば、最初のプレモス7型の試作が誕生した一九四六年四月から一年半を経た段階で、「僅かに九〇棟」[97]の実績しか残せず、その後も北海道や九州の炭鉱住宅として大量に建設されたものの、約五年間の間に、「約千棟を生産して挫折し、その工場もすでに転業して」しまうのである。[98]

プレモスに託された構想力

それでも、前川は、プレモスの国民的な普及への希望をあきらめてはいなかった。一九四八年七月、『明日の住宅』という書名で主婦の友社から刊行された、住宅の将来像を提案する一般向けの啓蒙書に、「百万人の住宅プレモス」という文章を寄稿する。[99] その中で、プレモスの意味と可能性を詳しく紹介した上で、プレモスによる「皇族方の集合住宅案」を提案したのである。そこには、「近代的・民主的な住生活」を希望する皇族の発言を手がかりに、プレモスが実現できる明るい生活様式の姿の理想形を示そうとする前川の思いが託されていた。後年、当時のことについて、前川はこう語っている。

「プレモスにひとつ天皇に住んでもらおうじゃないか、（…）そのほか宮様に住んでもらうということで、白金の御料地を卜して天皇一家の住宅なんかやったわけなんですが、いまから考えるとちょっと正気の沙汰じゃなかったけれども、当時は大まじめだった。」[100]

前川はどこまでも遠くを見ようとしていたのだ。また、この大胆とも思える提案は、遠く、ル・コルビュジエのもとで共に学んだシャルロット・ペリアン（一九〇三—一九九九年）が最晩年の一九九八年のインタビューで語った次の発言にもつながるのではないだろうか。

「ひとつ大切なことがありました。日本の建築はとても民主的で、日本全土にわたって同じ建築物が建てられていました。特に私が行った時はそうでした。伝統的な家をつくっている要素は、天皇の家であっても、農民の家であって

プレモスによる集合住宅地の計画図　『明日の住宅』主婦の友社 1948 年より転載

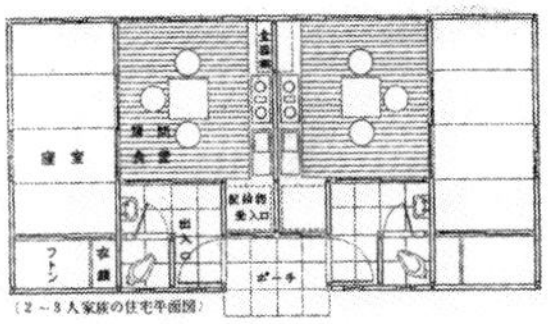

小家族のためのプレモス平面図
正方形プランの2戸一の形は前川がル・コルビュジエのアトリエで担当した「最小限住宅案」と近似する　同上

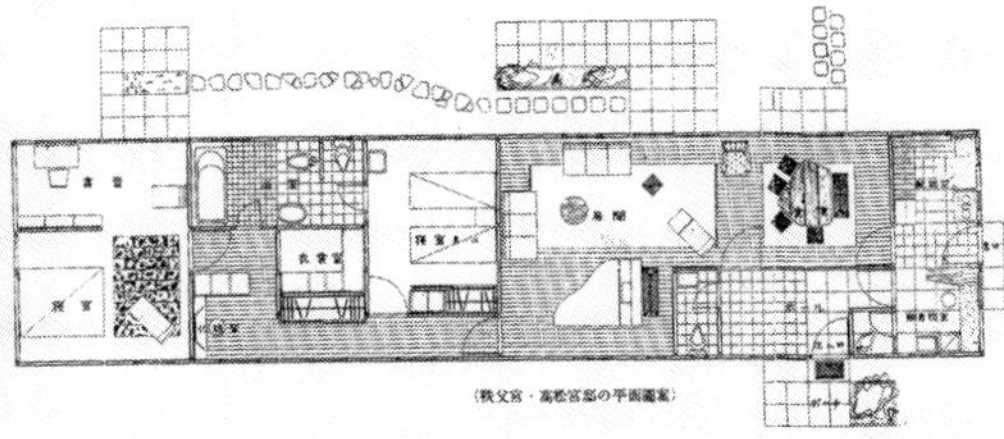

皇族方のためのプレモス平面図
パネルを増やすことで実現するプレモスの理想形であり、ル・コルビュジエの提案した標準化住宅の増殖の考え方を踏襲している　同上

も同じだった。違いは木の質、布の質、紙の質であって、そういうものをどれだけ頻繁に取り替えるかだけで、基本的な構造は同じだった。これは世界唯一の例です、日本しかありません。[101]」

ペリアンが戦前の日本滞在中に得た日本の建築のもつ民主的な特質への眼差しは、前川の提案にもつながる。プレモスの挫折から数年後、前川は、次のような文章を記している。

「私達は「プレモス」住宅のみを目標にこのパネルと取組んだわけではなかった。すべてをプレファブリケーションという遠い遥かな目標との関連に於て考え続けた。苛烈なインフレとの闘い、無理解な当局との論争、厖大な進駐軍工事を尻目に、烈しい風波と闘った当時の純情な事務所の若い諸君に私は永久に敬意をささげたい。と同時に私自身の錯誤によって一敗地にまみれしめた責任はいまもなお苦しい悔恨を私の胸にのこしている。[102]」

こうして、戦前から続く住宅問題の実

態と前川の歩みを振り返るとき、敗北したのは前川ではなく、すべての人々が安心して住む場所を整えることを怠り、先送りを繰り返してきたこの国の住宅政策のほうだったのではないかと思う。[103] 悪戦苦闘しながら前川がプレモスに託したものは、多くの問いを現代に投げかけている。

紀伊國屋書店からの再スタート

田辺茂一との出会い

これまで見てきたように、前川國男の名は、戦争が敗戦に終わり、厳しい戦後を迎えた時点では、戦前からのコンペを中心とする精力的な設計活動と建築雑誌による発言を通じて、もちろん建築界では広く知られていた。それでも、大学や大きな組織に席を置く公的な立場ではなく、在野の一建築家に過ぎなかった前川は、職能としての建築家像が定かではなかった時代に、どの程度世間的に認知されていたのか、と考えるとき、実はほとんど無名に等しかったのではなかろうか。そこには、不運にも、一九三五年の独立直後に始まった日中戦争から太平洋戦争へと続く中で、木造バラックしか建てられず、誰もが知るような本格的な建築を手がける機会を一度も持てなかった不自由な状況も立ちはだかっていた。また、だからこそ、前川は、あらゆる手立てを尽くして、仕事を得るための苦戦を強いられたのだ。それでも、戦時下に、「バラックをつくる人はバラックをつくりながら、工場をつくる人は工場をつくりながら、ただ誠実に全環境に目を注げ」[104]と呼びかけた前川の思いは、人とのつながりを育む無言の力を彼の建築に与えたのだろう。敗戦直後の紀伊國屋書店創業者の田辺茂一との出会いは、そうした文脈からとらえることができるように思う。

それは、戦時下に建てられた小さな木造住宅がもたらした奇遇の縁とでもいえるものだった。後年、田辺は、前川との出会いについて、次のような回想を残している。

「ようやく新宿の町並みも復興の兆しが見え始めた昭和二十二年のある日、私は友人戸沢民子さんと野口謙二郎氏

（野口弥太郎の令弟）を南平台の邸に訪ねたが、その邸の建築の、豪壮、そして茫洋さが気にいった。設計建築の名をたずねると、前川國男氏であった。いつまでも終戦後のバラック建てでは仕方がない。幸い父の残してくれた炭屋の納屋跡の地所が五百余坪あった。長方形であった。私は前川さんを訪ねた。こちらの資金もなかったが、建築資材も、まだ充分でなかった頃である。私は前川さんに一切をお願いした。そしてめでたく、昭和二十二年五月二十三日、復興第一歩の、花崗岩と木材を配した、新しい型の書店が誕生した。店内に、パリから帰朝の荻須高徳の五〇号の油絵など飾った。[105]」

この出会いまでにはさらに長い前史があった。田辺が、父が家業として営んでいた薪炭問屋の敷地内の空き地に書店を開業したのは一九二七年一月二十二日、二十一歳の若さのときだった。この初代の建物は、田辺が自ら設計して近所の大工に頼み、二階には画廊を設けていた。開業の背景には、一九一五年の大正天皇御大典の日、父に連れられて立ち寄った日本橋の丸善の二階で、金文字の光り輝く洋書の本棚に心を奪われ、「本屋に成ろうと決心させた」十歳のときの経験があったという。[106]余談だが、彼の人生を決定づけた丸善とは、日本初の架構式鉄骨造四階建て、エレベーター付の偉容を誇る赤レンガづくりの近代的なビルであり、一九一〇年に竣工したばかりだった。また、その設計者は、前川とは因縁の深い、当時は東京帝国大学助教授の佐野利器である。その後、開業した紀伊國屋書店は、建て増しして順調な営業を続けたが、太平洋戦争末期の一九四五年五月二十五日に東京を襲った米軍の焼夷弾による空爆によって全焼してしまう。それでも、次のような出来事に田辺は励まされる。

「罹災後、私は荻窪の借家から、一日隔きぐらいに新宿の焼跡にでかけた。戦局の帰趨はどうなるのかわからない。（…）この際、やめてしまうか、それとも、と私は思案の日々であった。ある日、元店員の一人が、戦地から戻ってきた。そして云った。「店を廃めるなんて、惜しいですよ、遠いシベリアでも、軍隊の仲間たちは、店の名を知っていましたからね……」その言葉で、やっと私は決心した。[107]」

奮起した田辺は、早くも敗戦直後の一九四六年十月、跡地にバラックを建てて書店を再開する。おそらく、その頃のことだったのだろう。田辺は、このような再建への思いを抱いていたからこそ、偶然訪れた野口邸に書店の将来像を重ね合わせたに違いない。残念ながら、紀伊國屋書店が全焼した同じ空襲で銀座の事務所を焼失させた前川事務所には、野口邸の図面類などは残っていない。また雑誌にも掲載されなかった。唯一、戦後にまとめられた前川事務所の作品目録の一九四一年の欄に、「野口邸第一案（崎谷）」とだけ記載されている。このことから、基本設計は、崎谷小三郎が担当したのだと思われる。また、現場を担当した吉川清の回想録[108]の記述からは、一九四二年に竣工したことが確認できる。ここに掲載するのは、吉川が大切に所蔵していた小さな写真のコピーである。これを見ると、同年に崎谷の担当で竣工する前川國男自邸と同じく、建築資材統制による木造三〇坪制限下の簡素な建物だったことがわかる。それでも、一階を後退させて丸柱を露出させ、二階の角にL形のコーナー窓を設けるなど、水平線を強調したモダンな外観にまとめられていた。仮設のバラックで書店を再開した直後の田辺にとって、それは新鮮な印象を残したのだろう。

野口謙二郎邸（1942 年）　写真提供・吉川清

紀伊國屋書店に込められていたもの

こうして、先行きが見えない中でプレモスに取り組んでいた最中に、木造とはいえ、本格的な新築の仕事を得たことは、どれほど事務所に明るさと希望をもたらしたことだ

紀伊國屋書店（1947 年）正面外観＊

正面玄関ポーチ＊

ろう。前川にとって、この仕事は、戦前の独立後の第一作である森永キャンデーストア銀座売店（一九三五年）や、コンペの入賞作で唯一実現した同じ銀座の明治製菓銀座売店（一九三三年）以来の誰もが身近に接する街角の建築であり、さぞかしやりがいを感じたに違いない。竣工後、粗末なザラ紙で発行された『新建築』に、設計担当者の寺島幸太郎は、次のような設計意図を書き留めている。

「敗戦後の焦土の中で、都市生活者は食糧の欠乏と文化の荒廃とに悩みつつも、きびしい生活苦と闘って居るのである。せめて精神的な飢餓からは脱れたいと願う学生や知識層の欲求にこたえ、また一方には文化国家の建設の第一歩を踏み出したいと云う書店経営者の熱意の下に、この建築は計画された。求むる良書がいつでも書棚に発見出来る豊富な書籍を有つ店舗、また蔵書を焼失した愛書家には街の書庫として親しまれる書店を創ることに努力した。[109]」

ここには、田辺の、次のような「街の書店」に対する希望も託されていたのだろう。

「本屋というものは、ただ読者に本を売るということだけではなく、（…）少くとも、喧騒な街中の、唯一の学問の緑地帯として、一般の文化的雰囲気の醸成に、大いに努めなければならぬものだろう。[110]」

だが、こうした設計意図と田辺の希望を実現するために必要な建設技術は、戦時体制下の軍の支配による建設業界の疲弊と敗戦後の進駐軍発注工事による混乱によって、大きく損なわれてしまっていたのである。そのことについては、『建築雑誌』のこの建物に対する批評文に記された、「施工の拙劣さに関しては相当検討を要する事であり許しがたい事実である[111]」という厳しい指摘からもうかがえる。

また、同じく寺島が書き留めた次の文章からも、深刻な事態に陥っていた当時の建築界の状況が伝わってくる。

「現場にて痛感したことは、資材難もさること乍ら、荒廃したのは國土計りではなく、建築技術も亦無惨に荒廃して了っていたことであった。戦時中の建築工短期養成の報いは今や二十代、三十代の若い職人には、おっつけ仕事ではないほんとの仕事が出来ないという当然乍ら悲しむべき結果となって表れている。(…)今こそ建築技術再興の方法が真剣に考えられなければならぬ時期であろう[112]。」


戦争は壊滅的な打撃を建築界に及ぼしていたのである。けれども、ここで寺島が指摘した「建築技術再興」という課題こそ、これに続く一九五〇年代に、前川と所員たちが取り組んでいくことになる、工業化素材と構法の開発を通した確かな建築技術の育成をテーマとする、「テクニカル・アプローチ」と呼ばれる方法へとつながるものだった。

また、はるか後年だが、三〇年後の一九七七年に発行された紀伊國屋書店創業五〇年記念誌に寄せた文章には、前川自身による苦労話のエピソードも記されている。

店内2階から1階売り場を見下ろす＊

2階ギャラリー　柱は北山杉の床柱を転用したもの。正面に荻須高徳の絵が見える。以上4点、撮影／渡辺義雄＊

「当時の建築業界は未だ資材の不自由は当然のことでした。室内に立つ柱は電信柱か何かを削って作る筈だったのですがそんな資材は却々揃いません。やむを得ず御座敷用の磨き丸太をさがして来て、これを室内の丸柱として間に合わせるといった有様で、塗装用のペンキもよい油がないので、魚油を使わねばなりませんでした[113]。」

しかし、この紀伊國屋書店の、前川と戦前から交友のあった写真家の渡辺義雄によって撮影された竣工写真からは、敗戦からわずか二年足らずで建てられたとは思えない、清新な明るさが伝わってくる。竣工当時、新宿通

外観透視図　MID 編『前川國男建築事務所作品集』工学図書出版社 1947 年より転載

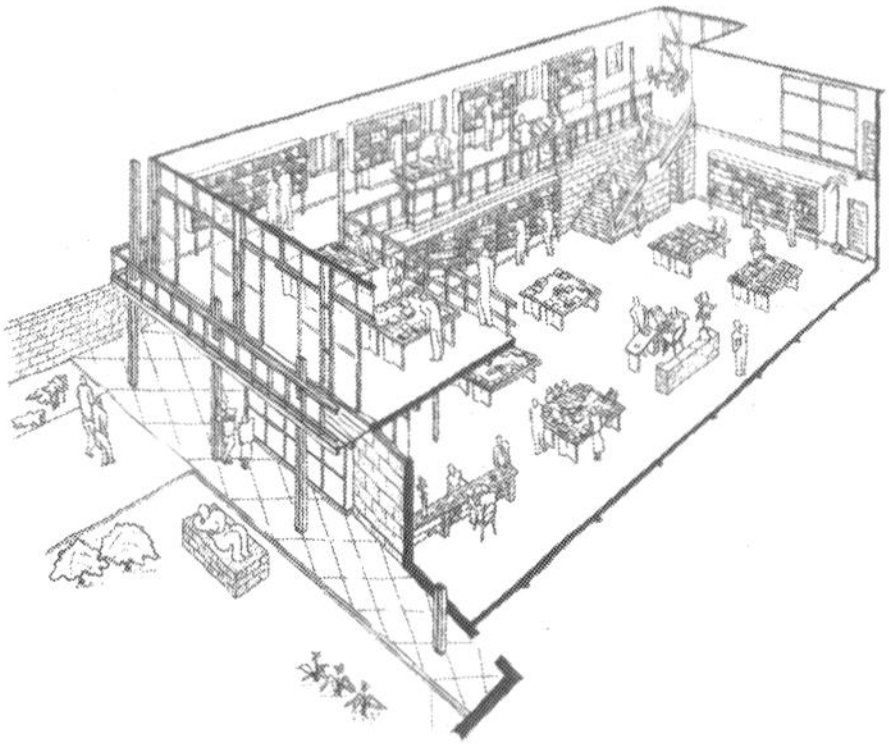
内観透視図　同上

りを挟んだ斜向かいには、テキヤの尾津組が新宿マーケットと呼ばれた闇市を不法に開設し、食うや食わずの半ば飢餓状態で食料と生活用品を求めにやってきた人々の群れで、あたりは騒然としていたはずだ。[114] にもかかわらず、この渡辺の写真には、目の前の苛酷な光景とは無縁な、落ち着きと静謐な雰囲気が写し撮られている。逆に言えば、前川が生前に出版した唯一の作品集[115]に掲載されたカラーの透視図に周囲の街の様子は描かれておらず、渡辺の写真にも写ってはいないのは、むしろ、現実の街の姿が、紀伊國屋書店とは隔絶した生々しい状態だったからだと理解するほうが、より正確なのだろう。

そこに実現された空間の質

それでは、田辺の希望に応えて、前川たちが求めたのはどのような空間だったのだろうか。作品集に掲載された外観と内観の透視図がそのことを明快なかたちで示している。興味深いのは、戦前の丹下健三が担当した岸記念体育会館（一九四〇年）の逆さ折り屋根による正面性を強調したファサードの形式を踏襲しながらも、それとは異なり、大谷石の壁を用いて緩やかに前庭を囲いながら、玄関ポーチへと来客をごく自然なかたちで流れるように導き入れていることだ。そこには、前川國男自邸と在盤谷日本文化会館コンペ案（一九四三年）で獲得された設計方法論、すなわち、内部空間と外部空間、さらにその外に広がる環境的空間が織りなす「全体的空間構成」[116]が自覚的に試みられたのだと思う。さらに、店内に入ると、ポッカリと吹き抜けの大きな明るい空間が現れ、二階へと歩むにつれて次々と展開する悦楽のような空間体験が用意されていることである。これもまた、前川國男自邸から継承されたものに違いない。こうして、紀伊國屋書店には、戦時下の前川が発見し、浜口隆一が、在盤谷日本文化会館コンペの前川案の特質として的確に見抜いた、「行為的・空間的なもの」、「すべて伸びやかであり、明るく、快適である。一言で言えば人間的である」[117]空間が、実現されているのである。そのことは、この空間を体験した人々の記憶に息づいていた。

やや後年だが、一九五〇年代後半に編集者の宮嶋圀夫が撮影したスナップ写真には、両側に小さな木造バラックの商店が建ち並ぶ狭い路地の先にある、紀伊國屋書店の等身大の姿が記録されている。また、同じころの出来事として、田辺はあるエッセイ集の中で、次のようなエピソードを紹介している。それは、紀伊國屋書店を久しぶりに訪れた若い大学教授の「新婚早々の綺麗な令夫人」が、名古屋大学仏文科で学んでいた学生時代に、恩師が語ったという次のような発言を紹介し、それを思い出して立ち寄ったのだという。

1950年代後半の紀伊國屋書店　撮影／宮嶋圀夫
『建築』1964年5月号より転載

「皆さん、東京へ行ったら、一度是非、新宿のK書店へ行って御覧なさい。コルビジェ風の建物を、大谷石の階段を二階へ上がると、洋書部がある。美しいフランス綴じのガリマールの新刊や、バレエの写真や、さてはブラックやマチスの画集を拡げてきて、そのあとひとときの憩いを、書店の前にある、白いテラスにいらっしゃい。三岸、猪熊、岡田、荻須、野口、児島、そんな人達の絵が壁にあって静かに珈琲を飲んでいると、ほんとうにフランスを感じますよ……」[118]

そして、やはり同じころに、姉に連れられて紀伊國屋書店を訪れた一人の少年は、次のような印象を受け取っていた。

「中学生になったばかりであったから、一九五四年頃であろうか。ピアノのレッスンに通う姉に連れられて信州の田舎から上京した私が、東京で初めて知ったのが秋葉原商店街と新宿の紀伊國屋であった。犬屋やブロマイド屋の並ぶ路地を入ってゆくと、突然大きな吹き抜けの空間があらわれ、その下にびっしりと図書館のように本が並んでいた。街道に面して雑誌の並ぶ駄菓子屋のような本屋しか知らなかった私にとって、あの大谷石の壁と木造大架構のオープンな空間で本に囲まれていると、私は心地良さに軽く酔い、妙に気分が昂揚するのを意識していた。あの空間は、自分の想像していた東京という都会の空間を通り越して、ヨーロッパまで私を連れていった。」[119]

　この一人の少年は、後に建築家として活躍する伊東豊雄である。紀伊國屋書店は、前川にとって、紛れもなく、プレモスと同じく、戦後の再スタートを飾る建築だった。

作品集、『PLAN』の刊行とMID同人構想

『前川國男建築事務所作品集』の出版

敗戦直後の前川と所員たちは、窮屈な自邸の居間を仕事場として、進駐軍工事を拒みつつ、プレモスの試作と販売に懸命に取り組んでいた。しかし、先の見えない厳しい時代状況のもとで、最初から苦戦を強いられていく。そんな中、縁あって創業者の田辺茂一から設計を依頼された紀伊國屋書店は、戦争による建設技術の劣化や材料不足に悩まされながらも、彼らに大きな励みと自信をもたらしたに違いない。そして、その成果を公表して、次へとつなげたいと思ったのだろう、前川は、竣工から半年後の一九四七年十一月に、初の作品集となる『前川國男建築事務所作品集第一輯　商店建築』を刊行する。

敗戦後の混乱の時代であり、今見れば粗末なザラ紙を綴じただけの簡素な装丁に過ぎないが、当時は定価一四〇円の立派な作品集だったと思われる。そこには、延べ三四ページにわたって、紀伊國屋書店の平面図や立面図、断面図などの一般図や各部の詳細図だけにとどまらず、構造図や設備図、造付本棚や書籍台、レジスター台や机、椅子に至るまで、この建物を構成するすべての要素の図面が収録されている。同時に、大工や土工など建設に携わった職種ごとの「現場従業人員」や、建設に使われた材料を事細かく列挙した「主要資材数量」も掲載されており、この建物を単なる建築作品としてではなく、ひとつの建設事例として正確に記録して伝えようとする思いが伝わってくる。巻頭には、この建物の前で撮影されたのだろう、四十二歳の壮年期を迎えた前川の肖像写真と共に、次のような緒言が綴

られている。

「私が近代建築を志してこの方早くも二〇年の年月が流れ去った。此の間に積み重ねられて来た仕事の一つ一つを取り上げて見ると随分不出来なものも多い。然し私はそれを少しも弁解しようとは思わない。自分の実力以上の事は出来る筈もないし、少くとも懸命な努力であった事だけは確かなのであるから。

私は昭和五年にコルビュジエの許から帰国して以来仕事に当面する毎にどうしてこう不満足なもの許りしきゃ出来ないのであろうかと随分苦しんだ。勿論私の非才がその大部分の責を負わねばならない事は確かであるけれど、一方社会環境の封建性とそれに関連した建築技術の水準の低さにも重大な原因の潜んでいた事を今にして認めないわけには行かない。

戦火は私共の作品の殆んど凡てを焼き払い、思出深い種々の図面や写真も銀座の事務所と共に焼失してしまった今日、種々の意味から我々の研究所の諸君の骨折で我々の作品の図版を蒐餘して頂く運びとなった事は有がたい事であるが針の莚に坐る心地がする。

茲に蒐録される作品は永い年月私を助けて奮闘された私共の建築事務所々員諸君の努力に負うもの計りである。私共の苦闘時代に――そしてそれはいつ果つえしとも思われない――連日の夜業に煌々と輝いた銀座商館五階の裏窓の光りは生涯私の眼底を去らないであろう。（一九四七・六・二）[120]」

ここに前川が記したように、戦前の事務所が置かれていた東京銀座の銀座商館ビルは、太平洋戦争末期の一九四五年五月二十五日、焼夷弾による無差別空襲によって、内部を焼失していた。そのため、作品集出版の背景には、若い所員たちと夜を徹して取り組んできたこれまでの仕事の軌跡を、せめて自宅や建築雑誌に残る資料を通して記録にとどめておきたい、という切実な動機があったのだ。だからなのだろう。巻末には「前川國男の全作品の集大成（1928～1947）」と銘打たれ、「全七輯」となる第二輯以降の出版予定として、工場生産住宅「プレモス」、集合住宅、住宅図集、公共建築、計画案（競技設計を中心として）、都市計画、の特集が予告されていた。中でも注目されるのは、第6輯の計画案の予告に、「わが国における近代建築確立のための、開拓者の輝かしき闘争の成果」として、遠くパリから応募して落選した名古屋市庁舎（一九二七年）に始まり、日泰文化会館（一九四三年）に至るまでの合計一三件に及ぶコンペ応募案の掲載が予定されていたことである。こうした収録予定の特集内容からも、前川のそれまでの歩みと立ち位置が読み取れる。そこには、遠く、師のル・コ

MID 編『前川國男建築事務所作品集』1947 年

前川國男肖像写真　同左より＊

ルビュジエが時代ごとの作品集を出版し、みずからの考えを広く伝えていた姿に連なろうとする意志を読み取ることもできるだろう。前川の緒言に続いて掲載された生田勉の寄稿文にも、そのことを跡付ける言葉が綴られている。

「近代建築の本質は、近代思想のそれとおなじく、（…）人間の生活を拡大し強化し、それを正当に評価し確立し尊重するところにある。前川國男氏は帰朝以来の約一五年間、黙々として地味に、けれども力強い実践と、又単にショウヴィニズムにすぎない建築家たちへの果敢なたたかいのなかで、ル・コルビュジエを真実の意味で、わが日本に舶載し移植したのであった。

　氏がまた数えきれぬほど多くの競技設計で、つねに第一等の栄冠を獲ち得たことは、周く世に知られている。しかもその案たるやつねに堂々としていて、権力に阿《おもね》らず、微塵も卑屈の点がなかったことが特筆すべき大きな特徴であった。（…）

　ここに敗戦によって、抑圧から解放され、自由を恢復した日本には、新しい世界がひらけはじめている。それはまた氏の新しい活動と飛躍の場である。（…）

　いまこの作品集が刊行される所以は、これが氏の第一期の里程標であるとともに、ここに含まれる偉大な萌芽――それこそは未来の建築のそれでもあり、未来の人間生活のそれでもある――をして、日本のこれからの明るき大地の上に、新しい世代の人々の手によって、はぐくみ、そだて、繁殖することにより、豊饒に結実する日あるを信ずるからにほかならない。[121]」

　生田は、東京帝国大学建築学科の丹下健三や浜口隆一の一年後輩で岸田日出刀研究室に学び、前川と同じく、岸田に借りた原書を元に、卒業論文では、「ル・コルビュジエ論」をまとめている。卒業後、逓信省営繕課に就職し、一九四四年四月からは第一高等学校で図学の教授を務めながら、建築雑誌に論考を発表していた[122]。おそらく、戦前から前川や浜口、丹下と交流があり、寄稿を依頼されたのだろう。この生田の文章からも、敗戦直後に紀伊國屋書店で活動を再開させた前川に寄せる、より若い世代からの期待感が読み取れる。しかし、残念ながら、厳しい出版事情がそれを許さなかったのだろう。結局、続く特集の刊行はひとつも実現せず、結果的に、生前に出版された前川の作品集としては、この紀伊國屋書店を特集した第1輯が唯一のものとなってしまうのである。

『PLAN』発行の動機と意図

そのような不安定な状況ではあったが、前川は、この作品集の出版に続いて、わずか三カ月後の一九四八年二月には、『PLAN』と題した大部の論文集を発行する。副題には、「建築・工藝・都市」と掲げられ、巻頭のモノクロのグラビアページは、「近代建築と機能主義のメッカ」として、W・グロピウスが設計したドイツの造形学校のバウハウス・デッサウ（一九二六年）の写真が使われている。こうした構成からも前川が近代建築運動へと加わるべく、この論文集を発行したことがわかる。続くページでは、見開きでプレモスの製作工程が紹介され、本文には、設計担当者の田中誠と崎谷耿介（筆名、本名は小三郎）によるプレモスについての詳細な報告と図面、竣工写真が掲載された。また、本論では、浜口隆一と生田勉が、当時近代建築を論ずるテーマの焦点となっていた「機能主義」についての論考をそれぞれ記し、続いて柳宗理が、より歴史的な流れを概観する「ラスキン、モリスよりグロピウス、コルビュジエへ」と題する論考をまとめる。さらに、小林文次による「住宅史の課題としての借家」と、浜口美穂による「封建性と機能主義」をテーマとする住まいに関する論考が続き、そして、最後は、ふたたび浜口隆一による「建築意匠学」と題する総括的な論考で全体が締めくくられている。作品集と同じく、こちらの定価は一二〇円、総ページ数一二〇を超える当時としては珍しい本格的な論文集になっていた。同時期の『新建築』や『建築文化』、日本建築学会の機関誌である『建築雑誌』の内容と比較するとき、その論じられている内容の幅の広さと問題意識の高さには驚かされる。このような、いずれも長文の論考からなる幅広い論文集を、この時点で発行しようとした動機とは何だったのだろうか。巻頭に掲載された前川の「刊行のことば」の全文を見ておきたい。

「近代建築は人間の建築である。その故にこそ近代建築を可能ならしめるものは人間への限りない愛情を本質とする「在野の精神」に対する深い理解と逞しい自信とでなければならない。
　単一人類の実現へと向う世界歴史の必然からしてここに言語につくし難い困難な時に恐らく前代未聞の「近代」を辿らねばならない我々の同胞の運命を思う時、我々の近代建築の果さねばならない責務の大きさを思わずにはいられない。何故ならば機能の満足による調和の実現云いかえれば人間性の幸福な発展をあくまで追及《ママ》する近代建築精神一般は――単に建築をその対象とするだけにとどまらず――家庭日用生活器具の設計から都市計画、農村計画、国土計画、更に政治経済の凡ゆる人間的形成の基本的原理としての意味をもつと考えられるからである。
　茲に我々の近代建築精神の陶冶と大方の愛情と理解とを希って我々の貧しい論抄の刊行を決意し、これを『PLAN』と名づける。一九四七・一二・一」[123]
　文中にある「機能の満足による調和の実現」と「人間性の幸福な発展」を追求することが近代建築の「果たさねばならない責務」であるという自覚こそ、前川の近代建築の使命に対する理解の核心を成すものだったのだろう。そこには、ル・コルビュジエから学び取った「近代建築は人間の建築である」という揺るぎない確信のもとで、いかにしてそれを実現させていくのか、という強い問題意識を読み取ることができるだろう。この自覚こそ、戦後の前川が粘り強くさまざまな方法を試みていく原動力となるものだっ

MID編『PLAN1』雄鶏社 1948年

プレモス製作工程の図式図　同上

た。また、だからこそ、原理的なものを見つめながら、幅広く近代建築の可能性を追求するために必要とされる歴史的な知見を集約しようとする編集方針が採られていたのだ。

そして、その編集作業には、浜口隆一の存在が大きかったことが、後年の一九六一年に行われた川添登との対談(124)から読み取れる。その中で、前川が、「組立住宅をやっていたって、なかなか食って行けない、どうしたらいいかと浜口君なんかと相談して、出版活動に取っかかったわけです」と語っているからだ。おりしも、浜口は、一九四七年十二月、前川が『PLAN』の「刊行のことば」を記した時点と、時を同じくして、彼自身の初めての著書となる『ヒューマニズムの建築――日本近代建築の反省と展望』(125)を、同じ雄鶏社から出版している。そして、この出版には前史があった。

浜口隆一『ヒューマニズムの建築』雄鶏社 1947 年再刊版　建築ジャーナル社 1995 年

MID 編『PLAN2』雄鶏社 1948 年

浜口は、太平洋戦争末期の一九四五年六月、北海道への集団帰農計画として募集が行われた「拓北農兵隊」に加わり、美穂夫人と共に石狩郡当別村へ入植者として渡ったものの、敗戦後に内地への渡航が封鎖されて、厳しい生活を強いられていた(126)。晩年に行われた宮内嘉久のインタビュー(127)によれば、そんな中で浜口は、東京の前川から原稿の依頼を受ける。「日本の近代建築とその展望」が与えられたテーマだった。それは、雄鶏社の「編集の高木さんという人と前川さんが企画されたもので、初めは前川さん自身の著書」であり、その「下請け」の仕事だったという。だが、封鎖が解除され、ようやく書き上げた原稿を抱えて東京へ上京し、前川に見せたところ、その内容が必ずしも前川の意に沿わなかった一方で、浜口のことを「世に出してやろうという」気持ちから、「君の名前で発表したら……」と言われて出版したのが、この著書となったのである。おそらく、この浜口の出版がきっかけとなり、雄鶏社から続いて『ＰＬＡＮ』1号が発行され、前川は、浜口に編集協力を求めたのだろう。こうして、1号に続き、半年後の一九四八年十一月に発行された『PLAN』2号の前川が執筆したと思われる「編集後記」には、次のように記されたのである。

「プラン刊行の主要目標は建築のデザイン――広い意味で――に興味をもたれる人々のために役立つということである。しかも問題をできるだけ深く突きこんで、根本的な究明を試みたいというわれわれの意欲からして、（…）謂わば「心の糧」として、現代に生きる建築家・建築技術者の基礎的な教養を培うようなものでありたいとおもう。（…）ここに集められた論文の筆者は、いずれも第一線に精進している若い世代の研究者である。これらの論文に共通して流れる新鮮な息吹こそ、これからの建築の学問の進むべき新しい針路を啓示するものである。こうした意味で、このプラン第2号は新しい学問の建設のために捧げられた。[128]」

　ここにもあるように、2号の執筆者には、浜口の采配だったのだろう、神代雄一郎や山本学治、伊藤鄭爾ら、後に建築史家として活躍する二十代の「若い世代の研究者」たちが加わっている。それにしても、苦しい時代の最中における作品集と論文集の相継ぐ出版には、前川のどのような思いがあったのだろうか。前川は、亡くなる一年前の一九八五年に行われたインタビューの中で、次のように回想している。

「戦後何もすることがなくて、進駐軍の仕事ならあったが、僕はこれは潔しとしない考え方で一切やらなかったので、どうやって食って行けばいいのか分らなかった。それで出版活動に専念したいという考えで、それをやる主体性を持った同人をつくったんです。当時の日本の建築界は進駐軍一辺倒になってしまって、どうにも自由な発想が抑圧されてしまったご時勢でした。そういう時勢を乗切るために出版活動をやろうと同人をつくったんですが、考えてみると随分甘っちょろい考え方で。そんなことで大きなことが出来る筈がないんですが、当時は大真面目にそういうことを考えたんです。[129]」

　先に見てきたように、敗戦後の日本の建築界は、占領政策と進駐軍工事に翻弄され、一方で、戦前の体制のままに復興事業が進められ、肝心の住宅不足の解消や生活環境の向上への道は閉ざされたままだった。そんな中で、前川は、プレモスに取り組みながら苦戦を強いられ、出版によって活路と自由な議論の地平を切り拓こうとしていたのだ。ここにも、師のル・コルビュジエが、建築家としての苦難に満ちたその出発点で、自らの考えを伝えるべく、友人たちと一九二〇年に創刊した『エスプリ・ヌーヴォー』に連なろうとする前川の姿勢が読み取れるだろう。だが、作品集と同じく、第3号の予告が掲載されたものの、発行されることなく、『PLAN』は2号を発行しただけで終わってしまうのである。

MID同人構想に託されていたもの

そして、この前川の回想にもあるように、作品集と『PLAN』の発行には、もうひとつ、前川が戦前から思い描いていた、MID同人という、志を共有する自立した建築家による組織創設の構想が託されていた。そのことは、いずれの著書も「MID編」とされ、論考の執筆者名の前には、所員のみならず、外部の者にまで「MID」と付されていることからも読み取れる。前川は何を求めたのだろうか。このMID同人の構想については、前川の没後の一九九〇年に、宮内嘉久の編集で発行された『前川國男作品集――建築の方法』[130]の寄稿文で、元所員の鬼頭梓が詳述している。その文末を、鬼頭は、こう締めくくっていた。

「前川が、最後まで求めつづけて止まなかったものはすなわち自由な建築家であり、自由な建築家の集団としてのミド同人であった。自由な建築家は、たとえ一人であっても毅然として立たねばならない。そのあまりに困難なことを知る故に前川はミド同人に想いをはせた。そしてその想いの幾ばくかを達したのみで前川は他界した。問題はこうして私たちに残されたのである。[131]」

こう鬼頭が記したように、前川は、亡くなる前年の一九八五年十月一日の事務所創設五〇周年を記念して行われた、大谷幸夫との紙上対談の中で、ミド同人のことを語っていた。

「ミド（Mayekawa Institute of Design）というのは、私の長年の懸案なんですよ。ミド同人という一つの組織をつくりたいとずっと考えていたわけですが、それがなかなか難航しまして、不満が蔓延している状態があるわけなんです。しかし、私も五〇年建築をやってきたわけですから、今度はぜひとも何かこの際一つ、そういったような組織体をつくっておきたいと考えているわけです。（…）これは日本のあらゆる仕事をする組織体としては同人的な、あるいは変幻自在な、いろんな状況に対応しやすいフレキシブルな組織体とでもいうか、そういうものをイメージするわけです。[132]」

そして、次のような建築家としての思いを述べていたのである。

「建築家を志してこのかた、常にぼくの脳裏を離れなかった問題は、結論的にいえば、「建築家はいかに生くるべきか」ということにつきると思うわけです。こうした思いをいたすとき、ぼくは常に自分一人ではないんだと、つまり、建築というのは一人の仕事ではないんだという、そういうことを非常に強く感じるわけです。

したがって、ぼくは自分一人で事務所をやってきたつもりはなく、このぼくらが創りあげた事務所の今までの仕事を考えてみますと、そこに積み重ねられた仲間の人たちの業績というか血と汗がひしひしと胸にせまる思いがするわけです。故になんとかこの事務所の仕事振りをみんなの財産として、永久に残しておきたい気が非常に強くするわけです。」

戦前の太平洋戦争直前の一九四一年八月に、日誌の中に、「日本の建築界の憂は真の建築家らしい建築家のおらぬ事である。(…)真の建築家らしい建築家を作る会　その名を「百塔会」と云う(…)大切な事は建築界らしい建築界を創る事だ　建築家らしい建築家を生む事だ[133]」と一人書き留めた前川は、その最晩年に至るまで、近代建築を育て上げるためには、それを担う自由な存在の建築家の連帯が欠かせないと自覚していたのである。そして、敗戦後にも、出版活動を通じて、そのような連帯の場をつくり上げようと思ったのだ。そこには、一九三一年に敗れた東京帝室博物館コンペの際に、「負ければ賊軍」という文章に記した「自分にとって、日本にとって、世界にとって重要なことは素晴らしき展望を許す水平線への努力である」という建築家としての初心が生き続けていたのだ。

II　建築の工業化を求めて

敗戦後の建築学会と岸田日出刀

建築学会と戦争

これまで前川國男の敗戦後の数年間の活動について振り返ってきた。そこには、過酷な社会状況下の民間の一設計事務所という脆弱な立場にありながらも、大量の住宅不足に対応するための木造組立住宅プレモスの開発や紀伊國屋書店の設計、作品集と機関誌『ＰＬＡＮ』の発行など、建築の戦後を切り拓くための前川と所員たちの懸命な努力を認めることができるだろう。それでは、建築界の中心にあった建築学会は、戦前の体制からどのように脱して、戦後の活動を再開させていったのだろうか。後年の一九五五年に出版された『建築学の概観（一九四一―一九五二）[1]』の序で、東京大学教授で都市火災の研究者だった浜田稔は、太平洋戦争下の建築学術界を振り返って、次のように記している。

「すべての科学が戦時においてそうであったように、建築界も昭和十六年に大戦が始まって以来、好むと好まざるとにかかわらず時勢に応じた研究方向に進んで行かざるを得なかった。すなわち平時と異って戦争遂行のための必要な技術の活用の一分野である建築学での研究は、各種研究機関によって直接又は間接に、時の軍部と連携を取りつつ各自の研究目的達成のために全力を注いだのである。」

文中の「全力を注いだ」研究とは具体的にはどのようなものだったのか。続く本論冒頭の概観で、東京大学教授で建築史家の関野克は、「平和産業としての建築」は、「軍国主義的傾向の国家から何等恩恵を受けること」なく、「戦時を通じて科学技術研究の中にあって、また工業技術についても主役を務めることは出来なかった」として、「わずかに防空建築の理論と実際の発達をみたに過ぎ」ず、「建築については正に技術の遂行でしかなかった」と記している。(2)

たしかに、同書に挙げられた日本学術振興会や文部省科学研究費などの国費で賄われた戦時下の建築に関する主な研究事項と代表者名を列記すれば、耐震構造／佐野利器、防空科学／内田祥三、東亜における建築材料／内藤多仲、工場防空／内田祥三、戦時建築／小林政一・内藤多仲・渡辺要・坂静雄、防空生産施設／浜田稔、都市防衛／岸田日出刀、防衛建築構造／武藤清・平山嵩、地下工場の建築／小野薫、セメント代用土／浜田稔、特殊防空施設／中沢誠一郎などであり、その大半が、空襲に耐えるための対策と、戦争遂行のための建設資材の節約や代用のための研究事項に限られていたことがわかる。また、建築学会においても、「日本における都市防空確立の中核」となる都市防空に関する委員会や、「戦時下における建築の経費労力の節約を計ると共にその質を確保し、かつ設計、施工能力を極度に増強せんことを図った」戦時建築規格の作成などが研究の中心を占めていた。その意味で、建築は戦争に直接資するものではなかったと考えることができるかもしれない。

しかし、『建築雑誌』（一九四六年四月）に掲載された一九四四年度の建築学会収支決算報告によれば、「戦時特別事業費」として、戦時規格作成費、緊要研究促進費などの項目で、本会計を上まわる一六万五二四四・六七円（現在の金額に換算すると約五億円に相当する）という多額の国費が投入されていたことがわかる。また、上記の戦時下の建築に関する研究に対して投じられた日本学術振興会からの経費の総額は、七二万六四七四円、文部省科学研究費の経費総額は、二五万円にも上る。(3) そのことから考えれば、建築学会は、他の研究分野と同様に、戦争遂行とけっして無縁ではありえず、むしろ戦時体制に深く同調することで、自らの研究を推し進めていたのである。同時に、そうした戦時研究に従事することによって、関野の指摘するように、「研究資材と人員は保証され研究者は召集をまぬかれた」のである。そして、前著(4)でも見てきたように、太平洋戦争開戦直後のマニラ、シンガポール占領という緒戦の勝利を受けて、一九四二年二月に、東京帝国大学名誉教授の佐野利器によって建築学会に設置された大東亜建築委員会は、丹下健三を一等に選ぶ「情報局の後援を得て大東亜建設記念営造計画を募集し、大東亜共栄圏宣伝の一役を買った」のであり、「戦局の逆転する昭和十九年の初頭迄、特に建築の歴史、意匠、計画方面の研究者の職域奉行の拠り所(5)」となっていく。しかも、佐野は一方で、太平洋戦争直前の一九四一年九月一日に、建築学会と警視庁、東京市、大日本防空協会の共催、内務省と東部軍司令部の後援で催され、約三五〇〇名の聴衆を集めた「震災記念国民防空講演会」で、次のような悲痛なことを語っていたのである。

「私の演題として掲げました戦線の拡大と申しますのは、要するに、今後の新なる時局が発生した場合に於ては、日本国中が修羅の巷たる戦場となるものと我々は覚悟の臍を固めねばならぬ、という趣旨に外ならぬのであります。(…)若し日本と本式に事を構え、雌雄を決せんと決心する場合ありとすれば、必ず日本の此の最大弱点をついて焼夷弾空襲に依って一挙に勝を制してやろうとするに外ならずと考えます。(…)焼夷弾撃破の要諦は、どんな事があっても火を見て逃げない。必ず消すという決心、即ち所謂必勝の信念であります。絶対に逃げてはいけません。避難は絶対に禁物です。(…)東京の家の約八〇%は貸家だという事です。若し借家を捨てて逃げるものがあったら、契約を放棄したものとして、かえって来ても今度は入れないことにすべきです。(…)我等第一の敵は焼夷弾でありま);
す。逃げてはいけません。不屈不撓、空手空拳と雖も尚之を制圧せずんば止まざるの覚悟を切望致すのであります。[6]」

ここには、政府や軍部と一体となり、戦時体制へ追随していった建築学会の戦前の末路が正直に映し出されている。

この佐野の発言と、直後の一九四一年十一月二十日に、空襲下での退去を禁じ、違反した場合に懲役や罰金を科し、応急消火義務を命ずる条文が追加された「防空法」の改正との関係性は、今後詳しく検証される必要があると思う。[7]

そして、こう佐野が予言したとおり、一九四四年十二月、ワシントンの米陸軍航空軍司令部は、軍事目標への精密爆撃から方針を転換し、焼夷弾による市街地無差別空襲の指令を出すに至る。そして、米軍は、敗戦までの間に、一九四五年三月十日の東京大空襲を頂点に、全国四五都道府県二三七ヵ所を空襲し、累計四五万八三一四人もの命が失われ、焦土となった日本は壊滅的な状態で敗戦の日を迎える。[8]

敗戦後の建築学会

このように、戦時体制へと急速に同調し、最後は支離滅裂とも言える状況へと陥っていった建築学会は、どのようなかたちで敗戦を迎えたのだろうか。敗戦時の建築学会長は、早稲田大学教授で構造学者の内藤多仲である。彼は、東京帝国大学教授の内田祥三の後任として、一九四一年三月から一九四三年二月まで学会長を務めた後、続く東京工業大学教授の小林政一の後を受けて、ふたたび一九四五年三月から一九四七年三月まで学会長を務めることになる。この人事には、おそらく恩師の佐野の影響と指示があったと思われる。[9] 敗戦当時、建築学会が置かれていた建築会館は東京都京橋区銀座西三丁目にあったが、一九四五年五月二十五日の米軍による空襲に遭う。それでも、「五階の全部と七階の一室を全焼し、昇降機の運転不能、ガラスの破損数十箇所其他の小被害」はあったものの、「大体に於て其難を免れ得」たという。[10] 内藤は、敗戦後の一九四五年十一月、再刊された建築学会機関誌の『建築雑誌』に、次のような巻頭言を記している。

「昭和二十年八月十五日の大詔は旧日本が一挙に一八〇度の転換を為し、我々は全く新規に出発すべき事を仰せられたものである。即完全に敗戦無条件降伏万事休す凡ての過去を葬り、ポツダム宣言の履行以外何物も無いと云う事になった。敗戦の原因など多々挙げられて居り今後も研究を要求せられて居るが、尠くも戦争計画なるものが今我々に展開されたのを見ると甚だ杜撰で、各方面に弱点が甚だ多く全く無謀の戦争であったと良くわかる。建築の設計々画施工等を業とする我々から見れば殊にその感が深い。完全な設計々画なしには如何なる建築も満足には出来ない。之が戦争の場合だとついには国を亡ぼす。上は陛下に対し奉り、又祖先に対し、子孫に対し誠に申訳ない次第である。唯この上は戦後の建設に再びこの誤りを為さぬ様完全の設計を為し且之を実施してせめてもの御詫びとせねばならぬ。この点で建築家にも非常に大きい責任がある。(…) 復興には一日の急を要する。学会では建設方面の指標たるべき諸案の研究の為め早速復興建設委員会を設けて国土計画都市計画の面と住宅を始め建築計画及施工の方面との二つの部会を設けて著々研究の歩を進め既に一部の成案を得、且一元的強力なる行政機構設置の案を強調し之を当局に建議しその実行を迫って居る。之に戦災復興院の施策に資する所頗る大なりと信ずるものである。」[11]

ここで内藤は、戦争計画の杜撰さによる「無謀の戦争」であったと断定し、「誠に申訳ない次第」と記す一方で、「戦後の建設」に向けて、早速「復興建設委員会」を設け、戦災復興院の施策に資する研究を進めている、と記している。しかし、歴史を振り返れば、このわずか三年九カ月前の一九四二年二月十八日、建築学会の通常総会において、二月十五日の日本軍によるシンガポール陥落という戦勝報道を受けて、内藤は、次のような発言をしていたのである。「此の曠古の大業を全うすべき其の一翼を荷う所の、荷うべき建築家の、第一線に於ても又銃後に於ても、其の全線に亙って活動しつつある所の建築家の中心の一つの団体である所の建築学会が如何に進んで行くべきかと云うような問題に付いて、聊か考えて見たいと思います。(…) 建築と云い、土木と云い、世人は平和産業であると云うようなことに考える向もあるようでありますが、全くそれと反対で、高度国防国家の重大なる部分を占めて居ると云うことを我々は自覚しなければならぬと思うのであります。（…）独逸ではソ連との戦争に年額五四〇億マルクの金を費して居る、其の際に二五〇億マルクと云うものを以て、占領地の建設又事業の建設に振向けて居ると云うこと、是は防空の見地からの建築もありますし、土木もあります、道路交通色々なものがありましょうが、兎に角戦争と云うことに対しては、建設と云うことが切っても切れない大きな問題であると云うことは、既に御存知の通りでございます。斯様な訳でございますので建築団体と致しましても、此の際大いに此の向う所を御互いに考えなくちゃならぬのじゃないかと云うことを感ずる次第でございます。[12]」

ここに示されたのは、戦争遂行のための「高度国防国家」建設に建築学会は協力していく、との決意表明に他ならない。そして、敗戦後は、それがそのまま「戦後の建設」へと無自覚にスライドしていくのである。だからなのだろう、早くも、敗戦直後の九月八日の役員会で、「事後承諾の件」として、二〇名の委員からなる「戦災復興委員会」[13]が設置される。その一方で、同日に、「戦時的委員会の廃止に関する件」として、戦争遂行に深くかかわった「都市防空に関する調査委員会」や「大東亜建築委員会」などの「全面的廃止を可決」という措置が講じられたのだ[14]。そして、復興建設委員会での検討を急ぎ、十一月十四日に、内閣総理大臣と戦災復興院総裁宛てに「戦後都市計画及住宅対策に関する建議」が提出される[15]。さらに、その成案を得た十一月十日の役員会では、まるで何事もなかったかのように、次のようなことも話し合われていたのである。

「学会今後の事業として差当り進駐軍の現場作業見学、進駐軍中の建築関係専門家との懇談会開催、日本的建築関係資料中優秀なるものの紹介等に依り、進駐軍との接近連絡を図りてはとの提議あり、早速右実現方適当に考究することに意見一致せり[16]。」

また、続く十二月二十二日の役員会では、「日本工学会より進駐軍司令部よりの要求として本邦著名建築事務所の専門並に過去の業績調査書作成方依頼の申越ありたるを以て日本建築士会に移牒し一月十五日右調査書を送付したり」と報告されている[17]。これらの動きからは、敗戦という事態を前に、進駐軍への対応と戦時体制からの転換を急ごうとする建築学会役員会の思惑と混乱が読み取れるだろう。そのことは、『建築雑誌』（一九四六年五・六月号）の「学会情報」の書き出しに、「斯界は当面の戦災復興建設の遂行に又造形文化として建築がわが国の文化的再建上果すべき役割はまことに大である」と記されていることや、「建築規格原案作成委員会の設置」として、「戦時建築規格の原案作成に努力したが、其の実効が現われたのは極く少かったことは残念であった（…）今後は復興建設に役立つ規格を作る建前で（…）学会が引き続き受託協力することとなった」と記されていることからも読み取れる。こうして、建築学会の戦後の活動は、戦時下と地続きで再開されていった経緯が見えてくる。だが、そうした敗戦前後の辻褄の合わない混乱した状況は、当事者にも大きな精神的負担を与えていたに違いない。その一端は、一九四七年三月、建築学会長の退任にあたって内藤が記した、次のような文章からもうかがい知ることができる。

「自分は戦争末期から過渡期の会長の任にあったが、最も不如意の時期で、何一つ斯界に役立ち得なかったのはざん愧に堪えぬ次第である。[18]」

それでも、長かった戦争遂行という重圧が取れ、戦時体制に追従した建築学会に対する反省の意識が少しずつ芽生え始めたのだろうか。「本会をして建築界の総意を盛る団体に相応しい理想的なものへ逐次押進めて行きたいと切望して已まない」として、建築学会の定款の改正要綱案に対する会員からの意見を聴取し、『建築雑誌』（一九四六年七・八月）に掲載する動きも出てくる。[19]そこには、九者によるわずかな意見が寄せられただけだったが、注目されるのは、京都帝国大学助教授の西山卯三と建築家の村野藤吾による提言である。西山は、長文を寄せ、その中で、「建築界の民主化を徹底的に成しとげねばならぬ」として、次のように記している。

「終戦後、建築界にも色々な重大問題がおきている。都市の復興、住宅問題の解決、建築生産の再建等。併しそれらの問題が、建築学会でとりあげられずして、諸々の新しい団体が結成され、そこで議せられ、進められているものが多いということに、学会当事者は、老化し動脈硬化に陥っている自分を振り返る必要がある。学会を学者の会ではなく、建築界全体の会にすること。」

ここにあるのは、目の前で社会的解決が要請されている切実な問題に学会がその役割を果たしていないことへの批判である。西山は、続く文章ではより踏み込んで、「先づ従来の幹部は、学会を斯く偏向せしめた或はその変化に恬然としていた「戦犯者」として総退陣する」べきだと提言し、「昔の学会はいはば翼賛議会の様なものだ。ブッコワさねばならぬ。併しそれは議会の否定でなくて翼賛議員の手から國民に取り戻すのだ」とまで指摘していた。また、村野も、次のような厳しい意見を記している。

「久しきに亘る学会萎縮の原因は、首脳部の人的構成の方法と、委員会其の他の表現形式のマンネリズムにあると思われる。比較的に時間の余裕を持つところの官庁技術家及学界人の一部によって学会は恰も彼等の勢力圏の角逐場の如く見ゆ。」

大阪を中心に在野の一建築家として設計活動を続けていた村野もまた、学会が東京の一部の人たちによって牛耳られていたことを批判せずにはいられなかったのだ。そして続く文章で、村野は「先づ現在の学会を解散し」、「再組織する」と提言している。おそらく、こうした批判にも促されて、建築学会に新たな動きが出てきたのだろう。その中心を担うことになったのが、東京帝国大学教授の岸田日出刀だった。

岸田日出刀の学会長就任

岸田は、以上のような事態が進む中で行われた役員の半数改選の結果、内藤会長のもとで一九四六年度の副会長に就任する。そして、翌一九四七年には、新しい定款にもとづく評議員の推薦と投票によって、初めてとなる会長と副会長の選挙が実施され、会長に岸田が、副会長に運輸省鉄道総局建築課長の伊藤滋と、京都帝国大学教授で構造学者の坂静雄が選ばれたのである。また、岸田の指名により八名の理事が選ばれたが、その中には、学会を厳しく批判した西山卯三や冒頭で触れた浜田稔のほかに、前川國男の同級生で東京工業大学教授の谷口吉郎や戦災復興院の技師だった市浦健、西村源与茂が加わっていた。さらに、評議員には、小野薫、佐藤武夫、丹下健三、高山英華、土浦亀城、吉田五十八らとともに、前川國男も選出されたのである。[20]このことは、日中戦争下の一九三九年に、岸田を理事長に設立された日本工作文化連盟の機関誌『現代建築』に、岸田が託そうとした新建築運動への思い[21]を共有する若い世代が、時を経て、建築学会の活動に加わったことを意味していた。同時に、それは、曲がりなりにも、戦争遂行に深くかかわった戦時下の佐野体制からの歴史的な転換点でもあったのだろう。一九四七年四月、岸田は、会長就任にあたって次のような文章を記している。

「先き頃「建築学会」の定款が改正され、その名も「日本建築学会」と呼ばれることとなり、学会の組織や運営その他多くのことが、時代の要求によく適応するように、大幅の変更が行われました。何もかもがその面目を一新しようとしつつある今の日本のことでありますから、学会も強く新しいスタートを踏み切ることになったわけで、まことに結構なことだと思います。（…）日本再建という大事業の中には、数限りなくむずかしいことがたくさんありましょうが、形の上で日本再建ということになりますと、「都市再建」「建築復興」という二つのことがまず大きくとり上げられなければなりますまい。（…）そしてこの日本に於ける建築の学問技術のことに携る者すべてによって、大きく形づくられている総合的の団体が、われわれの「日本建築学会」なのでありますから、当日本建築学会の責任は極めて重く、その使命は甚だ大きいことはいうまでもありません。[22]」

ここには、穏やかな口調ながら、学会の新生へ向けた岸田の思いが綴られている。岸田が学会長の活動を通して戦後に切り拓いたことが二つある。それは、「建築設計競技執行規準[23]」の作成と、「日本建築学会建築作品賞[24]」の創設である。そこには、戦前に果たせなかった自由なコンペの実現と、建築作品を表彰し、戦後を担う建築家を育てたいとする岸田の願いが込められていたのだろう。そして、前川國男も、その岸田が切り拓いた戦後建築界の中で、続く設計活動を展開していくことになる。

岸田日出刀と「日本的なるもの」

前川國男に影響を与えた人物として、大学時代の恩師である岸田日出刀に触れないわけにはいかない。岸田との出会いは、前川にとって決定的な意味を持っていたからである。十九歳の前川が東京帝国大学工学部建築学科に入学した一九二五年四月、時を同じくして同大学の営繕課技師から転じて助教授に着任したのが二十六歳の岸田だった。前川や谷口吉郎、市浦健らは、最初に教えた学生たちなのである。すでに前著で見てきたように、岸田が前川に与えた影響を列記すると、まず、一九二六年五月の渡欧の際に購入したル・コルビュジエの五冊の著書を貸し与えて、前川が卒業後に彼のパリのアトリエで学ぶ直接の動機となったことが挙げられる。一九三〇年の前川の帰国後は、東京帝室博物館コンペ（一九三一年）で前川案を下審査で評価して入選させようと試み、審査員を務めた明治製菓銀座売店（一九三一年）、パリ万博日本館（一九三六年）、ひのもと会館（一九三六年）、大連市公会堂（一九三八年）の各コンペでは、前川案を一等に選び、在盤谷日本文化会館（一九四三年）でも、一等の丹下案に続く二等に前川案を選んで高く評価した。また、一九三五年の前川の独立後には、自らが設計依頼を受けた十和田湖観光館（一九三七年）を前川に任せて、「基本設計費を三〇〇余円、役所の封筒のまま[25]」渡し、幻に終わったオリンピック東京大会（一九四〇年）の会場計画では、検討案の作成を前川に依頼するなど、前川が建築家として生きる道筋を決定づける多くのきっかけを、岸田は与え続けたのである。

しかし、太平洋戦争下の岸田は、建築学会主催、情報局後援により、「大東亜建設ノ鴻業ニ翼賛セントスル意図ノ昆陽ヲ期ス」[26]という「趣旨」で実施された大東亜建設記念営造計画コンペ（一九四二年）では、前川らと共に審査員として丹下健三案を一等に選び、「大東亜共栄圏建設記念営造計画の実現を望む」[27]という文章を記していた。そして、佐野利器のもとに組織された大東亜建築委員会（一九四二年四月―四五年九月）では、「建築様式に関する事項」を検討する小委員会の主査として、委員の前川や坂倉準三、薬師寺厚、丹下健三、浜口隆一と共に、「国民建築様式」の確立を求める方針をまとめるなど[28]、建築学会の戦争協力とみなされる活動の中心的役割を担っていた。本章は、岸田の歩みを振り返っておきたい。

敗戦直後の岸田日出刀

岸田は、敗戦後一年の節目にあたる一九四六年八月十五日に、戦後最初の著書となる『焦土に立ちて』[29]を出版し、その「はしがき」に、次のような文章を記している。

「戦争となって重苦しいその日その日を送るわたくしは、建築家としていろいろ考えさせられることが多かった。（…）去年の初夏の候、空襲がだんだんひどくなり、（…）殆んどすべての研究室が職員共々山梨県下へ疎開することになった。（…）村の好意で国民学校の教室を研究室に貸してもらっていたが、朝から晩まで富士山が美しく眺められるこの研究室へ毎日通う静かで落ちついた心境の日が二三ヶ月つづくうちに本書の稿もあらかたでき上った。（…）焼野ヶ原を前にして、人はいろいろとちがった感慨に打たれるであろう。家を焼かれ肉親を喪った人たちの感慨は特に痛ましいものがあるにちがいない。建築家であるわたくしは「焦土に立って」どう感じるか、それを綴ったのが本書である。」

このはしがきには「昭和二十一年三月」と記されているから、敗戦直後に書き下ろされたのだろう。綴られているのは、B29による東京の空襲に始まり、焦土と化す前の日本の都市は「果してどれだけ都市としての立派さをもっていただろうか」との問いかけや、「日本の田舎はあくまで美しい。それと対照して日本の都市は極端に醜い」という感想であり、「広場のようなもののないことが、日本の都市を殺風景なものとしている」ことや、「東京の建築には、まず都市全体としてみた場合に何の調和も統一もなかった」との指摘などである。そして、「帝都再建」の指標として、「不燃化」と「立体化」を図り、「空地を大量に確保し」、「その造形が高度の美をもつように考えられなければならない」と提言し、「わが国の都市という都市が真に都市らしい形式内容をもつものとなって生れ変ることこそ、われらの都市が受けた言語に絶する大きな災禍をよく福に転ぜしめうるものであることを銘記したい」と記している。こうした文面からは、戦争協力に対する自責の念を読み取ることは難しい。戦時下の岸田は何を考えていたのだろうか。

「日本的なるもの」をめぐって

そのことを知る一つの手がかりが、一九四八年出版の『窓』に収録された文章から読み取れる。岸田は、戦時下の日本の建築をめぐる状況を、次のように振り返っている。

「戦争がなければわが国の建築はどんな方向へ進んでいただろうか。世界の新しい建築が進むと同じ方向へ進んでいたに違いない。すなわち日本という地方性の制約のうちにありながら、「現代建築」の進むべき方向へまっしぐらに進んでいた筈である。[30]」

続いて、「現代建築の特性とは何か」という視点から、それが「国際的」「民主的」「機械的」であり、「モダーニズム」の特性と一致するとした上で、次のような視点を提示する。

「これら現代建築の特性が、満州事変以後のわが国においてすくなからずゆがめられていたことはたしかである。片よった国家主義や軍国主義から、それまで順調に発展しつづけてきたところのわが国の国際建築にかなりの暗影が投げかけられ、国粋主義的の風潮が日本の建築をすくなからずかたくなのものにし、心ある建築家の心を暗くするような事例もすくなくなかった。だがこうした建築の時代錯誤的傾向はさまで意識的なものでもなく、またそれが強く強制されるということもなかったことは、ナチス独逸で国際的な傾向がそのあらゆる芸術分野から根こそぎ駆逐追放された極端な例とは、かなり事情がちがっていた。」

ここで注目されるのは、戦時中の日本の国際建築をめぐる状況が、ナチスに「駆逐追放」されたバウハウスのような、強制を伴う意識的な弾圧はなかったと証言されていることだ。さらに、岸田は、戦時下の「日本的なるもの」をめぐる議論が、「現代建築」に通ずるものを持っていたとして、次のような考えを提示していく。

「国家主義の隆昌と歩調を合せて、わが国ではそのあらゆる方面で「日本的」なるものの探求がさかんとなり、建築の分野でもこの日本的なるものの検討と再認識とが熱心に企てられるようになった。わたくしなども、この「建築における日本的なるもの」の再認識について最も熱心に研究をつづけたものの一人であったし、また現に今でもそうである。」

ここでよく考える必要がある。世に「日本的」といえば、何か神がかり的のものを連想しがちであるが、建築における「日本的」要素の中には、そうした空疎の精神主義らしいものは微塵もないのである。日本の風土気候や風俗習慣、建築の材料や技術に即して、建築の日本らしさをどこまでも即物的に探求し、それを今日及び将来の日本の建築に拡充発展させようというのが目標なのである。」

このように、岸田は、「日本的なるもの」が、敗戦後の今でも研究に値する重要なテーマであり、自らも研究中だと指摘したのだ。さらに、「日本的なるもの」の特質として、「構造即表現」「表現の簡明」「無装飾性」「明朗開放性」を挙げ、これらが現代建築の特性と相通ずると指摘する。そして、「わが国の建築はすでに民主的なる衣裳を正しく粧っていた」と結論づけるのである。こうした考えの背景には、「研究室の疎開の後始末に終戦後四五ヶ月甲州の八ヶ岳南麓に仮住すること」になり、冬を越すことになった際、岸田が卒業生二人と翻訳して読んだ、クロード・ブラグドンの『建築とデモクラシー』（一九一八年）という著書[31]の存在があった。この本は、一九二七年の欧米視察の際にニューヨークで買い求めたものの、「書斎の隅に押しこんでしまってついぞ読むということもなしに過してしまったが、去年の夏日本敗戦ときまって新聞にラジオにデモクラシーの語が朝に晩に記され語られるようになり、このデモクラシーという言葉からふとこの書を想い出してページを繰ってみた」のだという。[32] そこには、敗戦直後の混乱にあった東京からは離れた静かな環境の中で、求めるべき「現代建築」の姿を、「日本的なるもの」と「デモクラシー」との関係性において考えようとした岸田の姿勢を読み取ることができるだろう。[33]

戦争をめぐる世代間の確執

しかし、敗戦直後に疎開中の岸田が上京して行った最初の講義を聞いた東京帝国大学建築学科に在籍する十九歳のある学生は、次のような印象を受け取っていた。

「秋の学期の開始のときだった。岸田日出刀というのは、いったいどういう講義をするものか、一度聴いておこうと思って、僕は第一工学部の建築の教室で一番後ろの席に座っていた。（…）岸田教授は教室へ入ってくるなり、無言のまま白墨を手にすると黒板に向って大きな字を書きはじめた――Dと。そしてEMOCRACYと、大文字を横一杯に書き終えた岸田教授は、こちらを向くなりこう言ったのである――「これからの建築はだね、デモクラシーの建築だよ」と。（…）僕は黙って教室を出た。誰とも言葉を交わさなかった。何がデモクラシーの建築か、とぼくは心底から腹を立てていた。《ナチス独逸の建築》を書いたのは、どこの誰だというのか。――8・15から一と月経つか経たないときである。ぼくは哀れな便乗主義者《オポチュニスト》の姿をそこに見たのである。[34]」

こう一九七四年に記したのは、後に前川國男の著書や作品集を編集者としてまとめることになる宮内嘉久である。宮内は、同文の註に、岸田の『ナチス独逸の建築』（相模書房、一九四一年）が、「著者はそこでナチスの建築を賞揚しているわけではない。「主観的な批判はいっさい添加しない」という形で、「紹介」にとどめる立場をとっている」と追記している。それでも、同級生を五月二十五日の東京山の手空襲の焼夷弾直撃で失った宮内には、戦争に協力し、ナチスの著書を出版した岸田は、「己の主体的責任を、まず自らに問うことからはじめるのが筋道」だと思えたのだ。この宮内の怒りは、同世代の思想家の吉本隆明が、彫刻家で詩人の高村光太郎の敗戦直後の詩「一億の号泣」に抱いた次のような感情と同質のものだったのだろう。

「わたしは、はじめて高村光太郎に異和感をおぼえた。（…）高村もまた、戦争に全霊をかけぬくせに便乗した口舌の徒にすぎなかったのではないか。あるいは、じぶんが死ととりかえっこのつもりで懸命に考えこんだことなど、高村にとっては、一部分にすぎなかったのではないか。（…）わたしは、降伏を決定した戦争権力と、戦争を傍観し、戦争の苛酷さから逃亡していながら、さっそく平和を謳歌しはじめた小インテリゲンチャ層を憎悪したことを、いっておっておかねばならない。（…）支配者は、無傷のまま降伏して生き残ろうとしている、そのことは許せないとおもった。[35]」

戦争をめぐる世代間の受けとめ方の違いが如実に表れたこの問題は、より詳細に掘り下げられる必要がある。だが、『窓』に収録された別の文章からは、岸田が、敗戦後に掌を返すように「デモクラシーの建築」と突如話し始めたのではないことが見えてくる。

「戦争中わたくしは講義がしにくくてしようがなかった。（…）窓外の騒々しい戦争の声にかき乱されて、講述にどうしても張りが出なくてこまった。（…）たとえば、「建築意匠」の講義で、その総論の項下に「現代建築」を説く場合、わたくしの講義ノートには、次のように述べるべきことがメモしてある。

「われわれ建築家の当面する建築は、新しい建築すなわち現代の建築であります。英語でいうモダーン・アーキテクチュア（…）であります。（…）モダーニズム（現代的であること、現代性）の特徴としては、（…）次の三つのことが指摘できましょう。第一はインターナショナル（国際性）ということであり、第二はデモクラティック（民主性）ということであり、そして第三はメキャニカル（機械性）ということです」

かようにまず説いて、現代の建築がこれらのモダーニズムの特性とどんな関係に結びついているかについて更にこまかに講じようというのであるが、満洲事変この方国粋主義や国家主義がだんだん幅をきかすようになり、太平洋戦争になってからは、国際性とか民主性というようなことは、大きな声では言えないようになってしまった。（…）黒板に英語でインターナショナルと書きまたデモクラティックと書いて説明するのだが、その講述は何となく熱を欠いたものとなり、われながら情けなく不甲斐ないことだと思った。また窓外に迫る時局世相の重圧は、こうした講義の内容を聴いて、学生諸君が果してなるほどと共鳴するかどうか、すくなからず不安に思われぬでもなかった。[36]」

戦時下においても岸田が「現代建築」の特徴として「デモクラティック」と述べていたのかどうかについては、その真偽を確かめる材料を筆者は持ち合わせていない。しかし、岸田の戦時下の思考については、より慎重な検証が求められると思う。そこで、岸田の戦前期の言説を見ていくことにしたい。

戦前期の岸田の思考と矜持

岸田は、「日本建築の再検討」と題された一九三五年の文章で、次のように記している。

「日本的なものを求めるという声は、現時日本の各社会部門に於いて膨湃たる勢いを示しておる。（…）建築方面に於いても、日本的な要求の探求または在来の日本の建築のもつ美点なりよい伝統なりを活かすという主張は、数年前からかなり強く認められる現象である。私もかかる主張を熱心に強調する者の一人であり、（…）「過去の構成」という一書を著して日本建築再検討の必要とその意義ある所以を世に問うたことがある。その後（…）古建築を現代的の眼で見直すことの重要さがはっきりと主張されるようになった。過去の日本の建築を検討するのはよい。しかしそれに捉えられるということは最も危険なことである。（…）近頃諸処に散見する浅薄な上べだけの日本趣味の建築の如きは、過去をただそのまま現代に応用した無反省なもので世を過るの甚だしいものである。[37]」

ここにあるのは、京都市美術館や軍人会館、東京帝室博物館のコンペで求められた「日本趣味」を基調とする折衷主義的な帝冠様式をきっぱりと誤りだと否定する視点である。また、そこからは、『過去の構成』（一九二九年[38]）の序にもあるように、過去の日本の建築を、「現代の構成意識とも言うべき観点から眺め」、「現代人としての自分を何等かの点で啓発してくれる造形上なり或は構成上なりのエッセンスともいうべきものを、そういう過去の日本の建築その他から見出したい」という問題意識を読み取ることもできるだろう。続く文章で、岸田は、日本の建築の特質について、次のように指摘している。

「日本建築には豪壮というような気分はあまり認められぬ。（…）日本人は古来一貫してこの上ない自然の愛好者であった。（…）繊麗を愛し、優雅を好み、洒脱明解で浅薄に堕しない程度の軽快と淡白とをよしとする。重厚、野卑、鈍重、濃厚、錯雑の如きは日本人から最も遠い趣味感情である。表現意匠上にみる日本建築の特徴は、かような日本人の国民性や美的感情を如実に示してをる。」

また、この文章の収録された共著の「まえがき」には、一九三五年当時の時代状況をうかがい知ることのできる、次のような言葉も記されていた。

「最近における日本文化の主要なる特徴は何かといえば、いうまでもなく復古的精神の抬頭である。この傾向は、満洲事変以来、所謂非常時の掛け声の中で、特に高まって来ている。（…）かかる情勢を前にして、日本文化を全面的に具体的に再検討し、その中に含むプラスとマイナスとを大胆に曝け出し、そのプラス的部分を歴史の発展の方向に結びつけて発展させて行くことは、日本文化の全体的発展にとって特に重大な意義を加えるであろう。（…）日本の自由主義運動の日本的性格を描き出すことにも努力した。」

この本に託されていたのは、戦争へと突き進む中で声高に叫ばれる「復古的精神」に対して、自由主義運動の視点から「日本的性格」を対置させようとする戦略的な抵抗の意図である。[39] さらに、岸田は、太平洋戦争目前の一九四一年春に海外向けに放送した講演の草稿でも、次のように記していた。

「日本の新しい建築は、（…）その意匠上の表現はどこまでも軽快なものでありたいというのが、我々日本人の趣味感情である。（…）日本の建築は、尠くもその意匠表現という上では、十九世紀末のセセッション運動以後のヨーロッパに於ける各種新建築運動の感化影響をかなり鋭敏に感受している。（…）即ち「現代の建築はどこまでも現代のものでありたい。過去の皮相を借りることによって現代の建築を欺瞞することを止めたい」という現代建築家としての態度には、西も東も差があってはなるまい。（…）今日の日本の建築を現代のものたらしめるとともに、またそれを飽くまで日本のものたらしめようという点に、今日の我々日本の建築家の大きな苦心がなされつつある。[40]」

この文章から読み取れるのは、「今日の日本の建築」を、遠くヨーロッパで始まった「新建築運動」とつなげようとする持続的な意志だ。そして、岸田の立ち位置がよく表れたのが、一九四三年の在盤谷日本文化会館コンペだった。それは、同年度の建築学会大会で、「此の決戦下我々が担当する建築技術の分野に於ける研究活動を指導すべき原理は「建築は兵器なり」と云うことである。（…）研究者の大同団結をして今後益々発展せしめ、その研究活動を他部門の研究活動と組織的に連絡統一し、建築研究の画期的進展を期し、以て大東亜戦争完勝に寄与しなければならない」[41]と声高に叫ばれる中で実施された。しかし、岸田が審査の中心を担ったこのコンペが求めたのは、「簡素にして優雅なる我が国独自の伝統的建築様式を基調」とするデザインだった。しかも、丹下案を一等に選びつつも、「審査の段階から自分は、平面は前川案、立面は丹下案にしよう」と考え、その実施平面図を、「空間構成」を最重要視した前川案で丹下に描かせていたのである。[42]

こうして、岸田の軌跡を見てくると、そこには、宮内が「便乗主義者」と批判した姿ではなく、むしろ、時代に迎合するかのように見せかけながらも、「日本的なるもの」という言葉を隠れ蓑のように巧みに用いて、戦争が求める「豪壮」を拒否し、「繊細優美にして洗練された」軽快さを持つ「現代建築」を目指そうとするしたたかな矜持を読み取ることができると思う。そして、これから見ていくように、前川の建築にも、岸田の切り拓いた「日本的なるもの」と「現代建築」を結ぶ眼差しは、大きな意味を持ち続けることになる。

木造バラックの時代を乗り越えて

慶應義塾大学病院の再建

敗戦後の混乱の中で、一九四七年五月二十三日に竣工した紀伊國屋書店に続いて、前川が設計を手がけることになったのは、同じく木造による慶應義塾大学病院の再建という困難な仕事だった。ペスト菌の発見者であり、「日本の細菌学の父」と称される医学者で細菌学者の北里柴三郎を初代の医学部長に迎えて、慶應義塾大学に医学部が創設されたのは一九一七年のことである。一九二〇年十一月には校舎と病院も竣工し、北里は初代病院長にも就任する。このような経緯には、慶應義塾の創設者である福沢諭吉が、晩年に、北里が初代所長を務めた私立の伝染病研究所の設立（一八九一年）を援助したことへの恩返しの気持ちがあったのだという。[43] 開院した慶應義塾大学医学部附属病院は、東京市四谷区西信濃町（現・東京都新宿区信濃町）の中央本線の信濃町駅前に広がる元・陸軍省用地の払い下げを受けた七万五千平方メートル余の広大な敷地に、約五〇〇人の患者を収容可能な七つの病棟と隔離病棟などが順次建設され、民間の大規模病院としての着実な歴史を積み重ねていく。

しかし、続く太平洋戦争下には、医療救護や診療防疫などの任務で、多くの医師と看護婦が中国、フィリピン、ビルマなどの戦地へと駆り出され、中には不幸にも還らざる人もあった。そして、一九四五年五月二十四日未明の米軍機B29の焼夷弾空襲によって、外来、病棟、医学部等を合わせて、全体の三分の二に近い約三万平方メートルの建造物が焼失してしまったのである。ただ、「不幸中の幸いは患者全員を無事に救出し得たことが第一であり、更に戦災一ヶ月前に重要な診療設備をコンクリート建築の別館に移し、その後の最少限度の診療に間に合わせることが出来たこと[44]」であった。この空襲の際の救出劇については、翌日の『朝日新聞』にも、「学徒挺身隊と看護婦、医局員の一致敢闘により、別館、図書館、予防医学教室等、八建築を猛火から救ったばかりではなく、二百余名近くの入院患者をカスリ傷一つ負わせず無事に救出し了せた」と報じられた。

こうして、壊滅的な被害を受けて焦土と化した慶應義塾大学病院だったが、「あくまで信濃町に踏みとどまって復興をはかるべき」との方針のもと、焼け残ったコンクリート造の校舎に患者を収容して手術を行いながら、近くの信濃町教会を借りての講義が再開されていく。そして、医学部の同窓会長が前川國男と知り合いだったこともあり、前川に設計が依頼される[45]。おりしも紀伊國屋書店が竣工する一九四七年春のことだった。もしかしたら、その清新な姿を見て、前川なら木造による緊急の病院再建を実現してくれるはずだ、と病院側が考えたのかもしれない。しかし、延床面積はその十倍を超える約六六〇〇平方メートルもあり、二千万円余の工費[46]を投じる桁違いの規模だった。施工を担当したのは紀伊國屋書店と同じ清水組（現・清水建設）であり、あるいは施工関係者はそのままスライドして工事を担当したと推測される。それでも、材料の調達や職人の確保など、敗戦後の混乱の中で、建設には困難を極めたに違いない。設計担当者の一人である野々口夫は、竣工後に次のように書きとめている。

「神宮の絵画館を南に見る焼跡に立って基本設計に着手したのが一九四七年の春、施工図面の完成は八月末であった。一九四八年の新春早々着工し、当時の当てにならぬ貨車輸送を当てにしてやっと四月末日に挙行の上棟式の時は秋の開院は一寸無理の様に思われた。六、七、八の三ヶ月間現場の人達の異常な努力によって九月末完成の見込がついた。（…）限られた工事費を有効に…と可成り色々な点に留意はした。外部に面する窓は、殆んど規格を統一し、此の窓硝子は二尺×三尺のものを全々切無駄を無く使用した為千平方尺の節約となり、本工事の大部分を占める木工事に付いても造付家具に至る迄部材、工法、寸法等を規格化するのに努めた。此れ等の点に付いては可成りの成果を納めたと考えている。「エレベーター」の使用出来ない之の建物では患者の為に勾配一四・一六％の斜路を使用している。馴れない仕事もあった様だが、現場の人達は良く不自由な中で此の仕事を完成してくれた[47]。」

野々口のこの文章からも、当時の厳しい建設をめぐる時代状況が読み取れる。後の一九八三年にまとめられた『慶應義塾大学医学部六十周年記念誌』には、再建の経緯が次のように報告されている。

「医学部が独力で福沢の独立自尊の精神により木造二階建の外来診療部及び病棟の新築に着手したのは昭和二十二年十二月二十七日である。設計は前川氏、建築は清水組、延一九九三坪、竣工は昭和二十三年九月三十日、現在から考えるとバラックに毛の生えたようなものであるが、当時は日本における木造三大建築物の一つとたたえられた。各科外来診療部は外来患者八〇〇名を基準とし、病室は一五三床で全く狭いものであったが、この新築の外来に移ったのは十月で、昭和二十三年十一月五日に新築落成披露を行った。[48]」

この再建によって、慶應義塾大学病院は、いち早く診療を再開し、順調な戦後の復興を遂げていく。一九五〇年代に入ると、鉄筋コンクリート造による長期復興計画にもとづいて、病棟や校舎、看護婦宿舎などが相次いで建設され、一九六三年には中央棟が完成する。そして、一九六五年に竣工する正面玄関となる一号棟の建設の際に、前川が設計した木造の病院は、玄関を含む東側の主要な建物が取り壊されてしまう。それでも、残された西側の病棟の一部は、一九八〇年五月まで転用されて使われていた。[49]実は、前川事務所には、竣工の翌年の一九四九年に作成された「慶應病院計画案」と題する一枚の透視図が残されている。おそらく、これは、将来計画として病院へ提案する目的で描かれたものなのだろう。しかし、戦前の森永製菓の本社計画案でも味わった悲哀と同じく、[50]弱小の一民間事務所には、本格的な再建の仕事は依頼されることがなかった。苦しい事務所の経営が続いていたのである。

試みられた平面計画の意味

ここで建物の特徴についても見ておくことにしたい。注目されるのは、敷地全体に手を広げるように、診察室棟と病棟、階段教室や医局部門などの棟が、ひと続きにつながって配置された卍型の平面計画である。それは、空調設備もエレベーターの設置も望めない中で、いかにしたら快適で清潔な病院の環境を整えることができるのか、に応えようと導き出された形なのだろう。自然光を室内に取り込むために病室や診察室を南面一列に並べ、それらを北側の廊下がつなぎながら各棟が敷地いっぱいに伸びており、その総延長は約四四〇メートルにも及ぶ。また、単調になりがちな平面計画に、紀伊國屋書店の正面の店構えで実現したような、全体の顔となる象徴性を与えようと工夫されたに違いない。L型に手を広げるようにコーナー部分に取られた南側中央の玄関棟は、戦前の前川國男自邸や紀伊國屋書店と同じく、大谷石を用いた塀が水平に伸びる庇の下に入り込み、床から天井まで開けられた玄関まわりの明るいガラスの開口部が来院者たちを迎え入れる。また、切妻屋根がクロスするコーナー部分の特異な造形処理も、紀伊國屋書店の逆さ折り屋根を発展させたものなのだろう。そして、中へ足を踏み入れると、約一〇〇平方メートルの広間と二階へと上がる緩やかな斜路が見えてくる。天井高さは二・七六メートル、直径一八〇ミリの丸柱がブナ材の床に林立するその透明感あふれるたたずまいは、遠くル・コルビュジエの空間を彷彿とさせる。こうして限られた予算と木造という制約を受けながらも、戦前から模索してきた建物の内部と外部の空間が一体となって伸びやかな空間を展開する試みが果たされていたのである。それは、戦時下に自邸や在盤谷日本文化会館コンペ案（一九四三年）でつかんだ「一筆書き」の平面計画の踏襲でもあったのだろう。

　この慶應義塾大学病院は、独立後の前川にとって、木造の仮設建築ではあるものの、国内で設計を手がけた中で最大規模の建物であり、『新建築』一九四九年二月号の表紙と巻頭八ページを飾った。[51] その意味で、紀伊國屋書店に続き、前川の戦後の

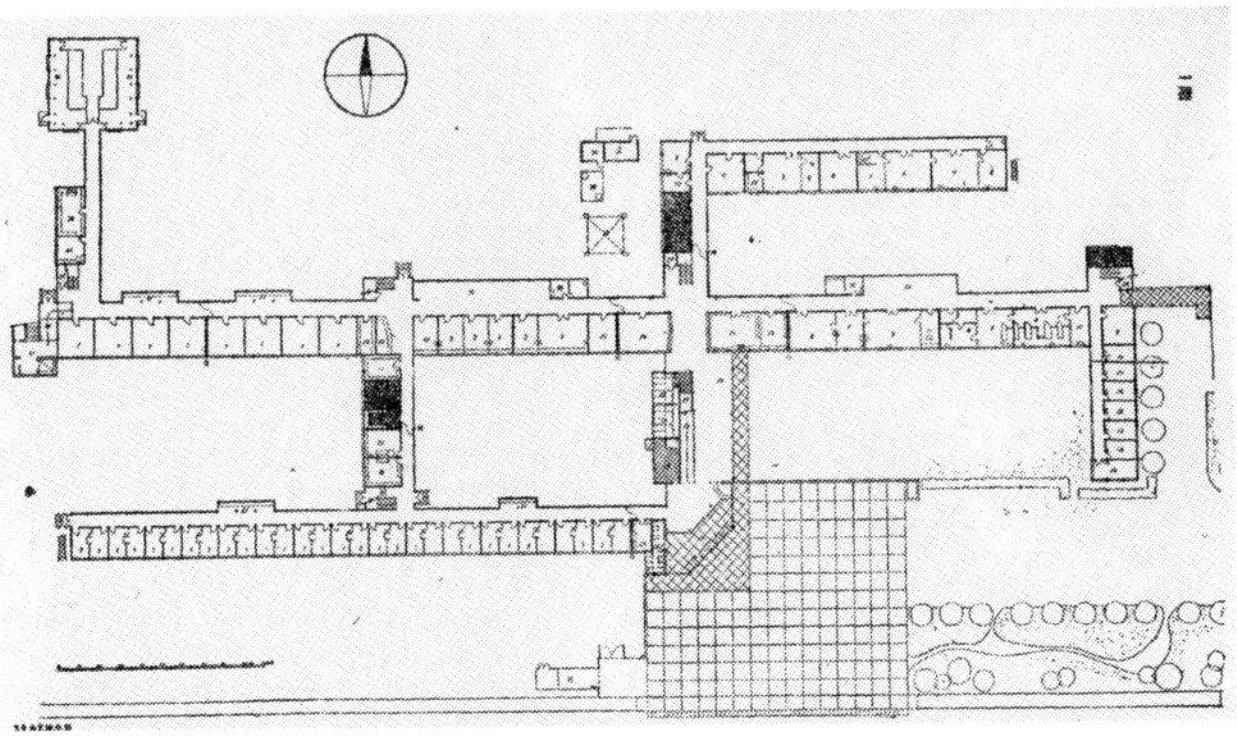

慶應義塾大学病院 1 階平面図　『新建築』1949 年 2 月号より転載

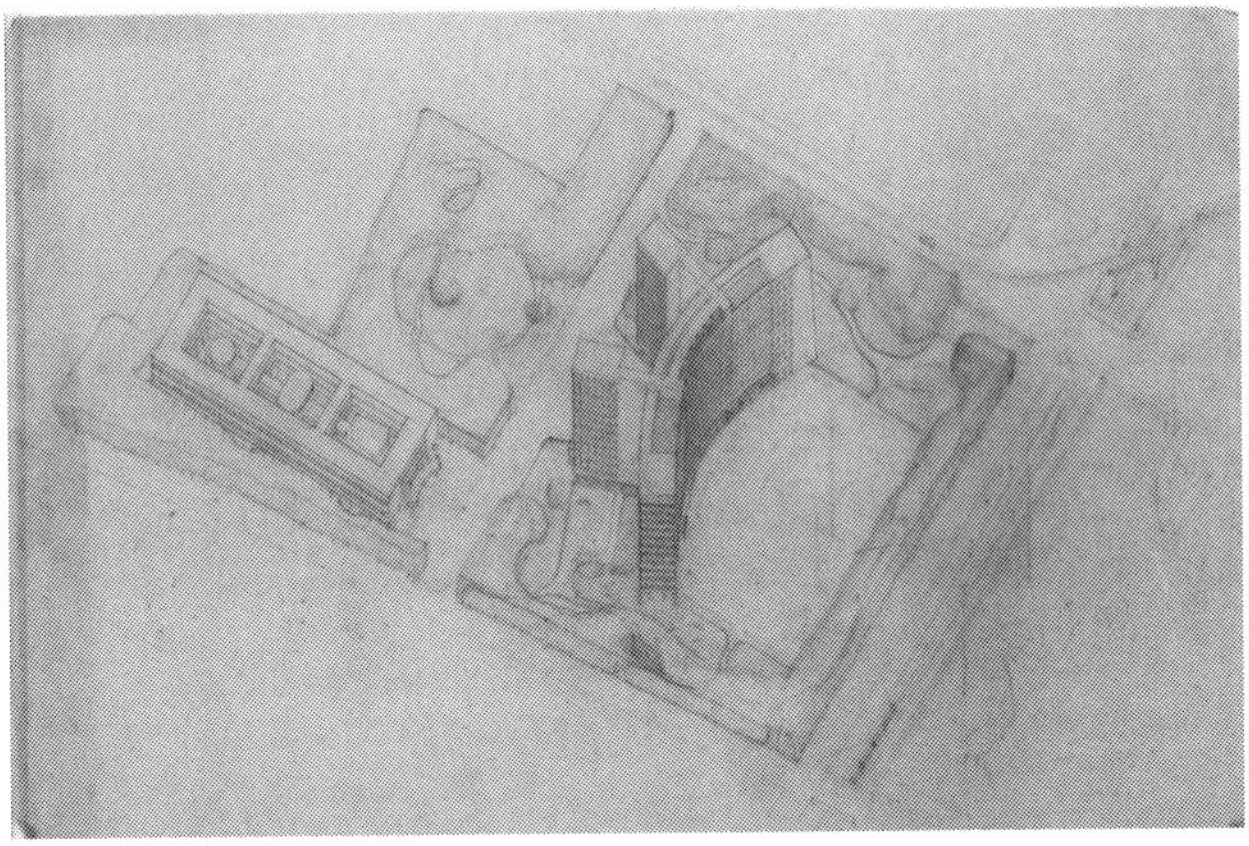

慶應病院計画案 1949 年＊

出発点を象徴する建物でもあった。

寄せられた建築批評から

この建物については、当時まだ東京大学第二工学部建築学科の大学院生だった吉田秀雄が、次のような批評文を寄せている。

「非常な経済的制約を受けながらも、よくそのなかにあって竣功した慶應病院は戦後において最も大規模なそして注目すべき建築の一つである。外苑の傍の門を入って最初に眼をひくのはその正面玄関の特異な取扱いであろう。病院建築といえばなにか頑なな或いは陰気なものと想像されるようないままでの取扱いから脱れて、開放的なファサードをもった構成は、この意味では一つの成功であり、さらにアルコーブによる待合室の解決、患者用ランプの使用、規格の統一等と、一流の建築家の大きな試みがこの貧困な時代に少しずつでも実現されたことは、われわれにとっても大きな喜びである。[52]」

ここには、前川とスタッフたちが実現しようとしたこと、すなわち、明るく清潔で伸びやかな病院としての空間の質感が目撃されていたことがわかる。吉田は、その一方で、続けて、「しかしわれわれは喜びにのみ終って、これを単純に一つの指標として仰ぐことが許されるだろうか」と問いかけ、次のような批評を展開していく。

「玄関の外観に眼を見張った人は、中へ入ってまずそのホールに外来患者とさらに入院患者とが錯綜するのに驚きさらに診察室廊下のこれらの人達と看護婦達の動きの一層の激しさ、混雑さに気づくに相違ない。このため折角の待合室は北面という条件も加ってその効果を半減し、ランプの意味も曖昧になる。玄関ホールを中心としての構成は一見きれいではあるが、入院部と外来の諸入口が一になってしまったこと、さらに診察室と病室との関係による内部動線の煩雑さ等、このブロックプランが種々の貴重な細部の試みにもかかわらず、消し難い欠陥をもつことは否定できない。」

吉田は、このように記し、「病院という社会的機能の把握に欠ける」として、「人間の建築」を標榜する前川の設計姿勢を厳しく問おうとしたのだ。こうした吉田の論調にも、敗戦後の建築界に広がった若い世代における戦前世代の建築家に対する批判的な眼差しを読み取ることができるだろう。ちなみに、この批評文が掲載されたのは、一九四七年六月二十八日に結成された新日本建築家集団という組織の機関誌『ＮＡＵＭ』の第二号である。この「近代日本における建築運動史上、最大の組織を誇った運動[53]」であった新日本建築家集団の結成目的は、「建築活動の民主化を

慶應義塾大学病院（1948 年）　正門から見る建物全景＊

玄関ホール＊

西側からの建物全景　以上、撮影／渡辺義雄＊

図り正しい建築文化を建設し普及すること」とされ、綱領の冒頭には、「建築を人民のために建設し人民の建築文化を創造する」と謳われていた[54]。残念ながら、慶應義塾大学病院について前川が記した文章は残されておらず、こうした批判をどのように受けとめたのかはわからない。しかし、不満足な結果と十分に認識しつつも、太平洋戦争下に、「バラックを作る人はバラックを作り乍ら、工場を作る人は工場を作り乍ら、ただ誠実に全環境に目を注げ[55]」と呼びかけた姿勢のまま、甘んじて批判を受け入れようとしたに違いない。何よりも、目の前にある具体的な建築に精力を注ぐことこそが、次の手がかりを切り開くことにつながるとの信念を前川は持ち続けていたと思えるからである。

敗戦後の建設業の実態

ここで再度確認しておきたいのは、敗戦前後の建設業が抱え込んでいた建設技術の疲弊という過酷な現実である。そのことの一端を知る手がかりとして、敗戦直後の最も困難な状況下の建設業界の取りまとめ役として日本建設工業統制組合の理事長や特建協力会の会長を務めた竹中工務店取締役社長の竹中藤右衛門が記した回想の言葉を引いておきたい。

「支那事変から太平洋戦争を通じての軍関係または軍需と直結している工事のことを思いかえすと、その何%が果たして業者本来の建設という使命から見て、プラスであったかと疑うのは私一人ではないと思う。これは戦時中だけでなく、占領軍の進駐後の諸工事の大部分についても考えられることであるが、われわれが十年、十五年と精魂を傾けつくした仕事も、結局は戦争というものを中心としてカラマワリに終わったように思えてならない。[56]」

　こう竹中は記した上で、敗戦直後のことについて、「工事の詳しい記録は多く失われた。特に軍関係のものは当局の勧告によって焼却して残っていないが、昭和六年以降における軍需関係の工場などの断片的な資料を拾ってみる」として、自らの会社の記録を表に掲げた上で、次のように指摘している。

玄関まわりの外観＊

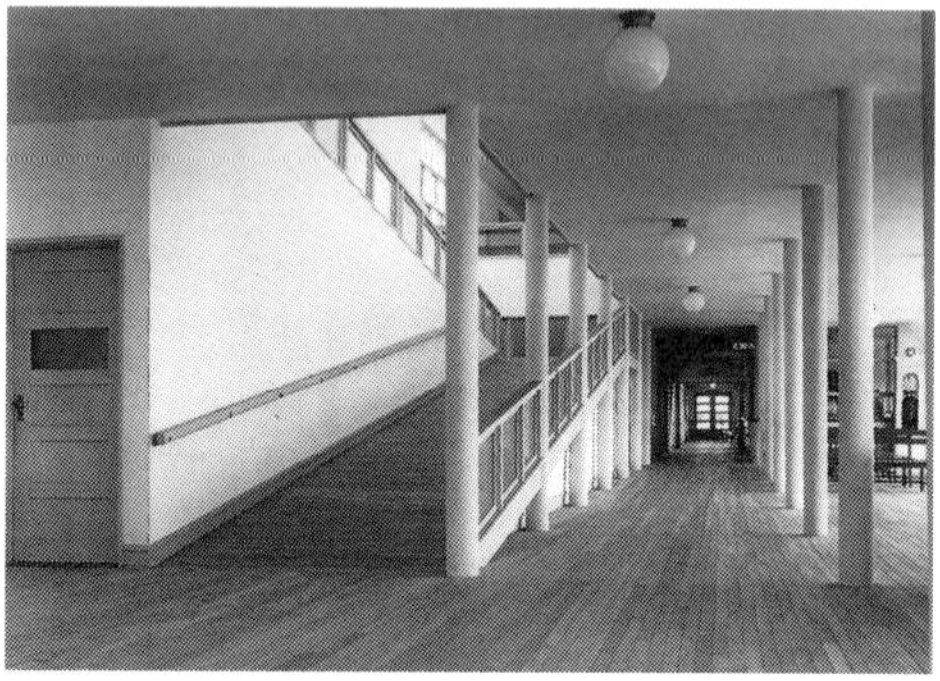
玄関より斜路と広間を見る＊

斜路上部の2階広間　以上、撮影／渡辺義雄＊

「工場という工場はいずれも軍需と結びついていた。（…）終戦時における工場の未完成は前表の分だけで延べ六四万坪という膨大な数字を示していたのである。（…）いかに戦力の増強が急務であったかがわかる。しかもそのほとんどが空襲で消滅してしまったのである。これに反して一般建築は全く火が消えてしまった。試みに、本格的な恒久建築が時局の影響で中断してから、終戦後再び本格的なものが建ち始まるまでの期間（これを仮りに建築の断層期間と呼ぼう）を建築の種別に調べてみると（…）ホテル建築の一六年を最長とし、概ね一二年前後の断層が生じたことは、建築技術の発展にどれだけ障害となったか。われわれ身にしみて感じたのである。」

そして、敗戦直後の建設業界が陥った状況についてもこう回想していた。

「終戦後の混乱をここに繰り返して思い出したくはないが、その中にあって連合軍の進駐に伴う工事がまた大変であった。それは戦時におとらず急速を要した。駐留軍の要請は至上命令に等しいものであった。資材のかき集めから、労務者の食糧、宿舎の確保、運搬の手配とそれにインフレとヤミと第三国人の問題などがからんであらゆる困難と戦わねばならなかった。」

ここに記されている建設業が抱えていた状況こそ、続いて日本相互銀行の一連の支店群と本店を通して前川と所員たちが取り組むことになる、テクニカル・アプローチと呼ばれる建築の工業化へ向けた素材や構法の開発という作業の背景にあったものなのだと思う。それは、同時に、木造バラックの時代と竹中の言う建設技術の壊滅的な「断層期間」を乗り越えて、ようやく始まろうとする近代建築の実践の舞台でもあった。

テクニカル・アプローチの始まり

日本相互銀行支店群と本店設計の意味

これまで見てきたように、組立住宅プレモスと、続く紀伊國屋書店と慶應義塾大学病院などを手がけることによって、敗戦直後の前川事務所は、進駐軍の仕事を請け負うことなく、曲がりなりにも近代建築の本筋を貫きながら設計活動を続けることができた。そして、続いて、日本無尽株式会社（一九五一年十月に株式会社日本相互銀行へ転換）から、多くの支店群と本店の設計を依頼されることになる。前川事務所に残された作品年表によれば、その始まりは一九四八年の木造の亀戸支店と渋谷支店からである。それは偶然にも、慶應義塾大学病院の竣工した年でもあった。こうした仕事の流れを振り返れば、綱渡りとさえ思えるような事務所経営の危うい実態と共に、木造バラックという制約下にありながらも、一つ一つの建物を堅実にやり遂げていく前川の姿勢と人柄によって、社会的な信頼を得ていった軌跡が浮かび上がって見えてくる。

戦後の前川事務所にとって大きな転機となった日本無尽からの設計依頼についても同様であり、晩年に、前川がそのきっかけを語っている。それによれば、前年の一九四七年に、前川の勧めで初めての著書『ヒューマニズムの建築』を出版した浜口隆一が、偶然にも、版元の雄鶏社の編集者だった日本無尽社長・高木武の長男である章と親しくしていたことから、「高木さんに引き合わせてくれた」のだという。[57] また、そのおかげで、「ぼくのとこの若い連中がコンクリートの現場の修練ができたんだよ」と述べている。[58] さらに、一九八五年秋、亡くなる半年前に行われた大谷幸夫との対談の中でも、前川は、感慨深く語っていた。

「セメントが手に入るようになってから日本相互の仕事を本格的にやるようになったわけです。しかし、当時はコンクリートの店舗といいましても、それは非常に狭い小さなものに限られているようなことがあって、それを一生懸命やったわけですが、一生懸命やっただけのことはあったと私は思っています。(…) おかげさまで我々はそれによって現場の修練を積むことができたと考えていいわけです。(…) あの当時、高木社長という大変な侍が日本相互銀行に頑張っておられたので、そういうことが可能だったわけです。とにかく現場の仕事にタッチできるというようなことが、それが順々に仕事がきたものだから、非常に具合よく、うまくローテーションができて、そのローテーションによって若い人たちが実際の仕事を実地に経験することができたわけです。この点は随分、日本相互にお世話になったという感じを持って今だにあのときはありがたかったとつくづく思っている次第です。」[59]

実際に設計を手がけた支店の数は、木造で二七件、鉄筋コンクリート造で二四件ほどに上る。また、竣工年を見ると、一九四八年から一九六二年までの長期に及んでいる。前川の回想にもあるように、その規模は鉄筋コンクリート造でも延床面積七〇〇平方メートルほどの大きさに過ぎな

日本相互銀行新宿支店（1951年）担当／田中清雄・野々口夫　外壁はRC（鉄筋コンクリート造）打放し　縦ルーバーはテラゾー製固定式＊

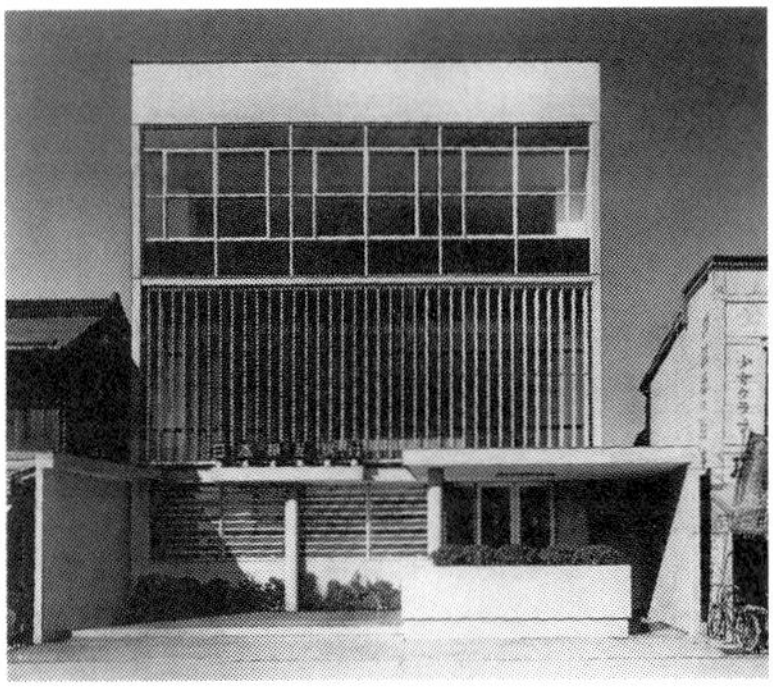
日本相互銀行立川支店（1951年）担当／田中清雄・進来廉　外壁はRC打放し　縦ルーバーはアルミニウム製可動式＊

かった。しかし、この一連の支店群の設計は、前川事務所にとって、ようやく安定した継続的な仕事として経営基盤を支えるものにもなったのだろう。それは同時に、「戦後派第一派の層[60]」と浜口が後に名づけた、大学新卒の若い世代が前川事務所に続々と入所する原動力にもなっていく。一九四七年入所の窪田経男と河原一郎を皮切りに、一九四八年に大髙正人、田中清雄、高橋重憲、一九四九年に田島敏也、一九五〇年に鬼頭梓、進来廉、小崎嘉昭、木村俊彦(構造)、寺岡恭次郎(設備)、一九五一年に雨宮亮平と足立光章が相次いで入所する。そこには、河原、大髙、田中、木村、足立ら、戦時下の一九四二年四月に新設された東京帝国大学第二工学部建築学科の外来講師だった前川が、自邸(一九四二年)の模写などで設計製図を直接教えた学生たちも含まれていた。そして、前川の言葉にもあるように、彼らが支店群の仕事を通して、設計から現場監理までの実務を経験することによって、戦後の前川事務所の新しい設計体制が整えられていく。もちろん、先行きの見えない時代であり、東京帝国大学助教授に着任したばかりの丹下健三の紹介状を持参して、「給料は要りませんから入れて下さい」と申し入れ、一九四七年十月に「戦後最初の新入社員」となった窪田が回想したように、彼ら若い所員たちは、安い給料に甘んじなければならなかった[61]。それでも、戦後が少しずつ明るさを取り戻していく時代に、前川と共に、木造バラックではなく、「本建築」と呼ばれた鉄筋コンクリートや鉄骨を用いた近代建築の実践は、大きな手ごたえとやりがいを感じるものだったに違いない。

一方、前川が「大変な侍」と称した高木武社長の率いる日本相互銀行にも、戦前戦後の苦難の歴史があった[62]。もともと無尽とは、無尽講、頼母子講、模合《もあい》と呼ばれる庶民の相互扶助の金融制度の一形態であり、そこには長い歴史があった。しかし、一九三六年の二・二六事件や一九三七年七月七日の日中戦争以降の戦時体制に対応するため、一九四〇年十二月に、東京府内の無尽会社二〇社の統合母体として、大日本無尽株式会社が創設される。背景には、戦争遂行を至上目的に金融機関の整備統制を進めようとする国家的要請と法的強制力が働いていた。そのことは、大日本無尽の「設立理由書」冒頭の次の言葉からも読み取れる。

「無尽業は庶民金融機関として国民の大部分を占むる庶民階級を対象に信用の受授を行い、一方に国民の貴重なる零細資金を受入れると共に他方無尽なる簡易の方法を以て資金に融通を行い、国民経済の一主要部門を担当する関係上、他の金融機関に比し国民との接触面は最も広く、其の消長如何は直ちに国民生活に多大の影響を及ぼすは言を俟たず、況や現下の如く大東亜共栄圏の確立を目的とする大業の達成を期し、万民斉しく高度国防国家の建設に邁進する秋其の職責は愈々重大性を加ふるに至れり。（…）須く新たなる体制を整え一大転換を企て光栄ある無尽業の確立を期すべきなり。[63]」

このように、戦時体制へ組み込まれる中で進められた無尽業の大合併の際に、中心的な存在として尽力したのが、「資本金も給付金契約高も群を抜いて大きく」、「進歩的経営」を進めていた相生《あいおい》無尽の専務取締役の高木武だった。高木は、大日本無尽の専務取締役を経て、戦時下の一九四四年六月に社長に就任する。そして、戦後復興期に、「中小企業のための金融機関として、かつ国民大衆のための貯蓄機関として、相互銀行という新制度を確立」する目的で一九五一年六月に制定された相互銀行法によって、日本無尽は日本相互銀行へと転換、高木は、同年十月に初代社長に就任し、相談役に退く一九六〇年までその職を務める。この間、東京都小石川区（現・文京区）に置かれていた本社は、一九四五年四月の空襲により焼失し、隣接するふたつの学校の校舎の一部を借り受けてかろうじて営業を継続するなど、戦後復興期を不自由なかたちで凌いでいた。前川の紹介を受けたのは、そんな最中のことだったのである。そして、木造の支店が建ち始めた一九四九年六月に、東京都中央区日本橋呉服橋（現・八重洲）の敷地を購入し、ようやく本社の新築に取りかかり、その設計も前川に依頼することになる。こうして、日本相互銀行の支店群と「長年

日本相互銀行大森支店（1951 年）　担当／大高正人　構造／木村俊彦　RC 造で柱間 15m の大空間を実現させた＊

日本相互銀行平塚支店（1951 年）　担当／大高正人・野々口夫　構造／木村俊彦　本店に先立ち、SRC 造の全溶接工法と軽量コンクリートの実験を試みた　1996 年撮影

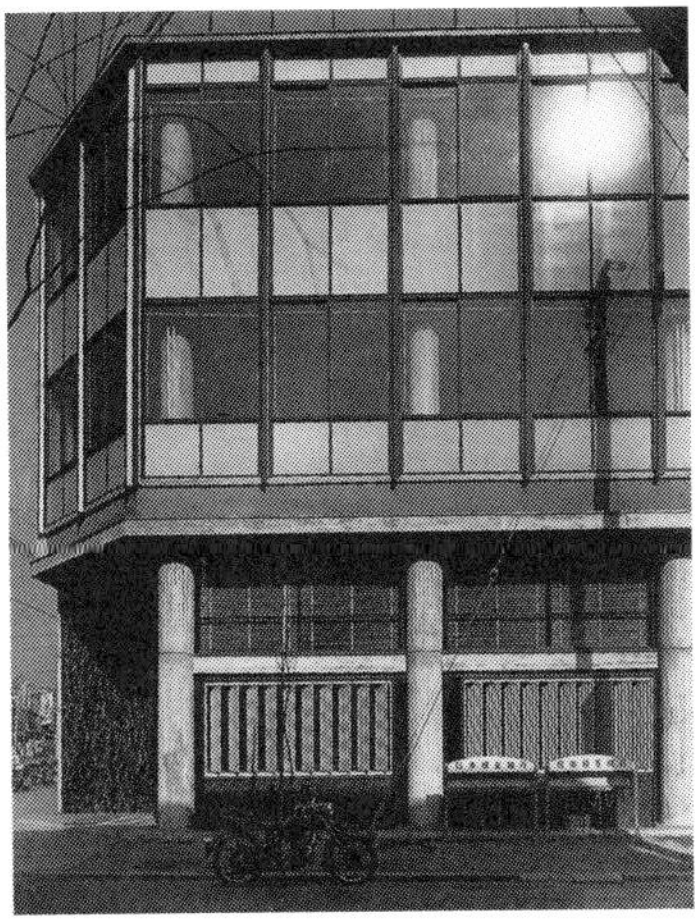

日本相互銀行蔵前支店（1953 年）　担当／野々口夫・河原一郎・大沢三郎　サッシュに I 型鋼を用いた最初の建物で岡山県庁舎（1957 年）へと改良されていく＊

にわたる希望」だった本店の建設が始まっていく。(64)

戦後復興と建設業界の夜明け

一方、敗戦直後の混乱から抜け出しつつあった建築界でも、本格的な近代建築を実践できる環境が整えられていく。前川の大学時代の同級生で大成建設に在籍した三浦忠夫が、当時の建設業を取り巻く状況の変化について、一九七七年の著書の中で、次のように振り返っている。

「建設業を主管する中央官庁としては、戦前には現在の建設省に相当するものはなく、昭和十四年にいたって商工省の機構改革に伴って設置された化学局無機課内土建班で、戦時中の建設資材の統制などを所管していたにすぎなかった。その後十九年に軍需省総動員局内に建設課が仮設されたが期待されただけの働きもしないまま終戦をむかえた。

戦災復興期における建設業界の混乱に際して竹中藤右衛門を最高指導者とした業界は二十一年五月に政府に対し建設省設置案の意見書を提出した。太平洋戦後の国土再建の重要性のため、また戦争末期から占領期間中に認識されてきた建設業の本質も加味されて、二十三年七月に至って官庁営繕、国土開発、住宅政策遂行の中央官庁として初めて建設省が設置された。引き続いて建設業法と建築士法が二十四年に制定されて、建設産業界もようやく法的に秩序づけられはじめた。(65)」

また、昭和二十年代後半の建設業を取り巻く時代状況の劇的な変化についても、三浦は施工者の立場から続けて記している。

「戦後の進駐軍施設工事によってもたらされた土建ブームも、二十四年には前年の三分の一の発注量まで激減して新興建設業者の倒産が続出した。二十五年に至り建築基準法の施行や住宅金融公庫の設立によって本格的な建築生産の再開の基盤がかたまり、同時に二十一年以来の臨時建築制限も解除となり一般の建築工事も発注可能となった。戦後進駐軍に接収された大都市の主要ビル建築の不足を補うためと、一つには同年六月勃発した朝鮮動乱ブームによって獲得された利益金による不動産投資熱とが重なって、二十五年から二十六年にかけて東京・大阪などの大都市にはビル建築ブームが起こり大手建設業者がその大部分を受注した。かくして太平洋戦争以来応急バラック建築のみに追われて十年余の間戦時規格としての釘構造木造建築のみに専念してきた建築界も、ようやくこのビルブームの勃興によって戦前の剛構造耐震建築技術の再開期を迎えた。(66)」

こうして、敗戦後の建築界は、進駐軍による膨大な設営工事と、朝鮮戦争による特需を足がかりにしながら、業界の近代化へと踏み出し、戦前に中断されていた近代建築の技術開発と建設へと歩み始めるのである。

テクニカル・アプローチで試みたこと

さて、日本相互銀行の支店群と本店の設計に取りかかった前川事務所の一所員の立場から、当時の状況を理解する一つの手がかりとなる発言として、一九五〇年に入所し、後に構造設計家として幅広く活躍する木村俊彦が、前川没後の一九八六年に記した追悼文を見ておきたい。

「当時は建築界にも未だ全く活気が見られず、やっと日本の企業によるＲＣ（鉄筋コンクリート造）の建物が全国的にみても少数計画されていたに過ぎない頃であった。私は大学の小野（薫）研究室に残れ、といわれていたけれど、大髙（正人）先輩の奨めもあり、当時の近代建築の最先鋒の前川先生の下で、実際の建築を設計し、焦土を復興し、近代建築による明日の社会を築いていく一翼を担えるという希望は、戦後の低迷期で意気消沈していた私自身に最もやり甲斐のある職業と思え、前川事務所の門を叩いた。（…）前川先生の活躍の前半（一九五〇〜一九七〇）は、近代建築思潮の導入と、近代建築の実現に不可欠な建築界の近代技術の開発・定着にあったと言えよう。（…）「美しい詩や文章を自由に作るためには、表現を自由にする豊かな語彙（ヴォキャブラリー）が必要であるのと同様に、秀れた近代建築を豊かに表現するためには、近代建築を構成する豊かな技術が必要である。」というのが先生の当時の信念であり切実な願いであった。当時の敗戦後の日本には、技術はおろかその素となる物的資材も皆無に近い状態であった。もちろん、軍国主義に疲弊してしまった社会にはそのような技術を育成していく徴候もなかった。その中で先生は近代技術の育成こそ今後の日本を、近代建築を築く基盤であることを強調され、その姿勢を「（近代建築への）テクノロジカル・アプローチ」と称し、構造技術のみならず、設備技術、防水、サッシュ、ガラス、タイル、擬石、プレコン、内装材に至るまで悉くの建築技術、建築材料に神経の行き届いた指導をしてこられた[67]。」

追悼文という性格もあり、木村は、前川と所員たちが手がけた仕事の意味を、広い視点から振り返っている。こうした取り組みを前川が遂行しようとした背景には、おそらく、手痛い挫折となったデビュー作の木村産業研究所（一九三二年）における苦い経験など、戦前からの試行錯誤の蓄積があったと思う。また、これまで見てきたように、戦争によって疲弊し、壊滅的になった建設技術を、その根底から再構築しないかぎり、自らの求める近代建築を日本において実現することはできない、との自覚も含まれていたに違いない。そのことは、太平洋戦争下に綴られた「建築の前夜」と題する論考の次の言葉からも読み取れる。

「建築技術なり工法なりが近代生産工業としての立ち遅れ状態に在るという事が、ひいては我が国における真に国土の建築文化を、不可能ならしめる重大な原因であることを見逃し得ない。(…)即ち率直に申せば、「建築技術工法」の停滞の底には、深く建築構造設計ひいては建築構造学、更に建築構造学を基礎づける建築本質認識の学としての本来的な建築学の未完成が横たわるのであろう。[68]」

前川は、戦前から認識していた「本来的な建築学の未完成」を乗り越えるべく、日本相互銀行の支店群に取り組んだのだ。残念ながら、そのほとんどは現存しない。しかし、そこでは、木村が指摘したように、続く前川の建築へ結実していく構造技術や、多くの建築技術と建築材料に関する試行錯誤の実験が繰り返し行われていたのである。残された竣工写真からは、一九三五年に独立して以来、前川が長く待ち望んできた近代建築を初めて現実化できた手ごたえと清新な喜びさえも伝わってくる。そして、それは、日本相互銀行本店で一つの頂点を迎える。

日本相互銀行本店で試みたこと

日本相互銀行本店が着工した時代

支店群が次々と完成していく中で、日本相互銀行の戦後復興と躍進を象徴する建物となる本店は、一九五〇年十月に着工し、一九五二年七月に竣工する。それは、偶然にも、日本が占領下に置かれていた時代から、一九五一年九月八日の講和条約調印を経て、翌一九五二年四月二十八日の発効により、曲がりなりにも独立を果たし、戦後復興へと大きく踏み出す歴史的な転換点とも重なっていた。同時に、前川と所員たちも、この本店の建設によって、一九三五年十月の事務所設立から戦中戦後の木造バラックによる不自由な一五年間を挟んで、ようやく本格的な近代建築の実践に着手できる千載一遇のチャンスをつかんだ、との実感を得たに違いない。晩年のインタビューの中で、前川は、次のような回想を語っている。

「ぼくのばあい、フランスから帰ってきて、本建築っていうのは一度もやる機会がなかったろう？　だから、戦争が終って、これからは本当の仕事ができるぞっていう気でいたところへ、たまたま高木さんからあの本店の設計を依頼されたもんだから、それこそ、知っているかぎりのことはみんなやってやろうという、そういう気負いがあったわけだね。[69]」

「本建築」とは、敗戦直後に良く使われた言葉だという。当時は、木造バラックの仮設ではなく、鉄筋コンクリート造による永続性のある本格的な建築のことをこう呼び、いつの日かそれを手がけてみたいという願望が建築界を覆っていたのだろう。たしかに、前川の回想どおり、戦前に鉄筋コンクリート造で竣工した建物は、デビュー作の木村産業研究所（一九三二年）と、公開コンペで一等となり、唯一実現までこぎつけた明治製菓銀座売店（一九三三年）の二件しかなく、一九三五年の事務所設立後は一件もなかった。戦争は、前川に、ル・コルビュジエとレーモンドに学んだ近代建築の実践から身を引き離す試練を与えていたのだ。一九三六年に入所した最初の所員で、本店の設計に深く携わった大沢三郎も、一九八五年の前川事務所設立五〇周年を特集した建築専門紙の座談会で、次のように振り返っている。

「前川事務所は、戦前はずっと木造建築で、本建築はやっていなかった。戦争中に上海で煉瓦造をやりましたが、戦後になって初めていわゆる本建築が始まろうとした時、近代建築をどのようにしてやっていったらいいかということであったと思います。そして最初の代表的なものが日本相互銀行の本店だと思います。（…）小さい支店をずいぶんやっていましたが、それは本店の下準備みたいなもので、それから本店に取りかかった。振り返ってみますと、その後の前川事務所が使った材料とか工法の原点になるものを全部そこでやっていたような気がします。その時、前川さんは何でもやってやろうという意気に燃えていました。[70]」

「上海の煉瓦造」とは、大沢が設計担当者の一人して現場にも常駐した華興商業銀行総合社宅（一九四一年）のことを指している。それは、延床面積が一万五千平方メートルを超える大規模な集合住宅だったが、戦時下の制約もあって煉瓦造による過渡的な方法に過ぎず、近代建築を試みるための工業化という前提条件は整っていなかった。そして、この大沢の発言からも、支店による「下準備」を経て本店に取りかかった際の前川と所員たちの意気込みが伝わってくる。ちなみに、本店の実施設計の追い込みの最中にあった一九五〇年四月に入所した鬼頭梓は、設計に取り組む大沢の姿を見て、次のように感じたという。

「前川事務所に入った時、大沢さんが日本相互銀行本店のディテールを描いておられた。その時は外壁だけでなく床も階段も全部プレキャストで図面を描かれて、検討に検討を重ねて最終図面につながってゆくのは、その何分の一かにすぎない。そのエネルギーのすさまじさというものは学生時代に全く想像できないもので、本当に圧倒される思いでした。[71]」

しかも、こうした印象を抱いた鬼頭らが働き始めたのが、木造の前川自邸（一九四二年）のわずか二〇畳ほどの居間を占有した仮の事務所だった。そのことを考え合わせるとき、彼らがどれほどの思いを持って、この「本建築」の設計に精力的に取り組んでいたのかが想像できる。

掲げられた建築的なテーマ

それでは、この本店で目指されていたものとは、どのような建築的テーマだったのだろうか。竣工後、前川は、その目標を次のような言葉で端的に書きとめている。

「過去二〇年間我々の最大の関心事は、我々の建築を兎も角も一日も早く先進諸国のそれと同一のスタートラインに立たせたいという一事につきていたという事は確かだと思います。

　日本相互銀行一連の支店建築を通して此の本店の建築に至る過程に於て我々の努力は専ら上述の一点にその最大の焦点を合せて来た心算であります[72]。」

欧米の先行する近代建築と同じ「スタートライン」に日本の建築を立たせることが、「最大の関心事」として目標に掲げられたのである。そして、そこには、同じ文章の冒頭で前川が記したように、日本特有の問題が立ちはだかっていた。

「四〇〇万戸と称せられた厖大な戦後の住宅不足量が終戦

日本相互銀行本店（1952年）　北側からの建物全景＊

銀行営業室。大架構の空間には柱が全くない。天井高 5.5m　柱間は 14.25m ＊

8階のオーディトリウム　客席数 338 席　以上、撮影／渡辺義雄＊

七年、どれ程恢復され得たかという事は役所の統計による他はないのでありますが、それにしても兎も角も明瞭な事実と思はれます事は、ヨーロッパに於ける交戦諸国の盛な戦後の住宅建設に比較して、戦禍の甚大であった点に於て比較を絶する我が国のそれが意外に低調であるという点でありませう。（…）こうした状態の原因が何処にあるのか。所謂政治の貧困か、建築家の怠慢か、国民の貧窮か、種々の議論のある所とは思ひますが、我々の立場から当面差し当って直ちに指摘され得る事の一つは我が国に於ける建築単価の彼等のそれに比して比較的高いといふ点でありませう。（…）ヨーロッパと我国の建築単価の内容を比較して見て第一に目につく事は、軀体工事が建築単価に於て占めるパーセンテーヂの相違でありませう。（…）原因は勿論、地震をはじめ気候その他の特殊条件に起因する事は勿論ではありますが、それ以外に見逃してはならない点は即ち我が国に於ける技術の停滞性であると思はれるのであります。」

この文章が記されたのは一九五三年、ここで住宅不足の現状に触れた背景には、挫折を余儀なくされた木造組立住宅プレモスのことが念頭にあったに違いない。前川は、その経験を踏まえて、日本の住宅建設が低調であることの原因として建築単価の高い点を挙げ、そこには戦前から指摘してきた「技術の停滞性」があることを改めて自覚したのである。そして、それを克服するための中心課題として設定したのが、構造体の合理化と軽量化という目標だった。本店の竣工パンフレットには、そのことに触れた前川の文章が残されている。

「日本と米国の同じ様な単価の建築物を比較して見ますと日本のそれは米国のそれに比べて構造体が五倍位重いと思われます。構造体を同じ鉄骨コンクリートとすればその費用は大体重さに比例すると思われます。（…）われわれは建築の噸《トン》当り単価の中に含まれる構造体の単価を下げる事に依って相対的に建築の機能を高めると云う事が当面日本の建築家の社会的責務であると考えます。斯くして我々は如何にして日本相互銀行本店の建築を軽く作るかと云う事に全能力を傾けた心算であります。[73]」

なぜ日本の建築の構造体は著しく重たいのか。そこには、地震国特有のジレンマが横たわっていた。当時の『国際建築』に、「カーテン・ウォール——荷重負担から解放された軽壁体の新時代」と題された興味深い特集記事がある。[74] そこでは、本店の構造設計に携わっていた前川の大学時代の同級生である横山不学と、彼のもとで働き始めた木村俊彦らが、続々と情報が入りつつあった最新のアメリカの建築技術を紹介しながら、日本の建築界が抱える課題について論じている。すなわち、鉄筋コンクリート構造の登場によって、石造や煉瓦造など従来の組積構造では壁によって支えられていた建物が、柱だけで成り立つようになり、それによって外壁は消えて、自由な立面、表皮としてのカーテン・ウォール（非構造壁）が生み出される。しかし、日本では、地震力（水平荷重）を負担するために構造体が著しく剛なものとなり、建物の骨組みの重量が「積載荷重の五〜六倍以上にも達する」ような「超重構造方式」が、「耐震構造」として発展してきた経緯があった。そのため、ただでさえ敗戦後の疲弊によって建設費が限られているにもかかわらず、余分な骨組みによって増大する自重を支えるため、さらに自重が累加してコストがかかるという悪循環が起きていた。このジレンマを根本的に解決するために、前川と横山が協働して挑んだのが、「日本の建築からコンクリート壁を抹殺してこれを近代建築のスタートラインに立たせ」ることであり、その目的には、「平面の流動性と構造の経済性に重点があった」のである。[75] 大沢と共に設計を担当した田中誠は、より端的に、「建物の使用能率」として、次のように説明している。

「建物は要するにある一定の目的に奉仕すべき空間を形成する殻のようなものであります。従って壁の厚さや柱の占める面積、天井裏の空間等はこの意味からは全く不必要な

鉄骨の建方風景　1951年頃　丸太の足場が使われていた＊

粘土模型　写真にあるように、浜口の証言（注81参照）によれば、北西角にイサム・ノグチの彫刻を飾る計画があったという＊

無駄と云わねばなりません。
建築の近代化の過程はこの無駄な部分を減少して行く歴史と見ることさえ出来るのです。石造、煉瓦造の建物から鉄筋コンクリート、鉄骨鉄筋コンクリート、更に鉄骨造りへの移り変りを御覧になればこのことの説明となると思います。建築の資材は容積が小さくて性能の高いもの、より軽いものへと移行して行った訳です。
この建物について云えば、外壁の軽コンクリートブロックとロックウール、アルミニューム等々一連の高性能軽量資材を採用することによって、建物の重量を軽減しこれによって壁体の厚さ、柱の太さの節約を図り、梁、柱の形状に特別の工夫を施し、更に高速度空気調節装置の採用によってダクトスペースを節減して前述の無駄をはぶくことに万全を期したのであります。(76)」

こうして、三階以上の上部には前例のない軽構造方式を採用し、鉄骨の耐火被覆に軽量コンクリートを使用して、床版には厚さ九センチの軽量鉄筋コンクリートを用いた。さらに、外壁には軽量コンクリートのプレキャスト版に断熱版を貼り付けた非構造壁《カーテン・ウォール》が採用された。その結果、上部構造部は、通常の約四〇パーセントの重量軽減を達成する。竣工パンフレットの中で、横山は、「出来るだけ少ない重量の構造体を以って、出来るだけ利用率の高い、広い建築空間を支えることは構造技術に課せられた最も新しい問題であり、この建物の構造は、その方向に一歩を進め得たものと考えます」と記している。(77)

さらに、一階の営業室を「広々とした大空間」とするために、「内柱」がないことが目指された。そのため、地下二階から地上二階までを貫く巨大な一〇本の鉄骨鉄筋コンクリート（SRC）の柱を主体とする大架構で構成された。また、三階以上の事務スペースを最大限有効に利用できるように、各階の構造体の占める空間を極力小さくすることが要求された。そこで、柱間《スパン》を小さくして細い部材によって構成し、大梁の根元の下端部に斜めの部分《ハンチ》を付けないで済むように、柱と梁の接合法を工夫して全溶接工法が採用される。そして、以上のような構造形式の異なる上部と下部を結合するための構造空間として、二階部分に巨大なトラス梁や板梁が用いられた。こうして、この本店では、徹底した構造の合理化と軽量化、建物を構成する部材の工業化が図られたのである。おそらく、そうした試みの象徴が、特注のアルミ製サッシュとプレキャスト版で構成された外観の表情だろう。前川は、竣工パンフレットに、次のような説明を加えている。

「日本相互銀行本店の外観はこうした技術的要求の赤裸々な表現であります。過去の装いに頼らずに今日の美しさを創り得ると云う聊かの自負の当否は大方の御批判に俟つべきものとしましても、一つの技術の進歩はやがて人々の幸福に連なると云う確信に支えられてここまで辿りついたという事をひそかに誇りと致します。[78]」

そこには、遠くル・コルビュジエが追い求めた建築の工業化による新しい美学の実現が託されていたに違いない。前川には、技術の進歩に対する全幅の信頼があったことがわかる。

竣工後の評価と新たな課題

こうして、竣工した本店は、複数の建築誌に大きく取り上げられ、恩師・岸田日出刀が一九四九年に創設した日本建築学会作品賞の一九五二年度の受賞作にも選ばれる。前川にとって初の建築賞の受賞だった。しかし、木村産業研究所の失敗に続き、今度は肝心のカーテン・ウォールの外壁からの思わぬ漏水に苦しむことになる。晩年のインタビューの中で、前川は、こう振り返っている。

「ところが、あれはカーテン・ウォール（軽量外壁面）で失敗してさ、水が漏るわけだよ。それがどこから漏っているのかわからないんだ。（…）ものを知らないってのは恐ろしいもんだと思ったね。（…）どこから漏るか突きとめるために、それこそ現場へ日参したよ。（…）それでようやくスタッド（間柱）から漏るということがわかったんだ、恥しい話だけど。[79]」

この失敗については、施工を担当した清水建設の所長であり、前川からの信頼を得て、続くル・コルビュジエの国立西洋美術館（一九五九年）と、前川の代表作となる対面の東京文化会館（一九六一年）の現場も担当することになる森丘四郎が、後に回想を残している。

「現場は、下請工場で生産される部材の組立工場である。」という（前川）先生の考え方に私も賛成なのですが、建築工事というものが、船や飛行機や汽車と違って竣工した建物を引渡す前に機能的に試験をして欠点を見出すということが出来ないのは、設計者にとっても施工者にとっても困ったことであります。（…）この建物でもそうした幾らかの問題が起りました。その中の一つにP・Cの外壁の浸水の問題があります。此の取付方法について、施工前に私が懸念したことと先生の御意見が相違したのであります。結果は、私が思った通り完全ではなかったのであります。そこで先生は、設計者の責任として一四〇万円もの御自分の費用で、いわば設計者の負担で、私がP・Cの外壁の補修をしたのであります。[80]」

ここで森丘が鋭く指摘したように、一品生産で竣工してみなければその性能を確かめることのできない建築が持つ

本店は改築により2008年に解体され、鉄骨柱梁接合部が「時をつなぐ」オブジェとして現地に設置されている

宿命を、前川はふたたびこの失敗を通して学んだのだと思う。そして、続く建築の中で、その克服と確かな建築素材、工法の開発を進めていくのである。同時に、前川の仕事を誰よりも理解していたはずの浜口隆一が、この本店の批評文の中で指摘した次のような問題点も、前川には大きな試練となって響いたに違いない。

「この建物がこれほど優れたものであり、われわれ、近代建築を理解する者に対してはこれほど深い感銘を与えるものでありながら、今日の社会の一般の人々に対して、この建物が芸術作品という意味でどの程度までうけいれられているかということである。遺憾ながらかなり悲観的だろう。（…）率直にいって、日本の近代建築が、日本の一般の社会から強い芸術的共鳴をかちえているとは云えないだろう。両者の間には、何かギャップがある。」[81]

どうしたら工業化を前提とする近代建築が、一般の人々に受け入れられる存在になるのか。このテーマもまた、前川がその生涯を通して問い続け、追い求めていくことになる。

テクニカル・アプローチは何を目指したのか

なぜテクニカル・アプローチなのか

日本相互銀行本店は、当時の社会と建築界を取り巻く状況から見れば、きわめて恵まれた特権的な「本建築」の実践として完成する。それでは、漏水という思わぬ失敗も含めて、この得がたい現場経験は、前川に何をもたらしたのだろうか。竣工直後の一九五三年、前川は、この建物が大きく紹介された建築雑誌の寄稿文を、次のような結語で締めくくっていた。

「戦後七年、よく戦後建築の質の低下をなげく声が聞かれたし、私自身もしばしばこれを口にした覚えがある。（…）考えて見れば、あれほどまでに私たちの生活の根底をゆさぶりつくした戦争が建築だけをそっとしておくはずがない。単に「戦後建築の質が落ちた」では済まされない何事かが、建築そのものの奥底で起っているように思われる。（…）ここに私はいつも第一次大戦後のヨーロッパの新建築の状態を思いだす。（…）そこには戦後の窮乏があった。アールヌーボーとかセセッションとかいった呑気な状態はもはや新建築にとって許さるべきことではなかった。十九世紀的建築に対する純粋な造型的な闘いで事足りた幸福な時代はすでに去年《こぞ》の雪となり了った。

冷厳な経済の現実、社会の緊張が新建築を単なる造型的なそれから、多分に経済的な、技術的なそれへと変貌していった。（…）われわれが忘れてならないことは、西欧の新建築はこうした社会的な必然性、技術的な鍛錬を経て今日の姿に生れ出たということではないか。

西欧の新建築が二〇年前に経験して今日あるを得た、そうした状態が、さらに幾層倍の苛酷さをもって今日われわれの眼前にある。日本の新建築は今日こそ真物になる条件が今ここに現出していると私には思える。単なる造型的興味からする絵空事でない建築の、技術的な経済的な前提からの形の追求を今身につけなかったならば、日本の新建築は永久にひとつのファッションに終始せねばならないであろう[82]。」

ここにあるのは、日本の建築技術の現状に対する強い危機感の表明であり、本建築を初めて手がけることができた感激とはほど遠い。この掲載誌は、偶然にも、一九三一年の前川の檄文「負ければ賊軍」と共に、東京帝室博物館コンペの落選案が掲載された同じ『国際建築』である。おそらく、前川は、戦前から繰り返し訴えてきたように、日本における近代建築を支える建築技術の脆弱さを、自らの歩みと重ねるかたちで改めて直視しようとしたのだろう。この一年後の誌上座談会でも、前川は次のように語っている。

「今日の我々の建築で最も重大な問題は、壁と床だと思う。壁というと語弊があるが私の言うのは建物の外皮一般つまりマンテルの事ですね。(…)鉄筋コンクリートの現場打は凡ゆる点から見て適当でない事は皆様御承知の通りだし、又その仕上について何一つ納得の行くものはないと言って差支えない。メタルと硝子は一応仕事も楽だしトラブルも少いけれども遮断性耐久性に欠点はあるし、メタルの仕事はデティルの上から随分怪しげな点が多いんじゃないかな。

近代の構造学が今日の体裁をそなえたのはこの半世紀のことだそうだが、そうしたメザマシイシンポに比べて此のマンテルの問題が一向テンポが合っていないというのが世界の現状で、何も日本だけの問題じゃないだろうが、我々は我々流のマンテルのシステムを見つけ出して行かねばならない立場におかれている。こうして誰にも安心して使えるシステムなりエレメントなりが豊富にお膳立てがそろった時に、はじめて日本の新建築の豊かな開花が期待出来るんだと思う。立派な絵具を揃える苦労をきらい、そして絵を描こうというのは日本の建築家の憐れむべき迷蒙だろう。此の迷蒙と思い上りとがエンジニアとデザイナーの共通のプラット・フォームの前に立ちはだかっている亡霊でもあるんじゃないか[83]。」

この発言の背景には、一九五〇年六月二十五日に勃発した朝鮮戦争によって大都市に急激なビル建設ブームが起き、建設業界がにわかに活気づく中で、それを支える建設技術の脆弱さに対する前川の戦前からの自覚があったのだと思う。そこには、木村産業研究所に続く日本相互銀行本店の手痛い失敗の経験も付加されていた。そして、前川が建築技術の現状を正確に把握できたのも、ル・コルビュジエのアトリエから帰国後の一九三〇年八月から五年間在籍した、レーモンド事務所での実務経験があったからだ。晩年の前川に、次のような回想の言葉がある。

「ぼくが非常にレーモンドに感謝しているのは、建築家というものが、どうやって建築をつくるんだという一つの技術を身につけなければ、デザインはできないんだということを、相当、あそこで覚えたような気がするんだね。レーモンドという人は現場に熱心な人だったし、建築家のモラルといったことについては、潔癖なひとだった。(…)ぼくは、コルビュジエの事務所にいて、たとえば窓のディテールというのは、スタンダードなものと決まっていて、そんなもの、ディテールを書く必要はなかった。プランを書けば、あとはエレベーションを書いて、ろくすっぽディテールもなしに家ができちゃっていた。それがレーモンド事務所に来たら、安建築を建てるたびに、そのディテールがたいへんなわけだ。それで、ぼくは日本の建築というのは、こんなに手のかかるものかということを痛感したわけよ。(…)そういう点、非常に対照的な仕事を、ぼくはまのあたりにやってみて、非常に感銘を受けたわけだけど……。」(84)

そして、レーモンド事務所に入所した直後の一九三〇年十月十四日に、結成されたばかりの新興建築家連盟の講演会で語った次の言葉からは、前川が近代建築に何を求めていたのか、その初心とも呼べる眼差しを読み取ることができるだろう。

「われわれのモダン・ビルディングよりあのつつましやかな正直な水道橋駅の方が、少なくとも私にはより安心して眺め得られるのです。(…)建築は現在の私にとりましては芸術であるかどうかは一向かまわぬことであります。あるいは建築自身さえあるかないかさえも少なくとも私には一向差し支えないのであります。(…)先人によって認められた材料、または構作物を正直に、純真に組み立てていく仕事の歓びをまず私のものとしたい。(85)」

同じ講演では、「本当に安心して眺め得られる建築がすくすくと立派に育つ日が来て欲しい」とも語っているが、前川は、近代建築が実体として確かな存在となること、それ自体を求めていたのだ。また、だからこそ、レーモンド事務所で入所直後に担当し、翌一九三一年に竣工した東洋鋼材(旧・日本鋼材)事務所の発表時に、次のような文章を記すのである。

「地道」困難な言葉である。新建築運動とは建築の最も地道なもので従ってそんなに華やかなものでも新奇なものでもあるべき筈がない。此に掲げた日本鋼材の事務所はその地道な奴の一例である。現代建築此に極まれりとは云わない。此に始まるのである。やいのやいのと提灯をもって今更騒ぐべき何者もない。ただ素直に地道に兎もかく建ってくれた事が嬉しい。[86]」

それでは、前川の言う「地道なもの」はどうしたら実現できるのか。一九五〇年に前川事務所へ入所した木村俊彦は、前川から次のようなことを言われたという。

「日本には国会議事堂や第一生命、軍人会館などが近代建築としてある。しかし、主な建築材料は輸入に頼っている。日本の庶民の建築を近代化するには、まず、現在言われているサブコン業者のテクノロジーを育てる必要がある。底辺ができてこそ、その上に建てることができるのであり、また近代建築をストーリーとして物語ろうと思えば、まず、その物語を綴るための言葉が必要だ。外国では豊かになってきているヴォキャブラリーが、日本にはまだない。そのヴォキャブラリーこそ技術（テクノロジー）である。だから、君、まず日本ではテクノロジカル・アプローチから始めなければならない。[87]」

前章でも触れたように、前川は、建築の構造体を単純化して軽量化を図り、そこにはめ込む建築の構成要素を着実なものとして開発すること、そのために、サブコンと呼ばれる建築部材の製造業者の技術を育てることが、近代建築を発展させていくために不可欠な作業であることを自覚していたのである。その作業が、テクニカル・アプローチと名づけた方法論だった。

一九三五年十月にレーモンド事務所から独立する前川と行動を共にした創設メンバーで、テクニカル・アプローチの中心的役割を担った田中誠は、後年、新建築を支えるためのディテールの重要性に気づいた学生時代の経験を、次のように振り返っている。

「私が学生であった昭和のはじめごろ、当時は、コルビュジエでさえ実現した建物の数も少なく、その数少ない建物も一般にはあまり評判はよくなかった。作品集の写真や図面のその不思議な美しさに魅了されていた私たちは、この不評は保守反動の輩の悪意だと決めてかかっていたが、現実には、パリのスイス学生館を除けば、当時のコルビュジエの作品には、材料とディテールの裏付けに弱点のあったことはいなめない事実であった。（…）ある日、早稲田の大隈講堂で「新建築の講演会」が催された。（…）ショックだったのは、佐藤功一博士（…）のお話だった。それは「君たち若い建築家は国際建築とか、コルビュジエとか言って過去の建築と断絶したがっている。そのことは、もちろん結構なことであり、その風潮を悪いとは言わない。しかしこれらの新建築にはディテールがない。それは君たちこれからの建築家に課された役割なのだ。建築のディテールというものは、ひとりやふたりの力で、またあるとき忽然として出現するものでもないのだ。大勢の人たちのたゆまぬ努力が積重なって、はじめて育つものである」と、大体こういった意味の講演であった。（…）この講演には深い感銘を受けた。[88]」

この田中の回想からも、歴史の浅い近代建築を育てるためには、素材と構法の確かなディテールの開発が不可欠であるとの自覚が、前川の周囲で共有されていたことがわかる。

テクニカル・アプローチを支えた技術者と職人たち

それでは、テクニカル・アプローチを支えたのは、どんな人たちだったのか。前川最晩年の事務所創立五〇周年を記念して、一九八五年十月一日に発行された建築業界紙に、「原点は日本相互銀行」と見出しの付いた興味深い座談会の記事が収録されている。[89]そこでは、長年にわたって前川建築を支えてきたサブコンの関係者三人が回想しているが、いずれの発言からも、素材と構法に対する前川の建築哲学が読み取れる。いくつか紹介しておきたい。

まず、日本相互銀行本店に始まり、東京文化会館、蛇の目ミシンビル、東京海上ビルディングなど、数多くのプレキャスト部材の開発と製作を担ってきた湊建材工業の創業者・外川貞頼は、「この三〇年の私のプレコン屋として前川建築とのつながりは、すべて一作ごとに新しいアイデアと工夫が要求され、私の製作への意欲を、生きがいをかきたててきました。（…）湊の職人芸が前川芸術と共に今後も歩き続けるであろうと思っています」と語っている。前川も、前年のインタビューで、外川とのやり取りを次のように回想していた。

「外川さんと仕事の上でお付き合いしたのは、東京・麻布の国際文化会館の現場が最初だから、もう三〇年になる。木構造に似せた外装をプレキャストでやった。相当苦労したディテールで、外川さんじゃないとやってくれなかったろうなと思い出す。職人気質の持ち主だから、おだてると何でもやる所がある。新しい問題があると、むきになって考えてくれた。その体を張った打ち込み方に気概を感じ、だんだん意気投合していったような気がする。[90]」

続いて、京都会館、東京文化会館、国立国会図書館、紀伊國屋ビルディング、東京都美術館、熊本県立美術館など、合計すると約四〇件[91]の前川建築で、焼物のタイルによる素材と構法の開発を担ってきた不二窯業の設立者・松嶋健壽は、「前川先生が焼物を愛されたことは床、特に外部の床に思い切って使われたことでもよくわかります。昔、舗装レンガというのがありましたが、あれをもっともっと自由に使いこなそうとされました」と語り、「タイルを貼ることのよさ、美しさ、楽しさを教えられたのは前川先生だと思います」と述べている。また、前川のタイルの質感についてのこだわりについても、「昔は炭窯で、燃料は石炭ですから、たき口のところは灰をかぶります。灰をかぶったもの、全然かぶらないもの、天端のもの、下端のもの、そういった集合体の美しさが焼物の美しさなんだという お話をよく承りました。揃わないほうがいいんだと言っておられました」と証言する。そして、「焼物の魅力について、前川先生は、どこかで「自然は自分自身に責任をもつから美しい。土と火で作られた焼物にはこれより動きようがないという切羽詰った美しさがある」といっておられましたが、これは非常に哲学的な言葉だと思います」と語っていた。

そして、スチール・サッシュの開発を続けてきた昭和鋼機の技術者・石井均は、日本相互銀行本店でアルミのカーテン・ウォールを採用した前川が、それ以降、スチールのH型鋼を好んで使ったことの意味を、次のように推測している。

「材料としての貫禄とか手応えといった点でアルミという材料が、前川さんになじまないのは長年のおつきあいでわかっていましたが、原因は何だろうと思って考えたんです。それは溶融点にあるんじゃないかと思いました。(…)アルミは六五〇度ぐらいで溶けちゃう。鉄、コルテン鋼は一五〇〇度位でやっと溶けるという手応えがある。焼物も千何百度の試練というか、熱を通らなければ出てこない。それだけ手応えがあるということになるんじゃないかと思いましたね。」

また、アルミという素材が持つ合理化された加工技術がもたらすスチールとの違いについても、石井は、興味深い感想を語っている。

「アルミの方は従業員が全くサラリーマン化しちゃうんです。アルミという材料と加工技術はだれがやっても、三日前に来た女子従業員でもそれなりに出来てしまう。そのように考え、また出来るのがアルミサッシなんです。片や鉄は材料と自分との対応があって、気に入るまでやっちゃう。(…)スチールはそれだけ対話できる材料なんですね。」

さらに、石井は、前川事務所の設計の進め方についても証言する。

「前川事務所のサッシではよくH鋼を使ったのですが、H鋼にガラスをつけるのに内側と外側のフランジの内外に四通り、ウエブにつける場合と合わせると五通りあるわけです。雨じまいだとか、結露水の排水とか、メンテの問題だとか、意匠上の狙いだとか色々やっているうちに、気がついてみたら五種類全部やってしまっていたことに気がついて驚いたことがありました。これなんかは前川事務所ならではといったところだと思います。」

このように、前川事務所では、技術者と共にあらゆる可能性を試行錯誤する姿勢が守られていたのである。実は、石井には、戦後直後に、次のような忘れがたい現場経験があった。

「私が一番先に手掛けた、終生忘れることのできない作品はリーダーズ・ダイジェストです。現場にいきなり放り込まれましてね。びっくりしました。それまでのサッシュというのは、いまの丸ビルのような単窓の上げ下げで、外壁がタイル張りというのが常識だったわけです。ところが幅が二〇五尺（六二メートル）、高さが五尺のコンクリートの開口に連窓で、床から天井までサッシュだけ。そういうサッシュを無我夢中で設計したわけです。（…）連窓が二〇五尺あるわけでしょう、はたして足りなくなるのか、ピシッと納まるのか、それとも余っちゃうのか、さっぱりわからない。（…）夜も寝られない、という苦労がありました。[92]」

残された略歴によれば、石井は一九四九年に早稲田大学理工学部を卒業し、一九五三年に昭和鋼機に入社する。[93]筆者が前川事務所の元所員から聞いた話では、石井は不二サッシに入社したものの、当時盛んだった労働組合の活動で解雇されたため、昭和鋼機に転職したという。ちなみに、アントニン・レーモンドの戦後の出発点を飾るリーダーズ・ダイジェスト東京支社は、一九五〇年五月の着工、一九五一年四月の竣工なので、石井は、入社後すぐにこの大仕事を担当したことになる。また、この回想にもあるように、ル・コルビュジエが発案した水平連続窓をスチール・サッシュで製作する技術も、日本ではようやく戦後に開発され、それを担当した一人の技術者が、そのまま前川事務所の仕事を担っていったのである。

こうして、前川國男のテクニカル・アプローチは、多くの技術者と職人との信頼関係によって支えられていた。そして、これから見ていくように、その地道な開発の蓄積こそが、前川の建築を確かなものへと育て上げていく原動力となっていく。

人間性の回復と土着化を求めて

さて、やや後年の一九六七年だが、前川と所員たちが追求したテクニカル・アプローチの意味について、建築史家の山本学治は、次のような指摘を行っている。

「前川の独自な立場は、西欧の近代建築を、形式としてではなく内容として、西欧の近代文明の必然的な歴史的経過として、深く理解していた点に見られる。（…）新しい建築創造それ自体を目的とするのではなく、機械化され工業化された近代文明における人間性の回復こそ目的であった。そして、西欧とは違った近代文明への道をすすむ日本の近代社会において、新しい人間性を回復するためには、西欧の近代化を移入し理解することと同時に、それを土着化することがどうしても必要であった。

西欧の近代建築を学び、その新しいプランや形態をうらづけている人間性の近代的確立に共鳴して帰ってきた前川にとって、最大の問題は西欧の新建築が「財布に見合う形」で日本に実現できないという、西欧と日本の技術的また経済的水準のズレであった。

このズレを意識しなかった多くの人びとは、日本の現実と結びつかない西欧近代建築形式の新しさに陶酔した。またこのズレを意識した多くの人びとは、西欧近代建築と日本の現状に絶望して、日本の伝統の美しさに逃げこんだ。それはともに、日本の近代建築の造形主義的側面を形づくったのである。

前川の意図している人間性の回復をこの日本に実現するためには、（…）建築創造自体がこのズレを少くする積極的活動をすることが必要であった。前川の立場から言えば、人間性の回復とそのための土着性の回復こそ、日本の近代建築の主体性の核心だったのである。（…）いわば前川の行動理念は、日本の近代建築の後進性から必然的に生れねばならなかった土着性の喪失という宿命に、西欧文明史的（あるいは世界史的）な人間性の回復という視野に立って、真正面からぶつかってゆこうとする姿勢からつくりだされている。

日本相互にはじまる戦後の前川のテクニカル・アプローチと俗称されている追求も、この一貫した理念のあらわれであった。[24]」

ここで山本が指摘するように、テクニカル・アプローチの追求を通して前川が掲げた理念、すなわち、近代建築における人間性の回復とそのための日本の気候風土への土着化というテーマこそ、その後の前川の建築に一貫して試みられていくことになるものだった。それは、前川國男の建築を存在感のある独自のものへと成熟させていく大きな原動力でもあったのだろう。その実践は、続いて公共建築へと広がっていく。

Ⅲ　コンペ挑戦の再開へ

弘前から始まる公共建築への第一歩

青森県立弘前中央高校講堂と鬼頭梓の回想

二〇〇五年十二月二十三日から二〇〇六年三月五日まで、「生誕一〇〇年前川國男建築展」と題する展覧会が、東京駅舎内の東京ステーションギャラリーで開催された[1]。そして、続いて四月十五日からは、前川の母・菊枝の故郷であり、前川にとってデビュー作の木村産業研究所（一九三二年）を手がけた縁の地でもある青森県弘前市に建つ弘前市立博物館（一九七六年）へと巡回された。会期中の五月十三日には、弘前中央高校講堂（一九五四年）でトークセッション「前川國男を語っちゃう〜前川國男と弘前」が行われた。また、前川一〇一歳の誕生日当日となる翌日の十四日には、弘前市民会館（一九六四年）でシンポジウム「弘前で出会う前川國男」が催された。このふたつのイベントは、共に、「前川國男の弘前に現存する作品を、多くの人たちに知ってもらい、貴重な文化的財産として大切にしていくことを目的とする一般市民の団体」として二〇〇四年に発足した「前川國男の建物を大切にする会[2]」の主催で、会場は、いずれも前川が設計を手がけた建物が使われた。その意味で前川と弘前との結びつきを象徴する催しとなった。

弘前中央高校講堂のトークセッションでは、筆者がコーディネイターを務めたのだが、関係者と参加者を驚かせた心温まる出来事があった。パネリストには、木村産業研究所が日本を代表する近代建築として二〇〇三年にドコモモ一〇〇選に選ばれたことから、ドコモモ・ジャパン代表の鈴木博之（東京大学教授）と木村産業研究所の創設者・木村隆三の甥で理事長の木村文丸、そして、「前川國男の建物を大切にする会」代表の葛西ひろみの三氏が予定されていた。そこへ、前川事務所元所員の鬼頭梓が急遽東京から駆けつけたのである。なぜ鬼頭はパネリストに加わったのか。当日の講演録には、次のような発言が残されている。

「いやあ、懐かしいですね、ものすごく。でも、今見ると、なかなかいいつくりなんですね（笑）[3]」

実は、一九五〇年三月に東京大学第一工学部建築学科を卒業して四月に前川事務所に入所した鬼頭は、翌年の一九五一年に、担当者の一人として弘前中央高校講堂の設計を手がけていたのだ。同じ発言の中で、鬼頭は、当時、前川に言われた次のようなアドバイスも忘れずに覚えていたことにも触れている。

鉄骨工事完了時の弘前中央高校講堂　1952年12月＊

屋根防水工事施工中の講堂　1953年9月14日＊

「前川さんが、非常に何べんも言われたのは、弘前は凍害が恐ろしいから、凍害には気をつけろ。私が前にやった木村産業研究所の鉄筋コンクリートの庇は凍害でボロボロになって、鉄筋が餅網みたいになっちゃった。これは恐ろしいよ、ということをしきりに言われて、だから、鉄筋コンクリートは裸では絶対に出してはいけないと。それから、雨樋を外に出してはいけないと。外に出すと、雪が溶けて入ってきても、またそれが凍ってしまって、水がはけなくなる。雨樋は中にいれなきゃいけない。そういうことを言われたのをよく覚えています。（…）現場は監理はしなかったと思うんですね。（…）工事中に色を決めなきゃいけないといって、ここは赤とか白、外は青色、みんな前川さんが決めたんですが、（…）僕に、図面に色を塗れといって、色を塗ったことを覚えています。」

この証言からは、前川が、雪の多い弘前の自然の厳しさを知らずに手痛い失敗を被った木村産業研究所の苦い経験から学び、戦争と二〇年の時を挟んでふたたび弘前で建築を手がけることになった際、そのことに十分留意するように、設計に携わっていた新人の鬼頭にも伝えていたことがわかる。この言葉通り、講堂の設計図を見ると、ル・コルビュジエのサヴォア邸のような白いボリュームの、木村産業研究所にはなかった鉄筋コンクリートの薄い水平の庇が建物の頂部に廻らされている。二十五歳の鬼頭が描いた「昭和二十六年四月二十六日」の日付と「A. Kitoh」のサインの入った基本設計図も前川事務所に現存する。また、屋根の雨水を排水する縦樋は、前川の指示もあったのだろう。外部にではなく、建物の中を通る内樋として描かれている。そして、「コストの関係で現場には誰も行けずに、図面に色を塗って郵送した」[4]が、今も建物に施されている庇の軒裏の鮮やかな赤や外壁の青、ロビーまわりの壁や天井の白など、色の具体的な指定は、前川が自ら行っていたのである。

さて、当時の時代状況を知る上でも参考となるので、ここで少し遠回りをして、鬼頭が前川事務所に入所する前後の経緯について、彼自身の回想から見ておきたい。

戦後初期の前川事務所と戦後派所員の入所

一九二六年に東京吉祥寺で生まれた鬼頭は、その青年期を戦争へと突き進む時代に送っている。晩年のインタビュー[5]によれば、東京市政調査会の研究員を務めていた父・忠一のもとで比較的恵まれた環境に育っている。とはいえ、太平洋戦争下の一九四二年に入学した第一高等学校は戦争のために二年半に短縮され、大学入試は中止、合否は内申書だけで判断されることになる。東京帝国大学工学部建築学科を志望したが、高校の生徒主事からは、山登りばかりしていた鬼頭には人気のある建築学科は難しく、もし落ちたら徴兵されると言われて、入りやすいとされた理学部人類学科を受験し、無事に合格する。しかし、敗戦後、「やっぱり建築がやりたい」、「戦争で破壊された生活の根拠地を作りたかった」と退学し、再受験して、一九四六年に建築学科入学を果たす。だが、過酷な食糧難と栄養不足から結核を患っていた弟のために休学を余儀なくされるのである[6]。当時の建築学科の様子について、鬼頭は、次のように回想する。

「当時の先生は、まず岸田日出刀先生。丹下健三さんと吉武泰水さんが助教授。(…)建築が面白くなったのは丹下さんの演習から。出題は、正方形の大きな架空の敷地の中に何万人の住宅を作れとか何千人のオフィスを作れといったものでね。それで設計が面白くなった。丹下さんは颯爽としていましたよ。研究室には浅田孝さんもいました。（広島）ピースセンターのコンペは僕の学生時代です。当時、大谷幸夫さんの奥さんが丹下さんの助手をしていました。その奥さんがたまにこっそり教えてくれるんです。「今度の課題の点は、鬼頭さんが一番良かったよ」なんてね。それで調子に乗って「これは設計できるかな」と。

坂倉準三さんのところにアルバイトにも行ったこともあります。（…）卒業設計は音楽会館みたいなもので、下級生……そう、槇文彦君にも手伝ってもらいました（笑）。（…）製図室は二四時間開放で、一人一人にT定規が与えられた。（…）丹下研究室に足繁く通ったわけではありませんでしたが、設計をしたいと浅田孝さんに相談したら、「本当に設計をやりたいのか。それなら前川事務所へ行け」と。」

そこで、同期入所することになる同級生の進来廉と一緒に、さっそく前川を自邸に訪ねたが、その際、前川と次のようなやり取りがあったという。

「目黒の自邸にうかがうと、（…）前川さんは、持って行った図面なんかぜんぜん見ないんです。見ても仕方がないって。いかに設計事務所が大変かという話を延々と聞かされて、これは入所できないかなと覚悟しました。その時、犬のお医者さんが来て、前川さんが「ちょっと失礼」と。（…）ところが犬のお医者さんが帰られたら前川さんの機嫌が良くなっている。「残念ながら世間並みの月給は払えないけど、ご両親がいいって言うなら」とおっしゃった。（…）「はい、わかりました」と返答しました。

ところが、入所が決まって次にお会いしたときに、まじめな顔でこう言われたんです。「私は事務所をここまで育ててくるのに大変苦労した」と。そして「今は力がついて良い仕事ができるようになってきた。普通だと、建築家が死んだら事務所は終ってしまう。しかし、私が死んだときに、この事務所がなくなるのは大変もったいない。惜しい。せっかくこれだけ力がついてきた事務所が、自分が死んでも生き残れるようにしたい。ここまでの苦労を生かして、君たちにはもっと先の苦労をしてほしいからだ。それにはどうしたらいいのか。君もうちの事務所に入る以上はそこを考えてくれ」と、大学卒業したての人間にいきなり言うわけです。びっくりしました。」

ここで前川が鬼頭と進来廉に話した事務所の存続という課題は、その後、先に触れたように、雑誌『PLAN』の発刊やMID同人構想として温められていくものだった。そして、鬼頭が入所後に経験した前川の設計の進め方は、他の回想によれば、次のようだったという。

「一九五四年に新築した四谷の事務所に移る迄、事務所は目黒の先生のご自宅にあった。その殆ど全部を事務所が占領していて、先生ご夫妻のプライベートな空間は、わずかに寝室と浴室と台所としかなかった。随分と不自由で窮屈な生活だったに違いないし、よく我慢されたものだと思う。（…）先生は外国に行かれるか、地方の現場に行かれた時でもない限り、殆ど必ず、毎朝製図室にあらわれて、全員の製図版を回り、一人一人席に座って図面を見られた。だから、基本設計は勿論のこと実施設計の図面も殆ど全部目を通しておられたと思う。（…）当時の事務所のスタディーの方法は、何枚も何枚もトレーシングペーパーを重ねて推こうしていくやり方だった。毎朝私たちを立たせて図面の前に座り、これは何？　これはどうして？　こうじゃないの、と私たちと会話を重ねながら太い鉛筆でトレペの上に書かれる、私たちはその上に新しいトレペを重ねて書き直す、その繰り返しだった。たいていそれは軽く一〇枚を超えたし、時には一〇ミリ近い厚さにもなった。先生は時々その重なったトレペをめくり返して、こうなって来た経過を反芻して深く考え込まれてしまうこともあった。そんな時には、〝田中（誠）君〟とか〝大沢（三郎）君〟と事務所のベテランの所員を呼んでその意見を聞き、議論をし、一緒に先生の模索の中に惹きこんで一緒になって考えを進めた。かたわらに立って聴く私たちにとって、それは素晴らしい勉強だった。[7]」

このような設計の進め方を前川がどこで体得したのかはわからない。しかし、前川は、田中や大沢ら戦前派のベテラン所員を交えながら、つねに開かれた議論を自ら実践することによって、鬼頭ら若手の戦後派の所員を育て、事務所の体制を整えていったことがわかる。ちなみに、私事ながら、鬼頭よりはるか後年の一九八〇年に入所した筆者自身も、ほとんど同じ前川の姿に接しており、その設計の進め方は終生変わることはなかった[8]。また、鬼頭は、先の回想の中で、前川の設計方法についても証言を残している。

「前川事務所ってすごくプラン（平面図）を大切にする。プランってやっぱり生活ですよね。造形からじゃなくてプランから入る。これにはすごく教えられました。でも、浜口さんと丹下さんにこう言われていたことがあったそうです。「プラン、プランっていうけれど、前川先生の頭の中には形はないんですか」と。（…）よく言われたのが「プランは間取りじゃないんだぞ」（…）「プランを見て空間をイメージできないようじゃだめだ」とね。「神奈川県立図書館・音楽堂」（一九五四年）のコンペの頃から、前川さんは「一筆書き」（空間が流れるように連続して構成する方法）と言っていましたね。[9]」

鬼頭が目撃したプランを重視する空間構成の方法は、これから順次見ていくように、その後の前川事務所にとって、核心となるものであったのだと思う。

弘前中央高校講堂の設計依頼の経緯と試練

弘前中央高等学校は、青森県初の女学校の「青森県第一高等女学校」として一九〇一年に開校した歴史と伝統のある高校として知られる。桜で有名な弘前城のある弘前公園のお堀端に面して建ち、戦後の一九四九年に男女共学となり、一九五〇年に弘前中央高等学校と改称して現在に至っている。それにしても、どのような経緯から前川に設計が依頼されたのだろうか。同校が発行した八〇年史[10]を元に紹介しておきたい。

弘前は、幸いなことに、太平洋戦争の空襲に遭うこともなく戦後を迎えた。それでも、開校から半世紀近くが経ち、木造校舎の老朽化が進んでいた。しかし、弘前市内の他校でも同様の問題が起きており、中央高校を優先することはできなかったという。一方、戦後教育が進められる中で、集会や発表会などが重視されたが、全校生徒が一堂に会することのできる十分な施設もなかった。そこで、一九四九年十一月、同校の同窓会は、「まずは予算上から可能な講堂（木造）を建設すること」を決議し、創立五〇周年事業実行委員会を組織して、青森県へ請願書を提出する。そこには、当時の社会状況を反映してか、「現下の本県財政の事情を考慮する時、単に当局に請願する無謀を避け、我等の熱意は夫々応分の醵金を以って、総額二百万円を建設資金の一部として当局に寄付し、以って実現の速やかなるよう念願致した次第であります」と記されていた。これを受けた津島文治青森県知事は、高校を訪れ、関

竣工時の講堂正面外観　1954年9月＊

竣工時の講堂西側外観＊

係者の熱意に理解を示し、木造ではなく、鉄筋コンクリート造の建設へ切り換え、県議会の承認を取り付ける。そして、予算決定を受けた学校長は、「県の係官と共に上京して、日本一流の建築家といわれる前川國男に設計を依頼し承諾を得た」のである。八〇年史に説明はないが、同窓会の会長として事業委員会を牽引したのが、木村産業研究所理事長・木村隆三の実兄の木村新吾であり、その関係から特命で前川に依頼されたのだろう。(11) 一九五〇年六月十八日のことだった。こうして、前川は、同年「九月三日に来校して校地を検分し、十一月初めに講堂の配置図・立面図・平面図・断面図を完成した」のである。ちなみに、それは、日本相互銀行本店の着工直後の時期にあたる。

竣工時の講堂正面入口の光景＊

竣工時の講堂ロビー＊

　ところが、同年六月二十五日に勃発した朝鮮戦争による建築資材の高騰と県財政の窮迫によって、建設規模は縮小を余儀なくされ、削減された予算では施工会社も決まらず、着工は延期されたのである。暗礁に乗り上げた建設だったが、一九五二年九月には何とか着工に漕ぎ着けている。それでも、一九五三年十月にふたたび工事は中断し、地元紙には、「講堂は何時出来る　内部はまだがらん洞　完成せば東北随一の文化施設　各方面で工事再開期待」と書かれてしまう。その後、弘前市が八〇〇席の講堂椅子を寄付するなど、地道な努力も実り、一九五四年九月十五日に、ようやく講堂は竣工する。それは、同時期に建設が進んでいた神奈川県立図書館・音楽堂の竣工する同年十月三十一日の直前のことだった。

　こうした経過からも明らかなように、厳しい予算で工事は難航したに違いない。残された設計図や工事中の写真を見ると、大架構の鉄骨は限りなく細くされ、一階の床は土間スラブであり、コンクリート構造体も極限まで切り詰めたものとなっている。また、現在はスチール製のサッシュに取り替えられた両側の斜めの大きな開口部も木製のサッシュが使われるなど、粗末な丸太足場の現場写真も含めて、建設の苦労が偲ばれる。それでも、竣工写真からは、清新なたたずまいと透明感が感じられる。(12)

こうして、デビュー作の木村産業研究所の竣工から二二年の時を経て、前川にとって初めてとなる公共建築の記念すべき第一歩も、弘前から始まるのである。

戦後のコンペをめぐる模索の中で

戦前のコンペ連続挑戦から

先に見てきたように、竣工直後の木造の紀伊國屋書店(一九四七年)を総特集し、一九四七年十一月に発行された『前川國男建築事務所作品集 第1輯』の巻末には、続く全七巻の発行企画が告知される。その第6輯では、「わが国における近代建築確立のための、開拓者の輝かしき闘争の成果」というテーマで、「計画案(競技設計を中心として)」が予定されていた。残念ながら、敗戦直後の厳しい出版事情もあって、続く特集は一つも発行されず、結果的に、この第1輯が生前における前川の唯一の作品集となる。そんな未刊に終わった作品集の中でも、この第6輯には、前川の特別な思いが託されていたに違いない。というのも、前川にとって、ここに紹介しようとした戦前のコンペ応募案こそ、「自分の主張をまがりなりにも主張するたった一つの許された場所」であり、「すべて応募するというプリンシプル」を立てて、「どんな状況のもとにおいても、とにかく自分は応募するという覚悟」で、精力的に取り組んできたものだったからだ。[13] そのリストを見ると、ル・コルビュジエのアトリエ在籍中に遠くパリから応募した名古屋市庁舎(一九二七年)から、太平洋戦争下に行われた在盤谷日本文化会館(一九四三年)まで、全一三件が挙げられている。[14] これらのコンペ挑戦では、一等五件、二等一件、三等二件という高い入賞率を獲得している。しかし、戦争によって、実現したのは明治製菓銀座売店(一九三三年)一件だけだった。しかも、一九四五年五月二十五日に東京を襲った米軍の焼夷弾による空爆によって、東京銀座の銀座

第6輯の予告ページ　MID編『前川國男建築事務所作品集 第1輯』工学図書出版社 1948年より転載

広島平和記念カトリック聖堂建築競技設計　2等丹下健三案の外観透視図 『平和記念広島カトリック聖堂建築競技設計図集』洪洋社 1949年より転載

商館と呼ばれるビルの五階にあった前川事務所は内部を全焼し、これらのコンペ案の原図などの資料はすべて焼失してしまう。そんな経緯もあったからだろう。前川は、戦後の出発点においてこれらのコンペ案を記録として作品集にまとめ、試みてきた方法の意味を再度確認したかったのだろう。

それでは、戦後に入り、コンペをめぐる状況はどのように推移していったのだろうか。また、前川はどのようにコンペと関わっていったのか。本章では、戦後初期のコンペの状況と前川の試みについて、振り返っておきたい。

戦後のコンペの始まり

前川事務所に残る作品目録によれば、前川が戦後最初に挑んだのは、一九四八年三月二十八日に募集要項が発表され、六月十日に締め切られた戦後初の公開コンペ、「広島平和記念カトリック聖堂建築競技設計」である。ちょうど慶應義塾大学病院の建設工事が進んでいた多忙な時期に重なる。だが、歴史を振り返れば、建設を前提に実施された戦前最後の公開コンペとなった一九四三年の在盤谷日本文化会館から、わずか五年後のことに過ぎない。前川は、「すべて応募する」という原則を戦後も守り、応募を決断したのだろう。[15] なお、コンペの主催者は広島カトリック教

広島平和記念カトリック聖堂建築競技設計　3等前川國男案の外観透視図　同前右

会だが、朝日新聞社が後援し、提出先も同社となっている。このことから、戦後初となるこのコンペは、朝日新聞社の全面的な協力によって実現したことがわかる。朝日新聞社代表が審査員にも加わっており、背景に何があったのか、この後援は興味深い。また、建築関係の審査員は、堀口捨己、今井兼次、村野藤吾、吉田鉄郎と、イエズス会の建築家グロッパ・イグナチオ修道士が務めている。そして、募集の「主旨」には、「優れた日本的性格を発揮すると共に戦後日本の新しい時代に応ずる提案を望んでいる」と記され、「モダーン、日本的、宗教的、記念的と云う要求を調和させる事」が「競技設計の主眼」とされた。そこには、戦時下に盛んに議論された「日本的性格」や「記念的」というテーマが変わらずに盛り込まれていた。しかも、戦前のコンペで慣例化していた「参考平面略図」も添付され、「当選図案は、実施に当り、場合に依り、変更し又は全然採用しないこともある」として著作権も認められていなかった。戦後のコンペは、このように戦前との連続性を保ったまま再開されたのである。

それでも、当時の建築界はコンペの実施を切望していたのだろう。敗戦直後にもかかわらず、一七七点の応募案が寄せられた。しかし、一等案は選出されず、紆余曲折の末、審査員の一人だった村野藤吾の設計により、一九五四年に世界平和記念聖堂として竣工する。偶然にも、一九四三年の在盤谷日本文化会館コンペで一等だった丹下健三が二等に、二等だった前川國男が三等に入選したこともあり、大きな問題となった。すかさず、二人の恩師である岸田日出刀は、審査結果の掲載より一号前の『建築雑誌』一九四八年七月号に「一等必選」[16]を寄稿し、「わが国の建築競技設計の審査に最も悪い前例をつくったもの」であり、審査員団の「不見識と権威なさに痛憤を感じる」と強く抗議したのである。これには理由があった。岸田はこのとき、建築学会長としてリーダーシップを取りながら、戦前のコンペ方式の改善を図るために、自らが委員長となり、委員の前川と丹下、浜口隆一、谷口吉郎、佐藤武夫らと共に、「建築設計競技執行規準」[17]の作成を進めていたからだ。

それでは、一等案が選ばれなかったのはなぜなのか。審査を取りまとめた今井は、審査評に、「日本的性格を持つモダーンスタイル、宗教的印象と記念性の表現と云うことは現代日本建築界に久しく課せられた困難な問題であった」[18]と指摘しながらも、翌年に出版された図集では、次のように記していた。

「モダーンといふ条件のみを強く意識した為に、聖堂としての目的表現から遠く離れた機能偏重の傾向ある設計が最も多数を占め、ややもすれば世人を驚愕せしめるような主観的革新的な創意によって実験を試みんとする傾向のものが提案せらるる傾きもあった。[19]」

一方、堀口は、「内輪話」と題して、「第一に丹下健三君の案、第二に前川國男君の案」と自らの評価を示した後、「一等案が出来なかったのも、宗教家の好みが、私共と隔りが有り過ぎたからであった」と内部事情を暴露している[20]。また、村野は、「いつまでもコルビュジエの建物の構想から図面の仕上の末梢に至るまでつきまとって居るのには驚きもするが、私には、またかと云う風に感ぜられた。これなどはいい加減捨象されていいのではないかと云って見たくなる」と辛らつな感想を書き留めた[21]。さらに、吉田鉄郎は、聖堂の目指すべき姿は、「新らしい材料と構造に立脚した健康的な現代建築」であり、「しかもおしつけがましいものや気まぐれなものをなにひとつもたず、一見、平凡とか貧困とかにみえる外貌のうちに、もの静かな、それでいて人の心に強い宗教的感動をあたえるものを深く蔵しているような、ごく控え目な、またそれだけに香気の高い作品でなければならない」と、自らの持論にもとづく見解を提示する。その上で、前川案については、「ブロック・プランは考えつくされていて、一点の非難すべき箇所を見出し難いほどに見事なものであった。構造や形態はきわめて進歩的で、高度の質をもっていたがただ聖堂としてはその表現が動的にすぎる憾みがあった」とした。また、丹下案については、「統一のとれた、創造性の豊かな力作」と評価しつつも、「諸建築の配置が合目的的であったにもかかわらず、多少、模型的な感じをうけたし、建築形態にも技巧的なところが多すぎた」と、それぞれの案の持つ弱点を明快に指摘したのである。[22]

おそらく、審査の鍵を最終的に握っていたのは、堀口が指摘するように、教会側から審査に加わったイグナチオ修道士と広島カトリック教会の代表者で被爆者としてこの建設計画を立案したフーゴ・ラッサール神父だったと思われる。図集の巻頭には、そのことを裏付けるかのように、「教会代表者の感想」という文章が記されている。その中で、「この競技は応募者にとって特別な困難を含んでいた」とし、その「第一理由」として「宗教的性格」のためだと述べた上で、丹下案は、「海外の同類の聖堂建築が全世界のカトリック方面からの強い反感と拒否に遭ったのでこの提案を広島記念聖堂として実施することは不可能[23]」だとし、前川案は、「聖堂が非常に優雅な芸術的意図の上に立案せられているが記念聖堂としてそれ程適切なものではない」と断じたのである。それでは、丹下案と前川案は何を試みたのだろうか。続けてみておきたい。

まず、丹下案の設計主旨には、次のような言葉が記されている。

「われわれは現代の教会建築をつくりたいと思う。(…)鉄とコンクリートとガラスの建築をもって現代の教会はつくられるであろう。現代の教会建築のありかたにとって近代技術とその合理性を基礎とすることを第一の根本的な原理と考えねばならないであろう。われわれにはもはや歴史において一歩の後退も許されてはいない。[21]」

設計の前提条件をこう記した上で、「内部空間の機能をかたちづくる架構の方式は、近代構築技術の進路を見ることにおいてシャーレン架構を採用した」とし、開口の構成には、「工場生産方式によって作られるプレキャスト・コンクリートの使用をこころみることによってその表現を探求した」と述べ、進歩的、合理的な構造表現に主眼があることを表明していた。

一方、前川案の設計主旨では、「近代建築は人間の建築である。(…)我々は近代建築——近代的素材により近代的構法による——をもって——か《ママ》神の建築に対決すべきすべを知らない」と戸惑いを示しつつも、次のような説明がなされていく。

「われわれはゴシックの工匠達が石を用いポインテッドアーチによってゴシック構造の真実を追求したように近代構造の真実をその最もラヂカルな形式である「シャーレンバ

ウ」によって追求せんと試みる。けだし「真実」の追求によってのみ物質的実在の根底を貫ぬく神的秩序への肉迫が可能であると信ずる故である。[25]」

　この文章には、青年時代に愛読したジョン・ラスキンの『建築の七燈』に綴られた建築の真実を追求しようとする前川の初心が表明されている。しかし、実際には、丹下案と前川案は、偶然にも同じ最先端のシェル（貝殻）構造を採用し、何よりも新しい造形表現を求める点で、同質の内容を含んでいたことがわかる。両案からは、この聖堂が誰のためにあるのかへの想像力を読み取ることは難しい。二人の神父が疑問を抱いたのも、そのことだったのではないだろうか。すなわち、原爆によって壊滅した広島に再建される聖堂に求めたのは、何よりも傷ついた信者たちが長年にわたって通う心の拠りどころとなる場所であり、丹下や前川の案のような、今井の指摘するような、「機能偏重」で、「世人を驚愕せしめるような主観的革新的な創意によって実験を試みんとする傾向のもの』は、到底受け入れることができなかったのだ。

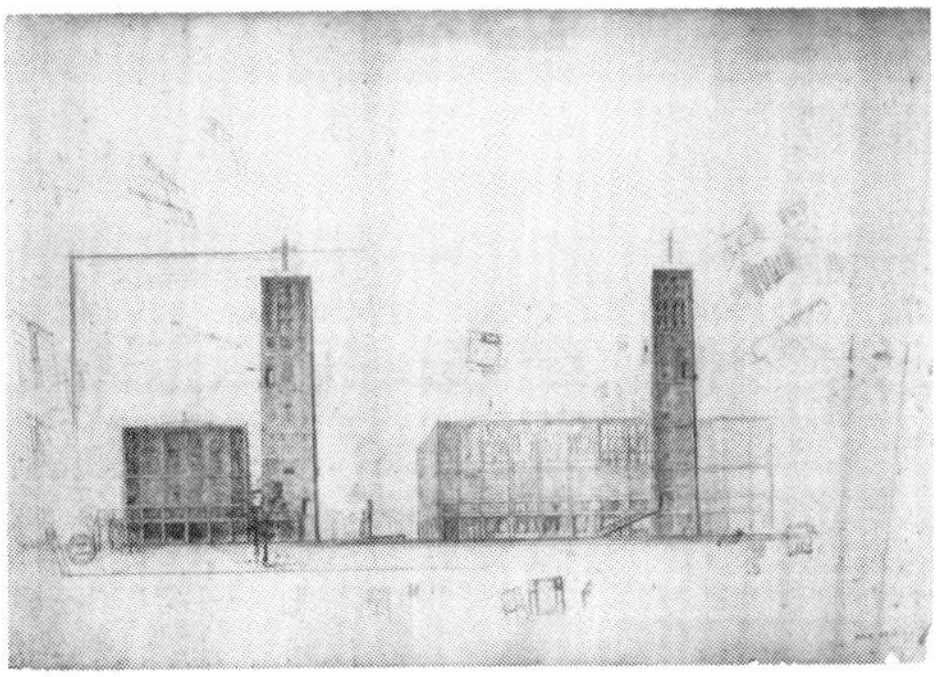

村野藤吾　世界平和記念聖堂の立面検討図　京都工芸繊維大学美術工芸資料館蔵（登録番号 AN.4996-92）

　ここには、近代建築の在り方をめぐる本質的な問題と、主催者と応募者の間でのコミュニケーションが困難なコンペという方法の持つ限界が露呈している。そして、結果的に一等案を選出しなかった教会関係者は、その間の経緯を共有し、募集要項の作成も担当していた審査員の村野に、自分たちの望む聖堂の設計を依頼したのである。[26] 竣工後、村野は、設計の経緯について次のような文章を残している。

「教会からは、天井高さを一八メートルにすること、千人を入れる会堂と、記念の小聖堂を取る以外は、全く私の自由に任された。而し、神父さん達と話をして見ると、自由な私の考えなど以ての外であった。変わった教会の写真を見せたりしたが全部否定された。（…）いくつかのスケッチを見せたが、プランはほめられたけれど外観はどれも駄目だったので、最後はやめる決心で持っていったのが大体今の様な形である。[27]」

　残された設計図の中に、この間の村野の格闘を伝える四〇点を越える数多くの立面の検討図が残されている。そして、一九五四年八月六日に執り行われた献堂式で配布された冊子に、村野は、感慨を込めて、次の文章を寄せたのである。

「設計に着手以来五ヵ年有余の苦心もさることながら、工程四ヶ年に亘り工事関係者がこぞって、歓喜と努力を以て献身的に従事された事は、誠に聖堂の建築に相応しく、精神的なものを遺されたことと感じて居ります。

建物の外観は鉄筋コンクリートの構造体がそのまま少しも手を加えずに現され、その間を特製の煉瓦積で壁体を造って居ります。そして凡てが荒けずりの構造のまま、無装飾に表現されては居りますが、材料や手法から来る素朴さや、純粋な気分が、この二つの材料を合理的に組合わせて居るところから来る近代的なものと調和して一種の芸術的な表現となり、さらに、材料自体が持っている灰白色の色調などと合して、近代人の祈りに応える宗教的感触を念願して居りますが、それにも増してこの建物全体の構成や手法の上に何となく日本的なものをただよわせたいというのが私の考えであります。」(28)

文中に「近代人の祈りに応える宗教的感触を念願」とあり、「日本的なものをただよわせたい」と記しているように、村野が聖堂に求めたのは、そこへ通う信者たちの気持ちを受けとめることのできる素材感と存在感、そして広島の信者たちにとって違和感のない日本的な雰囲気だったのだろう。

その後の歴史を先取りすれば、建築に何を求めるのかという視点からは、丹下健三の東京都庁舎(一九五七年)と村野藤吾の読売会館・そごう東京店(一九五七年)を巡る『新建築』(一九五七年八月号)誌上における論争として、また、宗教施設における構造表現の根拠となる建築思想の違いについては、丹下がHPシェル構造の明快な造形によって指名コンペで一等を獲得して実現し、前川が落選に甘んじた東京カテドラル聖マリア大聖堂(一九六四年)においても、ふたたび問われることになる。残念ながら、前川は戦後最初の挫折となったこの聖堂のコンペについては何も書き残していないが、村野が聖堂で示した人の心に届く建築の質感の実現という課題は、前川にとって、最晩年まで自分なりに考え続ける大きなテーマとなっていったのではないか。こうして始まった前川の戦後のコンペによる方法論の模索は、さらに続けられていく。

一九五〇年代の指名コンペ連続応募の先に

三件の指名コンペの参加から

一九四八年に、戦後初となる世界平和記念聖堂の公開コンペで三等入選に甘んじた前川國男だったが、時をおかずして、次の三件の指名コンペに連続して挑むことになる。一九五〇年の鎌倉近代美術館、一九五一年の日本銀行金沢支店、そして一九五二年の東京都庁舎である。おりしも、一九五〇年に戦前から長く続いていた建築資材統制がすべて解除され、ようやく鉄筋コンクリートや鉄骨を用いた本建築と呼ばれた近代建築をつくり出す環境が整い始めたことも大きかったのだろう。戦後復興と共に建築界に希望の光が差し始めていたようにも見える。前川も、日本相互銀行の支店群を皮切りに、テクニカル・アプローチという目標を掲げ、戦後派の若い所員たちも加わる中で、精力的な設計活動をスタートさせていた。おそらく、前川にとって初めてとなるこれらの公共建築の指名コンペ参加の機会は、大きな励みにもなったに違いない。

ところで、日本における明治から昭和にかけてのコンペの歴史をまとめた近江栄の著書[29]に掲載された主要コンペの年表（一八九九―一九八六年）によれば、指名コンペは、一九一二年の大阪市公会堂（現・大阪市中央公会堂）や一九二三年の東京市政調査会館（日比谷公会堂）、一九三四年の東京放送会館など、すでにいくつかの代表的な建築で戦前にも行われていた。しかし、その大半は公開コンペで占められていた。しかも、指名か公開かを問わず、そのほとんどすべての応募要項には、「懸賞競技設計」と謳われていた。このことからも明らかなように、一等当選者に著作権は認

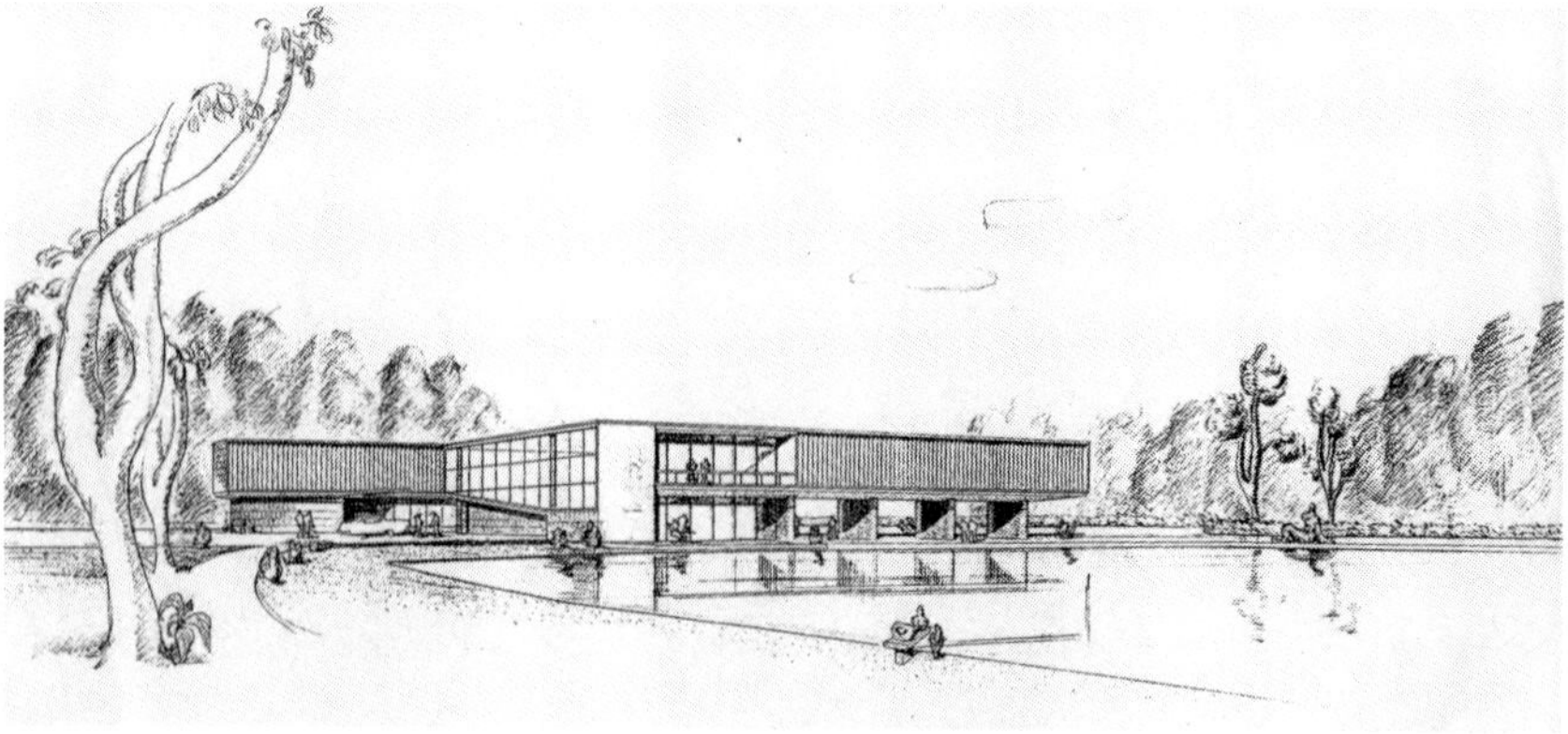

鎌倉近代美術館指名コンペ前川國男案　外観透視図　1950年＊

められておらず、審査員などが実際の設計を担当するケースが多かった。また、戦前の前川が繰り返し自らの求める平面図を一から作成して挑み続けたように、プランは参考平面図としてあらかじめ決められており、外観の意匠についても、「日本趣味」、「東洋趣味」といった様式の規定がある中での、パッケージ・デザインと呼べるようなものに過ぎなかった。しかも、審査員は、伊東忠太、佐野利器、内田祥三、武田五一ら、東京帝国大学を中心とする常連で占められており、自由な提案の中から最良の案を選び、設計主旨を尊重して実現させるような仕組みとはほど遠い状態にあったのである。前章で触れたように、こうしたコンペの方法の未整備と混乱は、戦後にもそのままのかたちで続いていく。そうした中で三年連続で催されたこれら三つの指名コンペは、どのようなものだったのだろうか。続いて見ておきたい。

一九五〇年五月から六月にかけて行われた鎌倉近代美術館[30]の指名コンペは、一九四九年八月に、神奈川県知事の内山岩太郎のもとで建設計画の推進母体となる美術家懇話会が設立されたことに始まる。その中心人物であり、鎌倉在住で開館後の初代館長にも就任する東京藝術大学美術学部長の村田良策が組織し、懇話会の会員から選ばれたからなのだろう、コンペの審査員は、画家の小山敬三、佐藤敬、安井曾太郎、山口蓬春らと、美術史家の吉川逸治ら美術関係者で占められており、唯一の建築専門家である東京藝術大学教授の吉田五十八が審査委員長を務めた[31]。坂倉準三、前川國男、山下寿郎、谷口吉郎、吉村順三の五名の建築家が指名され、坂倉が一等に選ばれて実現する。残念ながら、筆者の調べたかぎりでは、応募要項や審査記録といった公的資料は現存しない。また、応募案そのものも現存せず、コンペの詳細は不明である。わずかに、初代の学芸員となる佐々木静一の証言によれば、「他の案が本格的な鉄筋コンクリート建築でほぼ五、六千万円ぐらいかかり、坂倉案は鉄骨、アスベスト張りでその半分の三千万円ぐらいでできるうえに機能的にも優れているという評価[32]」で選ばれたという。ここからは、構造形式の指定さえない中で、慌しくコンペが行われたことが読み取れる[33]。たしかに、前川事務所に保管されている前川案は、ピロティやスロープ、吹き抜けの展示室を持つ「本格的な鉄筋コンクリート」であり、実現していたらそれなりの質を持つ建築として実現していたと思われる。しかし、当初予算額の二千万円では建設不可能だと判断されたのだろう[34]。こうして、前川は、戦前の一九三六年に岸田日出刀が審査員を務め、過渡的な指名コンペとして行われ、一等に選ばれたパリ万国博覧会日本館と同じく、ル・コルビュジエのアトリエに学んだ盟友の坂倉に、ふたたび一等を獲られてしまうのである。

同右　前川國男案　彫刻陳列室の内観透視図＊

　また、翌一九五一年の日本銀行金沢支店の指名コンペでは、同じ近江の著書によれば、岸田日出刀が審査委員長を務め、佐藤武夫、前川國男、山下寿郎、松田平田設計事務所、日建設計工務、共同建築研究所の六者が指名されて、佐藤案を一等に選び出した。しかし、コンペの意味を共有できていなかったのだろう、発注者代表の日本銀行総裁の一万田尚登が、佐藤案が「銀行建築の様式からかけ離れているとして、一方的に山下案を実施案にした」のである[35]。このため岸田は、「審査結果を無視したとして」委員長を辞任、当選者の佐藤も、「提出図面を回収し、コンペ当選報酬を辞退する」という大混乱を招き、「コンペの原則を発注者自らが踏みにじった最もスキャンダラスなコンペ」

日本銀行金沢支店指名コンペ前川國男案　外観透視図＊

となってしまったのだ。ちなみに、事務所に残る作品目録によれば、前川案の担当者は、前年の一九五〇年に入所したばかりの二十四歳の鬼頭梓だった。このとき、鬼頭は、先に紹介した弘前中央高校講堂の基本設計をまとめた直後であり、日本銀行金沢支店の透視図からは、やや硬質な未熟さが読み取れるようにも思える。残念ながら、前川の言葉やスケッチは残されておらず、前川がどんな指示をしたのか、詳細は不明だが、あるいは、戦後に入所した若手の所員たちを育てるために、これらのコンペを担当させたのかもしれない。

そして、延床面積二万三千平方メートルを超える当時としては最大規模の公共建築となる東京都庁舎の指名コンペが実施されたのは、一九五二年七月から九月にかけてだった。前年の一九五一年九月八日に調印された対日講和条約の発効によって、曲がりなりにも占領下からの独立を果たし、敗戦後の混乱を脱しつつあった時期にあたる。そこには、一九五〇年六月二十五日に勃発した朝鮮戦争による特需景気という追い風も重なった。だからなのだろう、一九五二年は、外務省庁舎[36]、小倉市庁舎、東京都庁舎の三つの公共建築の指名コンペが立て続けに実施される。中でも、焼け跡に建設される東京都庁舎は、そうした時代の転換点の象徴でもあったのだろう。指名されたのは、石本喜久治、蔵田周忠、佐藤武夫、谷口吉郎、丹下健三、前川國男、松田軍平、村田政真、村野藤吾、山田守、吉田鉄郎の一一名に及ぶ建築家だった。村野が最年長の六十一歳、石本、松田、山田、吉田が五十八歳、坂倉が五十一歳、谷口、前川、村田が四十代後半、そして、最年少の丹下は三十九歳という若さだった。一方、一〇名の審査員の都側四名を除く専門委員六名は、委員長の小林政一と伊藤滋、岡田捷五郎、田辺泰、武藤清、岸田日出刀が務めた。最年長の小林が六十一歳、岡田が五十八歳、伊藤が五十四歳、田辺と岸田が五十三歳、武藤が四十九歳と、応募者と同世代の審査員で構成されていた。

このコンペでは、建築意匠については、「設計者の自由とする」と明記され、著作権についても、「設計案の設計意匠に対する一切の権利は設計者が保有する」とされた。

また、コンペ応募の「設計委託料」として、各応募者に五〇万円が支払われた。その意味で、コンペの方式としては整備されたものとなっていた。[37] 一方で、「提出書には一連の番号をつけ、各々設計者名を記入」とあり、異例にも、応募案の作成者が明記された形で審査が行われたのである。審査報告書[38]によれば、丹下案が専門委員六名による予選で全員の推薦を受け、続く審査員全員による投票でも満票を獲得して最優秀入選を果たす。圧勝だった。そこには、審査委員長を岸田が務めた一九四九年の広島平和記念公園及び記念館の公開コンペで一等を獲得し、戦後建築界の最前線を走り始めた少壮の丹下への期待が込められていたのだろう。

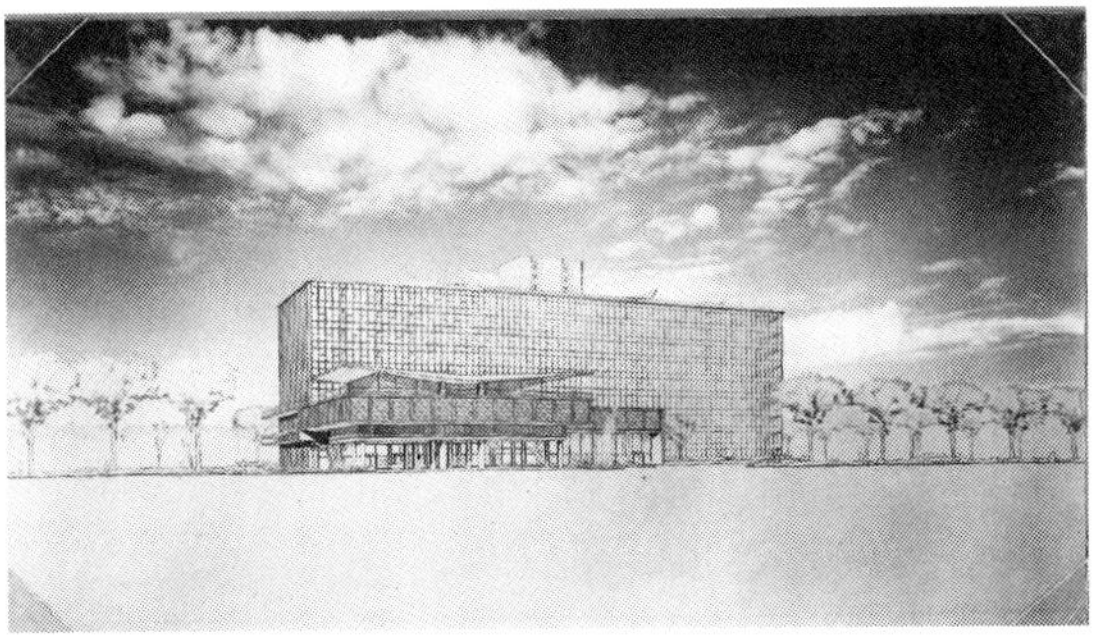
東京都庁舎指名コンペ前川國男案　外観透視図*

　それでは、前川案の特徴は何だったのだろうか。建物の中央に耐震壁を集中させたセンター・コア方式の丹下案の構造計画とは異なり、ちょうどこのコンペが始まる同じ七月に竣工した日本相互銀行本店で試みたように、耐震壁を排除した柱と梁だけの純ラーメン構造の骨組みとカーテン・ウォールのシンプルな平面計画と外観でまとめられている。また、手前には、ピロティの上に大きな折れ屋根のある議会棟が載っていた。しかし、審査報告の中で、丹下案が、「都市計画的な見地からの考案がなされている」点や、「造形感覚は新時代的にすぐれ、日本の建築技術芸術としての発展に貢献するところが最も大きい」と高く評価されたような特質には乏しく、空間の伸びやかさにも欠けていた。こうして、前川は、戦時下の一九四三年に行われた実施を前提とした最後の公開コンペとなった在盤谷日本文化会館と同じく、丹下にふたたび敗れる結果となってしまったのである。

　以上、見てきたように、貴重な機会を得た三つの指名コンペは、いずれも完敗に終わる。当時の事務所の状況から考えれば、そこには、戦後に入所した若い所員たちが、日本相互銀行の支店群の設計を担当して実務経験を積み始める中で、コンペにはまだまだ不慣れな状態であり、前川自身も、鉄筋コンクリート造の建築についての確かな方法論を模索していた時期ゆえの未熟さがあったのではないかと思う。

東京国立近代美術館で実現した空間

そんな指名コンペの落選続きの中で、一九五二年、前川に、延床面積約一六〇〇平方メートルの小さな美術館の設計が依頼される。それも、日本で最初の国立近代美術館となる記念すべき建物だった。また、今でこそ小規模と見なされがちだが、一九五一年に竣工した神奈川県立近代美術館とほぼ同規模の、当時としては立派な大きさの施設であった。一九五二年十二月一日に開館する。

旧・日活本社ビル外観　『建築文化』1953年3月号より転載

東京国立近代美術館外観　1952年＊

ただし、それは、新築ではなく、地下一階、地上四階建ての旧・日活本社ビルを改装する制約の多い難しい仕事だった。それにしても、どのような経緯から前川に設計が依頼されたのだろうか。詳しいことは分からない。しかし、岸田日出刀が、神奈川県立近代美術館の視察に訪れた際の印象を記した「鎌倉の近代美術館を観る」（『建築文化』一九五二年二月号）の中に、次のような興味深い記述が残されている。すなわち、「国立近代美術館が東京に建てられる計画があり、文部省にそのための設立準備委員会が設けられ、建築部門を代表するかたちで、わたくしもその委員の一人になっている」とあり、その委員会の視察で坂倉の近代美術館を訪ねたことに触れられている。また、その時の印象として、「随所に意匠上の破綻を見出して文句なしにこれはいいとはいえない作品だと思った」と記しているのである。

このことから、あるいは、国立近代美術館の設立準備委員会で建築部門の代表を務めていた岸田が、その設計者の候補として、神奈川県立近代美術館を完成させたばかりの坂倉準三ではなく、戦前からの信頼がある教え子の前川國男を推挙した可能性が考えられる。また、その間の事情を知っていたのだろう、竣工後、浜口隆一は、この建物が紹介された『建築文化』一九五三年三月号に、モデルとなったと思われるニューヨーク近代美術館に触れながら、「近代美術館の立地条件」として、建設の経緯を書き記している。

「近代美術館は、その性格上、象牙の塔にたてこもって、いわゆる美術愛好家にだけみてもらえばよいというわけにいかない。できるだけ多くの人にみてもらわなければならない。したがって近代美術館にとっては、それの在る位置、つまり立地条件がきわめて大切である。今度の国立近代美術館の設立にあたっても、このことが慎重に考慮され、誰にでも気軽に来られるように、東京でも最も目貫きの場所の一つである京橋が選ばれた。立地条件を建物そのものよりも優先的にしたために、既存の建物を買収して、これを改造しなければならないという、結果にさえなった位である。しかしこのやり方は近代美術館の社会的機能を果たすためには賢明だったようである。」[39]

東京国立近代美術館　エントランスまわり＊

同上　1階の彫刻陳列室から街路側を見る＊

同上　屋外テラスから室内側を見る＊

こう記された浜口の指摘のとおりだとすれば、この美術館は、街中にあって誰もが気軽に入ることができる新しい時代の美術館の姿を体現したニューヨーク近代美術館の方法を忠実にトレースした、周到で画期的な建築計画にもとづいていたことがわかる。ちなみに、浜口は、一九五一年にロックフェラー財団と *Architectural Forum* 誌の招きで渡米し、戦後に増築されたニューヨーク近代美術館を視察しており、増築の設計を手がけたフィリップ・ジョンソンとも交流していた[40]。だからこそ、浜口は、上記のような実感を伴った指摘を記すことができたのだろう。

さて、このような背景から前川が手がけたこの近代美術館では、何が実現されたのだろうか。大きな特徴として、次の二点が挙げられる。まず、シンメトリーの何の変哲もない旧建物の鈍重な外観を一変させて、横長の水平な開口部を配したモダンな外観と街に開いたエントランスによって透明感のある表情を創り出したこと。そして、一階のエントランス・ポーチから彫刻展示室、喫茶室から屋外テラスへと続く伸びやかな内外空間の連続性を、上焼煉瓦壁の連なりによって巧みに生み出したこと。さらに、モダンな雰囲気に相応しいように、量産化を目標に生産工程の合理化を図った休憩用と喫茶用の椅子を考案し、展示壁面や照明器具の提案を盛り込むなど、改装という枠組みを超えた新しい美術館を実現したのである。そこには、後に数多くの美術館を手がける中で洗練されていく「一筆書き」の空間構成の萌芽を読み取ることができる。今から振り返るとき、指名コンペの落選続きの中で手がけたこの美術館改装の仕事こそ、続く前川の設計方法論の第一歩となっていたのである。そして、続く二つの公共建築の指名コンペによって、その成果は明快なかたちで結実することになる。

節目となった二つの指名コンペ当選案

前川は、戦前と同じく、戦後初の公開コンペとして行われた広島の世界平和記念聖堂（一九四八年）に始まり、一九五〇年代の初頭に三年連続して参加した神奈川県立近代美術館（一九五〇年）、日本銀行金沢支店（一九五一年）、東京都庁舎（一九五二年）の三つの指名コンペまで、連続挑戦を続けていた。そこでは、コンペ制度そのものの未整備もあったが、いずれも決定打となる応募案をまとめることができず、落選の憂き目を見ていた。しかし、その間に、前川と所員たちは、日本相互銀行の支店群（一九五〇―六二年）と本店（一九五二年）を通して、近代建築を作り上げるために必要な、サッシュと外装材のプレキャスト・パネルの開発、純ラーメン構造による建物の軽量化と自由な平面と立面の実現など、さまざまな試みとしてのテクニカル・アプローチの実践を続けていた。そこでは、日本相互銀行本店の外壁からの漏水など、近代建築が抱える技術的な未熟さを痛感する事態にも遭遇していた。そして、戦前の事務所設立後の第一作であった森永キャンデーストアー銀座売店（一九三五年）と同じく、既存の事務所ビルの改装に過ぎなかったが、東京国立近代美術館（一九五二年）では、内と外が連続的につながる流動的な空間構成を試みていた。このように、戦後の前川は、近代建築を支える技術の地道な開発と空間構成の方法論の二つのテーマと取り組み始めていたのである。

そんな試行錯誤の模索中に舞い込んできたのが、神奈川県立図書館・音楽堂と岡山県庁舎の二つの指名コンペだった。今から振り返るとき、この二つの公共建築は、戦後に自覚的に始められたテクニカル・アプローチの成果がある手応えを持って結実し、さらに、前川が戦前から温めてきた空間構成の方法論が初めて具現化した節目となるものであることがわかる。本章ではこの二つの建物について見ていくことにしたい。

神奈川県立図書館・音楽堂に結実したもの

太平洋戦争の末期、一九四五年五月二十九日未明の米軍による焼夷弾爆撃によって、横浜市街は約三万戸の住宅が焼失し、死者八千人以上に及ぶ壊滅的な被害を受け、焼失面積は市全体の三四％にも上った。そんな神奈川県の敗戦後の戦後復興を牽引したのが、一九四六年に官選知事となり、翌年の選挙によって初代の公選知事となった内山岩太郎である。戦前の外交官時代に南米ブラジルの日本人移住地を訪れた内山には、彼らが暮らす「貧しい家の窓に置かれた小さな花の鉢に見入った」経験があった[41]。そこから内山は、「亡びかけた家を復興するには、色々の苦心が必要である。しかし苦心する日常にも幸福が見出されねばならない」として、「世界に共通する文化の向上を目指して色々計画を立てること」を決意する[42]。こうして、一九五〇年に神奈川県立近代美術館の指名コンペを実施する。そして、その成果に手応えを得た内山が続いて構想したのが、戦前から設立が待望されていた県立図書館の建設だった。しかも、講和条約発効記念事業として、一九五二年度の県議会において県立図書館の設置の承認を取り付けた内山は、図書館に音楽ホールを併設しようとしたのである。そこには、「民主主義を推進するためには、人々が集う場がなければならない。多くの人々が集うところから新しい時代が始まる」という明快な哲学があった[43]。

こうして、一九五二年九月二十二日から十二月三日にかけて、図書館に音楽堂を併設するユニークな組合せの神奈川県立図書館・音楽堂の指名コンペが行われる[44]。審査員は、岸田日出刀（東京大学教授）、堀口捨己（明治大学教授）、佐藤鑑（横浜国立大学教授）ら八名が務めた[45]。また、設計候補者に指名されたのは、神奈川県立近代美術館（一九五一年）を手がけた坂倉準三、日本相互銀行本店（一九五二年）を同年七月に完成させたばかりの前川國男、地元横浜を代表する建築家で創和設計を主宰していた吉原慎一郎[46]、大学の研究室で精力的な設計活動を展開し、東京都庁舎（一九五七年）の指名コンペに同年九月に当選した直後だった東京大学助教授の丹下健三、一九四八年に行われた仙台市公会堂（一九五〇年）の公開コンペに当選して実現させた早稲田大学助教授の武基雄の五名である。最年少の三十九歳の丹下から五十一歳の坂倉まで、少壮の建築家たちが顔をそろえるかたちとなった。

　そして、十二月三日の審査委員会で、「施工が比較的容易であり、工事費の設計案に対する可能性、附帯設備費と建築工事費との均衡、建物の配置計画、音楽ホールの平面計画において秀れている等の理由」[47]から、前川國男案が一等を獲得する。その後、実施設計があわただしくまとめられて、翌一九五三年四月二十二日に着工し、一九五四年十月三十一日に竣工する。前川にとって、敗戦後の厳しい予算で工事が難航し、同年九月十五日に竣工した青森県立弘前中央高校講堂に続く二つ目の公共建築であり、しかも初めて手がけた本格的な音楽ホールであった。さぞかし感慨深いものがあったに違いない。

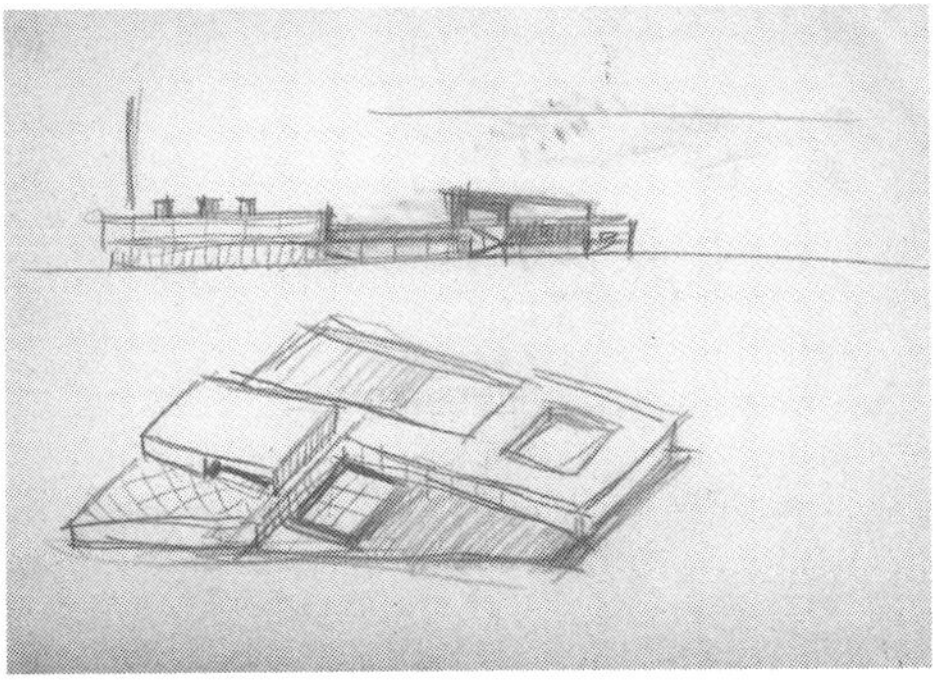
神奈川県立図書館・音楽堂の前川國男の直筆スケッチ＊

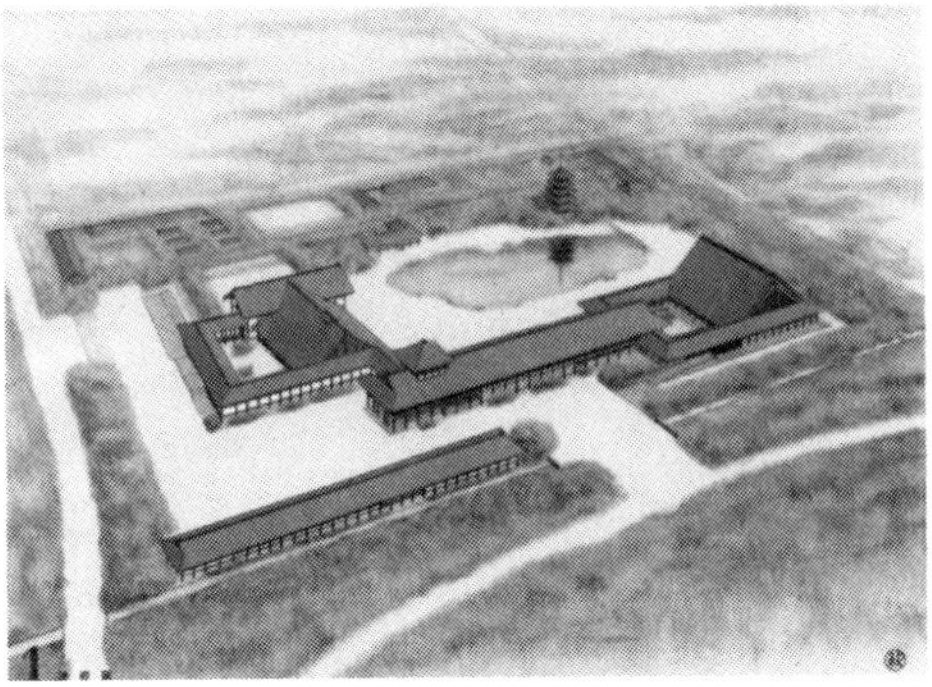
在盤谷日本文化会館コンペ2等前川國男案の透視図　『新建築』1944年1月号より転載

　注目されるのは、そこに実現した明快な空間構成を生んだ設計方法論の存在である。この指名コンペを振り返って、担当者の一人として、ロビー、ホワイエ廻りの実施設計を担当した進来廉は、後年、次のような証言を残している。
「当時、大髙さんとか鬼頭さんとか、とにかく議論好きな人がそろっていましたからね、いろいろ、ああでもないこうでもないと言い合っていました。前川さんはあまり言わないのですが、ある日、朝事務所へ来たら基本的な配置がさっと書いてあったんですよ。それを見て、みんなでこれはいいなと。」[48]
　この発言からは、音楽堂を担当した大髙正人や、図書館を担当した鬼頭梓ら、戦後に入所した若い所員たちがコンペ案作成をめぐって熱い議論を戦わせていた様子が伝わってくる。しかし、前川が描いた配置図が決定的な意味を持っていたことがわかる。前川の没後に所長室から発見されたスケッチ・ブックに残るコンペ案の直筆のスケッチこそ、進来のいう「基本的な配置」を示すものだったに違いない。コンペに提出された模型の写真と比べても、このスケッチが建物の空間構成を決定づけたことがわかる。段差のある台形の敷地形状を活かして、図書館と音楽堂の二つのブロックを前後にずらして配置し、その間にブリッジ状の食堂を渡して両者をつなぐ。こうすることによって、敷地の奥に広がる桜の名所でもある掃部山《かもんやま》公園へと視線の抜ける軽快な空間の連続性を実現しつつ、建物によって切り取られた二つの余白として、音楽堂の大きなロビーの手前にはにぎやかな広場が、図書館の吹き抜けの閲覧室の前には静かな奥庭が生み出される。この地としての敷地に、巧みに置かれた建物のボリュームの図が創り出す空間構成のコントラストと、それぞれの施設の中央に置かれた音楽ホールと図書館の書庫の壁に耐震壁を集め、周囲のロビーや閲覧室を独立柱だけで支えることによって、内部と外部が一体となる開放的なたたずまいの実現こそ、この建物を特徴づける設計方法論の成果だった。

神奈川県立図書館・音楽堂（1954年）　南側からの全景
撮影／イースタン写真＊

神奈川県立図書館・音楽堂指名コンペ前川國男案模型＊

　そして、そこには、太平洋戦争下の一九四三年に、木造の制約下で試みられた在盤谷日本文化会館公開コンペ二等案とつながる設計方法論を読み取ることができるだろう。このコンペの設計説明には、次のような前川の考えが記されていた。

「ただ我々は建築が本来空間構成の芸術である事の根源に遡江して日本的建築空間と西欧的建築空間とのあり方の相違にまで徹底する事に依ってのみ、真に日本建築伝統の継承者としての日本文化会館の意匠に参じ得るであろう。日本絵画のもつ空白が描かれた事物に対して「意味なき他者」であり得ぬ様に日本的建築の内部空間は常にその外部空間と暖かき血脈を通わして飽くまで「孤立せる個」を抹殺せんとする美しき日本建築精神のみちびきによって此の文化会館意匠のよすがとしたいと思う次第である。[49]」

前川は、建築が「空間構成の芸術」であることの原点に立ち戻り、「日本的建築空間」が持つ特性として、日本絵画に見られる「空白」（余白）がもたらす図と地の関係性に注目する。そして、それを手がかりにすることによって、建築の「内部空間」と「外部空間」、各建物の配置によって敷地内に作り出される「建築外的空間」、さらに敷地の外へと広がる「環境的空間」を有機的に結びつける「全体的空間構成」の実現を意図したのである。

このことを理解した上で、先の音楽堂の前川直筆のスケッチを見ると、図書館と音楽ホールの外部にできたふたつの「空白」の広場部分に斜線が描かれていることに気づかされる。前川は、明らかに、在盤谷日本文化会館コンペで試みた建物の配置によって敷地内に作り出される「建築外的空間」と、さらに敷地の外へと広がる「環境的空間」を自覚しながら、このスケッチを描いていたのだ。また、後年、音楽堂の空間構成について、「あれはね、一筆描きに描けるようなものにまとめてね[50]」と回想しているように、木造の在盤谷日本文化会館で試みられた、人の歩みに沿って流れるように風景が展開する空間構成を、ようやく本建築としての鉄筋コンクリート造で実現させることができたのである。また、音楽堂では、日本相互銀行本店の外壁のプレキャスト・パネルからの漏水を克服すべく、二重の外壁の構法が開発され、改善も図られた。さらに、図書館では、家具を専門に担当する所員の水之江忠臣が天道木工と共同開発した成形合板で製作された閲覧机と椅子が初めて用いられるなど、建築にとどまらず家具も含めた工業化の試みも始められていた。[51]そして竣工後、この音楽堂は、日本相互銀行本店に続き、日本建築学会賞を受賞する。

岡山県庁舎でさらに展開された空間構成

神奈川県立図書館・音楽堂が、戦災に遭った神奈川県の戦災復興の象徴として建てられたのと同じく、岡山県庁舎も、岡山を襲った米軍の空襲による壊滅的な焦土からの復興事業として始まる。横浜空襲からわずか一ヵ月後の一九四五年六月二十九日、市街地の七割を焼失させる岡山空襲によって、天神山にあった木造の県庁舎は焼失し、敗戦後の岡山県は、旧海軍衣糧廠の工場を仮庁舎として使用する不自由な状態が続いていた。そのため、一九五〇年六月に県庁舎復旧委員会が設置され、敷地を現在地に移して再建することが決定される。これを受けて、一九五二年十二月から「県庁舎建設設計要領案」の作成が行われ、一九五三年二月に決定する。

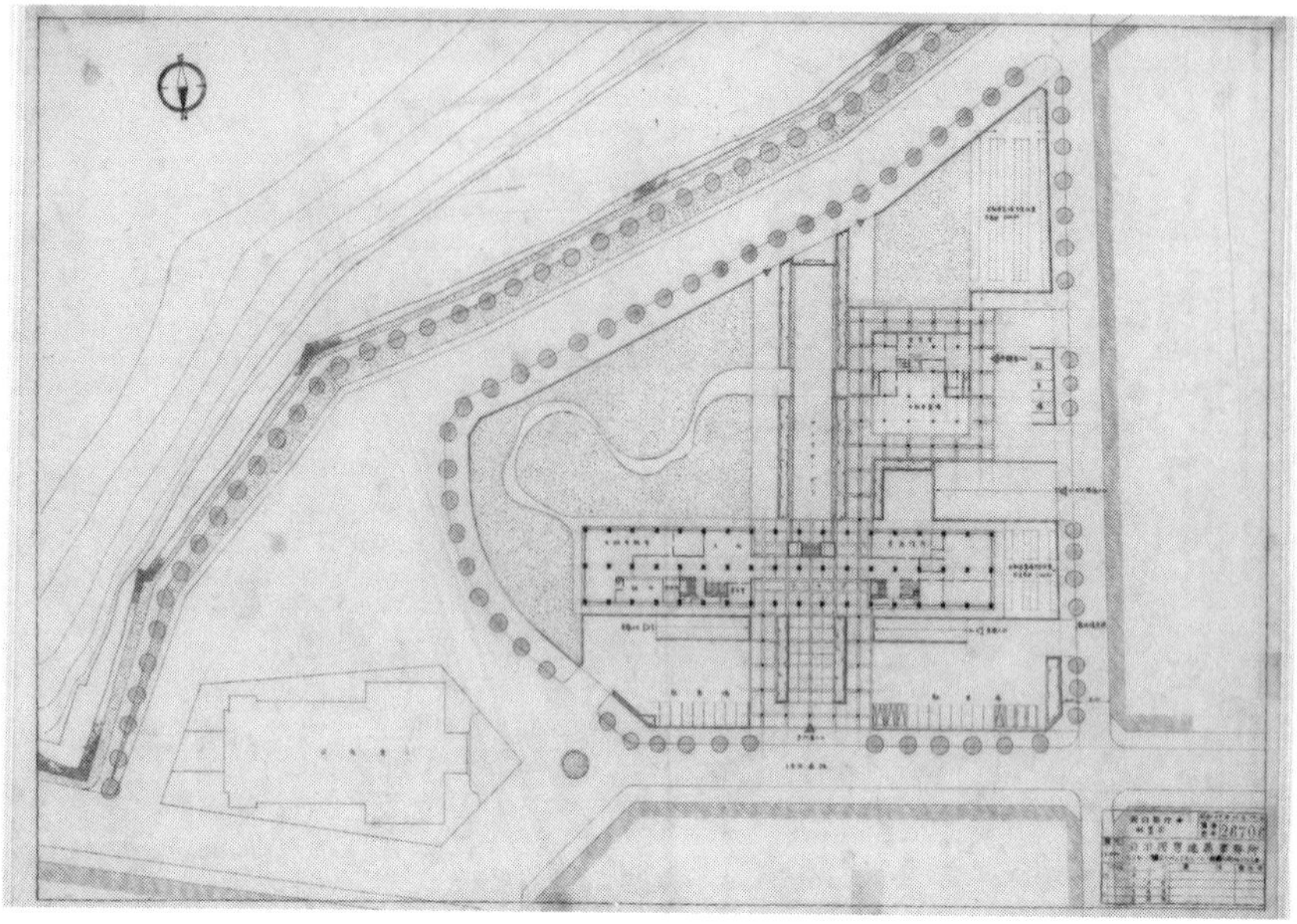

岡山県庁舎実施設計図　配置図＊

この要領案では、「民主的な県政の殿堂」としての県庁舎の建設構想は、「敷地の立地環境を最大限に生かし、能率的で明朗な健康的なものであること」が目標とされる。また、執行機関、議決機関、附属施設の三ブロックの棟に分けること、駐車場は、正面となる北側の前面道路に面する建物を道路境界線から二〇メートル後退させた壁面線を指定し、その空地に設けることが求められた。さらに、共用部分の面積は、当時の水準としては破格の広さとなる各室の集計面積の「三〇〜三七％」が計上される。こうして、設計要領案では庁舎の延床面積は約二万三千平方メートルとなり、東京都庁舎と同規模の大きさとなった。続いて、県庁舎復旧委員会は、この要領案にもとづき、建築設計は指名コンペによることを決議する。

　コンペの審査員には、日本建築学会長の伊藤滋のほか、今井兼次（早稲田大学教授）、石川栄耀（同）、岡田捷五郎（東京芸術大学教授）、二見秀雄（東京工業大学教授）、岸田日出刀（東京大学教授）、森田慶一（京都大学教授）の七人が委嘱され、当時としては珍しく全員が建築関係者で固められた。そして、委員長は互選により岸田が選任される。このことからも、審査の全体を取りまとめたのは、日本建築学会会長を一九四七年から二年間務め、その間に『建築設計競技執行規準』の作成を進めた岸田であることが確認できる。一方、コンペの参加者については、「全国的に優秀とされる設計事務所」として一二社が候補に挙げられた上で、審査委員会に試問して厳選した結果、佐藤武夫、前川國男、村野・森、佐藤設計研究所の四社に決定する。しかし、村野が「外遊のため辞退」を申し出たために、「関西地区の補欠選定設計者」として日建設計が指名される。こうして、一九五三年二月から五月十一日までの期間で、指名された四社に応募案の作成が依頼される。そして、五月二十、二十一日の両日で行われた審査委員会で、全委員の投票により前川國男案が当選案に選ばれた[52]。審査報告書に記された岸田の審査評では、前川案は次のような点が評価された。「ピロティを通して南側庭園を見通すその開放的な取扱は建築の内と外とを造り出される空間を一体として巧みに調和さすことに成功している。(…)本案の造形意匠は特に秀抜で、新しい時代の造形感覚に徹し、清新にして滋味溢れる独創に満ちている[53]。」

前川案ではどのような設計方法が試みられたのだろうか。残された資料に掲載された「設計の概要[54]」には、次のよう

岡山県庁舎指名コンペ前川國男案　南東から見た外観透視図＊

同上　正面足元まわりの外観透視図＊

岡山県庁舎（1957 年）竣工時の南側外観　撮影／川澄明男＊

な説明文が記されている。

まず、「計画の重点総論」として、「環境全体に内在する公共性に基づいて、でき得る限り敷地地表面における歩行者優先の原則を堅持して、県民がくつろいで近づき得る環境の達成につとめ、明朗な県庁舎を企画した」こと。そして、「建築の内と外に造り出される空間については、建築に費された財費の高低に拘わりなく、美の可能性を無限に内包する天与の素材である」として、「この無償の素材を最大限に活用した」のだという。また、「全架構をラーメン構造とし、耐震壁に頼らない平面の自由性を確保し、稼動間仕切の移動を容易にした」ことにも触れられていた。

敷地は南東側を流れる旭川とその遠方に東山を望む明るい景勝の地にある。河岸へ向かって奥に深い不整形な五角形の敷地特性を活かして、建物は手前の事務部門を納める高層の事務棟本館と奥の低層の議会棟のふたつのブロックをL型に配置する形で構成されている。全長一〇二メートル、幅一八メートル、軒高三一メートルの長大な事務棟本館は、主要道路と平行に二九メートル後退させて置かれ、足元の三層は骨太なコンクリート打放しの柱で支え、その上部に全面スチール・サッシュのカーテン・ウォールで覆われた五層の事務室が載り、さらにその上の九階と屋階の手すりが頂部を引き締めている。また、本館中央部の足元には、奥の庭園へと視線と風が抜ける幅三〇メートルのアーケード状のピロティが設けられ、議会棟へと続いていく。そして、それらを玄関庇も兼ねた空中回廊が結ぶ。こうして、明晰でダイナミックな空間構成と堂々とした軽快な外観をもつ庁舎ができあがったのである。

興味深いことに、空間構成と空中回廊のホロー・ブリックによる手すりのディテールは、神奈川県立図書館・音楽堂を引き継ぐ一方で、外装は、日本相互銀行本店で使われた最先端の軽量素材だった銀色に輝くアルミではなく、蔵前支店（一九五三年）で初めて試みられたI型鋼[55]を用いたスチールのサッシュとパネルで組み立てている。そこには、前川の、確かな手応えを感じていた空間構成方法への自信と、存在感を与える素材への関心を読み取ることができるだろう。建設中に岡山県の広報誌に掲載された前川の次のような言葉がある。

「歴史に彩られた類いのない風格をもった岡山の、しかも最も表象的な地点に敷地を得て、われわれは此処こそ理想的な県庁舎を具現できることと心のはずむ思いで設計を進めたのであります。これからの県庁舎はいうまでもなく県民が明るく寛いだ気持で近づき、明快迅速に用件を処理する場所であるべきと考えたわけであります。建築物の形態は周囲の環境と相俟って、その内外の空間の美しさを発揮

建設中の岡山県庁舎　1956年頃　写真提供・吉川清

した清新にして活動的な姿を現わす筈であります。[56]」

ここで前川が「建築物の形態は周囲の環境と相俟って、その内外の空間の美しさを発揮」と記し、先の「設計概要」で、「建築の内と外に造り出される空間」が「美の可能性を無限に内包する天与の素材である」として「この無償の素材を最大限に活用した」とあるように、この岡山県庁舎においても、在盤谷日本文化会館でつかんだ「日本絵画のもつ空白」にヒントを得た「全体的空間構成」の実現が意識的に試みられていたのだ。そして、前川のもとで設計に携わった所員の田中誠は、後年、次のような文章を記していた。

「終戦後地方庁の庁舎復興の先鞭をつけるべき時期であったので、われわれの提案は、民主国家として再出発する日本の県庁舎として一つの原型を作りたい意識をもっていた。[57]」

田中の言う「原型」という言葉に象徴されるように、前川と所員たちが求めたのは、誰もが共有できる普遍的な方法による戦後型庁舎の試みだったのである。

こうして見てくると、神奈川県立図書館・音楽堂と岡山県庁舎で実現されたのは、戦時下に「日本的なもの」の追求から獲得された空間構成の方法と、戦後のテクニカル・アプローチによって開発された構造と工業化素材による集大成とも言える近代建築の姿であった。続く仕事の中で、その方法はさらなる深化を遂げていくことになる。

国会図書館問題とコンペのジレンマ

コンペをめぐる世代間の対立

戦後の公開コンペや指名コンペで落選続きだった前川國男だったが、ようやく、一九五二年の神奈川県立図書館・音楽堂と一九五三年の岡山県庁舎の二つの指名コンペで一等当選を果たす。日中戦争によって未完に終わった大連市公会堂の公開コンペで一等を獲得した一九三八年から一五年という長い歳月が流れていた。しかもそこには、その直後の苛酷な太平洋戦争下の木造という制約のもとに手がけた前川國男自邸（一九四二年）と在盤谷日本文化会館コンペ案（一九四三年）でつかんだ空間構成の方法が、鉄筋コンクリート造の本建築として実現していく。その意味からも、前川と所員たちは大きな喜びと手応えを感じただろう。しかし、当時の『新建築』（一九五三年十二月号）の投稿欄には、次のような意見が寄せられていた。

「東京都庁舎・外務省庁舎・岡山県庁舎・神奈川県図書館・鎌倉美術館等々枚挙にいとまのない程最近は、指名設計競技が多い。そして参加者・審査員は、いつも殆んど変りばえがしない。此の人々も、現在は日本建築の指導的立場にある人であろうが、若かりし頃には多くの懸賞設計に参加し、その審査の方法等の改革を大いに論じた人たちなのである。（…）又従来ならば当然一般公募さるべき記念建築物までが、何々委員会等の名の下に之等の人々の内輪で設計されつつある。之等の人達だけが、これからの建築を創って行くものとも思えない。（…）若し一般懸賞設計の場合創作権を与えてもその多くは組織力もないと云うのが公募をしない理由ならば、その人達が黄色の時代に東京

国立国会図書館競技設計1等当選案　1954年　北側からの鳥瞰モンタージュ模型写真
撮影／渡辺義雄　『国際建築』1954年8月号より転載

帝室博物館や忠霊塔の懸賞設計に示した、あのレヂスタンスやその多くが幾多の障害を乗りこえて来た過去を思い起こしてほしい。そして之等の人々の祈る近代建築・日本建築の為に後進に道を開き指導してほしい。[58]」

ここにあるのは、戦後の建築界に期待されていた自由で公平なコンペの実現が、いつしか戦前と同じように、限られた常連の審査員と指名を受けた少数の建築家によって独占されている、という批判の声だ。名指しこそされてはいないが、文中の「レヂスタンス」により「幾多の障害を乗りこえて来た」建築家こそ前川と考えて間違いはない。東京帝室博物館コンペ（一九三一年）に落選した際に書き留めた「負ければ賊軍」とは反対に、今や「勝てば官軍」となった前川に対する若い世代からの異議申し立ての声が上がったのである。そして、一九五三年から五四年にかけて、それと連動するような公開コンペをめぐる騒動が発生する。それが国立国会図書館の問題だった。

国立国会図書館の設立とコンペの混迷

現在の国立国会図書館は、すべての出版物が納本される知の宝庫として、多くの研究者や学生が研究や調査のために頻繁に利用する国内最大の公立図書館としてあまりにも有名だ。しかし、本館ホールの打放しの壁に、「真理がわれらを自由にする」という言葉がなぜ刻まれているのか、利用者の多くは知らないかもしれない。国会図書館は、そもそもどのような背景から設立された施設なのだろうか。

「国立国会図書館は、真理がわれらを自由にするという確信に立って、憲法の誓約する日本の民主化と世界平和とに寄与することを使命として、ここに設立される」。前文に、この立法の趣旨が明記された国立国会図書館法が国会に提出されたのは、敗戦から間もない一九四八年二月四日のことだった。参議院議員で国会図書館運営常任委員会の羽仁五郎委員長による参議院本会議における下記の報告を受けて、国会は満場一致で可決し、二月九日に同法は公布される。

「真理はわれらを自由にする。これがこの国立国会図書館法案の全体をつらぬいている根本精神であります。今日のわが国民の悲惨の現状は、従来の日本の政治が真理にもとづかないで、虚偽に立脚していたからであります。(…)新憲法により、国会が国の最高唯一の立法機関として、国民の安全と幸福とをまもって行くために、従来のように官僚が立法し、軍閥がこれを命令したというような状態を、完全に脱却して、人民主権によって選挙せられた国会の任務をはたして行くためには、その確かなる立法の基礎となる調査機関を完備しなければなりません。(…)これらの点にもとづいて、国会図書館の必要が痛感せられ、さきに国会図書館法が制定されたのであります[59]。」

この発言に象徴されるように、国会図書館設立の背景には、情報統制により戦争を招いた軍国主義からの脱皮と日本の民主化という大きな使命が掲げられていたのである。そして、法案成立後の一九四八年六月に、国立国会図書館は、赤坂離宮(現・迎賓館)を仮庁舎とするかたちで開館する。だが、それは暫定的な措置に過ぎず、戦後復興に合わせて国会図書館の建設計画が動き出していく。そして、設計案の選定は、戦後初となる国立施設の公開コンペで行われることが決議される。こうして、開館から五年後の一九五三年十一月二十日、「国会図書館建築設計懸賞募集要綱」が『官報』に報じられた。そこには、図案募集の「趣旨」として、次のような言葉が冒頭に綴られていた。

「真理が我等を自由にするという確信に立って、日本の民主化と世界の平和とに寄与することを使命として設立された国立国会図書館は、図書及びその他の図書館資料を収集し、国会議員の職務遂行に資するとともに、行政及び司法の各部門に対し、更に又一般国民に対し、図書館奉仕を提供することを目的とする文化施設で、わが国文化の殿堂としてその発展が期待される。[60]」

ちなみに、建設規模は「延約五万平方メートル」に及び、「三〇〇万冊の図書」を収蔵する書庫と、「一五〇〇人」を収容する「各種の閲覧室」などが求められた。そして、要綱には「附属設計参考図」も含まれていたが、「これにとらわれない独自の考案が望ましい」とされ、「建築の様式」についても、「随意であるが、議事堂との調和をそこなわない品位のあるもの」と規定され、自由な提案が可能となった。また、書庫は「中央書庫式」とされる。総勢一五名の審査員は、館長の金森徳次郎や建設省営繕局長、衆・参両院の事務総長らの他に、建築界の有識者として、内田祥三、岡田捷五郎、岸田日出刀、今井兼次、森田慶一、武藤清、谷口吉郎の七名が加わる。戦前から東京帝室博物館（一九三一年）や在盤谷日本文化会館（一九四三年）など多くのコンペにかかわり、戦後も外務省庁舎（一九五二年）や東京国際空港ターミナル・ビルディング（一九五三年）のコンペに携わった六十八歳の最長老の内田が委員長を務めた。

だが、このコンペでは、戦前からの慣習に倣って「懸賞募集」と謳われたように、「入選設計及びその設計図書は、国立国会図書館の所蔵に帰するもの」とされ、「工事実施は、原則として入選した設計図書によるが、入選図書であってもその設計を変更し、又は採用しないこともある。この場合異議の申立はできない」と明記されていたのである。自由な意見が言える敗戦後の民主化の流れがあってのことだろう。この規定に対しては、建築界から激しい反対の動きが出てくる。口火を切ったのが、ル・コルビュジエのパリのアトリエから帰国したばかりの早稲田大学助教授の吉阪隆正だった。

吉阪は、『新建築』の投稿欄に寄せた文章[61]の中で、上記の条項が「入選者即ち作者の著作権は全く無視されている」とし、「我々は今回の懸賞競技の規定が修正されるまでは、応募拒否ということによって、この悪風の一掃をしなければならない」と呼びかけたのである。

反響は早かった。投稿に先立つ一九五三年暮の『朝日新聞』の社会面に、「無視される建築著作権――国会図書館設計図募集に火の手上る」という記事が大きく掲載されたのだ[62]。これを受けて、一九五四年一月十三日には、丹下健三、武基雄、吉阪隆正、池辺陽、清家清、山本学治、浅田孝らが発起人となって討論会が行われ、その場に集まった約一〇〇名の参加者が、「国立国会図書館建築設計懸賞募集に対する声明書」を決議し、金森図書館長に提出する。声明書には、「本要綱の根本的な改正を要求しこの要求が達成されない限り、応募を拒否する」と明記された。同日に賛成者に名を連ねたのは七五名で、そこには、佐藤武夫、坂倉準三、前川國男、山口文象らも加わっていた。[63]

その後『朝日新聞』に、丹下と金森図書館長との公開質問のやり取りも掲載される。[64] 丹下は、「問題の焦点は無断改ザン」にあり、「競技設計が行われることの意義」は、「一等を選出し、これを骨子として建築を実現すること」だと問いかけた。これに対して金森館長は、「日本の実情において、主催者側は公募の成果につき安心的確信を持ち得ぬため、法律上あらかじめ用心して置くのだと思う。つまり公募の成果は、懸賞上はこれを尊重するけれども、実際建築にあてはめる場合には非常に困ることが起るかも知れぬので、万一のための留保をして置くのである。批判はあろうが実際家としては止むを得ぬ気がする」と回答した。ここに露呈したのは、一方通行のコンペが持つ危うさだった。

それでも、世論の高まりを受けて地道な交渉が進められた結果、二月十八日に、問題となった条項を、「基本設計及び実施設計に際しては、当選者を当該建築の設計者として関与せしめるよう、又、設計変更等の場合は、設計者の意見を充分尊重するよう努力する」と改めることで妥結し、募集期間を二月二十八日から五月三十一日まで延期する決定を受けて、応募の「拒否を解く」声明書が出されたのである。[65] だが、再開された公開コンペは、その後も質疑応答で「中央書庫」の取り扱いをめぐる問題点が指摘され、最後まで混乱が続いたことが、当時の雑誌記事からは読み取れる。[66]

MIDグループ一等案不評の背景

こうして、騒動から半年後の五月三十一日に締め切られた国会図書館の公開コンペだったが、一二三点の中から一等入選を果たしたのは、田中誠と大高正人を代表とするMIDグループ二〇名の共同設計による提案だった。佳作には丹下健三が入選する。正式な審査報告は公表されなかったが、審査結果が報道された一九五四年六月二十一日の『朝日新聞』には、審査委員長・内田祥三の一等案に対する、「新鮮でしかも着実、独創に富む設計である。議事堂とのツリ合いもとれ、間取りも明快」というコメントが掲載された。また、「MIDグループ」とあるが、全員が前川事務所と構造の横山事務所の所員であり、それぞれの代表である前川國男と横山不学の名前も、他のメンバーと同等扱いで記載されたのである。それにしても、なぜこのようなグループ名で応募したのか。同じ紙面には、前川の次のような談話も掲載された。

「近代建築の設計というものはもはや個人の力でできるものではなく、何人かの知恵の結晶の上に完成するものなのだ。それはちょうど、ヒラリーとテンシンのエヴェレスト征服のかげに三百人の協力者があったようなものだ……」

　前川には、戦前から高い志を持った建築家による設計組織「MID同人」構想の夢があり、このコンペをその試みの第一歩と位置づけたのだろう。だが、応募要項で要求された「透視図」ではなく、圧倒的な印象のあるモンタージュの模型写真を用いつつ、「議事堂との調和」というテーマに従った保守的な立面の提案がそうさせたのか、自由な提案を試みた佳作の丹下案への支持が『新建築』誌に投稿される。(67)また、前川がコンペのボイコット運動に名を連ねながらも、そこに加わらなかった所員の田中と大高を代表に据え、周到な準備をさせて一等を獲得した姿勢が妬まれたのか、武基雄からは、「現代のマキアベリー」と名指しで批判されてしまう。(68)その間の事情は、『新建築』編集部が記した次のような文章からも読み取れる。

「一等入選案(田中・大高案)は、二十代及び三十代の青年建築家層の多くから批判されている。(…)これらの意見を要約すると、一等入選案は近代建築の本筋からはずれ後退してしまっていると主張している。また一様に丹下案支持を表明しており、その理由は丹下案が多くの欠陥をもつにもかかわらずその近代的性格において抜群の出来ばえであるとしている。(69)」

　そこで編集部は、MIDグループに対して、いかなる見解を持つのか、その態度を明確に記述するよう原稿を依頼する。それを受けたMIDグループの見解は次のようなものだった。

「私達は計画の方法として(…)二つの思考の方法を基底に置いて仕事を進めます。一つは建物を動線・環境・採光・音響・等々の側から――建物を使う人びとの側から考えて行く方法であり、他の一つは建物の材料・工法・設備・構造・等々の側から考える方法、所謂私達のテクニカル・アプローチというものです。(70)」

　国会図書館としての機能に忠実に応えながら、建設可能な技術的な裏づけを確保することがコンペ案の作成の方針だったことがわかる。だからこそ、同じ文章には、他の応募案に対する指摘も記されていた。

「我々建築家は衆知を集めて国立国会図書館の機能を模索し、材料・工法を研究し、そのしっかりとした基盤の上に各自の創造を打ち立てて、その中から最も良い案を選ぶべきであったと思われるのですが、結果的には選ばれるべき最底線を持った案が非常に少かった――いいかえれば大部分の案が単なる造形に過ぎなかったといわざるを得ませんでした。」

こう記した上で、機能的な分析と技術的な視点から、コンペ案の設計趣旨が説明されていく。重点が置かれたのは、構造体の整合性の確保と外壁の素材と工法の開発だった。一平方メートルあたりの荷重条件が大きく異なる書庫とそれ以外の居室部分とを分離し、外壁には、図書館職員の「総ガラスの開放的な空間は落ち着きが無い」との意見を参考に、二〇年位の寿命しか期待できないスチール・サッシュとガラスによる「日本式近代バラック」は避け、経年的な侵食によって美しさを減じず、外光の調節ができるルーバーの働きを兼ねた穴あきのプレキャスト・コンクリート枠格子でまとめる方法を採用したのである。[71]

前川國男が考えていたこと

前川は何を考えていたのだろうか。コンペの結果発表時点で、新聞のインタビューに答えて、前川は次のように語っていた。

「将来議事堂を中心に国会センターができた場合、図書館を議事堂とどのように調和した建物にしようかというのが第一の苦心だった。つまり議事堂は今の金にすれば坪六〇万円の建物だが、それを三分の一位の費用で、しかも社会条件や時間的な経過を越えて、なんらかのつながりを持ったものに仕上げようというのがねらいだ。また議事堂は完成まで二〇年以上もかかっているが工期も五分の一くらいに縮める技術上のことも考えねばならなかった。この設計では全く外国の既成建築や設計などをお手本にしていない。すべて日本人の知恵による独創的なものだ。建物の内部についても複雑な図書館の機能を生かすため、将来の社会条件の変化に応じて機動性があるように考えられているが、大体五〇年位は不自由しないという点を目標においている。[72]」

ここで語られた内容は、コンペ応募説明書の「まえがき」とほぼ同じだ。[73]そのことからも、前川がこの案の作成を指揮したことがわかる。そこから読み取れるのは、厳しい予算条件を受け入れつつ、どうしたら時間に耐える確かな近代建築を実現することができるのか、という現実的な視点である。またそこには、若い世代の発想にはない「議事堂との均衡」が提案されており、このことも、当選案に「後退」との批判が集まった理由なのだろう。前川はどこまでも堅実に取り組もうとしたのである。

コンペ後の顚末と建設までの苦難

このコンペをめぐる一連の騒動は、結果発表後、急速にトーンダウンしていく。後の一九五五年に、田中誠による詳細な報告[74]がなされたが、大変だったのは実現までの顚末である。というのも、設計代表者として打合せに臨んだ田中は、「基本設計及び実施設計にどの程度に、参加出来るかについて何等明瞭な保証が与えられてはいなかった」状況と向き合うことになったからだ。田中は図書館に、「参与の程度」について「明瞭な回答」を要求する。これに対して図書館側からは、①「設計競技に附する以前から決定されていた根本方針」として、「基本設計は国立国会図書館がこれをまとめる責任」を持ち、「実施設計は建設省が担当する」こと、②基本設計と実施設計を「外部に委託するための費用」は「何等予算措置」がなされておらず、③建物の規模は「一万五千坪」であったが、実際には「第一次計画」を「八千坪」とし、将来一万五千坪に増築する方針で、「八千坪の計画の中に図書館の機能を一応全部果し得るように立案せねばならぬ」という「重大な点」が初めて明らかにされる。そこで、田中は、「基本設計だけは当選者に委せて貰いたい」と申し入れ、第一期工事八千坪分の基本設計の委託費を一二三二万円と算出して提出する。ところが、大蔵省は「競技設計の応募案は当然基本設計である」としてこれを拒否、図書館側も、「大蔵省の強硬な態度に屈して」、工事費の転用で捻出した二〇〇万円で基本設計を引き受けるように申し入れたという。これに対して前川事務所は、「将来に重大な禍根を残すよりは良い」との認識に立って、この金額の受け取りを拒絶する。こうして、設計契約が決裂し、硬直状態に陥ってしまう。

それでも、日本建築学会や設計監理協会などからの働きかけが実を結び、要求額とは約二割強も少ない一千万円の基本設計委託費で承諾し、コンペ結果の発表から一年を経て、ようやく設計に着手する段階にたどり着いたのである。一連の顚末について、ＭＩＤの一員としてコンペ案作成にも携わった鬼頭梓は、後年、次のような回想を残している。

「でもいざコンペに通ったら、大髙さんが降りて、田中誠さんと僕だけになっちゃった。そこで田中さんと僕とで国会図書館の職員全員にヒアリングしたら、若造が頭で作った計画で、現実はそんなもんじゃないという話ばかり聞かされた。要するにコンペ用の作文だったわけです。それで「全部やり直しだ」となった。（…）コンペとは全然違うものになりました。あの手摺や建物の印象は、田中誠さんの影響が強いでしょうね。設計契約は、ミド同人ではなくて、前川事務所と建設省でした[75]。」

こうして、設計図が新たに作成され、コンペの結果発表から二年後の一九五六年に第一期工事が着工し、一九六一年七月に竣工する。そして、旧・帝国図書館（現・国際子ども図書館）等の資料を統合し、二〇五万冊の蔵書を擁する国会図書館として、十一月一日の開館披露式を経て、十一月二十一日から一般公開され、図書館活動が始まる。さらに、その七年後の一九六八年に、ようやく第二期工事が竣工し、全体の完成に漕ぎ着ける。

　このコンペは何を残したのだろうか。吉阪の提起した著作権などコンペ方式の制度的な改善については、その後、岸田を委員長に、前川、谷口、吉阪らが委員となって、一九五七年二月に「建築設計競技規準協定」[76]がまとめられた。そこには、「応募設計図書の著作権は、該案提出の応募者に帰属する」と明記された。

　そして、再度の設計案作成に携わった鬼頭は、その後、神奈川県立図書館（一九五四年）や国際文化会館（一九五五年）の図書室の設計を担当し、一九六四年の独立後は、東京経済大学図書館（一九六八年）や日野市立中央図書館（一九七三年）、山口県立図書館（一九七三年）など、数多くの図書館を手がけるパイオニアになっていく。さらに、前川と田中も、生みの苦しみを味わった苦労が報われたのか、コンペから三二年の時を経て、増えつづける蔵書に対応するために計画された新館の設計に携わり、前川は、没する直前の一九八六年六月三日、竣工式に出席する。[77]こうして、一二〇〇万冊が収蔵可能な国会図書館は、今もなお現役で活動を続けている。

コンペという方法の限界とジレンマ

　コンペという方法を、前川はどう考えていたのだろうか。後年の一九六六年だが、あるインタビューに次のような発言が残されている。

「ぼくらが戦前にやったコンペは、いまのコンペとはだいぶ違うのです。大体戦前の殆どのコンペは、プランを全部与えられているわけだ。これにエレベーションをつけろという。コンペはすべてそうだった。だからわたしどもがコンペを戦前やったというのは、（…）自分の考えを発表する唯一のチャンスとして、（…）義務としてやるというつもりで（…）コンペチションを続けてきたつもりなんです（…）勿論与えられたプランを全部無視して、規定違反を前提としてやってきた。だから普通にコンペに応募する人に比べれば、相当余計な労力を払ったつもりでいるんだけれども、あのころもしも当選して、建物がもし建っていたら、恥かしくて前を歩けなかっただろうということなんです。（…）建築である以上ある程度の経験というものは、なんとしてもぼくはやはり必要だと思うし、そんな二十代の建築家が、これは率直な話、ろくなものが建つわけはない。しかも昼はレーモンド事務所にいって、夜だけやってたいしたことになるわけはないですよ。考えてみれば、いい気なもんだったという気もするんだ。正直なところ。(笑)」[78]

そして、同じインタビューで前川は、コンペという方法の持つ限界とジレンマも指摘していた。

「コンペにすればなんでもいいものができるんだという、幻想を抱かないことが大切だと、ぼくは思うんだがね。(…)やはり建築なんてものは一面において技術なのだから、技術である以上、蓄積というものがあるんだね。経験というものがあるんだから、非常に若い実際に建築をたてたこともない人によって突如として名建築が生れるということは、ぼくは、考えられないんだよ。」

現在は、コンペではなく、「設計者(人)」を選ぶプロポーザル方式が、設計者選定の主流となっている。だが、前川が危惧したように、その審査では技術の蓄積と経験という視点が希薄となり、アイデアばかりが評価される。それは果たして健全なことなのだろうか。歴史的な検証が求められているように思えてならない。

Ⅳ　集合住宅の実践を通して

ル・コルビュジエとの再会と欧米視察から

一九五一年ＣＩＡＭ第八回大会への参加

敗戦後、厳しい環境の中で設計活動を再スタートさせた前川國男にとって、一九五一年七月にイギリスのロンドンで開催された国際建築家会議（ＣＩＡＭ）第八回大会への参加は、久方ぶりに欧米建築界の様子を直接見聞する良い機会となったに違いない。また、それは、一九二八年から一九三〇年まで学んだル・コルビュジエのパリのアトリエでの修業時代に、担当した「生活最小限住宅案」を持参して参加した一九二九年のドイツのフランクフルトで開催された第二回大会から歳月を挟んで、ル・コルビュジエと二二年ぶりの再会を果たすことでもあった。

一九二八年にスイスのラ・サラの古城にヨーロッパ各地から集まった、Ｗ・グロピウス、ル・コルビュジエ、Ｓ・ギーデオンら、モダニズム建築運動の先駆者たちが結成したＣＩＡＭは、一九三七年の第五回大会を最後に、第二次世界大戦によって中断を余儀なくされる。そして、一〇年後の一九四七年、「ヨーロッパの復興」をテーマとする第六回大会で再開されていく。この間、「機能的都市」をテーマにマルセーユとアテネ間を往復する船の上で行われた一九三三年の第四回大会において、ル・コルビュジエが決定的な役割を果たして起草されたのが、都市計画の指針として大きな影響を与えた「アテネ憲章」である。そこでは、未来の都市計画を方向づける「都市計画の鍵」として、住居、労働、レクリエーション、交通の四つの機能が提示された。けれども、その後、この四つのポイントだけでは不十分だとして、一九四二年にこの第四回大会の資料が出版される際に、ホセ・ルイ・セルトの提案によって、「都市の公共的中心」の項が付け加えられる。[1] そこには、グロピウスに招かれて一九三九年にハーバード大学の講師となったセルトが、強い問題意識をもって取り組もうとした、建築と都市計画を結びつけて考えるアーバン・デザインという新しい視点が打ち出されていた。その成果は一九四二年に刊行された『我々の都市は生き残ることができるのか（*Can Our City Survive?*）』と題された著書にまとめられる。[2]

そのセルトが議長となって、都市の「CORE（核）」をテーマに行われたのが、一九五一年の第八回CIAM大会である。この会議にセルトの招きで日本から参加したのが、前川國男と丹下健三だった。[3] ちなみに、スペインのバルセロナ出身のセルトは、バルセロナ建築学校時代にル・コルビュジエを講演に招いたのが機縁となり、彼の誘いを受けて、卒業後の一九二八年にアトリエに入る。そこで、「セーヴル街三五番地の初代エキップ」とル・コルビュジエが呼んだ草創期の作業班の同期生として前川と出会い、交友が続いていた。[4] またセルトは、坂倉準三が建築家として国際的なデビューを果たした一九三七年のパリ万国博覧会では、スペイン館の設計を手がけていた。このようなつながりもあって、セルトから前川にCIAMの招待状が届いたのだ。

1951年7月、22年ぶりにロンドンで再会したル・コルビュジエと前川國男＊

しかし、当時の日本は不自由な占領下に置かれていた。サンフランシスコ講和会議を経て対日講和条約が調印されるのは一九五一年九月四日で、基本的にはそれまで待たなければならない。そのため、渡英の手続きも困難を極めた。ここに、その間の事情をうかがい知ることのできる貴重な書簡[5]が残されている。それは、戦前の前川と坂倉に続いて一九五〇年に渡仏し、ル・コルビュジエのアトリエに学んでいた早稲田大学助教授の吉阪隆正に宛てた前川と丹下からの手紙である。会議が開催される五カ月前の一九五一年二月二日付で前川が送った手紙には、次のように記されていた。

「吉阪隆正君　図らずも君の御便りを建築雑誌上で拝見。コルビュジエの事務所の様子を伺って二〇年の昔となったあの頃を思い出し懐旧の念に堪ざる次第です。セーブル三五番のアトリエも君の話によると大して昔と変っていない様です。僕もかつてあの磨りへった木の階段を上り下りして楽しい友達と食事に出かけた。あの僧院（…）の中庭でその頃アコーデオンを弾いて聞かしてくれる人が居たけれど、あの頃のアトリエの写真を僕は戦災で皆失った。出来ればついでの時にあの辺の写真でも撮って送って下さい。（…）私は去年のベルガモの会議にも招待があったが行かれなかった。七月の会議には私の親友、スペインのセルトやワイスマンもきっと出席する事と思う。（…）日本は相変らず。結論は人が多すぎる事、貧しすぎる事、こんな状態で「文化」云々は悲惨な話。建築家も同断。我々も疲れた。身体を第一に頑張ってよく考えて下さい。コルビュジエ事務所の経営面、経済面もよく見て来て下さい。　前川國男」

この文面からは、アトリエの様子を懐かしく思い出しながらも、日本の現実と事務所経営の難しさを吐露する前川の心情が伝わってくる。おりしも、この手紙は、初の公共建築となる弘前中央高校講堂（一九五四年）の建設が予算不足で延期される一方で、日本相互銀行本店（一九五二年）の着工直後に投函されている。また、同じ手紙の追伸には、「P・ジャンヌレの住所分かったら知らせて下さい。何故コルビュと別れたかも僕の知りたい事のひとつ」と記されており、二人が戦後に袂を分かつことになった理由を前川が知りたいと思っていたことも分かる。一方、丹下が一九五一年五月一日付で吉阪に書き送った手紙には、次のように記されていた。

「吉阪隆正様　しばらくです。お元気で御活躍のことと思います。（…）実はこの夏七月七日から十四日にかけてある 8th CIAM の大会に、Sert 氏から前川さん宛に、小生等の広島都市計画を展示してはどうかというお奨めがあり、目下至急でそれを制作中です。尚ロンドンの MARS GROUP から前川さんと小生宛に会議に出席しないかという手紙をいただきました。前川さんは御多忙ですが、出来れば出席されるとのことで期待しています。小生も「学術会議」を通して出席するための枠が貰えましたので、今渡航準備を進めております。ただ口も耳もあまり頼りにならないので、目だけがいささかの頼りです。ところで、貴君は出席されますか。なるべく御都合つけて御出席下されば幸に思います。」

丹下は、一九四九年に行われた「広島市平和記念公園及び記念館設計懸賞募集」で一等を獲得し、実現に向けた設計作業を進めている最中だった。その提案は、都市スケールの記念碑的な造形として海外でも注目を集めていたのだろう。丹下は、貴重な海外での自作の発表の機会をつかんだことになる。そして、続いて五月十五日付で吉阪に送った手紙には、丹下の次のような抱負と希望が綴られていた。

「吉阪隆正兄　早速にお手紙有難う。（…）前川さんと小生、外務省の渡航審査会をパスし、近々書類がG・H・Qに廻る予定です。少し欲張って方々の国を廻りたいと思うので、こちらの予定通りの旅程が許可になるかどうか未だ疑問です。（…）ロンドンには東京を七月二日発のBOACで発つ予定です。（…）是非ともロンドンにいらっしゃって下さい。小生全く言葉の自信がないので、是非とも応援して下さい。

　御存じのことと思いますが、今年の8th CIAMの議題は、“The Core of the City”です。出品もこのテーマを今年のMars Gridに従って出すことになっております。今年は小生の〝広島の中心地計画〟をMars Gridに合わせてarrangeし、すでにMARS Group宛に発送いたしました。（…）予定としては、ドイツを多少覗いてパリーに寄り、イタリアを廻って、アメリカに行く予定です。費用の方は前川さんは自費です。小生は極く一部だけ「日本学術会議」から出ますが、やはりあとは自費です。ですから小生は目下費用捻出に奔走中です。大体二人とも全旅程を一ヶ月半位に考えております。（…）Corbuのところでやっている Hotel の Designは進んでいますか。今Indoでやっている都市計画も見せて頂きたいし、マルセイユのアパートも是非とも見せて頂きたいと思います。何よりもCorbuのところでどんな風にdesignが進められるのか、知りたいものです。どうかCorbuにも、小生等がParisでお邪魔したいと言っていること、御芳声下さい。たたいて貰うつもりで何か作品を持参いたします。　五月十五日　丹下健三」

　こうした文面からも、前川と丹下が渡欧の許可手続きと渡航費用の捻出に奔走していたことがうかがえる。それでも、戦時下に大学を卒業した丹下にとって初めてとなる海外視察であり、この招聘を機会に欧米の建築を精力的に見て廻ろうと計画を立てていたのだろう。同時に、学生時代から憧れの対象であったル・コルビュジエに会い、自らの近作を見てもらうことも大きな目的だったに違いない(6)。一方、五月二十八日付の前川の手紙にある次のような文面からは、正式な招待状が届いたものの、渡航費の工面に苦労している様子が伝わってくる。

「吉阪兄　5／19附御葉書拝見。Invitationが無事到着。我々両名多分出席出来る心算目下総司令部の許可申請中です。（…）君も万難を拝して出席されたい。お金の事は何とかして上げたいが我々も制限があるので思うに委せないが何とかならんかと思っている。（…）近日中に御目にかかれる事を楽しみにしている。　前川國男」

こうして、前川と丹下は、一九五一年六月三十日に羽田空港から空路イギリスへ飛び立ち、七月七日から十四日まで、ロンドンの北郊ホデスドン（Hoddesdon）で開催されるＣＩＡＭ第八回大会に出席する。[7]

ＣＩＡＭ第八回大会で議論されたこと

この会議では何が議論されたのだろうか。パリから現地へと向かった吉阪隆正は、会議の終了後、さっそく議論されたテーマの「ＣＯＲＥ」について、「パリ発 1951.7.27」付で、次のようなレポートを日本の建築雑誌に書き送っている。

「“Core”（英語）を手元にある英和辞典でひいて見ると「(梨などの) 心（シン）、核（カク）、心髄、眼目、中心」とあり、ラテンの Cor（＝heart）より出たものであると。（…）これを今都市計画用語として採用したのであるが、何を以って Core と称するのかということが会議の第一の問題であり、各人夫々己れの国の言葉では何に相当するかを考えたのであった。（…）「社会生活に於て、人々が集る何かの中心的存在物又は場所」をさすものというのが皆の心に描かれた Core ではあったが、さて、社会生活とは？　集るとは？　といった問いに対する答は各人まちまちであった。（…）しかしもう一度問題をもとに戻して何故 Core を今回のテーマとして選んだのかを反省して見る必要があった。それは現代の生活に於て、特に都市の生活に於て、人々は今のままの都市では、全くロボット的存在に陥らんとしていることに対する抗議であった。すべてのことに対し消極的、受動的な人間ができてしまったこと、多くの人と共に生活していながら、実は孤独で、匿名で生活していること、あらゆる束縛をたち切ったと思ったとたんに自由もどこかへ逃げてしまったという切ない現代の人々の生活に対する批判から出発したものだったのである。これに対してすぐ思い浮べるのは中世的な統一を持った地域社会であり、働らくことが同時に歓びでもあった時代のことである。（…）如何にすれば現代人に活気と積極性を与え得る様な「場」が生み出せるであろうか。問題はあまりにも大きく、建築乃至都市計画の専門分野を逸脱する部面が多すぎる。かくて今回の会議は解決案を提出するというよりは、問題の所在を明かにし、何をとりあげて解決しなければならないかを明確にするのが目的であると議長の Sert 氏は初めにいったのであった。[8]」

この吉阪がレポートしたセルトの問題提起は、会議の翌年にまとめられた記録集の巻頭論文で、[9]オルテガ・イ・ガセットの大衆社会論『大衆の反逆』（一九三〇年）を引用しながら、さらに展開されていく。そこでは、近代社会の行方に対する危機感が表明されていた。続くページには、各国の主要メンバーによる座談会の議事録が掲載されており、ル・コルビュジエ、セルト、ギーデオン（スイス）、バケマー（オランダ）、ロート（スイス）らに混じって、前川國男の発言も記録されている。その中で前川は、「今日、コアは開かれたコミュニティのために建設されるべき」であり、そのためにも「市民に余暇と文化的活動のための開かれた空間を提供しなければならない」が、「日本にはそのようなコアはまだ存在しない」、しかし、「広島では平和都市計画が建設中だ」と述べている。[10]

一方、こう前川が紹介した広島平和記念公園と記念館のコンペ一等案を拡張して作成された「広島計画」[11]をＣＩＡＭで発表した丹下健三は、現地から浅田孝に送った「ロンドン郊外にて、1951.7.14」の私信の中で、次のように報告していた。

「僕は正直のところヨーロッパには幻滅を感じました。（…）ヨーロッパは今の世界的現実には足場を失っています。彼等は今、伝統の上に立とうとしています。僕はこのことを悪いことだとは思いません。しかしこのＣＩＡＭは、かつて第一次世界大戦後、新しい技術による新しい人間を旗印にし、それを内部の力として発展してきました。しかし今は何か観念的後退が目立ちます。内部から発展する力を失いかけているように思われます。

Core の問題も一部には closed society へ後退しようとする傾向が非常に強くなって来ました。観念的な Gemeinschaft の考え方が支配しています。形態的にも中世の Piazza への郷愁が非常に強く働いています。この傾向は、Le Corbusier や Sert たちが南米や印度の未開社会に接したことにはじまっているように思われます。（…）若い人たちは、伝統、風土の地盤に立つよりは、むしろ技術の上に立とうとしています。その人たちは、より America か、より Soviet に近づきつつあります。ここでは、二つの generation の隔たりが非常に感じられました。[12]」

丹下は、ル・コルビュジエやセルトが、インドや南米のペルー、コロンビア、ブラジルなどの都市計画に携わる中で、伝統や風土に向き合い、近代以前の建築のあり方から近代建築の新しい道筋を見つけようとしていることに違和感を覚え、むしろ、技術の進歩に可能性を見つけようとするアメリカとソヴィエトの動きに共感している。その意味で、丹下は前向きに時代をとらえようとしたのである。

丹下と前川の近代建築に対する姿勢の違い

ＣＩＡＭの会議終了後、丹下と前川は、ル・コルビュジエが建設中のマルセーユの集合住宅ユニテ・ダビタシオンなどを見た後、アメリカに渡り、国際連合ビルやレバーハウス、フィリップ・ジョンソンのガラスの家など、最新の建物を視察して帰国する。そして、帰国直後に東京大学助教授の生田勉を交えての誌上鼎談(13)の中で、それぞれ感想を述べ合っている。興味深いのは、前川と丹下の意見の相違だ。前川は、「フィリップ・ジョンソンの家にはヘソがない。(…)アメリカの建築でこれから欲しいものは、ヘソのような気がする」と述べたのに対して、丹下は、「僕はアメリカの、ヘソのない良さを言っているんだ」として、「ヘソがなくても近代建築になるような技術がアメリカにはある」と反論する。そして、鼎談の最後に生田から「期待をかけるのはどういう「近代建築」ですか?」と聞かれた丹下は、次のような感想を述べていた。

「近代建築の当初の考え方を文字通り受けとれば、今まではまだ実現していないといえるように思う。意識だけはもっともらしく過剰であった。しかし作った作品は大部分ハリボテのごま化しの近代建築なんだ。近代建築に対する期待が大きかっただけに、ヨーロッパでは僕は幻滅を感じました。そのヨーロッパのハリボテ先生たちが、伝統だの何だのと先ばしった意識だけ働かしているのをみて、正直に言って反感さえ感じた。コルビュジエのマルセーユのアパートを見ても、これが近代建築の完成された姿とはどうしても思えない。そのくせなぜあんなに感動したのだろうと自分でも不思議に思うのです。その感動は恐らく別のところにあったのでしょう。あれは意識のことではなく、感性に抵抗してくる何かがあるからです。ゴシックの建築から受ける感動に似ている、と何かに書きましたが、そういう何かをもっている。僕はコルビュジエのことを正直に天才だと思うのはそのためです。僕はしかし近代建築には、そういう天才を超えた何か普遍的なものを期待しているのです。それを僕はアメリカの、しかもこの第二次大戦後の建築にちらりと感じるのです。」

この発言からは、ヨーロッパの近代建築に幻滅し、アメリカの戦後の近代建築に「普遍的なもの」を期待する丹下の姿勢がよく現れている。一方、前川は、編集者から、「昔の建物と今の近代建築とを並べてご覧になったわけですが、近代建築の方がひけをとるとか、あるいは今の方がいいとかいう、そういう点はどうですか?」と聞かれて、次のように答えたのである。

「これはまた難問だね。(…)丹下君は僕に今度ニューヨークの国連を見て新建築がはじまったと感じたと話したが、僕も二〇年前にパリに着いていきなりコルビュジエのガルシュの家を見せられた時にこれこそ新建築だと感激したことを思い出します。(…)今度ヨーロッパへ行ってみて、こうした感激は実は得られなかった。マルセーユの感動もこうした感激とは全然異質のものだったと思います。(…)ニューヨークの国連を見ても、アメリカならやれることを安々とやってのけたといった、何かやっぱりひとごとのような感じで、呆然としてしまった。

古い建築とくらべてどうだとは、僕にはお答えのしようがない話ですが、ただね、いわゆる名建築といわれるものは皆相当の年月をかけて築かれたものだという、今更ながらの感慨にうたれました。サンピエトロは前後百年、パリの凱旋門だって三、四十年かかっている。実施案にいたるまでの夥しいスケッチ案があの階上に陳列してある。国連の建物は計画実施を通じて前後わずかに五年位でしょう。名建築を何か定量的に分析する方法でも浜口君に発明してもらったら、だいぶ助かるんですがね……(笑声)。」

テクニカル・アプローチに地道に取り組み始めた前川は、近代建築の技術的な未成熟と、ヨーロッパの古い建築に蓄積された歴史の重みを痛感したに違いない。丹下との受け取り方の違いは鮮明である。そして、CIAMの大会から八カ月後、丹下が一九五二年三月九日付で吉阪に書き送った手紙には、次のように記されていた。

「吉阪隆正兄　ほんとうに御無沙汰してしまいました。ヨーロッパではいろいろお世話になりながら、帰京以来、待ちうけていたいろいろの雑用や用件に忙殺されてしまい、お手紙する気もちの余裕すらない今日に至りました。今日はほんとうにはじめて自宅でゆっくりできる日です。(…)小生帰京以来、広島の平和会館の第二期工事の設計にとりかかったのですが、実のところ、しばらくは、ボー然として手がつかづ、考がまとまらなくてこまりました。結局落ちつくところは、ヨーロッパやアメリカの真似は止そう、われわれは日本の技術水準や素材やさらに生活水準や様式から導き出して近代建築の本道に迫りうる何かを発見してゆかねばならない。これこそ日本の近代建築が国際的水準に達する途だと感じるようになりました。」

ここに記された日本の現実と様式の中から「近代建築の本道に迫りうる何か」を「発見」しようとする姿勢こそ、前川とは異なる独自の建築を切り拓く丹下の資質を象徴するものであった。そして前川は、コミュニティのためのコアというテーマを持ち帰り、続くプロジェクトで実践していくことになる。

前川國男の求めた建築のリアリズム

軽量化とカーテン・ウォール開発の中で

敗戦から一〇年が経過した一九五〇年代の中頃、日本の建築界は、朝鮮戦争による特需という追い風もあり、急速な復興を遂げ、建設量も格段に増えて活況を呈していた。そんな中、前川國男と所員たちは、テクニカル・アプローチ、すなわち、近代建築を成り立たせるために必要な建築材料、工法、設備、構造の基礎的な開発と、建物を使う人々の側から考えた機能的で合理的な設計方法を切り拓くべく、その追求に地道に取り組んでいた。当時対象となったのは、すでに紹介したように、日本相互銀行の支店群（一九五一—六二年）と本店（一九五二年）、神奈川県立図書館・音楽堂（一九五四年）と岡山県庁舎（一九五七年）である。この時点で、彼らにとって最大のテーマとなっていたのは、ル・コルビュジエに学んだモダニズム建築の理念と方法を日本に定着させるための前提となる、経済性と合理性を持つ単純明快な構造体を実現することであり、そこに取り付く外壁を構成する工業化材料と工法を見つけ出すことだった。やや後年の一九六四年だが、前川は、自らの果たそうとした課題について、次のように語っている。

「自由な平面」(plan libre) と「自由な立面」(façade libre) とは西欧近代建築のいわば一枚看板であり、二千年にわたる組積構造の伝統に立ち向かう闘いの旗印であった。私は三〇年ほど前、ヨーロッパから帰ってきて、これを実際にやってみようと考えた。けれども、現実にはどうしてもできなかったのである。具体的にいうと、たとえば自由な間仕切りというものは、床が平らで、天井が平らに仕上げられていてはじめて経済的に「財布に見合う」形で簡単にできるのである。ところが日本では、構造上の理由からそういうフラット・スラブというものが「財布に見合う」形では簡単にはできない。（…）できないとなれば、西欧的新建築の一枚看板であるところの「自由な平面」、「自由なファサード」をひっこめねばならぬ。どうやら日本の新建築はペレーの建築あたりから出直す必要がありはしないか、という悩みをもったわけである。（…）その後、戦争で一五年のブランクがあったわけであるが、（…）やはり夢寐《むび》にも忘れなかったこの近代建築の一枚看板を、何とか実現して日本の新建築を西欧のそれと同じスタートラインにたたせたいと、戦後摑み得た幾度かの機会に試みたけれど、やはり壁に頭を打ちつけただけで今日に及んでいる。「財布に見合う」という言葉のむずかしさは骨身に沁みているけれど、建築家はこれを放棄するわけにはいかない。この言葉には近代建築が本当の意味で「人間の建築」としての自覚をもったとき、建築家たちの胸裡に燃えた尊い使命感のいわば「初心」がひそんでいると思われる。[14]」

　ここで語られているのは、ル・コルビュジエが考案したドミノ（一九一四年）で提示されたモダニズム建築の基本原理である「自由な平面」と「自由な立面」を日本の現実の中で実現することの困難さである。そして、前川が自覚していたのは、「財布に見合う」こと、誰もが共有できる普遍的な方法としての経済的な合理性を担保する、という前提条件であった。また、目標としたのは、構造体のみならず、材料の工業化によって外壁の重さの軽量化を図り、できるだけスリムな建築をつくり出すことだった。だからこそ、当時の建築雑誌に掲載されたそれぞれの建物の外壁を構成する説明図には、必ず、外壁の平方メートルあたりの工事単価と重量が明記されていたのだ。だが、そうした作業の最大の挑戦であった日本相互銀行本店では、外壁の非耐力壁（カーテン・ウォール）として試みた軽量プレキャスト・コンクリート・パネルの目地に、未熟な知識からセメントモルタルを充塡したことで、そこに発生した小さな亀裂（ヘアー・クラック）からの漏水に悩まされることになる。また、軽量化のために試みたアルミ製の連続窓と腰パネル版によるカーテン・ウォールも、高価だったアルミ製の型材のみでサッシュを組み立てることはできず、折り曲げ板材でビスどめとなったために、やはり漏水を防ぐことはできなかった。[15]こうして、次のような前川の後年の回想にもあるように、手痛い挫折を味わうことになったのである。

「カーテンウォールというのは、フリーファッサードの根本の技術の一つなんだけれども、カーテンウォールそのものが非常にむずかしいわけだよ。それで、まごまごしていると、コンクリートで打つより高くなっちまうわけだ。(…)ぼくはカーテンウォールでは、ずいぶん苦労した。つまり、日本相互銀行を出発点にしたいというのは、とにかく日本の建築を一応ヨーロッパと同じスタートラインにのせたいということが、頭の中に非常に強くあった。ところが、やってみると、方々へ頭をぶつけるわけだ。一番ぼくが挫折感を味わったのは、カーテンウォールだね。(…)ずいぶん無理なディテールだったよね。あのときは、ほんとにガッカリしたね。それを事務所の費用でなおしたんですよ。設計のミスだからということでね。[16]」

この失敗を克服するために、続く神奈川県立図書館・音楽堂では、外壁のパネルの竪目地の奥にプレキャスト・コンクリート製のスタッド(竪部材)を立てて水抜きのための竪樋の空隙(エアークッション)を設け、コーキング材を充塡し、内側に軽量コンクリートブロックを積んで外壁を二重にすることによって、漏水を防ぐ万全の工夫が施されていく。こうした努力が功を奏し、担当者の一人が次のように記した成果を上げることができたのである。

「近代建築はまずヨロイを脱いで、新しいマンテルを身につけるべきではなかろうか。われわれは外壁の軽量化と工場生産化に向って努力を続けているが、今回の神奈川県立図書館、音楽堂にはスタッド式のプレキャストブロック取付けの方法を採用し、一応の成果をあげることができた。(…)重量では三二%軽くなり、単価は一〇%高くなっているが、固定荷重(壁面127Kg/m²)の軽減による構造体への影響を考えれば経済的にも有利となる。[17]」

また、この建物では、図書館の書庫と音楽堂の客席と舞台を取り囲む構造壁に耐力を持たせて、その外周にコンクリート打放しの柱と梁で構成された、外壁のない全面ガラス張りの開放的な閲覧室とロビーが生み出された。そして、これらの構造体の仕上げを、なぜコンクリート打放しとしたのか、についても、同じ担当者が説明を書き残している。

「打放しコンクリートは流行や、意匠的な面からだけで行われているものではない。コンクリート固有の素肌によって構造的な美しさを表現すると同時に、均質なよいコンクリートを打つことが目的であって、施行技術上の問題と経済的条件の二つの点から必然的に生れてくるものなのである。[18]」

そこには、「構造的な美しさ」を表現し、「均質なよいコンクリート」を打設する目標だけにとどまらず、同じ文章にあるように、当時の鉄筋コンクリート造の標準建築費が戦前の事務所建築の約半分しかなく、独立柱を仕上げるための適当な材料がない、という厳しい予算上の制約もあったのである。さらに、彼らの前に立ちはだかったのは、材料や工法などハードな技術的な問題だけではなかった。前川が後に記したように、「県立図書館と云う日本では未だその性格を明確に規定し得ない課題と、音楽堂の様な設計の基礎データの確立されていない課題との組合せであった

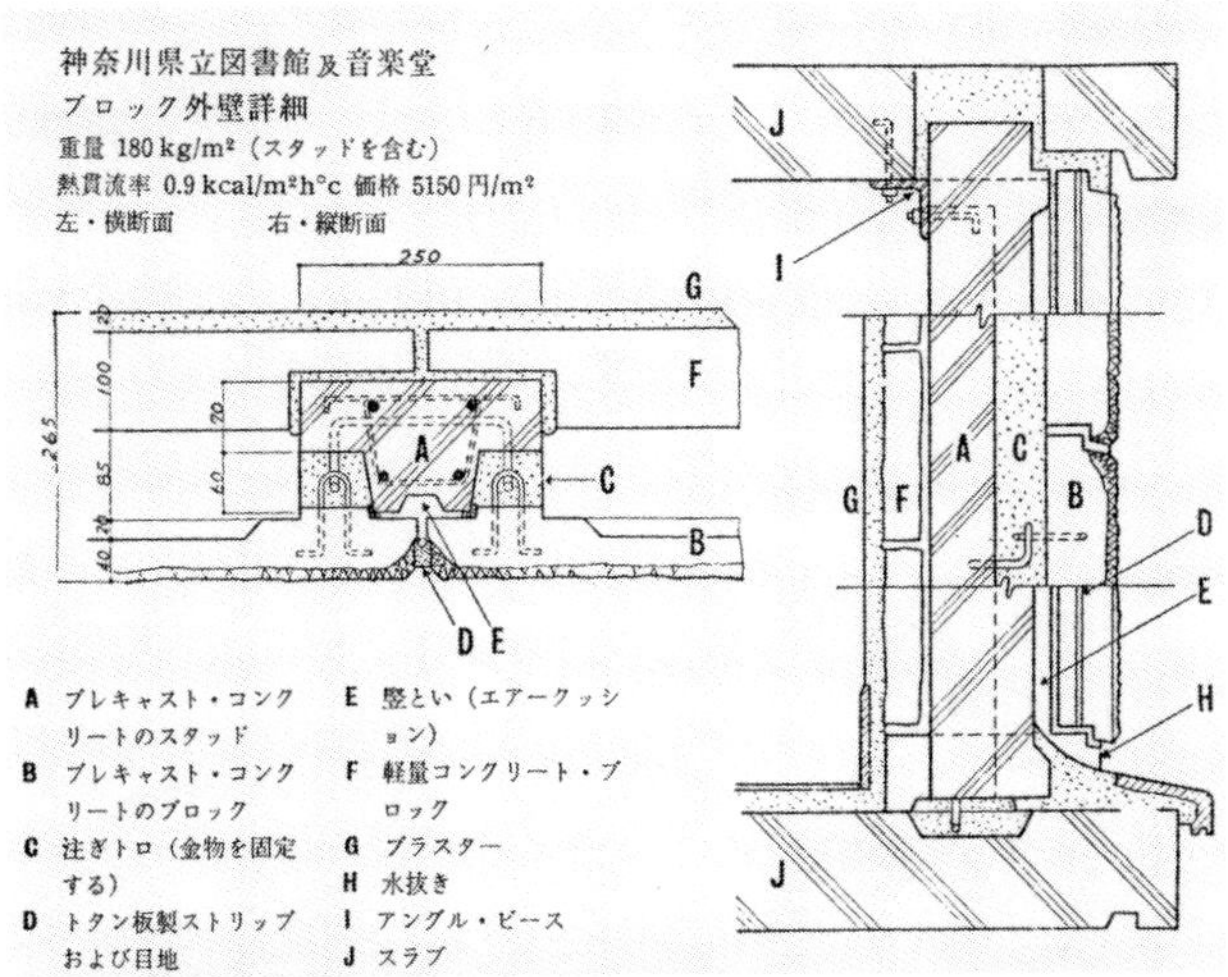

神奈川県立図書館・音楽堂ブロック外壁詳細図 『国際建築』1956年3月号より転載

ために基本的なデータを揃えるためにかなりの苦心が払われた」(19)のであり、日本には建築設計の土台となるソフト面の蓄積さえなかったのである。そして、同じ文章には、前川の次のような建築界に対する悲痛な思いも綴られていた。「今日我々の廻りでは所謂本建築が極めて急速に数多く建てられ、一応壮観を呈しているのですが、その間に於て設計、材料、工法といった基本的な問題については何程の足固めもなされていない様に思われる。我々が常日頃念願している事は今の苦しい諸条件の中で幾分でも此等の問題を掘り下げて我々の足元を固めたい事であります(20)。」

　これらの言葉は、神奈川県立図書館・音楽堂が一九五四年度の日本建築学会作品賞を受賞した際に記されたことにも注視しておく必要がある。その一方で、推薦の言葉には、「この建物に採用された材料とその工法とには、建築に関する日本の工業水準を引上げようとの作者の熱意と意図とが、よく現れており、それがかなり成功していることは、その造形表現の清新潑剌さと相俟って、この建築を稀に見る傑れたものとしている」と記されていた(21)。しかし、前川と所員たちが心血を注ごうとした試みは広く建築界で共有されたのだろうか。残念ながら、当時の建築雑誌からは、彼らに続くような仕事を見つけることは難しい。そのことは、この建物の設計チーフを務めた田中誠が竣工時に記し

た文章からも読み取ることができる。

「建築に対する社会的無関心という環境の中で、幸か不幸か、日本の近代建築は思いのほか安易に受容されられているように見える。しかしこのことを我々は必ずしも幸いであるとは考えない。現実には栄養失調の近代建築があまりにも多いからである。彼等に果して近代社会を生き抜いてゆく生命が与えられているであろうか。近代社会の中で健全に育ってゆくだけの骨や肉をそなえているであろうか。我々は日本の近代建築の見かけの繁栄にもかかわらず、ここに大きな不安と恐怖をさえ感ぜずにはいられない。

今日を生きる日本の建築家としてはこの弱味に打克つために、手近な処からコツコツとその足もとを固めてゆくことが、一つの重要な責任だと思われる。（…）図書館にしても音楽堂にしても、そのプランニングの基礎データを揃えようとしても、そのルートを見出すことさえ容易でないという実情であった。各種の基礎条件が一応揃って、それが統合整理され、「近代」を身につけた建築家精神によって一つの建築にまで昇華される。そこには建築家のあまい遊びや、安易な独りよがりが許される余地はない。

我々にできることは、ただその力を出し切って、諸賢の御批判を俟つことだけであった。[22]」

ここに込められていたのも、建築設計界が共通に取り組むべき基礎的な作業が、「見かけの繁栄」の中でおろそかにされていることへの危惧の念だった。そして、建築の徹底した軽量化とカーテン・ウォールを構成する建築材料と工法の開発の背景には、やはり担当者の一人だった鬼頭梓が記したように、戦後の時代精神に呼応する思いも託されていたのである。

「戦後の日本を今日まで導いて来た指導的なイデーは、いうまでもなくデモクラシーであった。（…）戦中の長い圧迫から解放された建築家たちは、社会の代弁者としての本来の面目を取戻すとともに、建築を一部の特権階級からすべての人民大衆のものへという、建築におけるデモクラティゼイションの大きな流れに沿って動き始めたのである。（…）日本式超重構造のもつ、あの威圧的な、冷淡な、拒絶的な表現は、もともと官僚的官庁機構や銀行建築と結びついて発展して来たものであったことを思えば、戦後のデザインが、それへの抵抗或いは否定の上にたったことは当然であったと言えよう。カーテンウォールの戦後の日本における登場には、このような背景が存在していたのであり、ここでは機能から表現までが一すじに建築の民主化という一本の線に連っていたのである。[23]」

ここで鬼頭が挙げた官庁や銀行とは、おそらく、国会議事堂（一九三六年）や三菱銀行本店（一九二二年）などを指していたのだろう。いずれも、贅を尽くし、時間をかけて建設され、装飾が施された重厚な様式建築であり、前川と所員たちが目指す「財布に見合う」近代建築とは対極にあるものとみなされていた。そして、軽量化によってスリム化されたコンクリート打放しの簡素で力強い構造体と、工業化素材と全面ガラスのサッシュで構成された、明るく軽やかな透明感を湛える近代建築こそ、戦後の民主主義下の「人民大衆」が日常的に接し、気軽に親しむことのできる身近な存在の建築に相応しい、との感覚が共有されていたのだ。

前川國男が見つめていたもの

それにしても、事務所の運営さえ厳しい状況下で、これほど原理的な近代建築の追求を推し進めようとした前川には、どのような考えがあったのだろう。後年の一九七五年だが、前川の建築家としての出発点にあった思いをうかがい知ることのできるインタビューが残されている。それは、長谷川堯の著書『神殿か獄舎か』（相模書房一九七二年）の中で、「昭和建築の申し子であり、また大正建築の鬼子でもあった」建築家の一人に名指しされた前川が、どうそれを受けとめたのか、という感想を含む次のような発言である。

「長谷川堯君の『神殿か獄舎か』という本に、ぼくらの先輩の話が出ているでしょう。つまり、明治末からの表現派の影響が相当根強く続いてきたのが、ぼくら昭和の世代になってぷっつり切れてしまって、それでぼくらは昭和の鬼っ子だということを書いてあるわけだ。ぼくはある意味で、それはそのとおりだと思ったんですがね。しかし、ぼくらが鬼っ子になるには鬼っ子になるだけの理由があったと思うんですよ。（…）ぼくの個人的な考えからいうと、やっぱりあのころの社会情勢だと思うのです。東大の学生運動は、ぼくがいるころまでは静かだったんだけれども、ぼくが出るとすぐ相当先鋭化した時代で、そういう雰囲気をぼくらは何となく感じていたね。その当時三菱銀行の本店が建って、あのアイオニックのオーダーの柱が一本二万円したんだって。ああいう柱に二万円払うぐらいならば、その金でたとえば庶民の住宅が何十軒建つじゃないか、建築家は自己満足をするためにいたずらする余裕はないはずだというような風潮が、社会のバックグラウンドにあったのですね。そこで、昭和の鬼っ子というものがでてきたんだと、ぼく自身は考えているんだけどね。[24]」

ここに、自らの目指す近代建築に何を求めているのか、という前川の建築観がよく現れている。それは、遠く日中戦争下の一九三七年に綴られた次のような言葉に象徴される、前川の建築思想の核心にあった建築家としての矜持だったと思う。

「一本の鋲を用いるにも一握のセメントを用いるにも国家を社会をそして農村を思わねばならぬ。[25]」

前川は、治水事業を通して人々の生活環境を守り育てることを生涯の仕事とした土木技師の父・貫一の背中を見て育った。その父に続くように、近代建築を日本に根づかせるために必要な、技術的、平面計画的な道筋を、徹底した実践を通して切り拓こうとする使命感を抱いたに違いない。また、だからこそ、同じインタビューの中で、機能主義《ファンクショナリズム》に対する建築界の受けとめ方に対して、こう指摘したのだろう。

「日本の建築界を見てみると、たとえばファンクショナリズムというものがもうだめなんだというようなことをあっさりいうでしょう。がしかし、どうだめなのか、とことんまで自分で実感した人はあまりいないんじゃないかという気がするんだ。自分でみずから図面を引いて、そして家を建てて、やっぱりこれはだめだ、という判決を下せる人はあまりいないんじゃないかという気がぼくはするんだがね。そこに日本のいままでの文化の弱い面があるんじゃないかという気がしますがね。[26]」

そして、テクニカル・アプローチに対する誤解に対しても、反論を述べずにはいられなかったのだ。

「テクニカル・アプローチに技術至上主義的な考え方を持っていたとよく誤解されるけれども、ぼくは決してそういう意味でいったんではないんですね。たとえば、よく外国の建築家に会ってかれの作品を案内してもらうとぶつかるんですが、手すりなら手すりというものはどういうつき方をしてくっついているかを聞いても知らなくて、「それは現場の人に聞いてみないとわからん」というような、ビルディング・エンジニアリングというものをわからない建築家がずいぶんいるんですよ。それじゃいかんということをぼくはいいたかったんだがね。技術至上なんていうことは、ぼくは考えてない。[27]」

この発言からも、建築が確かな手応えをもつ物質的な存在として生み出されるためにこそ、建築を構成するすべての要素について、制作プロセスを正確に把握することが前提になければならない、という考え方が読み取れるだろう。こうして、国会図書館コンペ応募案（一九五四年）の「概説説明書」の冒頭に記された次のような言葉の意味も初めて理解できるものとなる。

「国会図書館の建築はやがて整備せらるべき国会センター地区の諸建築群のプロトタイプとして重要な意義をもつ。此の地区の中央に現存する国会議事堂の建築は将来あるべき国会センター建築群の中心として此れを無視する事は出来ない。
　二十数年の歳月と坪当り六〇万円（建設省算出）の単価を費して建てられた議事堂と五分の一に満たない工期と三分の一に足りぬ工費を以て而かも議事堂とは比較にならぬ高度の機能を充足せねばならない国会図書館の建築の間に如何なる橋を架けて全体の調和均衡を創り出すかという点に本計画最大の重点が置かれる。[28]」

　こうして見てくると、一九五〇年代の前川と所員たちの置かれていた孤独な姿が浮かび上がってくる。そこにあったのは、長年にわたり前川に寄り添った編集者の宮内嘉久が、前川との共著『一建築家の信條』に記した、次のような思いだったのだろう。

「ただ一つ、願いは本物の建築をつくること。それが、青年前川國男を駆りたてた根本の想念である。（…）前川は、（…）個としての建築に執着し、かつ、そこから世界の全体を見るという位置を選びとったのである。窓枠一つ、手摺り一本にも、人間の哀歓をこめるに値するものがある、と前川は信じたからにほかならない。雨仕舞だけにしたって、建築家の半生をかけてもじつは足りはしないのである。そこに腰を据えることで、逆に見えてくるものがありはしないだろうか。街角のたたずまいが、風のそよぎが、人間の棲むに値いする場所の光と影とが。（…）前川のイメージの底には、確乎として、人間の変ることのない面への眼差しがある。建築において譲ることのできない一点とは、その変ることのない人間への愛惜以外に何があろうか、という信条がある。[29]」

　しかし、前川と所員たちが追い求めた建築のリアリズムは、その後の建設産業の隆盛の中で次第に見えなくなっていく。また、一九五五年一月に、丹下健三が、「機能的なものは美しい」という言葉が、「多くの気の弱い建築家たち」を「技術至上主義の狭い道」に迷い込ませた、として、その表現を転倒させ、「「美しき」もののみ機能的である」[30]と明言し、造形表現への道筋を強力に表明したことによっても見失われていく。しかし、前川國男の仕事の根底にあった建築に対する考え方を忘れてはならないと思う。さらに見ていくことにしたい。

ＲＣ造集合住宅の試作を通して

一九五四年という節目の年

一九五〇年代の日本の戦後建築界の実態を知る上で、興味深い統計図表がある。それは、近代建築を形づくる主要材料であるセメントの生産高の年次ごとの推移を表したものだ。これを見ると、明治以来の日本の建築の近代化の流れがどのような経過で進んできたのかが明確に読み取れる。注目したいのは、一九三七年の日中戦争勃発後の建築資材統制により激減したセメントの生産高が、敗戦直後の一九四六年の最低値を経て復調に転じ、一九五〇年の朝鮮戦争を契機に一気に急上昇していくグラフの動きである。そこからは、急激な建設ラッシュにより、原理的な追求を欠いたまま、欧米の形だけをまねた近代建築が次々に建設されていく時代の軋みが透かし見えてくる。そんな中、一九四九年に厳しい経済状況のもとで山陰工業の鳥取工場が閉鎖に追い込まれ、木造組立住宅プレモスの挫折に遭遇した前川は、早くもその数年後の一九五〇年代前半に、こうした時代の勢いに後押しされるかたちで、先に見てきたように、日本相互銀行の支店群によるテクニカル・アプローチの蓄積を手がかりに、鉄筋コンクリート造による集合住宅の試作に取り組んでいくことになる。

おりしも、長く続いた木造自邸の約二〇帖の居間をアトリエとして使用していた不自由な前川事務所の環境は、神奈川県立図書館・音楽堂が完成する直前の一九五四年八月三日に引越しを終えた東京四谷のＭＩＤビルの竣工によって劇的に改善される。[31] 当時の写真には、真新しい三階の製図室で設計に取り組む所員たちの若々しい姿と、どこか

MIDビル（1954年）外観＊

3階製図室＊

2階所長室＊

建設時のラーメン構造体　以上撮影／渡辺義雄＊

MIDビルを前に　ル・コルビュジエと前川國男、横山不学、大髙正人（右端）、鬼頭梓（左端）ら所員たち　1955年11月4日＊

ル・コルビュジエの集合住宅ユニテ・ダビタシオン・マルセーユ（一九五二年）の居室にも似た二階の所長室の大らかで清新な吹き抜けの空間が記録されている。もちろん、この建物でも、自社ビルという利点を最大限に活かして、テクニカル・アプローチによる徹底した工業化と軽量化が実践されていく。純ラーメン構造によるスレンダーな柱と梁による骨組に、厚さ四〇ミリのプレキャスト・コンクリートの床版を嵌め込み、外壁には特注の二重構造のコンクリート・ブロックを積んで、その上にスチール・サッシュによる水平連続窓を取り付ける先駆的な方法が試みられたのである。そして前川は、一九五五年十一月四日、来日した師ル・コルビュジエをこのＭＩＤビルに迎えることになる。

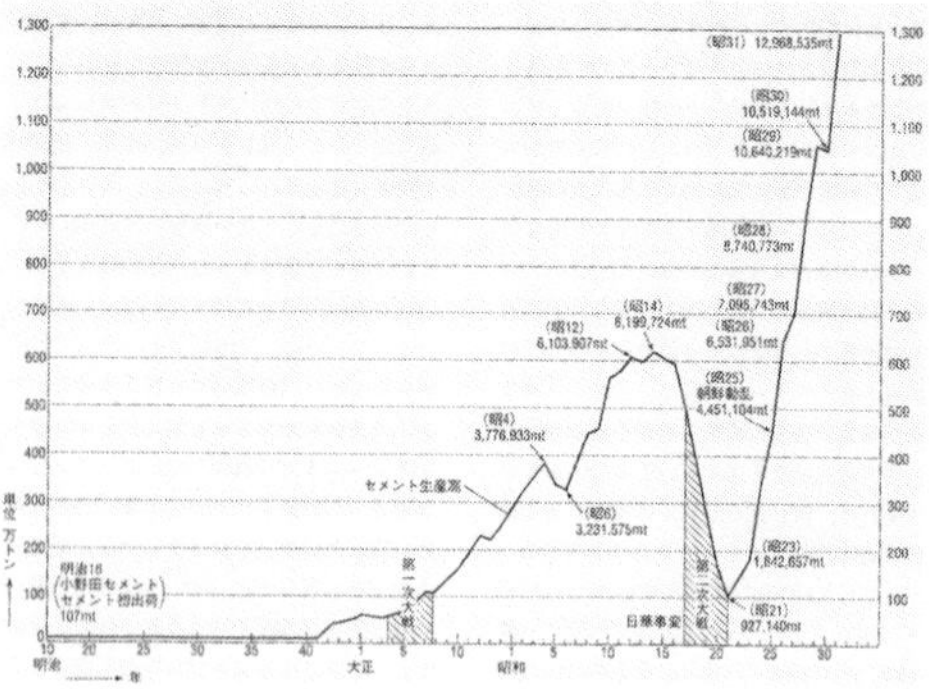

セメント生産高推移表　『建築文化』1958年2月号より転載

公営住宅標準設計の作成

こうした中、一九五三年、前川に、建設省から「公営住宅一九五三年型標準設計」の作成という仕事が依頼される。背景には、一九四五年十一月に設置された戦災復興院が進めてきた敗戦後の応急の住宅対策をより恒久的なものにしようとする国の施策があった。そもそも建設省自体も、戦争を遂行した中核の官庁であった内務省が、連合軍総司令部の指令により、一九四七年十二月末日をもって廃止解体された後、内務省の国土局と戦災復興院を合体して一九四八年一月に発足した総理庁外局の建設院を昇格させて、一九四八年七月に設置されたばかりだった。(32) そして、建設省の発足後、一九五〇年にかけて、「都市転入制限の解除、建築制限の緩和、主要資材の統制解除、住宅緊急措置令の廃止などの一連の措置がとられて、住宅対策も終戦直後の応急対策から次第に恒久的な対策に移ってきた」(33) のである。さらに、敗戦直後に「戦災者、引揚者に対する住宅確保の緊急措置として実施された応急簡易住宅」の建設を制度化して、「低所得者に対する借家の供給」を担う公営住宅の建設を図る、という観点から、一九五一年六月に公営住宅法が制定される。(34) また、このような動きに先行するかたちで、一九四七年度に公営住宅の不燃多層化の試作が進められ、一九四八年六月に、戦後初の鉄筋コンクリート造による都営高輪アパートが竣工する。それは、関東大震災後の震災復興事業として、同潤会によって建設された一連の鉄筋コンクリート造の集合住宅群の最後となった江戸川アパート（一九三四年）以来、戦争による空白を挟んで一四年ぶりのことであった。高輪アパートでは、「資材節約と建設費低減の見地」から「壁式構造」が採用されたが、これが基準となり、一九四九年度からは、設計監理協会に委託して、石本喜久治、久米権九郎、山下寿郎、市浦健ら民間の建築家を起用して、標準設計の作成が始められていく。(35)

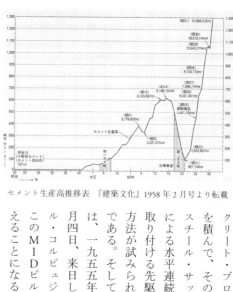

こうした経緯から前川も依頼を受けたのだろう。このとき、前川は壁式構造を踏襲せず、建設中のＭＩＤビルと同じく、ラーメン構造による公営住宅標準設計53Ａ・53Ｂの二案を作成する。その標準設計案の提出直後に行われた座談会で、前川はこう語っている。

「いま53年型にウェイトをおいてお話があったんですが、そこで何を目標にやったかというと、技術的にみて、今までの公営アパートは壁構造を採っていたけれども、僕らはそれに疑問をもっているので、ラーメン構造でやる方がいいのじゃないか――壁構造の方が経済的に建つということだったけれども、ラーメンでやっても同じくらいの単価、鉄骨量、セメント量で十分できるのではないか、できればその方が将来のフレキシビリティの問題から考えてもいいのじゃないか――ということを漠然と考えていたもんだから、どうせ引受けるなら……という程度のことだったのです。[36]」

この発言からも、従来型の壁構造による公営住宅では、一住戸あたり一二、一三坪の床面積が将来手狭になった場合に、すべてを取り壊す必要があり、可変可能性を確保するためにも、ラーメン構造による標準設計を試みようとしたことが読み取れる。また、同じ発言の中で、前川は、壁構造に比べてラーメン構造が、「大ざっぱにみて、コンクリートの減った分だけ得ではないかという結果」になったと証言している。さらに、日本の近代建築の置かれた状況に対する理解の行き違いについて、次のように指摘した。

「建設省があぁいう形で、どうもマンネリズムだから他の人に頼んで新型を出してもらうという、そういう問題の出し方の奥に、（…）住宅問題屋・政策屋とデザイナーとの間の橋がないということが絡んでいると思います。つまり建設省の、建築の設計ということに対する考え方と、ぼくらのそれには大分開きがあると、僕は思うんだね。日本のいわゆる近代建築というものは、絵描きが絵をかくときに、まだ絵の具が揃ってないような状態におかれていると思うんだな。ヨーロッパならヨーロッパの建築家は、今まで永い年代積み重ねてきた技術の蓄積がパレットに並んでいるわけだな。みんなはあるという顔をしてやっているけれども、僕はないと思うんだよ。新型があっさりできると考えているその奥に、日本の現状に対する認識不足が非常に根強く残っているという気がするんです。」

ここにも、日本の近代建築の現状に対する冷静な自覚が感じ取れるだろう。続いて前川は、次のような苦言を呈していく。

「もっと基礎的なことをやってもらいたいという気がするんですな。たとえば壁の材料ひとつにしても、何でやって

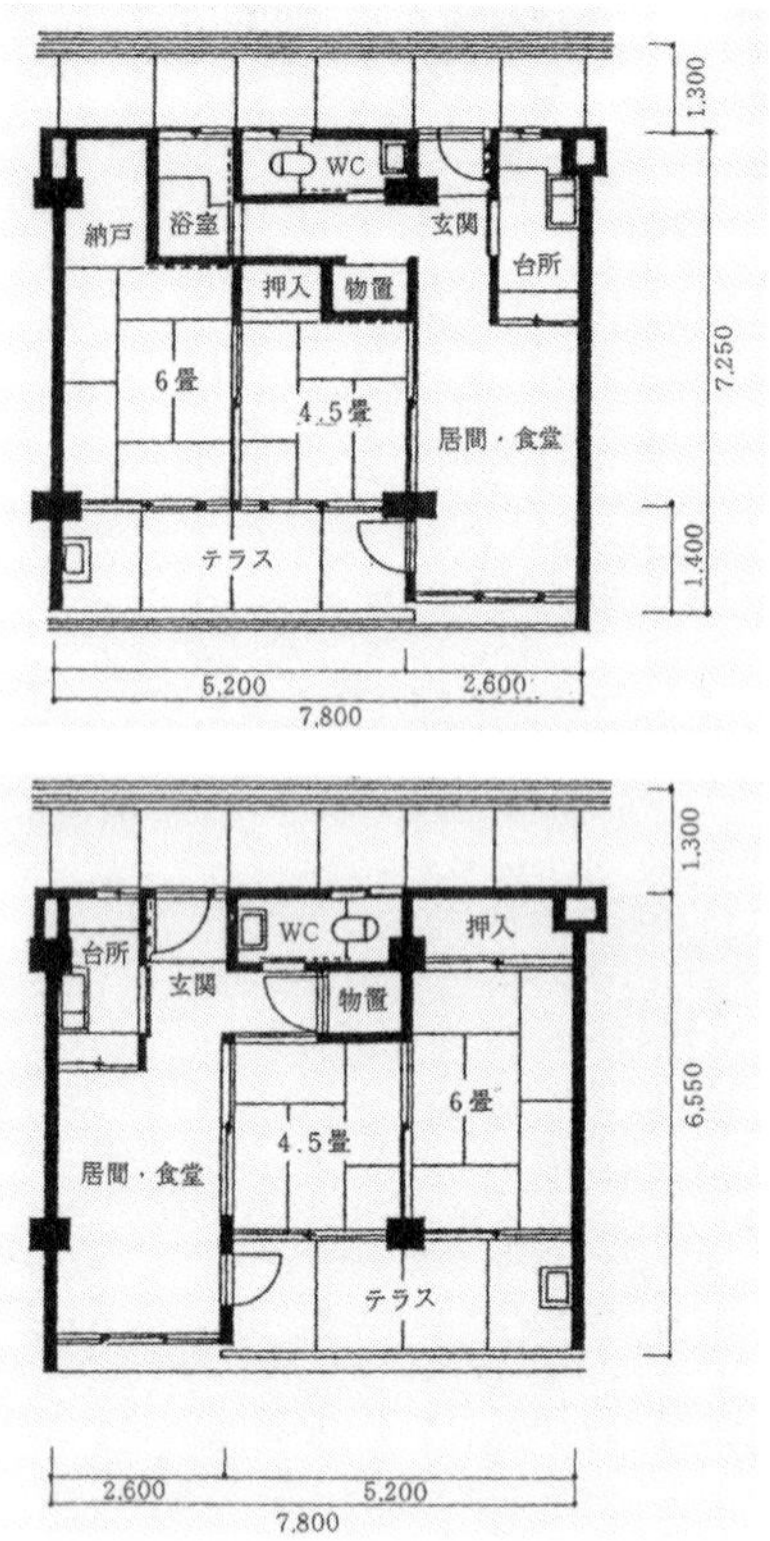

公営住宅標準設計 53A・53B 『住宅建築』1997 年 1 月号より転載

いいか見当がつかない、五里霧中ですよ。コンクリートのコーピングひとつにしても、いまだにぼくらまごまごしているんだ、正直な話。」

この前川の発言の奥には、日本相互銀行本店（一九五二年）における外壁からの漏水という失敗など、日々ぶつかっていた自らの苦い経験からの厳しい認識があったに違いない。だからこそ、続く発言では、在野の設計事務所が抱える経営上の問題点について、次のような率直な意見を述べた上で、座談会に同席していた高山英華（東京大学教授）と森田茂介（法政大学教授）を前に、アカデミズムに対する疑問を投げかけたのである。

「僕等あまり忙がしすぎるんだ。政治がわるいんだな――忙しくしなければ食ってゆけないんだから。苦痛に思うのは、ひとつの建物をたてて新しいシステムを作っても、その成果を見きわめないうちに次の設計をしなければ食ってゆけないことだ。（…）博士論文を書くのもいいけれど、そのまえに僕らのところへやってきて、何が問題かということを聞いて、これが問題だというやつをネッチリとやってほしいんだ。僕らにやらせるのは実に酷なんだ。（…）設計白書[37]を発表しようかな。（笑声）ほんとだよ、わるいことじゃないんだから。」

こう問いかけた前川だったが、作成された標準設計は具体化されず、むしろ、鈴木成文や内田祥哉ら若い世代の研究者や建築家から、手厳しい批判を受けることになる[38]。

NHKの集合住宅への取り組み

このような建設省からの依頼の一方で、敗戦後から一九五〇年代にかけての前川事務所の仕事には、NHK（日本放送協会）に関連する建築が数多く含まれている。作品目録によれば、木造の放送局舎の岡山分局（一九四九年）、岐阜支局（一九四九年）、和歌山支局（一九五〇年）、職員のための保養施設のＮＨＫ日光寮（一九五三年）、東京郊外の運動場に併設されたＮＨＫ富士見ヶ丘クラブハウス（一九五四年）があり、その後は、鉄筋コンクリート造の集合住宅として、ＮＨＫ第二池ノ上寮（一九五四年）とＮＨＫ職員住宅羽沢アパート（一九五七年）が建設されていく。残念ながら、これら七件の建築はいずれも現存しないが、一九五〇年六月に放送法にもとづく特殊法人として新たに設立された日本放送協会の草創期だったからなのだろう、ことに寮とアパートは、当時の時代状況から見れば、一戸あたりの床面積やコストの厳しさなど制約の多かった公営住宅に比べて、きわめて恵まれた条件下で計画されていたことがわかる。

NHK 日光寮（1953 年）　写真提供・吉川清

NHK富士見ヶ丘クラブハウス（1954年／2016年解体）
2015 年撮影

　それにしても、これらの仕事はどのような経緯で前川に設計が依頼されたのだろうか[39]。詳細は不明だが、日本住宅公団の機関誌『いえなみ』には、羽沢アパートは「ＮＨＫの希望」で前川に設計が依頼され、公団が「特定分譲住宅」として建てたと記されているが、戦前に朝日新聞の記者となり、戦後は貴族院議員を経て一九四六年にＮＨＫに入局、一九四九年に会長となった古垣鐵郎の存在が大きかったと推測される。古垣は、一九二三年から二九年までスイスのジュネーブの国際連盟事務局に勤務しており、当時事務局長を務めていた前川の伯父（母・菊枝の兄）の佐藤尚武と親交があったからである[40]。もしかしたら、前川も、パリのル・コルビュジエのアトリエ時代に、佐藤を介して古垣と出会っていたのかもしれない。また古垣は、敗戦後まもない一九四八年に、前川邸の一街区隣に、前川の設計によって同じ切妻屋根の木造の

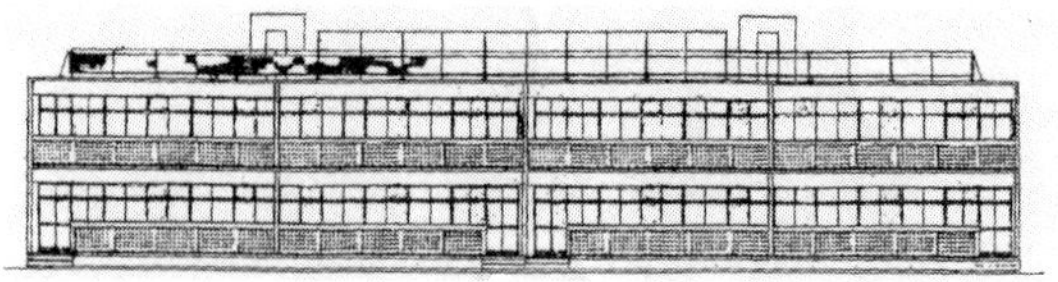

NHK第二池ノ上寮（1954年）南側立面図＊

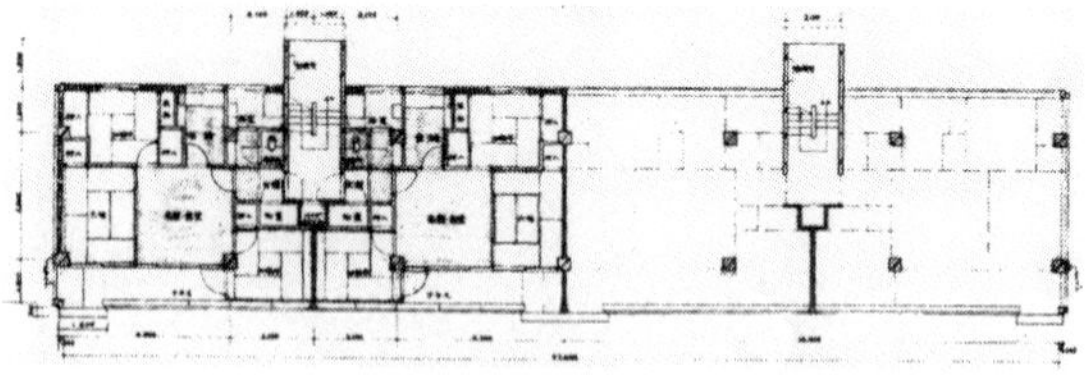

同上　1階平面図＊

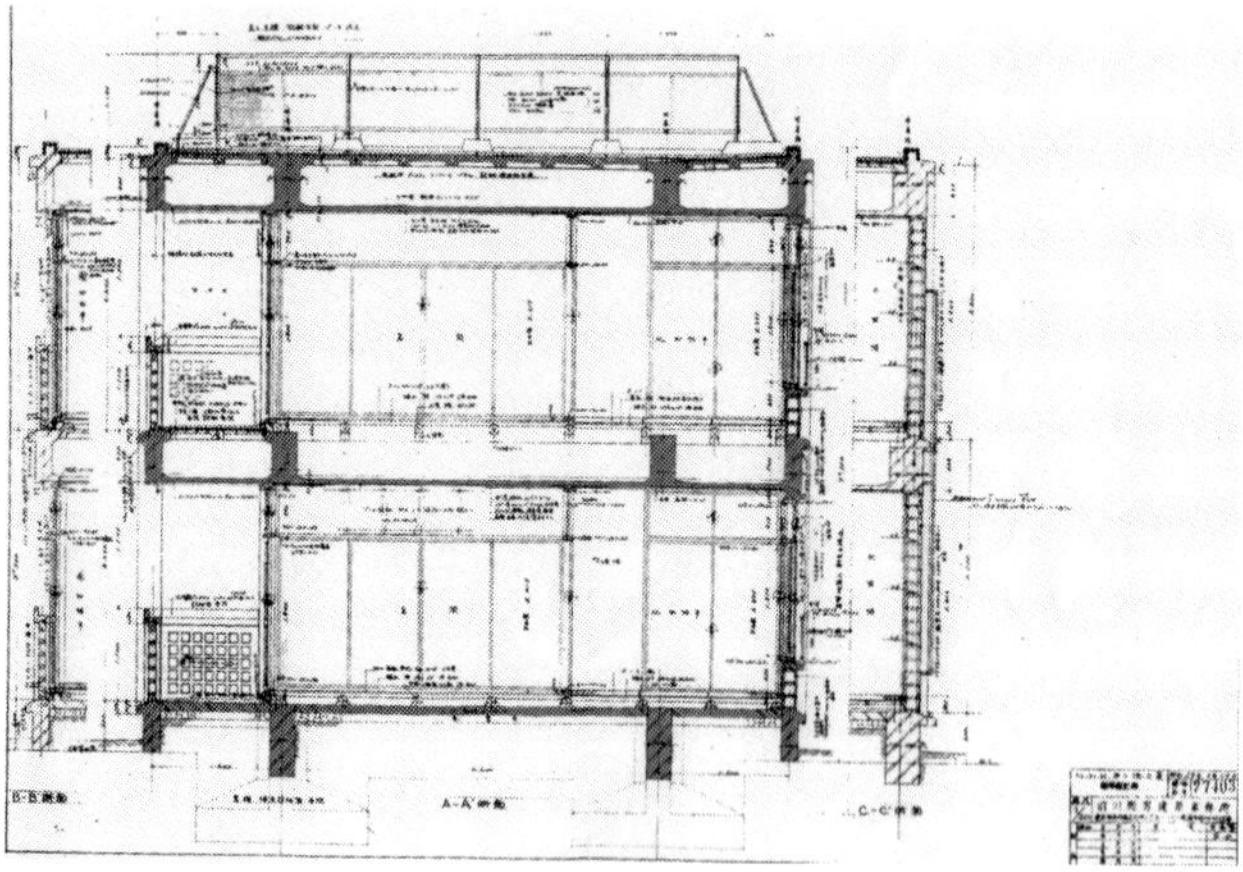

同上　面詳細図＊

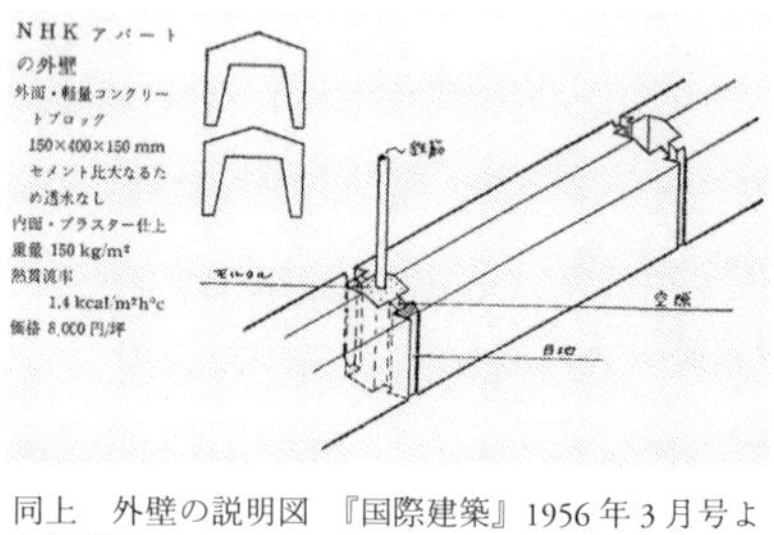

同上　外壁の説明図　『国際建築』1956年3月号より転載

自邸を建てている。(41)こうしたつながりもあって、前川にNHKの一連の仕事が依頼されたのだろう。

それでは、二つの鉄筋コンクリート造の集合住宅について見ていくことにしたい。

まず、NHK第二池ノ上寮は、東京都世田谷区の京王井の頭線池ノ上駅近くに、一九五四年に建てられた。鉄筋コンクリート造二階建て、各階に四戸ずつ合計八戸のフラット・タイプの住戸から構成されている。一住戸あたりの床面積は約七八平方メートル、四畳半と六畳の和室と八畳の居間・食堂、三畳の独立した台所と、当時としては破格の恵まれた間取りと広さを持つ[42]。構造体は、壁構造の独立した階段室を除いて、全体が六・三×四・六メートルグリッドのラーメン構造となっている。注目されるのは、断面詳細図から読み取れるように、二階と屋上階の床スラブに逆梁の構法が試みられていることだ。この工夫によって、一、二階の間の遮音と屋上からの断熱が確保できる上に、何よりも天井面から梁が露出しないフラットな天井面が実現し、間仕切り壁と外壁がすべて同一高さとなる「自由な平面」と「自由な立面」ができあがる。それでも、当時のローコストが求められる厳しい予算のもとで、室内の間仕切りは木造とコンクリート・ブロックであり、サッシュも木製だった。また、外壁には、説明図のような、特注のコの字型軽量コンクリート・ブロックを積み上げる工法が採用された。そこには、先のＭＩＤビルの外壁の腰に積んだ特注のコンクリート・ブロックが、中が中空だったにもかかわらず、それ自体の透水性を防ぎ切れず漏水した失敗を踏まえて、改良が加えられていた[43]。そして、この建物では、未消化に終わった先の標準設計で、「家族成員の私的生活を確保することなどは到底望み得べくもない」、「前近代的」で「伝統的な日本家屋の間取りを無反省にコンクリートの構築の中にはめこんだ」[44]と酷評された和室の独立性が克服されていることも読み取れる。階段室を住戸間に嵌

NHK 職員住宅羽沢アパート（1957 年）『日刊建設通信』1959 年 2 月 20 日の紙面より転載

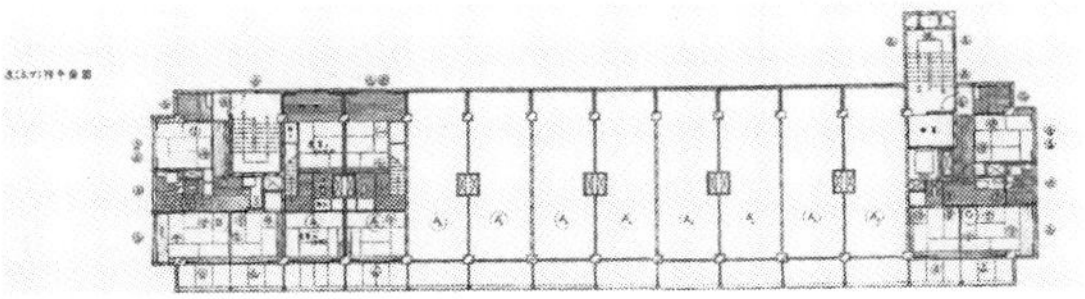

同上　基準階平面図＊

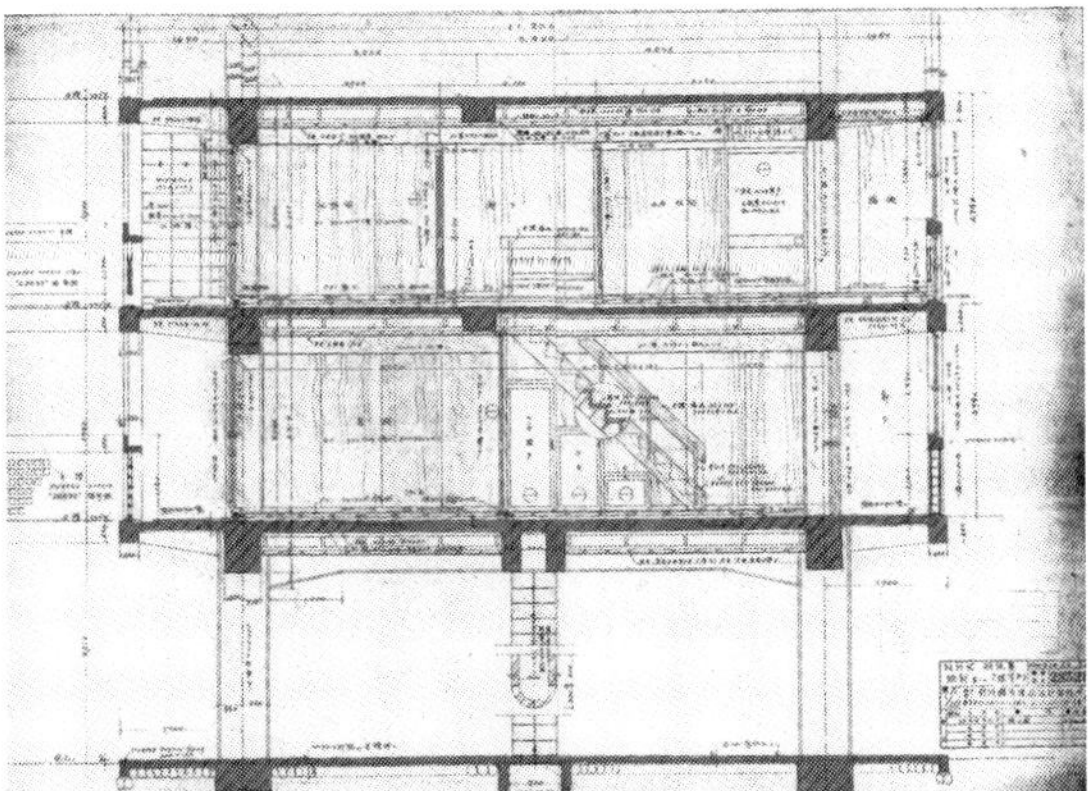

同上　矩計図（1 階から 3 階までの部分図）＊

め込むことによって、南北両面からの採光と通風も確保され、簡素ながら快適な居住環境が実現されたことがわかる。

続いて一九五七年に、東京都渋谷区羽沢（現・広尾）の聖心女子大学の正門前という都心の閑静な一等地に建設されたのが、ＮＨＫ職員住宅羽沢アパートである。鉄筋コンクリート造七階建て、一階はピロティで、一部に管理人室と電気室、スチーム暖房のためのボイラー室がある。その上部の六層には、両端にフラット・タイプの住戸が二戸、その間にメゾネット・タイプの住戸が一二戸配置され、全戸数四八戸、延床面積約三八〇〇平方メートルの規模を誇り、当時としては珍しくエレベーターも設置されていた。ちなみに、一戸あたりの床面積は、フラット・タイプが約五五平方メートル、メゾネット・タイプが約六二平方メートルあり、池ノ上と同じく恵まれた広さである。注目されるのは、上下二層で構成されたメゾネット・タイプの住戸だろう。上層階は両端にバルコニーと室内の縁側が取られ、間口は三・六メートルと狭いながらも、両面からの採光と通風が確保されていることだ。同時に、珍しいことに、各住戸の玄関が並ぶ二、四、六階の廊下部分も、スチール・サッシュが設置されて内廊下となっており、外壁の腰には、ＭＩＤビルで漏水を招いた中空のコンクリート・ブロックを改良して、より耐透水性のある中空のレンガ・ブロックが積まれた。この方法によって、正面外観は、レンガ・ブロックの赤色の壁とスチール・サッシュでスッキリとまとめられた。ちなみに、中空レンガ・ブロックの腰壁は、岡山県庁舎（一九五七年）や弘前市庁舎（一九五八年）でも使われていく。また、設計担当者の一人が後に証言を残しているが、羽沢アパートの台所のステンレス・シンクを組み込んだダイニング・キッチンは、前川事務所の元所員であった浜口美穂が開発し、日本住宅公団で使われる前に、ここで初めて設置されたものだという。[45] 羽沢アパートは、現在の水準から言えば、小規模で簡素なものに過ぎないが、池ノ上寮と同じく、実験的な試みをいくつも盛り込むことのできた先駆的な集合住宅だったのである。[46]

こうして見てくると、前川が一九五〇年代に手がけたＮＨＫのふたつの鉄筋コンクリート造の集合住宅は、この直後に、前川が日本住宅公団から依頼されて挑み、高層アパートの試作として建設される晴海高層アパート（一九五八年）へとつながる貴重な実践だったことがわかる。

晴海高層アパートという最後のトライアル

日本住宅公団設立の草創期のもとで

敗戦から一〇年が経った一九五五年、戦後の住宅政策にとって一つの画期となる新たな動きが始まる。日本住宅公団の設立である。この年は、敗戦時に四二〇万戸あった住宅不足数が二七一万戸にまで減少していた[47]。しかし、これまで見てきたように、住宅政策は、そのつど後回しにされてきたために、その内実は貧しいものに過ぎなかった。戦災復興院から建設省を経て日本住宅公団の設立に携わった建築技師の尚明は、後年のインタビューの中で、日本の戦後の住宅政策が立ち遅れた経緯について、次のように語っている。

「戦後の復興の手順については、日本はヨーロッパと比べてかなり特殊な事情にありました。早い話がドイツだったら、ライン川はじめ河川は歴代の王様が治めて、コンクリートと石で固めて氾濫するとかはなかったわけです。日本はそれ以前に、社会資本の充実ということをあまりやっていなかった。そこへもってきて戦争中、河川は修理していない。木材や薪炭が足りないので、山の木を切り、荒れたわけです。そこで、台風がくると、いつも全国各地で河川災害が起きたので、建設省として最初に重点を置かざるをえなかったのは、河川を治めるということだったのです。

そうこうしているうちに産業の拡大の時代に入り、こんどは工場をつくる、材料や生産品を輸送するということから道路がきわめて重要になってきます。（…）このように河川の時代、道路の時代があって、そういうものがある程度、形がついてくるとともに経済成長も実現してきて、こんどは国民生活の問題に入り、住宅政策がクローズアップされてきたわけです。[48]」

このような状況の推移と変化があったからこそ、一九五五年（昭和三十年）度の『経済白書』で、次のような指摘がなされたに違いない。

「生活一般がほぼ戦前復帰を達成した中にあって、生活の三大要件の一つである住宅面がなお著しい立遅れをみせており、生活構造を歪めていることは残された大きな問題である。いうまでもなく、住生活の安定なくして真の国民生活の安定はあり得ない。（…）今やあらゆる観点から問題を追求し、その解決に努力を集中すべき時期にきているものといえよう。[49]」

こうした中、政治的テーマとして住宅不足が取り上げられ、日本住宅公団の設立へと向かう政策的な動きが出てくる。その間の状況の推移については、評論家の塩田丸男が、一九七五年に出版した著書の中で、次のように解説している。

「戦後の一〇年間、日本人の暮しは、「住まい」に関してはまったく無秩序状態がつづいたといっていい。家賃などもまるでデタラメであって、相場というようなものもなかった。誰の土地か分からない焼け跡に勝手にバラックを建てて住んでいれば家賃はいらないわけだし、親戚の家に間借りして、部屋代を払わないでいる家族もいた。（…）住宅に関しては〝暗黒時代〟だったのだ。その〝暗黒〟にやっと光がさしはじめたのが、三十年という年であった。「ワンマン首相」の名を残した吉田茂が、はげしい世論の非難のうちに総理の座を去ったのが二十九年十二月。明けて三十年一月に衆議院が解散になり、二月五日告示で総選挙が行われることになった。この選挙戦の時ほど住宅問題がクローズ・アップされたことは、それ以前はもちろん、その後もこんにちに至るまでない。

民主党、自由党、左派社会党、右派社会党の四大政党はいずれも住宅政策を〝公約〟のトップにかかげた。（…）中でも一番熱心だったのが鳩山一郎ひきいる民主党で、「一〇年間で住宅問題を解決してみせる」というのがその公約だった。そして総選挙の結果は、民主党が第一党となり、鳩山内閣（第二次）が発足することとなった。

三十年三月、鳩山内閣は公約にしたがって、「住宅建設一〇ヵ年計画」を打ち出した。当時の住宅不足数を二七〇万戸とし、毎年の新規需要を一五万戸とみて、これが一〇年間で一五〇万戸、合わせて四二〇万戸を三十年から三十九年までに建設することによって、日本から住宅難を一掃しようというものであった。[50]」

このとき、鳩山の打ち出した住宅政策は、「わが国最初

竣工時の晴海高層アパート（1958年）写真／日本住宅公団（現・UR都市機構）蔵

の総合的な住宅の長期計画」だった。しかし、「この時期は、わが国の経済が高度成長にテイクオフしたこともあって、政府が住宅建設を増やすのに躍起となっていたときであり、それを加速させるために住宅金融公庫の融資額を増やし、持家取得策を住宅政策の中心に据えた」のである。[51]実は、この「持家取得策を住宅政策の中心に据えたこと」によって、結果的に、住宅問題の根本的な解決は先送りされることになってしまう。

それでも、鳩山首相の肝いりで成立した日本住宅公団法にもとづき、一九五五年七月に日本住宅公団が設立される。その公団法の第一条には、「住宅の不足の著しい地域において、住宅に困窮する勤労者のために耐火性能を有する構造の集団住宅及び宅地の大規模な供給を行うとともに、健全な新市街地を造成するための土地区画整理事業を施行することにより、国民生活の安定と社会福祉の増進に寄与することを目的とする」と明記された。そして、公団の草創期に、今後の都市への人口集中によって求められる集合住宅の高密度化の方法として、「純粋の公共的な高層賃貸アパートを建設し管理して、実験的に研究」する目的の「意識的なトライアル」（試作）となる晴海高層アパートの設計が、前川國男に依頼されたのである。[52]ちなみに、ここでいう高層とは、当時の建物の絶対高さ制限三一メートル以下を前提とする一〇階建てのエレベーター付の建物が想定されていた。また、公団設立時の建築技師たちに共有されていた思いについて、尚は、本章冒頭のインタビューの中で、こう語っている。

「昭和三十年の公団設立は、住宅政策が本格的な重点政策となる嚆矢でありましたから、私どもは胸をふくらませて公団にいきました。住宅の計画についても、予算の制約はともかく、考え方として、日本の住宅をできるだけ外国に負けないものにもっていきたいというエネルギーが、とくに技術者を中心に住宅建設課の職員にありました。（…）ここでぜひ一段飛躍した、国民が希望をもつような住宅をつくってみせようという意気に燃えていました。音頭を取った初代総裁の加納（久朗）さんが、責任をとるからできるだけ新しい試みを導入せよ、ということで、公団設立から三年ぐらいは創業の使命ということで、全員の意気が上っていました。そして将来へのつながりの方向を示したい。そのひとつは、アパート建設が街づくりになり、コミュニティとしての共同生活が行える場にしようということだったのです。[53]」

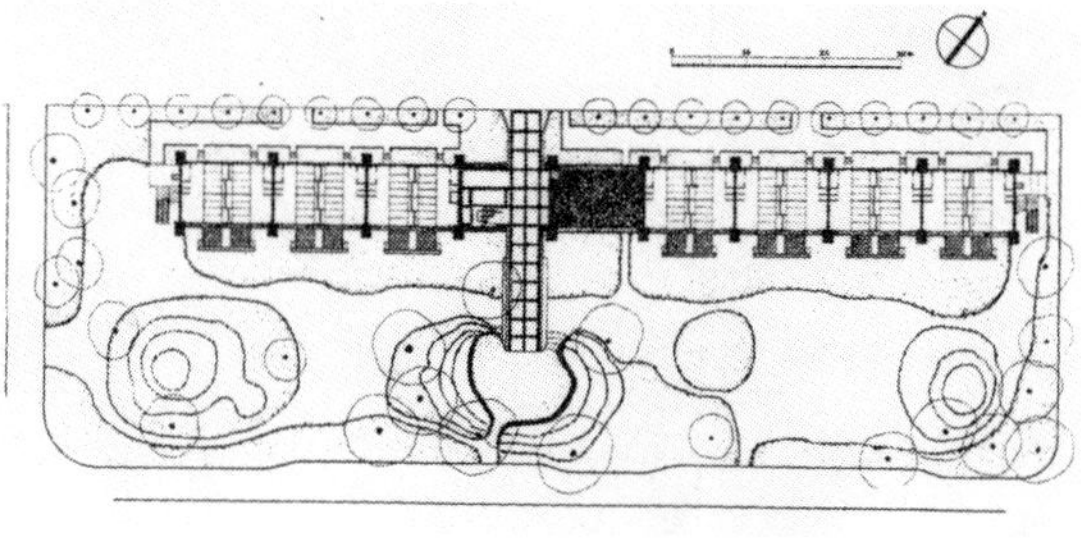

晴海高層アパート配置図　『新建築』1957年1月号より転載

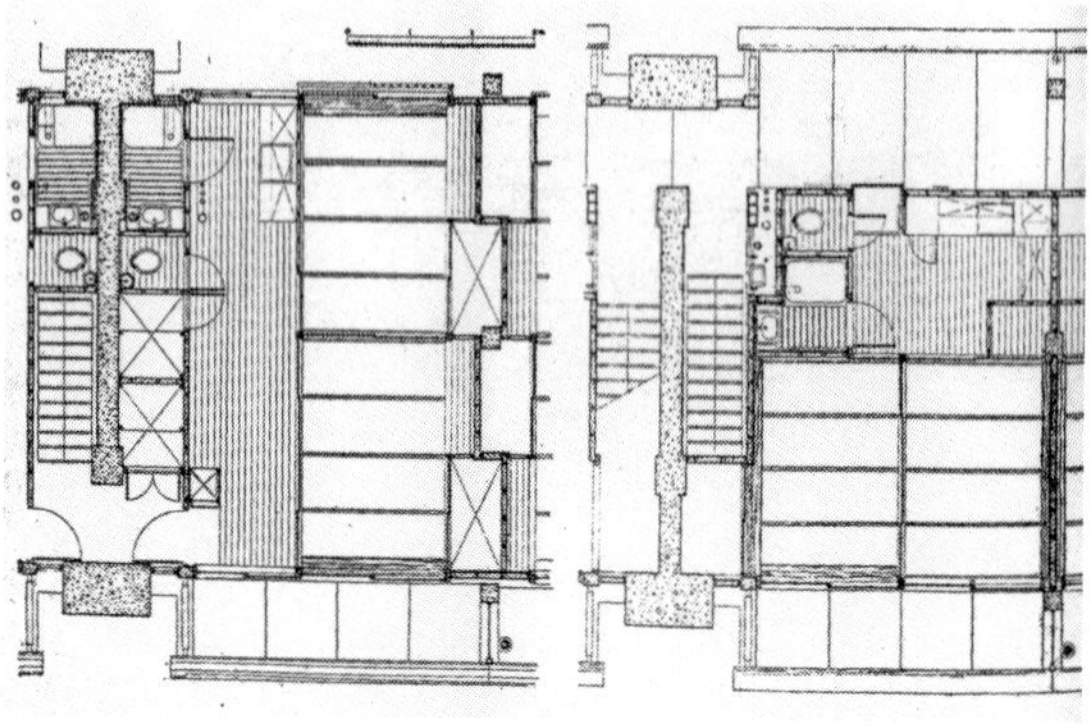

廊下階（右）と非廊下階（左）の住戸平面図　『住宅』1957年4月号より転載

そして、尚のもとで設計課長を務めた本城和彦が回想したように、公団住宅では、一戸あたりの床面積を「公営住宅に比べて一坪だけはよけいに」面倒をみて、「その一坪を使って台所をダイニング・キッチンにふくらませて食寝分離を可能にすること、風呂場を付けること」をテーマとして設定する。[54] さらに、晴海団地の計画では、東京都からの「現物出資金」として、九三五〇坪の土地提供の支援があったという。[55] また、草創期の公団の熱意の現れなのだろう。公団は、本城の指示により、「企画の円滑な進行をはかる名目」で、前川事務所に二十代の若い建築技師の野々村宗逸を派遣し、一九五六年五月の企画段階から五八年十二月の完成まで、一貫して晴海高層アパートのプロジェクトに関与させたのである。[56] そして、これに先立つ一九五三年度には、建設省住宅局住宅建設課が、日本建築設計監理協会（日本建築家協会の前身）に依頼して、市浦健を委員長とする総勢三五名の委員会によって、「高層公営住宅設計資料集成」という詳細な資料がまとめられていた。[57] こうして、厳しい経済状況下ではあったが、公団からの信頼を得た万全の体制で、晴海高層アパートの設計が進められていく。

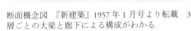

晴海高層アパートで試みられたこと

晴海高層アパートは、東京都から提供された月島に隣接する晴海と名づけられた二三万坪に及ぶ広大な埋立地の一画に、日本初のエレベーター付高層アパートとして、当時としては破格の規模の一六七戸の住戸を有する一〇階建て鉄骨鉄筋コンクリート造で建設され、一九五八年に竣工する。実は、この敷地は、一九四〇年に開催が予定されていたものの、日中戦争によって幻に終わった日本万国博覧会の東京会場として、前川が応募し、落選の苦杯をなめた建国記念館コンペ（一九三七年）の建設予定地でもあった。[58]

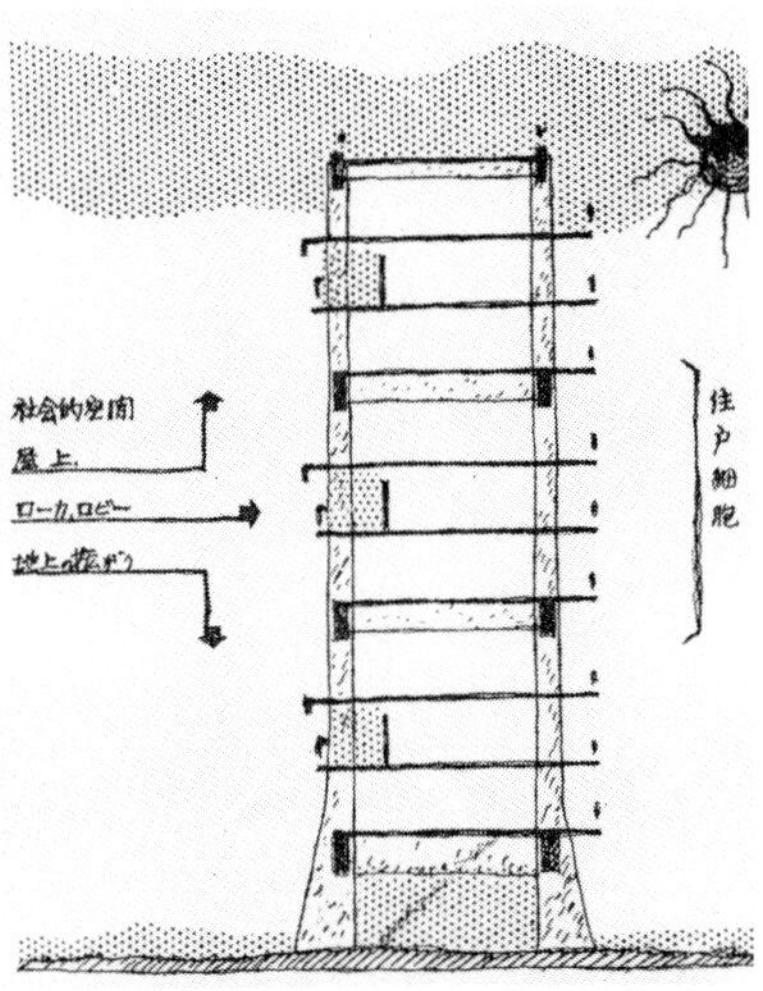

断面概念図　『新建築』1957年1月号より転載　3層ごとの大梁と廊下による構成がわかる

そんな因縁の敷地に、晴海団地と呼ばれた全一五棟の中の一五号棟として計画されたのである。他の一四棟は、公団の標準設計にもとづく中層五階建て一三棟四一〇戸と、店舗付独身者アパート一棟九二室から構成されている。また、先駆的なプロジェクトだったこともあり、前川には、団地全体の配置計画から設計が依頼される。そこで、従来の平行配置を打破し、東京湾に面する敷地特性を活かして、圧迫感を軽減しながら、眺望と日照、住戸間のプライバシーを守る配置計画が検討されていく。そして、高層化によって、一五号棟の前面には比較的広い庭が確保できたのである。[59]それでも、未経験な高層アパートの設計に時間がかかり、一九五六年初頭に設計に着手したものの、基本設計には八ヵ月を費やしてしまい、実施設計は一ヵ月半でまとめなければならなかった。[60]

そんな厳しいスケジュールと限られた予算の中で、前川と大高正人、河原一郎、田島敏也、奥村珪一ら前川事務所の所員と、構造を担当した横山構造事務所の木村俊彦らで構成された「ミド同人」の設計チームが目指したのは、その中の一人の奥村が記したように、時間に耐える「丈夫さ」、創造的な「逞しさ」、コンクリートや木材といった最も手に入りやすい安価な素材を用いた「親しみ易さ」、そして、量的質的「豊かさ」を持った集合住宅だった。[61]ちなみに、２ＤＫの各住戸の床面積は、三層ごとの片廊下の階が一〇・八坪、廊下のない両面採光の取れる他の階が一三・五八坪と狭く、当時の公団の基準に縛られていた。そこで、将来的な可変性を見越して考案されたのが、三層ごとに一本の廊下を取って廊下の面積を節約しつつ、三層ごとに鉄骨を入れた大梁の大架構とする大胆なメジャー・ストラクチャーによる構造方式だった。また、平面計画的にも、二住戸ごとに鉄骨を入れた大柱を配置することによって、高価な鉄骨の使用量と杭の本数を減らしつつ、左右二住戸間の間仕切壁と上下三層間の床スラブは、構造耐力を負担する必要のないマイナー・ストラクチャーとすることが可能となる。こうして、幅方向の柱間が七・二メートル、長さ方向の柱間が一二・二六メートルで、合計九スパンで長さ一一〇・三四メートル、高さ三〇・九九メートルの、長大で骨太な、将来的には左右二住戸と上下三層の計六住戸が自由に改造できる高層の集合住宅が実現する。[62] そこには、「自由な平面」を求めて純ラーメン構造の試行錯誤を続けてきた設計の蓄積が活かされていた。また、当初は、ル・コルビュジエの集合住宅ユニテ・ダビタシオン・マルセーユ（一九五三年）に倣って、一階にピロティが計画されていたが、公団の要求により住戸で埋めさせられてしまう。それでも、そこに建ち上がったのは、「健康な骨組みのデザイン」[63] だった。さらに、その骨組みの間を埋める外壁には、特注の防水ブロックが積まれ、奥行き一・二メートルのバルコニーには、「高層アパートの高さからくる不安感」を救い、「風雪に耐えて変らない外観を太いラーメンと共に造り上げて行くこと」をねらって、「大々的にプレキャストコンクリートの手摺」が取り付けられる。[64] また建具も、「潮風に対する耐候性」と「インテリアとしてのアメニティ」から、スチール・サッシュは使わずに、「太い断面をもつ木製」の杉材が用いられた。[65] そして、三層ごとに取られた廊下も十分な広さが確保され、玄関扉を引き戸にすることによって、廊下が空中の露地のように扱われている。一方、室内でも、欄間をガラス張りとし、六畳ほどの広さの和室には九〇〇×二七〇〇ミリメートルの変形サイズの畳を四枚敷くことによって、少しでも広々とした雰囲気を作り出すための工夫が施されたのである。

なぜトライアルは継続できなかったのか

こうして完成した晴海高層アパートは、どのように受けとめられたのだろうか。公団の建築技師として現場監理にも携わった野々村は、現場の足場が取れた際、トビ職の世話役から次のような言葉をかけられたという。

「とうとうできましたね。しかしこの建物は不思議な建物ですよ。出来上がった時から、もう一〇年も経ったような貫禄がありますからね。そうしてこの建物は年月が経つにつれて、ますます貫禄が出てきます。きっと![66]」

こう声をかけられた野々村は、同じ文章の続きに、次のような期待を書き記していた。

「都市を再編成しようとする高層アパート、新しい都市を生み出そうとする高層アパート、私はそれに大きな夢を托する。そしてそれがいつまでも豊かな、丈夫な、安全なものであって欲しい。その建物の寿命の中で、いつまでも元気に育っていって欲しい。その中で生活する人達の生活を安全に与えながら。経済性という点でも耐久性ということが、重要な要求だと思う。人間の貴重な労働の結果生み出されて行くものがそう簡単に捨て去られて行ってよいのだろうか。決して豊かでない日本だ。だからこそ、丈夫で永もちしいつまでも豊かな、経済的な住いが欲しいのだ。」

また、公団の初代総裁の加納久朗は、晴海の建設構想を温めていたのだろう。一九五五年十一月に初来日したル・コルビュジエに、「どのようなアパートが望ましいだろうか」とたずねたという。その返事は、「中で人間が安心して眠れるということが最も大切であろう」であったという[67]。

それでは、なぜ晴海高層アパートの試作はその後に展開されることがなかったのだろうか。その問いを解く鍵は、晴

東側から見る外観

空中の露地としての廊下　以上、写真／日本住宅公団(現・UR都市機構)蔵

海の建設中に、同じ加納の記した次の文章から読み取れるのではないだろうか。

「人間生活において欠くことの出来ぬものとして、衣食住の問題がありますが、(…)住の問題はほとんど無制限に人間の創造力と、欲望がそこに働いて行く、例えば新らしい家に入るとすれば、ここにこういう造作をするとか、あるいは電気冷蔵庫やテレビも欲しいということになる。新らしい家を持ったために、そこの主人公の欲望は無限に大きくなる。(…)住の問題に取組みます場合にはあらゆる産業を刺激していくことが出来る。今日日本の繁栄の片棒は、日本の住宅問題にあると思います。公営住宅、公団住宅、公庫住宅が出来て来たということによって、セメント、鉄、ガラス、家具等のあらゆる需要がでてくる。これが諸産業を刺激して、今日の繁栄をみたのであります。[68]」

ここに暗示されていたのは、住宅の大量建設が高度経済成長の推進力となるという予感だ。そして、この加納の言葉どおり、その後の公団は、郊外型のニュータウン建設による大量供給に転じ、賃貸から持家へとその事業内容も変換させていく。そして、「一九六六年に住宅建設計画法が制定されると、住宅政策は戸数と持ち家に脱兎のごとく傾斜」し、「高度経済成長をより確かなものにするための経済政策の一環として住宅政策が展開されること」になるのである。[69] 評論家の塩田丸男は、先に触れた一九七五年の『住まいの戦後史』の中で、こう指摘していた。

「私は、戦争からもどり東京の焼け跡に立った時、いったい何年後に、この瓦礫がとり払われて元のような家なみが建ちならぶことだろうかと思ったものだ。それから三〇年、瓦礫はたしかにとり払われたが、その跡に建ったものを見て、私は釈然としない気持ちである。

たしかにたくさんの立派な建物が建ってはいるけれども、それらは、人間を憩わせるための建物ではなくて、人間を労働に追いやるための巨大な囲いばかりである。「家」ではないのである。「戦後日本の経済復興は、住宅を犠牲にした重点的な設備投資によって達成された」と評したのは『ニューヨーク・タイムズ』だが、(…)この異邦人の指摘に残念ながらうなずかざるを得ない。(…)こんにちのわが国の姿は、けっして安定的な健全なものとはいえないであろう。その原因をわれわれはどのように考えたらいいのであろうか。私は、「国民の精神の退廃は、住宅の不安定に起因する」といったアデナウアー元西独首相の言葉を一つの示唆としてうけとりたい。[70]」

それでは、この晴海のトライアルを前川はどう受けとめたのだろうか。竣工後、前川は、公団の設計課長の本城に、一言「君、公団のプロトタイプというのはあんなむずかしいものぢゃないよ」とだけ語ったという。そして、前川事務所に残る前川のスケッチ・ブックの草稿には、「長年の懸案である、梁の突出を解消して簡便な間仕切システムを採用出来る様な案はついに実現することは出来なかった。いまは亡き加納総裁に言葉をつくして公団予算に於ける研究費・設計費の余りにも少ない点を……かさねて研究継続の必要を力説して理解を得たつもりであったが、ついに……研究試作はこの晴海一戸にとどまってしまった[72]」と綴られていた。集合住宅のプロトタイプとなるモデルを提案しようと、一九五〇年代に集中的に取り組んだ前川は、自らの果たせなかった課題を厳しく見つめながらも、その後に継続する機会を得ることのできないまま、研究試作の道を閉ざされてしまうのである。

テラスハウスというもう一粒の種子

テラスハウス標準設計の提案

戦後復興から高度経済成長へと歩み始めた一九五〇年代の後半は、都市へと人口が集中し、社会構造が大きく転換する激動の時代の始まりでもあった。その歴史的な分岐点とも重なる一九五五年に設立された日本住宅公団は、そうした時代の変化に否応もなく対応を迫られていく。その草創期の歩みをまとめた一九六五年発行の『日本住宅公団一〇年史』には、設立の背景にあった「急激な都市化の現実」として、次のような言葉が綴られている。

「朝鮮動乱を契機として、日本経済の足どりは急激な拡大発展にむかい、生産指数が戦前水準にもどった昭和二十六年度以降、いわゆる高度成長期に入った。この高度成長にともなって急速に技術革新や消費革命が進行し日本の経済機構は大きく変ってきた。（…）人口の都市集中傾向は著しく、昭和二十年から昭和三十年にいたる一〇ヵ年間の全国的な人口増加が約二四％であったのに対して、六大都市においては東京都二五一％、横浜市一八三％、名古屋市二二四％、大阪市二三〇％、神戸市二五八％、福岡市二一六％と、いずれも二〇〇％前後の増加を示しており、いわゆる「都市の爆発的膨張」の時代を現出するにいたった。
経済成長と都市集中がこのように私的資本による急激な設備投資を中心として進行していくに従って、社会資本の側の投資の立遅れは重大な問題となってきた。（…）住宅の問題もその重大な一つであることを免れえなかった。（…）近時の状況は、その速度と規模において、おそらくその例をみない状況であったといいうるであろう。(73)」

このような時代背景のもとで、住宅地の加速度的な拡大と地価の高騰という現実を前に、都心における高密度で高層の集合住宅のケース・スタディとして試みられたのが、晴海高層アパートだった。そして、やや意外な印象を受けるのが、前川が、その計画と併行するかたちで、同じ日本住宅公団から、それとはまったく方向性の異なる、郊外型の低層二階建てのテラスハウスのプロトタイプとなる設計案の作成も依頼されていたことだ。それが、前川事務所の作品目録に掲載された「東56-TN-3DK」「東56-TN-3D」という型式名が付された標準設計（一九五六年）である。ちなみに、この型式名は、公団の東京支所「東」が一九五六年「56」に設計を発注し、「3DK」と「3D」の間取りを持ち、北側（N）に玄関を配置した北入りのテラスハウス「TN」であることを意味する。前川が作成したこのテラスハウスの標準設計は、当時、公団の内部で建設計画が進行中だった東京郊外の三箇所の団地にただちに採用され、少しずつ改良を加えられながら、鷺ノ宮団地（一九五七年）、烏山第一団地（一九五八年）、阿佐ヶ谷団地（一九五八年）と呼ばれる団地に、相継いで実現していく。結果的に、これらの団地に建ったテラスハウスの総建設戸数は二八八戸にも上った。ここには草創期の公団にあったテラスハウス実現への意欲を感じ取ることができるだろう。

そんな中でも、最後に建設された阿佐ヶ谷団地は、JR中央線の阿佐ヶ谷駅から徒歩一五分ほどの好立地と、田んぼの広がる約五万二千平方メートルという恵まれた敷地条件のもとで計画が進められた。そのため、このテラスハウスは、他の設計者による三、四階建ての中層のアパート七棟と、平らな屋根のテラスハウス「56-TN-2D」九棟と共に、合計三六棟、延一七四戸の最大規模で建設されたのである。こうして誕生した赤い切妻の三角屋根のかかるテラスハウスが連続して建ち並ぶ風景は、二〇一三年の再開発によって全面的に建て替えられるまでの五五年間、独特な個性を放つ良質な低層集合住宅地として人知れず静かに年月を重ねていた。しかし、次第に注目されるようになり、取り壊しの直前には、建築雑誌で特集が組まれ、充実した内容の書籍にもまとめられた[74]。

これらの団地で採用された前川のテラスハウス標準設計の、他の案には見られない大きな特徴は、基礎梁と二階の梁、切妻屋根が鉄筋コンクリート造で、外壁はコンクリートブロック造、一階と二階の床は木造という構造形式にある。このことによって、一つ屋根の下に集まって住むかたちが力強い切妻屋根によって象徴的に表現されながらも、平屋にも見える落ち着いた外観が実現する。また、おそらく、施工の容易さと厳しいコストから導き出されたのだろ

大髙正人「case study house ＃2」『modern living』1957年 vol.18 より転載

う。晴海高層アパートと同じく、コンクリート打放しとコンクリートブロックで構成された簡素で骨太な構造体の質感が、生活空間としての安定感を醸し出している。そして、室内の床や間仕切り、階段や開口部などを木造とすることによって、固い外部とは対比的に、内部には、住まいとしての素朴な柔らかさも確保されたのである。

担当者・大髙正人の求めたもの

それにしても、当時の前川の他の建築とはやや異質な、この屋根の造形はどこから発想されたのだろうか。その手がかりとして、このテラスハウス標準設計の担当者が大髙正人であることに注目したい。興味深いことに、大髙は、この標準設計を担当する傍らで、同じような戸建ての試作住宅を個人的にも手がけていた。それが、婦人画報社の編集者・渡辺曙が、アメリカの建築雑誌『アート・アンド・アーキテクチュア』の行っていた試作住宅《ケース・スタディ・ハウス》の実践を日本でも試みようと企画した日本版ケース・スタディ・ハウスの二番目の試作住宅である。それは、「case study house #2」と名づけられ、同社発行の雑誌『modern living』（一九五七年 vol.18）に、模型写真と工事中の現場写真（一九五六年十二月―一九五七年三月）が発表される。ちなみに、ケース・スタディ・ハウスの第一号は、大髙の東京大学大学院時代の恩師・池辺陽の設計した石津謙介邸（一九五七年）である。『modern living』の誌面には、大髙の試作住宅の敷地が、千葉県の「総武線の下総中山から中山競馬場へと行く途中丁度真中位の高台」にあると記載されている。しかし、その後の経緯については発表されず、詳細はわからない[75]。それでも、図版からは、それが公団の標準設計と同じ方法によって成り立っていることが読み取れる。

池辺による平らな屋根で構成された試作住宅第一号とは大きく異なり、ラーメン構造の単純な柱梁のフレームと、「平らな屋根よりも折り目のあるものの方が丈夫だという、誰もが知っている原理を利用した」折版構造の屋根を組み合わせた、と記されているように、構造的にも合理的で、住まいとしてのイメージを喚起させる三角屋根が提案されている。公団に提出されたテラスハウスの標準設計には、このような大髙の個人的な設計の実践も活かされていたのである。また、その背景には、戦時下の東京帝国大学第二工学部建築学科の学生時代に、前川國男自邸（一九四二年）の図面模写や設計実習課題をきっかけに外来講師の前川と出会い、敗戦直後の大学院時代から自邸の事務所へ通い始め、木造組立住宅プレモスにも携わった大髙の住まいに対する強いこだわりがあったに違いない。

先にも触れたように、草創期の日本住宅公団では、時代が求める住宅の大量供給の要請に応えるべく、性急なかたちで合理的で経済的な標準設計の作成が進められ、それをめぐって建築計画の学者らと建築家との間で活発な議論が交わされていた。ちなみに、一九五六年度と一九五七年度に行われた標準設計の提案は四十数種類にも及んだ[76]。そんな只中の一九五七年に、大髙は、日本建築学会から住宅公団に対する批判記事の執筆を求められた。その文章の冒頭で、大髙は、「公団住宅の設計にタッチする様になったのは昨年からの事で、今迄に晴海団地の高層アパートと二〜三のテラスハウスをやっております」と述べた上で、「今

阿佐ヶ谷団地（1958年）空撮写真 『日本住宅公団10年史』1965年より転載

阿佐ヶ谷団地のテラスハウスに囲まれたコモンの風景 2009年撮影

迄に建った多くのアパートには、デザインが無い」と指摘し、「創造的に統一する力」が求められているとして、次のように問題提起をしていた。

「古いしっかりした農家や、民家は、色々な生活の矛盾を含みながらも、誰にも親しめる統一されたデザイン――豊かさを持っておりますが、これは、長い間厳格に訓練された職人の目と手によって支えられて来たもので、その綿密さは、一つのディテールにも視覚をゆるがせにしない徹底した方法が取られている、総てが創造的なものです。近代的な知性を身につけた設計者の多くが、こうした統一的な創造の方法を捨てて、技術の一面から、或いは機能の一面からのみ仕事を進めるために、優れた近代の知性も、何ら建物に傑出した表現を生み出すことが出来なかったわけです。（…）法隆寺の庇や、農家の屋根は大きく張り出して、日光や雨に対する素晴しい影を作っていますが、これとても簡単な構造で出来上がっているのではなく、当時の人々が心から欲したものを、技術の力を尽して実現して行こうとする驚くべき《ママ》創造力によってはじめて出来たものではないでしょうか。（…）人は長屋に住んでいても、植木鉢をもとめ、涼しいスダレを買い、金魚鉢を置いて生活の豊かさを精一杯もとめていますが、そうした人間の素朴な欲求を、一定の経済条件の下で、どれだけ建物の設計に持込んでいるかに依て建物の価値が決り、そしてそのためには技術の可能な総てをあげて努力しなければならないのです。我々は人々のために「構造」を創るのではなく、「良い家」を作らねばならないのですから[77]。」

こうした言葉からも、日本の木造文化の伝統と住まいに対する大高の思いを読み取ることができる。そして、続く文章には、標準設計に対する苦言の言葉が記されていく。

「大体アパートの設計は、要求されるものが多く、したがって相矛盾する要素が多いので難しい仕事なのですが、それを更に困難な経済条件の中で行わねばならないのですから、設計の期間も、したがって設計の費用も、必然的に一般の仕事よりは多くなってしまいます。（…）標準設計である以上かなりの戸数を建てる見込で設計されるわけですから、（…）もっと時間と人とをかける考えをもってほしいものだと思います。自動車や飛行機の設計には、延べ何万時間とかいう厖大な努力をはらっているのですが、どうしてアパートというと、こうも窮屈なのか、私共にはどうしても理解する事が出来ません。（…）ともあれ設計にはデザイン――創造――豊かさ――が必要であり、そのためには良く訓練された建築家のチームワークが必要な事を早く認め合い、そして中でも難しい共同住宅の標準設計には、充分な時間を、したがって費用をかける様な習慣を早く作って行きたいものです。」

なぜ大量に建設される集合住宅の標準設計が性急なかたちでしか作成できないのか。前川と同じく大髙も、原理的な追求の必要性への理解がないままに突き進む住宅政策の現実に、強い憤りを感ぜずにはいられなかったのである。

住宅公団の建築技師・津端修一の存在

それでも、阿佐ヶ谷団地のテラスハウスが建ち並ぶ風景は、後年に再評価されるように、稀有なものとして実現している。そこには、公団の草創期で高い志を抱いて団地計画に取り組んでいた若き建築技師の津端修一という存在があった。後年の一九九六年、あるインタビューの中で、津端は、阿佐ヶ谷団地の計画を次のように振り返っている。

「公団では、いろいろな団地を手がけましたが、その中でも阿佐ヶ谷はやはり非常に印象に残る団地ですね。それには、前川國男先生が僕もこの仕事を手伝うよと言われたからということもあります。あのような大先輩がこういった小さな住宅群計画に関心を持たれたことにも当時驚きました。また、私としては、テラスハウスの共有空間というのは独特な意味を持つだろうということを当時感じていたわけです。とくに英国のニュータウン計画の中でいわゆるセミデタッチトハウス（二戸建て住宅）――二戸の住宅ではなくて、二戸の住宅がその共有の庭を持つ群計画ですが――それが一戸建ての住宅とは違った豊かな空間を将来にわたって約束するものだという考え方に惹かれていました。」(78)

津端が前川の協力に感激したのも無理はない。彼も前川に憧れ、一九五一年の東京大学第一工学部建築学科卒業にあたって、前川事務所への入所を希望していたからである。だが、すでに同級生の雨宮亮平と、大髙と同じ第二工学部の足立光章の二人の入所が決まっていた。そのため津端は、前川の薦めにより、推薦状を持ってレーモンド事務所に入所することになる。(79) そして、レーモンドから住まいの大切さを学んだ津端は、創設された日本住宅公団への移籍を決意する。おそらく、草創期の公団には、津端のように、集合住宅の未来に対する熱い使命感を抱く建築技師たちが集結していたのだろう。そこには、すでに長い蓄積をもっていたイギリスやドイツなどの集合住宅への憧れも共有されていたに違いない。同じインタビューの中で、津端は、日本の現実を前にした当時の思いを語っている。

「終戦後の住宅不足は約四百万戸、ともかく、越冬用住宅から戦後の住宅建設は始まったわけです。人々の頭を切り替えるのは容易ではありませんでした。（…）積み重ねられた住居に住むなどという経験は日本人にはそれまでなか

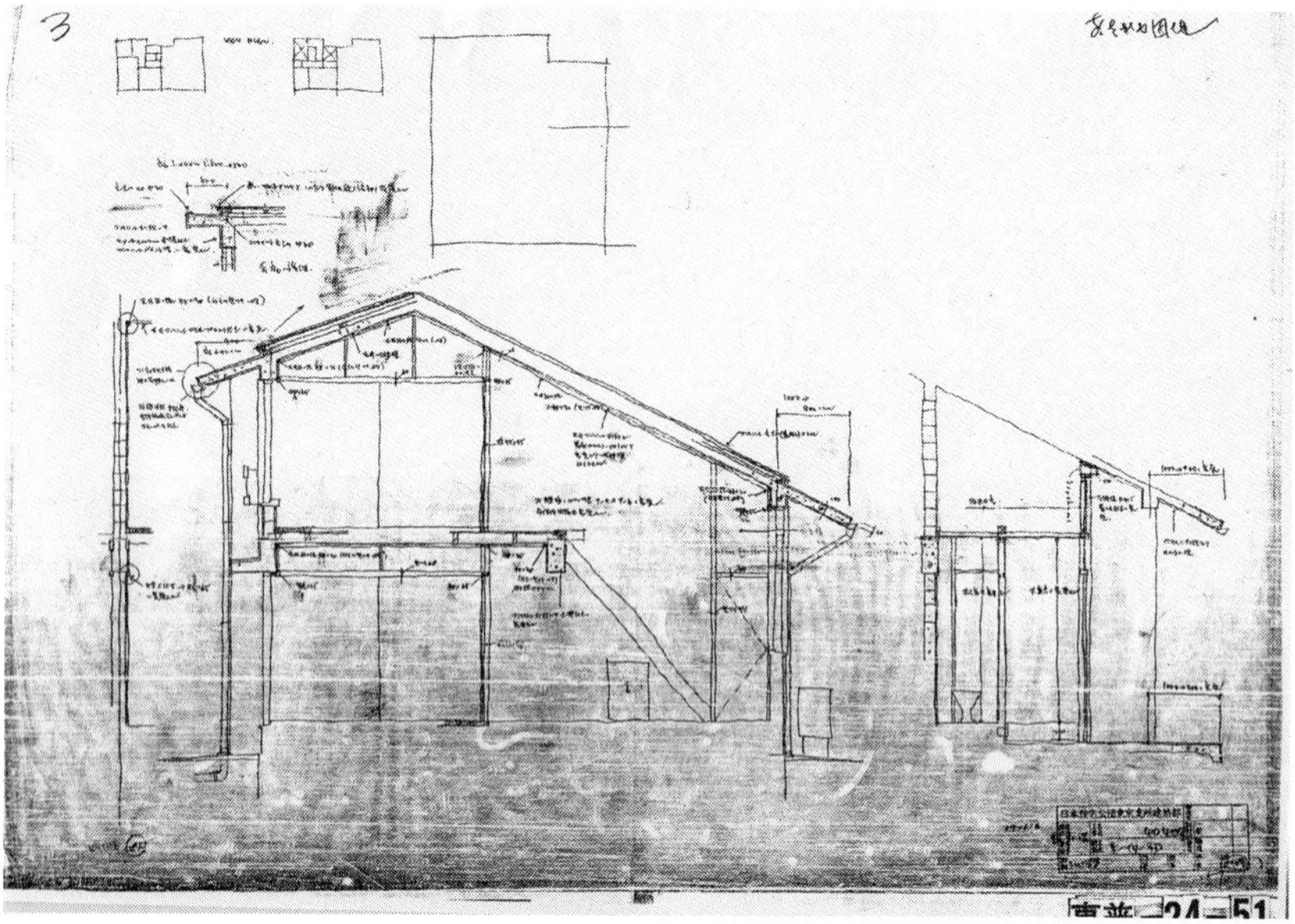

「あさがや団地」と書き込まれた津端直筆の標準設計のスケッチ　日本住宅公団（現・UR都市機構）所蔵

ったからです。住まいと言えば一戸建て住宅を意味していましたし、江戸長屋の伝統をそのまま引き継ぐような木賃長屋のスタイルはありましたが、それは一戸建てよりは貧しい住宅というイメージで見られていましたから。

ですから、英国で一戸建ての住宅以上にセミデタッチトハウスによるテラスハウス団地がニュータウンの主流を占めていることにびっくりしたわけです。このテラスハウスをどこまで発展させて、戸建ての住宅以上の魅力をそこに引き出すことができるのかということに興味を惹かれました。」

そして、津端が阿佐ヶ谷団地で自覚的に試みようとしたのが、集まって住む市民たちの拠りどころとなる、「コモン（common）」と名づけた、誰のものでもない共同性を育む公共的な外部空間だった。別のインタビューの中で、津端はこう語っている。

「阿佐ヶ谷団地のテーマは、コモンでしたね、やはり。日本のまちというのは、人が通る街路と、区分された個人の宅地で構成されていて、公共空間としては公園がありますが、管理は自治体などが行いますから、「コモン」という概念は日本の住宅地のなかにはなかったといえるでしょう。だから、個人のものでもない、かといってパブリックな場所でもない、得体の知れない緑地のようなものを、市民たちがどのようなかたちで団地の中に共有することになるのか、それがテーマだったんです。[80]」

私事ながら、筆者も一九九五年に初めて阿佐ヶ谷団地を訪れた際、テラスハウス棟が取り囲む誰のものでもない中庭のような「得体の知れない緑地」の風景に魅せられた一人である。[81]津端は前川の標準設計を採用しつつ、ランドスケープの考え方を盛り込んで、コモンという新しい公共空間を作り出そうと試みていたのだ。また、残された設計図には、津端が元の標準設計をよりシンプルなかたちへ手直ししたスケッチも含まれている。こうした作業にもレーモンド事務所での実務経験が活かされていたのである。

鷺宮団地（1957年）　2016年5月撮影

それにしても、このような集合住宅地を生み出した原動力は何だったのか。先のインタビューで、津端はこう回想している。

「戦後の住宅窮乏期に仮設住宅のようなものはつくったものの極めて貧しいものでした。ようやくそこを脱けて、本格的な住宅に挑戦する技術者集団として公団はできたわけでしたから、皆が燃えていたのも当然でしょう。若い人たちが思う存分働ける雰囲気がありました。

共同住宅がつくり出す団地、その新しい居住形式について、一戸建ての住宅に勝るとも劣らないものをつくり出さねばということに賭けていたわけです。しかしそれは住宅公団がスタートしてたった三、四年の間でした。一九六〇年ごろにはもうテラスハウスはほとんどなくなっています。[82]」

こう津端が回想するとおり、公団は、人口の都市集中に伴う宅地事情の急激な悪化と、一九五五年の設立初年度に二万戸建設達成[83]という目標から、「初期には、周辺地区では低層住宅もテラスハウス形式で建てられたが、やがて地価の高騰が著しく、中層で建てる方が経済的にも有利となるに及んで、もはや低層を建てていることはできなくなってしまい、四階、五階といったかなり高密度住宅地区が、「団地」形式としていわば「強制」される結果となっていった[84]」のである。

公団の草創期の活動をまとめた『日本住宅公団一〇年史』は、阿佐ヶ谷団地をはじめとして全国各地に誕生した団地の航空写真がグラビアを飾る。この本では、企画ディレクターを晴海高層アパートの陣頭指揮を取った設計課長の本城和彦が務め、チーフデザイナーに粟津潔を起用し、巻頭詩を谷川俊太郎が寄せるなど、公団の創設当時の清新な雰囲気が記録されている。谷川の詩「新しい故郷」は、次のようなフレーズで締めくくられている。

「青空に向って開きながら　窓はもうひとつの窓に向って開く　自分のために歌いながら　人は見知らぬ隣人のためにも歌っている」

この谷川の詩に歌われたように、テラスハウスによる低層集合住宅地の試みは、集まって住むかたちを追い求めた草創期の公団が奇跡のように実現させた風景だったが、阿佐ヶ谷団地を最後に、続いて展開されることもなく、鷺宮団地の七棟二〇戸だけを残してすべて姿を消し、前川がふたたび集合住宅に携わることはなかった。しかし、大高は、独立後に、香川県の坂出人工土地（一九六八―八六年）や、広島市基町高層アパート（一九六九―七八年）へとその試みを継続発展させていく[85]。そして、津端もまた、愛知県春日井市の高蔵寺ニュータウンの自邸を舞台に、住まい方の実践を生涯続けたのである[86]。

V 歴史との対話と方法論の構築

日本建築家協会の設立をめぐって

一九三五年十月一日に、レーモンド事務所を独立して事務所を設立した前川國男は、在野の小さな設計事務所の所長として、経営上の苦労を重ねながらも、戦争の時代と敗戦後の混乱の中を懸命に生き延び、建築家としての仕事を続けていた。そんな前川にとって、建築家という職能、すなわち建築家の社会的な役割と使命は、どのようなものとして理解され、経験されていたのか。この章では、日本における建築家という職能をめぐって、どのような議論が交わされ、どんな仕組みや組織ができたのか、その歴史の一端に触れながら、前川の歩んだ時代の建築家像の実相について考えておきたい。

建築家という概念がなかった日本

以前にも触れたが、敗戦直後の一九四七年に東京大学第一工学部建築学科を卒業し、戦災復興院などを経て、現在の日本建築家協会の前身である旧・日本建築家協会で長く専務理事を務めたのが、建築評論家でもあった藤井正一郎である[1]。藤井は、建築家の職能団体に勤務した経験から、一九九七年に共著『日本の建築家職能の軌跡』を発刊している。その巻頭文の中で日本における建築家の歩みを概説し、「わが国においては、建築家なる概念が入ってきたのは明治になってから」であり、「木造という、わが国における材料と工法からくる性格によるところも大きかった」ので、「そのような歴史の中からは、建築設計の価値を独立に主張する余地は完全に失われていた」と藤井は指摘する。その上で、建築家という職能がいまだ不明確だった明治期の建築界の状況について、次のように解説している。「木造を主流とするわが国においては、その技術に誇りをもった気骨ある棟梁、大工であれば、地域の施主との信頼関係を維持させながら、一応立派な建築を造っていくことはできた。しかし、それと併行して、明治以後、資本の導入による請負建設企業が組織されるに及んでは、「建築士ナル業務」をますますその企業の中に埋没させていくに至るのである。明治の初めに来日した外国人建築家の活躍があり、また西欧の建築教育を受けた邦人建築家が明治十二年に誕生したとはいえ、明治を通じて、「建築士ナル業務」を民間にあって独立に営むということは、それを求める市民階層の成熟もなかったが故に、その数も極めて少なく、むしろ西欧の建築教育を終えた邦人建築家を待ち受けている場は、国家や巨大企業であったが故に、彼らは官公庁営繕、財閥企業営繕、請負企業等に入っていく者の方が多かったのである。

そのような実情の下では、長野宇平治が嘆くように、「建築士ナル業務ハ元来我国ニナカッタ」し、また当時も「無カッタ」に等しかったのである。[2]」

ここには、自立した建築家がほとんど存在しえなかった時代の実相が語られている。そのような中で、一九一四年(大正三年)、当時の代表的な建築家だった辰野金吾、長野宇平治、中條精一郎ら一二名の発起人によって、全国建築士会(翌年に日本建築士会に改名)が創設され、日本で初となる建築士のための職能団体が結成される。彼らは、建築士を法的に位置づけるために、一九二五年に建築士法制定に関する建議を国会に提出し、以後、一九四〇年まで一二回に及ぶ粘り強い請願活動を続けた。だが審議未了となり、戦前の建築士制定運動は中断を余儀なくされてしまう。そして皮肉にも、直後の太平洋戦争前夜の一九四一年一月十日、日本建築士会は臨時総会を開き、次のような決議のもと、日本建築士公用団を結成することになる。

「本会は高度国防国家完遂の国策に即応するの目的を以て建築士の職域に於て軍、官、公及特定の国策法人の事業に協力せんが為め全正員の参加し得べき日本建築士公用団の結成を認め之が運営に関する指導監督の全権を会長に一任す。[3]」

ちなみに、この時点における日本建築士会の正会員の総数は約一五〇名である。[4] こうして、この決議のもと、会員たちは公用団へと次々に入団し、「高度国防国家完遂の国策」という戦争遂行のための海軍の仕事などに専念していくことになる。[5]

敗戦前後の建築士職業団体の動き

敗戦後、日本建築士会に代わって建築士たちの活動の中心を担ったのが、日本建築設計監理協会である。この協会発足の経緯については、常務理事を務めていた石原信之が、「日本建築設計監理協会の生いたち」と題した一九五五年の文章の中で、「この会は、建築の設計監理業務を営む建築士を以って組織せられた職業団体で、昭和二十二年二月二十七日に創立せられたものであるが、この時忽然として生れ出たものではなく、その前身として日本建築設計監理統制組合という団体があった」と前置きした上で、戦時下の経緯について次のように説明している。

「日本建築設計監理統制組合は、昭和十九年三月二十三日商工組合法によって設立せられたもので、（…）第二次世界大戦末期における我が国の国家総動員の一翼となったものである。

昭和十八年七月商工組合法が施工《ママ》せられ、あらゆる企業の整備統合が行われた。土木建築請負業者は日本土木建築統制組合を結成し、その下部組織として大工、左官その他約二〇の職別工事組合が作られた。而して我々建築設計監理業者も、日本土木建築統制組合の下部組織である職別組合の一つに包含されるような軍需省当局の意向が漏らされたので、これをその儘放置しておくことは出来ないとし、昭和十九年一月有志が相集って協議した結果、設計監理統制組合を組織し、土木建築統制組合と対等の位置に肩をならぶべきであるということが決定せられ、急速に準備を整え同年三月三十一日、日本建築設計監理統制組合が結成されたのである。（…）かようにして統制組合は出来たが、当局は一向にこれを活用しようとしない、否戦争も既に末期に近づいて手の施しようもなかったのであろう。折角出来た組合も全く開店休業の形で昭和二十年八月十五日の終戦を迎えた。[6]」

文中にある「商工組合法」の第七条には、「統制組合」について、「国民経済の総力を最も有効に発揮せしむる為商業、工業又は鉱業の統制を図り（…）国策の遂行に協力することを目的とす」と明記されていた。国家総動員法のもとで、こうした状況に追い込まれていたからこそ、石原が記したように、欧米の建築家を目標に高い志によって結成されたはずの日本建築士会は、戦争へと突き進む時代の中で、ついにその初志を放棄せざるをえず、後の一九七二年に建築史家の村松貞次郎が評した次のような事態に陥っていくことになる。

「戦前末期において、日本建築士会の「建築士法」制定運動は突如として大きな転換があった。（…）基本にあった、自由な職能人としての動きは、その基本的な心情において、ガラガラと音をたてて大きく崩れていったように思われる。それが「ナチス独逸建築士法」への激しい傾斜である。これをもってただちにファッショ化と評するのは軽率かも知れないが、追いつめられた悲惨な印象は拭うべくもない[7]。」

こう村松が指摘する戦時下の日本建築士会の転換を目撃した石原信之は、先の藤井の文章[8]によれば、一九一四年に東京帝国大学建築学科を卒業後、三菱地所、桜井小太郎事務所を経て一九三六年に独立し、一九四四年の日本建築設計監理統制組合の設立時に常務理事となっている。また、それ以前に、石原は、日本建築士会の理事を長く務め、一九四〇年度から一九四一年度までの二年間は、前任者の桜井に代わって会長に就任し、桜井を日本建築士公用団の初代団長に据えるなど、戦時下の日本建築士会の中枢を担っていた人物でもあった[9]。そして、村松が指摘したように、日本建築士会はその石原会長の名義で、一九四〇年九月に「ナチス独逸建築士法講演会」を開催し、ナチスの「新体制」を「我国現下の状勢に対応せんには極めて緊急重要なるもの」とみなし、戦時体制に同調することによって、建築士の業界団体としての生き残りの道を探ろうとしていたのである。

さて、石原は、上記の同じ文章の中で、続く敗戦直後の統制組合の動きについて説明を加えていく。

「連合軍の進駐によって、民間建物の接収が初《ママ》まり、組合員はその調査並びに模様替・設計等に関して当局に協力しているうちに昭和二十一年の春を迎え、ここに連合軍家族住宅を全国に亘って数万戸建設するという指令が連合軍司令部から我が政府当局に下された。政府はこの工事を所管するため、戦災復興院に新たに特別建設部を設けたので、組合はこれと折衝してその設計監理を一括して委嘱を受けた[10]。」

ここに記されているのは、戦時下の軍部や敗戦後の進駐軍など、発注する相手が誰であれ、設計監理の仕事を受注することによって、生き延びようとした日本建築設計監理統制組合の身も蓋もないリアルな姿である。

その後、戦争を推し進めた法律の一つである商工組合法は一九四六年に廃止された。そのため、統制組合は任意団体に組織替えすることを決議し、一九四七年二月二十七日に統制組合の解散総会と日本建築設計監理協会の創立総会を開き、従来の組合員をそのまま協会の会員とする新団体として発足する。そして、一九五〇年五月に日本における初めての建築士の資格制度となる建築士法が施行されたことを受けて、一九一四年創設の日本建築士会は解散し、協会はその役割を引き継ぐことになる。こうして、建築士法にもとづく公益法人として、一九五二年四月一日、社団法人日本建築設計監理協会が設立される。ちなみに、初代会長は、石原の後を継いで戦時下の一九四二年度から日本建築士会の会長を務め、同年度から日本建築士公用団の団長も兼ねていた中村傳治である。この中村と石原の戦前戦後の動きから見えてくるのは、戦時下の建築士会を率いていた同じ人物が、戦後の監理協会の主要ポストへそのままスライドしていった事実である。ここにも、建築界の組織の戦前と戦後の連続性が確認できるだろう。

その後、日本建築設計監理協会は、一九五五年にオランダのハーグで開催されたＵＩＡ（国際建築家連合）の総会において日本の加盟が認められ、ＵＩＡ日本支部となる。[11] そして、そのことを契機に、国際的通念に合致するように、それまでの建築事務所の代表で構成されるかたちではなく、建築家個人を会員とする組織として、一九五六年十月一日、日本建築家協会と改称されて、新たな職能団体として動き出すことになったのである。[12]

この改称には、日本建築士会発足時の目標であった欧米の建築家の社会的地位と使命を再度求めようとする自覚が共有されていたのではないだろうか。そのことは、初代の会長に、一九二一年に渡米してコーネル大学に学び、卒業後にアメリカの設計事務所で実務経験を積んだ経歴をもつ松田軍平が就任したことにも象徴される。就任直後に記した文章[13]で松田は、終戦後の日本の建築家をめぐる状況について興味深いふたつのエピソードを紹介している。

「終戦後間もない頃、私は或る建築に関係ある役所の局長と対談した。彼は大きな机の上で幾度となくArchitectという文字を書き乍ら私の話を聞いていた。私の想像では進駐軍の建設関係の当事者からArchitectを探してくれと命令されて始めてこの言葉を聞き面喰らった様子であった。(…) Architectとはどんな仕事をする職業なのか全然無智だったらしい。無理もない事である。その役所には相当数のArchitectが働いているが、彼にとっては下っ端の属僚的存在でしかなかったのであろう。それほど私共の職業は日本の社会では認められぬ存在である。」

「終戦直後の或る日、米海軍の軍服を着た中尉が、私の事務所を何処で聞いたか訪ねて来た。彼はシカゴ市の都市計画に関係しているPlannerで、シカゴ市の現状の基本調査報告書や計画図書を示しながら、昼食時間も忘れて熱心に説明し〝日本の都市を焼き払って気の毒な事をしたが、戦争だから已むを得ない。こんな機会は又とないから、君達で立派な計画を立てたらどうだ〟という。私は〝日本の都市計画は各都市で御抱えの技術者――主に土木の専門家――がやっているので我々民間の建築家には関係がない〟と答えた。彼曰く〝それは間違っている、市民の一人である君等は之に協力して意見を述べ間違っている点は声を大きくして訂正すべきだ。それが社会に対する君等の責務ではないか〟と。」

ここで松田が紹介したように、日本では建築家の仕事への理解はほとんど共有されていなかったのだ。そして、同じ文章の末尾に、松田は、次のような希望を記したのである。

「今後我が国の建築家が開拓すべき分野は広い。一致団結して建築の本質的な理論の実際の面からその長短を償い協力して立派な価値ある建築と環境を完成して社会に貢献すると同時に、如何にすれば社会に我々の存在の意義が認識されるか。そしてわれわれの社会的位置が獲得出来るかという事の研究に最善の努力をすべきだと私は切望するものである。これは現在の建築家、私共だけの為めではない、次の世代に建築家を志す若い人々の為めであり我々の責任であろう。これらを討議し研究する建築家の共通の広場として、過去の径緯《ママ》を捨て去って大乗的見地から、日本建築設計監理協会が脱皮して改組せんとする日本建築家協会に多くの建築家が参画され、世界に共通する立派な団体として発展することを念願して止まない次第である。」

こうして、会員総数約一八〇名で発足した日本建築家協会には、戦前からの念願であった建築家の職能としての自立的立場の確立という使命が託されたのである。[14]

前川國男の日本建築士会とのかかわり

さて、以上のような経緯の中で、前川國男は、日本建築士会にどのようにかかわっていったのだろうか。前川が、中條精一郎からの熱心な働きかけ[15]もあって日本建築士会に入会したのは、独立して事務所を構えてから三年半ほど経った日中戦争下の一九三九年三月のことである。[16]同時期の入会者には、古巣のレーモンド事務所の杉山雅則や、レーモンドの離日後に独立した石川恒雄と中川軌太郎がいる。おそらく彼らは、日中戦争下に仕事が急速に少なくなる中で、その活路を求めようと入会したものと思われる。前川は、同会の機関誌を見るかぎり、「何もしなかったね」と後年に回想したように、目立った活動はしていない。そして、続く太平洋戦争下の一九四二年六月に、前川は日本建築士公用団に入団する。[17]

敗戦後の一九四七年二月に日本建築設計監理組合が発足すると、前川は理事を歴任し、一九五六年十月一日の日本建築家協会の発足後には、松田軍平会長のもとで、坂倉準三や市浦健、村田政真ら、同世代の壮年の建築家たちと「職能団体としての体質改善」[18]を推し進めていく。そして、一九五九年六月九日の理事会において前川の会長就任が決議され、一九五九年度から一九六〇年度までの二年間、建築家の職能の確立へ向けて精力的な活動を展開することになる。[19] この前川の会長就任と時を同じくして、戦前の日本建築士会の時代から長く中核的なポストに居続けた石原は、一九六〇年度をもって専務理事の職の退任を余儀なくされる。[20] そこには戦前の体制からの脱皮が意識されていたのだろう。次代を担う前川に対する期待も大きかったに違いない。しかし、一九五九年の会長就任の際のスピーチで前川が次のように語ったとおり、日本建築家協会の直面している諸問題は山積みの状態だった。

「このたび、皆さまの御推薦によって会長の職に就くこととなったが、現在の協会は非常にむつかしい段階に差しかかっており、最近の理事会においても、公団との設計契約方式の問題とか都の設計報酬見積合せの問題とか、建築家として愉快でない問題が常に堕《だ》されている状況である。(…) このような問題に対して、微力ながら何とか方法を講じてゆきたいと思っているが、その場合、背後に全会員の強固な団結がないと強気で交渉してゆくこともできないので、その点皆さまの協力をお願いするわけである。

　それにつけても、協会の現状は財政的にも非常に弱く、そのことは建築家の力がまだ社会的にも弱い原因にもなっていると同時に、その結果にもなっているわけであるがこの協会の財政をも皆さまの力で軌道にのせてゆきたいと考えている。[21]」

　時代は高度経済成長に突入し、一九五五年の日本住宅公団の発足など、建設需要が急激に高まる中で、建築家の設計報酬にかかわる設計契約についてさまざまな問題が生じていた。また、そのことは、建築家という職能への社会的な理解が進まない一方で、戦後に急速に増えた建築士が入札によるダンピングで設計業務を競って奪い合う状況も多発し、建築設計という仕事の意味を軽んじた安易な設計コンペなどが横行するなどの事態も起きていた。そのような状況に、前川は立ち向かおうとしたのだ。そして、建築家たちの独自の活動拠点となる建築家会館の建設を構想して、一九六一年に株式会社建築家会館を設立して初代社長に就任し、一九六八年に本館を竣工させている。このとき、前川は、「建築家会館の落成によせて」と題した文章に、次のような言葉を記したのである。

「かつて、建築家の存在を理由づけてくれた自由の精神が喪われようとしています。われわれは、このような危機の自覚のうえに、あえて建築家会館の建設にふみきりました。明治維新は脱藩の「処士横議」によって完遂されたといわれています。建築界の新生のために、この会館が「処士横議」の場となることを心から祈る次第であります。[22]」

この言葉には、戦前に事務所の所員たちと結成した百塔会や戦後のＭＩＤ同人のときと同じく、自由の精神をもった自立した建築家像の確立という悲願が込められていたに違いない。その前川会長の仕事を陰で支え続けた藤井正一郎は、後年の一九八六年六月二十六日の前川逝去の際に、機関誌の一三ページにわたる追悼特集で、その言葉を「前川國男アンソロジー」に編集して掲載した。[23]また、だからこそ、藤井は、先の一九九七年の共著に、この中の一九七三年の前川の発言を引きながら、改めて日本建築士会が制定を懇願した建築士法に託された、次のようなメッセージを記さずにはいられなかったのである。

「建築士法を一二回にわたって議会に提出した執念は一体何であったのか。それは、建築家たちの懐いた理想主義的理念以外になかったのではないか。（…）そのような理想主義的な理念なくしては、わが国における建築家のプロフェッションの問題は、その幕を切って落とされなかったのである。最初からそこに「西洋化」によるひずみがあったのは、後進国日本にとって宿命であったし、そこから出発してその問題を「土着化」させていく責任は、彼らパイオニア建築家であるというよりも、むしろそれに続く建築家、そして今日の建築家にあるのだといえよう。

前川國男が、「ぼくは人間として大事なのはある目標に向かって歩いていく後ろ姿が大事だということを痛感する」ということを、常にいっていたのも、連綿とつづく建築家の理想主義的な理念から出た言葉ではなかったのだろうか。[24]」

時代は動き続けている。建築家の職能はどこへ向かうのか。前川が求めた自由の精神をもった自立した建築家像は確立できたのか。一九二五年に日本建築士会が結成されてほぼ一世紀、その歩みを振り返ることが求められている。

「都市のコア」創出の実践へ向かって

一九五六年十月一日に日本建築家協会が発足し、翌一九五七年二月三日には、日本建築学会、日本建築家協会、日本建築士会連合会の三会協定による「建築設計競技規準」が発表される。こうして、職能団体の発足とコンペ規準の制定により、敗戦から一二年、ようやく建築家の職能とコンペに対する社会的な位置づけが制度的に整備されたのである。この規準発表の際、作成を担った「設計競技規準に関する連合委員会」の委員長を務めた東京大学教授・岸田日出刀は、次のような言葉を記していた。

「建築設計競技の目的は、それが公募であると、また指名であるとを問わず、多数応募者の衆知を集めて、優れた設計案を得ることにあるのはいうまでもありません。そのためには、競技が公正明快に行われ、応募図書が厳正妥当に審査されることが、最も大切なこととなり、これに伴って建築主と審査員とが重大な社会的責任を負うことになるのは、蓋し当然のことでありましょう。

本規準は、かように重要な社会的意義をもつ建築の設計競技が、最も公正適切に行われひいては建築家の社会的地位を確保して、わが国における建築文化の向上に資したいという目的のもとに、(…)年余に亘る検討協議の結果まとめ上げられたものであります。建築設計競技が未だ合理的にそして有効に遂行されるという段階にまで達していないと考えられるわが国の現状から見まして、本規準の設定は極めて意義深いものがあると思います。[25]」

岸田が「極めて意義深い」と記したのも無理はない。彼には、戦前の審査で何度もぶつかったコンペ制度の未熟さに対する疑問から、敗戦直後の日本建築学会長の在任時に自らが委員長となって一九四八年に作成した「建築設計競技執行規準」[26]へと続く積年の思いがあったからだ。そして、岸田のもとで新しい規準の作成に携わったのが、幹事を務めた前川國男である。[27]前川にも、一九三一年の東京帝室博物館から直近の一九五四年の国会図書館へと続くコンペにおける苦い経験があり、在野の一建築家としての長年にわたる苦難からも、コンペ規準の設定と職能の確立は悲願だったに違いない。また、そのための地道な活動を続けてきたからこそ、前川は、周囲からの信頼を得て一九五九年に日本建築家協会の会長に選任されたのだろう。その意味で、一九五〇年代の後半は、前川にとって社会的な役割と責任が大きく拡大する時期にあたる。同時に、建築家としての節目を迎える実り多き季節にもなっていく。

世田谷区民会館・区庁舎（一九五九・六〇年）の新たな試み

そのような動きの起点となるのが、この規準の制定直後の一九五七年四月に、東京都内の区としては初の指名コンペとなる「世田谷区民会館及新区庁舎競技設計」である。設計候補者に指名されたのは、日建設計、佐藤武夫、山下寿郎、前川國男の四者であり、建築関係の審査員は、今井兼次、岸田日出刀、武藤清、谷口吉郎の四名が務めた。注目したいのは、このコンペでは、世田谷区長から、規準運用上の問題が発生した際に協力する組織として設けられた「建築設計競技合同委員会」に、応募条件についての検討依頼がなされたことである。審議の結果、規準に満たなかった参加報酬の増額や、審査員の過半数に達しない建築専門家の意志の尊重、応募要項の「基本設計」という文言の削除、審査員報酬の確保、要求図書の提案などが世田谷区に申し入れられていく。そして、これらの要請に対する区側の了承が得られて、締切りも延長される。[28]その意味で、制定された規準に則った初の指名コンペが実現する。求められたのは、約一三〇〇席の公会堂（オーディトリアム）、集会室・図書館・結婚式場・食堂等からなる区民会館、第二期計画の区庁舎である。そして、審査の結果、四つの応募案の中から一等に選ばれたのが、前川國男案だった。

このコンペ案で、前川とスタッフは何を求めたのだろうか。応募書類の「設計説明書」の「まえがき」には、設計主旨の根幹となる考え方が、次のような言葉で記されていた。

「今日われわれの生活意識に最も欠けているものは、コンミュニチーの一員としての意識だと言われ、それは又コンミュニチーを一体としての共感を呼び起す様な施設がないからだとも言われる。われわれは今回の課題はこの点に最大の意義を有するものと理解し、何よりも先づ区民のコンミュニチーセンターとしての内容と建築的表現とをもつべきものと考えた。

前面広場を包み込んだ区民会館と区庁舎との組合はせ、区民会館の内容を一体緊密に組合はせる方針、庭園の取扱い等、更に全館の材料、仕上に到るまでこの精神で一貫したいものと考えている。[29]」

コミュニティの「一体としての共感を呼び起す様な施設」の実現を目指したのである。この課題設定のきっかけ

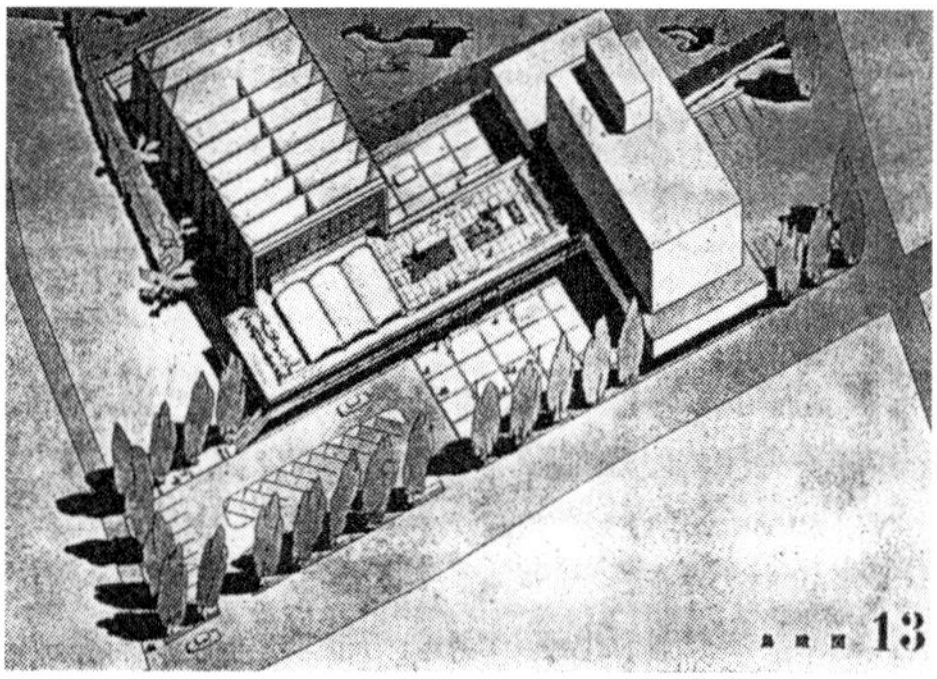

世田谷区民会館・区庁舎指名コンペ前川國男案の透視図 『国際建築』1957年9月号より転載

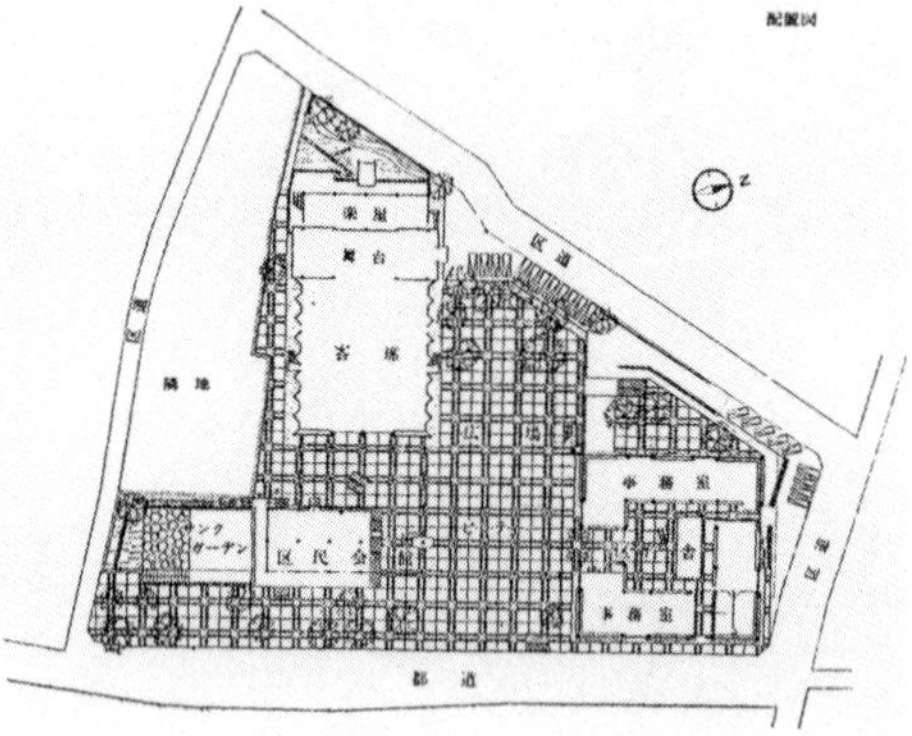

竣工時の配置図 『建築文化』1959年7月号より転載

となったのは、おそらく、前川が一九五一年に参加したCIAM（国際建築家会議）の第八回ロンドン大会において、議長のホセ・ルイ・セルトが提示した「都市のコア」というテーマだったのだろう。またそれは、会議の終了後、欧米の建築と都市を視察した際に、前川が「アメリカの建築でこれから欲しいものは、ヘソのような気がする」[30]と直感した視点ともつながっていたに違いない。前川は、ロンドンの会議での議論とアメリカの近代建築に感じた違和感を元に、「都市のコア」という戦後の近代建築の新たなテーマに対する自分なりの解答を、世田谷区の公共施設で試みようとしたのである。

コンペの説明書の続きには、「コミュニチーセンターとしての必要な空間の広がり」として、ブロック・プラン（配置計画）についての説明が書かれている。

「この敷地の外周には道路その他、公衆の集合に応ずるだけの空間の拡がりをもっていない。従ってこの場合は敷地の内部に於てこのような空間を作り出すほかはない。われわれは此の企画に要求される三つのスペイス、即ちパーキ

ングスペイス、前面広場、庭園を出来る限り集約して、空間の広さを作り出すことが大切だと考えた。」

たしかに、この説明のとおり、与えられた敷地は、住宅街に四周を取り囲まれており、多くの市民が集まるために必要な空間の拡がりを周囲に確保できるような場所ではなかった。そのため、むしろ、「敷地の内部」に、そのような拡がりを実現するための各要素の配置計画が検討されたのである。すなわち、正面性を持たない不整形な敷地の南北の両端部に、大きなヴォリュームの公会堂と区庁舎を配置しながら、その余白部分に前面広場と奥の中庭的な広場を設け、さらに、それらの広場と建物内部のロビーやホワイエをつなぎ合わせることによって、広がりのある公共的な空間構成を建物の内外に創り出すことが試みられた。そして、この考え方は、実施段階でさらに深化を遂げて、公会堂と区庁舎をつなぐ公民館部分はピロティによって二階に持ち上げられ、手前の前面広場と奥の中庭的な広場は一続きにつながる。しかも、奥の中庭も外周の道路に接続される。こうして、敷地の中央に、人が自由に通り抜けられる一続きの流れるような公共的な空間が誕生する。

このプロジェクトで設計担当チーフを務めた鬼頭梓が、区民会館建設中の一九五八年六月に寄稿した文章には、より直截な言葉で、設計の背景にあった当時の都市の状況に対する懐疑的な視点が提示されていた。

「私たちが、世田谷区民会館の背景としてみてきたことは、かつての武蔵野の自然と、そこにくりひろげられていた人々の有機的な生活社会とが、次第に崩れて、今は谷も岡も埋めつくす延々と連なる小住宅と、そこではもはやそれぞれの家族は孤立し、何らの有機的な連関や、人々を共同につなぐ社会の連帯意識を失ったただの東京の寝場所しか存在していないことを示してくれる。

東京が巨大な村落であるといわれているように、それは一つの都会としての有機的な内容を失ってしまった。都心が、密集する高層ビルと自動車の氾濫によって、その機能が麻痺し始めている時に、その郊外の住宅地は、平面的に無限に拡がりながら、小さな庭と小さな木造住宅によって埋めつくされようとしている。(…)その中で人々は狭い殻に閉じこもって、孤独の生活を細々と守っている。

このように無数の矛盾をはらみながら、しかも今の東京には未だ健康な幸福な都会生活へのイメージすら存在していない。そこには、そのようなイメージを育てるような共通の意識、連帯感がそもそも存在していない以上、東京には事実上都市計画が存在しないに等しいといわれるのも当然のことだろう。(…)このような中で、世田谷の区民会館という、本来人々の全体の幸福に連なる筈の公共施設の設計を委嘱されたとき、私たちは強い意欲をいだくと同時に、何を手掛かりとしてこの設計を進めていったらよいのかに苦しんだ。(31)」

ここに記されているのは、敗戦後の焦土から復興し、高度経済成長へと突き進みつつあった東京の現実に孕まれていた、拠りどころのない生活環境に対する強い危機感と絶望である。また、だからこそ、すでに繰り返し見てきたように、鬼頭は、戦後復興から高度経済成長の時代の中で、本来求められるはずの住宅政策と都市計画が不在の中で、何を手がかりに設計を進めれば良いのか、という設計上のジレンマを記さずにはいられなかったのだ。続く文章の中ではより率直な思いを記し、試みた設計方法について、次のように綴っていく。

「私たちはこの区民会館を設計するのに当って、ただ現在の住宅地の中で、何らかの人々の集まれる場所ができればよいと考えたといったほうが正しいかも知れない。(…)住宅地の一つのパブリックスペースという一点から、そしてそれが何によって現在支えられ、どのように将来へ連なってゆくだろうかという一点から私たちの案は生れた。(…)こうして私たちは公民館部分を人々に近い所へ、前面道路に沿って配置した。そして公会堂はその後ろへ、ピロティーからつづく広場に面して配置した。前面道路から広場、そして後ろの道路へと人々のスペースは連なっていく。そうすることによって、住宅地の中にある公共の施設としてどこからもアクセスできるように、裏表のない建物をつくりたいと願った。」

残念ながら、この建物について前川が言及した文章は残っていない。それでも、ここに鬼頭が記した「人々が集まれる場所」という課題の設定は、前川が遠くロンドンから持ち帰った「都市のコア」というテーマと響き合っていた。

「コンクリートで空間を創る」こと

そして、この建物で追求されたのは、以上のような設計意図に示された空間構成だけではなかった。日本相互銀行の支店群と本店などを通じて試行錯誤を続けてきたテクニカル・アプローチの経験を元に、素材と構法についても新たな試みが施されていく。すでにコンペの設計説明書にも、「安価で耐久性のある材料のみを使用する方針をとった」と明記されていたが、実施段階においても、その姿勢は貫かれていく。鬼頭のもとで実施設計に加わった奥村珪一は、竣工後、区民会館の特徴であるコンクリートという素材に込めた意図について、次のように記している。

「私たちはコンクリートという素材の安定性を種々の条件から分析して、福島教育会館のオーディトリアムを壁構造の現場打ちコンクリート外壁でつくり、住宅公団晴海高層アパートで打放した架構の空間を住居に取り入れて確かめてきた。そうして今度はより積極的に「コンクリートで空間を創る」というストーリーを設定した。（…）建築が機能だけで人間に関係するのではなく、より素朴な条件でつくられねばならないと考えたからである。

高い使用価値を生むためのものは、長い時代の使用に耐える自由な素材であることが必要であり、第一にその素材が豊富で安定しているという条件に裏打ちされねばならないと考えて、再び私たちはコンクリートと取組み、そうしてますますコンクリートに対する信頼感を深めている。

月光に輝く打放しコンクリートの陰影、二尺×六尺の木製パネルを組合せた粗面、コンクリートに直接ペンキを塗った壁などもそのエネルギーを感じさせてくれるし、職人の汗の臭いがするほどにわれわれの身近な材料として生きているようだ。[32]」

こう奥村が記したように、福島県教育会館（一九五六年）では、高価だった鉄骨を一切使わずに、鉄筋コンクリートのシェル構造の屋根と折版の壁とを組み合わせる工夫によって、七五〇席の講堂を実現させた。また、晴海高層アパート（一九五八年）では、鉄骨の使用量の削減と将来的な改造可変性の確保のために、鉄骨鉄筋コンクリート造の骨太な柱と梁のラーメン構造体による逞しい造形の集合住宅が出来上がった。世田谷では、これらの実績を踏まえて、コンクリートという素材をより徹底して用いることが目指されたのだ。また、そこには、型枠大工の職人的な技で精緻に組み上げられた木製型枠によって生み出されたコンクリート打放しの素朴で力強い質感に対する信頼もあったのだろう。中でも、その職人技の成果は、公会堂棟の客席を包み込み、内外に強い存在感と型枠の木目模様が写し込まれた、コンクリート打放しの折版の壁に見事な形で実現する。こうして、コンクリートのモノトーンの質感に包まれた簡素で野太い建築が誕生する。さらに、それに合わせて、晴海高層アパートを発展させるかたちで、プレキャスト・コンクリート製の丸みを帯びた人振りな手すりが階段とバルコニーに設置されて、建物全体に心地よいアクセントが加えられた。

同時に、コンクリートの採用は意匠的な要素にとどまらなかった。構造体としても、福島県教育会館の方法を受け継いで、高価な鉄骨を用いることなく、鉄筋コンクリート構造の可能性に徹底してこだわり、「壁や屋根スラブに柱、梁の作用を兼用させた主要構造体として十分活用し、壁と柱、屋根スラブと梁が一体となってラーメンを構成し、合理的な空間」が作り出されたのである。[33]

それにしても、このようなコンクリートという素材と構法、構造体への強いこだわりの背景には何があったのか。おそらく、それは、日本相互銀行本店（一九五二年）や神奈川県立図書館・音楽堂（一九五四年）などで追求した建物の軽量化や外壁を構成する素材の工業化を相対化しようとする眼差しである。軽量化や工業化を推し進めた先に何があるのか、むしろ、確かな手応えをつかんだコンクリートに的を絞ったかたちでどんな建築が実現できるのか、そのような原点に立ち返ろうとする考えが前川とスタッフに自覚されていたのだろう。さらに、公会堂棟と区庁舎棟をつなぎ、ピロティで持ち上げられた、前面広場に面する細長い公民館棟には、それまでの前川建築にはなかった水平の大庇が設けられた。ここでも、軽量化や量産化という合理主義的な追求を相対化しつつ、雨の多い日本の気候風土の中で、日差しを遮り、雨露を防ぎ、建物に象徴性を与えることが目指されていたのである。

竣工後の反応と戦後的な公共建築への思い

一九五九年の区民会館の竣工直後に、鬼頭は「困ったこと、驚いたこと、喜んだこと」と題して、掲載誌に微笑ましい光景を紹介している。

「開放的につくられたこのプランは、現実の風に当って管理上さまざまの思いがけない問題に当った。（…）子供たちにとって、ここはまったく恰好の遊び場、探検場となった。プレキャストの階段手すりはすべり台だし、石垣はロッククライミングの岩場、上ったり下ったりあちこちに手をのばしたこの建物は、想像力のたくましい子供たちにとって、大人の予想もしない遊び場になるのだ。そしてある時、目に余って館長が一人の子供に注意したとき、彼はわるびれもせずにこう答えた。〝だっておじさん、これは区民会館だろう？　皆の税金でたてた皆の建物じゃないか！〟と。この子供たちが大人になったとき、始めて都市のコアとかコミュニティーセンターとかいう言葉が、ようやく内容をもってくるのではないだろうか。[34]」

ここから読み取れるのは、鬼頭の戦後的な公共建築への期待である。後年の回想にあるように、この仕事は鬼頭にとって、一九五〇年に前川事務所に入所して以来、下積みの仕事ばかりを続けてきた中で初めてつかんだ、最初で最後のチーフとしてまとめることのできた唯一の仕事だった。[35]そのこともあって、竣工後の使われ方に感激したのだろう。そして、改めて次のような思いを書き留めたのである。

「親しみやすい空間を創りたい。ちょうど四年前、はじめてこの設計に手をつけた時、最初に思ったことであった。（…）それは〝誰のための建築か〟という点から出発する。

（…）建築は必ずその外にも内にも空間を創り出す。大切なのは建築そのものではなくて、この空間だということ。建築は空間を創るためにあるのだということ。そして、空間は人間のためにあるのだということ。（…）市民の生活の場とに連なる空間を主体として考え、その空間を創り出すものとして区民会館と区庁舎がおかれたといってもよいと思う。道路がひろがり、ふくれあがり、のびていって広場となり、また、道路へと連なってゆく。二つの建物とピロティによってつくられ、欅と灌木に囲まれ、ベンチのおかれたその広場を、人々は通り抜け、吹き溜りのようにあちこちに溜り、子供は遊びまわる。区役所や区民会館に来る人たちと、直接関係のないこんなことが、いかにも大切なことにおもえてくるのである。[36]」

世田谷区民会館の中庭の風景　1961年頃＊

こうして見てくると、世田谷区民会館・区庁舎は、住宅街の中に建ち、市民が日常的に利用する普段使いの公民館的な要素が盛り込まれていたこともあって、生活環境に溶け込む身近な近代建築の姿がどうあれば良いのか、を考えるきっかけを前川や鬼頭に与えたのだろう。同時に、コンクリートという単一な素材と構法でつくることによって、より原理的なかたちで、目標とすべき空間の在り方と、技術的に追求すべき素材や構法の方向性に気がつくことにもつながったのではないだろうか。そのことは、区民会館に続く第二期工事として一九六〇年に竣工した区庁舎の吹き抜けの玄関ホールに実現した

世田谷区庁舎の玄関ホール　壁画デザイン／大沢昌助＊

空間の質感や、前川の肖像写真からも読み取れると思う。

そして、この建築における方法論の気づき、すなわち、都市の中に、鬼頭の言う「市民の生活の場」に連なる「親しみやすい空間」を創り出すために、一つの建築に開かれた中庭的な要素《コア》を内包させる、という空間構成のアイデアは、その後の前川國男の建築において、次第に大きな意味を持っていくことになる。

世田谷区民会館前の前川國男　以上３点、撮影／渡辺義雄＊

ブルータリズムへの傾斜と方法論のゆらぎ

前川事務所の組織としての転換点

一九六〇年に世田谷区庁舎が竣工し、区民会館から始まった計画の全体が完成した一九六一年の春、設計チーフの鬼頭梓は、当時の前川事務所の様子について、次のように語っていた。

「日本相互銀行の本店を前川事務所がやっていたころは、事務所全体に指導精神みたいなものがはっきりあったわけです。(…) 近代建築のいちばんオーソドックスな考え方の機能主義的な考え方とか、それからできるだけ建物を軽くするとか、できるだけプレファブリケーションにもっていくとか、そういうことに対してだれも疑いをもっていないし、非常に熱意をもっていた。それは前川さん自身もそうであったけれども、(…) スタッフがそういう意図を非常にはっきりもっていたし熱意をもっていたわけです。(…) ところがいまはそういう指導理念みたいなものがまずなくなってきているわけです。事務所全体として。

組織が大きくなったということもあるし、それから、その当時とちがって建築界全体がいわばひとつの混迷期に入っているともいえるし、(…) いわば百鬼夜行の時代で、そういうときというのは、それがやはりその事務所の中に反映してきていると思います。だからほんとうにこれだというようなものをだれもつかんでいないだろうと思います。[37]」

こう語った上で、鬼頭は、前川による「厳密な意味でのワンマンコントロール」が「限界を超えている」と指摘したのだ。このとき、前川事務所では何が起きていたのだろうか。確かに、一九四五年の敗戦後、前川自邸の居間から再スタートしたときには一五名だった事務所のスタッフ数は、こう鬼頭が記した一九六一年の時点では三〇名に倍増し、仕事の規模も格段に大きくなり、物件数も増えていた。それは同時に、前川を職人的な仕事の仕方で支えてきた戦前派よりも、新しい世代の戦後派のスタッフの数が増え、彼らが次第に実力と知識を蓄えて、発言力を増してきたことを意味する。

また、敗戦直後の厳しい経済状況の中で、建築に求められる目標が曲がりなりにも共有できた時代が過ぎ去り、建築界はさまざまな方向性をもつものへと拡大し、変質し始めていた。そのような中から、村野藤吾の世界平和記念聖堂(一九五三年)や大阪新歌舞伎座(一九五八年)、白井晟一の群馬県の松井田町役場(一九五五年)や秋田県の雄勝町役場(一九五六年)に象徴されるように、合理主義や機能主義とは明らかに次元の異なる建築も生み出されていく。また、丹下健三を筆頭に、清家清や吉阪隆正、菊竹清訓など、より若い世代の戦後派建築家たちの活躍も始まる。そこには、戦後に復刊された『新建築』(一九四六年一月―)や『国際建築』(一九五〇年七月―)、続々と新刊された『近代建築』(一九四六年一月―)、『建築文化』(一九四六年四月―)、『建築知識』(一九五九年一月―)、『建築』(一九六〇年九月―)など、一九五〇年代後半に始まる高度経済成長の追い風を受けて隆盛化した建築ジャーナリズムの後押しもあった違いない。同時に、戦争により中断されていた海外の建築情報も大量に流入し、世界の最先端を走るル・コルビュジエやミース・ファン・デル・ローエ、エーロ・サーリネンの動向や作品がダイレクトに伝わり始める。[38] さらに、ヴァルター・グロピウスが一九五四年に、ル・コルビュジエが一九五五年にそれぞれ初来日し、日本の建築家たちと直接触れ合う機会も実現する。そして、一九六〇年五月には、東京で世界デザイン会議が開催され、ルイス・カーンやポール・ルドルフ、ジャン・プルーヴェらが来日し、この会議のために結成されたメタボリズム・グループの川添登、大髙正人、槇文彦、菊竹清訓、黒川紀章らと議論を交わすなど、国際的な交流も活発に行われていく。また、ル・コルビュジエのマルセイユのユニテ・ダビタシオン(一九五二年)やロンシャン教会(一九五四年)、デンマークのヨーン・ウツソンのシドニー・オペラハウスの国際コンペ当選案(一九五六年)など、それまでとはまったく異質な近代建築も発表されて、衝撃を与える。その一方で、ル・コルビュジエやグロピウスらが一九二八年に創設したCIAM(国際建築家会議)に代わり、ピーター・スミッソンらより若い世代が一九五六年にチームX《テン》を結成するなど、新しい動きも出てくる。

そして、敗戦後一〇年の節目となる一九五五年を起点に、建築ジャーナリズム誌上では、伝統論争が展開される。それは、『新建築』一九五五年一月号に大きく掲載された二つの論考、すなわち、丹下健三の「現在日本において近代建築をいかに理解するか――伝統の創造のために」と、編集長・川添登がペンネーム（岩田知夫）で執筆した「丹下健三の日本的性格」に始まり、翌一九五六年八月号の白井晟一の「縄文的なるもの」へと続いていく。そこで丹下は、「美しきもののみ機能的である」というテーゼを掲げて、「近代建築における伝統」は、「その精神にあるのではなく、その表現において、近代的なものと伝統的なものの交錯のなかから、建築家の実践が創造してゆくものである」と記し、白井は、静岡県韮山に残る江戸時代初期の木造住宅「江川邸」の、「茫漠たる屋根」と「大地から生え出た大木の柱群」、「荒荒しい架構の格闘」と「大洞窟にも似る空間」に見られる「縄文のポテンシャル」に、「これからの日本的創造のだいじな契機がひそんでいる」と書くことで、日本の伝統の見直しを強く促したのである。また、そのことは、伊藤鄭爾と写真家の二川幸夫による『日本の民家』（美術出版社一九五八年）や、丹下健三と写真家の石元泰博による『桂――日本建築における伝統と創造』（造型社一九六〇年）の出版にも象徴されるだろう。なお、ここで詳述はできないが、川添が自覚的に仕掛け、一九五〇年代半ばに活発化した伝統論争には、太平洋戦争下の建築学会に設置された大東亜建築委員会における「日本国民建築様式」をめぐる議論と地続きの「日本的なもの」への眼差しが読み取れると思う。[39] 占領からの独立という時代背景が、その議論をふたたび浮上させたに違いない。

こうして、前川國男を取り巻く周囲の環境は大きく変わりつつあったのだ。しかし、その一方で、同じ談話の中で、鬼頭は最後に問いかけたのである。

「建築家全体が地位が向上するとか、生活がよくなるというようなことをもっと考えなくっちゃいけないと思います。どうしても建築家というのは（…）人の足をひっぱりたがるわけです。（…）おたがいの能力を高め合うような方向になかなかかみ合ってこない。そういうことをなんとかうまくほんとうに解決していかないと、これは建築家全体としておち目になるよりしようがない。やはり建築家が力を合わせなければできないことがあると思う。その力を合わせるためには、現在自分の利益になるかならないかということとはちょっと離れたペースでものを考える余地がないとどうにもならないだろうと思います。」

ここには、前川が日本建築家協会の会長として一人立ち向かっていた当時の建築界の殺伐とした、まさしく「百鬼夜行の時代」に対する危機感が読み取れるだろう。

さて、このように鬼頭が語った前川事務所の変化については、日建設計の若手所員だった林昌二が、すでに一九五七年の段階で、ペンネーム「林田二郎」名で、次のような指摘を行っていた。

「この二〇年間、日本の建築界の問題は、いつもまず前川事務所によってとり上げられ、論じられ、方向を与えられてきた。このことは、前川氏が、すぐれて問題意識の旺盛な建築家であったことを示すとともに、事務所のメンバーが、図面やビジネスの能力より、まず問題意識によって選ばれてきたことと、一年生も大先輩も対等にディスカスできるという事務所の習慣とによるところが大きい。このようにして、前川事務所は、(…)いつも優れたメンバーを養い、つねに明日の作品の、より高い質を約束してきたのである。だが、前川氏に師事することだけを念頭に、腰弁の若い人たちがアトリエの門を潜った〝よき時代〟はようやく終わろうとしている。そのメンバーが、アトリエというにはあまりに多数の四十余名となり、また彼らが次第に実力をそなえる一方、腰弁に甘んじるには生活の負担が多すぎる年齢に達すると、どこかに出口を見つけ出さなければならなくなってくる。(…)独立してゆくためには、あまりに建築家は多く、仕事は少い。(…)このような脱皮の要求に応じて、前川建築設計事務所は実務上の名称とし、これとは別に、前川・横山両事務所のメンバーからなるミド同人が生れて、前川氏個人のアトリエから、次第に同人組織の共同体へ移行する方向を示し、さらにさきごろ、ミド同人組合が結成されて、創作の方法から労働条件まで、すべての問題を積極的に打開してゆく可能性が約束されることになった。(…)かつて近代建築を日本へ定着させるべく、一応の成果を収めたこの事務所の作品に、日本の風土と生活とに根ざした、日本人の建築に向って、逞しい一歩を踏み出している。[40]」

ここで林は、ミド同人による共同体への転換に対する期待を表明しているが、そこには、すでに見てきたように、前川が戦前から温めてきた志を共にする建築家の共同体組織づくりへの希望が託されていたのだろう。だからこそ、敗戦直後に苦肉の策として発行し、二号で終わった機関誌『PLAN』(一九四八年)の執筆者の肩書きに「MID」を付し、国立国会図書館コンペ(一九五四年)でも、自らもその一員とする「MIDグループ」で応募し、所員の田中誠と大高正人を代表として前面に押し立てたのだ。そして、それに続いて、前川は、戦後派スタッフの中核的な存在に育ちつつあった大高に、福島県教育会館(一九五六年)、シルクセンター指名コンペ（一九五七年）、晴海高層アパート（一九五八年）のチーフ役を務めさせていくのである。そこには、前川のＭＩＤ同人構想への期待があったのだろう。また、大学院時代から事務所へ通い始め、一九四九年に正式の所員となって修練を積んできた大髙にとっても、大きなチャンスとなる。しかし、冒頭の鬼頭の発言にもあるように、これらの仕事は、前川の思いを超えて、大髙の個性が強く押し出された造形表現へと踏み出し、それまでの前川の建築には見られなかった形態を生み出していく。そこで次に、すでに紹介した晴海高層アパートを除く二つのプロジェクトについて、見ていくことにしたい。

福島県教育会館とシルクセンターで試みられたこと

福島県教育会館は、一九五三年の失火によって焼失した木造の旧建物の再建として、地元の教員組合の教師たちによる地道な建設資金の積立活動から計画が始まる。おそらく福島県の三春町が郷里である大髙が福島県の関係者から相談を受け、前川事務所に持ち込んだ仕事だったのだろう。計画案と竣工時の雑誌掲載では、大髙を筆頭とする「ミド同人」名で発表される。この建物では、坪六万円[41]という厳しい予算のもとで、構造を担当した木村俊彦のアイデアによって、高価な鉄骨を使わず、鉄筋コンクリートの折板構造の外壁と複合円筒シェルの屋根によって、独特な形状の外観が形づくられていく。また、その造形は、大髙の証言によれば、福島の山の形をモチーフに発想されており、農家の屋根を連想させることも意図されたという[42]。一九五六年の竣工後、大髙は、木村との連名で、この建物に託した思いを次のように記していた。

「素朴で人間的な暖みがあり、（…）大地にしっかりと根ざして大空に腕を伸ばし太陽に微笑みかけるような建物が欲しい。そこに集り、そこに働らく人達とともに歌うような建物でありたい[43]。」

そこには、前川の提唱した建築の軽量化と工業化を目指すテクニカル・アプローチが孕む「人間性の喪失」という課題を乗り越えようとする意志が働いていた。また、その手がかりを、大髙は、浜口隆一や大江宏、事務所のスタッフと共に見学に訪れて共感を覚えた白井晟一の松井田町役場の造形に見出していたのである[44]。

そして、続いて大髙は、翌一九五七年に行われたシルクセンター国際貿易観光会館の指名コンペにおいて、より大胆に、土木的なスケールの造形表現を試みていく。この建物は、当時、生糸と絹製品の最大の輸出港であった横浜港に面した敷地に、国際貿易の振興と観光事業の発展に寄与することを目的に計画されたホテルを併設する観光会館である。指名されたのは、日建設計、久米設計事務所、松田平田設計事務所、坂倉準三、前川國男と、地元の創和建築設計事務所であり、審査員は、今井兼次、蔵田周忠、伊藤滋らが務めた。坂倉案が一等に選ばれて建設される。しかし、その造形をめぐって大きな論議を呼んだのは、「ミド同人」四人の連名による前川國男建築設計事務所案だった。大髙は審査結果が公表された際、設計意図を説明している。

「城の石垣や天主閣《ママ》には、端麗な中にも威圧するような力があり、ダムとか防波堤のような土木工事による形には自然の巨大な力に対抗する強さがある。（…）そうした巨大な夢を地上に実現しようとする土木的なスケールの表現が建築にも当然ある筈であり、それが近代の特殊な事情によって建築からは失われてしまっているが、遠からず、再びこの地上に回復されるに違いない。私たち晴海の高層アパートでは何がしかその気持を表現することが出来たと思っている。しかし一方、五重塔を見ていると、こうした巨大な人間の意志というのではない、もっと親しみのある、豊かなものを感じるのだが、それは、使い方や装飾の中にある人間のきめの細かな感情の表現とか、人間の手によって作られた材料の人間的なスケールの表現とか又人間の肌に近い材質感とか、そういったものが緊密に積上げられて出来上っている。こうした親しみのある豊かなものも近代の建築には失われてしまっているが、それは人間の幸福ということが思いの外に粗末にあつかわれているせいではなかろうか。（…）この案では白い陶製ブロックとコンクリートによって、大きなスケールと、人間的な親しめるスケールとを何とかうまく処理してみたいと思った[45]。」

　ここに示された「土木的なスケールの表現」を求める志向性は、大髙がこの直前に担当した神奈川県立図書館・音楽堂のような、透明感あふれる軽快な建築とはおよそかけ離れたものとなっていることがわかる。だが、この大髙の前のめりの造形表現に対しては、コンペ結果が掲載された雑誌上で、前川の建築に共感する浜口隆一と山本学治から厳しい意見が寄せられる。浜口は、このような造形に強い違和感を抱いたのだろう。次のような批評を記している。

「印象のもっとも強烈なのは前川案である。意欲的に造形されている。「壁」の造形性を打ち出す新しい傾向を一層大胆にすすめている。シルクセンターの事務室系統とホテルをあわせて一つの巨大なマッスにし、その量塊性を強調して、壁面をゆるく傾斜させている。この傾斜による視覚的効果は模型で想像してみるだけでも、強烈な迫力になりそうである。しかし卒直にいって、私はこの前川案の「表現過剰的外貌」をあまり好まない。（…）ここに現われているような表現が気負って独走するような創作方法論には

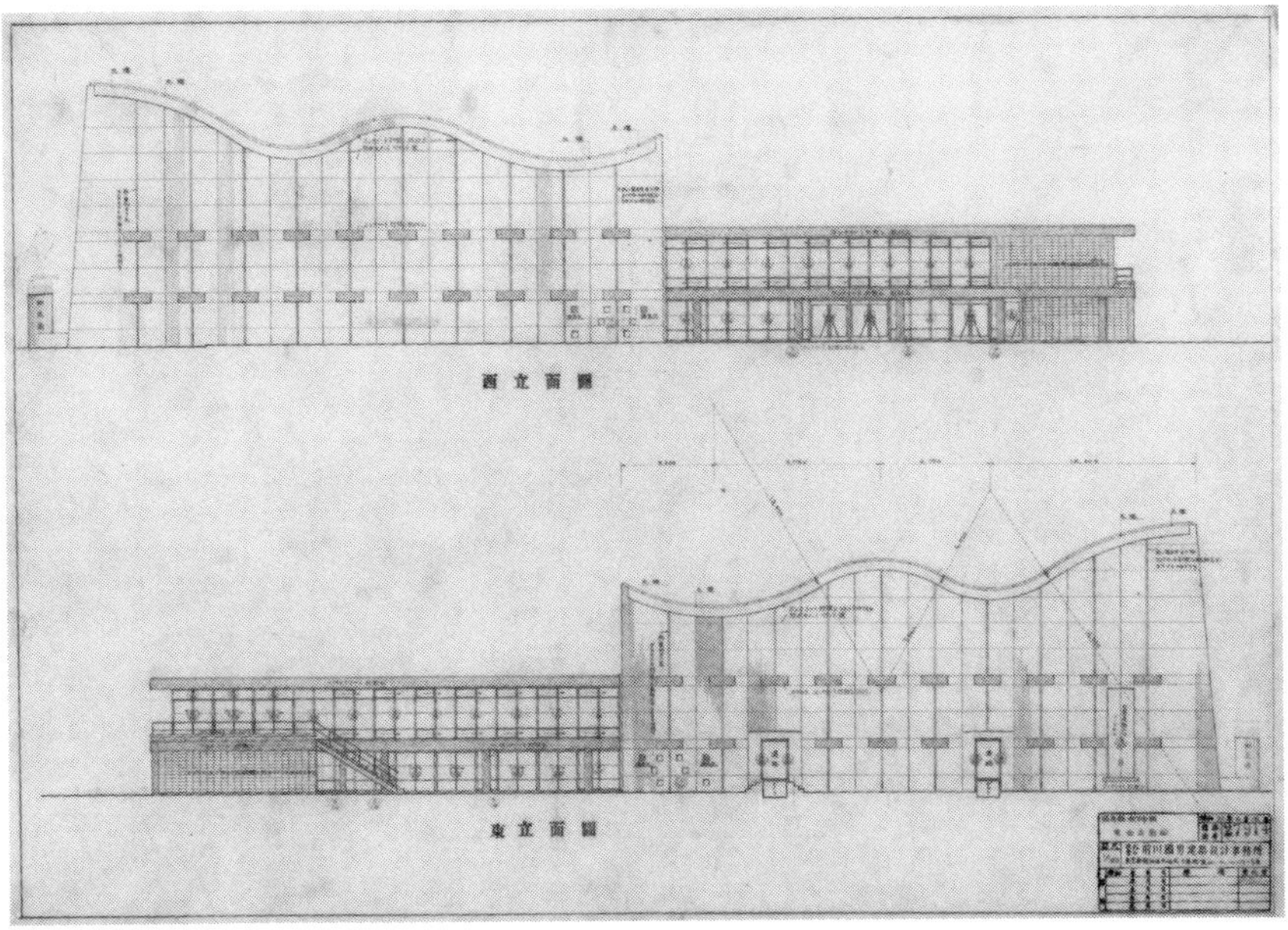

福島県教育会館（1956年）東西立面図　大高正人の直筆図面*

シルクセンター指名コンペ前川國男建築設計事務所案（1957年）透視図*

疑問をもつ。もっと「機能を……」といいたい。[46]」

著書『ヒューマニズムの建築』（雄鶏社一九四七年）の中で、「近代建築家の制作態度はあくまで機能に誠実であることであり、さらにいえば人間に誠実であろうとすることである」と訴えた浜口は、表現が独走する方法論に疑問を持たざるをえなかったのだ。また、前川が一九五〇年代に精力的に進めてきたテクニカル・アプローチの試みを高く評価してきた山本も、手厳しい批評を寄せたのである。

「最近のＭＩＤＯの作品に、鉄筋コンクリートの骨ぶとの骨格に基いた、造形的に気負いすぎた表現が感ぜられるのは非常に残念なことである。たとえばコルブュジュの作品に見られる造型的な主張のゆたかさや高さは、彼のような個性を中心にした創造過程で始めてあり得るのであって、グループ・デザインからは決して生れるものではない。ＭＩＤＯのような性格の、指導的な立場にある設計グループは、建築の造型的な表現の問題についてもっと慎重であってほしい、と思う。[47]」

これらの批評を大髙がどう受けとめたのかは分からない。しかし、彼にとって重要だったのは、丹下が推し進めていた桂離宮や伊勢神宮をモチーフとする美学的な造形の追求に対して、より民衆の生活に密着した泥臭い土着的な造形を求めることだったのだろう。

前川國男の見つめていたもの

それでは、前川國男は、このような粗野で荒々しいブルータリズム（Brutalism）と呼ばれるような造形表現をどのように見ていたのだろうか。残念ながら、福島県教育会館とシルクセンターに直接言及した前川の言葉は残されていない。ここで注目したいのは、国会図書館コンペでは、ＭＩＤグループの一員として名前を連ねたが、これら二つの建物では前川の名前はどこにも記されていないことである。それは、前川が設計チーフの大髙の建築だと認めていたことを意味するのか。あるいは、前川自身も、軽量化と工業化を求めたテクニカル・アプローチの行き先に、近代建築が先細っていく隘路を感じ取り、大髙や鬼頭ら戦後スタッフに設計のチャンスを与え、可能性を見つけ出そうとしていたのか。一九六一年春に鬼頭が感じ取ったのは、そのような前川の方法論のゆらぎだったのかもしれない。[48]しかし、そう鬼頭が語った一九六一年四月、東京文化会館が竣工し、翌年には五度目となる日本建築学会賞を受賞する。前川が絶頂期を迎える時期でもあった。むしろ、その受賞者として記した次のような言葉の中に、前川の胸中にあった思いが読み取れる。

「近代建築に大きな関心をもちはじめて三〇年になった今

日になって、今更のようにこうした建築をうみ出した精神的な背景、ひいては西欧文明一般の背後にひそむヨーロッパ精神といったものについての私自身の知識の浅薄さ、勉強の不足が殆んど救いがたい悔恨となって私自身の上に蔽いかぶさっている。私は建築歴史によって古典建築中世建築そして近世の建築を学んできた様に考えていた。然しそうした私が、これらの歴史の大時代にその技術を生み、その建築をつくり出した当時の人間の生活環境乃至は社会的背景について、一体どれだけの事を知っているだろうか？造形の背後にひそむこうした背景を知る事もなく、いかにしてそれがまことの創造の契機たり得るのか？

むごたらしい戦災都市の瓦礫の山を取り片づけるだけで恐らく二〇年の歳月を要するであろうという予測報告を、深い感慨をもって読んだのは、つい昨日のことの様に思われたけれど、終戦以来すでに一七年、遥かな将来と思われた戦後二〇年もどうやら目前に迫っている。(…)

世界的評価を享受しているという日本の建築が確実な証拠をもって現代文化の担い手であると、あかしをたてるには未だ時期尚早の感を免かれない。つまり、日本の建築界の現状が新しい才能の育成と開花に適した風土であるかどうかという点に、私達は予想外に大きな根強い問題点をはらんでいると思われるからである。

建築家協会・建築士会・建築学会の鼎立に象徴される日本の建築界、よくいわれる日本人社会の竪割の人間関係がここでも又親分子分・学閥、そして労組までがいりみだれて、余りにも日本的な複雑なパターンを織り出している。こうした窮屈な日本の建築界にどうして真に孤独なそして強靭な建築家が育ち得るだろうか[49]。」

前のめりに突き進む時代と建築界の気負いを前に、前川は、歴史的な眼差しで、一人遠くを見つめていたのだ。そして、一九五〇年代後半は、そのことを深く考える機会を前川に与えていくことになる。

ブリュッセル万博で試みた「日本的なるもの」

一九五〇年代後半期の厖大な仕事の中で

敗戦から一〇年が経ち、高度経済成長へと突き進む一九五〇年代の後半期は、前川と所員たちにとって、膨大な量の設計の仕事に追われる多忙な日々の連続であった。そのことは、公共建築の指名コンペへの応募からも明らかだ。一九五六年の横浜市庁舎に始まり、一九五七年には世田谷区民会館・区庁舎、京都会館、シルクセンターの三件へと続く。しかも、その間に、前川にとって、一九三五年の事務所設立後の初めての応募でもあったのだろう、いずれも落選とはなったが、一九五八年のカナダのトロント市庁舎と、一九五九年のベルギー領コンゴの首都に計画されたレオポルドビル市文化センターの二つの国際公開コンペにも挑戦している。そして、具体的な実務においても、一九五三年の指名コンペで一等を獲得した岡山県庁舎が一九五七年の竣工へ向けて建設工事が進み、同じく一九五四年の公開コンペで当選した国立国会図書館も、一九六一年の竣工へ向けて第一期工事が一九五六年から始まっていた。そして、一九五七年七月には、一九六一年に竣工する東京文化会館の設計者に前川が特命の随意契約で選ばれ、基本設計に着手している。その他にも、晴海高層アパート（一九五八年）、弘前市庁舎（一九五八年）、学習院大学（一九六〇年）などの設計と現場が進んでいた。こうして、世田谷区民会館・区庁舎（一九五九・六〇年）を担当した鬼頭が危惧していたように、これほどの仕事量もあって、前川のワンマン・コントロールは、その容量を大きく超えて限界に達していた。また、だからこそ前川は、戦後派の所員に期待して、大髙を筆頭にＭＩＤ同人という協同体制を構築しようとしたのだろう。前川事務所は、大きな転換期を迎えていた。

ブリュッセル万国博覧会日本館の依頼を受けて

一九五六年四月、そんな超多忙な中にあった前川のもとに、ベルギーの首都ブリュッセル市で一九五八年に開催される万国博覧会の日本館の建築と展示構成の企画および設計依頼の話が飛び込んできた。このとき、前川は自らの歩みを振り返ってある感慨を覚えたに違いない。というのも、戦争を挟んだ二〇年前の独立直後の一九三六年春に、翌一九三七年五月から開催されるパリ万国博覧会の日本館の設計者を選ぶ指名コンペで一等を獲得したものの、「日本的ではない」ことを理由に拒絶され、結果的には、坂倉準三が設計を手がけ、それによって世界的な建築家としてのデビューを飾るという苦い経験があったからである。[50]その意味で、日本館の仕事は、時を経て、前川にふたたび「日本的なもの」への試みを求めることになる。また、だからこそ、前川にとって、日本館は、約一二五〇平方メートルの小規模な建築にもかかわらず、目の前で設計と現場に追われていた他の大型の公共建築とはまったく次元の異なる特別な価値を持つプロジェクトであった。

しかし、与えられた時間はわずかだった。会期終了後にまとめられた公式の報告書[51]によれば、すでに一九五四年早々に日本政府には参加要請が届いていた。しかし、政権交代の谷間と重なり、鳩山一郎内閣が正式に参加を決定したのは、一年半以上が経過した一九五五年九月三十日の閣議である。続いて、同年十一月に準備会が設置され、「近代的趣向をもち、かつ、日本独自の伝統的美しさをもつパビリオン建設」という基本線が決定し、すべては、「建築家の選定の適否にかかっている」との認識から、慎重な設計者選びが行われていく。そして、「関係各省により推薦された建築家を投票によって選出し、最終的に前川國男、丹下健三、坂倉準三の三氏が選ばれ、この順位によって依頼交渉をすすめた」[52]結果、設計者に前川が決まる。それは、参加要請から二年以上が経過した一九五六年四月のことだった。おそらく、この設計者の選定に時間を要したのも、戦前のパリ万国博覧会の一連の顚末が影響していたのだろう。

そのため、結果的に設計に費やすことのできる期間は限られていた。設計依頼を受諾した前川は、早速、一九五六年六月下旬に、ブリュッセルに初めて赴き、一カ月間滞在して、博覧会当局との打ち合わせや、現地視察と調査などを行い、翌一九五七年一月初旬までの約五カ月間で、工事発注用の実施設計図を完成させていく。そして、入札と交渉を経て、日本館は、同年三月に工事契約を締結して着工し、約一年の工期を経て、一九五八年三月に竣工する。

こうして、ブリュッセル万国博覧会は、一九五八年四月十七日から十月十九日まで開催され、一九三七年のパリ万国博覧会に続いた第二次世界大戦直前の一九三九年のニューヨーク万国博覧会から、ほぼ二〇年ぶりの国際博覧会となった。世界各国における戦後復興の気運とともに、科学技術の急速な発達がもたらす将来への不安を反映してか、「機械文明と人間性――人間性の喪失から再生へ」がテーマに掲げられた。ベルギーの首都ブリュッセル市郊外のハイゼル・パークの約二〇〇万平方メートルの広大な敷地に、四八カ国が参加して約一五〇のパビリオンが建てられ、会期中の総入場者数は四二〇〇万人に達したという。報告書の総説の末尾には、「本博覧会は、原子力時代・宇宙時代への曲り角に立った世界人類にとっては忘れ得ない里程標として、永久に国際博覧会史上にその名を留めるであろう」[53]と記されている。それは同時に、日本にとって、敗戦後初の国際博覧会への参加となる歴史的な出来事でもあった。

日本館の構想と前川國男のリーダーシップ

当時の記録には、時代背景もあったのか、この博覧会に注がれたエネルギーを象徴するような、ある種の熱気が感じられる。そのことは、一九五六年から三年度にわたる総事業費が約三億、日本館の「設計監理費」が四八〇万円という潤沢な予算が計上されたことからも読み取れる。[54]おりしも、博覧会が開催中の一九五八年五月には、通商産業省にデザイン課が設置されている。また、すでに会期が始まる時点で、博覧会にも深く関わっていた通産省の工芸技術院産業工芸試験所の編集による機関誌『工芸ニュース』(一九五八年三・四月号)でも、「ブラッセル万国博覧会日本参加計画の全貌」という三〇ページにわたる特集として詳細に紹介されたのである。その冒頭には、この博覧会への取り組みについて、次のような報告が記されている。

「参加計画を進めるに当って特に考慮されたことは、従来、とかく、この種の計画が、関係者の多いことから、肝心の設計者自身の創意を出し尽し得ないウラミがあったことで、この点では、設計者の意図を常に尊重しながら協議が進められたということは、今までにないケースで、関係各省のよき理解と前川氏に対する信頼感が自然にそうさせたということであろうが、特筆すべきことであろう。[55]」

続いて、全体テーマに対する日本館の構想決定までの経緯が紹介されている。

「この博覧会のテーマが〝技術文明とヒューマニズム〟ということから、日本館はこの課題に如何に応えるべきであるかということをまず念頭におき、構想が練られた。それには、今後の日本は、どのように生くべきかを暗示することが、ある程度の回答となるであろう。それには日本のインテリジェンスを表現してゆくことが、最もよい方法である、と考えたわけである。

ちょうど、開催国ベルギーがゲルマン民族とスラブ民族のクロスロードであったように、日本もまた、東洋と西洋のクロスロードにあると考え、日本の立場の重要性を強調したい。過去における日本人がどのように歩んできたのかを、自然の背景の中に強くにじみ出させたい。」

この文章に執筆者名は記されていないが、前後の関係や報告書などから、日本館事務局員として前川と共同した通産省デザイン課の斉藤重孝だと推測できる。(56) 同じ文章には、続いて、前川の指示した組織づくりの要点が記されている。

「このような構想を成功させるかどうかは、第一に建物設計の良否にかかわることはもちろんだが、優秀なグラフィック・デザイナーの協力、単的なキャッチ・フレーズの中に見事に意図を表現してくれるスクリプターなどの人選が極めて大切であることを、前川氏は強く主張した。」

こうして、前川の強いリーダー・シップによって、グラフィック・デザイナーの山城隆一、展示デザインの剣持勇、写真家の渡辺義雄、作曲家の外山雄三、そしてスクリプト・ライティングについては二人の外国人が起用される。そして、日本館のテーマを「日本人の手と機械」に設定し、展示の全体を、歴史、産業、生活の三部に大別して構成することが決定される。さらに、これらの展示物を検討するために、出品物選定委員会が組織された。この委員会には、前川が改修設計を手がけた国立近代美術館（一九五二年）

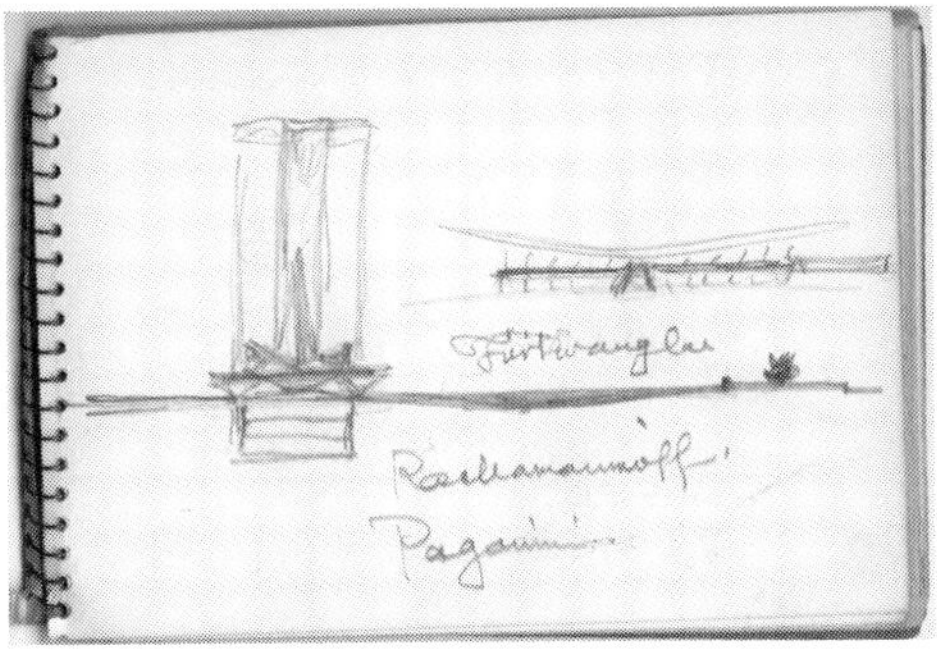

ブリュッセル万国博覧会日本館（1958 年）前川國男の直筆スケッチ　左側はトロント市庁舎＊

第 1 次案の模型写真　『工芸ニュース』1957 年 6 月号より転載

次長の今泉篤男や、産業工芸試験所意匠部長の豊口克平、デザイナーの柳宗理、剣持勇が加わっていた。また、同じ機関誌『工芸ニュース』の特集ページには、実際の展示に使われた剣持のデザインした展示と展示台、前川事務所の水之江忠臣のデザインした縁台や受付カウンター、レストランの食卓や椅子、スツール、山城のデザインによる壁面パネルや座布団、暖簾、外山が作曲した会場で流された音楽についての詳しい紹介記事も掲載された。

日本館の建築で試みられたこと

それでは、こうして進められた展示計画のもとで、どのような方法が建築で試みられたのだろうか。その最初のイメージについて、会期が始まった直後に、前川は次のように記している。

「日本館の建築については、最初の予算を聞いて、私は結局床を作って天井を作ってという普通のパビヨンは作れないという覚悟を決めた。そして頭をしぼった結果、敷地全体を中も外もない一つの庭にしてしまって、その庭に塀をめぐらして、その塀にパネルを飾りつけ、その塀に囲まれたスペースは重要なものを飾って、上に大きなアンブレラーをかけるという形でスタートした。[57]」

前川のスケッチ・ブックには、その「大きなアンブレラー」のシルエットのスケッチが残されている。なお、日本館の設計は、前川事務所所員の雨宮亮平と三上祐三、構造設計は、横山構造設計事務所の木村俊彦が担当し、雨宮は、一九五七年三月から二年間にわたって現場に常駐している。[58]おそらく、迷うことなく、この「敷地全体を中も外もない一つの庭」として、「大きなアンブレラー」をかける、という前川の初期イメージを元に設計が進められたのだろう。三上は、建設中に公表された第一次案の模型写真と共に、設計主旨を次のように説明している。

「美しい針葉樹の森をからませた丘に南を限られる約千坪ほどのゆるい傾斜地が日本館の敷地となっている。この環境の美しさを活かして展示場、レストラン、事務棟から成る約五〇〇坪の日本館を建てることがわれわれに与えられた課題であった。(…)

敷地全体を一つの庭として考えるところから、この計画はスタートした。既存の大きな立木を中心に、流れ、池、庭石、草を配して日本的な空間をつくり、乱石積みの石垣で二つのレベルに整理された展示のスペースも、灌木の茂みを抱いた中庭もその大きい庭の一部として取扱う。観覧者の通路にあたる部分はプレキャストコンクリートのブロックを敷きつめ、その周囲には木造の軸組による軽いフェンスがめぐる。このフェンスの外側は白壁を思わせる外壁

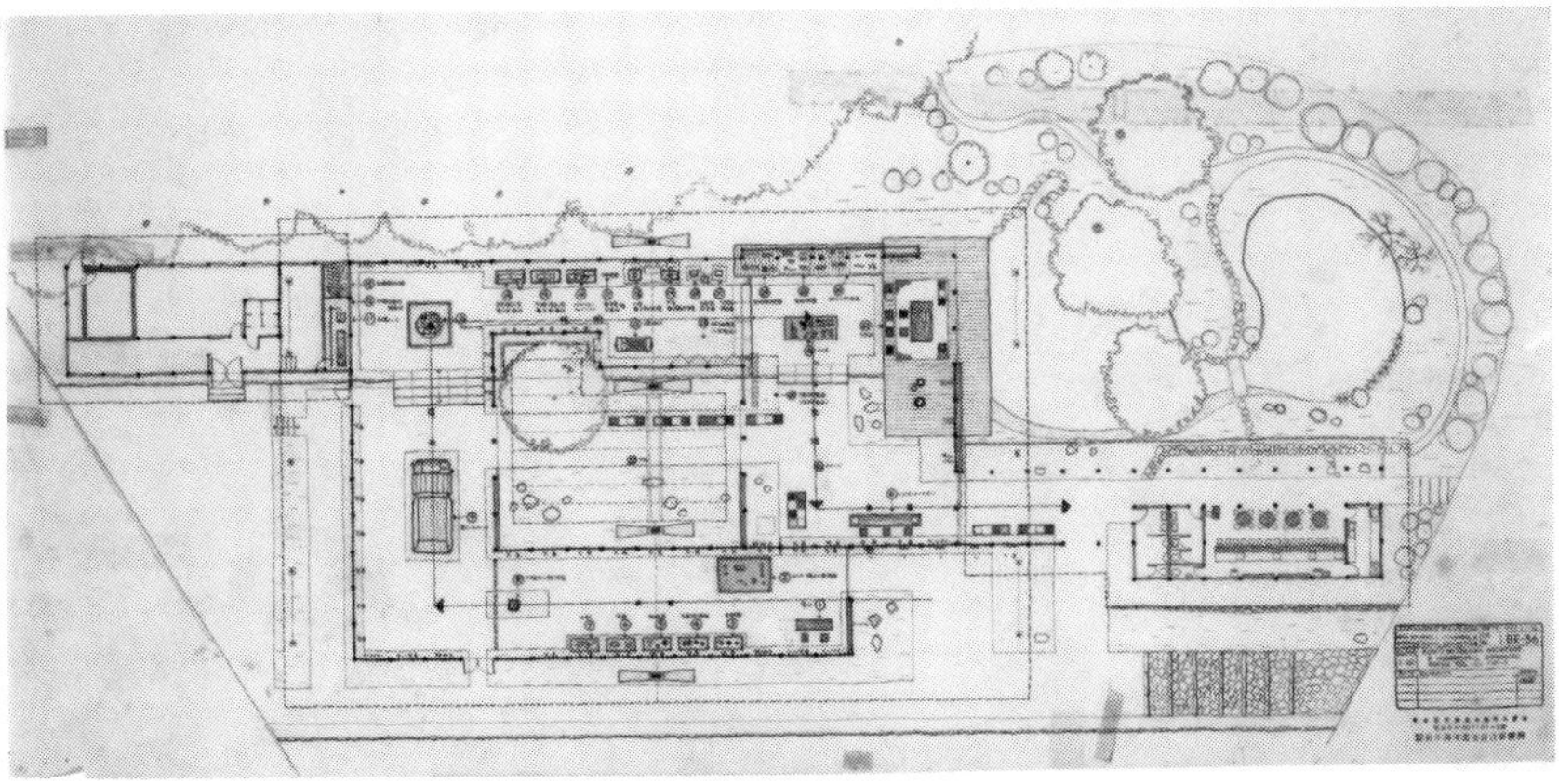

ブリュッセル万国博覧会日本館（1958年）平面図 1957年11月16日　図面右下に責任者として「mik」（三上）のサインが記されている＊

となり、内側にはパネルをはめ込んで展示の壁面をつくり、それはさらに延びてレストラン、事務室の周壁を形づくる。そしてこの庭とフェンスの上に、展示場には打放しコンクリートの脚に支えられた大きい鉄骨造の傘を、レストラン、事務室の上にはフェンスに直接載る木造の小さな屋根をかけ、展示物と人々を風雨からまもるシェルターとする……これが日本館の基本的な構想である。

伝統と環境に培われた建築と自然とのつながりの美しさを、スティールとコンクリートという近代技術による大屋根の下で展開することによって、われわれはこの博覧会のテーマへの一つの解答を試みたいとねがっている。[59]」

第一次案では、鉄骨の支柱を立てた吊り屋根構造であったが、風による屋根の動きに対応させるためのコスト高もあって、逆V字型の太い柱と片持ちの鉄骨による屋根に変更された。しかし、むしろよりシンプルな、前川のイメージした「大きなアンブレラー」のシルエットが実現する。そして、三上が記したとおり、完成した日本館の平面図を見ると、その大きな屋根の下に、中庭を中心として「の」の字型に配置された木造軸組の壁が、一続きの流れるような展示空間を構成し、最後は、大きく開けた庭園へとつながりながら、別棟のレストランへと続く心地よい空間のリズムが創り出されたことが読み取れる。

前川は、日本館の完成した姿を見て、どのように感じたのだろうか。竣工後の座談会の中でこう語っている。
「ぼくは非常に感慨無量にたえないのは、前のパリ博のときの日本的な問題ね、ああいうものはどっかへけしとんでしまったものね。新聞は日本的とかなんとかいって書くけれども、（…）建築に対する日本人の反対批判は、まず何もないね。[60]」

一九三六年、日中戦争前夜の不穏な状況下で行われたパリ万国博覧会の指名コンペの際に、「日本的なもの」をめぐる激しいやり取りの中で、「敗北[61]」を余儀なくされた前川だったからこそ、その後二〇年間の社会の変化に、隔世の感を抱いたに違いない。また、前川自身も、パリ万博の時点では、ほとんど意識できていなかった「日本的なもの」への思考が、その直後の太平洋戦争下の大東亜建築委員会での議論や、前川國男自邸（一九四二年）と在盤谷日本文化会館（一九四三年）によって深められていた。そうした経験によって、ブリュッセル万博日本館では、建物の内部と外部との関係性や、そのさらに外側に広がる周辺の風景をも取り込む、「一筆描き」の空間構成の方法を明快に実現できた、との手応えを得たのだと思う。また、そのような前川の建築思想と方法の深化が結実した成果なのだろう、現地のベルギーの新聞に、次のような批評が掲載されたのである。
「前川國男氏は日本の住宅の千年の伝統の中にあるもっとも完成したものと思慮に富んだモダニズムを結びつけた。そこには何の誇張もないが空間の合理的な計画が歩度をゆるめ、体を寛がせ、魂を未だ気づかなかった空想の未知の美の天啓に目醒めさせる。線の規則正しさは、平面や空間の必要とする正しい寸法にかなった配置を保ったものである。もし博覧会の主題《より人間性の豊かな世界を築くための世界の決算》の模範的館があるならば、それはまったくこの日本館である。[62]」

この新聞の批評に、前川は、わが意を得たり、と喜んだに違いない。また、日本館の事務局員として現地に滞在した通産省デザイン課の斉藤も、「とにかく日本館は専門家に絶対的にうけている。他国の館の設計者が真先にかけつけてきて前川氏に面会を求め激賞して敬意を表してゆくこともたびたびである[63]」とレポートしていた。そして、こうした評価を裏付けるように、会期中に各国館から選任された審査委員会によって展示総合審査が行われた結果、日本館は、審査対象となった一一六館の中で九位となり、金星賞を受賞する[64]。こうして、前川は二〇年前の「敗北」を克服し、「日本的なもの」への試みを、世界が評価するレベルのものとして実現できたことになる。それは、この仮設建築の成果にとどまるものではなかった。最晩年のインタビューの中で、前川は回想している。

「ぼくは五十の時にブラッセルの博覧会をやったんだよ。あの頃いろんなことを考えていたんだけれど一番感じていたことは、それまでコルビュジエのところまで行って勉強したあげく、あんまりうまくいかないんだね。結局ぼくは、合理主義建築というものの限界を見たような気がして、建築というものは、たとえば経済的な合理性ばかりを追求してもどうにもならないんだというようなことを身につまされて知ったわけだ。それでブラッセルの博覧会をやるということになった時もずいぶん迷った。つまり、合理主義建築に対する疑問をもち始めた時に作品をつくるチャンスが与えられることになったんだけれど、考えていたことを果たして作品の上で実現できるかどうか……。

　戦争が終ってから後の仕事というのは、日本相互銀行の一連の支店の建築だね。プレキャストでやるとか、軽量鉄骨でやるとかしきりにやったけれど、しかし、どうもうまくいかんでね。

ブリュッセル万国博覧会日本館（1958年）全景＊

同上　エントランス外観＊

同上　ラウンジから中庭を見る＊

ブラッセルでは、大屋根の建築をやったわけよ。ぼくはこの時、屋根のもっている意味、人間を下に入れて守ってやるというようなことを屋根が語っているということを感じた。[65]」

ここでは、自らのテクニカル・アプローチという技術的な追求への反省から、屋根のもつ意味に気づいたことが語られている。前川にとって、ブリュッセル万国博覧会日本館の経験は、合理主義や機能主義の枠組みを超えて、その後の前川の建築に展開されていく方法論へとつながる手がかりをつかんだ瞬間でもあったのではないか。そして、この建物に携わることで得た欧州滞在もまた、前川に大きな意味を与えていくことになる。

ヨーロッパ長期滞在が与えたもの

三〇年ぶりの長期滞在から

ブリュッセル万国博覧会日本館の設計を手がけた前川は、この仕事をきっかけに、最初の現地調査と打ち合わせにブリュッセルを訪れた一九五六年から、日本館を建設中の一九五七年、そして万博が開催される一九五八年まで、三年連続して渡欧する公的な機会を得る。また、おりしも、その直後の時期が日本建築家協会会長の在任期間（一九五九年六月―一九六一年三月）でもあったことから、ＵＩＡ（国際建築家連合）の日本支部代表として、実行委員会や総会への出席という公務も重なっていく。こうして、日本では個人での海外旅行が容易ではなかった時代に、前川は、思いもかけず、ヨーロッパへの連続出張と長期滞在という得がたい経験をすることになるのである。それは、ル・コルビュジエのアトリエに学んだ最初の丸二年間のパリ在住（一九二八年四月―一九三〇年三月）から、戦争を隔てて一九五一年七月に丹下健三と吉阪隆正と参加したＣＩＡＭ（国際建築家会議）での一週間のロンドン滞在と会議終了後に駆け足でめぐった欧米視察を挟んで、じつにほぼ三〇年ぶりの長期にわたる海外滞在であった。しかも、前二回の私費による不自由なパリ在住やロンドン出張とは大きく異なり、潤沢な予算で賄われた公的な仕事によるものだった。それはまた、五十歳代の壮年期を迎え、事務所設立から二〇年以上にわたって設計活動を続けてきた前川に、改めて自らが追い求めてきた近代建築をより広い視点から見つめ直す貴重な時間を与えることにもなったと思う。この章では、その間の欧州滞在の足跡をたどりながら、前川が何を感じ、何を受け取ったのかについて考えてみたい。

四年連続のベルギー通いの中で

一九五六年四月にブリュッセル万博日本館の設計者に選ばれた前川は、直後の六月中旬に現地へと赴き、約一ヵ月間滞在して、関係者との打ち合わせと現場調査を行う[66]。帰国後の八月二十八日には、日本建築家協会の定例理事会後の会食会で、「渡欧雑感（主としてベルギーの現状）」と題して講演する[67]。その記録は残されていないが、協会機関誌の報告によれば、前川から「我が国にみられないような素晴らしいゴルフ場である伯爵夫人と競技をやってその見事なフォームに夫人を大いに感嘆せしめた」との披露談があったという[68]。もちろん、この初回のベルギー訪問は、設計に取りかかる準備のための渡欧であり、寄り道もせず急ぎ帰国したのだろう。続いて、日本館の実施設計図が、あわただしく同年の暮までにまとめられ、一九五七年一月初旬に現地に発送される。そして、現地での入札予定日に合わせて、前川も二月二十七日から四月十一日まで現地に赴く。物価高騰により交渉は困難を極めたが、三月十八日に、前川立ち会いのもと、工事契約が無事に調印される。その後、前川は、詳細は不明だが、フランス、イタリア、スウェーデンを廻って帰国する[69]。そして翌一九五八年三月、日本館は一年間の建設工事を経て竣工し、前川は、四月十三日に羽田を出発して十七日にブリュッセルに入り、ベルギー国王臨席の開会式に出席する。約一ヵ月後の五月二十四日に帰国、六月二十四日、前回と同じく、日本建築家協会の定例理事会後の会食会で、前川は自ら撮影した8ミリフィルムを映写して、ブリュッセル万博の報告講演を行っている[70]。

さて、この三度目となるブリュッセル滞在中に、前川は、日本館の完成を無事に見届けたことで一息つこうと考えたのだろう。何と、現場監理に派遣されていた若い所員の三上祐三に向かって、突然、「ベルギーからドイツを通ってウィーンまで車で行くことにする。運転は僕がするから、君はナビゲーターをやってほしい」と言い出したのだ[71]。三上の回想によれば、この突然の旅行には、前川のねらいがあった。すなわち、すでに前年から基本設計が始まっていた東京文化会館の参考とするために、ドイツの新しいオペラハウスをいくつか見学し、最後は、第二次世界大戦の連合軍の空爆により破壊されたが、戦後に再建され、一九五五年に修復を終えたばかりの著名なオペラハウスであるウィーン国立歌劇場（一八六九年）をじっくり見せてもらおう、という計画だったのである。それは、前川の「長年の夢」、つまり「ヨーロッパで車を運転してアウトバーンをぶっ飛ばす、一流のホテルに泊まってうまいものを食べる、よいオペラをたっぷり見る」という「当時の日本ではほとんどできないことを全部組み合わせ、しかも見学の成果は日本での仕事に役立つ」ものでもあった。こうして、幌つきの中型のオペルを借りて、四月二十六日にブリュッセルを発ち、ケルン、マンハイム、シュツットガルト、ザルツブルク、ウィーン、インスブルック、ミュンヘンなど、片道約一二〇〇キロを走破し、一六日間にわたってドイツとオーストリアの古都を駆け足でめぐったのである。

このとき、前川は五十三歳の誕生日を迎える直前であったが、一九三五年に三十歳で事務所を設立して以来、戦争と敗戦後の苦難の時期が続いたこともあり、おそらく、建築家としてのその生涯の中で、初めてとなる贅沢な個人旅行だったに違いない。そして、ひょんなことから前川と欧州縦断旅行を共に終えた所員の三上にも、その後の人生を決定づける運命的な出会いが待っていた。後年、三上は次のように回想している。

「一九五八年五月、ブリュッセル万国博日本館の完成を見届けて帰国の途につこうとしていた前川さんのところに、

インスブルックの山上の前川國男　1958 年 5 月 1 日　撮影／三上祐三＊

フリッツ・ハンセンのハンセン氏と前川國男　1959 年 9 月＊

ジャガー XK150 に乗る前川國男と美代夫人　1959 年秋　以上 2 点、撮影／雨宮亮平＊

ウツソンからの走り書きの英語の手紙がとどいた。

それには、「あなたの事務所から三人の若い所員がブラッセルに来ていると聞いたが、そのうちの一人を今シドニーオペラハウスの仕事をしている私のオフィスによこさないか」という内容が記されていた。三人とは雨宮亮平、木村俊彦、それと最年少の私である。飛行場へ見送りにいった私に、前川さんはその手紙を渡し、「どうだい、君、行って見るかね」といってニヤリと笑った。私は手紙を読むと、「はい、面白そうだから行ってみます」と即座に答えてしまった。その一言が、その後私を一〇年間ヨーロッパに留め、人生をすっかり変えてしまったこともしらずに。」[72]

こうして、二十七歳の三上は、日本へは帰らず、そのまま一九五八年七月から、デンマークのヨーン・ウツソンの事務所でシドニーオペラハウスの設計チームに加わり、続いて一九六二年一月から、構造を担当したロンドンのオヴ・アラップの事務所にも勤務することになる。[73]

一九五九年の欧州旅行とロンシャン教会

この一九五八年の旅行がよほど印象に残ったのだろう。前川は、三上が「この話には後日談がある」と回想したように、翌一九五九年の九月から十一月までの三カ月間にわたって、ふたたび欧州に長期滞在する機会を得る。[74] これは、三週間に及ぶ北欧旅行[75]に始まり、ブリュッセル万博の会期終了後の後始末を済ませた後、一度は訪れたいと思っていたスペインのマヨルカ島へ立ち寄り、ポルトガルのリスボンで開催されるＵＩＡ総会（九月二十日―二十八日）に出席し、ふたたびブリュッセルに戻り、さらに、現地で購入した白いジャガーＸＫ１５０ドロップヘッドクーペを自ら運転して美代夫人を伴っての個人旅行、という盛りだくさんのスケジュールとなって実現する。

このときの北欧旅行では、デンマークのコペンハーゲン、スウェーデンのストックホルム、フィンランドのヘルシンキにそれぞれ一週間滞在し、コペンハーゲンでは、シドニーオペラハウスを設計中で所員の三上を預けていたヨーン・ウツソンの事務所を訪問し、フリッツ・ハンセンの家具工場やプレキャスト工場などを見学、ヘルシンキでは、陶芸家のカイ・フランクを訪ね、彼がアート・ディレクターを務める陶磁器メーカーのアラビア（ARABIA）の工場を案内してもらうなど、北欧の家具や陶器の製作現場にも立ち寄り、洗練された北欧の手仕事にも触れている。[76] そして、ブリュッセルへ戻った後、美代夫人と落ち合い、ドイツ、スイス、イタリア、フランスを、自らジャガーを運転して廻っている。おそらく、このときの美代夫人との個人旅行の大きな目的のひとつは、一九五五年の竣工から間もないル・コルビュジエのロンシャンの礼拝堂を訪ねることだったのだろう。自ら撮影した8ミリフィルムの映像が、そのときの感動を伝えている。

前川國男の近代建築観の深化

それでは、一九五六年から一九五九年にかけて実現したこの延べ七カ月余りとなる欧州連続滞在という経験は、前川に何をもたらしたのだろうか。一九五八年にブリュッセル万博の開会式を終えて帰国した際、前川は、次のような感想を新聞に寄稿していた。

「山高帽に黒背広、ステッキをついて犬をつれた紳士がエッフェル塔を背景にして満足気にたっている。そして空には軽気球が浮び飛行船が飛んでいる。

ブリュッセル万国博覧会の一角に催されている「近代絵画五十年展」の会場に飾られたこのアンリ・ルッソーの絵は恐らく一九〇〇年代の希望にあふれたフランス市民生活の表現であったのだろう。

この絵が描かれたころ、そしてパリ万国博の中心にエッフェル塔が三百米の虚空にそそりたったあの時から半世紀、世界はこの絵に描かれた幸福そうな紳士の希望を裏切って二度も大戦の惨禍をなめた。(…)

あれから半世紀。ブリュッセルの博覧会場には、(…)参加十か国の建築が、よくいえば百花繚乱、悪くいえば百鬼夜行の態で立ち並んでいるわけである。

この博覧会のテーマは「現代文明とヒューマニティー」といわれる。参加した各国がそれぞれの歴史的背景をもって、現代文明ととり組んで現段階この程度までものにして来た。今後いかにして生き、あるいは人類の文明に貢献していくかという命題のいわばデモンストレーションを行うというのである。

成程スプートニクは出来た。(…)数々のオートメーション装置、原子力平和利用の設備等々。盛り沢山に並べられてはいる。しかし山高帽にステッキ姿のしあわせそうな希望に胸のふくらんだあのルッソーの描いた紳士の姿は一向に見当らない。(…)明日の人類の生活に寄与する可能性をもった道具立はそろっていることはよくわかる。しかし四月十七日開会式にベルギー国王がのべられた願いにもかかわらず「この博覧会を訪れた万邦の人々が明日の世界に新しい希望をもって帰って行かれる」かどうかははなはだ疑問である。[77]」

ここで前川は、素朴派の日曜画家ルソーが描いた世紀末のパリの風景と、フランス革命百周年を記念して開催された一八八九年のパリ万国博覧会のシンボルとして建設されたエッフェル塔に触れながら、彼自身の暮らした大戦間の絶頂期のパリの日々を思い出したのだろう。そして、その後の世界大戦と戦後の混乱を、身をもって味わってきたからこそ、目の前で華やかに開催されたブリュッセル万博に対して、素直に喜ぶ気持ちよりも、戦争の傷跡と現代文明の将来に対する漠とした不安を抱かざるをえなかったのだ。おりしも、ソビエト連邦が前年の一九五七年十月四日に初の人工衛星スプートニク1号を打ち上げ、一九五六年に世界初の商業用の原子力発電所がイギリスに完成して原子力の平和利用が始まる。しかし、一方で、東西冷戦下の核開発競争が起こり、一九五〇年の朝鮮戦争や一九五六年のスエズ戦争（第二次中東戦争）など、戦争の火種も依然としてくすぶり続けていた。そんな中、科学技術と工業のシンボルが「新しい希望」となるとは、前川にはとても信じられなかったに違いない。そして、一九五九年に美代夫人と初めて訪れたル・コルビュジエのロンシャンの礼拝堂について は、翌年の一九六〇年に執筆した文章の中で、次のように記したのである。

「スイスのバーゼルに近いヴォージュのゆるやかな山岳地帯をベルフォールから北に向かって約二〇キロばかりの山の頂上にこの愛すべき教会が建っている。ヨーロッパの新建築に失望を感じ続けた僕が久し振りに何か救われたような感動を味わった。

ほんとうに久方振りの感動である。大げさにいえば三〇年前、はじめてパリについた翌日にガルシュのヴィラの前に立った時以来の感動であった。

もちろん、ここにはノートルダムの森厳さもシャルトルの壮麗さも見当らない、ただ僕らに身近な人間の体臭がやわらかに僕らを包みこんでくれる。

稚拙な落書とさえ感じられる画や字を描き込んだ大小の窓からさしこむ光に、ほの暗い御堂の内部に、蠟燭の灯がゆれる。

そこらの百貨店のショーウィンドウのような窓に、逆光を浴びたマドンナが紅衣をひいて、静かに僕らを見下している。

素朴な村の少年少女の合唱が、これはまた神に捧げた歌とも思えぬほどの艶やかさである。

設計者のコルビュジエの碑に曰く

「私はここに平和と静寂と、そして祈りの場所をつくりたい」と。

何から何まで騒がしい近代建築にソッポをむいたような建築、何か建築家の虚栄心、愚かさ、そうしたものを静かにたしなめるように、このロンシャンの教会は美しいヴォージュの起伏を見下してスックと立っていた。」(78)

前川は、ロンシャン教会について、この文章を記したのと同じ頃に行われた丹下健三との対談でも、「あんたロンシャンのチャペル、見に行った？　予期した以上によかった」[79]と語っている。また、文中にある「何から何まで騒がしい近代建築」とは、おそらく、一九六〇年に東京で開催された世界デザイン会議におけるメタボリズムの提唱など、より若い世代の建築家たちが華やかに繰り広げる議論への違和感から記した言葉なのだろう。そんな中で、小さな礼拝堂の設計を一人手がけていたル・コルビュジエの孤独な仕事への素直な共感と敬意の気持ちを抱いたに違いない。

そして、数年間にわたる欧州滞在の中で時間を見つけて観光に立ち寄ったのか、前川は、中世の街並みが残るベルギーの古都ブリュージュの町に何よりも魅せられたのだ。一九六二年に新聞に寄稿した文章の中で、次のような印象を記している。

ブリュージュの石橋の上にたたずむ前川國男
1959年秋　撮影／雨宮亮平＊

「「北欧のヴェネチア」とうたわれるブリュージュは、ブリュッセルの西方約百キロ、かつてフランドル地方の中心として栄えた中世の町である。人口五万そこそこのささやかな町中に水路が縦横にはしっている。（…）中世の趣をそのままに、両岸には十二、三世紀の建物が立ち並び、青黒い水面には静かに白鳥が浮んでいる。観光客の影もとだえる夜半近くにもなると、美しい照明の施された水路のここかしこは、全く浮世ばなれした雰囲気に包まれる。（…）月光に青白く浮ぶ高い塔、寺院の内陣から照らされて、くらやみのなかに美しく透けて見えるステンド・グラス。夜空をふるわして、広場の鐘の素朴な、澄みきった音がきこえてくると、ほんとに「文明とは何だろう」と、改めてわが胸にといかけずにはいられないほどの感動におそわれた。」[80]

前川の「感動」を誘ったものとは何だったのか。ここには、一九五六年から連続してヨーロッパに長期滞在する中でじんわりと経験したもの、すなわち、長い建築の歴史が蓄積してきた文明の厚みに対する畏敬の念から気がついた、人間にとって建築が存在することの意味への自覚があった

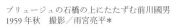

のではなかろうか。そして、その視点から自らが二十数年にわたって実践してきた近代建築をより広く時間の中で捉える眼差しを獲得したのだと思う。それは、続く時代の中で、繰り返し、自らが寄って立つ原点と目指すべきテーマを照らし出してくれる視点であり続けたに違いない。こうして、一九六〇年代へ続く前川の次の段階の試みが始まっていく。

Ⅵ　時間の中の建築を志向して

古都の伝統と歴史と向き合う中で

ブリュッセル万博日本館の経験から

ブリュッセル万博日本館の設計とそれに伴う長期ヨーロッパ滞在と縦断旅行は、前川に何をもたらしたのか。そのことの一端をうかがい知ることのできる興味深いプロジェクトがある。一九六〇年に竣工する京都会館である。この建物は、一九五七年七月から十月までの三ヵ月間、大阪の日建設計（尾崎久吉）、村野藤吾、前川國男の三者で行われた指名コンペにより、前川案が選ばれて建設される。前川事務所に残る資料によれば、京都会館の基本設計は一九五七年十一月から一九五八年五月まで、実施設計は同年六月から十一月までの期間で進められた。注目されるのは、基本設計がブリュッセル万博日本館の建設中と重なり、実施設計が日本館の竣工後、所員の三上祐三をナビゲーターに自らがオペルを運転して一六日間のドイツとオーストリアの古都を駆け足でめぐったヨーロッパ縦断旅行後の時期にあたることだ。この章では、京都会館の設計プロセスと、そこに見られる方法論の変化について考えてみたい。

古都・京都と戦争

京都会館が竣工する直前の一九六〇年三月、前川は、次のような文章を地元紙に寄稿していた。

「終戦直後はじめて京都を訪れた時の感慨を私は忘れることができない。戦火をうけなかったということはこれほどスバラしいことであったかと、春の日ざしを浴びながら無量の感慨を踏みしめて京の街をさまよい歩いた。(1)」

前川がこのような感慨を抱いたのも無理はない。四歳から東京で暮らし、終生をそこで送った前川は、旧制高校時代の一九二三年九月一日の関東大震災と事務所設立から一〇年後の一九四五年三月十日の東京大空襲によって、東京の二度にわたる焦土を経験し、続く五月二十五日の空襲では銀座にあった自らの事務所を焼失させているからだ。そんな経験があったからこそ、前川は、おそらく敗戦直後から鳥取の分室で進められていた木造組立住宅プレモスの設計打ち合わせに行った帰りに立ち寄ったのだろう、木造の町並みが無傷で残る京都に強烈な印象を受けたのだ。それはまた、幼少期を過ごした江戸情緒が残る東京の失われた風景とも重なって見えたに違いない。

もちろん、京都も戦争と無縁ではなかった。太平洋戦争下の空爆で一〇〇人を超える死傷者を出し、焼夷弾による木造家屋の延焼を防ぐことを目的に実施された「建物疎開」と呼ばれる強制的な立ち退きと取り壊しによって、堀川通、五条通、御池通沿いの家屋が撤去されて町は大きく傷つき、仏像や梵鐘の金属供出で神社仏閣も荒廃し、戦後の疲弊には著しいものがあった。(2) それでも京都の町のほとんどは戦禍を免れたのである。しかし、それは、戦後に広く流布されたような「古い文化財を守るため」のアメリカの英断によってではなく、歴史の偶然による奇跡的な結果に過ぎない。歴史家の吉田守男は、その隠された真実を明らかにした著書を、こう結んでいる。

「三発目の原爆は投下される寸前にまできていた。(…)京都を三発目以降の投下目標として温存する軍人たちがおり、京都への投下練習が着々と積み重ねられていた。このような状態で戦争が終結した結果、京都は爆撃禁止の状態におかれつづけたため、結果として、本格的な空襲を免れたのであった。原爆投下目標として、最後の最後までねらわれつづけていたことが、空襲がないという結果を生み出した真相だったのである。(3)」

そして、前川にどこまで見えていたのかはわからないが、敗戦後の京都も、苛酷な状況に置かれていた。生活史の立場から占領期の京都の姿を克明に綴った西川祐子の著書(4)によれば、一九四五年八月十五日の敗戦後、連合国軍第六軍の実戦部隊の進駐軍が戦地フィリピンから日本へと直行し、和歌山港から上陸して九月二十五日には京都に到着する。そして、クルーガー司令官のもと、司令部は四条烏丸の大建ビル(一九二五年、現・COCON KARASUMA)に設置された。それから講和条約が発効する一九五二年四月二十八日までの六年半、約七千人から一万人もの兵士が京都に駐留する。そのため、早くも九月には後の京都会館の敷地となる岡崎公園が全面的に接収されて、勧業館、京都市美術館、京都府立図書館が単身者用宿舎となり、十月には京都府立植物園が接収されて家族用住宅群が建設される。こうした接収では、米軍将校の宿舎建設のために京都御苑も対象となったが、府知事らが上京してＧＨＱと直談判し、代わりに植物園を提供することで接収を免れたという。また、一九五〇年に朝鮮戦争が勃発すると、京都市美術館は米軍の傷病兵を収容する病院としても使われていく。

戦前の悲願の公会堂建設計画から

そんな状況下の京都が戦後復興へと一歩を踏み出したのは、占領下の一九五〇年十月に施行された京都国際文化都市建設法がきっかけだった。京都会館（現・ロームシアター京都）に保管されている資料「京都国際文化観光会館の建設について」には、建設に至るまでの経過が記録されている。その起点は、一九五五年九月に各種団体や学者、芸能関係者が結成した市民会館建設促進懇話会による約四万四千人の署名と三〇団体の支持を得た、一九五六年二月の各派市会議員三一名を紹介者とする請願書の提出と市議会での満場一致の採択である。これを受けて、同年七月、高山義三市長は、建設財源に充てる観光施設税創設のため、市議会で次のような説明を行っている。

「本市は消費的大都市として経済力が遺憾ながら甚だ脆弱であるため、その財政もまた窮乏状態にあり、目下地方財政再建特別措置法の適用を受けておる現状であります。このため国際文化観光都市としての諸般の施設に欠けるところが多いのみならず道路その他の既存設備にあっては、荒はいをさえ懸念される状態にあるのであります。従ってこの際進んで古文化財の保存については、万全の施策を講ずるはもちろん、道路橋梁をはじめ国際文化観光会館など観光諸施設を整備して、名実ともに備わった国際文化観光都市京都を建設し、今後一そう内外の観光客に十分の便宜を供して、楽しく気持ちよく京都を観光できるようにいたしたいと考えるのであります。」

この市長の発言からも、当時の京都市の置かれていた状況を読み取ることができるだろう。こうして、京都市は、一九五六年八月に文化観光施設税の創設を決議し、竣工後に京都会館が正式名称となる「京都国際文化観光会館」の建設へと進んでいく。続く一九五七年四月に組織された建設審議会には、コンペの審査を務める専門委員として、京都大学教授の森田慶一（意匠）、坂静雄（構造）、棚橋諒（構造）、前田敏男（設備）、京都工芸繊維大学教授の大倉三郎（建築）の他に、演劇、美学、音楽の専門家と共に、画家の須田国太郎も加わっていた。また、この委員会では、設計者の選定方法についても議論が尽くされ、その中で、森田が、「指名される建築家」は「斯界に認められた専門的智識と豊富な経験の持主」であり、「その造形的作風は公的建築にふさわしいものでなければならないと同時に、公的建築の特異性を認識し発注者の意見を協調的にとりいれる態度をもつことを要する」こと、また、二月に制定されたばかりの「建築設計競技規準」に則り、「当選者は設計監理の担当者として指名委託すべき」との提言も行っていた。興味深いことに、資料には、註として、前述した一九五四年の国立国会図書館の公開コンペにおける著作権問題と設計監理費用についての正確な経緯報告も付されていたのである。こうして、先の世田谷区民会館・区庁舎に続く、正式な建築設計競技規準にもとづいた指名コンペとして実施されていく。

京都会館敷地写真　柳並木と疎水、公会堂が見える＊

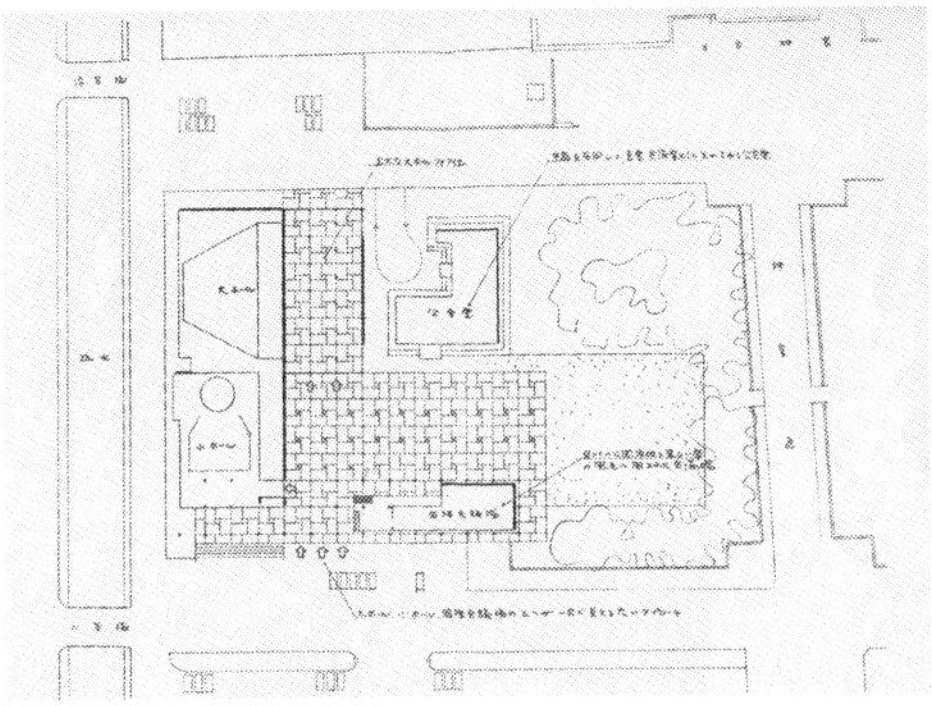

京都会館指名コンペ前川國男案　説明書の配置計画図＊

　残念ながら、筆者が調べたかぎり、コンペの応募要項は確認できていない。また、他の応募案についても、日建設計案は残されているが、村野案は見つかっていない。唯一、同じ資料の中に、「自治省へ提出せるもの」として、「計画概要」のメモが残されている。そこには「近代風の明るい優雅な外装とする」、「主なる内容」として、二千席の大会議室、一五〇坪の国際会議室、一五室の会議室が挙げられていた。また、京都市営繕課長による岡崎公園を敷地として最適だとする文章には、「附近の公館施設を有機的に取入れることが出来る」、「東山及疎水の景観を建築にとりいれ建物の環境美をたかめられる」と指摘されていた。前川事務所に残るコンペ時と思われる敷地の写真には、柳並木と疎水のある穏やかな敷地周辺の様子が写っている。

　後年の二〇〇五年、京都市の建築技師として京都会館の建設計画に携わり、前川事務所の所員と共に現場監理も担当した望月秀祐は、建設の経緯について、次のように書き残している。

「戦後長い間、京都の岡崎文化公園の一角に荒涼とした広い空地があった。京都市公会堂建設予定地であった。すでに設計も完了していた。ベンチ式の客席ではあったが二千人収容の大規模なもので、先ず昭和のはじめに公会堂別館の建設が先行し現存するが、戦時中を理由に公会堂本館の建設は見送られた。

戦後、昭和二十五年に京都国際文化観光都市建設法が施行されたが、市内にすぐれた音楽ホールが無いことがしばしば問題になった。

昭和三十年、市民による市民会館建設促進懇話会が結成され、三千人収容、工費三億円と当時の新聞にたびたび報道された。

当時、市は財政的に地方財政再建特別法の適用を受け（赤字）再建団体の指定を受け、新規大事業の実施は極めて困難な状況にあった。しかし、昭和二十五年から市長にあった高山義三市長は一大決心をし、京都の観光社寺から一定期間（一〇年）に限り観光税を徴収することに成功した。[5]」

また、望月は、建設地の選定について、市役所南側の本能寺の敷地や、円山公園、京都御所、岡崎公園などが検討され、最終的に岡崎公園が最適とされた経緯を記した上で、建設審議会の答申では、「市民の大規模集会を優先したため多目的ホールの性格が要求され、音楽専用ホールが実現できなかったことは後々の使用に当って問題になった」とも書き留めていた。また、「設計者の選定」については、「指名の根拠」として、「合理的設計の前川國男氏、芸術的設計にすぐれた村野藤吾氏、世界的組織力を持つ日建設計」が選ばれたとする。そして、コンペの「実施要項」の「唯一の特徴」は、「コンクリート打放し仕上げにしないこと」という条件を付けたことも明かしている。それは、「コンクリート打放しに対する市民的評価が低」く、その施工実績も関西には少なく、「特に伝統的建造物の多い京都ではふさわしくないと判断された」からだという。こうして、京都会館は、戦前以来の悲願でもあった公会堂の建設と戦後復興の象徴として計画され、しかしその施設内容については、曖昧な多目的ホールという条件のもとで、指名コンペが行われたのである。

コンペ案で提示された方法論

それでは、前川案では何をテーマとしてどのような方法が提示されたのだろうか。コンペ案と共に提出された「説明書[6]」の「まえがき」には、次のように記されている。

「国際的視野をもった音楽堂、劇場、会議場を綜合した一つの会館を建設することは風光の古都、京都にとって歴史の新しい一齣であるに違いない。

風光と文化財が渾然と融け合った古都、京都は最も正しい伝統の線に沿ってこの新しい一齣を進めねばならない。

われわれは会館の設計に当って最も意を用いたのは此の点であり、悠久な歴史の流れと、この流れの溶け込んだ東山一帯の風光に対して敬虔な態度でのぞみつつ、此の古都の新しい歩みに参画せんものと念願したのである。」

また、続くページには、「敷地の性格」に対応するテーマとして、「環境との調和」が挙げられ、説明されている。

「東山一帯に囲まれた平面的な岡崎公園と、その水平的な性格を象徴するが如き疎水の流れ、それに既存の建物、公会堂、勧業会、美術館等の中層建物の高さなどを考え合わせる時、この場所に巨大なマッスの高層建物を置く事は、公園地帯全域に対して不均衡を来すものと思われる。

このため本案では建物全体を中層の高さに収め水平に延びた屋根面から大ホールの屋根、小ホールの舞台フライの部分のみを突出せしめる水平線的な構成をとった。

京都会館指名コンペ案の粘土模型*

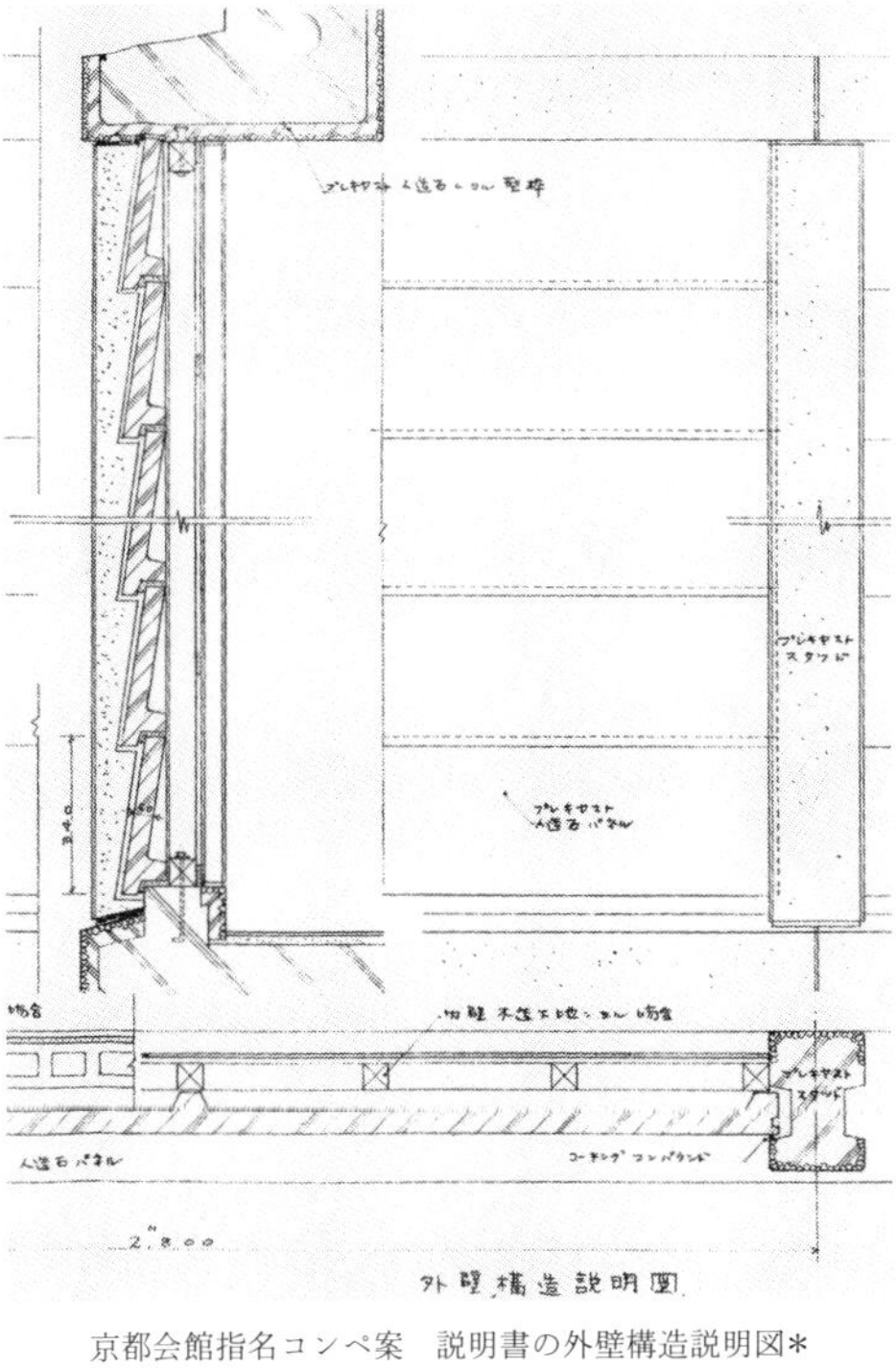

京都会館指名コンペ案　説明書の外壁構造説明図*

この公園のもつ水平線的性格は建物のボリウムの流れのみでなくバルコニー手摺、外壁を構成するプレキャスト版等、全館意匠の細部にまで浸透せしめ附近全地域及び周囲の風光との調和を図った。」

前川は、何よりも、岡崎公園と周囲の景観がもつ特質に注目し、環境との調和を重視しようとしたのである。さらに、「配置計画」の説明では、既存の公会堂や東側に隣接する公園を取り込むことをテーマとして、「本会館敷地と東側隣接公園地とは、合して一つのブロックを形成している。従って配置計画は当然このブロック全体を対象とすべきものと考えた」との考え方が提示され、説明が展開される。

「本案はブロックの中央部にペーブをした広場と、これに重なり合った芝生地を置き、これを全ブロックに対する中庭とし、之を囲んだ公会堂、大ホール、小ホール、国際会議場がコの字形にならんで東側の公園の森がこれをロの字に完結するという構成とした。」

説明書の中の配置計画図が、敷地とその北側にある公会堂（現・京都市美術館別館）や東側の芝生地を組み入れた中庭を中心とする明快な空間構成の考え方を伝えている。そして、続く各機能の「ブロックの組立」の説明では、「国際会議場、大ホール、小ホールという三つの要素はそれぞれ独立した性格を持ち乍らこの三者の集合したものは一つの会館として把握されねばならない」として、「更に現在の公会堂を加えて四者が一つのまとまりをもって受取られる様に本案では南側ピロチー、中庭、テラスとつながる一連の空間構成を採った」とする。また、「ピロチーは会館全体の広大な玄関をなし、ここからは大ホールを正面に、左手に小ホール、右手に国際会議場入口を、更に広場を越えて公会堂をも一目で見渡すことが出来る」と提案されている。

こうした配置計画と、前面道路から建物を後退させた前庭の創出、アプローチ路としてのピロティの用い方や、中庭を取り囲む空間構成の考え方には、この直前の一九五七年四月から六月にかけて行われた指名コンペで一等を獲得した、世田谷区民会館・区庁舎から引き継がれた方法論が読み取れる。さらに、一九五七年一月に竣工した岡山県庁舎で展開された周囲の風景を取り込む伸びやかな空間構成も継承されている。

しかし、コンペの説明書に付された模型写真を見ると、竣工した建物とは大きく異なり、大ホールの屋根は、極力高さを抑えるための工夫なのだろうか、「薄くて剛性の高い一七面体の鉄骨シェル」として構成し、その外縁は、ゴシックの教会に見られるような立体トラスの「フライングバットレス」で補強する方法が提案されている。また、先の望月の文章でも触れられていたように、コンペの要項に「コンクリート打放し仕上げにしないこと」と記載されていたからなのだろう。そのことにも配慮して、同じくコンペ結果の発表時に担当チーフの田中誠が記したように、「Competition の条件に打ち放しコンクリートは成るべく避けるようにという注文」が付いており、「工事費の予算も十分ではない」ため、応募案では、「下見板式のプレキャストパネル」を提案したのである。この構法は、一九五七年三月に竣工したばかりの日本相互銀行亀戸支店で試みられた方法[7]の応用だった。そして、おそらくコンペの時点で描かれたものなのだろう。前川の直筆のスケッチにも、中庭を中心とする建物全体の空間構成のスケッチと共に、大ホール屋根の鉄骨シェルとフライングバットレスが描かれている。そして、コンペ当選後の基本設計でも、基本的な考え方は踏襲されたことが、石膏模型の写真からは読み取れる。

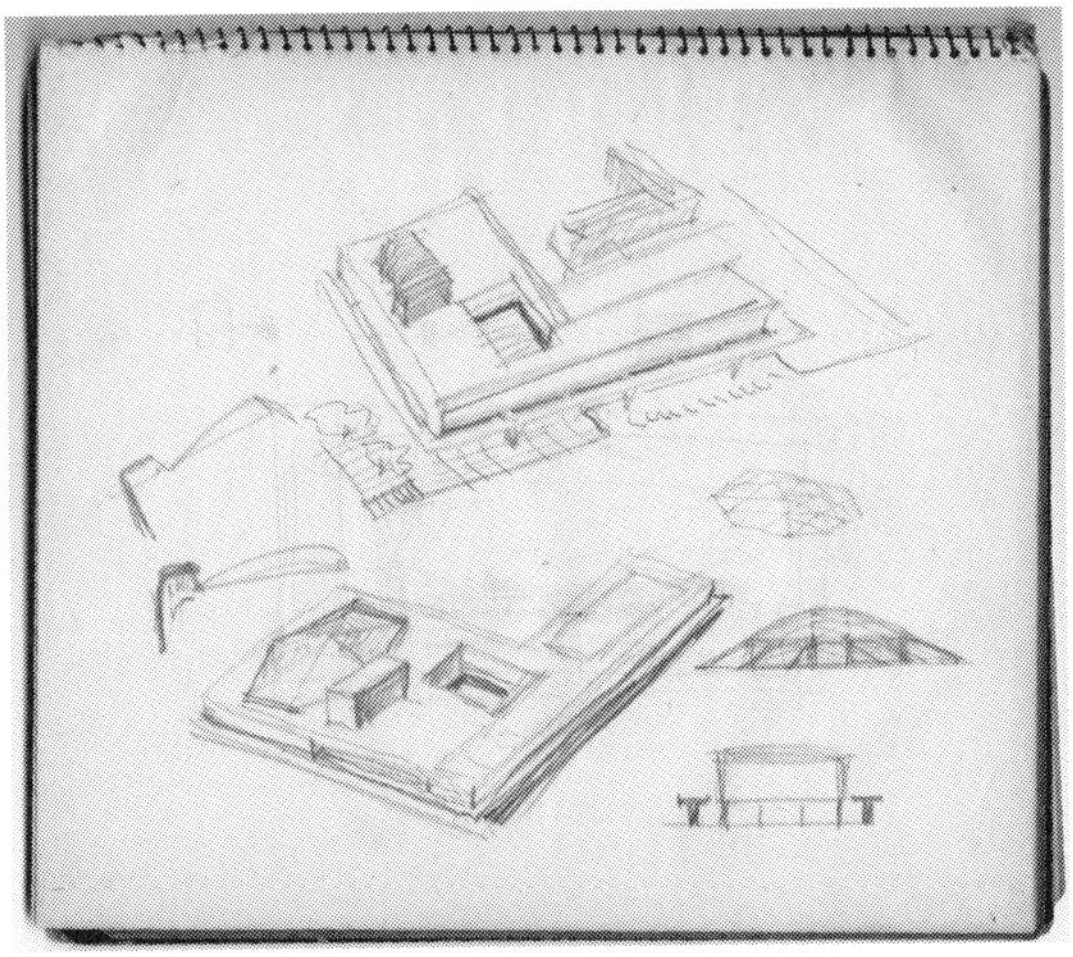

前川國男の京都会館の直筆スケッチ＊

京都会館基本設計の石膏模型　撮影／渡辺義雄＊

こうして見てくると、コンペの応募案から基本設計まで一貫していたのは、建物の内外と中庭、その周囲までを取り込む伸びやかな空間構成の考え方である。だが、その一方で、技術的な考え方の根本に流れていたのは、従来のテクニカル・アプローチによって開発されてきた工業化素材による外壁の構法や構造的な屋根架構の提案であり、そこでは合理主義的、機能主義的な考え方にとどまっていたと言えるだろう。その外観の表情も、どこか即物的な印象を与える。しかし、これらの方法は、続く実施設計の段階で大きく変更されていくことになる。

転換点としての京都会館

実施設計で試みられたこと

京都会館の実施設計は、前川がヨーロッパ縦断旅行を終えて帰国した一九五八年六月から始められる。このとき、基本設計までの機能的で合理的なテクニカル・アプローチを主軸とする設計方法論は、大きな転換点を迎えていたと思われる。そのことは、基本設計と実施設計のほぼ同じアングルから撮影された二枚の石膏模型の写真から明快に見て取ることができる。何よりも注目されるのは、水平に伸びる大庇が丸みを帯びて軒の出も大きくなり、全体を統合する象徴的な存在に格上げされたことだ。また、第一ホールの客席と舞台を蓋う屋根が勾配屋根と大きな壁面を持つヴォリュームに変更された。このような変更の動機については、京都会館の竣工後、前川が記した次のような文章からも読み取れる。

「京都という伝統的な土地柄に、文化センターといった近代的な施設を、どんな形で建築すべきか。正直いってそんなにやさしい問題ではなかった。(…)京都は伝統の町という、京都は美しい古都であるという。然しこの美しい古都も伝統の町も、かって此の町を、かくも見事に作り上げ、かくも見事に生き抜いた京都の人達の「生けるしるしある」創造的な充実した生活をのぞいては、うつろな廃墟にすぎないだろう。近代化も必要である事は当然である。然しそれがかっての京都をつくり上げた人達の充実した生命力のよろこびといったような貴重な伝統を傷つける様なものであってはならない。京都会館は近代建築技術をもって建設されねばならない。いかに設計したらこうした誤りを

京都会館基本設計時点の石膏模型＊

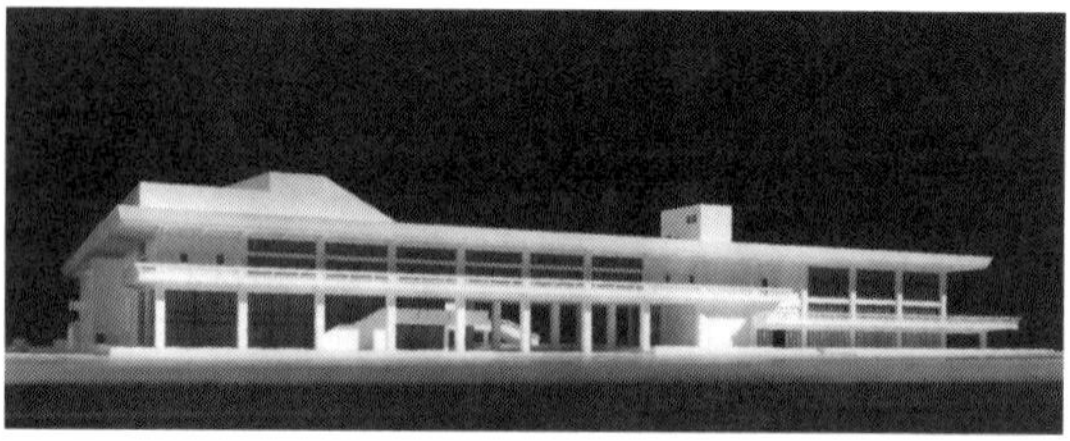

京都会館実施設計時点の石膏模型　以上２点、撮影／渡辺義雄＊

国立国会図書館（1961–68年）　撮影／イースタン写真＊

犯さずにすむかという点が、私達の最も大きな関心事であり同時に身に余る責任でもあった[8]。」

ここで自覚されているのは、長い時間をかけて育まれてきた人々の営みへの敬意であり、それによって作り上げられた木造の町並みの風景に対する畏敬の念だ。おそらく、前川の眼差しは、ベルギーのブリュージュなど、遠くヨーロッパの古都をめぐり歩いた経験とも重なっていたと思う。同時に、これまで近代建築を支える技術の未熟さを繰り返し痛感してきたからこそ、京都の木造文化を傷つけることなく、それとのつながりを保ちながら、同じく時間に耐えうる造形をどうしたら生み出すことができるのか、という新たなテーマと向き合うことになったに違いない。設計担当のチーフを務めた田中誠が竣工後に記した文章からも、共有されていた問題意識をうかがい知ることができるだろう。

「京都というところは、新建築にとって豊じょうな土地ではない。この町の性格が原因なのか、あまりにも数多い歴史的建造物に威圧されてのことか、われわれには判らない。しかし、この建物のような近代的なテーマを与えられて、いまさらのように、過去の遺産の威力を感ぜずにはいられなかったし、今まであまり畏れも敬意をも払っていなかった建造物が意外な迫力をもち、意外にしっかりとその環境の中に立っていることも認めざるを得なかった。

ここでは意識過剰の強がりは、化けの皮をはがれようし、日本調で妥協しようとすれば、肘鉄砲を喰らわされることは目に見えている。結局ここでもまた、神妙に、手固く、われわれは自分達の道を歩いて見ること、これしかあり得ないことをはっきりと感ぜられた。そして見られるとおりのごく平凡なプラン、ごく当りまえのデザインが生れたのである。[9]」

過剰な造形表現を避け、地道な方法によって、京都という場所に着地させることを目指したのである。そして、前川は、この直前の世田谷区民会館・区庁舎とブリュッセル万博日本館でつかんだ方法を手がかりに、このテーマと取り組もうとしていたことが、竣工後のインタビュー談話からも伝わってくる。

「こんどの建物は、あの環境ですね。東山をのぞんだあの平安神宮、あの環境というものを考え、テーマとしては、ブラッセルの博覧会以来、大きな屋根を作って人を招き入れるような感じというか。そういうものをと思ったんです。たとえば世田谷の区民会館にしても相当大きな屋根を持っていますね、そういう、人をインバイトする感じのものを一つのテーマにしていきたいという気がするんです。

京都のああいう場所に建てるということになって、やはり同じようなテーマですが、さらにそれを発展させるというか、その大きなオーバーハングの角を丸めて、人がはいってくるときになるべく抵抗が少なくなるような感じ、そういうものを出したらどうか、というところが一つのポイントだったようにわたくしは思うんです。[10]」

ここで説明されているように、京都会館で意識的に試みられたのは、ブリュッセル万博日本館の大屋根で得た手応えを発展させて、「大きな屋根を作って人を招き入れるような感じ」を作り出すことだった。さらに、そこに、京都の南禅寺の三門（一六二八年）に代表されるような、木造の禅寺の豪壮な瓦屋根のイメージも加わったのだろう。また、世田谷区民会館や、京都会館と同じく実施設計で外観デザインが大きく変更されて、水平の庇とバルコニーが外周を廻る国立国会図書館（第一期一九六一年竣工）では、庇の先端は直線で即物的に処理されていたが、京都会館では、人々を迎え入れるかたちへと、プレキャスト・コンクリート製の庇の先端に丸みを持たせる工夫が施されたのである。こうした方法にも、技術の追求よりも建築が人に与える意味を考えようとする姿勢の変化を見ることができる。

外壁の素材の変更

そして、建物全体をコンクリートの打放しによる造形に徹した世田谷における試みを経て、京都会館の印象を大きく特徴づけているのが、それまで日本相互銀行の支店群などで追求されてきたプレキャスト・コンクリート版やコンクリート・ブロックなどの工業化素材とはまったく異質の、特注の陶製の炻器質ブリックに覆われた外壁である。ここにも、建築を構成する素材に対する考え方の変化が読み取れる。田中は、京都会館の建築材料について、次のように説明していた。

「建築の材料にとらわれる事は、一流のアーキテクトのなすべき事ではないと言った風潮がたしかにある。然し乍ら建築の材料が、石や煉瓦に限られて、その工法も大して変化しなかった昔ならばとも角、建築材料もその工法も、眼まぐるしく変転する現在、われわれは材料に対してそれほど無関心ではいられない。

一つの材料がその時の社会にしっかりと根を下ろし、人々に親しまれ、使い慣らされていた時代とは全く様子が違って、現在ではわれわれには安心して使える建築材料の持駒はないと云ってよい。好むと好まざるとにかかわらず、自分達の持駒となる材料を得るためには、これに向ってしつこく追い求め、その成果をしっかりと確めていかねばならない。(…)建築に使われる材料は、その色や形だけではなく、それが濡れたり、乾いたり、日に当ったり、陰になったり、あるいは足で踏まれ、手に触れ、背中でもたれたり、色々の状態でわれわれの五感に訴える。従って、建築の材料はこの様な事のすべてと、無論その耐久力、量産性、施工性等々を秤りにかけた上決定されるべきである。[11]」

またそこには、後年の一九七六年にセラミック(陶器、磁器、炻器等の焼物)について田中が書き留めた、次のような危機感も内包されていた。

「いわゆる使いすて時代の流れの中で、建築もまた、電気冷蔵庫、テレビ等と同列の耐久消費財程度に見られ、そのように作られ、そのようにスクラップ化され始めたありさまは、歴史にかつてなかった事態である。われわれは、「建築」そのものの命脈にもかかわるこのような様相に、迎合あるいは便乗して次々と出現する根なし草の新建材に強い反発を覚えざるを得ない。

この観点に立ったとき、セラミックスは多くの新建材に較べて、耐水、耐熱、対汚染等、その耐久性においてたいそう優れていて、しかも日本という国土が、原材料や窯場の分布についてもたいそう好都合にできているので、私たちはこれに注目しているのである。[12]」

急速に発展する建築産業の中で、時間に耐える確かさを与える素材を建築に求めようとしたのだ。それは、テクニカル・アプローチからの方向転換でもあった。そのことは、京都会館の別の担当者の南條一秀が記した次の文章からも読み取れる。

「日本相互銀行本店の前後によくテクニカルアプローチという言葉を使っていた。一部の人には才能ある建築家はあんなことはやらないというような批評まで受けながら、当時は戦争中の日本の遅れを一気に取り戻そう、工業化の先鞭をつけようと非常に背伸びしてやってきた。しかし（…）精度の問題が大切である量産性、互換性、また殊に外部に使われる金属等の耐候性等は可成な単価をもってしてもいずれも満足は得られなかった。さらにこれらの追究が美を生み、そこに人間も安心するであろうという考えは次第に疑問を生じてきた。（…）それよりは寧ろ身近にあって安定した材料で人びとに暖昧を与える焼物などを素直な形で量産した方がよいと思われた。[13]」

こうして、京都会館は、前のめりに工業化、量産化へと突き進んでいた建築の技術的な追求を相対化し、モノとしての存在感を重視する起点になっていく。

京都会館の評価をめぐって

このような試みが評価されたのだろう。京都会館は、工事中の現場を前川に案内されたフランスの美術評論家に、「全体の構成を示す高い格調と、昔の建築の木の骨組にも比すべきみごとな打ち放しコンクリートのもつ厳しい力強さによって、そこには古いお寺に見られるのと同じような雄大な雰囲気が創りだされている[14]」と絶賛される。また、竣工後には、「打放しコンクリートを主調とし、鉄・硝子・石・木材等の生のままの素材を駆使して形成された空間が、禅寺のもつ素朴ではあるが力強い荘厳にも似通うものをいみじくも現出している[15]」として、前川にとって、日本相互銀行本店、神奈川県立図書館・音楽堂、国際文化会館（共同受賞）に続き、四度目となる一九六〇年度の日本建築学会賞を受賞する。しかし、その一方で、それまでのテクニカル・アプローチによる前川とスタッフの姿勢と方法に共感してきた人びとに違和感を抱かせることにもなった。京都会館は、一九六〇年の建築年鑑賞も受賞するが、その審査員を務めた建築評論家の藤井正一郎は、選評「転身の意味」の中で、次のような疑問を投げかけたのである。

「戦前、日本における近代建築の孤塁を守り、戦後、プレモス、日本相互銀行本店、神奈川県立音楽堂等において、テクニカル・アプローチの名のもとに日本の建築技術の近代化を押しすすめ、（…）《プレコンによる文化会館》として当選の栄冠をかちえた前川国男建築設計事務所が、なにゆえに（…）今日の《転身》をみたのか、その《転身》が、かつての《工業的な背伸び》を反省し、材料・工法の地についた摑みかたを模索し、そこから日本建築の真の近代化を押しすすめ直そうとするためのものならば、それは、明日の前進のための一歩後退としてわたしは評価したい。しかし一方、もしその《転身》が、（…）採用する工法・材料を、日本の工業水準の現状をそのまま容認する形での《安くて確実なもの》へと移してゆき、焦点をテクニカル・アプローチから抽象的な《ヒューマン・アプローチ》に転化させ、そこに安住の地を見出してゆくものであるとするならば、わたしには、それはたんなる一歩後退としてしか考えられないのである。[16]」

藤井には、京都会館はテクニカル・アプローチからの「転身」ではなく悪しき「後退」ではないか、と思えたのだろう。

前川國男の考えていたこと

それでは、前川自身は、京都会館をどのように考えていたのだろうか。竣工後、学会賞の受賞者として前川が記した文章は、次のような結語で締めくくられている。

「建築的評価についてはそれぞれの専門家、そして誰より

京都会館（1960年）　南面全景＊

京都会館　西側全景　以上2点、撮影／多比良敏雄＊

京都会館　第1ホールから見た中庭　撮影／渡辺義雄＊

も京都の市民が時と共にその審判を与えて下さる事と思いますが、更にわれわれの立場から一言許して頂けるならば、もしも三〇年前あの不吉な日本の激動期に於いて今日の京都会館が建てられたとするならば、その当時所謂日本趣味建築で私達を苦しめられた諸氏はこの建物にどんな批判を与えられたであろうか。それを知りたい気持ちにかられる次第であります。(17)」

前川は、自らの建築家としての歩みを振り返って、こう記さずにいられなかったのだ。歴史の因縁なのか、隣接する公会堂別館（一九三一年）は鉄筋コンクリート造の「日本趣味」の建築であり、前川は、こう記した二〇年前の一九四一年十一月三十日、太平洋戦争開戦前夜の日誌に、次のような言葉を綴っていたからである。

京都会館の現場に立つ前川國男　1960年　撮影／渡辺義雄＊　写真原板所蔵・日本写真保存センター

「日本趣味建築
前川國男は此の種の建築と十年間の干戈を交えた（…）
日本趣味建築こそ最も近世唯物的功利的自由主義的精神の発露とも云うべきであり
此の種建築の主唱者佐野博士及びその追随者は此の意味に於て最も当今排撃さるべき建築家の範疇に属す
暗黙裡にそれを許容した日本建築界亦全断
噫かうして前川國男はついにその青春を棒にふった
建築の意匠はただ美しく正しくあれ
それが日本を最も強大にする所以ではないか
日本趣味建築は決して美しくあり得ない（…）
日本が強く健やかなるためには今一度本質の価値に立ち還る事である(18)」

ここで前川が名指した佐野利器こそ、戦時下に建築学会に設置された大東亜建築委員会を主導して建築を戦争へと動員した中心人物であり、一九四〇年四月十一日に学士会館で催された還暦祝賀会の報告記事の結語に、ナチス独逸の総統アドルフ・ヒトラーへの賛辞の台詞をもじって、「先生はいつものように、御元気そのものだった。実に全くハイル・ザーノーだった(19)」と綴られたように、絶大な権

2011年8月3日　第48回京都府吹奏楽コンクール開催日の京都会館　これが最後の回となった

力を誇っていた。しかし、その佐野も、京都会館のコンペが行われる前年の一九五六年十二月五日に没していた。前川の問いかけはその相手を失っていたのである。

京都会館は、前川にとって、二〇年間を費やして実現させた「日本的なもの」というテーマに対する自分なりの解答だったのだ。それはまた、一九五〇年代後半に建築ジャーナリズム誌上でさかんに議論された伝統論争に終始無言であった前川の、実作による問いかけでもあったに違いない。京都会館で試みられた空間構成と素材や工法は、続く仕事の中で持続的に探究されていくことになる。

前川が京都会館で実現させた方法に、後年、強い共感を寄せたのが、評論家の加藤周一である。前川没後の一九八八年、加藤は次のような文章を記している。

「東京は原則として無秩序の都会である。(…)どういう高さの、どういう形の、どういう色の建物をつくろうと、少くとも美的観点からは自由である。(…)このような自由は、(…)建築家のあらゆる冒険を可能にする。別の言葉でいえば、デザインのない都会は個別の建物のデザインの実験場である。

しかしあたえられた敷地において自由に振舞うことのできる建築家は、原則として、街並の景観には何らの影響もあたえることができない。大胆なデザインを実現することはできるが、隣の醜悪な広告を除くことはできない。かくして東京における建築家の自由は、また同時に建築家の孤立を意味するだろう。（…）

孤立した建築をつくる、――つくらざるを得ない現代日本の建築家がとり得るもう一つの態度は、あたえられた敷地のなかに何棟かの建物を配置して、そこにいわば極小の都市空間を創りだすことである。すなわち建築と周辺の環境との関係に、たとえ局部的にでも、固執して、何らかの解決をもとめようとする態度である。一貫してそういう態度をとった代表的な建築家は、おそらく前川国男（一九〇五～八六）である。（…）

立地条件の活用、敷地内の広場、建築内の「中庭」または「吹抜け」という三つの手法は、（…）早くも京都会館（一九六〇年竣工）に見事な効果を生んでいた。道路からピロッティの間を通って導かれる廻廊に囲まれた中庭、そこからみえる東山の借景、西側のタイルを用いた大壁面を映す疎水の水、建築本体の水平の平行線の強調と、ピロッティによるアクセント。――そこには、戦後日本において成功した近代建築の一つの頂点がある。[20]」

このように、加藤が「近代建築の一つの頂点」と高く評価した京都会館は、建設時に高山市長が「生活道場」として活用していくと述べた熱情[21]を持続して育むことができなかったのか。二〇一六年の大規模な改築によって、前川が「平俗化を恐れる」[22]と危惧したように、民間資本の導入によって商業ホールへと変貌し、公共空間としての意味を失った。前川が求めたものとは何だったのか。今も繰り返しそのことを問い続けている。

打込みタイル構法の始まり

京都会館の外壁に託されていたもの

先に見てきたように、一九六〇年に京都会館が竣工した際、建築評論家の藤井正一郎は、「転身」という言葉で、そこに出現したタイルで覆われた姿は、「建築技術の近代化」を推し進めたテクニカル・アプローチからの「一歩後退」ではないか、と根本的な疑問を突きつけた。彼は、このときの自らの問題意識を忘れることなく、その後も前川の仕事を見続けてきたのだろう。前川最晩年の一九八三年八月に、事務所の所長室で行われたインタビューにおいても、藤井は、そのことを反芻しながら、京都会館について改めて次のような問いを前川に投げかけたのである。

「この間「方法論」という言葉が先生の口から出て、どういうことかと尋ねかけてお話をうかがう機会がなかったものですから、この際その話をお聞きしたいと思います。(…)たとえば、「京都会館」ですね、あのころ先生はひとつの転換点にあったんじゃないかと想像するんです。といいますのは、「京都会館」は確かコンペで、先生のコンペ案は壁体がプレコンじゃなかったかと思うんですよ。それが実際にはタイルを使われた。そのころ先生はコンクリートという素材に対する一種の不信感のようなものを持ち始めたのかなと想像するんですが……。」[23]

この質問に対して、前川は、一九六〇年当時の自らの歩みを振り返りながら、こう答えている。

「あの頃、ぼくは近代建築というものと格闘していたわけだけれども、その頃からね、ちょっと素材に対する不信感ということでは済まない問題にぶつかっていたんだな。

（…）五十歳になった時に東京文化会館の仕事がきたんだが、そのころいろいろと迷っていたことがあった。そのひとつは素材の問題だね。（…）建築家というものはやっぱりね、永遠性というものにあこがれているところがあると思うんだよ。建築家が自分の作品をつくりたいと思い込む時、非常にはかない一生のうちに何ができるのかというようなことを考えると、実際いても立ってもいられない。こうしちゃおれんというような気持ちがわいてくるんだね。オットー・ワーグナーが建築家は四十歳になるまで仕事をしちゃいかんという意味のことをいっているけれど、ぼくは四十はおろか五十になって初めて、何かふわっと建築というのはどういうものかということがわかってきたような気がしている。

　ひとかどの建築家といわれるほどのものは、方法論との格闘をしょっ中やっていなければならないという気がするんだよ。ぼく自身もそういうことには関心があったし、ましてや一五年という戦争によるブランクがあったでしょ。戦争が終わったらああもしたい、こうもしたいと考えていたことがあるわけだよ。」

　このように述べた後、前川は建築におけるマテリアル（素材）の問題について、さらに語っている。

「ぼくもいろいろ右往左往したけれども、しかしその右往左往もね、前提となるべき問題があると思うんだよ。

　たとえば、建築というようなものを考えるとマテリアルを考慮に入れないわけにはいかないだろう。その時にたとえば壁の材料というようなものは、壺の形の意味と似たようなことを考えざるを得ないんだな。

　壺を見たときに、お前たちの大事な酒を守ってやるという、壺のもっている形自体の呼びかけがあると思うんだよ。ぼくらが壺にひかれるという意味合いはそういうところにあるんじゃないかという気がしているんだよ。

　同時に、建築の外装・外壁もプロテクトしてやるんだという意味合いをわれわれに語りかけてくるものでなければならないし、また事実そういうものであったと思うんだね。」

　こうした発言から、前川が、建築の永遠性に憧れ、語りかける壁を求め、プロテクトする外装材に着目していたことがわかる。しかも、こうした考えにたどり着き、打込みタイルを開発するに至るまでの道程には長い時間が費やされてきた。そのことは、一九七四年の別の対談で、遠く戦前のレーモンド事務所時代の経験を振り返りつつ語られた、次のような発言からも読み取れる。

「何で打込みタイルをはじめたかといいますと、これはぼくわりあいにはっきり考えを整理しているのですが……。

レイモンド事務所にいたころコンクリート打放しをやり出したんですね。それはレイモンドがぼくとの雑談で、コンクリートの表面仕上げがどうもいいものがないなという話をしていたことがあるのです。なぜいかんかというと、たとえばタイルをあとから貼りますでしょう。タイルを貼るというのは、モルタルをだんごにしてくっつけてぐっと押さえつけるだけですよね。(…)見たところはきれいに納まるんだけれども、モルタルの目地は弱いセメントですから水がどんどん入っちゃうんです。その水はコンクリートとタイルの間のボイドに全部回っちゃうわけですよ。(…)そうかといって左官仕事をやりますと、コンクリートだから亀裂が入ってきますね。それではばっさり落ちたりして、これもうまくない。要するに、コンクリート建築をするのはいいが、どうも仕上げが困るということから、いっそうのこと仕上げはやめちゃおうじゃないかという話になって、赤星邸や川崎守之助邸をはじめて打放しでやったんですよ。(…)

それで、戦後になってはじめて建った本格建築のリーダーズダイジェスト社を打放しでやったでしょう。あれはレイモンド事務所でやったんですが、もう打放しを、それほど珍しいものでなく普通に楽にできるようになっていた。

ところが、このごろのようにポリューションがひどくなると、とってもいかんのじゃないかという気がしだした。(…)それで、これはやっぱり何か仕上なくちゃいかんなという気になって、(…)打放しコンクリートのかわりにタイルを打込んで、表面をプロテクトすることができないかということでやりだしたのが京都会館です。[24]」

このような発言を見るとき、一九六〇年に京都会館の外壁で試みられた炻器質タイルのブリック積みという構法は、遠く木村産業研究所(一九三二年)の失敗に始まり、レーモンド事務所時代の赤星鉄馬邸(一九三四年)や川崎守之助邸(一九三四年)における打放しコンクリートの実験を経て、戦争を挟み、さらに、一九五〇年代の日本相互銀行の支店群や外壁の漏水に悩まされた本店(一九五二年)、神奈川県立図書館・音楽堂(一九五四年)の実践から導き出された一つの到達点であったことがわかる。さらに、京都会館には、後年の一九七五年に設計チーフの田中誠が書き留めたとおり、次のような、それまでの単層一枚だった建物の外皮の脆弱さを克服する方法への脱皮も意図されていた。

「われわれは、これより前の仕事で、建物の外被つまりマンテルとして、特殊な考案を施した焼物のブロックをいくつか試みた。これらは、セラミックによりホローブリックを作って、これを一般のコンクリートブロック造のような構法で積み上げるもので、この場合目地からの浸水をなんらかの形で外へ排出するという考えのものであった。

　これらは一応の成功をみたが、同時に一重のブリックの壁で、雨水、温湿度、騒音等の外界の諸条件を遮断するためには、きわめて入念な施工を必要とすることがわかった。この京都会館では、建物がオーディトリアムで外界からの遮音が強く要求されたので、コンクリートの外壁の外側に空隙を持たせてブロックを取付けることを考えた。（…）裏側に大きな歯型の足をもち、これが鉄筋をかかえ込むようにして並べ、一段ごとにモルタルを充填しながら積上げていく。[25]」


文中の「これより前の仕事」とは、田中らが一九五一年の公開コンペで一等となり、事務所とは別の仕事として実現させた下関市庁舎（一九五五年）や、NHK羽沢アパート（一九五七年）、岡山県庁舎（一九五七年）などで開発されたコンクリート・ブロックと似た形状の穴あきの焼物（ホロー・ブリック hollow brick）による腰壁の試みである。京都会館では、それらの成果を踏まえて、コンクリートの外壁の外側に、裏面にギザギザの歯型のある特注の炻器質ブリックを積み上げることによって、耐水性と遮音性を満たす外皮を実現させたのだ。しかも、ブリックのサイズを建物の大らかなスケール感に合わせたのだろう。縦横の目地を実重ねにした外形寸法は、幅四四五×高さ一五四×奥行き一〇〇ミリという大型のものになった。そして、タイルの焼成方法には、同じ文章で田中が回想するように、苦労もあったという。

「サイズが大きいので、表面は平滑を避け、成型の過程で押型で、石の割

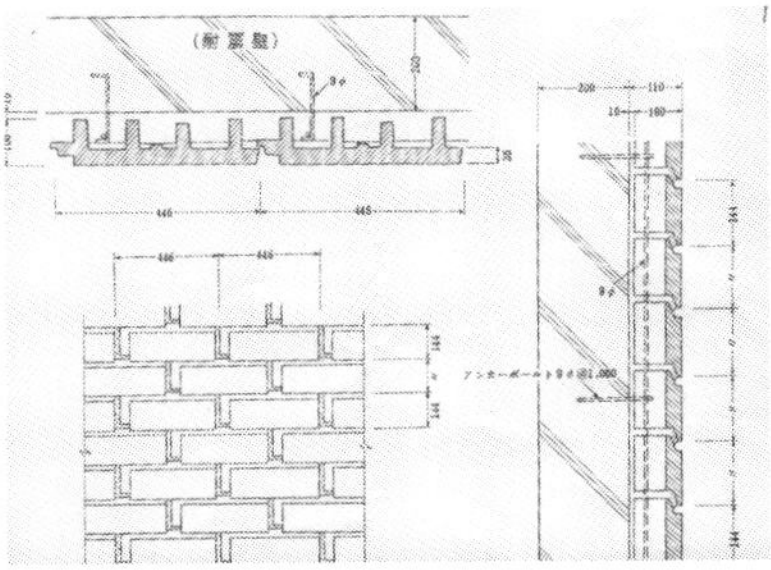

京都会館の外壁に積まれたホロー・ブリックの施工図　『国際建築』1963年5月号より転載

A・レーモンド川崎守之助邸（1934年）　杉山雅則旧蔵資料

肌の型をつけた。この表面に透明上釉《うわぐすり》を軽くスプレーして若干のツヤをつけた。この当時は、高温のいわゆる石炭ガマで焼かれたのと、サイズが大きいこともあって、相当のユガミや色ムラがあったがこれをあまり気にしないで積上げた。一般のタイル貼りに余りにも表情が違うので、施主から疑問を出されたが、「間知石積《けんちいしづみ》の感じで見ていただきたい」と答えて許してもらった。現在では、この石炭ガマの焼物特有の材質感はなかなか貴重で得難いものになってしまったのは皮肉というものであろうか。」

こうして、京都会館の外壁は、彫りの深い陰影をもつ独特な表情となって完成する。また、田中が記したように、その後、タイルの焼成方法は、能率の悪かった石炭ガマから重油だきのトンネル窯へと移行し、ユガミも色ムラも改善されていく。だが逆に、特有の味わいは失われ、「焼物の本質のよさを犠牲にして、能率をあげているにすぎない」という量産化のジレンマと遭遇していくことになる。

この焼物による重厚な外壁と共に、京都会館を特徴づけているのが、世田谷区民会館・区庁舎に続いて、職人技の高い精度の木製型枠を用いたコンクリート打放しの木肌仕上げとされた、ガラス張りのロビーやホワイエを支える柱と梁の構成である。また、水平線を強調した大庇の先端部には、硬質なプレキャスト・コンクリート製の鼻先が取り付けられた。これらの構法については、京都市の建築技師で現場にも常駐していた望月秀祐が証言を残している。

「この設計競技実施要項での唯一の特徴は「コンクリート打放し仕上げにしないこと」であった。(…)コンクリート打放し建物の施工は関東に多く、関西に少なかった。特に伝統的建造物の多い京都ではふさわしくないと判断された。

前川国男案の外壁は(…)実施設計の段階で予算が足りないことを理由にして、柱・梁の内外部をコンクリート打放しに設計変更された。前川国男氏は高山市長に、建物のコンクリート打放し式は京都の伝統的な素木《しらき》造りと同じで、むしろ京都にふさわしいと説得されたらしい。[26]」

京都会館で試みられた素材と構法は、前川の考えと共に、以上のような経緯からできあがったのである。そして、ここで実践された方法は、さらに追求されていく。

日本相互銀行砂町支店の試み

外壁をめぐる構法の追求は、京都会館の翌年の一九六一年に竣工する日本相互銀行砂町支店で、打込みタイルへと進化を遂げる。東京都江東区南砂町の交差点に建つ地上二階建て、延床面積五七六平方メートルほどの小さな建物だったが、京都会館の設計チームの一員でもあった担当者の南條一秀は、この支店で試みたことについて次のように記している。

「この建物の主な特徴となる点は従来の日本相互銀行各支店と異り、営業室の大スパンを含み全般に壁構造を採用した事、道路に面した構造壁の仕上材料として炻器質ブリックをコンクリート打ちの工程で打込んだ事の二点とも云える。(…)

この建物の正面及び左右のU型の構造壁に仕上げ材として用いてある炻器質ブリックは一枚約一二〇ミリ×四〇〇ミリのもので、これをコンクリート打ちに際し外部仮枠パネルの内側に横桟を打ち、此れに釘で仮止し、コンクリートの流出を防ぐ為に目地毎に内側からモルタルをつめ、配筋を行い内側仮枠パネルを建込んでコンクリートを打つ方法を採った。

此の方法は既に実験的な段階は済み、入隅部のカーブを含めて本格的には当事務所として始めてのケースと云える。此の方法を用いる事に依って以前京都会館で用いた炻器質ブリック後積みの場合より単価を下げる事が出来コンクリートで直接打ち込む事に依ってブリックの剥離の心配や鼻たれ、タイル張りの場合心配される裏へ廻った水の悪影響等が少くなる。(…)ブリックはブリック自体の持つ歪み、空目地等から来る所謂彫りの深さ、質感等から大きな壁面

京都会館で使われていた炻器質ホロー・ブリック
裏面にギザギザの歯型がある。京都工芸繊維大学美術工芸資料館蔵

京都会館の外壁

京都会館（1960年）南側外観夜景　撮影／多比良敏雄

に纏まると可成ラフな豊かな感じを持っていると思う。[27]」

ここで南條が記したように、この砂町支店では、京都会館における炻器質ブリックの外積みの構法を改良し、打設するコンクリートと一体となる、文字通り打込む方法としての打込みタイル構法が、初めて試みられたのだ。それは、同時に、厳しいコストのもとで、建物の外皮に求められる耐水性と耐久性を確保しつつ、焼物が持つ質感と彫りの深さを建物の表情に与える画期的な方法でもあった。

打込みタイル構法は、その後、砂町支店に続いて、同年に竣工する尾久支店でも試みられ、設計担当者の田中正雄は、その利点について次のように記している。

「コンクリートに打ちこまれたタイルは、コンクリートと一体になって、今後はがれ落ちる危険もなく、エフロエッセンスにも無関係で、耐久的な壁面を得ることができる。（…）打込みタイルは単価も安く、工費もかからず、工期的には、コンクリートを打ちあげた跡の仕上げの期間が省けるから、打ちはなしコンクリートと比べてほとんど工期的に差がなく、仮枠も安いものが用いられる利点がある。（…）今後打ち放しコンクリート仕上げに一つのアンチテーゼを投げかけて、現代建築の発展の一つの足がかりとなるに違いない。それは又新しい表現の可能性をひろげるものである。[28]」

日本相互銀行砂町支店（1961年）外観＊

日本相互銀行砂町支店の打込みタイル施工の様子
横山建築構造設計事務所蔵

こうして、前川とスタッフにとって確かな手応えをつかんだ打込みタイル構法は、その後、さらに改良を加えられながら、神奈川県立青少年センター（一九六二年）、紀伊國屋ビルディング（一九六四年）へと続き、晩年の代表作である熊本県立美術館（一九七六年）やケルン市立東洋美術館（一九七七年）、遺作の一つとなる新潟市美術館（一九八五年）に至るまで、前川建築の表情と質感を培う象徴的な方法へと発展していくのである。それはまた、前川にとって、語りかける壁による、閉じつつ開き、開きつつ閉じる、襞のような、より高次の空間構成を追究する新たな試みの始まりでもあった。

日本相互銀行尾久支店（1961 年）外観＊

群造形の構成による「コア」創出の試み

学習院の戦後と前川國男

前川國男に学習院大学の校舎群の設計が依頼されて設計がスタートしたのは、一九五八年七月のことである。[29] すでに見てきたように、この一九五〇年代の後半期は、高度経済成長による追い風もあったのだろう。前川にとって、大規模な建物の設計がいくつも重なる超多忙な絶頂期と呼べる時代でもあった。前年の一九五七年一月には、それまで前川事務所の手がけてきた建築の中で最大規模となる延床面積約二万七千平方メートルの岡山県庁舎が竣工する。また、同年七月からは東京文化会館の基本設計が始まり、同時期に世田谷区民会館・区庁舎と京都会館の指名コンペが相継いで行われて、いずれも一等当選を果たしている。そして、翌一九五八年三月には遠くベルギーにブリュッセル万博日本館が完成し、十月には晴海高層アパートが竣工する。

そんな中で手がけることになった学習院大学は、単体ではなく複数の建物によるキャンパスの全体計画として、前川にとって特別な意味をもつ仕事でもあったに違いない。というのも、一九五五年十月からル・コルビュジエによって目の前で進んでいた国立西洋美術館の計画の中で、求められた本館だけでなく、将来構想として実験劇場とギャラリー棟が付け加えられ、広場を中心とする基本設計案が提示されていたからである。坂倉準三と吉阪隆正と共にその実施設計に協力していた前川には、学習院大学のプロジェクトは、複数の建物による構成方法を自ら試みる絶好の機会と思えただろう。一方、学習院にとっても、この計画は、戦争を挟む厳しい苦難の時代を経て、新制大学としてのキャンパス整備という戦後復興の核となる重要なプロジェクトとして位置づけられていた。[30]

一八四七年に公家の学問所として京都に設立された学習院は、一八六八年の明治維新で一旦は廃止されたが、一八七七年に東京の神田錦町で再興されて宮内省の管轄下となり、一九〇八年に現在の目白に校地が移転して、中等科と高等科により、主として華族の教育を担う学校としての歴史を長く刻んできた。しかし、太平洋戦争末期の一九四五年四月十三日の空襲により、目白校地の総建坪の約半分に相当する木造校舎の大部分を焼失させて、壊滅的な状態で敗戦を迎える。しかも、敗戦後のＧＨＱの民主化政策により、華族制度の見直しが求められ、「特権階級の学校」と目された学習院は廃止の危機に陥ったのである。けれども、関係者によるＧＨＱとの粘り強い交渉の結果、一九四七年に「華族師弟の教育機関から一般市民子弟の教育機関」への改組が認められて財団法人の私立学校となり、一九四九年には新制大学として学習院大学が発足する。だが、校舎を見れば、関東大震災の直後に建設された鉄筋コンクリート造の南一号館（旧・理科特別教場／一九二七年）と西一号館（旧・中等科教場／一九三〇年）を除き、戦災で木造校舎の大半を失った不自由な状態のままだった。その後、厳しい財政のもとで、一九五〇年に学習院出身の建築家・渡辺仁の設計で木造の大講義室、一九五二年に鉄筋コンクリート造の講義室、一九五五年に新教室棟と学生集会所が相継いで建設される。

このような戦後復興の歩みを経て、一九五八年四月、政経学部と文学部の研究室棟と理学部の教室棟などの建設が決定され、学習院長・安倍能成の「今迄の計画はむしろゆきあたりばったりの感があったが今后は組織的に計画を立てることが必要」[31]との判断から、設計者として前川が選ばれていく。ちなみに、この前川の起用には、当時の文学部長で学習院出身の美術史家・富永惣一の推薦があったという。[32]

こうして、翌一九五九年六月に前川事務所による総合計画が完成する。しかし、「学習院が用意しうる金額と工費との差は大きく、総合計画をそのまま実施しても、大学研究室と本部棟の工事は、外郭のみが可能で、内装はその後の資金調達を待って再開する他なかった」[33]。そこで、来たる一九六二年の「学習院創立八五周年私学再建一五周年記念建設事業」としての寄付金募集が開始されて、ようやく建設の目処が立ち、一九五九年八月に着工、約一年の工期を経て、一九六〇年七月に竣工する。完成したのは、四階建ての北一号館（政経・文学部棟）と南二号館（理学部棟）、二階建ての本部棟、そして、通称「ピラミッド校舎」と呼ばれる四角錘形の中央教室の四棟からなる校舎群であり、延床面積は約一万二千平方メートルという規模になった。この建設により、焼失を免れた戦前のふたつの鉄筋コンクリート造の校舎にL型に囲まれ、「グラウンドとして使用されていた空間は新築校舎群となってその様相は一変した」[34]のである。

「学問のコア」の創出というテーマ

さて、それでは、これら四棟の建築群によって前川は何を実現させようとしたのだろうか。戦後派の所員として実質的な担当チーフを務めた河原一郎は、建設中に発表された文章の中で、学習院長の安部が「いきあたりばったり」と自嘲したキャンパスを前に、全体の総合計画について、次のようなテーマを設定したと記している。

「森に囲まれた敷地は大学の敷地としてきわめて恵まれてはいるが、点在する建築群はわれわれを唖然とさせるほどの混乱ぶりを呈している。私どもはまず二つの中心、つまり学問のコアと学生生活のコアとを設定し、そこから始めて、年輪が拡がるように徐々に増築をしていく方法を考えた。[35]」

そして、今回の建築計画の要となる「学問のコア」について説明を続ける。

「われわれの意図するところは武蔵野台地の上に一つの広場を据えてその周りを回廊やピロティで囲み、中庭の一部に七〇〇人の大教室をおいてそれに最も単純で軽い屋根をかけようとしたのである。その建物群のつくりだす空間の移り変りと拡がりの中に、修道院のような静かな瞑想的中庭をつくりだし、学問的な雰囲気をつくりだそうとした。

安い絹を着るよりは丈夫な木綿を着ようという質実剛健な精神に則っとり、工事費の安さに負けることなく知恵の塊である空間を生かすことによってこれをなしとげようとした。中庭の中の大教室は四角錐となったが、私どもに大切なのは四角錐による象徴ではなくて、人々を包み込む広場なのである。」

設計の最大のテーマは、配置図に描かれたように、七・五×七・五メートルを基本グリッドとする厳格な秩序を敷地全体に与えながら、二つの校舎棟と中央教室の足元にピロティを取って連続する回廊を設けつつ、既存の二つの校舎との間を含めて、「学問のコア」となる広場的な空間を創出することだった。しかし、先に触れたように、厳しい財政状況もあり、求められる要求に比べて工事費は限られていた。そのため、「安い絹」よりは「丈夫な木綿」を、という方針のもと、堅実で簡素な、修道院のようなたたずまいを実現しようとしたのだ。そのため、同時期の世田谷区民会館・区庁舎と同じく、徹底して安価なコンクリートによる造形が目指されていく。サッシュもそのほとんどが木製で作らざるをえなかった。それでも、設計チームでは、「丈夫な木綿」に実質的な機能上の意味を盛り込むことが強く自覚されていたのだろう。さまざまな構造的な工夫が施されていく。

中でも、二つの校舎棟と本部棟で初めて試みられたのが、二重スラブ構造による自由な平面、フリー・プランの完全なる実現だ。すなわち、将来的な部屋割りの変更に耐える間仕切りの自由さを確保するために、各階の床は、従来の構造では床スラブから露出していた梁を、二重スラブにすることによって、すべて天井内に納めたのである。また、その実現のために、梁丈を一様にする必要性から、対角線方向の斜めグリッドに梁を架ける方法が考案される。これにより、柱も十字型の特異な形となり、建物の外観に独特の表情を与えることになった。さらに、ピラミッド型の中央教室でも、四角錐の裾から立ち上る稜線に平行な二方向の大梁を格子状にすることで同一断面が可能となり、その架構体が、足元も含めて独特な力強い造形表現にまとめられていく。そして、勾配屋根として風雨に晒される外

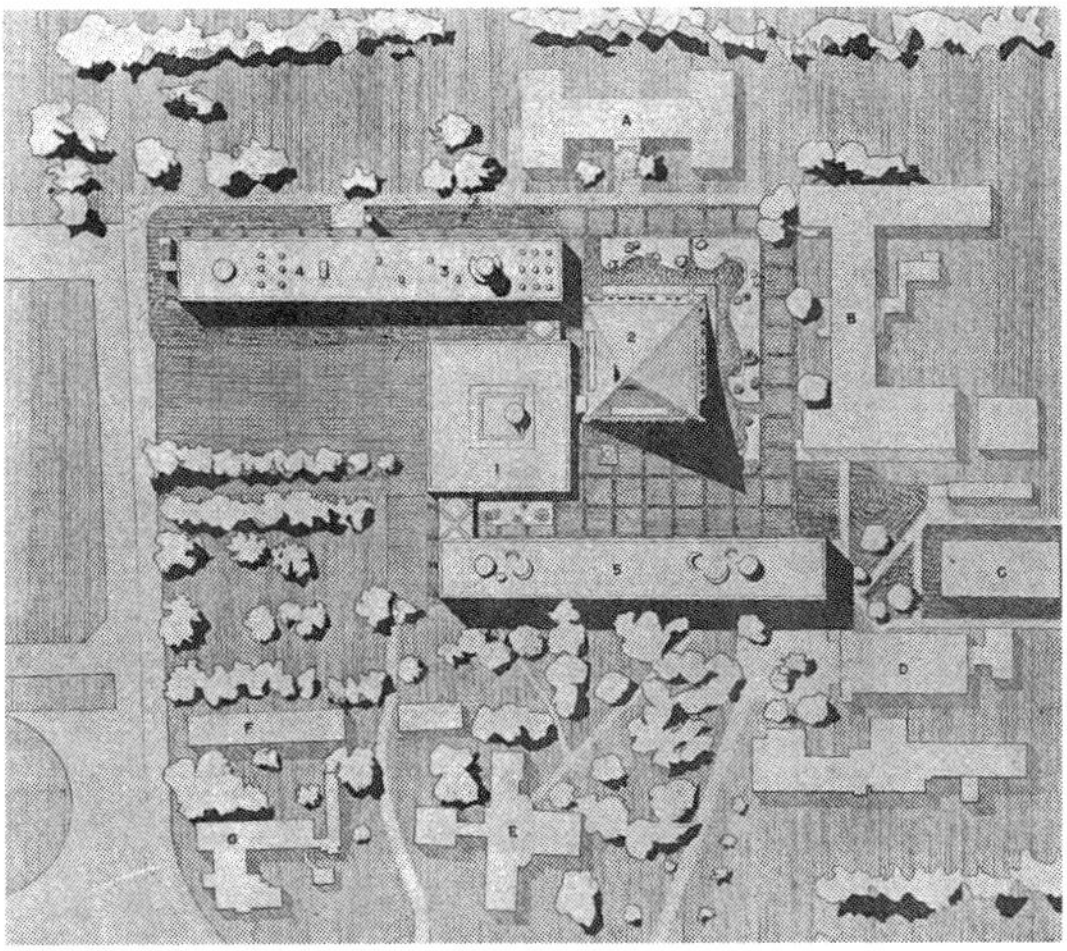

学習院大学基本計画の配置図　『新建築』1960 年 10 月号より転載

西側から見た学習院大学（1960 年）外観　撮影／川澄明男＊

壁をプロテクトするために、大型のプレキャスト・コンクリート・パネルで外装を覆ったのである。こうして、「学問のコア」として、他の建物には見られなかった独特な表情を持つモニュメンタルな建築群と広場が誕生する。

それにしても、なぜピラミッド型の造形が創り出されたのだろうか。実は、建設当時は二〇メートルの高さ制限があったため、それを超えるピラミッド型の中央教室については、「高さ制限緩和許可願理由書」が東京都へ提出されて許可を得ている。そこには、前川國男の名前で、「高くしたい理由」と、この造形に込めた思いが記されていた。

建設中の学習院大学ピラミッド校舎＊

学習院大学ピラミッド校舎の足元の回廊　撮影／川澄明男＊

「大学がその歴史と伝統に基き理想追求の場として、象徴を建築的表現に求める事は自然である。本大学も亦学制改革に伴って、大きな改新を求められ、新時代に適応すべく再出発、その象徴として清新なる表現を求めている。斯かる場合在来は「塔」を作る事により、その具体的表現として居たが、形式化した塔は建設費を徒に増すばかりで、本大学の理想からも遠い。出来れば構造的及機能的要求を満足させ、且経済的にも成立し得る造型を以って本大学の象徴としようと考えた。その為には七〇〇人を収容する集会の場としての大教室を選び、それを最も安定した架構で造り且、空間的にも十分な表現を持たせるように整理追求した結果「ピラミッド」形を生み出すこととなった。(36)」

申請書類なので、やや硬質な表現となっているが、前川には、戦前の権威の象徴のような「形式化した塔」ではなく、学習院の目指す戦後型の大学像に相応しい集会と講義の行われる機能をもった大教室こそキャンパスの象徴としたい、との思いがあったのだ。そして、同じ理由書の中で、ピラミッドの頂点の高さを二五メートルに設定した理由について、次のように説明されている。

「二五米の高さは、七〇〇人収容の傾斜床を持った大教室を、空間的に最も簡潔にまとめる適当な高さであり、同時に大学構内外の要所よりの展望に応える最低の高さである。(…)ピラミッド形である為、日照的には理想的であり、日影は極めて少なく、したがって衛生上にも支障はない。亦周囲の空間が広く感じられる快適な環境を保持出来る。」

この前川の説明の通り、ピラミッドの四角錘は、日影を抑え、広場に少しでも開放感を実現するために、頂点の位置を偏芯させている。だが、こうしてまとめられた建築計画案に、大学側の関係者はさぞかし驚いたに違いない。およそ見たこともないような、足元の幅が三〇メートル角もある巨大なピラミッド型の校舎が中央に据えられていたからだ。後年、設計担当者の崎谷小三郎が、前川の追悼文の中で、次のようなエピソードを紹介している。

「或大学の大教室を、ピラミッド型態でつくる仕事があり、その建設委員会で諸般の事務経過の後に、質疑応答の段となった。その終りに近づいて、委員の一人が立上がり、この異相の建築について、

「どの様に解釈すべきか、よくわからぬ。亦現存する環境に及ぼす影響や如何に」と云った意味の発言を、気負いを以って質問された。

すると先生は、

「さようですなァ。す

学習院大学（1960 年）東側からの航空写真全景
撮影／大辻清司＊

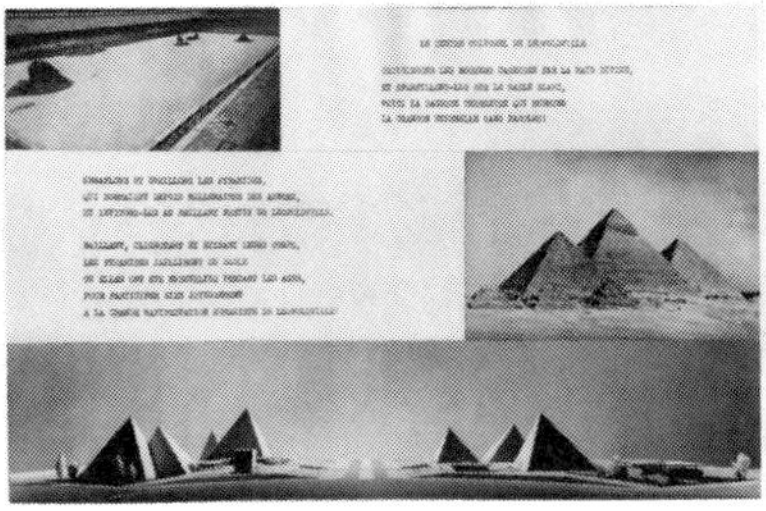

レオポルドヴィル文化センター公開コンペ応募案
1958 年＊

学習院大学卒業記念ペーパー・ウェイト
（2005 年）に刻まれたピラミッド校舎

こしばかり、デッカイ庭石が据えられたと、御考えいただければよいかと、存じますョ」と云った。

しーんとしていた室内が、はじける笑いで包まれ、続いて次の議題に移った。この庭石は学習院大学に現存しています。[37]」

このような笑い話も残されているが、「デッカイ庭石」のピラミッドによる造形は、唐突に発想されたわけではなかった。前川は、同時期の一九五八年に応募したアフリカのベルギー領コンゴの首都に計画されたレオポルドヴィル文化センターの公開コンペ案において、すでにピラミッド型の複数の棟からなる群造形を試みていた[38]。注目されるのは、竜安寺の石庭と同じく、ピラミッドの造形によってその周囲に余白としての広場の創出が意図されている点である。この考え方は学習院大学でも継承されている。また、その造形の可能性を、現物を見て確かめたかったのだろう。学習院大学の建設が始まった直後の一九五九年の秋には、美代夫人を伴って欧州に長期滞在した際に、エジプトのピラミッドを現地に訪ねている。

竣工後の反響と前川の見つめていたもの

こうして竣工した学習院大学は、そのモニュメンタルな造形が注目されたのだろう。建築史家の山本学治による「内向き」との批判[39]もあったが、さまざまな建築雑誌に大きく紹介されていく。それは日本国内にとどまらず、広く海外にも及び、アメリカ、フランス、ドイツ、イタリアなど一〇誌にわたる主要な建築雑誌にも掲載された。おそらく、そこには、先に竣工したブリュッセル万博日本館の受けた国際的な評価による前川への関心の高さも幸いしたに違いない。中でも、フランスの建築雑誌 *l'architecture d'aujourd'hui*（一九六一年十・十一月号）では、一九六一年に竣工した東京文化会館の次に、六ページにわたって大きく紹介されたのである。おそらく、ル・コルビュジエもこの誌面を見たのだろう。前川の元に感想の手紙が届いたという。前川の最晩年の回想が残されている。

「学習院のピラミッド（…）コルビュジエから手紙をもらって「面白いアイデア」だといって誉められたのはあれひとつだよ。その「はがき」をとっておいたら、犬がくわえてちぎっちゃったよ。（笑）[40]」

おそらく、ル・コルビュジエが興味をもったのも、そこに国立西洋美術館で自らが提案した建築群による広場とも連なる方法を見て取ったからに違いない。しかし、当時の前川が、この学習院大学キャンパスを手がける中で、一人見つめようとしていたのは、この時期にぶち当たっていた、より深刻な近代建築の脆弱さに対する危惧の念だったのではないだろうか。おそらく、学習院大学の竣工パンフレットのために記されたのだろう、掲載の有無は確認できていないが、そのことの一端をうかがい知ることのできる、一九六〇年八月十五日に記された前川の手書きの原稿が残されている。

「二年前はじめて学習院大学にお邪魔して校舎を見せて頂いた時、何と美しい樹立であろうかと讃嘆したと同時に正直のところ何と汚ない校舎であろうかと実はビックリしました。数十年前にこれらの校舎が建築された時には恐らく最新の建築技術をとり入れられてその偉容を誇った事であろうと思われる建物が何か尾羽うち枯らした無残な姿、然し何も之は学習院の建物に限った事ではなく、又当時建築に専念された人々を責めておるのでは毛頭ありません。

近代建築というものに内在している大きな負い目というもの、ひいては現代文明の底に流れる、何かよそよそしい、そして人間との疎遠さといった様なものを改めて思い知らされた様な気がした事を申したいのです。

建築の高貴さというものは何も豪華な材料によるものでもなければ小奇麗な仕上げによるものでもないと思います。古典建築が時代の風雪に堪えてそれぞれの時点にそれぞれの小宇宙を見事に護りつづけている秘密は一体どこにあるのでしょう。建築における不易なものを現代の建築はどうして見出していったらいいのか。好むと好まざるとに拘らず現代を生きる私達は現代の技術に頼らねばなりませんし又現代社会のもつ制約たとえば経済的な合理性といった様なものも大きな重圧となって私達にのしかかっています。

私達はこの二年余りこうした事を考えてこの建物と取組んで善斗した心算です。力及ばず十全に御期待にそえませんでした事は大変申し訳なく思っています。然し現代の文化における人間の恢復という重大な二十世紀後半の運命を背負われる青年薫陶の場として、先ず学園に於ける人間の復興が先決であると考えます。希臘逍遥学派のひそみにならって此のピラミッドを中心とした学園のコーアが此の大学の生命力の源泉として生かされたらとそんなイメージをひそかに抱いています[41]。」

ここにあるのは、先のヨーロッパ長期滞在で訪ね歩いた都市で見た古典建築の風雪に堪える強さと、「現代の技術」による現代建築の脆弱さの落差の自覚である。また、だからこそ、前川は、学習院大学の建築群に、「学園のコーア」としての、びくともしない力強い確かな造形を求めようとしたのだろう。この前川のねらいは、竣工時の愛称募集により、中央教室が「ピラミッド校舎」と命名され、略して「ピラ校」と呼ばれて、長く学習院大学のシンボルとして親しまれていったことからも果たされていく。しかし、その後、急速に学生数が増え、「スクラップ&ビルドの時代」(42)を迎えた大学は、二〇〇八年、新中央教育研究棟の建設のために、中央教室を解体したのである。(43)今はピラミッド校舎の頂部のかけらだけが広場に設置され、その記憶をわずかに伝えている。

「音楽の殿堂」東京文化会館の誕生

困難を極めた建設までの道程

「シュヒター指揮、ＮＨＫ交響楽団の奏でるベートヴェン「エグモント序曲」の壮麗な調べが大ホールいっぱいに響きわたった。喜びのファンファーレが会場を埋めつくした人々の胸にしみ透っていった、関係者にとってはまさに万感胸に迫る一瞬であった。思えば長い道のりでもあった。

（…）

民間の有志の方々と都の関係者が一緒になって考え、つくりあげた、音楽の殿堂！　東京文化会館！　昭和二十七年十二月、民間の有志から「首都東京に本格的なコンサートホールの建設を」の要望書が都知事と都教育委員長あてに出されてから、長い年月をかけてやっと実現した東京文化会館、この大ホールの記念式典での感激を建設関係者は決して忘れることはできないであろう。敷地の選定、建物の内容、規模の決定、建設費の捻出など、困難な問題に直面し、暗礁に乗りあげては、一つ一つ、みんなで懸命に乗り越えていった思い出が、走馬燈の絵のように頭の中をかけめぐっていった。[44]」

一九六一年四月七日、竣工した東京文化会館の落成記念式典に出席した東京都教育庁社会教育部文化課の小杉山禮子は、後年の一九七八年に、その日の感激をこう記した。彼女は、当時二十七歳だった一九五五年十月から記念文化会館建設委員会の事務局に加わり、その完成まで尽力した「影の功労者[45]」である。今でこそ、文字通り「音楽の殿堂」として、上野公園に当たり前のように存在する東京文化会館だが、その建設までの道程には、現在からは想像できな

国立西洋美術館の屋上から見た東京文化会館（1961年）全景　撮影／渡辺義雄＊　写真原板所蔵・日本写真保存センター

いような多くの苦難があった。前川自身も、最晩年の一九八一年に、開館二〇周年に寄せた文章の中で、「華やかな文化会館誕生の前には既に十年余りの文化会館誕生の苦しみの時代とも言うべき時代があった[46]」と回想している。

そこで、最初に、上記の文章に始まる「東京文化会館 誕生物語」と題する連載と、開館五〇周年記念に出版された著書[47]などを参照しながら、建設までの経緯について振り返っておきたい。

すべての始まりは、一九五二年十二月二十七日、東京都知事と教育委員長宛に、東京商工会議所会頭の藤山愛一郎から提出された「コンサートホールの建設に関する意見書」と題された一通の意見書だった。敗戦から七年、四月二十八日に講和条約が発効し、ようやく占領から解放されて、日本が戦後復興へと歩み始めた時期にあたる。依然として人々は苦しい生活を余儀なくされていた。それでも、前年十月にアメリカのバイオリニストのメニューイン、この年の九月にフランスのピアニストのコルトーら一流の音楽家が相継いで来日して演奏会を行うなど、音楽界は活気を取り戻しつつあった。しかし、当時の東京には、満足できるようなコンサート会場はなく、そんな中で提出されたこの意見書には、次のような趣旨が記されていた。

「戦後、国民生活の安定にともない、音楽、美術、演劇の諸部門における国民の文化的関心が高まりつつある。とくに音楽会においては、欧米諸国より一流の名匠があいついで来朝し、楽団のみならず、ひろく国民一般に大きな刺激と感銘を与え、音楽文化がとみに活況を呈してきている。

しかし、戦後七年を経過した今日、首都東京にふさわしい演奏会用施設が貧弱をきわめていることは遺憾の極みである。音楽堂としては、日比谷公会堂が僅かにコンサートホールの代用として使用されているに過ぎない有様である。この現状にかんがみ、当会議所は各界の協力を得て、首都東京に近代的コンサートホールの建設を提唱し、これが速やかなる実現を期待するものである。」[48]

この提案を受けて、翌一九五三年四月三日に、東京商工会議所において、都知事の安井誠一郎、藤山、作曲家の山田耕筰、NHK会長の古垣鐵郎、文芸評論家の小宮豊隆らを世話人とする「ミュージック・センター設立懇談会」が開催される。出席したのは、学習院大学学長の安倍能成、国立音楽大学学長の有馬大五郎、藤原歌劇団代表の藤原美江、作曲家の山田耕筰、指揮者の近衛秀磨ら二五名で、その多くが音楽や舞台関係者だったが、この場に、ただ一人の建築関係者として前川國男も出席していた。おりしも、前年の一九五二年十二月三日の審査委員会で、神奈川県立図書館・音楽堂の五人の建築家による指名コンペで前川案が一等に選ばれ、四月二十二日に建設工事が着工する直前であった。[49] そのこともあったのだろう。前川は、この日の懇談会に、音楽堂の設計の参考としていた、ロンドンに一九五一年に竣工したばかりのロイヤル・フェスティバル・ホールのデータを持参したという。そして、建築家としての立場から、次のような希望を述べたのである。

「私の希望を申し上げるならば一つはこの計画には都民生活の新しい中心を作るのだという意味で都市計画的考慮を払って貰いたいということと、二つにはこの計画の基礎をなす調査のための相当な時間とお金をかけていただきたいこと、三つにはロンドンの例が、総坪数の中、オーディトリアムとパブリックスペースがその二分の一を占め、またその中でオーディトリアム自体はその五分の一だということを考えて、日本のこれまでの劇場、ホール等の誤りをさけてもらいたいと言うことであります。」[50]

ここにある「都民生活の新しい中心」という文言には、すでに見てきたように、一九五一年に前川が出席したロンドンの国際建築家会議(CIAM)第八回大会のテーマ「都市のコア」に通ずる視点を読み取ることができるだろう。前川は、ホールそのものだけではなく、市民が寄り集い、交流することのできるホワイエやロビーなどの広いパブリックスペースの確保を求めたのである。

そして、一九五三年五月六日に、この懇談会を拡大するかたちで、「ミュージック・センター(仮称)設立発起人会」が発足し、事務局も設置される。事務局長には、敗戦後、東京都の都市計画課長として戦災復興計画を立案した石川栄耀が就任する。この発起人会で最初に審議されたのは、建設候補地の選定だった。皇居前の千代田グラウンド、浜離宮公園・庭園、日比谷公園、芝・増上寺近くの空地、明治神宮外苑、上野公園などの公有地が候補に挙げられたが、翌一九五四年二月八日、その中で、都の教育庁が所管する土地であることから、建設地は、上野公園の竹の台高校跡地（現・正岡子規記念球場）に決定する。だが、そこは好立地とは言いがたい場所だった。前川は、上野公園が敷地に決まった経緯について、竣工後、次のような回想を記している。

「敷地を上野に選ぶことについて私個人はずいぶん反対しました。（…）石川栄耀さんとだいぶ議論して、私は新宿御苑千駄ヶ谷寄りの敷地を主張したのですが、（…）当時の上野の状況は（…）とても音楽堂を建てて運営できるようなふんいきではなかったと思います。（…）交通の不便、公園区域内外道路の不備、（…）公園内に予想される自動車のはんらん、さらに音楽堂に必須条件である音響の遮断が、鉄道レールに近接しているために非常に困難なことが予想される等々の理由によって反対したのですが、大江戸ゆかりの地域を文化的に開発するという十字軍的主張が大勢をしめて、敷地は上野公園ということに決定しました。[51]」

この言葉どおり、当時の上野公園は、敗戦後の混乱がそのまま残されており、そのことは、翌年の一九五五年十一月六日、国立西洋美術館の敷地視察を目的に初来日したル・コルビュジエのことを報じた新聞の社会面に掲載された記事からも読み取れる。

「東京上野公園のはずれ、鉄道の走っているガケの上に「竹の台葵町集落」がある。昭和二十三年ごろから、上野地下道などを追われた人たちが、焼けトタンやミカン箱の板切れを集めて造ったバラック建ての家並みが、いまは一三七戸、六〇世帯となって、ぎっしりと建ち並んでいる。まだその土地の移住権も認められていないこの人たちの暮らしは、ぎりぎりの毎日で、けっして楽ではない。（…）来年には、「国立西洋美術館」の建設とともに取り払われるかもしれないという葵町なのである。[52]」

続く十二月十三日にも、「上野で七八〇人　今暁、浮浪者一せい収容」との見出しで、「寒空にムシロ一枚かぶってふるえていた浮浪者たち」が、「老人から病人、母子の順」で保護された、という記事が掲載される。[53] 治安も悪く、一九四八年十月から夜間の立ち入りも禁止されていた。[54] また、前川の言う「大江戸ゆかりの地域を文化的に開発するという十字軍的主張」とは、建設資金の目処が立たない中、江戸城築城五百年祭が一九五六年十月一日に開催されるのを前に、これに因んで東京都の開都五百年記念事業としてミュージック・センター建設案が採用され、実現へ大きな一歩を踏み出したことから、上野公園の「文化的」な開発が正当化されたことを指している。先に計画が動き出していた西洋美術館を含めて、上野公園の戦後処理と再整備が進められることになったのである。そして、前川は、同じ回想の中で、施設に求められた内容についても証言を残している。

「内容についてもミュージック・センター当時は音楽専門のホールということでしたが、やはり日本の現状からは交響楽団その他の純粋な音楽専用ホールでは経営がなりたたないという結論が出て、やはりオペラもバレエも、さらに小ホールの方では国際会議にも流用できるように設計されることとなりました。」

この証言からは、当時の関係者がこの建物へ寄せた過剰ともいえる期待の大きさが読み取れるだろう。また、それほどの熱意があったからこそ、実現へ向けて動き出すことができたに違いない。

こうして、一九五七年一月二十一日、東京都の教育庁社会教育部内に、「開都五百年記念文化会館建設委員会」が設置され、同年七月には、一一名の候補者の中から特命設計者として前川國男が選ばれて、いよいよ設計がスタートする。この特命の設計発注には、一九五四年十月に竣工した神奈川県立音楽堂が高く評価されたことが大きかったという(55)。

窮屈な敷地との闘い

しかし、先の前川の回想にもあったように、与えられた上野公園の敷地には、戦争の傷跡を残し、行き場を失った人々の暮らす木造バラックの集落の他にも問題が山積みであった。上野駅前には十分な広さもなく、目の前を南北に抜ける道路が走っていた。しかも、当時は蒸気機関車の汽笛が鳴り響き、音の遮断も問題になった。このような条件ではあったが、約一年間をかけて、前川は基本設計案をまとめていく。そして一九五八年三月十二日、基本設計案を検討する第五回設計部会で、前川は次のような報告を行ったのである。

「ここに大きなものが出来ますと、このあたりの環境が全部めちゃくちゃになる。それからもう一つにはこの上野公園に人がどうやってくるかと申しますと、……国電の出口（公園口）というものは重要なアクセスである。そのアクセスの前に丸ビルぐらいの大きなものが建ってしまうということはまずいんじゃないか。……国電の出口の前には相当な、大きな広場を作りたい……、主体が音楽でございますから、このオーディトリアムが国電の騒音からなるべく遠ざかっていることが望ましい(56)。」

「大きな広場」とは、第一案として提案されたものであり、模型写真からも読み取れるように、敷地を上野公園の中央まで広げて駅からの十分な引きを確保し、西洋美術館と芸術院会館の間に設けた人工地盤による巨大広場のことを指している。この第一案の前に立ちはだかったのが、直前の一九五六年四月に成立したばかりの都市公園法だった。詳細は不明だが、前川の恩師の岸田日出刀も委員となった公園審議会で、竹の台高校跡地ではなく、その手前隣の現在地へ敷地を変更することで、ようやく建設が認められる。[57]

よほどこの第一案にこだわりがあったのだろう、担当チーフを務めた大髙正人は、「ゆるやかに起伏する広場が建築のスペースを造り、またホールの巨大な壁と西洋美術館や芸術院の建築が空間を区切って造り上げる空間の構成は会心のものであった」[58]と、竣工後に書き留めていた。確かに、模型写真を見れば、広場によって大らかなアプローチが意図されていたことがわかる。しかし、変更後の配置図から読み取れるように、上野公園全体のバランスから判断すれば、この敷地の縮小は妥当だったと言える。戦前からの所員で、この計画の設計全体を見渡すような地道な検討作業を担当していたベテランの吉川清は、後年に記した私記の中で、この敷地の変更について次のように綴っている。

「基本設計を進めている間に都の公園課からクレームがついた。つまり高い建物は外側に建てるべきである、公園の中に行く程低くしなければいけないということであった。もっともなことだと思った。それで急遽敷地の形が変更となった。（…）横にのびていたのを四角くまとめなければならなくなった。粘土の模型であーでもないこーでもないといろいろといじくっていると、フライタワーを北側に置くわけに行かなくなって、南側におくとホワイエは西洋美術館の方に向くことになった。いいじゃないか、ということになった。すると小ホールはどこに置くか。大ホールが北向きになったから小ホールは南向きにしたらどうか。大ホールのホワイエは北、小ホールのホワイエは南という位置になった。

模型で見ると、フライタワー、大ホールの屋根、向い側に小ホールの屋根の形がチベット高原の向うに聳え立つ山並みのように見えた。大小ホールを一つの盤で結ぶ。この盤がチベット高原である。盤の上には会議室、音楽図書室等がのり、盤の先を立上りの壁で囲む。（…）駅から出てきた広場の右側に西洋美術館、左側に大ホールのホワイエという関係になった。はからずも先生コルビュジエと弟子前川國男が向い合うことになった。まことにうまい敷地の選定であった。[59]」

このような経緯から、半分に縮小された敷地の中で過大な要求に応えるために、各機能をコンパクトにまとめ、空間の立体化を図る現在の姿が生み出されていく。それでも、周囲との関係性を重視する配置計画が粘り強く検討されたのだろう。基本設計説明書には、配置上の工夫について、次のように記されていたのである。

「西洋美術館の側は公園の出入口でもあり、会館も西洋美術館も公共的な使われ方をする建物でもあるので、この間は出来るだけ広々としたスペースをとって歩行者に開放し、会館の一階とも空間的につながりを取った。西洋美術館との間には将来視界をさえぎる塀の様なものを作らず、空堀の様なもので間を切り出来るだけ広々とした空間にすべきである。

芸術院の側は芸術院との間に四〇米弱の巾でスペースを取り最も突き出した大ホール舞台と芸術院との間にも二四米の距離を取って、この間に植樹し互に静かな環境を確保する様に考えた。[60]」

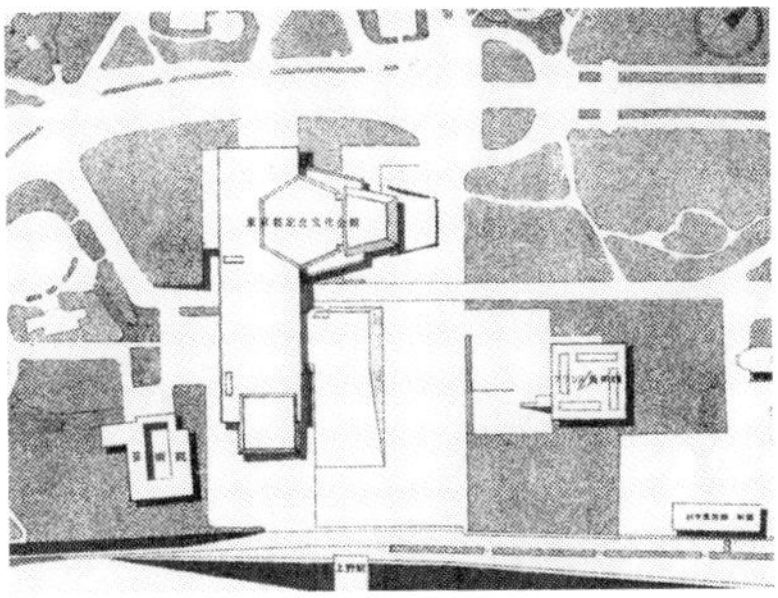
東京文化会館第１案の配置図＊

上野駅側から見た東京文化会館第１案の模型＊

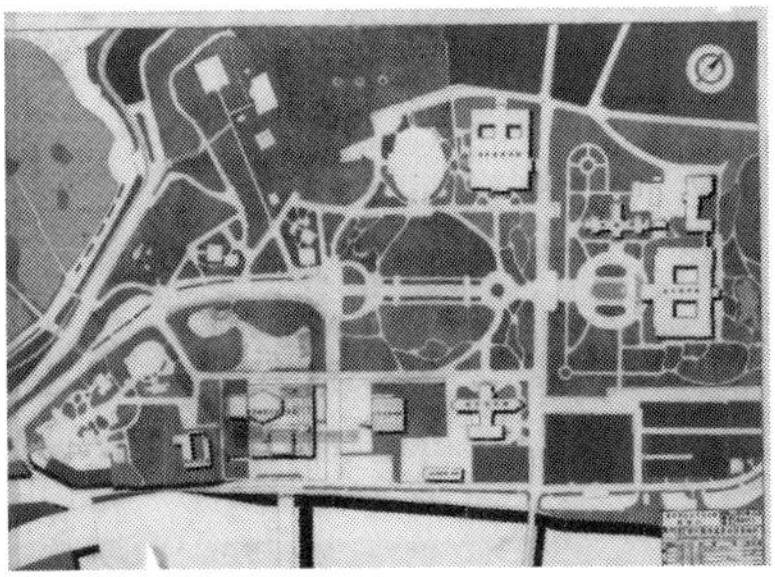
実施案の描かれた上野公園全体の配置図　右下に記載された日付から、1957年12月19日の第１案が1958年3月7日に実施案に変更されたことが推測できる＊

実現された内外空間の特徴

こうして、竣工した建物の空間構成が生み出された苦心の設計プロセスが見えてくる。巨大な大ホール舞台の配置場所を慎重に選びつつ、西洋美術館と芸術院会館との間に、少しでも良好な関係性を築き、その間に広場的な空間を確保しようと試みたのである。さらに、構造設計を担当した横山建築構造設計事務所の木村俊彦の次の証言を重ねるとき、この建物の空間の独自性を読み解くことができる。

「劇的空間を構成することを意識していた。(…)この建物のブロックプランは前川・大髙両氏によって大まかな構成の案ができていた。私はその劇的なイメージを、そのまま劇的な建築空間に翻案し実現しさえすれば良かったのである。(…)

音響的には二重のコンクリート壁が望ましいし、構造的には大スパンの空間の外周は薄い壁一枚では心もとない。オーディトリアムの周囲には廊下、照明室、その他翻訳室、係員のための諸々のスペースが必要であった。従ってホールの外周を小さな多数のスペースで包んで了うことは全ゆる機能からの一致した要求であった。当時、丁度私は欧州から帰ったばかりで中世期の城塞の微妙な傾斜を持つ巨石積みに非常に感激していたので、そのような石積の感じで一つ一つの巨石の中を空洞にし、その各スペースを諸々の小部屋に宛てたら…と考えた。石で築いたものの中をえぐって差支えないだけえぐって空洞にする。近代構造学でどの程度の極限にまでえぐれるだろうかという事は大変興味があった。そのような関心は後日ピラミッドの中をえぐって使って見たらというような素朴な発案となって学習院やレオポルドビルの懸賞案にも利用されたのであった。また一方では建築は力学にしろ構法にしろ進歩している筈だのに中世紀の石積は見事に傾斜して積まれ、近代建築はマッチ箱のように単調であるということ、そのことにもある疑問と反発を感じた。[61]」

東京文化会館大ホール・ホワイエ　撮影／渡辺義雄＊

文中に「欧州から帰ったばかり」とあるのは、ブリュッセル万博日本館の現場に三上祐三と共に常駐していたことを指している。木村もこの滞在時に、「中世期の城塞の微妙な傾斜を持つ巨石積みに非常に感激して」、「大ホール、小ホールの壁を巨岩積の如くすることを提案した」のである。この木村の提案のとおり、東京文化会館の大小ホールを取り囲む二重のコンクリート壁は、石積みのような重厚感と洞窟のような雰囲気を漂わせて出来上がる。そして、西洋美術館の軒高に揃えて、大小ホールを抱きかかえるように、軒先が大きく曲線を描くトレー（盆）のような形の屋根を架け、周囲を全面ガラス窓で取り囲むことで、戸外のような雰囲気のホワイエとロビーが創出される。さらに、大ホールのホワイエの外側にも広いテラスを設け、西洋美術館の前庭と一体となる広場的な公共空間を実現させたのである。こうして誕生した「音楽の殿堂」東京文化会館は、前川にとってどのような意味をもったのだろうか。続いて見ていくことにしたい。

延六万時間をかけた設計作業

東京文化会館に求められたのは、「音楽の殿堂」として日本が世界に誇れる劇場としての仕様と風格であり、荒廃していた上野公園の都市計画的な視点からの文化的環境の整備という高い目標だった。しかも、公園審議会の指導により、当初の計画地の半分に縮小された窮屈な敷地条件のもとである。さらに、国鉄上野駅前の立地であるために、汽笛の音や列車の振動の影響を極力避け、目の前に建設中のル・コルビュジエの国立西洋美術館（一九五九年）や、南西側に隣接する吉田五十八の日本芸術院会館（一九五八年）との関係性にも考慮した配置計画が求められた。

こうして、最終的な施設内容は、間口一八メートル、奥行二五メートル、高さ一二メートルのそれまでの日本にはなかった本格的なオペラ上演が可能な舞台を持つ二三二七席の大ホールと、国際会議場としても利用される六六一席の小ホールを中心に、大小の会議室と音楽資料室、一四〇人収容のレストラン、リハーサル室や楽屋を備え、さらに、前川が希望したように、広々とした交流場所としてのエントランス・ロビーとホワイエを併せ持つものに設定された。そのため、延床面積は西洋美術館の五倍にあたる約二万一千平方メートル、総工費は一六億三千万円となった。

このような難題を前に、前川と所員たちは、一九五七年八月から基本設計に着手し、一九五八年十二月に建設工事が着工するまでの一五カ月、前川が竣工後に「事務所全員を総動員して一時はどうなるのか、畳の上では死なないぞなどと話をしていたくらい[62]」と回想するような、突貫的な超過密スケジュールで設計作業を進めていく。そのため、設計に費やされた延べ時間数は、前川の発言によれば、構造を除いた建築の設計だけで「六万時間くらい」[63]にもなったという。残された設計データの記録シートには、東京文化会館に携わった設計担当者として、戦前の寺島幸太郎と吉川清、戦後の窪田経男、大髙正人、高橋重憲、奥平耕造、高橋義明、美川淳而、田中正雄の九名と、設備担当の寺岡恭次郎と井上茂雄の二名の計一一名が記載されている。ちなみに、着工時点の前川事務所には、戦前から前川を支えてきたベテラン七名と戦後に入所した若手二二人の総勢二九名が在籍していた。しかも、これまで見てきたように、戦後の所員たちも、日本相互銀行の支店群などを通して、設計と現場の経験を着実に積み上げ、実力を蓄えてきていた。その意味で、東京文化会館は、日々の訓練で鍛え上げられたスポーツ・チームのように、所員の力が存分に活かされる仕事となっていく。逆に言えば、そのような設計の体制が整っていたからこそ、成し遂げることができたに違いない。

東京文化会館大ホール　壁面の音響拡散体は向井良吉のデザイン
撮影／渡辺義雄＊

東京文化会館小ホール　竣工当時は国際会議場としても使われていた。
壁面レリーフと昇屏風の音響反射板は流政之のデザイン　撮影同上＊

　また、結果的に幸いだったのは、一九五三年四月にミュージック・センター設立懇談会に出席した前川が、翌一九五四年四月に入所した奥平に、「コンペになるかも知れないからお前オペラハウスを調べろ」[64]と指示し、東京大学建築学科の図書室から、ドイツとオーストリアのオペラハウスの平面図が掲載されている本、*Die Bünentechnik der Gegenwart* を借り出させ、ウィーン国立歌劇場などについて事前の調査を進めていたこと、(65)しかも、実施設計中の一九五八年五月に、ブリュッセル万博日本館の竣工式後の時間を活用して、所員の三上祐三と共に、ウィーン国立歌劇場を現地に訪れ、二日間にわたって修復工事の担当者から詳しい説明を受けていた。(66)そのため、東京文化会館の大小ホールの客席と舞台まわりの設計については、先行して検討作業を進めることができたのである。だからなのだろう、当初の計画から敷地を半分に縮小された際、大小ホールのプランを変更することなく、各要素をより立体的に構成する方法へ即座に修正することができたのだ。

こうして、設計チーフの大髙正人が、竣工後に書きとめたように、「小部屋を地下室と屋上にまとめてしまい、大きなホワイエのスペースは流動する一つの空間に集約すること」を「骨子」に、「周囲の公園や建物と結び合ったホワイエのスペースを考えたときに、大屋根、そして庇のイメージが生れてきた」(67)のである。配置図を見ると、大きな塊として二重壁に囲まれた大ホールと小ホールの客席と大ホールの舞台がずらされて配置され、その間をつなぐホワイエとその外に広がるテラスによって、西洋美術館と芸術院会館との良好な関係性が実現していることが読み取れる。また、大小ホールの楽屋や機械室などは、ホワイエやテラスの地下に埋められ、音楽資料室や会議室などは、お盆（トレイ）のような大屋根の上に載せられた。敷地の狭さを逆手に取った立体的な構成方法によって、ホワイエの大空間には、一〇・八×一〇・八メートルのグリッド状に骨太な柱だけが立ち並び、外壁と同じく砕石を打込んだプレキャスト・コンクリート版に覆われた大小ホールの塊の間を、「流動するひとつの空間」に集約するダイナミックな構成が形づくられたのである。

吉川清の回想から見えてくる断面構成の妙味

このような空間構成を編み出した背景に、きわめて周到な空間の断面構成の検討作業のあったことは、担当者の一人、吉川清が後年に書き留めた次の文章からも見えてくる。

「断面のスタディに入る。各自がバラバラにならないように断面で各フロアの位置を決め、全体を見ることにする。（…）断面はきれいにならないといけない。

大ホールホワイエの天井高さを設定して、この天井レベルは盤に対応させる可きであろう。つまり盤の厚さを考えると、エントランス、ホワイエ、小ホールホワイエは同一レベルの天井となる可きである。そうすると小ホールの床

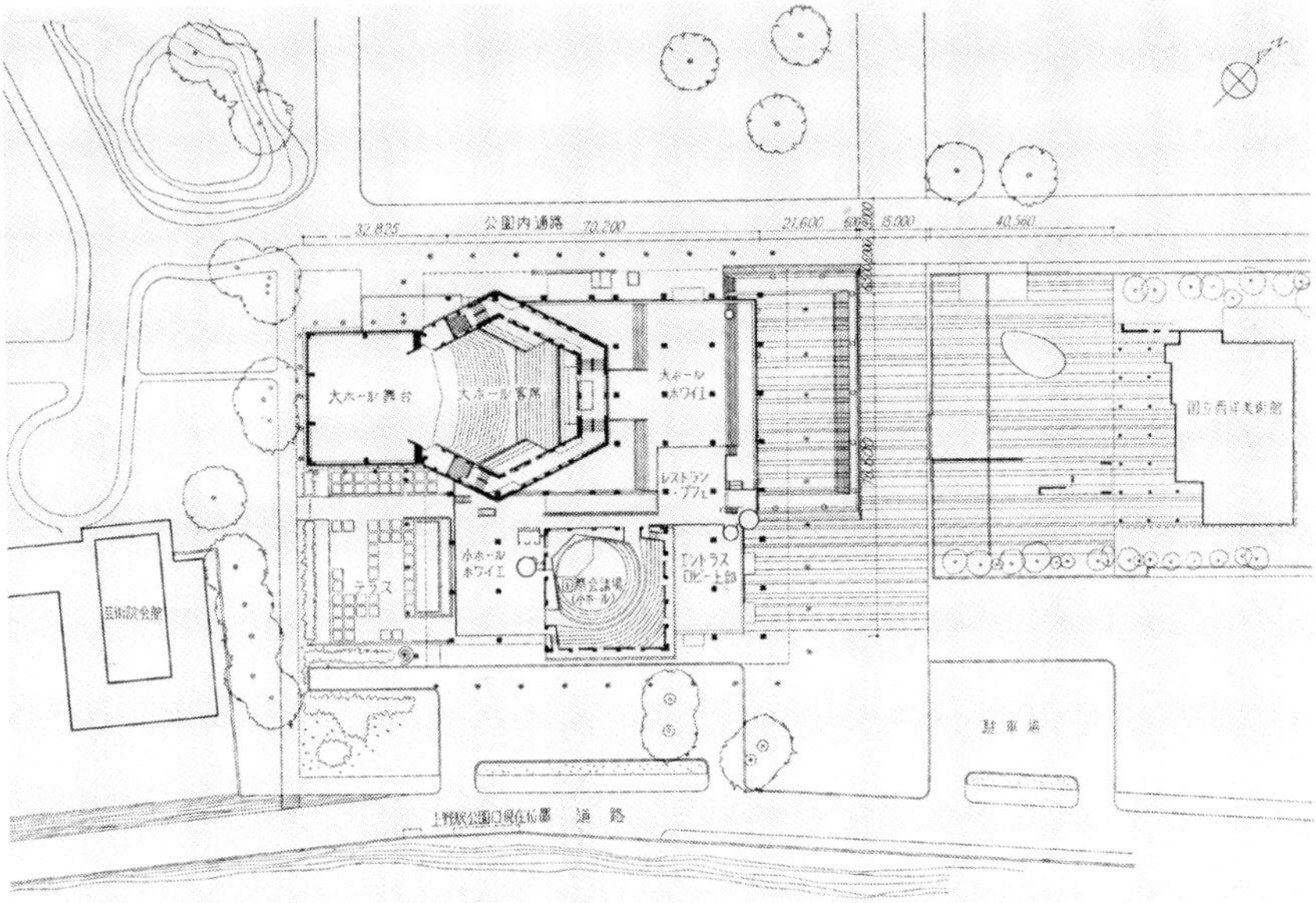

東京文化会館配置図　西洋美術館と芸術院会館と呼応するようにホワイエとテラスが設けられている。
『建築』1961年6月号より転載

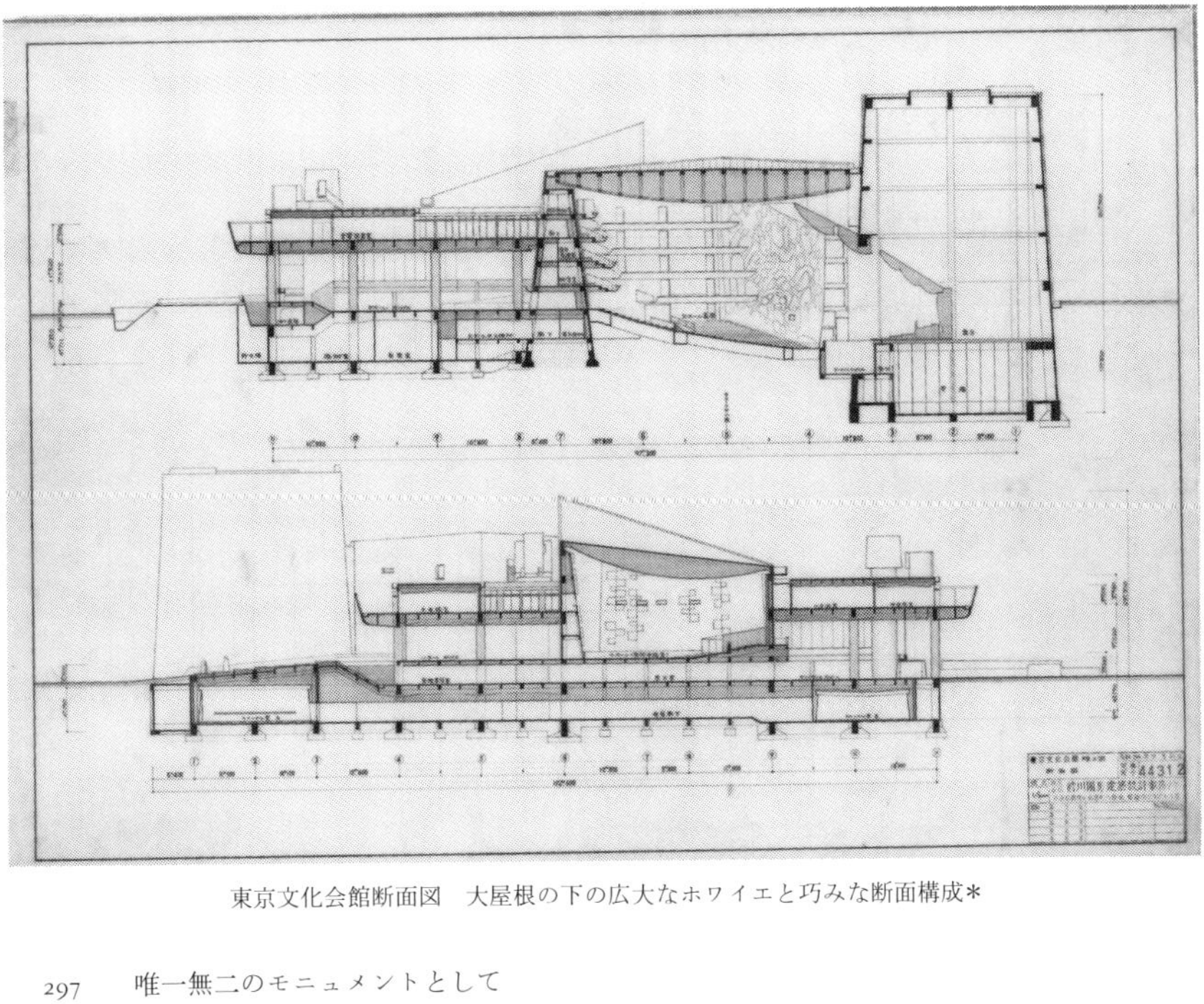

東京文化会館断面図　大屋根の下の広大なホワイエと巧みな断面構成＊

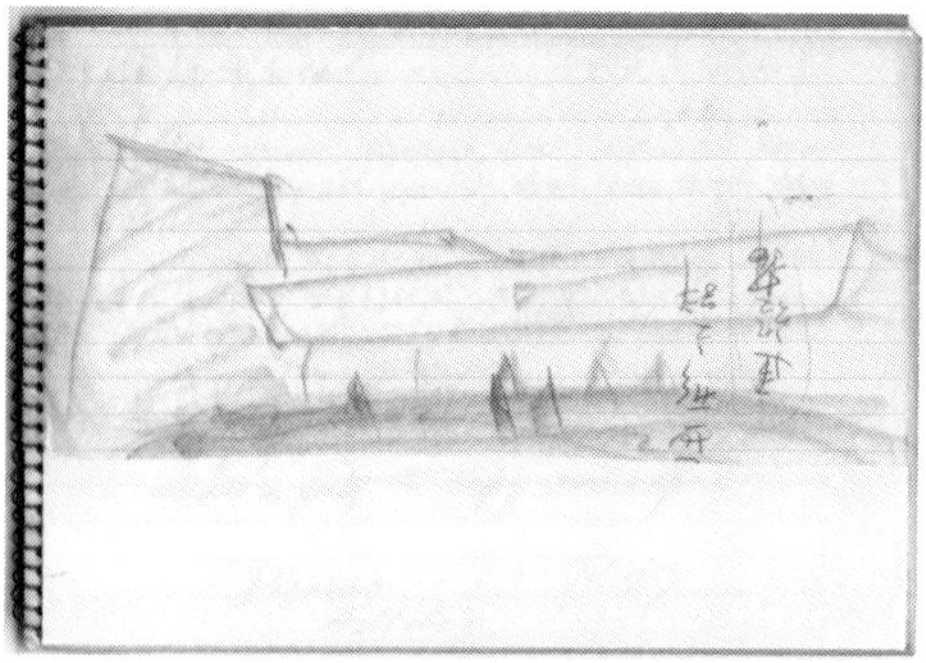

前川國男の東京文化会館の直筆スケッチ＊

の位置は、一階床と天井の間に置けば、その下に事務室関係と楽屋入口のエントランスがとれることになる。楽屋、機械室、リハーサル室は地階になるだろう。会議関係、音楽図書室は盤の上に置けばよい。盤を強調して大ホールと小ホールをつないで一つにまとめる意味でパラペットを思い切って立ち上げこの壁に穴をあけてはどうであろうか。ところがこの手摺壁の高さをいくらに決めたらよいか。現場を見に行った時、フト思ったことは西洋美術館の高さはいくらあるのだろうということであった。事務所に帰って資料で調べたら、GL＋一一・五メートルであった。断面でかいて見ると何と調度良い寸法である。

　西洋美術館の高さにそろえることにより、二棟間に有機的なつながりが出来、広場の空間がつながったと思う。よいよりどころが出来たとうれしくなった。この寸法を元にしてパラペット壁の高さ、一階床より盤面までの高さ、一階床から小ホールホワイエ床までの高さを決めていった。(68)」

　吉川が記しているように、断面計画の鍵となったのは、上部に会議室や図書室が載るトレイのような盤によって生み出されたエントランス・ロビーとホワイエの全体を大らかに覆う天井面である。そして、一階の床レベルと天井高七四一五ミリの天井面との間に、小ホールのホワイエの床レベル三千ミリを設定し、その下部に事務室や楽屋などの諸室を配置する断面が決定される。さらに、外観の特徴を決定づけるように、盤の上に載る会議室などを覆い隠し、屋上庭園を取り囲むために、「パラペットを思い切って立ち上げ」、「この壁に穴をあけて」、その立ち上がる壁の頂点の高さを、対面する西洋美術館の高さに揃えることにしたのだ。そして、このような断面の計画は、観客がエントランス・ロビーから大ホール客席へと向かうアプローチについても、吉川が続いて記した方法が盛り込まれていく。

「エントランスホールから大ホールホワイエにかけて断面をかいて見ると境に何か欲しい。ここに二階をつくって食堂にすると、両ホワイエからも連絡がつきそうである。この断面を見ていると風除室をぬけてエントランスホールに入ると天井が高い空間ができる。食堂の下は天井が低くなるから之を通るとバーッと天井の高い大きいホワイエの空間ができる。（…）人は奥へ進むに従って天井高さの異なる空間を通って行く。次には何が出て来るかとワクワクしながら進むと大ホールに入る手前で（…）又天井の低い空間を通り、ドアをあけると今度はホワイエより大きい大ホールの空間が開ける。人は動きに従って、天井高さに変化をつけると進むにつれて人の気持ちを段々昂揚させる雰囲気が出てくるのではないだろうか。断面を描きながらもいろいろと想像してわれながら興奮したものである。（…）先生が見に来て、〝どうだい？ 良くなったね。この壁の高さはどうして決めたの？〟とパラペットの上面の位置を云われるので、実はかくかくしかじかで決めましたというと〝なるほど、そおー！〟ということでわかってもらった。」

こう吉川が記した断面構成の妙味が、人の歩みに沿って、次々と強弱と変化に富んだ、流れるような空間の連続的な体験を生んでいるのである。また、そこには、前川が書き記した次のような意図も盛り込まれていた。

「二つのホールをだきかかえるように、大きな軒のカーブしたコンクリートの屋根がおおいかぶさっています。この軒の高さは向かいの西洋美術館の軒の高さとそろえて、その間の広場に一つのまとまったふんいきを意図しました。カーブのついた大きな軒は、人を招き寄せるような気持ちをもたせたかったためです。大小ホールをめぐる広大なホワイエ（遊歩場）は、芸術を楽しむ精神状態を準備してくれる大切な場所、ここはあくまで戸外として計画しました。天井に不規則にばらまいた電灯は「天の川」、床のタイルは吹き散らされた木の葉、ホールの椅子の色変わりはお花畑、一つのテラスは西洋美術館、一つのテラスは芸術院会館、そしてこの三つの建物が上野の一かくに、都民の文化センターとして育つか育たないか、みなさんのご協力を期待する次第です[69]。」

大小ホールの広大なホワイエは、「あくまで戸外として計画」されていたのだ。また、だからこそ、ランダムに天井に配置されたダウンライトの照明は「天の川」の星に見立て、太い鉄筋コンクリートの独立柱は上野の杜の樹木の幹として扱いながら、床の三角形の磁器タイルは樹木から落ちた「木の葉」をモチーフにデザインされたのである。

竣工後の評価をめぐって見えてくること

竣工後、「東京文化会館の空間について語れ」と依頼された原稿に、前川は、「今更のように自分達のつくった建物の空間の功徳について、もっともらしい御託をならべねばならないような七面倒くさい空間は一箇所も作ってない筈だと心得ています[70]」と記している。たしかに、こう豪語したように、東京文化会館は、きわめて完成度の高い建築として誕生し、栄えある史上最多の五度目となる日本建築学会作品賞と朝日賞を受賞する。しかし、意外にも、竣工当時の評価は必ずしも芳しくはなかった。たとえば、偶然にも同じ一九六一年に代表作の群馬音楽センターを竣工させた師のA・レーモンドは、「才能豊かな前川国男の大交響楽(71)」と賛辞を贈りつつも、「私のように年をとった純粋派にとって、もっとも心打たれたことは、建物の各所に見られる装飾やテクスチュアーの量である」と記し、「不均衡な騒々しい表現」が見られることや、「全体に装飾的構成で満たされているように感じる」と、簡素な建築を求めた「純粋派」からの率直な違和感を言葉にしていた。また、建築家の内田祥哉は、「近代合理主義と装飾主義の交錯(72)」と評し、建築史家の伊藤鄭爾は、より率直に、「コルビュジエの亜流めいた部分のあることが気にかかる」として、「始まって終わった建築(73)」とまで酷評したのである。

何がこのような評価を招いたのだろうか。前川の直筆のスケッチは外観など数点しか残されておらず、前川の意図がどこまでデザインに反映されたのかについてはわからない。手がかりとなるのは、設計チーフを務めた大高が記した次のような文章である。

「東京文化会館は本質的には、巨匠たちの影響の下に立った作品である。ただ、何かあるとすれば、伝統に対する考慮と協同制作の態度が表現されていることくらいのものだろう。上野の森に翼をひろげ、そして反り返った庇は、ロンシャンの教会堂を思わせると同時に、日本のお寺や出雲大社の、あののびのびとして深い表現を思い起こさせる。(74)」

同じ文章の中で、大高は、「戦後、私どもはコルビュジエやグロピウス、ローエといった近代建築の巨匠から深い影響を受け、また建築界ではなばなしくとり上げられた伝統論争や組織論で鍛えられた。そしてその帰結点が、前川事務所で私どもが担当した東京文化会館だった」とも記している。この大高の理解を前川はどう思ったのだろうか。実は、ここに露呈していたのは、前川と大高との建築観の齟齬とでも言える問題であり、そのことが東京文化会館の造形にそのまま表出したのではないだろうか。もちろん、大高には、『新建築』誌上を中心に、編集長の川添登が丹下健三や白井晟一らを盛り立てて展開した伝統論争への参加や、MID同人構想による協同設計の経験から得たものが、東京文化会館に結実しているとの認識があったのだろう。また、川添にも、すでに福島県教育会館や晴海高層アパートで実力を発揮し始めていた同世代の大高に対する期待があったに違いない(75)。川添は、竣工時に次のような文章を記している。

「東京文化会館を一巡して、その立派な出来ばえに感激し、まず最初に気付いたのは、最近、大髙君が主張している〈群造形〉の理論が充分に生かされているということであった。おそらく、彼が、この考え方をもっていなかったとしたら、これほどまでダイナミックなものは生まれなかったに違いない。(76)」

川添には、東京文化会館は大髙が成しえた造形だとの認識があったのである。しかし、ＭＩＤ同人構想によって戦後の所員を一人前の建築家に育てようと試み、その成長株として大髙に期待していた前川も、これでは面目丸つぶれである。しかも、大髙は、竣工を待たずに前川事務所から独立する。こうした経緯もあって、竣工後の建築雑誌への掲載時に、担当者名をどう表記するのかをめぐって、前川は、所員の奥平に指示したのである。

「(前川) 先生にどうするんですかって聞いたら、自分の名前だけにするって言うんですよ。だからこの時の発表した雑誌は全部担当者なしの事務所の名前だけになっているんです。(77)」

ちなみに、奥平によれば、大ホール舞台外壁の頂部の四隅をつまんだ城壁のような造形や、四階会議室前のロビーの壁に装飾的な泰山タイルを貼ったことは、大髙の指示だったという。その一方で、最若手の所員として現場監理まで携わった奥平は、次のような感覚で、東京文化会館の竣工を迎えたことも語っている。

「シンフォニーだね。チームとしてのシンフォニーなんです。だからみんな、あれは俺がやったと思っている。(…)前川國男の精神を吹き込んで前川國男のある程度クローン人間らしくなってきたやつが全部スタッフなんだから。」

こうして見てくると、東京文化会館に特徴的な装飾と造形の過剰さは、大髙の個性的な造形志向が他の建築よりもより強く前面に出た結果だったと推測できるだろう。そして、構造担当者の木村俊彦が、「文化会館はあくまで工業製品を使用した一品生産記念建造物なのである(78)」と指摘したように、前川にとって、東京文化会館は、それまで手がけてきた建築とは次元が大きく異なり、特別な位置を占める唯一無二のモニュメントとして完成した建築だったのだろう。

今も生き続ける「音楽の殿堂」として

東京文化会館は、戦後復興の象徴と呼べる建築でもあった。そこには、さまざまな人々の切実な思いが託されていたのだろう。前川自身にとっても、その完成には特別な思いがあったに違いない。竣工直後、前川は、次のような言葉を記している。

「上野の山に東京文化会館の設計を担当する事が出来たということは私個人にとっていろいろな面から感慨の深いものがありました。上野の山にからんだ少年時代の思い出、帝室博物館の設計競技、そして終戦後の悲惨な都民の姿など凡てそうした上野にまつわる私の記憶に深く焼きついて、昨日の事のように思われます。そして此の文化会館に過去三十年の私達の近代建築に対する考えとか、執念とか、疑いさえもが固くこびりついた鱗のようにくっついているそんな感じがしてなりません。[79]」

四歳から東京の本郷で暮らした前川にとって、上野は身近に慣れ親しんだ場所であり、ちょうど三〇年前の一九三一年に応募した東京帝室博物館コンペの舞台となった場所でもあった。また、自らの事務所を焼失させた戦時下の記憶と敗戦直後の混乱した街の様子を目撃してきたことも思い出したに違いない。さらに、そこに近代建築の試行錯誤を続けてきた事務所での設計経験も重なって、感慨を深めたのだろう。一般雑誌に寄稿した別の文章にも、前川は、次のような文章を書き留めていた。

「建築は他の工場生産品とちがって、試運転もなしに使われるのです。(…)都民と管理者と私ども設計にたずさわったものと、おたがいに意見を出し合って、完全なものに育てていかねばならないことはわかり切った話です。ただこのさい大切なことは、管理の側において、都民の生活に対する信念と確信にもとづいた、しっかりした見通しをもっていてもらいたいということです。会館を上野に建てるんだと決意された当事者の胸中には、あの終戦直後のわい雑な上野の環境を文化的に開発するんだという意気のあったこと(…)つまり文化的な橋頭堡をつくるんだという覚悟をもった当事者の初志を忘れてはならないと思います。[80]」

前川は、困難を極めた実現への道程を知っていただけに、「当事者の初志」を忘れることなく、「完全なものに育てて」いくことを強く願っていたのだ。そして、竣工から一二年が経った一九七三年に行われたインタビューの発言からは、この思いを自ら実践していたことが読み取れる。

「自分の建てた建物について話しておかしいが、たとえば埼玉県の市民会館・文化センター・博物館・東京文化会館ああいう建物を建てた竣工の日を記念して毎年集まっているのだ。建築家、役所関係の人、施工関係の、こういうエンジニアが毎年集まっている。(…)毎年いっしょになって見て、あそこが悪い、ここが悪いと当局に建言して、今のうちに手を打ちなさいとか、何とか、そういうチャンスを、自分が少なくとも責任をもった建物に関しては一年に一ぺんぐらいは健康診断して建物をかわいがっていくという気分が建築家になければダメという気がする。それがあとは野となれ山となれ式だから荒廃が早いんですよ。ぼくは宮内（嘉久）がいつか言った「建築というのはできたときが作品ではなくて、使ってだんだん作品に成長していくんだ」という意味のことを何かに書いていたが、あれはほんとうに至言だと思う。[81]」

冒頭の「埼玉県の市民会館・文化センター・博物館」とは、後に竣工する埼玉会館（一九六六年）と埼玉県立博物館（一九七一年）を指すが、こう前川が語ったように、東京文化会館は、竣工後も約一〇年刻みで適切な改修工事が施されていく。それは、最晩年の一九八三年に、大ホールのテラスの地階に増築されて竣工する新リハーサル室棟の増築[82]を見届けて亡くなった前川の没後にも継続される。そして、館長の遠山一行が計画し、次の三善晃が実現させた一九九九年の本格的な舞台まわりの大規模リニューアル工事においても、担当者が詳細な記録[83]にまとめたように、前川の願いと「当事者の初志」を忘れることなく、建物を守り、育てようとする思いが結集されて、見事に改修されたのである。

一九八二年、最晩年の前川は、建築史家の近江栄に、「代表作を一つというのは難しいでしょうから、二つ教えて下さい」と質問されて、東京文化会館と埼玉県立博物館を挙げたという。[84] 東京文化会館に対する愛着と、竣工後に関係者と守り育ててきたことへの思い、そして、所員の力を結集してル・コルビュジエの国立西洋美術館と響きあう内外の公共空間を実現できた充実感がそう答えさせたのだろう。こうして、東京文化会館は、今も現役の音楽の殿堂として生き続けている。

Ⅶ　都市への提案を重ねる中で

近代建築の進路に対する懐疑

近代建築発展三段階説（一九五一年）からの一〇年

一九三五年の事務所設立から二六年、戦争を挟んで四半世紀に及ぶ試行錯誤と近代建築の追求を続けてきた前川國男にとって、一九六一年に竣工した東京文化会館は、一つの頂点をなす建築だったに違いない。そのことは、この建築が、国内だけにとどまらず、*Architectural Record*（米）、*L'architecture d'aujourd'hui*（仏）、*Casabella*（伊）など、海外の主要な建築雑誌に掲載されたことからも読み取れる。また、先述したように、工事期間と重なる一九五九年六月から一九六一年三月まで日本建築家協会の会長を務めていたことから、前川は、ＵＩＡ（国際建築家連合）の日本支部代表として実行委員会や総会に毎年欠かさずに出席するなど、海外の建築家たちとの活発な議論を重ねる機会も格段に増えていく。そうした建築家としての設計活動の実績と交流の成果なのだろう、一九六一年二月には、アメリカ建築家協会（ＡＩＡ）の名誉会員（Honorary Fellow）に選任される。[1] そして一九六三年四月には、ＵＩＡから、フランスのジャン・プルーヴェと共に、オーギュスト・ペレー賞を授与されたのである。その表彰理由には、次のような言葉が綴られていた。

「日本が現在世界の建築に対してなしつつある重要な貢献は、前川國男の指導と作品に負うところが大きく、また彼は、この貢献の原因ともなっている建築家たちの仕事の高い水準を、実務の上でも、職能の上でも確立するために大きな責任をもってきた。彼自身の建物は、権威と優秀さとを持ち、また鉄筋コンクリートの可塑的表現性の上で新しい可能性を表現した。」[2]

文面にある「鉄筋コンクリートの可塑的表現性」という記述も、おそらく、その間に海外の建築雑誌に相継いで掲載された晴海高層アパートや世田谷区民会館・区庁舎、学習院大学、京都会館、そして東京文化会館などに対する注目があってのことだろう。それでは、このような国際的な評価と受賞を前川はどう受けとめていたのだろうか。

そのことを考える上で重要だと思えるのは、東京文化会館に至るまでの直近の一〇年間に前川が何を為し、乗り越えるべき課題としてどのような目標を設定してきたのか、ということである。そして、そのひとつの手がかりとなるのが、東京文化会館竣工一〇年前の一九五一年五月に『建築雑誌』に寄稿した文章[3]で提示された、近代建築発展三段階説という前川独自の近代建築理解の見取り図だ。おりしも、同年の七月には、イギリスのロンドン郊外で開催されたＣＩＡＭ（近代建築国際会議）の第八回大会に、丹下健三や吉阪隆正と共に、日本代表として参加して議論に加わり、ル・コルビュジエとの二一年ぶりの再会も果たしている。また、会議終了後には、欧米の最前線の近代建築を数多く視察して帰国する。[4] その五年後の一九五六年からは、ブリュッセル万博日本館の仕事をきっかけに、たびたびヨーロッパに長期滞在して各地を巡回する機会を得るなど、近代建築の動向をつぶさに見て体感する経験を重ねていく。さらに、一九五九年には、ル・コルビュジエの近作ロンシャンの礼拝堂（一九五五年）を訪ねている。

こうして、この文章の執筆から東京文化会館へと至る一〇年間の足跡を振り返ってみると、戦前には想像もできなかった貴重な経験を重ねていく中で、前川の近代建築理解がどのように深化していったのか、をうかがい知ることができるのではないだろうか。その起点としての意味が、「この機会に私はひごろ感じていることを書いてみようと思う」で始まる近代建築発展三段階説を論じたこの文章にはある。そこでは、次のような見取り図が提示されていた。

「近代建築の大きな潮流が二十世紀の半ばごろの今日までたどってきたあとを顧みると、ヨーロッパ・アメリカにおいてはおおよそ三つの段階があったように思われる。

第一の段階は一八八五—一九一五年ごろであって、十九世紀の折衷主義的様式建築に対する反抗の時代である。第二段階は一九一五—一九三五年ごろであって、グロピゥスやコルビュジェが登場して、《機械化》ということを中心として技術が重要視され、造型的には禁欲的とさえいえるほど潔癖に、と同時に技術のうみだす可能性に対しては、やや楽観的に信頼していた時代である。

第三段階は一九三五年から今日にいたるもので、前段階によって技術を自己のものとしえた上にたって、この技術を駆使して、近代建築に人間的な暖かみ、芸術的感銘、新しい意味での記念的な感覚をうみだそうと努力している時代である。(5)」

ここからは、近代建築の発展段階を、それを支える「技術」との関係から捉えようとする眼差しを読み取ることができる。また、そのことは、実は、戦前の「日本趣味」様式を求めるコンペが続く中、一九三二年に応募した第一生命館のコンペの説明書に記された、次のような文章にもあるように、前川が早くから自覚していた近代建築の捉え方であった。

「過去の大時代の様式の創生は決していわゆる「趣味」がその母胎ではなく、その時代の材料技術の正直なる駆使によってなされたごとく、今日の様式は今日の技術構造の赤裸々なる精神の流露に出発せねば永遠に確立さるる秋《とき》はあり得ない。(6)」

前川は、「今日の技術構造」による「今日の様式」の確立という道筋こそ、近代建築の目指すべき方向性だ、という確信を抱いていたのである。先の文章に戻れば、続いて前川は、そのような欧米の発展段階の見取り図で考えたときに、日本の現状はどの段階にあるのかについて指摘していく。

「われわれは何よりもまず、この第二段階の克服、つまり技術諸問題を通してのデザインに努力しなければならない。これをしない限り、いつまで経っても日本の近代建築はごまかしつづけるだけで、「ほんもの」になるときがこないであろう。(…)技術的諸問題への真っ正面的なぶっつかり、そうしたぶっつかりのただ中でデザインすること、これが今日私たちに課せられた困難な使命だと思われる。(…)こうした試練ののち、日本の建築家こそ世界の壇上に「機械」と「人間」との世紀の対決に、最も優位にある発言者になり得るということを私は信じている。」

ここに提示された「第二段階の克服」、「技術諸問題を通してのデザイン」というテーマは、そのまま、前川とスタッフが、この文章の記された一九五〇年代に、テクニカル・アプローチという目標を掲げて自覚的にスタートさせた、近代建築を支える技術の育成を図ろうとする作業の道筋と正確に重なっていた。そして、前川は、その蓄積があって初めて日本の近代建築は欧米の第三段階と同列に並ぶことができる、という抱負をもっていたのである。だからこそ、そうした作業を一〇年にわたって続けた一九六〇年に、おりしも日本建築家協会の編集で発行された建築ディテール集の巻頭文に、次のように記したのだろう。

「よい「ディテール」が、よい建築に必須の条件であることは間違いないと思います。無数の建築がコンクリート・鉄・木等々を材料にして造られてくると、それに伴って設計者苦心の「ディテール」というものが無数に生れてきたわけであります。風雪の試練に堪えたこれらの「ディテール」が、やがて建築家の共有財産として更によい建築を生む基盤になり、よりよい「ディテール」への発展になって欲しいと念願する次第です。(7)」

こうした言葉からも、前川が自覚的に「第二段階の克服」の作業を推し進めていたことがわかる。まただからこそ、東京文化会館の竣工は、前川にとって、ようやく「第三段階」、すなわち「前段階によって技術を自己のものとしえた上にたって、この技術を駆使して、近代建築に人間的な暖かみ、芸術的感銘、新しい意味での記念的な感覚をうみだそうと努力している時代」の入口に日本の近代建築がたどり着いた、との思いを強くしたに違いない。(8)しかし、こうして世界の近代建築と同じスタートラインに追いつき、横並びできたという実感を持ちえたにもかかわらず、先行して前を走っていたはずのヨーロッパの建築界が、逆に、予測に反して大きく変容しつつある現実に、前川は直面することになる。

ヨーロッパ建築界の変容

前川が目撃したヨーロッパ建築界の変容というべき事態をうかがい知ることのできるのが、一九六三年四月にオーギュスト・ペレー賞を受賞した直後の、建築評論家の浜口隆一が聞き手となった誌上インタビューにおける、前川の発言である。

「私自身昔ヨーロッパに二年いて仕事をしたことがあるし、またここ七〜八年、いろんな行きがかり上、毎年一ぺんぐらいづつヨーロッパへ出かけている。それでいて、ずい分ヨーロッパを誤解していたり、知れないでいたことがある。時どきそれを発見していったい今まで何をしてたんだと、アッケにとられるようなことがあるわけですね。

それが今度、その存在を知ったビルディング・エンジニアのことです。(9)」

こう述べた後、前川は、新たに知った「ビルディング・エンジニア」という職能を紹介しながら、ヨーロッパの建築界に何が起きているのかについて語ったのだ。

「ビルディング・エンジニアというのは、要するにコントラクターとアーキテクトの中間にはさまるように、ぼくらの概念でいうとワーキングドロウィング実施図面を専門にやるエンジニアですね。(…)ぼくがヨーロッパでつくづく感じたことは、ヨーロッパの建築家が現場の仕事をあまりご存知ないということだ。こんな現場を知らない人が、どうして建築のディテールをかけるのかと、実は不思議に思ってた。ところが今度、そうした特殊のエンジニアが、こういう仕事を全部ひきうけてやってしまうんだ、ということをはじめて知って、唖然としたんです。」

ヨーロッパで起きていたのは、建設産業の急激な発展に伴う分業化の加速という事態である。そこでは、近代建築を形づくる建築材料や構法の開発を職人たちと積み上げていく回路は失われて、現場を知らなくても建築が出来上がっていく自動機械のようなシステムが支配的になりつつあったのだ。そのことは、一九三〇年の帰国後に在籍したA・レーモンドのもとでの実務経験で学んだ現場の知識は、「ほんもの」の近代建築を造り上げるために必須のものだ、と考えていた前川にとって、大きな衝撃だったに違いない。同じインタビューの中で、次のような感想を述べている。

「私は日本の建築家というのは実によく働いているとおもう。というのは、ヨーロッパでいうアーキテクトと、ビルディング・エンジニアの両方を一人でやってるんだから。要するにぼくらは現場の仕事を知らなかったら図面などかけない。ほんとうにディテールをかくことはできないという頭がある。学校を出て事務所に入ってくる若い人にもそういうことで訓練する。それが常識になっている。それでいうとヨーロッパの建築家というのは、ずいぶん楽な商売じゃないか、という気もする。あんな簡単な仕事してね。建築がどんどんたっちゃってそれであれだけ高い設計料をもらえるんだから、ヨーロッパというところは建築家の天国だなという感じをもったんですけどね。」

そして、前川は続いて、一九二八年からの二年間、パリのル・コルビュジエのアトリエに学んだ当時を振り返りながら、こう指摘した。

「三〇年前にヨーロッパに行って初めてコルビュジェの建築を見たとき、非常に感動した。ちか頃は、そんな食指を動かすような感動がなくなった。(…)客観的に見てもヨーロッパの建築はダメになったという気がする。

その原因は、根本的にはもちろんメカニゼーション(機械化)が支配して、建築家がそれにおしやられてしまった、というようなことだろうが、今述べたようなことも、原因の一つにあるんじゃないかと思う。建築家がふんぞりかえって絵を描くと、その絵のようにできあがるような、お膳立てをしてくれるのはどこかヨソにいる。……そういう、ヨーロッパの新建築というものが良くなり得ようはずがない、少なくともそういう感じを持たざるを得ない状態がある。

これが嵩じてくると、建築家というものが、特定のコン

アテネの会議の様子　ドクシアディス（左端）と前川（右端）ら　窓の向こうにアクロポリスの丘とパルテノン神殿が見えている。『近代建築』1963年6月号より転載

トラクターの持ってる技術・材料・施工の方法といったものから、一歩も踏み出すことができなくなる。（…）そして建築家はその特定の技術の枠内でしか仕事をやれない。」

前川は、ヨーロッパの建築家たちが置かれていた機械化の支配する状況を、建築家の自由が失われることだと直感したのだろう。同時に、そうした事態を、自らの思い描いた近代建築の発展の見取り図の修正を迫るものとして、受けとめざるをえなかったに違いない。

また、このインタビューの中で、前川は、同じときにＵＩＡから都市計画分野の賞を授与されたギリシャの都市計画家Ｃ・Ｉ・ドクシアディスと、アテネで開かれたＵＩＡの会議[10]の際に、彼の事務所で議論を交わす機会を得たことにも触れて、彼の考えを紹介している。

「一つの社会が実現しうる一つの環境というものは、その社会がもってる総エネルギーからくるある一定の限界がある。あるコミュニティがあればそのコミュニティの実現しうる建築の総量というのは、当然限界がある。だからその社会がその総エネルギー量に不相応に巨大なものを集中させてつくろうとなると、そのために社会全般としては低くなっちまう。（…）大切なことは、平均の厚みを、とにかくできる範囲内でひきあげてゆくことだ、とドクシァデスはいっている。」

このような大局的な建築の見方を前川は直接教えられたのである。また、こう前川に語ったドクシアディスの主張の背景にあるものについては、一九六〇年のＲＩＢＡ（英国王立建築家協会）での講演をまとめた彼の著書からも読み取ることができる。彼は、その中で、「建築に起りつつある基本的な変化」について、次のように指摘している。

「最も重要なことの一つは、建築創造が手工芸から工業へと移行した事実である。過去において、地方的な技術・材料に基礎を置いた地方的生産物の問題であったものは、今や何千キロも離れた所で作られた材料、全体として一つの建物に総合される部分品の上に成り立っている。建築家の独壇場であった場面で、建築家はむしろ建築創造作業の統合者になりつつある。それは建築家が、ますます設計上の着想と製作の過程および造形に、自分が全く関与しなかった材料や構成要素を使うことを余儀なくされているからである。[11]」

そして、同じ著書の中で、ドクシアディスは「建築家のディレンマ」として、次のような問いかけの言葉を綴っている。

「建築家はここで自問しなければならない。建築家は、問題を全範囲に認識し、分析し、対策とプログラムを決定する科学者になるのだろうか？　それとも自分の弱点をくらますために、人が芸術を語ろうとすれば職人になりすまし、建設を語ろうとすれば芸術家だと言い逃れるデザイナーとして残存するべく運命づけられているのだろうか？　建築家はいまこそ無名の労働者となるべきなのに、いつか火で試し直され、出直すことを期して俗人にかえってしまうのだろうか。それとも象牙の塔にたてこもって、周囲に迫る時代の流れや要求に無頓着でいようというのだろうか。

建築家のディレンマの大きさがわかってきたようである。どうそれに応えるのか、どの道を選ぶかは、建築家の未来像のみならず、生存の問題に連なるのである。[12]」

建築家は何を求めていけば良いのか、科学者なのか、職人なのか、芸術家なのか。そう問いかけるドクシアディスの言葉は、アテネのＵＩＡの会議で前川にも伝わったのだろう。

産業化の行方に対する危惧

さらに、戦後の建設産業の急激な発展がもたらす「建築家のディレンマ」という問題は、同時に、建築にとって進歩とは何か、という問いを前川に突きつけたのではなかろうか。一九六一年の東京文化会館の竣工時に行われた大谷幸夫との誌上対談の中で、前川は、自動車の形の進化を例にあげて、自らの考えを述べている。

「人間の使っているうちの道具というものは、多年人間が使った経験によって、だんだん形が洗練されてきて、そしてだんだんいい形の定形といった様なものに近づいていくんだという考え方が根本にはあるんですよ。機械というものは、去年の機械よりことしの機械のほうがいいんだということをいっているわけですね。とにかく当時は、自動車は、ことしの自動車よりその次の年の自動車のほうがいい。それより次の年のほうがはるかに美しい。こういうものの考え方を素朴にやっていたと思うんです。しかし、今になって考えてみると、ことしの自動車が来年の自動車よりみにくいかどうかということは、いえないと思うんだな。つまり自動車は、人間が地表をあるスピードでもって、もっと速く走りたいという欲望を持って、その一つのファンクションに一歩ずつ近づいていった時代には、自動車というものは年々いい形になっていったと思うんです。ところが、もう地上を走るスピードというのは、ある限界にきてしまうと、あとはどんなヘンテコな自動車でも、一二〇キロなら一二〇キロで走るわけなんだな。そうなってくるといろんな余剰のコンマーシャリズム、そういうものが加わってきて、その自動車の形というものがゆがめられていくということはいえるんじゃないかと思うんです。[13]」

ここではっきりと自覚されているのは、技術の進歩によって形が洗練されて定形に近づいていく、という前川が想定する近代建築の健全な発展のプロセスが、いつしか余剰のコマーシャリズムによる過度な商品化によってゆがめられていくのではないか、という危惧の念だ。それは同時に、一九五三年の日本相互銀行本店の竣工時に前川が記した、「技術の進歩はやがて人々の幸福に連なると云う確信[14]」が大きく揺らいだことを意味していた。そして、建設産業の急激な発展という事態は、前川にとって、東京文化会館に至るまで追求してきたテクニカル・アプローチという方法論の根本的な変更を迫るものでもあった。

ル・コルビュジエへの共感と、足し算から引き算へ

以上のような状況の急激な変化に直面した前川だったが、この時点において、師であるル・コルビュジエの建築家としての姿勢に、あらためて教えられることがあったのだと思う。そうした前川の心の奥底にあった思いを伝えてくれるのが、東京文化会館の竣工直前の一九六一年三月八、十五、二十二日に、日本短波放送のラジオ番組「建築夜話」で収録された、作家の曾野綾子との対談[15]における発言だ。その中で、曾野からル・コルビュジエのことを聞かれた前川は、彼が画家で詩人でもあることに触れながら、なぜ弟子入りしようと思ったのかについて、次のように回想した

のである。

「どういう点で影響をうけたかということになると、（…）私個人の場合から考えてみますと、その人となりや、個々の作品自体から、非常に感銘を受けるものが多いわけです。いや、そう申し上げるよりも、コルビュジエという人間そのものの生活態度というか、その物の考え方のほうに、より以上心ひかれたといったほうがいいでしょう。[16]」

こう述べた上で、前川は、ル・コルビュジエの建築家としての姿勢について語っている。

「われわれの生きている現在の世界というものは、機械によるいわゆる大量生産の時代に入っています。そうであれば、どうしても例のマスコンミュニケーションというやつや、マスカルチュア（大衆文化）とか、そんなものが入ってくることを防ぐことができるわけはありませんし、それからこのごろでは、レジャーブームという言葉がよくはやっているのでもよくわかるように、マスレジャーも大きな社会問題になってくるわけで、要するに現代社会の一連の特徴といえると思いますが、それだから、どんな人でも多かれ少なかれ、これに巻込まれてしまっているのも自然なことでしょうが、そのために困る問題は、人間の持って居る人間らしい純粋さというものを、どしどし失っているんじゃないかということです。

そこでコルビュジエですが、これは全くそうしたものの影響を受けていないんですね。これは、コルビュジエ晩年の建築なんかをみていますと、実によくわかると思います。ああいう建築というものは、人間が非常に純粋でないと決してできないと思うからなんです。実際コルビュジエぐらい、いつもそうした周囲の情勢に対して、自分というものを堅持して、それにレジスタンスをつづけ、自分の生活の純粋さを守り続けられた人は珍しいんじゃないかと思っています。」

この発言から読み取れるのは、「人間らしい純粋さ」を堅持しているル・コルビュジエへの敬意の念であり、どのように時代が動こうとも、彼が守ろうとする建築家としての矜持に対する信頼だ。この対談の二年前に訪れたロンシャンの礼拝堂に強い感銘を受けたことが、こうした発言の背景にはあったのだろう。そして、前川は、意外なことに、同じ対談の中で、竣工したばかりの東京文化会館の持つ造形表現の豊饒さとは大きく次元の異なる、次のような発言を口にしたのである。

「『夜間飛行』をかいたサン・ティクジュペリという文学者がおりますね。（…）その人がこういっているんです。デザインするということは、あるものにいろんなものをだんだんにつけ加えていくんではなく、あるものからその余分なものをひとつひとつ取り去っていくことだって。[17]」

こうして見てくると、建築家としての一つの頂点をなす東京文化会館の竣工した一九六一年の時点において、前川には、近代建築に対する内省的な思考が芽生え始めていたことがわかる。それは、高度経済成長へと突き進む時代の喧騒の中で、一人孤独に、近代建築の足元を文明論的な視野から見直し、足し算から引き算の建築へと、自らの方法の進路を転換させていく作業の始まりでもあった。

内省的な空間への志向転換

木村俊彦の証言から

東京文化会館の構造設計の担当者だった木村俊彦は、後年の一九九八年に出版した自らの作品集[18]の中で、前川國男の一九五〇―六〇年代の仕事を振り返った上で、構造設計担当者として目撃した前川建築の特質について証言を残している。

「前川國男は一、二の小品を試作したのち日本相互銀行本店において、いち早く「純鉄骨、全溶接、カーテンウォール、アルミサッシ、プレカストコンクリート、レディミックスト・コンクリート……」という新技術を結集して設計された。一九五〇年の日本には「設計するための技術のないこと、良い設計をするためには技術というヴォキャブラリー（語彙）を先ず生みださなければならないこと、言葉が豊かになればそれだけ表現も自由にでき、微妙なニュアンスをだせること」をしばしば示唆しておられた。前川は大胆であるが、けっして前衛的であったり、過激であったりはしない。用心深く慎重で、けっして無理なファイン・プレーやスタンド・プレーはしなかった。前川はすぐれた建築にテクノロジカルにアプローチするために、新技術を厳しく嗅ぎ分けて、これと思うものに充分な実験や予備調査など時間的なゆとりをあたえて、確信をもたれてから大胆に英断を奮うのである。」

木村は、一九五〇年代に前川が推し進めたテクニカル・アプローチという試みの内実をこう記した上で、続く一九六〇年代に、前川の技術に対する考え方に、ある大きな変化が起きていたとして、続けて指摘している。

「その前川の解しておられた「技術性」には一つの大きい転換期があったように思える。一九六〇年頃までの前川は、人類の未来に敗戦の重みが加わった後進国日本の経済復興や都市再建に「新技術に立った新精神」がなんらかの役割を果たすと考えておられたようであった。エスプリ・ヌーヴォから機能主義へとつながる新技術、具体的には日本相互銀行に初登場したような諸技術は、一〇年とたたないうちに吸収され、本物と類似品とが入り混じって、さながら「燎原の火」の如く日本の隅々に普及してしまった。「新しい時代の難問」は新しい技術によってどこまで救済されたのかは分からない。この頃から前川の建築は新精神の軌道を前進するよりも迂回して、開放的な空間よりも閉じられた静かな空間を求めるようになった。均等ラーメンと明るいカーテンウォールという新技術の代わりに、閉じた壁構造とそれに包まれたおおらかなノーブルな空間を求めるようになった。(…)かつてのテクノロジカルな造形性の追求は、消えてはいないがかなり角度を変えてきた。」

ここで、木村は、一九六〇年代の前川の建築に起きていた、建築の技術性に立脚した造型性の追求をめぐる大きな変化について明快に指摘している。なお、この文章には下敷きとなった一九六五年の論考[19]があり、ほぼ同じ内容が綴られていた。そのことからも、構造の担当者という客観的な立場で設計に携わり、身近に接していたからこそ、当時の前川の転換点を正確に伝える証言であることがわかる。ちなみに、一九六五年の論考には、「このような傾向が構造担当者の私には氏のスケッチや表情から伝わってくるように思われた」として、「技術性が造型性の直接の鍵となるとはもはや確信はしておられなかったし、同時に否定もしていなかった。そしてそのような外面的な表現上の問題よりも、もっと別のことを構造技術に註文された。それはそのような壁に囲まれた内部空間の「広さ」であった」と記されていた。この証言からも、一九六〇年代前半期の前川の関心が、技術性の表現による造型性ではなく、空間の在り方に移り始めていたことが見えてくる。そこで、前川の「転換期」を象徴するものとして、東京文化会館竣工直後の一九六〇年代前半期に相継いで建てられた、いくつかの建築を取り上げておきたい。

岡山県総合文化センターにおける造形表現

「県民の家[20]」と呼ばれ、「民主国家として再出発する日本の県庁舎として一つの原型を作りたい意識[21]」で設計され、スチール・サッシュのカーテン・ウォールに包まれた長大な立面と大らかなピロティを持つ。約二万七千平方メートルの岡山県庁舎(一九五七年)の竣工から五年、太平洋戦争末期の一九四五年六月二十九日の岡山空襲により焼失した木造の旧・県庁舎の跡地に、一九六二年に竣工したのが、岡山県総合文化センター（現・天神山文化プラザ）である。すでに見てきたように、この二つの建物の間に挟まれた京都会館（一九六〇年）では、コンクリート壁の外側に特注の炻器質ブリックを積み上げ、外壁を二重にプロテクトする新しい方法が試みられていた。しかし、この建物では、日差し避けの縦ルーバーと手すりの笠木にプレキャスト・コンクリート（PC）が用いられ、一階外壁の一部に炻器質タイルが積まれたが、それ以外は、構造体と内外装のほぼすべてがコンクリート打放しで造られた。なぜなら、設計担当者の足立光章が「坪単価一〇万円を切るという苦しい予算」[22]と記したように、厳しい建設コストの制約があったからだ。たしかに、「中四国随一の〝文化の殿堂〟」[23]と地元紙に報じられたように、延床面積こそ、当時としては巨大な四六六二平方メートルを誇ってはいた。だが、「坪単価一〇万円を切る」という工事費は、京都会館の約一六万円、東京文化会館の約二五万円と比べて、かなりローコストとなる。その意味で、約一四万円の坪単価で建設された世田谷区民会館（一九五九年）と同じく、コンクリート打放しによる簡素な造形に徹した建築だった。けれども、この建物には、戦後復興に立ち向かう精神と民主的な使命感が託されていた。そのことが、設立時の館長が記した「すべての人に自由を」と題された次の文章からも伝わってくる。

「県民は誰でも、いつでも利用できる公共の文化施設をもつ権利がある。しかし、こと図書館やギャラリーに関するかぎり、それは不十分であった。その観点から、文化的教育的に、すべての人に自由に利用されうる場をつくること、それが第一の念願である。[24]」

こうして、この建物は、敗戦後の進駐軍の民主化政策により全国各地に設置されたCIE図書館を引き継ぐ戦後型の開架式の図書館を中心に、約三〇〇席の集会室と展示室、日米文化センターや資料室、会議室や食堂など、県民の日常的な市民利用に応じた諸室からなっていた。

興味深いのは、周辺環境の取り込み方や空間構成については、規模こそ異なるものの、岡山県庁舎とほぼ同じ方法が試みられていることだ。すなわち、敷地東側の一階にアプローチ路と平行に集会室・展示室棟を置き、それとT字型にクロスさせた図書館・展示室棟をピロティで持ち上げて、敷地奥の天神山と呼ばれる小高い緑地へとつなげる、という立体的なボリュームの配置構成によって、建物の外部に、余白としての広場的な空間がつくり出されたのである。そこには、県庁で獲得されたのと同じく、建築をつくることによって、その外側に広がる公共空間を整える、という空間構成の方法が自覚的に継承されていた。けれども、その一方で、全体の印象は、スチール・サッシュの明るい窓ガラスで覆われた透明感あふれる県庁舎の表情とは大きく異なる。打放しコンクリートの寡黙な外壁と縦横のルーバーで構成された彫りの深い彫刻のような量感性や、木村の証言した「広さ」を持つ、天井高五・六メートルの吹き抜けの閲覧室とロビーの静謐なたたずまいからも感じられるように、陰影のある内省的なものへと変化しているのだ。

そこには、世田谷区民会館・区庁舎の持つ雰囲気が踏襲されているように思える。

岡山美術館に実現した空間構成の新しい質感

そのような空間の質的な変化は、続いて一九六三年に竣工する岡山美術館（現・林原美術館）において、より顕著になっていく。敷地は、岡山城の内堀に面する旧・二の丸屋敷対面所跡である。この場所は、太平洋戦争下の空襲によって長屋門と土蔵だけを残して焼失し、荒廃していた。そ

岡山県総合文化センター（1962年）　撮影／渡辺義雄＊

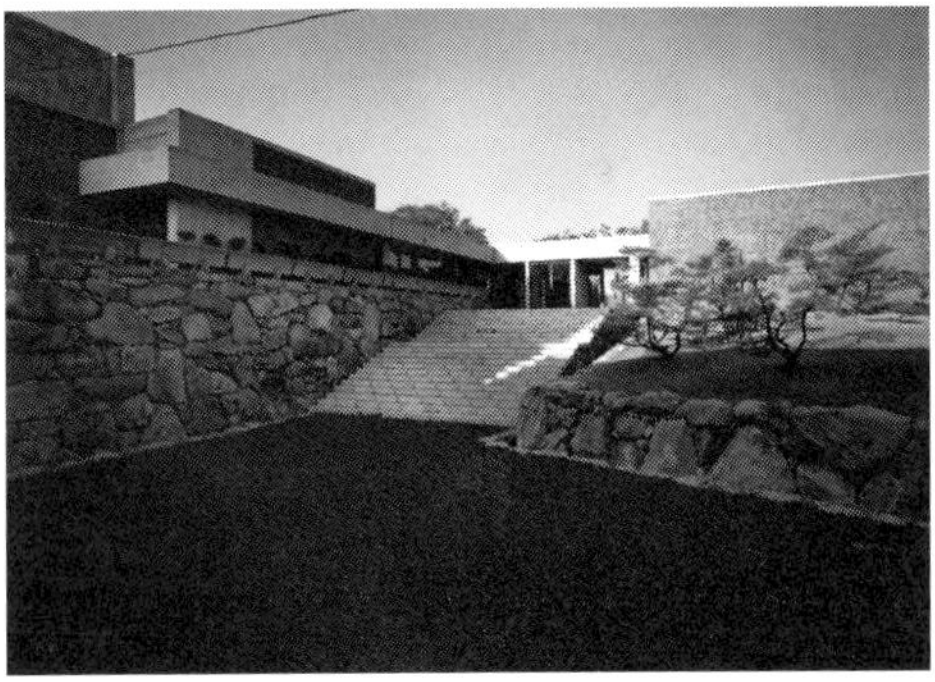

岡山美術館（1963年）　撮影／渡辺義雄＊

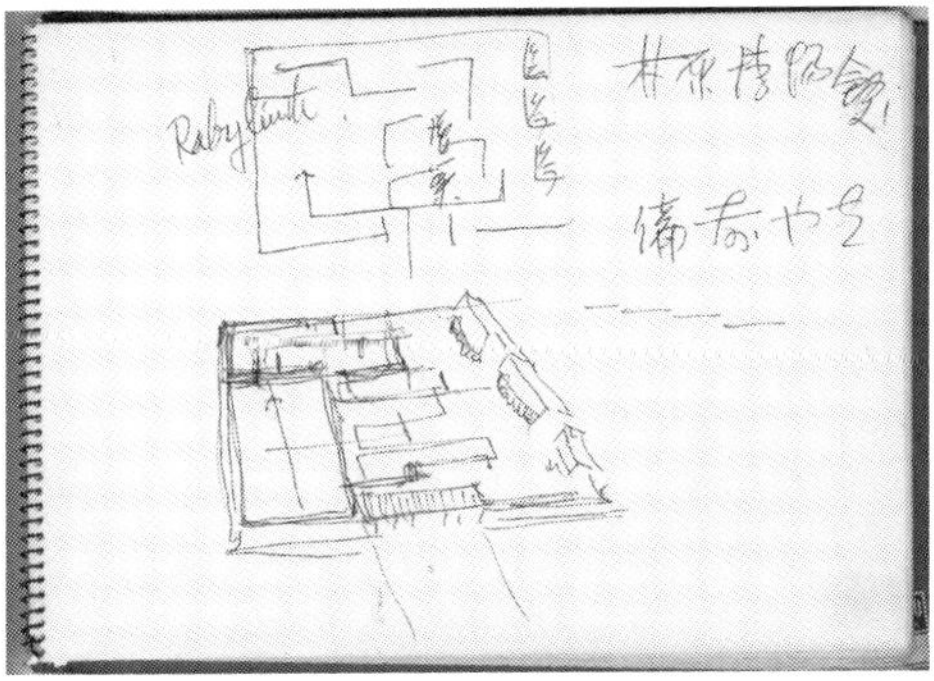

前川國男の岡山美術館の直筆スケッチ＊

の跡地を引き取り、自ら収集した多彩なコレクションを展示する美術館の建設を志したのが、地元出身の実業家・林原一郎だった。残念ながら、林原は志半ばで急逝するが、彼の遺志を受け継いだ遺族と知友の尽力によって建設された。また、延床面積が一〇七一平方メートルと規模こそ小さいものの、前川にとって、古いビルの改装だった東京国立近代美術館（一九五二年）とは異なり、初めての新築となる美術館だった。

　前川は何を求めたのだろうか。スケッチ・ブックに残る前川直筆のスケッチには、既存の木造の長屋門と土蔵が描かれ、「Rabylinth《ママ》」「増築」「備前やき」の文字が読み取れる。注目されるのは、L字型の壁の配置と矢印によって示された、迷宮（Rabyrinth）という空間構成上の動的なイメージと、地元の伝統的な焼物の備前焼に対する関心である。この前川のスケッチを手がかりに、実施設計図の配置図を見ると、前川の設計のねらいが、より明快なかたちで伝わってくる。すなわち、街路に面した東側の長屋門をくぐり抜け、石段を上り、ガラス張りの玄関を入ると、中庭を中心に、反時計回りにL型の壁に囲まれた展示室が、歩むに従って次々と迷路のように展開していく。そして、一巡して展示を観終わった後は、急に目の前の風景が明るく開け、床レベルが七五〇ミリ下がった高い天井のロビーのガラス越しに、南側に広がる芝生の庭と室内が一続きの空間として体験できる、流れるような空間構成がさりげないかたちで実現されているのだ。また、敷地の北側に残る土蔵との間には、将来的な拡張の計画として想定されていたのだろう、既存部と同じく、九・六×九・六メートルの壁構造のグリッドをひとつの空間の単位とする展示室の増築棟も描かれている。

　注目したいのは、この美術館の流れるような空間構成を成り立たせるための、構造体と構法の合理的で明晰な使い分けが、周到なかたちで意識的に施されていることである。平面図を見ると、八・四×八・四メートルのグリッド上に配置されたラーメン構造の独立柱と、九・六×九・六メートルグリッドで室内に柱のない壁構造の壁、という二種類の構造体を使い分けていることが読み取れる。前者のラーメン構造で生み出されたのは、ガラス張りで内外をつなぐ開かれた空間であり、後者の壁構造で生み出されたのは、展示室や倉庫などの閉じた空間になっている。文字通り、その場所のもつ空間の性格をダイレクトに反映させた、二つの異なる構造体が、合理的なかたちで併用されているのである。また、後者の壁の外側には、焼過ぎのレンガが積まれており、これによって、外壁を二重にして風雨を防ぎながら、時間の流れにも耐えうる存在感が建物に与えられている。しかも、この美術館では、これらの構造体と構法の使い分けが、どこまで意識的だったのかはわからないが、けっして明示的に表出されることはなく、むしろ控え目なかたちで仕込まれている。そのことにも着目しておきたい。

　そして、実は、このような構法を採用した背景で起きていたのは、建築産業の急激な発展の陰に忍び寄りつつあった、職人的な仕事の危機的な状況だった。そのことが、竣工時に設計担当者の奥村珪一が記した、「軀体としてのコンクリート」についての指摘から見えてくる。

「現在われわれがRC構造を実際現場において経験する時一番感じることは、材料の運搬、鉄筋の組立、型枠の建込み、コンクリート打の作業という段階での目に見えない膨大な人間の努力と能力を必要とすることを経験し、しかもそれらの努力と能力を投入した場合においてすら、完全なコンクリートの補償を期待できない。ましてわが国の施工業者の質が低下し、仕事量の増加にしたがい相対的に熟練技術者の不足をきたしている現在、いかに合理的な設計ができたとしても、RC構法を採るかぎりその製品を設計値に近づけることは不可能に近い。今までにおいてもRC構造の現場作業が理想的に行なわれた場合の条件の大半は、たまたま現場員個人の能力と努力に負うところが多かった。[25]」

　ここで奥村が指摘したように、先に見た世田谷区民会館や岡山県総合文化センターのコンクリート打放しによる職人的な造形表現は、実は、職人不足により危機的な状況に陥っていた中での「個人の能力と努力」に負うものでもあったのだ。奥村は、この二つの建物の担当者でもあっただ

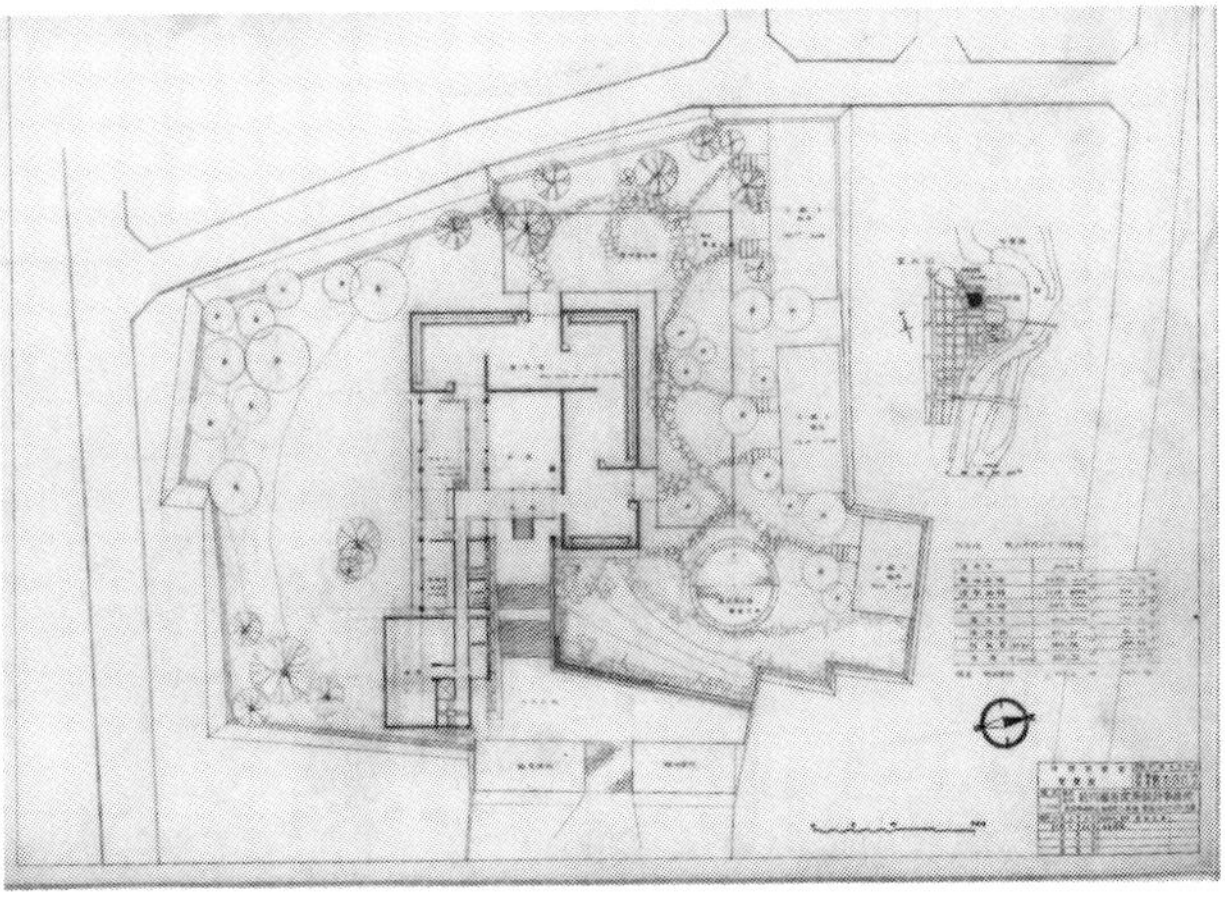

岡山美術館　配置図＊

けに、現場における職人による仕事の限界を肌で感じ取っていたに違いない。また、だからこそ、奥村が続いて説明したように、岡山美術館では「材質の高性能」と「現場員個人の能力にできうるかぎりたよらないですむ材料という意味」から、工場で製作されたＰＣ（プレキャスト・コンクリート）を「認識」し、「計画の当初はbase（基礎）からroof（屋根）まで、ＰＣを用いて現場作業を減らすことによってその質を向上させようと試みた」のである。しかし、「最初のケース」であり、「安全を期するため」、「最終的にはroofのみをＰＣにより施工した」のだという。そこで自覚されていたのは、建設現場の職人の手仕事に頼ってきたＲＣの工事が困難になる中で、現場作業を軽減しながらも、建築の質を確保する方法として、工場製作のＰＣへと置き換えていこうとする構法改良への道筋であった。だが、奥村の説明にもあるように、岡山美術館では、最初の試みであったため、ＰＣを徹底的に使用する方法は採らずに、独立柱と壁上部の梁の上に載る屋根の床板にのみ、ＰＣ版を架け渡す構法が試みられたのである。天井伏図からは、この美術館における二種類の構造体の使い分けと、ＰＣ版の架け渡し方が容易に読み取れる。なお、用いられたＰＣ版は、「ダブルＴ型プレストレスト・コンクリート版」と呼ばれるオリエンタルコンクリート社の既成規格品であった。[26]

岡山美術館の外壁に積まれた焼過ぎレンガ

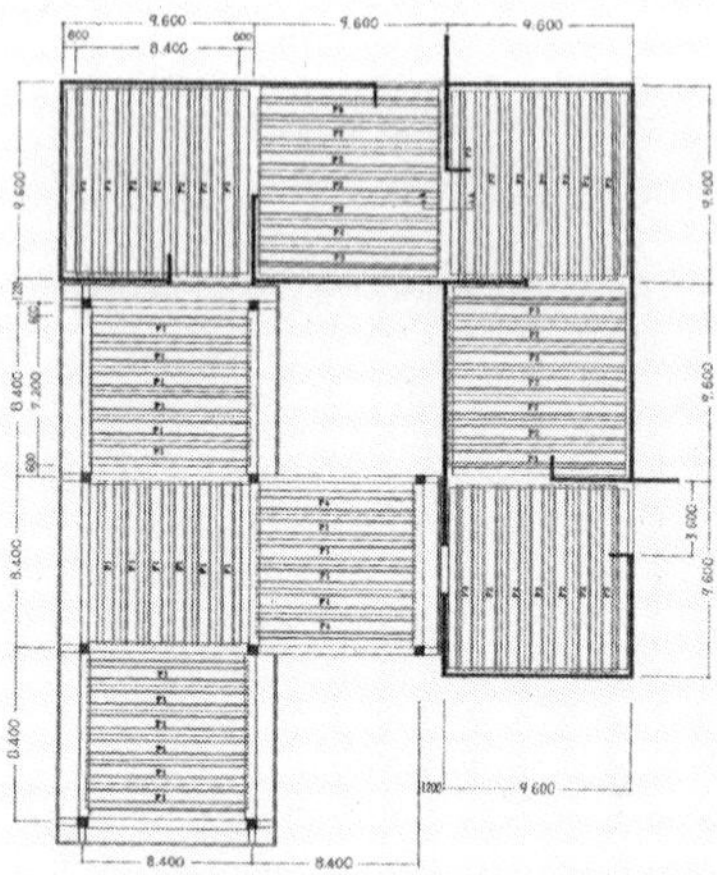

岡山美術館の構法を示す天井伏図　『新建築』1964年2月号より転載

焼き物への着目の背景にあったこと

さて、それでは、このような構法の試みを通じて、前川はどのようなことを考え始めていたのだろうか。残念ながら、これまで見てきたような構造体の使い分けやＰＣ版を用いた構法など、技術的なことに直接触れた前川の文章や発言は見当たらない。むしろ、スケッチ・ブックに残されたRabyrinthや備前焼というメモ書きの言葉からもうかがえるように、前川が、空間構成と共に、工業化材料ではなく、古来から日本にある伝統的な素材への関心を持ち始めていた点にこそ着目すべきなのだろう。やや後年だが、一九七九年のインタビューの中で、前川は、レンガやタイルなど「焼き物」に注目したそもそものきっかけについて、次のような発言を残している。

「戦後、むやみに打放しをつくったわけですが、これがどうも汚れっぷりがよくないわけです。それでね、人には平気なことをいっていたけれども、内心では何とかせねばいかんなと、実感として持っていたのです。それじゃ何でやるかというと焼き物しかないんじゃないかという気がしたものです。

炻器質タイルというのを初めて知ったのは、うちの事務所の前の道の電車通りから入るところに、幅が約一メートルぐらいかな、タイル貼りの道路が残っていて、それが炻器質のもので、それから炻器質タイルというのはいいじゃないかと思うようになったのです。日本の焼き物には伝統があるから、日本の建物の表面は焼き物が主力でいいんじゃないかということを考えたわけです。[27]」

そして、前川は、美術館建築の設計の始まりと、岡山美術館の外壁に用いた焼過ぎレンガの出所についても、こう証言していた。

「そもそもの初まりというかな、美術館のはしりは、岡山に小さな美術館をつくったんですよ。(…)岡山は備前焼でしょう。それで、実は備前焼でやりたいと思ったんです。ところが備前焼自体がとてつもなく弱いものになっちゃってね、昔のような焼きはできないんです。

それで、何がいいか分からなくてずいぶんまごまごしていたんですが、四国の観音寺というところの煉瓦の窯がちょうど空いていて、ここに焼過ぎ煉瓦のくずがいっぱいありましてね。そのくずがいいだろうというんで——くずといっても、かたちをなしていないのでは困るけども、多少ともねじれたものはみんなOKして、そのくずを集めさせたんです。」

こうした発言から読み取れるのは、単純な建築の工業化という目標からは離れて、むしろ、時間の流れに耐え、味わいのある素材感を持った外装材を求めようとする眼差しである。当時の前川の考えを知るひとつの手がかりとして、この美術館の竣工したのと同じ一九六三年のオーギュスト・ペレー賞受賞直後のインタビューの発言がある。

「日本の建築は、世界的に注目されていると言われているし、またそれは事実だとおもう。しかしただ一つ、ここで注意しなけりゃならんことは、日本の建築が、なぜそうなのか、ということだ。その根本には日本はクラフトとインダストリーが共存している唯一の国だということがあるのじゃないか。ところが今日の日本ではそれが可能だけれど、明日これが可能かどうかということについては、何の保証もない。つまり頼りない状況だという自覚が必要だ。[28]」

この発言に読み取れる危機感については、やや唐突ながら、前川と同世代で、伝統的な町並みが残る倉敷で地道な設計活動を続けていた浦辺鎮太郎が、一九六一年に竣工した自作の石井記念館愛染園女子単身者住宅のコンクリート打放しの外部廂の造形について触れた、次のような文章からも伝わってくる。

「現時点で鉄筋コンクリートは日本の木造と同様に貴重な特産物であるという認識は、いよいよ実感をもって迫ってくる。この共同宿舎の場合、(…)打放しコンクリートはリブ付きになった手のこんだ代物であるが、外国でわたくしどもの単価でこれだけの名人芸ができるとは思えない。(…)一九六一年の急速な工業化の真只中に、なお日本にはかかるクラフトが存在している。[29]」

建設業の発展の陰で、職人の手仕事＝クラフトは追い詰められつつあったのだ。続く一九六四年の村野藤吾と西澤文隆を交えた誌上鼎談での、浦辺の次のような発言も残されている。

「今の近代的な施工法というのは、こりゃもっとほっといても経済的な理由があってだんだん進歩する。退歩することは有り得ないと思いますが、クラフトの方はこれは保存して行かなくては全滅寸前にある。(…)人類の宝を失なうようなものなんだというようなことになりがちだと思います。[30]」

こう発言した浦辺とも重なる思いから、前川は、岡山美術館の外壁に、あえて「焼過ぎ煉瓦のくず」を積み上げたのだろう。しかし、その一方で、木村や奥村の証言にもあったように、当時の担当者たちが追求を始めていたPC版の開発による建設工事の合理化と、それに伴う単位空間の組合せという設計方法は、続くいくつかの建築を通して、さらに煮詰められていくことになる。

単位空間によるプランニングの方法論へ

学習院大学図書館のPC構法と壁構造の試み

一九六二年、六三年と、岡山県総合文化センターと岡山美術館が、岡山市に相継いで竣工した。続いて、東京都でも、それらとほぼ同時進行するかたちで、二件の設計が進められていた。学習院大学図書館（一九六三年）と世田谷区立郷土資料館（一九六四年）である。これらの建物では、岡山美術館で初めて試みられたPC（プレキャスト・コンクリート）版による屋根スラブ設置の構法や単位空間の連続による平面計画（プランニング）を、さらに発展進化させる方法が模索されていく。この章ではこの二件の建物を取り上げたい。

すでに見てきたように、東京目白の学習院大学では、「学問のコア」というテーマのもと、ピラミッド校舎を中心に、広場を取り囲む四棟の校舎群が一九六〇年に竣工していた。それに続き、同じく一九六二年の学習院創立八五周年記念事業の一つとして計画され、建設されたのが、学習院大学図書館である。木造の旧・図書館（一九〇九年）は、目白キャンパスの開校以来、学習院の中心的な施設として、関東大震災や太平洋戦争にも耐え、半世紀以上にわたって大切に使われてきた。しかし、一九四九年の新制大学としての発足後は、急増する学生数と増え続ける蔵書に対応できなくなっていた。そこで、歴史学者で文学部教授の末松保和館長を委員長に、建設準備委員会が設置され、図書館新設の構想が立案されていく。

そして、「学生図書館という性格」に重点を置いた「自習室・新聞雑誌閲覧室・開架図書室」と共に、「広いロビーや休憩室」を配置する基本方針が決定され、ふたたび前川國男に設計が依頼されたのである。このとき、前川は、図書館の「形状設計の基本となるようなアイデア」を、末松館長に求めたという[31]。それに対して、末松は、由緒ある旧図書館の平面的な特長である「十字型の意匠を現代風にアレンジする案」を前川事務所に伝え、これが新図書館設計の基本方針となっていく。だが、先のピラミッド校舎群と同じく、寄付金などに頼った厳しい建設コストのもとで、設計に与えられた時間はわずか四カ月半に過ぎなかった[32]。そんな制約の中にあっても、一〇年に及ぶテクニカル・アプローチの地道な蓄積と、その中で実力を鍛えてきたスタッフたちは、少しでも新たな方法を切り拓くべく、集中して設計に取り組もうとしたに違いない。設計チーフを務めた美川淳而は、建設中に記した文章の中で、ピラミッド校舎群の設計を踏まえた上で、今回の図書館の設計に対する抱負をこう書き留めていた。

「ハッキリといって校舎群の設計について、われわれとしても完全に満足しているわけではないが、中央の広場と、そこからピロティを通って流れ出す学生の流れは非常に生き生きしており、全体計画のねらいは成功したと考えている。しかしその後、キャンパスの中には、当初の全体計画とは関係なく、全く、無計画に次から次へと施設が建てられてゆく。

そこでわれわれは、現位置に図書館を布石することにより崩れ行く学園の雰囲気を立て直し、同時に生き生きした学生の動きを積極的にとり入れた図書館を設計したいと考えた[33]。」

文中にある無計画に建てられた施設とは、前川の設計した校舎群のすぐ西隣の西四号新館と、目白駅寄りのグラウンド東側の体育館と学生食堂と厚生施設からなる輔仁会館と呼ばれる建物を指している。八五周年記念事業の完成を急いだためなのだろう、全体計画とは関係なく、半ば場当たり的に建設された結果だと思われる。また、だからこそ、この図書館の計画では、同じ文章の中で美川が記したように、末松館長の「大局的な見地に立っての判断・決定」、学校側の「非常に柔軟」な考えもあり、「出された方針は、ラフなものでしたが、筋の通ったもので、細かい運営方針がきまっていなかったため、かえって学校側とわれわれは提示したプランをもとに徹底的な検討を行なうこと」ができたのだという。

こうして導き出された方法は、旧図書館の十字型の平面図をアレンジしたような、一四・四×一四・四メートルの正方形プランをもつ三つの閉じたボリュームと、それらをつなぐ同じ大きさの開放的なロビーの組合せからなる、動きのあるリズミカルな空間構成となった。手前の北側に建つ十字型の旧図書館や、ピラミッド校舎群と外構計画が描かれた全体配置図からは、設計の意図が明快に伝わってくる。すなわち、図書館の正方形プランの配置によって生み出された内外の空間の拡がりが、正方形をモチーフとするパターンで外部へと展開し、緑深い前庭とも相俟って、余白のある心地好い環境をつくり上げたのだ。美川は、同じ文章の中で、空間構成の方法についてさらに説明を加えている。

学習院大学図書館（1963年）　撮影／渡辺義雄＊

「正門と校舎群との間に庭を作り、この図書館の一階部分を庭の延長とし、広いロビーとブラウジングをとった。ここは庭と共に学生の集いの場所であり、また二階以上の図書館本来の部分に対する前室の役目を果している。(…)立ち木が多い周りの環境を庭として利用したため、リファレンス・ルーム、出納ロビー、事務室よりなるメインフロアーは、一階に置かず二階に置かれた。三階は、静かで緑にかこまれた階で、異なった性格の部屋をつなげてのびのある空間を作っている。(…)

グランドに近く騒音が大きいのと、落ちつきを求めるため、南、北の閲覧室棟と書庫棟はむしろ閉鎖的な壁構造をとり（現場打ちR.C.）、床スラブはT型P.S.パネルを並べた。中央のつなぎになる棟はR.C.ラーメン構造である。(…)構造だけでなく(…)多くの新機軸を打ち出しているが、皆今までの当事務所の設計の成果の発展と、次の建物へのテストケースという一貫した線にのっている。」

全体配置図に示されたように、一階は「庭の延長」としての「学生の集いの場所」であり、図書館のメインフロアーは二階にするなど、周到な内部機能の配置が行われている。また、この建物では、各階の床スラブを、あらかじめ工場でPC鋼材によって圧縮力を加えた高強度のP.S.（プレストレスト・コンクリート）パネルのT型のPC（プレキャスト・コンクリート）版で架け渡す構法が試みられた。残された工事写真には、各階に床スラブのまったくない壁構造の外壁の内側に、T型のPC版を架け渡す施工の様子が記録されている。それは、先の岡山美術館で屋根スラブ

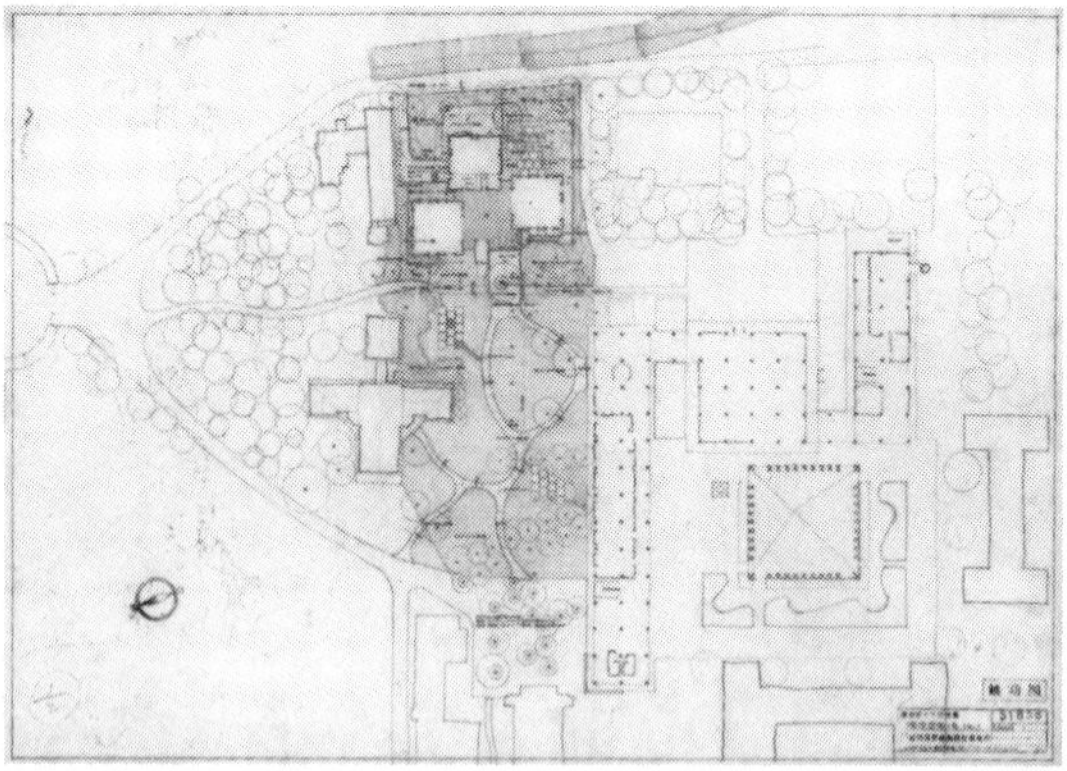

学習院大学図書館　環境整備工事図面＊

のみに試験的に採用した構法を、すべての床スラブにまで拡大発展させたものである。この構法により、壁で囲まれた一四・四×一四・四メートルの正方形プランの内部には柱は一本も存在せず、自由な間仕切りが可能な空間が実現する。

さらに、ここには、美川が別の文章で記した次のような設計意図も盛り込まれていた。

「この建物が施工にかかり次第にその形を表して来た頃、この建築が、生きるも死ぬも○○次第というものが、二つあった。

一つは庭の設計で、もう一つは家具の設計であった。このことはわれわれの設計意図を明確に示している。この図書館は、今までの静かな、本を読むためだけの図書館ではなく、学生の生き生きした流れを、庭を通じて図書館の中に引き入れたかったし、またこの木の多い囲りの環境を、この建物を建てることによって、なお一層良いものにしたかった。またこの建物は、建物のエレヴェーションの恰好よさより、室内空間の良さ、庭とのつながりの方が重要だった。そのため、家具配置計画（…）、家具設計に相当な重さをおいていた。P.S.コンクリートの床板による柱の無い部屋に、壁、家具等にかこまれた読書コーナーが散らばっている、というのがわれわれのねらいだった。（…）ここは単に本を読み、図書館事務をとるだけの建物でなく、読書を中心とした集りの場所でありたいと考えた。[34]」

この図書館では、正方形の平面をもつ空間の単位が、内部の家具の配置や外部の庭への広がりを生み出す構成要素としても取り扱われていたのだ。ここで注目しておきたいのは、堅い殻のような壁構造の外壁と、PC床版という工場生産の規格品部材からできた、同じ大きさの空間の単位がもたらしたプランニングの方法論である。すなわち、先の岡山美術館と同じく、PC床版が描き込まれた平面図や竣工後の室内の写真からも読み取れるように、ある定形の大きさの部屋の単位の組合せと配置が、そのまま建築全体の空間の連続性とリズムを内外に創り出すことができる、という方法論が自覚されている。これまでの前川の建築では意識されていなかったが、これ以降の建築でさらに展開されていくことになるものである。そして、このＰＣ部材を用いた工業化の試みは、世田谷区立郷土資料館においてひとつの頂点を迎える。

一〇〇％ＰＣ部材で組み立てた工業化の頂点

学習院大学図書館は、先のピラミッド校舎群と同じく、厳しい予算もあって、「安い絹よりは丈夫な木綿を着ようという質実剛健な精神」[35]に則り、世田谷区民会館・区庁舎や岡山県総合文化センターと同じく、内外ともコンクリート打放しの簡素な表情でまとめられていた。それらと比べると、続いて一九六四年に竣工した世田谷区立郷土資料館は、まったく異質な印象を受ける。この建物の構造設計を担当した木村俊彦は、竣工後、その特徴を記している。

「この建物のもっとも大きい特徴は、なんといっても、限られた数種のＰＣ部材で、地上部の隅から隅まで一〇〇％の構造体を組立てたことと、その構造部材である壁版の工

学習院大学図書館　3階床のPC版施工中の工事写真＊

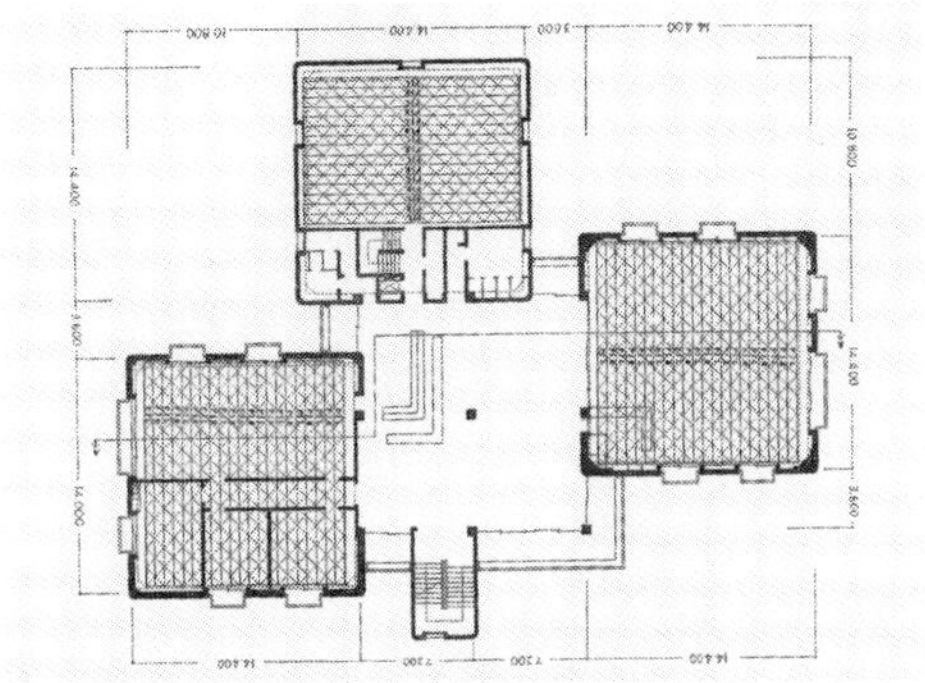

学習院大学図書館　PC版の割付を書き込んだ1階平面図
『新建築』1964年2月号より転載

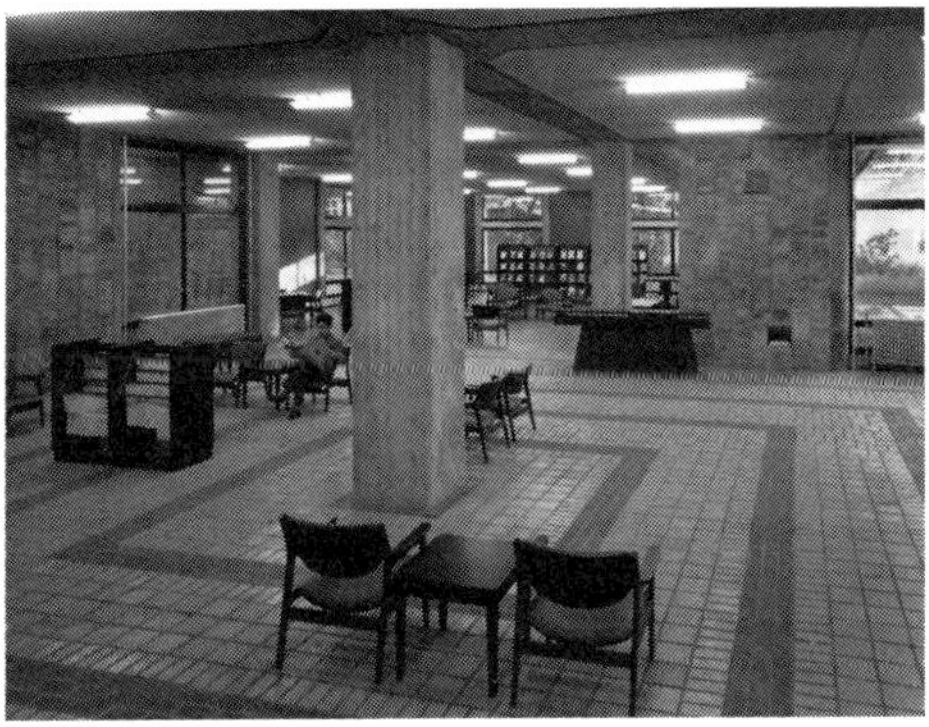

学習院大学図書館　1階ロビー　撮影／渡辺義雄＊

場製作時における金属型枠面の肌とステム（版のリブ）をそのまま外観の意匠に活用した点にある。[36]」

特異な外観の表情をつくり出していたのは、金属型枠によって工場製作されたＰＣ部材そのものだったのだ。木村は、続く文章の中で、「短い工期」と「限られた予算」、「歴史的な資料を保存陳列するという文化財保護の建築であること」など、厳しい建築条件のもとにありながらも、このような「最先端の近代技術」を試みたのは、この建物が「隅々まで目の届く」延床面積一一二五平方メートルの「小規模」であり、前川事務所のベテランの大沢三郎ら「造形的センスの豊かな」所員の担当で、優秀な施工者に恵まれたからだと説明している。その意味で、一〇年に及ぶテクニカル・アプローチの蓄積を踏まえた、建築の工業化への果敢な挑戦となったのである。その外観からは、精緻で硬質な、しかしどこか冷たい質感も感じ取れる。けれども、当時の木村には、先駆的なＰＣ工法に対する期待と自信があったに違いない。工場で製作されたＰＣ部材の特質として、次のような指摘もしていた。

「ＰＣという材料は（…）鉄骨とＲＣとの長所を兼備した構造材料である。耐久性、耐火性は金属にまさり、ＲＣにまさるとも劣らない。重量はほぼＲＣと同程度で、強度は三倍くらいある。そして同じ値段で鋼材の一〇～一五倍の量を買うことができるのである。こうしたＰＣという材料の構造的特性を十分認識したならば、建築構造に利用開発の道は無限に広いといえるであろう。[37]」

ＰＣは、単なる建築の構成要素に留まらず、構造そのものの役割を飛躍的に進化させる革新的な可能性をもつことが強調されていたのである。この建物の二階のＰＣ部材割付図と、組立中の施工写真からは、木村の言う一〇〇％ＰＣ部材で構造体を実現したことの斬新さが伝わってくる。それは、敗戦直後の厳しい状況下で試みた木造の組立住宅プレモス（一九四六―五一年）の組立図を彷彿とさせる。その挫折から一三年、建築の工業化の頂点にたどり着いたことになる。しかし、同時に、正方形プランの中央吹き抜けの内観写真からもうかがえるように、「限られた数種のＰＣ部材」だけで建築を作るという制約がもたらす、造形表現としての堅苦しさも露呈していたのではないかと思う。

それでは、この建物において、木村が新しい構造法をここまで徹底して試みようとした動機の背景には、いったい何があったのだろうか。木村は、後年の一九九八年に出版した自らの作品集の中で、構造家・横山不学のもとで、前川事務所と共同した時代を振り返り、ブリュッセル万国博覧会日本館（一九五八年）の現場監理で常駐した滞欧の経験から、次のような回想を残している。

「プレキャストやプレストレスト・コンクリートの魅力が、私の滞欧期間で倍増している。というのはヨーロッパでは、プレキャストもプレストレストも、なんら特殊視していないと言うことである。（…）そうした風土が私にもついて廻ったのだろう。今にして思えば無条件に前川先生に従わなくなった時から、私のプレストレスに対する遍歴が始まっている。[38]」

この回想からは、当時の木村ら若い世代にとって、すでにヨーロッパでは当り前に使われていたプレキャスト（PC）やプレストレスト・コンクリート（PS）を、日本でも試みてみたいという強い願望が働いていたことが読み取れる。また、「無条件に前川先生に従わなくなった時から」とあるように、一九六〇年代初頭の、PC部材による建築の工業化の徹底という試みは、前川の考えを超えたところで始められていたのである。しかもそこには、木村の、楽譜と音符に例えて、「音楽的なPCの構成[39]」による建築のより自由な表現を求める夢想までもが託されていた。

「PCという材料の造形の可能性はむしろこれから開拓されるべき運命の門出にあるのである。純粋に技術的な立場でPCが実用されてきた段階がようやく終り、いくつかの定着した技術を足がかりにひとりひとりのすぐれた建築家が、その特性を予見し、造形の可能性を誘導しはじめたと

世田谷区立郷土資料館（1964年）　南側外観　撮影／渡辺義雄＊

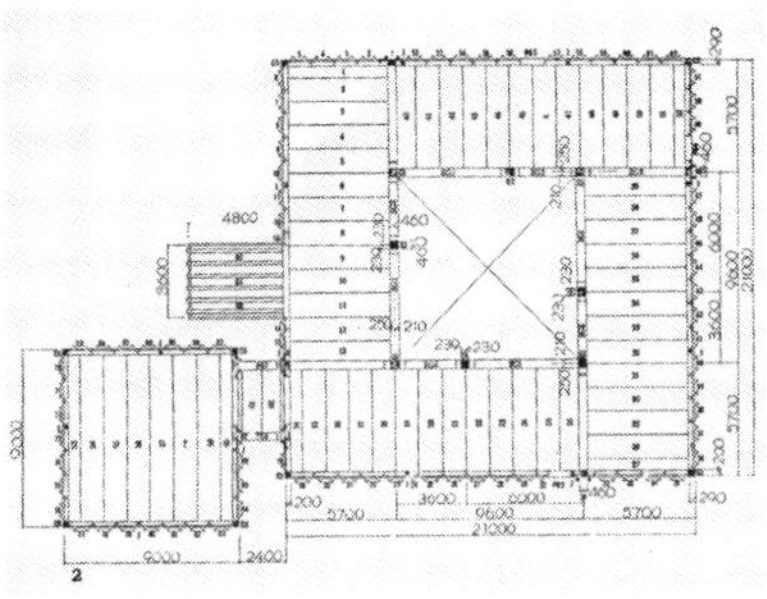

世田谷区立郷土資料館　PC部材割付図　『新建築』1964年12月号より転載

世田谷区立郷土資料館　1階ロビーから2階展示室を見上げる。撮影／渡辺義雄＊

いう段階であろう。（…）ＰＣという材料は建築的、とくに造形的にはそれほどに若く、新鮮で、しかもこれまでにない造形の沃野を暗示しているようにわたくしには思えるのである。」

　木村は、こう記した直後の一九六四年五月に、横山不学のもとから独立し、先行して一九六一年に前川のもとから独立した大髙正人と共に、千葉県立中央図書館（一九六八年）や栃木県庁舎議会棟（一九六九年）などを通して、ＰＣを用いた造形表現の可能性に挑んでいくことになる。[40]そして、このように、時代に対する肯定的な思いを木村が抱くことができたのも、一九六〇年代の建設技術の目覚しい進歩を目の当たりにしていたからに違いない。後年の一九八六年だが、木村は、前川國男への追悼文の中で、当時を振り返った文章を書き残している。

「前川先生の近代建築と技術のかかわり合いは、構造面から見た一側面でしかないけれど、それでもまさしく前川先生の「正」の一面であっただろう。（…）近代主義の未来は薔薇色に輝き、人々は自由で、機械化・大量生産化によって貧困から開放され、都市は輝き、建築は太陽と緑に包まれて風と光をふんだんに満喫し、都市と建築は地球上の全ての民族に平和で豊かな空間を提供してくれる、否、そのように新しい精神と新しい都市と新しい建築とが世界を先導していかなければならない。（…）少し後れて、第二次大戦の後に、日本にもその時代が訪れた。新技術を基盤にした近代建築が、またそれを自由に建てられるような社会と時代の到来がこれから始まろうとする開放的で楽天的な希望に満ちた未来を約束する「正」の時代の証しであった。そう感じられる時代であった。

　しかし、今考えるとその「正」の時代は繁栄の中に果敢なく吸収されてしまった。[41]」

　こう木村が記した「正」の時代とは何だったのか。そして、ふたたび一九六〇年代の前半期に話を戻せば、前川國男は、岡山と東京で実践した工業化の試みの経験を踏まえて、どのような方向へと進んでいくことになるのだろうか。

激動する一九六〇年代の都市と向き合う

建設産業の隆盛による建築家職能の変容

一九六〇年代の前川の仕事を振り返ろうとするとき、その背景として浮かび上がって見えてくるのは、高度経済成長がもたらした建設需要の急速な拡大と、それによって引き起こされた建設産業の再編および建築家の職能の変容である。何が起きていたのだろうか。たとえば、建設省が編集した一九六二年版の『建設白書』には、「戦後建設業の推移」として、次のような状況分析が記されていた。

「昭和三十一年以降の建設市場はいわゆる高度成長経済のもとに（…）一貫して好況を維持し、特に昭和三十五・三十六両年度は建設ブームとして世の注目を浴びていた。今次の好況を支えているものは周知のごとく、技術革新を軸とする近代化投資のための産業設備投資と公共投資を中心とする産業基盤整備事業である。

かくて建設業は空前の好況を享受し、産業別国民所得でこれをみれば、昭和三十五年は昭和二十六年に比べて実額で四・〇倍であり同期間における製造業のそれの三・二倍を大巾に上まわった。

特に昭和三十一年以降の建設ブームは量的な面で建設業を飛躍的に発展せしめただけでなく、質的、構造的にも大きく変ぼうせしめた。従来とかく封建的な色彩を色濃くもっていた建設業も、高度成長下において、資本を蓄積し、経営を整備し、しだいに近代化しつつある。[42]」

こうした記述からも、一九五〇年代後半に始まった空前の「建設ブーム」が、建設業の「封建的な色彩」からの脱皮と「近代化」を強く促していたことが読み取れる。そして、同白書では、それによる建設業の「変ぼう」の「諸特徴」として、「技能労働者の不足と賃金上昇」「機械化施工の普及」「経営近代化の傾向」が挙げられていた。また、こうした動きの只中にいた大成建設の技術者の三浦忠夫は、後年の一九七七年に、同じく一九六〇年代の建設業界で起きていたことについて、こう解説している。

「昭和三十五年から始まる一九六〇年代の前半五年間は民間設備投資の拡大が著しく、岩戸景気（昭和三十四〜三十六年）、オリンピック景気（昭和三十七〜三十八年）の好況期を経て、実質国民総生産は三十五年の二〇・三四兆円から四十年の三二・四五兆円（四十年価格）へと約六〇％拡大した。（…）建築産業界も昭和三十五年前後から建築生産の近代化に取り組みはじめ、大手建設会社は技術研究部門を続々と設置し、建設行政面からも伝統的な現場生産方式から工業生産方式への移行こそ建築生産近代化の第一歩であるとの強力な指導行政がとられはじめた。

かくしてこの一九六〇年代以降に具体化した建築生産近代化は（…）住宅生産の工業化による住宅産業の育成と、関東大震災以来墨守されてきた三一メートルの建物高さの制限を突破する超高層建築技術の開発具体化の二分野において展開された。[43]」

三浦がここで指摘しているように、「伝統的な現場生産方式」から「工業生産方式」への「移行」と、その結果として具体化された「住宅産業の育成」と、「超高層建築技術の開発」こそ、一九六〇年代から一九七〇年代にかけての建設業界の再編を象徴する新たな動きなのだろう。おそらく、そうした変化の中で、前川が一九五〇年代に実践していたテクニカル・アプローチという地道な建築の工業化の試みは、あっという間に建設産業の中に取り込まれてしまい、彼が一九五一年に「近代建築発展三段階説」で思い描いた、「技術を駆使して、近代建築に人間的な暖かみ、芸術的感銘、新しい意味での記念的な感覚をうみだす[44]」回路は、急速に閉ざされていったのではなかろうか。

さらに、当時、建設省建築研究所の建設経済研究室長だった古川修は、一九六三年の著書の中で、建設業の「技術変化のテンポが速くなった」として、次のように指摘をした。

「戦後とくに一斉に大規模工事が起った「昭和」二十六、七年以降最近年にいたるほど、建設技術はきわめて多彩になり、変化が目にみえて速くなった。（…）建設工事に対して早期・大量・高性能などの社会的な要求がたかまったからである。そしてそれが建設業の在来もってきた技術と経営の体質に急速な変化をもとめたからだ。（…）材料部門・機械部門の製品はますます大量化し、その処理を必要としており、消費市場としての建設事業に対するその圧力はきわめて高い。なぜなら建設事業は現に拡大しており、しかもまだ技術的な構成のひくいこの部門には多くの新製品の流入をゆるす余地があるからである。その意味で建設部門は経済界の一種の穴馬とみられないでもない。(45)」

建設需要の急拡大によって、「早期・大量・高性能」に対応できる技術の開発が進められ、それに伴う経営体質の改善が図られていたのだ。だからこそ、古川は続いて「建設材料が変ってきた」として、その特長を、「工業製品材料の割合が大きく」なり、「改良でその性能が上った」こと、「品種が豊富になり用途がふえ」、「組立て工程の一部を組み込んだ部分構造物の形をとるものがでてきた」と記している。また、そうした変化の背景に、「社会的な要請と工業生産の高い水準」と共に、「労働力の不足・値上がり」を挙げている。

このような指摘から見えてくるのは、高度経済成長下の建設産業の急速な発展に伴う単体としての建築をめぐる状況の変化である。しかも、古川は、建設部門が、経済界の「穴馬」、すなわち、経済成長の牽引役になりつつあるとの見解も提示していた。このことは何を意味するのだろうか。そこには、これまでの前川の試みでも見てきたように、現場における職人技に頼る仕事を減らし、工場生産されたPC部材を用いるなど建築の徹底的な工業化を進めることによって、工期を短縮しようとする要請があった。同時に、建設産業への他分野からの新規参入も始まろうとしていた。ちなみに、一九六二年版の『建設白書』には、「国民経済に対する影響力の増大」として、次のような評価が記されている。

「建設投資の国民総生産に対する比率は三十年の一二パーセントから昭和三十六年には一八パーセントまで増大し、国民経済における比重をきわめて大きなものとした。(…)建設投資は、単に国土建設の一環としてのみならず、経済変動の要因としても重大な意味を持つものとなったといえる。(46)」

この文章からは、建設が、本来求められる需要の範囲を超えて、経済成長を担う要因として重要視され始めた時代の危うさが読み取れる。すなわち、建築が目的から経済成長のための道具=手段に変質しつつあったのではないかと思う。

そして、そのような建設業界の変質の中で、それに伴う建築家の職能の変容を指摘したのが、建築技術史の研究者で東京大学助教授だった村松貞次郎の発表した一九六二年の論考だ。村松は、建築評論家の浜口隆一と共に、建築雑誌『新建築』の一九六一年十一月号から一九六二年五月号まで、七回にわたって、ルポルタージュ「設計組織を探る」を連載していた。その最終回に、「設計施工を推す」という衝撃的なタイトルの論考が掲載される。その中で、村松は、共同執筆者の浜口との見解の違いに言及し、「研究者としての生命を賭けたもの」と前置きした上で、「わが国の建築設計組織の明日の姿」に対する見通しについて、次のように結論づけたのである。

「浜口さんはどういう見通しをもっておられるかよくはわからない。(…)しかし民間の建築家——フリー・アーキテクト、それは日本建築家協会で代表される——が、今後もかなり勢力を増すだろう、というのが主要な論旨のようである。

端的に言って私はそうは思わない。建設業の設計施工一貫した建築設計体制が、わが国の建築界の主体を構成すると考える。少なくとも今日までのように設計施工のシステムが肩見《ママ》のせまい、うしろめたい気持を抱かねばならないような、西欧的アーキテクト観は消滅し、堂々と設計施工が行なわれ、しかもその設計量においても、わが国の建築生産の主体を占めると考えている。[47]」

ここで示されたのは、巨大化した建設産業の発展によって実力を蓄えた大手の建設会社による「設計施工一貫した建築設計体制」こそ、これからも建築設計組織の主軸となる、とする冷徹な判断だ。この指摘は、皮肉にも、前川が日本建築家協会の会長を務め終えた一九六一年の翌年に発表されている。村松は、浜口の見通しにあったような西欧的な「フリー・アーキテクト」像は、日本ではその意味を喪失しつつあるとの認識にたどり着いたのである。また、だからこそ、この連載が一九六三年に単行本化された際、巻末に「建築家における西欧的呪縛(補遺)——むすびに代えて」を追記し、国立劇場の公開コンペの当選案に竹中工務店の岩本博行の案が選ばれたことを取り上げて、「組織の実力の勝利」との感想を記したのだ。[48] そこには、建設量の飛躍的な増大がもたらした建築設計組織の巨大化と、それに伴って、村松の言う「アーキテクトから経営者に転身せざるをえなくなる」建築家の避けられない宿命が影を落としていた。ちなみに、一九五〇年の建築士法の制定により、一九五一年から資格認定が始まった一級建築士の登録者数の推移を見ると、一九五一年度の一万一三三六人から、一九六四年度の四万五〇五九人まで、約四倍にも増えている。[49] 建築士の数の急増は、前川らが思い描いた西欧的な建築家像とはまったく次元の異なる状況を生み出していた。

もちろん、一九六〇年代の建設産業の再編と建築家の職能の変容は、より広い視点から見れば、高度経済成長による急激な都市への人口集中と産業構造の変化という大きな力によってもたらされたものだったに違いない。経済学者の吉川洋は、高度成長が日本の何を変えたのかについて、一九九七年の著書の「はじめに」で記している。

「朝鮮戦争が終わった後、一九五〇年代の中ごろから七〇年代初頭にかけて、およそ十数年間、日本経済は平均で一〇パーセントという未曾有の経済成長を経験した。この「高度成長」により、日本経済、日本の社会はすっかり姿を変えた。この間の変化があまりにも大きかったため、今では高度成長以前の日本がどのような国であったのか、想像することすら難しい。

時計の針を戻して一九五〇年（昭和二五）の日本を振り返ってみよう。この年日本の就業者の四八パーセントは、農業・林業・漁業など「一次産業」に従事していた。つまり働いている日本人のほぼ二人に一人は「農民」であったわけだ。高校に進学する女子は三人に一人、男子も二人に一人は中学を出ると働き始めた。（…）それから二〇年、高度成長が終焉した一九七〇年（昭和四五）になると、一次産業に従事する就業者の比率は、一九パーセントまで低下している。逆に「雇用者」の比率は、六四パーセントまで上昇した。二〇年間で、働く日本人三人のうち二人は「サラリーマン」になった。（…）一九五〇年代初頭の日本は、今からみれば何ともつつましく、古色蒼然とした社会だった。（…）高度成長はわれわれにありとあらゆる物質的な「果実」をもたらした。しかしその一方でわれわれが失ったものも大きい。今の日本が高度成長以前の日本に比べて豊かで良い国だとは誰も断言できない。[50]」

そして、その中心にあった東京への人口集中は、一九六五年に建設省がまとめた報告書に記されたような事態を引き起こしていた。

「都の人口は一九五〇年に六八〇万人、（…）一九六二年二月には一千万人を超えた。（…）このような産業と人口の集中、さらに所得水準の上昇に伴う消費構造の高度化などに対して、必要な都市施設の供給が不足し、その結果、住宅難、通勤の困難、自動車交通の渋滞、交通事故の増加、大気汚染、水不足、地盤沈下、騒音などの、いわゆる過密弊害が年々増大している。東京では道路面積は全都市面積の一一パーセント程度であり、ヨーロッパの古い都市に比較しても半分に満たない。[51]」

このような高度経済成長の中で、前川もまた、必然的に、都市の現実に対応する建築に取り組んでいくことになる。

紀伊國屋ビルディングにおける都市への提案

そのような前川による一九六〇年代における都市への提

案の第一歩となるのが、木造の紀伊國屋書店（一九四七年）の建て替えとして一九六四年に竣工する紀伊國屋ビルディングである。旧書店は、戦後復興期に活字に飢えた人々に希望を与え、戦後文化史にも名を残す建物だった。だが、そこには、紀伊國屋書店の創業者・田辺茂一を支え、彼の後を継いで社長となる松原治の回想に記された難題が横たわっていた。

紀伊國屋ビルディング（1964年）　新宿通り正面外観＊

「昭和三十年代に入って、本店店舗の老朽化が大きな問題になっていた。外観こそ瀟洒な建物だったが、実質は木造の二階建て。設計者の前川國男さんによると、室内に立つ柱は電信柱か何かを削ってつくるはずだったが戦後まもなくで資材が揃わず、やむを得ずお座敷用の磨き丸太を探してきて室内の丸柱として間に合わせたという。建替えはかなり早い時期からの経営課題だった。

　また、戦後すぐからの不法占拠をいつまでも放置しておくわけにもいかなかった。（…）一部を不法占拠され、五坪くらいの小さな店が表通りに面して計十数軒も並んでいた。お客はその間を通り抜けないと紀伊國屋に入れない。新ビル建設はこの問題も併せて解決することを目的にしていた。(52)」

　このような難題を受けて、前川が設計に着手したのは一九五六年十二月、しかし、立ち退きの交渉やテナントの誘致、資金面の困難もあって、完成まで八年の歳月を費やすことになる。前川は何を試みたのだろうか。竣工時に寄せた文章が残されている。

「この新しい建築に入居されるテナントの方々の総数は四

○に近いことを思えば、この建物をつくることそれ自体、小さな町づくりであるといえましょう。私共がこの建築の実現にあたって当面したいろいろな困難な問題は、そのまま現代都市の建設にわれわれの直面する困難と障害の縮図のようなものであったといえます。（…）われわれは渇ききった砂をかむような町の中に、何か一息つける場所をつくりたいと随分考えた心算ですが、本当の勝負はこれからであります。[53]」

敷地は、新たな土地取得によって、間口一六・五メートル、奥行八五メートルの鰻の寝床のような形状となり、正面の新宿通りから裏通りまで抜ける好条件を確保できた。

1階正面足元のアルコーブ状の広場＊

そこで前川は、建物正面に雨宿りできるアルコーブ（alcove）状に窪んだ小さな広場を設け、一階中央部に通り抜けできる横丁のような街路を引き込み、上階に四二六席の紀伊國屋ホールと画廊を盛り込むことを試みていく。それは、文字通り、「小さな町づくり」に等しい困難な作業だったに違いない。また、だからこそ、「一息つける場所」をつくろうとしたのだろう。設計担当チーフを務めた吉川清の残した回想録には、この建物の街に対する表情づくりの方法について、こう記されている。

「ファサードはお店の顔であるから隣近所と一味違うものでなければならない。岩をくりぬいて出来た影の深い感じ

1階中央に引き込まれた横丁のような街路空間
以上3点、撮影／渡辺誠＊

というイメージがあった。（…）スタディの結果、袖壁に曲面がついた。（…）この壁がこの形で三一メートルまで立上がっている。之に対応して各階のバルコニーの形は、やはりRで先がめくれ上っている。この形は矩計図で決めた。バルコニーの出の位置は全体の断面図で決める。一階で人が佇ずみ、話をし、人を待つ町の中の広場を想定して壁を道路から六・五メートルばかりセットバックさせた。」(54)

さらに、吉川によれば、二階に書店売場があるのでセットバックさせたショップ・フロントを二階まで揃えて広場に二層分の高さを確保し、同時に、三階のバルコニーを上階より少し引っ込め、バルコニー先端の傾斜角度を四階と三階の先端を結ぶ線とすることによって、断面的にも「人を中へ呼び込む感じ」をつくり出す工夫が盛り込まれていく。また、両側の高さ三一メートルの曲面状の袖壁は、日本相互銀行砂町支店（一九六一年）での試作を踏まえて、幅四五〇ミリ、高さ一三〇ミリ、厚さ四〇ミリの釉薬《うわぐすり》のかかった大型の炻器質タイルを先付けしてコンクリートに打込む「打込みタイル構法」によって全面的に仕上げられた。そして、バルコニーの先端部は、京都会館（一九六〇年）の大庇と同じく、プレキャスト・コンクリート製とし、アルミ製の手すりと強化ガラスの腰パネルによって、焼物のタイル面とは対比的な、硬質でシャープなデザインにまとめられたのである。

一九五八年に入所し、吉川と共にこの建物を担当した土屋巌は、後年の回想の中で、入所当時の前川事務所の雰囲気と、前川の現場指示の様子について、証言を残している。

「私が入所した当時の前川事務所は、先生の手綱のもとに優れた人材が互いに競い合い、まさに全盛時代の観があった。東京・京都の両文化会館やそれに続く学習院大学、埼玉会館、紀伊國屋ビルなど目白押しで、次々に参加させていただいた。（…）毎朝、先生はつかつかと製図台に来られ、「どうですか」と声を掛けられ、脇に立った所員の説明に耳を傾け、その未熟な点を指摘し、やおらスケッチをし、指示を出される。新人であってもベテランに対しても変わらぬ姿勢である。日が経つにつれ、私のそれまで抱いていた厳格な先生のイメージが徐々に遠のいていった。

（…）

現場で原寸の大切さも教わった。紀伊國屋ビルの両袖壁のカーブの形に悩んだあげく、私が先生に原寸で描いて下さるようにお願いすると、すぐに一緒に下小屋まで出向かれ、ホーキの柄に括りつけたチョークを持つと、寒風の中に仁王立ちで一気にあの見事な曲面をかいてしまわれた。さながら禅僧が大筆で墨書を書き上げる風情であった。その帰り道、自ら黒のジャグァを運転されながら、曲線の大切なことにふれられ「エッフェル塔をみてごらん。東京タワーはあわれ」といわれた。後にパリで実物のその圧倒的な姿を目の前にしたとき、先生の愛車のもつ曲線とタワーのそれが一脈通ずるものがあるなと感心させられたものである。[55]」

こうして、それまでの技術的、構法的な蓄積をすべて注ぎ込んだ、当時としては破格規模の書店建築が完成する。それは、施主の田辺が求めた書店風景でもあったに違いない。

竣工後、吉川と土屋は、設計趣旨を記した文章の末尾に、「われわれは、この建物が上手に運営され、新しい企画が次つぎと実現されることを確信している。なぜならばわれわれは、紀伊國屋、田辺社長のいわれた次のことを信じているからである」として、社内報の巻頭言に記された田辺の言葉を引用する。

「現代の倒錯は生産性を優先に取扱いながら、再生産に役立つべき出版物を一片の消費財扱いとし、その周辺に十分の配慮を加えないところにある。わたくしどもの書店は、そんなことに安んずるものではない。(…)新築ビルができ上がったら、書店というものは、ただそれだけの存在ではないことを、微力ながらも、世間をして知らしめたいと思っている。(…)ここ数年、経済は伸びたが、それだけで、日本の成長があったとは思えない。ときどき、わたくしは深夜ひそかに想い、「今こそ日本は、時代の方向を大きく変えるべきときではあるまいか」と。[56]」

また、土屋は、別の雑誌の文章に、次のような結語の言葉を記したのである。

「この建物をやって居る間、われわれはさまざまな大きな問題が残されていることを痛感している。たとえば、次々と建てられていくビルが、新宿副都心計画の中で、それぞれどの様な役割を果すべきか、手さぐりのまま、勝手気ままに建っていくように思えること。又これから、こういった種類の建物の寿命を、どの位に考えたらよいのだろうか、等である。[57]」

この土屋の問いかけは、図らずも、一九六〇年代の都市が、コントロールされることのないまま、暴走し始めつつある現実を映し出すものとなっていた。そして、前川は、続く激動の時代の中で、都市への提案の試みをさらに展開していく。

弘前という根拠地での実践から

弘前市の公共建築へのかかわり

さて、一九六一年の東京文化会館を頂点とする一九五〇年代のテクニカル・アプローチの試みから、それ以降の一九六四年まで、いわば全盛時代とも言える前川國男の歩みと、急激な都市化が進む慌しい時代状況を振り返ってきたが、そんな中にあって、定点のように、前川の建築思想と方法論を静かに深化させていったと思われる場所が、青森県の弘前市である。

一九三二年のデビュー作・木村産業研究所に始まり、一九五四年には、前川にとって記念すべき最初の公共建築として青森県立の弘前中央高校講堂が竣工する。雪深い弘前の厳しい風土を前に、木村産業研究所での手痛い失敗の経験が活かされたのだろう。この講堂では、同じ白いモダニズムでまとめられる中で、水平の庇が建物上部に取り付き、雪害を考慮した姿へと進化を遂げていた。この講堂は、市民が寄り集うホール施設のなかった弘前にとって、さまざまな催しにも盛んに使われていく。[58] こうして、多くの市民に親しまれていたことも大きかったのだろう。青森県に続いて、一九五六年、地元の弘前市から設計の依頼を受けた弘前市庁舎（一九五九年）を起点に、前川の弘前市における一連の公共建築の仕事がスタートする。これは、当時の藤森睿市長が前川の東京の仕事を視察して高く評価したことがきっかけだったという。[59] 残念ながら、弘前市庁舎は、建築雑誌に掲載されることはなかった。しかし、その後の歩みから振り返るとき、前川にとって大きな設計方法論の転換点となる建築であったことが見えてくる。

これまで見てきたように、一九五〇年、戦前から続いていた建築資材統制がすべて解除され、ようやく日本も、鉄筋コンクリートや鉄骨を用いた本格的な近代建築が建設可能な時代を迎える。そんな中、前川は、折しも依頼を受けた日本相互銀行本店(一九五三年)と支店群をベースに、日本の近代建築を欧米の水準に育て上げるべく、テクニカル・アプローチと呼ばれる実践を試みていく。そこで目標として掲げられたのが、合理的でシンプルな構造軀体の追求と工場生産による安価で質の高い建築材料の開発を通した建物の軽量化というテーマだった。こうして、一九五〇年代の前半期は、神奈川県立図書館・音楽堂(一九五四年)に代表されるように、透明感のある軽やかな建築が次々と生み出されていく。それは、一人前川にとどまらず、日本の建築界が、戦争をくぐり抜けて、ようやく世界と並ぶインターナショナルな白く輝くモダニズム建築を実現させた瞬間だった。坂倉準三の神奈川県立近代美術館(一九五一年)や大江宏の法政大学53年館(一九五三年)などが、同じ時代のみずみずしい雰囲気を共有する。そして、弘前中央高校講堂も、そうした流れの中で試みられたのだろう。薄くシャープな水平庇とスチール・サッシュの明るい開口部、白を貴重としながらも随所に青や赤の配色が施され、透明感あふれる清明さが漂っている。

しかし、一九五〇年代の後半に入ると、前川建築の様相は一変していく。そのことは、偶然にも、弘前市庁舎と同じく、一九五七年に相次いで設計が始まった複数の公共建築に顕著なかたちでうかがえる。すなわち、世田谷区民会館・区庁舎(一九五九・六〇年)、京都会館(一九六〇年)、東京文化会館(一九六一年)である。これらの建物には、それまでの軽量化を求めた最小限の構造体による最大限の空間の実現という論理からは出てこないような、大きな庇や骨太な構造体、タイルや自然石など素朴な建築材料の使用といった特長が見られる。そして、そのような系譜の中で考えたとき、弘前市庁舎こそ、そうした変化を先取りし、これらの出発点に位置する建物だとみなすことができるだろう。それは、雪深い弘前の自然環境の厳しさが前川に自覚させた結果に違いない。また、弘前城を囲む堀割の桜並木と追手門に面した、由緒ある歴史的な敷地に建設されたことも影響したのだろう。

特徴的なのは、コンクリート打放しの柱と梁、そして、建物全体をめぐる頑丈な水平の庇から構成された堂々とした骨太なたたずまいだ。また、断熱を図るために、外壁の腰壁には、空気層を持つ明るいオレンジ色の中空の特注のレンガ・ブロックが積まれ、開口部は、外側のスチール・サッシュと内側の木製サッシュとを組み合わせて、間に空気層を設ける工夫が施された。さらに、議場となる大会議室の屋根は切妻の勾配屋根が架けられた。これらは、いずれも、余計なものをそぎ落とし、軽量化を図るそれまでのモダニズムの原理からは導き出されることのない造形である。その印象は、一九五三年の指名コンペにより選ばれて建設された岡山県庁舎（一九五七年）の、スチール製のカーテン・ウォールで全面が覆われた外観とは大きく異なっていた。

一九五九年三月に弘前市庁舎が竣工した直後、前川は、地元紙に寄稿したエッセイの中で、設計の趣旨を書き留めている。

「市庁舎は当然の事に、城郭とはその発想の基盤を異にする建築である。しかし人々が私に期待したであろうところのものは、この街の矜持であり象徴である「弘前城」との対照であろう。そしてそれこそはまた私の秘かに心を砕いたところのものでもあった。しかし藩祖の残した、あの精神の高さを正しく、伝承する限り、城址と対比出来る格調正しい建築を、現代の我々の「手」をもって実現出来ると確信を得た。旗が風に鳴って翻える想いである。(60)」

こうした言葉からも、弘前市から期待されて求められたものとして、弘前城との「対照」という課題があったことが読み取れる。そして、前川は続けて、この市庁舎で試みた設計の方法について、説明を加えていく。

「私はこの市庁舎完成に際し市民の方々に設計者の解説を、加える多くの言葉を持たない。建築に加える何らの言葉も不用であるからです。ただあの建物が深く張り出しているところのひさしは、この地方で「こみせ」と呼ばれる独特の柱廊を想起させないであろうか。この皆さんの祖先の知恵が生んだ、あの見事な形式が、近来巷から姿を消して行くのを愛惜したものがあのひさしである。また雪に閉ざされて、色彩を失った世界に彩りを与えようと、外壁や腰に焼物ブロックを組積して、積極的な配色を試みた。さらにまたコンクリート打放し肌仕上げが表現しているものは、この建築における力学的構成であり、これは例えば人体の骨格に相当するものである。柱や梁のもつ力強さを表現するには、現代の材料としてコンクリートがその意味を、よりよく顕現するからであり、この優れた素材の上に、粉飾する必要はなく、そのまま表わすことが、力強さをより一層よく表現するからに他ならない。」

文中の「こみせ」（小店）とは、雁木とも呼ばれ、青森や秋田の多雪地方で、積雪時の歩行通路を確保するために、表通りに面した町家の正面に設けられた庇のことであり、おそらく、前川は、弘前市や、その北東に位置する黒石市に今も数多く残る「こみせ」に倣って、市庁舎で試みようとしたのだろう。この言葉からは、木村産業研究所の手痛い失敗を契機に、最先端の工業化技術を用いた近代建築の追求という性急な構図からは離れて、むしろ、日本の気候風土と生活の中で培われてきた伝統的な造形から謙虚に学び始めた考え方の深化を読み取ることができる。同時に、そこには、雪深い弘前の厳しい環境の中で、人々の心のよりどころとなる確かな近代建築の姿を模索しようとする前川の強い意志も語られている。

彫の深い外壁に守られた内部空間へ

弘前市庁舎の完成から二年、今度は、前川にとって弘前における初の文化施設となる弘前市民会館の計画がスタートする。おりしも、東京文化会館の竣工から半年後の一九六一年十月のことだった。敷地は弘前公園（弘前城址）内の崖地に面した南西端の角地で、北西に弘前のシンボルである岩木山を望む場所である。ここに、一三〇〇席の客席をもつホールと、集会室や会議室、結婚式場などを含む公民館的な機能が求められた。敷地に残る既存の図書館や野

弘前市庁舎（1959 年） 北側から見た正面外観 撮影／渡辺義雄＊

弘前市民会館（1964 年） 南側から見たホール棟
写真：© 村井修＊

弘前市民会館 模型 手前の野外ステージは実現しなかった。
撮影／渡辺義雄＊

球場、老松などの既存樹木や遺跡との調整もあって、建物の配置計画は難航を極め、最終案は、基本設計の期限ギリギリの一〇カ月を費やして土壇場でようやく決まったという。しかも、完成した建物は、一見常識的な配置ではなかった。市庁舎の対面の大手門をくぐって東側から建物にアプローチすると、手前右側にホール棟の高さ約一八メートルの舞台の外壁がそそり立ち、来館者にお尻を向ける格好になるからだ。しかし、こう配置することによって、模型写真からも見て取れるように、ホール棟のロビーを奥の西側に眺望の開ける場所に取ることができ、敷地奥の左手に集会室や会議室などが入る付属棟を置いて、その間を長さ三六メートル、奥行八・四メートルの車寄せ棟の低い水平の庇がつなぐ構成となる。こうして、中央正面の車寄せ棟越しに岩木山を望む雄大な視界を確保しながら、左右に伸びやかな空間が広がるたたずまいを実現することができたのである。

ここには、東京文化会館で試みられたような、お盆のようなコンクリート打放しの大庇も、内外の空間をつなぐ開放的な大きなガラス面もない。建物全体がコンクリート打放しの荒々しい簡素な素材で統一され、彫の深いスリット状の開口部が外壁のデザインをまとめあげており、内向的な印象を受ける。前川にどのような考え方の変化があったのだろうか。

設計チーフだった吉川清の書き残した回想録[61]によれば、前川は、設計にあたって、ホール舞台の「閉じた壁」が「ホワイエに近づくにつれて壁の穴が大きくなって来る感じを構造的に関係づけられないか」と問いかけ、「構造的にシステムをつくって、このシステムが連続して全体が持っている、しかも穴はホワイエに行くにつれて大きく取れるのを建築的なデザインでまとめる」ことを求めたという。そのことは、没後に所長室から見つかった前川のスケッチ・ブックに、岩木山を臨むホール棟と付属棟の空間構成のスケッチと共に、ホール棟と付属棟の周囲をリブ状のリズミカルな壁柱が取り囲む平面スケッチが描かれていたことからもうかがえる。構造担当者が「ランダム・ウォール」[62]と名づけたこの壁柱については、設計担当者の南条一秀も次のように記している。

「この建物の外壁は図面にも見られるようにコの字型、あるいはI型の壁柱とも言えるコンクリート壁を開口に応じてアトランダムに配し、これに極力水平力を受持たせ、内部に開放された空間を作っている。その凹部に開口部を設けてサッシュを雨雪から保護し、内部には仕上とインシュレーションをかねてエアスペースを作る。北国の建物は保温・凍害のため、一般ではさほど必要ではないと思われるようなことも注意しなければならない。限られた予算の中では、贅沢な保温材・仕上材を使用することはできない。そのためにも必要以上に開口部を多くするのは好ましくなく、外部は打放しコンクリートの壁を主体とし、内部からの必要に応じた開口部がとかく単調になりがちの外壁に陰影を与えて、あるリズムを作っている。[63]」

この説明からも明らかなように、市民会館には、雪深い弘前の厳しい冬の気候に配慮した、より周到なデザインが施されていたのである。彫りの深いスリット状の開口部の足元には、降雪による建物の傷みに耐えるように、焼過ぎの赤いレンガ・ブロックが窓台まで積み上げられている。

また、構造的な工夫を盛り込んだホワイエの開口部まわりも、骨太な陰影とリズミカルな壁柱の連続でまとめられた。こうして実現したランダム・ウォールによる独特な表情には、先の弘前市庁舎におけるラーメン構造の柱と梁、大庇による単純な骨格づくりの方法は乗り越えられ、むしろ、構造体の秩序ある縛りからは解き放たれて、より空間を包み込む襞のような骨格づくりへと踏み出した新しい方法を読み取ることができる。それは、その後の前川が晩年に向かって追い求めていく、陰影ある襞状の壁に包まれた、物質的な重厚さをたたえた内省的な空間構成の端緒となるものだったと思う。前川事務所設立の翌年の一九三六年に入

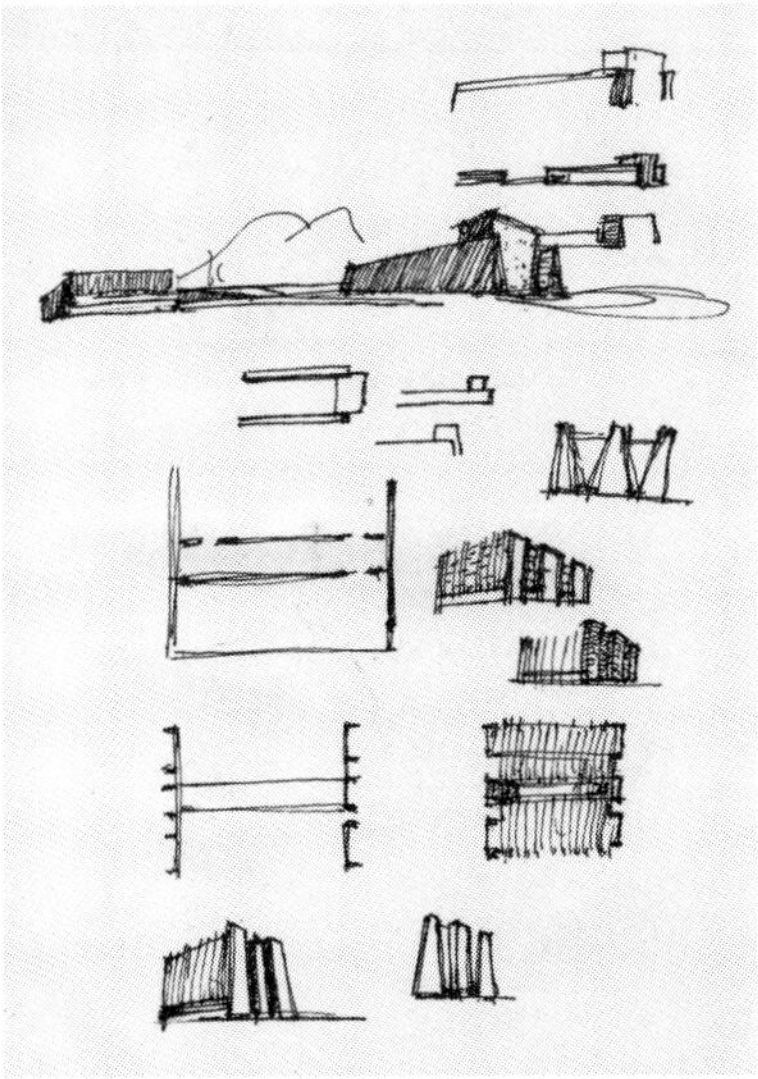

弘前市民会館　前川直筆の外観スケッチ＊

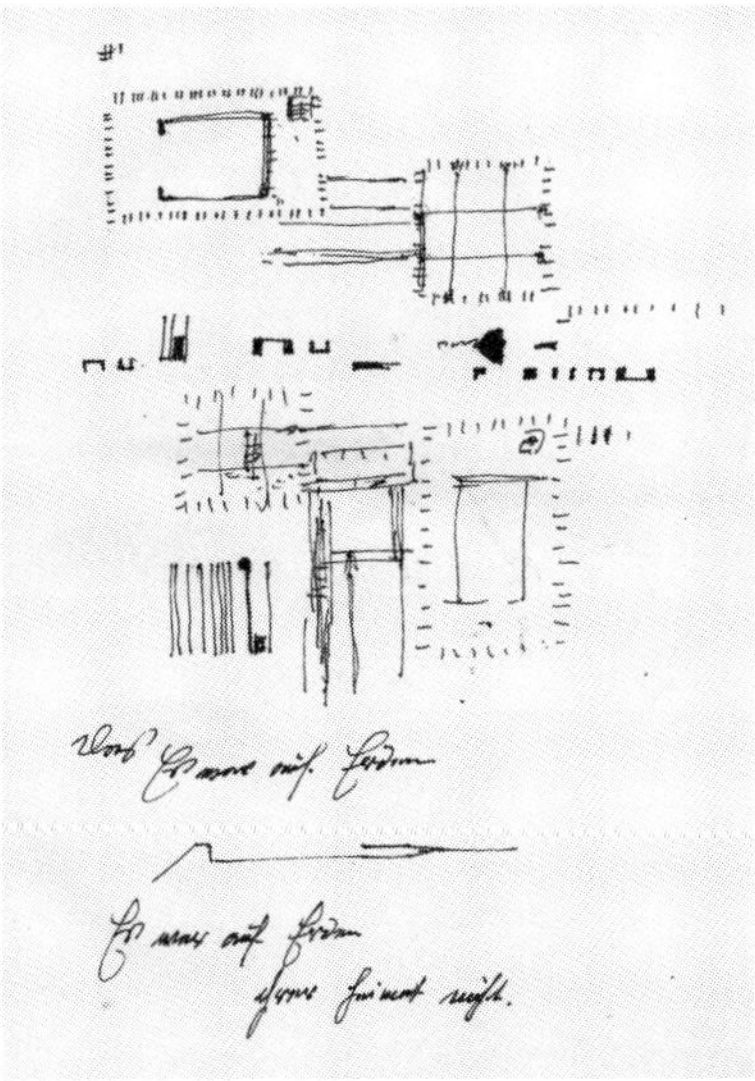

弘前市民会館　前川直筆の平面スケッチ＊

弘前市民会館　ホール棟ロビー開口部

弘前市民会館　ホール棟ロビー　大階段

所し、長く前川を支えたベテラン所員の大沢三郎は、一九八七年のインタビューの中で、学習院大学図書館（一九六三年）等での、前川とのプランニングの方法論のやり取りについて、貴重な証言を残している。

「正方形をつなげるというプランは、学習院の図書館でね。あのときは、先生とずいぶんいろいろプランニングを戦わせたんですよ。先生は、最初、正方形なんていうのはぜんぜん考えないで、必要な部屋があったら、そこをスーッと行くのに、ただ並べていったようなプランというのはできないか、といったんですよ。（…）例の一筆書きだとかムーブマンという考え方ですね。どの建物でもそうだろうと思うんだけど、中に入ったときに、変化がありながら何となくつながりがあって、ずーっと中を見られる、というようなプランニングを先生はさかんにいっていたわけです。それは戦前からいっているんですよ。満洲でもって、いろいろプランニング——まだ建つかどうかわからないような建物で、いきなり説教されたこともある（笑）。（…）自由なプランというのを、非常にそのころはいっておられたんだ。（…）柱も書いちゃいけないんだ。自由なプランができない、というわけで。[64]」

この大沢の証言からは、前川がル・コルビュジエから学んだフリー・プランの方法を長く温めながら、建築の空間構成をより自由に自在に展開しようと試み続けていたプランニングの方法論へのこだわりが読み取れるだろう。弘前市民会館で実現されたのは、均等に並ぶ柱の秩序からも解放されて、より自由な構造体がつくり出す伸びやかな空間の連続性だったのである。そして、この試みの背後には、機能性と経済性を追求する近代建築が何を失いつつあるのか、というより深い前川の洞察が含まれていたのだろう。市民会館を設計中の一九六二年に、東京文化会館が、建築家として初めてとなる朝日賞を受賞した際に記した文章に、前川は、次のような言葉を書き留めていた。

「建築の機能は根源的に人間生活の庇護であるとすれば、現代建築の課題を問うことはとりもなおさず今日の人間をおびやかしている何ものかの正体を見きわめることからはじめられねばならないと思う。（…）

二十世紀の初頭に、機械は建築家たちに新しい希望を与え、その未来の空をバラ色にいろどってみせた。だが水平線のかなたに表れたと見えた救いの船も、どうやらはかない幽霊船の幻にすぎなかったようだ。機械は人間を巨大な官僚的な組織の網目にくるめ込んで、深い人間的な形と意味をその生産物に賦与する手段を封じてしまった。

こうして物質世界とのかけ橋もはずされて、孤独な人間はひとり精神のサバクにとり残されねばならなかったのだ。（…）

孤立した建築家の悲壮な戦いは、一にかかって人間の環境に人間らしい形と意味とをとり戻したいという悲願に支えられているのだ。

こうした悲願は、しかし「機械」によって、また四半世紀ほど前の合理主義けんちくによって裏切られたという説もある。だが、ギリシャの昔から、人間精神は合理と非合理の両極を振子のように往復運動を繰り返して成長してきた。ただその振幅のより大きく、より深からんところに、私は現代建築への希望をかけたいと思う。」[65]

近代建築は「人間らしい形と意味」を取り戻すことができるのだろうか。前川は、木村産業研究所以来、三〇年に及ぶ弘前での実践を経て、弘前市民会館において、あらためて、建築に物質的な存在感を与えるために何が必要なのか、と自問したに違いない。そして、その中心には、厳しい自然から人間の営みを庇護するための、確かな厚みと素材感をもった彫りの深い外壁への関心があっただろう。文中に記された「孤立した建築家の悲壮な戦いは、一にかかって人間の環境に人間らしい形と意味とをとり戻したいという悲願に支えられているのだ」という悲痛な言葉に、前川の当時の心境が語られている。

一九六四年四月、弘前市民会館は、こうした前川の思いをもって、三月の紀伊國屋ビルディングに続いて竣工する。しかし、それが掲載された建築雑誌『建築文化』（一九六四年十月号）の巻頭を飾ったのは、丹下健三の東京オリンピックのメイン会場となる壮大なモニュメント、国立屋内総合競技場、通称代々木オリンピックプールであった。時代は、前川の切実な悲願を置き去りにしたまま、高度経済成長下の巨大都市化へと突き進んでいく。

コンペと博覧会で培われた方法論

スケッチ・ブックに残された思考の軌跡

弘前市民会館で試みられた「ランダム・ウォール」という名の、リズミカルな壁柱による新しい構造体と閉じた内省的な空間は、どのようにして生み出されたのだろうか。また、そこには、どのような前川の考え方の変化があったのか。そのことをより広い視点から検証しようとするとき、スケッチ・ブックに残された前川の直筆スケッチが手がかりを与えてくれる。実は、その多くは一九八六年六月二十六日の前川没後に見つかったものだ。村松貞次郎、丹下健三、大高正人らによって、没後間もなく、東京・南青山のTOTOギャラリー・間《ま》で追悼「前川國男」展（一九八六年八月十八日—二十七日）の開催が決まる。そのため、筆者は展示担当者の一人として所長室を整理したところ、書棚の下から埋もれていた大量のスケッチ・ブックが出てきたのである。

もちろん、前川事務所の設立五〇周年を記念して一九八五年に刊行された前川の生前最後の著書『前川國男＝コスモスを方法』（私家版）に収録されたように、晩年の数冊のスケッチ・ブックについては、すでにその存在は知られていた。しかし、没後に新たに見つかった五〇冊を超えるスケッチ・ブックによって、所員のまったく知らなかった数多くのプロジェクトの設計プロセスにおける前川の思考の軌跡を読み取ることが初めて可能となったのだ。その中には、すでに紹介した日本相互銀行本店（一九五二年）、神奈川県立図書館・音楽堂（一九五四年）、ブリュッセル万国博日本館（一九五八年）、京都会館（一九六〇年）のスケッチも含まれていた。そして、興味深いことに、弘前市民会館の外観と平面のスケッチが描かれたスケッチ・ブックの続くページには、ニューヨーク世界博覧会日本館（一九六四年）、埼玉会館（一九六六年）、蛇の目ミシン工業本社ビル（一九六五年）、東京カテドラル指名コンペ応募案（一九六二年）のスケッチが入り混じっていた。また、別のスケッチ・ブックにも、ニューヨーク博日本館、蛇の目ミシン、埼玉会館、東京カテドラルのスケッチが描かれていた。併行して設計が進んでいた複数のプロジェクトの中で、前川がどのように思考を重ねていたのかが図らずも記録されていたのである。そこからは何らかの設計方法をめぐるテーマの共通性が読み取れるのではなかろうか。本章では、一九六〇年代の前半期にコンペと博覧会で試みられた設計方法について見ておきたい。

埼玉会館の前川直筆のスケッチ＊

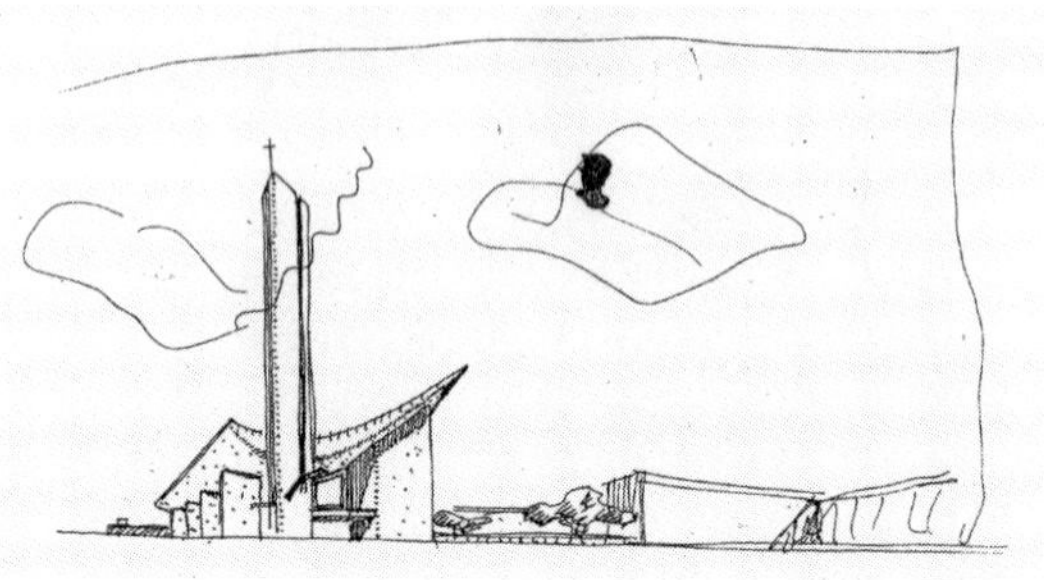

東京カテドラル指名コンペ案の前川直筆のスケッチ＊

東京カテドラルコンペにおける苦悩

このコンペは、一九四五年五月二十五日の山の手大空襲で焼失した天主堂の再建として計画され、谷口吉郎、前川國男、丹下健三の三者による指名コンペ「東京大司教区カトリック聖堂競技設計」として行われた。要綱[66]によれば、一九六一年十二月二十八日に現地説明会が行われ、一九六二年四月十日が提出期限とされた。審査員は、吉武泰水（東京大学教授）、今井兼次（早稲田大学教授）、杉山英雄（明治大学助教授）と教会側の三人の神父と教会建築のドイツの専門家が務め、五月十五日に丹下案の入選を決定する。そして、一九六四年にほぼそのままの姿で竣工する。コンペの設計条件としては「六〇〇人分の椅子が入りかつ二千人が楽に立っていられること」、「パイプ・オルガンおよびコーラス員のための空間」約一〇〇平方メートルを二階に取ること、「聖堂内の最良の場所に祭壇が設置され」、「すべての信者から見えるように位置し」、「祭壇の後方には座席をつくら」ず、「後方の壁面は十字架又は他の壁画のために残されていること」、「聖堂は東向きになっていること」、「全体との調和のうちに塔の位置をきめ」、「付近の他の建物より高くそびえること」など細かく指定され、付属建物として、司教館や司祭館、幼稚園や修道女院などが求められた。丹下案の応募説明書には、次のような設計趣旨が記されている。

「カテドラルのH・P・シェルによる垂直的な表現は、カトリックの精神を形において表わそうとしたものであり、そのふくらみのある勾配は、日本の都市環境とくに伝統的な勾配屋根の家並みとの調和の気持ちを示そうとしたものである。(…)私たちは現代のコンクリートの技術を最大限に駆使して、現代の精神的状況のなかに小宇宙をつくりたいと希ったのである。[67]」

審査内容は公開されていないが、『建築文化』(一九六二年七月号)には、「最終決定の段階でも審査員同士の意見の対立はなく比較的アッサリと結論が出たようである。(…)丹下案の垂直にそびえるHPシェルが構成する巨大な十字架はたしかに宗教建築以外の何物でもなく、施主側の気持を巧みに表現した計画といえよう[68]」と報告記事が掲載された。「聖堂らしい」造形において、丹下案は圧勝だったのだろう。そこには、同

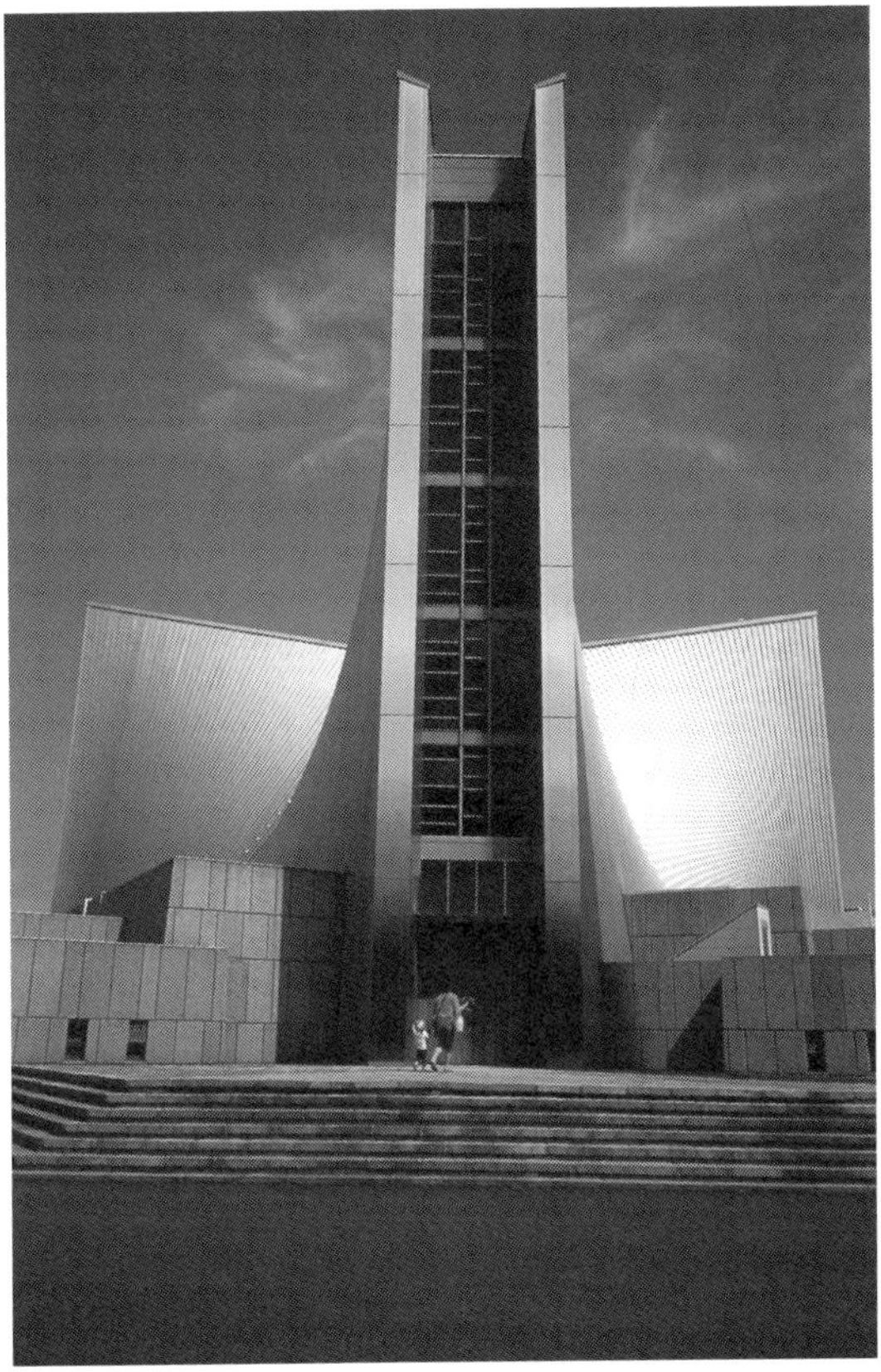

丹下健三　東京カテドラル聖マリア大聖堂(1964年)

東京カテドラル指名コンペ前川國男案（1962年） 模型写真 撮影／渡辺義雄＊

東京カテドラル指名コンペ前川國男案（1962年）内観透視図＊

じく今井が審査員を務め、一九四八年に実施された「平和記念広島カトリック聖堂建築競技設計」[69]において、一等なしの二等に甘んじる審査結果となった丹下が、「現代の人間の心を動かし、精神のたかまりを感じさせること」を求めて「シャーレン架構」（シェル構造）を採用した応募案をさらに深化させたような、独自の記念碑的な造形[70]の結実した姿を確認することができるだろう。

それでは、前川案では、どのような方法が試みられたのか。応募案は、ダイナミックな象徴的な形の丹下案とは大きく異なり、全体が上部に向かってわずかに傾斜する直方体のマッシブでゴロンとした単純な形にまとめられている。特徴的なのは、鉄筋コンクリート造により聖堂の主階の床までをピロティで持ち上げ、その上に載る内法四三×四三メートル、高さ二六メートルの巨大な内部空間を取り囲む四周の壁を、プレキャスト・コンクリート部材を高強度鋼で緊結したプレストレスト・コンクリート構法で組み上げ、天井も、同じ構法による格子梁で構成した点である。しかも、弘前市民会館の平面スケッチに描かれていた「ランダム・ウォール」の方法を発展させて、壁面を構成するリブ状の壁柱は、中央部にいくほど奥行きが深く、壁厚も太く、間隔も広くなる、リズミカルな配置になっている。こうして、内観透視図からは、光の壁に包まれた荘厳な雰囲気が伝わってくる。一方で、外観は整然とした中立的な表現にとどまり、そこには、造形表現をあえて抑制しようとする設計意図があったようにも見える。

ところが、スケッチ・ブックに描かれた前川直筆のスケッチには、この最終案に至るまでの、造形をめぐる苦悩と格闘の跡が数多く残されていたのだ。担当者の一人と思われる高橋義明は、後に、先述した『前川國男＝コスモスと方法』に掲載された前川のスケッチに関する覚書に、次のような説明を書き残している。

「前川は、当初、かつての広島平和記念聖堂の延長線上にあるイメージを描いていた。両端のはね上るバタフライ屋根は、岸体育館、慶應病院、ブラッセル万国博日本館の系譜に連なる。しかし、構造システムとしては東京文化会館大ホールと同じで、平行する二列のダブル・コラムが自立し、その上に大屋根を載せている。ここには、「プランと構造との適合性」を追及《ママ》しつつ、与条件に解答を見出すさまざまな試みが見られる。」

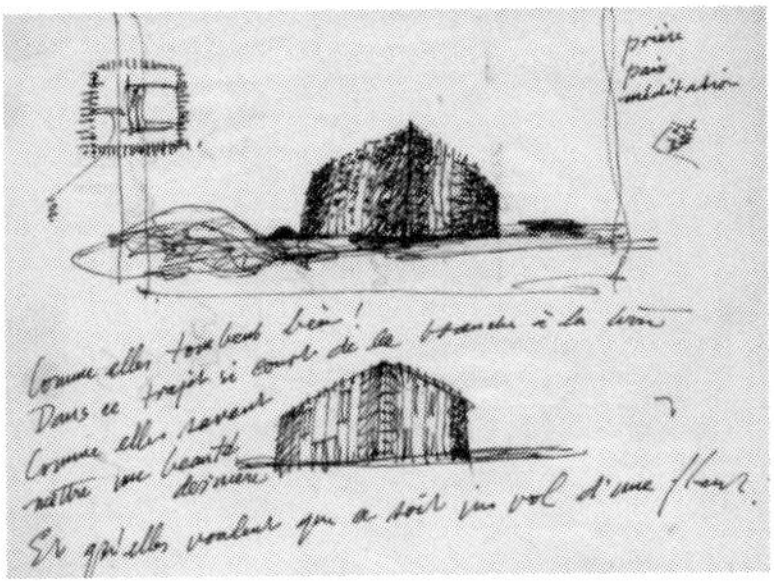
東京カテドラル指名コンペ案の前川直筆のスケッチ＊

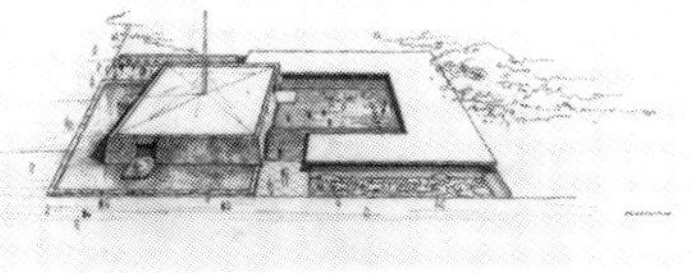
ニューヨーク世界博覧会日本館（1964年） 外観透視図＊

東京市忠霊塔指名コンペ前川國男案（1943年）外観透視図＊

この証言にもあるように、たしかに、二等の丹下に続き三等に入選した広島カトリック聖堂コンペ応募案に似たスケッチも描かれていた。丹下と同じく、前川にとっても、広島のコンペ案が意識されていたのだろう。しかし、それ以上に前川を悩ませたのは、先に触れたように、一九五九年の渡欧の際に訪れて感動した師ル・コルビュジエのロンシャン礼拝堂という存在だったのではなかろうか。残されたスケッチから見えてくるのは、ロンシャンに少しでも近づきたいという願望と、どこか不器用な自らの造形力との間で逡巡し、苦悩する前川の手の動きであるようにも思える。まただからこそ、最後は、それまでに蓄積してきた方法の延長として、ランダムな壁柱によって、そこに集う人々を等しく包み込む光に満ちあふれた大きな内部空間の創造、という実直な造形表現にたどり着いたのだろう。この苦悩の中にこそ、前川建築の中立的で抑制的な空間の質が担保されていると思う。そのことは、他のプロジェクトからも読み取れるだろう。

ニューヨーク世界博の「日本的なもの」の追求

そこで、続いて見ておきたいのは、ニューヨーク市の市制三〇〇年記念事業として、「理解による平和」をテーマに、約六〇カ国に及ぶ参加国によって催されたニューヨーク世界博覧会（会期一九六四年四月―一九六五年十月）の日本館である。この設計依頼の背景にあったのは、おそらく、先に見たブリュッセル万国博覧会日本館（一九五八年）で金星賞を受賞した国際的な評価という追い風だったに違いない。そして今度も、前川は、アート・ディレクターの亀倉雄策を中心に、デザイナーの坂田恒雄と田中一光、写真家の石元泰博、イラストレーターの真鍋博、作曲家の黛敏郎、さらに東京文化会館で共同した彫刻家の流政之を起用し、延床面積二八八六平方メートルの小規模ながら、潤沢な予算と万全の体制で取り組んでいく。

日本館の建物は、外観透視図からも分かるように、四周を石壁に囲まれた鉄筋コンクリート造の正方形の一号館と、これに隣接して中庭を取り囲む鉄骨造のコの字形の二号館からできており、敷地全体を最大限に活用しながら、流れるように内外の空間が一筆描きでつながる構成になっている。また、一号館の外壁に積まれた松陰石と大根島石には流政之の石彫レリーフが刻まれ、屋根は中央の鉄骨柱から八本のスチール・ワイヤーで吊られた鉄骨梁で支える方法が試みられた。

こうして完成した日本館は、現地では、「芸術的な見地から見ればNo.1」[71]との評価を得たという。当時の日本の新聞記事でも、ブリュッセル万博日本館と関連づけながら紹介された。

「ブリュッセル万国博で、前川さんはやはり日本館を設計して好評を独占した。そのときは白木造り、白壁の純日本ふう建物だった。「あのときは日本の木造建築をテーマにしたので、こんどは日本の石積みの美しさを強調した」と前川さんは語っている。[72]」

同じ記事の中で、取材した記者は、「見物客を驚かせるのは、石彫刻家流政之氏による外壁だろう。（…）全部が石がき、まわりは満々たる水をたたえた堀、さながら日本の城の再現である」と書き留めたが、「日本の城の再現」という指摘は当たっていた。というのも、そこには、遠く、前川が太平洋戦争下の一九四三年に坂倉準三らと指名で競った東京市忠霊塔コンペの応募案で試みた、皇居の石垣をモチーフとする石積みの外壁で覆われた奥津城（墓所）のイメージや、それを継承して東京文化会館（一九六一年）の大ホール舞台外壁で実現した、城の石垣のモチーフを発展させようとする意図が読み取れるからだ。その証拠に、前川のスケッチには「石垣」「斗栱」とメモ書きされている。また、ブリュッセル万博日本館では未完に終わった吊り屋根と、鉄骨を井形に組んだ「斗栱」を模した架構によって、その下に広がる大きな内部空間の実現も意図されたのだろう。さらにそこには、同じく戦時下の一九四三年に、在盤谷日本文化会館コンペの二等案でつかんだ、内外の空間を一体のものとして扱う「一筆書き」と呼ばれる平面計画（プランニング）の方法論も盛り込まれた。そして、流政之による外壁の彫刻石組は、丹下の香川県庁舎（一九五八年）の石工事を施工した地元の岡田石材工業が、わざわざ庵治石匠塾の七人の職人を現地に派遣して完成させたものだった。[73]

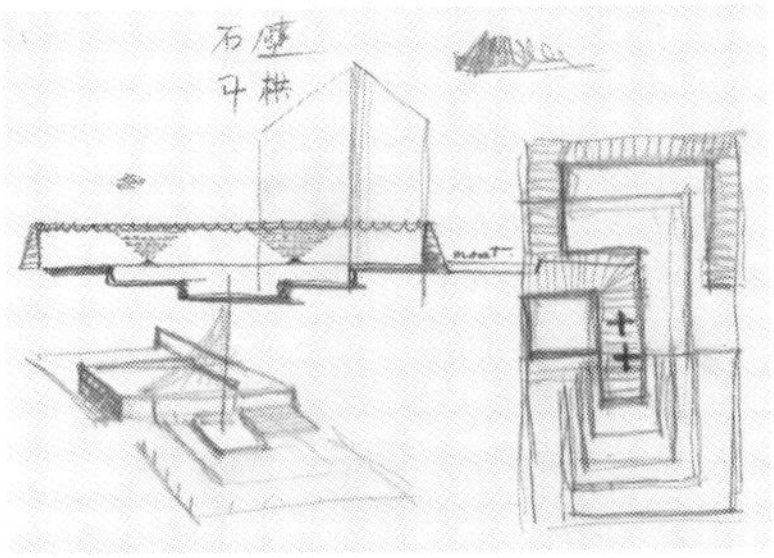

ニューヨーク世界博覧会日本館（1964年）の前川直筆のスケッチ＊

山本忠司　喫茶 城の眼（1962年）

こうして、日本館では、博覧会建築という実験的な機会を活かして、長く温めてきた「日本的なもの」の具現化が試みられたのである。この仕事によって、前川は、ブリュッセル万博に続く、何かしらの手応えと達成感をつかんだに違いない。[74] また興味深いことに、流は、現地作業に取りかかる前の一九六二年に、香川県建築技師の山本忠司と岡田石材社長の岡田賢と共同して、高松市内の小さな木造の「喫茶 城の眼」の内壁に石組の壁を試作（モックアップ）しており、今も現存する。[75] しかし、前川は、会期中に綴った「真の日本館を望む」と題する文章に、なぜか次のような悲痛な言葉を記していた。

「日本館では、日本が開国以来百年間で、西欧が三百年かかった封建から現代への困難な歴史をきり拓いたという意味から「一八六〇年代〜一九六〇年代　封建時代から宇宙の涯まで」（…）という題をかかげ、濠にかこまれた石壁の内部に、東大生研のロケット群を中心とする日本近代工業製品の中から、展示可能なものをえらんで展示するという方法を選んだ。（…）「百年で封建から宇宙の涯まで」、大変なエネルギーの結晶であることは事実である。しかし今少し、世界に対し、人類に対して貢献の可能性を示すに足る提言がしたいものだと思う――またそれを果す不断の努力を続けている、そうした国になってほしいと思う。

博覧会には種々雑多な人々が見物に出かけて、種々雑多な批判をぶつけられる「観光はどうした」「美術品はどうした」と。

しかし世界にまれな美しい風土が、産業化の波で無残に傷つけられ卑俗化していく現状をどう考えているのか。

近代化の驥尾にふして、コンビナートがつくられ、大工場が建設され、海は汚れ、河はにごり、スモッグに蔽われ、満足な呼吸も困難となる狭い国土に、厖大な集中工業が、そして過大都市が、はたして四畳半でダンビラを振りまわすような結果とならないか。[76]」

何が前川にこのような文章を書かせたのか。実は、日本館の仕事でニューヨークに行った際、一九六二年に出版されたばかりのレイチェル・カーソンの『沈黙の春』の原著*SILENT SPRING*を手に取り、衝撃を受けていたのだ。[77]自然を破壊し、人体を蝕む化学薬品や農薬などの乱用を告発して警鐘を鳴らしたこの海洋生物学者は、次の言葉を結章に記していた。

「私たちは、いまや分かれ道にいる。（…）長いあいだ旅をしてきた道は、すばらしい高速道路で、すごいスピードに酔うこともできるが、私たちはだまされているのだ。その行きつく先は、禍いであり破滅だ。[78]」

カーソンの眼差しに触れた前川の心には、現代文明の行方に対する強い疑念が去来したに違いない。だからこそ、博覧会会期中に記した別の文章に、「近代建築が、なぜ非人間的なものになるか」という切実な問いを掲げる。そして、その「原因」として、「近代建築というものが人間的な要求、人間的な自発性というものを心棒にして創られないで、別の心棒、たとえば資本の利潤とか利益とかを中心として創られていること」、「近代国家のもつ強大な官僚機構の機械的な作業によってつくられる、「人間」とはおよそ無関係な予算の枠といったものに、辻褄をあわせようとする」ことなどを指摘し、次のように書き留めたのだ。

「わたしが思い出すことは、フランス革命のころの無政府主義者たちが、あの時代に「国家」よりはむしろ「社会」に、「資本の利潤」よりは「人間的必要」に重点をおいた、ものの考え方である。（…）私は多大な驚異と共感をもつ。（…）近代建築がはじめて本当に「近代建築」としての自覚をもったのは、それがその社会的な使命感をもった時にはじまる。大衆の「財布に見合う」かどうかという点は、「近代建築」の貴重な「初心」であったし、近代建築家は「人間的要求」の正しい代弁者でなければならなかった。[79]」

前川は、危うい進路が見え始めた現代文明と、それに巻き込まれていく近代建築を前に、若い頃に抱いたクロポトキンなど無政府主義者への共感を反芻しながら、改めて近代建築に託された「初心」を確認しようとしたのだ。そして、同じ頃、都市観察者の視点から現代都市に警鐘を鳴らしたジャーナリストで市民活動家のジェイン・ジェイコブズが出版した『アメリカ大都市の生と死』の原著 *THE DEATH AND LIFE OF GREAT AMERICAN CITIES*（一九六一年）も手に取り、新入所員に邦訳させていたという。[80] こうした行為からも、当時の前川の眼差しのありかが伝わってくる。

「群造形」という方法をめぐって

やや遡るが、一九六一年八月から十一月にかけて実施された「NHKテレビセンター建築設計競技」の応募案についても見ておきたい。この建物は、一九六四年の東京オリンピック開催へ向けて、ホスト局のNHKが建設を急いだもので、建設予定地は、港区麻布新竜土町（現・六本木七丁目）の旧・日本陸軍駐屯地（現・米軍基地）の住居地域、約三万平方メートルの敷地である。ここに、総工費一〇〇億円（土地代を含む）を投じて、延床面積七万二六〇〇平方メートルの巨大なテレビセンターを建設する計画だった。坂倉準三、日建設計、日本技術開発・梓建築事務所、前川國男、松田平田設計事務所、山下寿郎設計事務所の六者による指名コンペが実施され、審査員は、戦前から長く審査員を務めてきた重鎮の内田祥三を中心に、岸田日出刀、小林政一、内藤多仲、二見秀雄、武藤清の建築専門家六名とNHK役員が務めた。しかし、審査過程で何があったのか、NHKは、審査未了のまま応募案を参加六者に公開した上で、「応募案は、何れも捨て難い良案であり、各審査員の慎重な検討・討議の結果、山下寿郎設計事務所と日本技術開発株式会社・梓建築事務所の両案がそれぞれ是非取り入れたい特徴をもつものとしてあわせて入選と決定しました」[81]という審査結果を発表する。また、その際、「審査員代表」の内田による、「NHK側審査員の、「共同設計としては」との意向もあって、両設計者にともに実施設計の衝に当ってもらうことになり、両者の承諾をえて決定されたものです」というコメントが伝えられた。当然のことながら、この事前協議による「二者入選」という前代未聞の審査結果は問題視され、戦後コンペ史上に汚点を残すことになる。[82] しかもその直後に、NHKは、政治家に働きかけて建設地を変更し、敗戦後に進駐軍に接収され、ワシントンハイツという米軍宿舎が建ち並んでいた旧・代々木練兵場が返還されるにあたり、公共的な都市公園として整備されることになっていた二〇万坪のうちの三万坪を取得してしまうのだ。これに対して、審査員を務めた岸田は、一九六二年十二月末に意見書を各所へ配布して抗議の声を挙げる。[83]

ここに露呈したのは、高度経済成長と東京オリンピック開催を背景に肥大化し始めた建築計画がもたらす時代の軋みだった。

さて、それでは、前川案はどのような内容だったのだろうか。こうした不吉な状況を敏感に察知していたのか、前川案の説明書の「まえがき」には、「テレビセンターと言う複雑でしかも厖大な機能をもった建物をこの不整形をなし且つ住居地域の制限を受けた敷地内にまとめ上げること自体容易な業ではない」と書かれている。たしかに、求められた過剰な条件を前に、高密度で窮屈な、要塞のような造形になっている。それでも注目されるのは、透視図や模型写真のシルエットから読み取れるように、東京文化会館の大小ホールに実現したぶ厚い外壁の堅固な囲いを発展させた、U字形のヴォリュームによる群造形が試みられていることである。そこには、続く埼玉会館へとつながっていく新たな方向性が示されているように思う。

NHKテレビセンター指名コンペ前川國男案（1961年）
外観透視図＊

NHKテレビセンター指名コンペ前川國男案（1961年）
模型写真＊

混沌とする一九六〇年代の中で

こうして、一九六〇年代前半期の前川の試みを見てきたが、一九六〇年代の日本の近代建築は、まったく新しい次元に突入し始めていたのではないだろうか。そのことについて、一九六九年、前川の仕事に「人間性の回復」と「それを実現するための技術的基盤」による「土着化の追求」を読み取っていた建築史家の山本学治は、「日本建築の系譜」という論考の文末で、「六〇年代、先例のない未来への文脈」として、次のように指摘していた。

「六〇年代は、長い間日本建築のなかに存在しつづけてきた後進性が解消されつつあるという意味で、画期的な時期である。しかも同時にそれは、先例のない未来へ自ら走りこむ先進的姿勢が要求されるという意味で、畏怖すべき時期である。（…）しかもわれわれは、（…）技術革新に裏付けられた現代資本主義体制のばく進と、そのなかで混乱し抑圧され主体的発言力を失いつつある人間環境、という状況のなかに——立っている。これが、六〇年代以後の日本建築の前に立ちはだかる最大の問題である。[84]」

　ここで山本が指摘したように、一九六〇年代は、日本の近代建築が、前川の目指す「人間性の回復」や「土着化の追求」をかき消すように「ばく進」を続けていたのだ。そして、前川もまた、否応なく、そうした現実の中へと飛び込んでいく。

Ⅷ　文明論からの問いを抱えて

ル・コルビュジエの訃報を前にして

一九六四年東京オリンピックの喧噪のもとで

前川は、自らの事務所を設立した翌年の一九三六年から三八年にかけて、恩師の東京帝国大学教授・岸田日出刀の指導のもと、幻に終わった一九四〇年の東京オリンピックの会場計画案を作成していた(1)。このとき、前川事務所に通い、図面を描いていたのが、岸田のもとで学んでいた学生の丹下健三である。そして、一九三八年に日中戦争によりオリンピック中止が決まった後、唯一建設された木造の岸記念体育会館(一九四〇年)を担当したのも、一九三八年の東京帝国大学卒業後に前川事務所へ入所した丹下だった。ここには、この建物の設計顧問を務めた岸田が丹下の才能を見込んでいた様子がうかがえる。だが、それから戦争を挟んで時を経た一九六四年、日本で初めての開催が実現した東京オリンピックでは、前川は何も手がけることはなかった。このとき、施設特別委員会の委員長として、オリンピック施設の敷地選定から設計者の指名まで全権を委嘱された岸田は、前川ではなく、丹下を指名し、メイン会場の国立国内総合競技場を担当させたのだ。それは文字通り丹下の代表作となり、二〇二一年に国の重要文化財に指定される。しかし、丹下の活躍とオリンピックに象徴される高度経済成長は、社会学者の吉見俊哉が二〇二一年の近著で指摘したように、「より高く、より早い東京を実現する」動きを加速させ、結果的に、次のような事態を招いていくことになる。

「丹下の都市論は徹底して開発主義的であり、(…)この思考の前提にあったのは、日本の経済成長や人口増大が長期的に継続するという見通しである。（…）今日から見返すなら、丹下の未来予測がどれほど破滅的に誤りだったかは明らかである。（…）日本列島の環境も地球環境も有限であり、成長はいつしか飽和に向かうのである。（…）問題は、一九六〇年代以降の日本社会が、そのような必然的に訪れる「成長の限界」を想像すらできないまま、丹下が妄想的に遠視していた開発主義的未来へ向かって都市や国土の開発を続けてしまったことにある。一九六四年の東京オリンピックの「成功」神話は、そのような国土の開発や果てしれぬ成長主義を正当化するイデオロギー的機能をその後長く果たし続ける。[2]」

一方、同じ時代の前川は、これまで見てきたように、むしろ、オリンピックを契機に巨大都市へと向かう日本の現実とは大きく次元の異なる仕事に集中していったようにも見える。ここからは、歴史の偶然なのか、必然なのか、その後の時代を主導するフロント・ランナーに躍り出た丹下と、後衛に一歩退いて別の道を歩み始めた前川の、対照的な姿が立ち上がって見えてくる。それでは、その分岐点となった一九六四年の東京オリンピックは、日本の都市環境の何を変えたのか。一九八六年に出版された著書『東京都の一〇〇年』の中で、歴史学者の石塚裕道は、「高度経済成長の光と影」として、次のように指摘していた。

「「一兆円オリンピック」といわれた諸事業には巨額の国費と都費がつぎこまれた。当時、道路工事だけでも一万カ所を掘りかえしたといわれる首都大改造が、オリンピック開催反対論・返上論や危惧論そしておおかたの無関心のなかで、すすめられた。（…）それまでの東京は激変した。かつての東京に郷愁をいだく人たちは、こうしたオリンピック狂騒曲を〝町殺し〟（小林信彦『私説東京繁盛記』）とみた。（…）〝祭〟の終りとともに演出されたオリンピック＝ブームは、その年と翌年度の都財政収支で一〇〇億円を越す赤字をだしてまたたくまに去り、のちには懸案の諸問題が〝ひずみ〟としてのこされた。[3]」

ここで石塚が引用したように、作家の小林信彦は、一九八六年刊の同書の序章に、「東京は、関東大震災、空襲、高度成長にともなう変容と、三つの大きな破壊を経たのだが、三つめの破壊については――それが〈建設〉だという大きな錯覚があるせいか――資料のたぐいは見事に残っていない」と記し、あとがきに、こう書きとめていた。

「東京に生れ育った人間が、破壊され尽した〈郷土〉について、なにかを記すとしたら、どういうことになるか。（…）とにかく、〈極私的東京史〉を書いてみたかった。[4]」

小林の言う「〈建設〉だという大きな錯覚」によって「破壊され尽した〈郷土〉」という感慨は、当時の前川にもあったのではないかと思う。というのも、一九〇九年から東京の本郷で暮らし、江戸情緒が残る木造の町並みに慣れ親しんで幼少期を送った前川が、関東大震災以前の東京の印象について記した、一九四一年三月十三日付の次のような文章があるからだ。

「私にとって震災前の東京はいわば此の「埋もれた伽藍」の記憶にひとしい。

幼ない頃父に連れられて観に行った堀切の菖蒲、団子坂の菊人形、亀戸の藤と言った様な東京名所の数々は震災を契機として悉く商業化された郊外の遊園地に圧倒されてしまった。我々の平穏な少年時代の夢を揺り動かした夏祭秋祭等の楽しい行事も廃れ果てて、東京は次第に「生活」を失った廃園と化して行った。(5)」

前川には、日常的な暮らしの中で生み出されていた生活の風景こそ、近代建築が求める姿であるとの確信があったのだろう。ここにも、小林の言う〈極私的東京史〉の前川版とでも呼べるものが読み取れる。

さて、時計の針を一九六四年に戻せば、作家の開高健も、東京オリンピック前夜の激変する東京の姿を記録にとどめようとしていた。開高は一九六三年晩秋から一九六四年秋にかけて『週刊朝日』にルポルタージュ「ずばり東京」を連載し、「サヨナラ・トウキョウ」と題した最終回を、「オリンピックの開会式を見て帰った夜に風邪をひき、三九度ほどの熱がでて、毎日うつらうつらと寝ていた」と書き出し、オリンピック関係工事で三〇〇人以上が命を落としたことに触れた上で、次のように書きとめたのである。

「毎週毎週広い東京を東西南北、上下左右にわたって歩きまわるうちに私はひどい疲労をおぼえはじめた。(…)この都をどう考えてよいのか、私にはよくわからない。狂ったような勤勉さで働いているかと思うと朝の九時からパチンコ屋は超満員である。(…)超近代式のホテルや競技場があるかと思うと、その外側にはマッチ箱みたいな家が苔のようにおしあいへしあいヒシめいている。下水道が二割ぐらいしかないのに高速道路がありモノレールがある。(6)」

ここで開高が活写したのは、高度経済成長下に進められた東京の大改造が、いかに人々の生活環境とは無縁のものであったかという、ちぐはぐに歪んだ日常の風景だった。そして、そこに生きる人々の姿を綴っていた。

「東京には中心がない。この都は多頭多足である。いたるところに関節があり、どの関節にも心臓がある。人びとは熱と埃と響きと人塵芥のなかに浮いたり沈んだりして毎日を送り迎えしているが、自分のことを考えるのにせいいっぱいで、誰も隣人には関心を持たない。膨張と激動をつづける広大な土地に暮らしているが、一人一人の行動範囲はネズミのそれのように固定され、眼と心はモグラモチのそれに似て、ごくわずかな身のまわりを用心深く眺めまわすだけである。」

こうした都市の虚ろな現実と人々の孤立を目撃していたからこそ、前川は、その同じ一九六四年三月に竣工した紀伊國屋ビルディングの設計にあたって、先に触れたように、「渇ききった砂をかむような町の中に、何か一息つける場所をつくりたい」[7]という願いから、建物の正面にアルコーブ状の小さな広場をつくろうとしたに違いない。

スペインのコルドバで受けた感銘を手がかりに

あたかも、そのような喧噪に包まれていた東京から脱出するかのように、一九六五年一月、前川は、おりしもスペインで開催されたＵＩＡ（国際建築家連合）の実行委員会[8]の機会を利用して一人旅に出かけた。アンダルシア地方に足を伸ばし、訪ね歩いた町々の印象を、次のように書きとめている。

「一昨年の春匆々、私はほとんど四〇年ぶりでスペインのアンダルシャ地方を、ひとりで旅行した。（…）私の訪ねたグラナダ、セヴイヤ、コルドバ、ラロンダ、マラガといった町町《ママ》の中で、コルドバについて、その印象を記してみたい。（…）

コルドバはもともと（…）ローマ人によってつくられたものだということであるが、ゴート人の侵入によってローマの衰亡のあと七世紀にいたって回教徒に占領され、（…）スペインにおける回教の首府として栄えた町であるという。

美しい城壁と巨大な回教寺院が、その栄光の面影を今日に伝えているわけであるが、私がうけた強烈な感銘は、実はこの城壁でも大寺院でもなくて、この有名な寺院の北側にサンニコラス教会のあたりまで一帯にひろがっているバリオデラフデリア（ユダヤ人の街という意味だという）と呼ばれている一帯の住宅地区の見事さであった。」[9]

こう記した上で、住宅地区の光景を描写していく。

「大きな天然石をしきつめた迷路のように迂回している巾二メートルにも足りない路は、強烈な南スペインの日ざしをさける意味をもっているという。こうした狭い路の両側に、凡そ二階建ての清潔な白壁が断続している。これらの白壁に設けられた愛らしい窓からつき出された植木凾。向い合った植木凾から、あふれおちるような花と花が青い空で接吻している。路に面して両側のところどころに錬鉄の格子戸の美しい影絵を透して愛すべきパチオ（中庭）がのぞかれる。石をしきつめた清潔でつつましやかなパチオには又名もしれぬ花が咲き乱れている。日が暮れて家角の街灯や、家々のパチオに灯がともされる頃の美しさ、楽しさ。

（…）

私はヨーロッパの中世の町を、随分方々見て回る機会にめぐまれた。しかしコルドバのバリオデラフデリア程深い感銘をうけたことはなかったように思われる。ここに住む人たちにしても、それぞれに不幸や悲しみや悩みを、その心にひそませているに違いない、しかしこの美しい人間環境のピチピチとした自発性といったものが、私の胸にこれ程強烈に伝わってくるというのは何故なのだろう。」

ここで前川の心に響いたのは、「人間環境のピチピチとした自発性」であり、それを可能とする建築のもつ力だったのだろう。そして、次のような感慨を綴ったのだ。

「近代都市から、そして現代の人間環境から、こうした住む人達の自発性が喪われてから既に久しい。四〇年前、私をあれ程強い感動にひきづりこんだグラナダの町にしても、町はずれにはお定まりのハウジングが、お定まりのたたずまいを見せるようになってしまった。

われわれの文明が自然の資源を、せっせと食いつぶしてゆくと同時に、われわれ内部の資源——精神的な理性的な知的な審美的なそうした資源をも踏み荒らして行く。

伐りたおされた一本の木は必ず新しい苗木で補われねばならない。いったい喪われた人間環境の自発性をどうしたら恢復できるのか。コルドバの美しい住宅地は私にそうした困難な質問を問い続けている。」

ここで四〇年前に訪れたグラナダの変貌した姿への幻滅に触れているが、それは、ル・コルビュジエのアトリエに学んだ時期に、グラナダのアルハンブラ宮殿を訪れたことを思い出してのことだった。[10] またたからこそ、前川は、コルドバの住宅地のような、「住む人達の自発性」を育むことのできる近代都市をどうしたら築くことができるのか、そのために近代建築はどうあれば良いのか、という困難な問いを反芻しようとしたのだろう。

水脈としてのケルン市立東洋美術館プロジェクト

こうして振り返ってみると、一九六四年の東京オリンピック前後の前川が、何を見つめていたのかが浮かび上がってくる。そして、残された一冊の一九六四年のスケッチ・ブックには、後の前川建築の方向性をうかがい知ることのできる注目すべきプロジェクトのファースト・スケッチが描かれていた。それが、表紙に「juillet 15 1964」（一九六四年七月十五日）と記入されたスケッチ・ブックであり、そこに描かれていたのは、時を経て一三年後の一九七七年に竣工する、西ドイツのケルンに建つケルン市立東洋美術館である。この仕事が前川に依頼された経緯については、一九七〇年の次のような新聞記事からも読み取れる。

「ケルン市から前川氏に設計依頼の手紙がきたのは六年前だ。同市とは直接つながりをもたない氏は、どうして自分を指名してきたのか、はっきりわからぬというが、高速道路ぞいの公園の一角に建つとあって、氏は設計のポイントを「自然を破壊しない建物」に置いた。そこで、二階建の講堂、展示室、収蔵庫の三つを別々に設け、それらを平家建の玄関ホール、図書室、事務室、回廊で結ぶという、日本の伝統様式を生かした配置をとり、立面も最高二階建に押えて水平線を強調した。(11)」

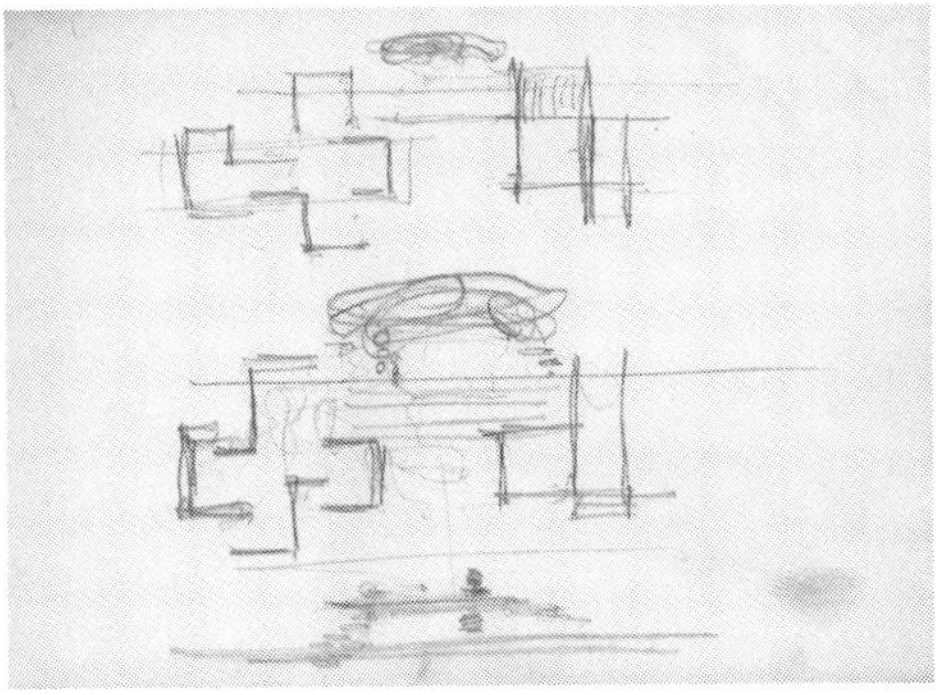
ケルン市立東洋美術館　前川直筆のスケッチ 1964 年＊

この記事からも、一九六四年に設計依頼の手紙が前川の元に届いていたことがわかる。そして、竣工後の建築雑誌の記事(12)によれば、この突然の設計依頼には、次のような経緯があった。ドイツで最も古い旧・東亜美術館（一九一三年）が第二次世界大戦の爆撃で破壊されて以来、その再建は戦後のケルン市民の願望だった。ケルン市は、日本、朝鮮、中国の優れた美術工芸品を多数収蔵するその性格から、設計を日本人に委ねる方針を固めた上で、最終的に前川を選んだのは、前川が「ル・コルビュジエの門下として欧州の術語に堪能であり、同時に東京文化会館を初め数多くの文化施設を手がけていたため」だという。

こうして、前川は、一九六六年に基本設計に着手し、一九六九年に終えている。引き続いて、ケルンの二人の建築家が共同で行った実施設計の完了が一九七三年、一九七四年に着工し、一九七七年十二月に開館する。基本設計に三年、実施設計に三年、建設工事に三年半、異国の仕事で調整も必要になったのだろう、付属棟を含め、延床面積が約四二〇〇平方メートルの小規模ながら、前川の建築としては最長となる一〇年近くの歳月を費やして、ようやく完成に漕ぎ着けた。言わば「遅れてきた建築」だった。そのため、その間に埼玉県立博物館（一九七一年）、東京都美術館（一九七五年）、熊本県立美術館（一九七六年）が相継いで竣工していた。そのこともあり、ケルン市立東洋美術館は、それらの陰に隠れて主要な建築雑誌には掲載されず、注目されることはなかった。しかし、一九六四年に描かれたファースト・スケッチからは、このプロジェクトが、前川の一連の美術館建築の中で、実は、最初の岡山美術館（一九六三年）の翌年に着手されていたことが判明する。そして、着目したいのは、このスケッチに描かれたプランが発する、弾むような伸びやかさである。

この美術館は、約二〇〇〇メートル角の人工のアーヘン池の南側の畔に計画された。周囲には緑が多く、すぐ南隣には、日本政府による日本文化会館（一九六九年、設計／外務省営繕室）が建つ。ケルン市は、当初、美術館と文化会館を一体とした施設として、その全体の設計を前川に依頼する予定だったという。しかし残念ながら、外務省の意向で別々になってしまう。先の雑誌記事(12)によれば、設計の方針として掲げられたのは、次のようなテーマだった。「敷地の一部を削って小さな池を作り、アーヘン池の水を引き入れる」「建物を強調しすぎたりせずに、緑多い周辺環境との調和を目指す」「付近を散歩する人が、美術館に気軽に近づいて休憩できるような、飾らないそれでいて魅力のある空間にする」「ペーブメント

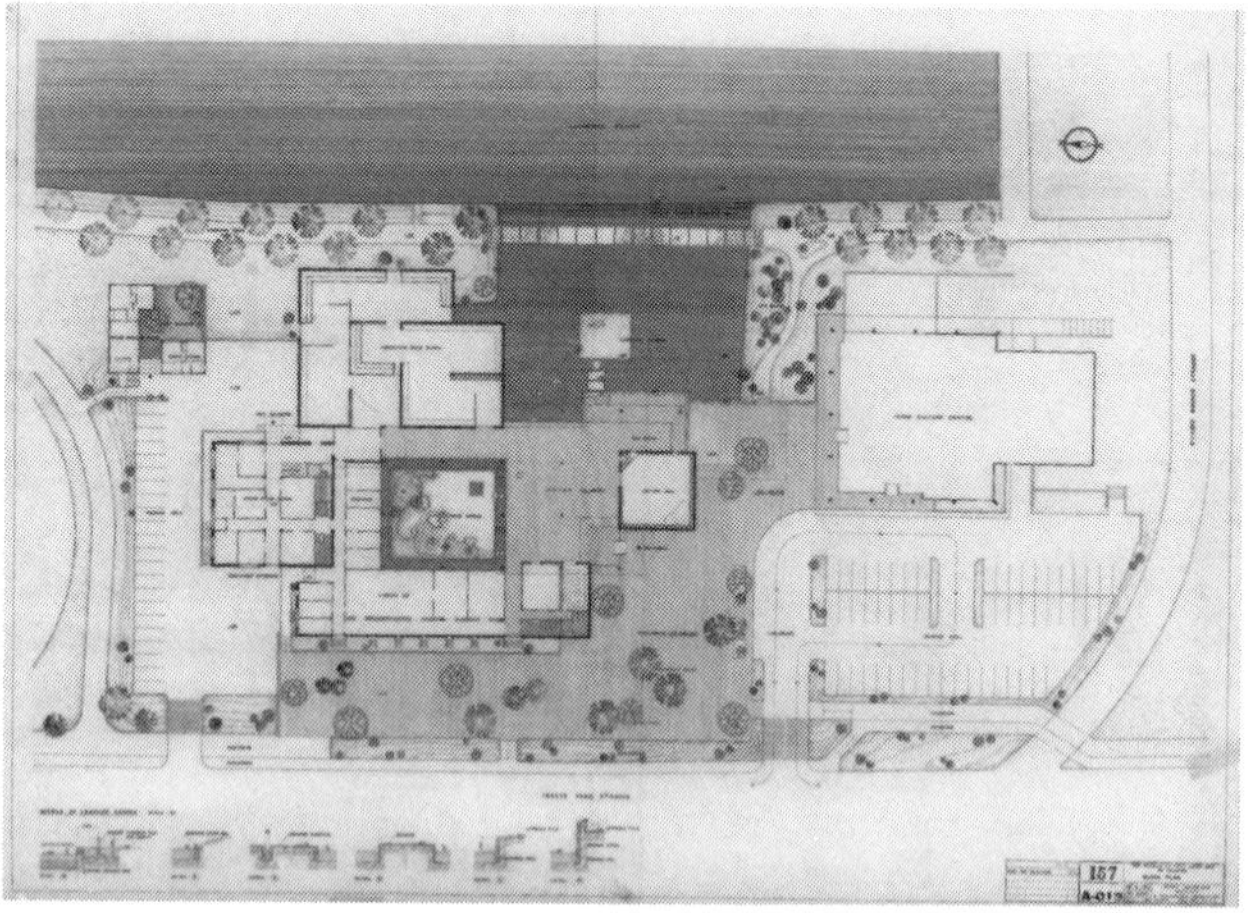

ケルン市立東洋美術館　基本設計図 配置図　1969 年＊

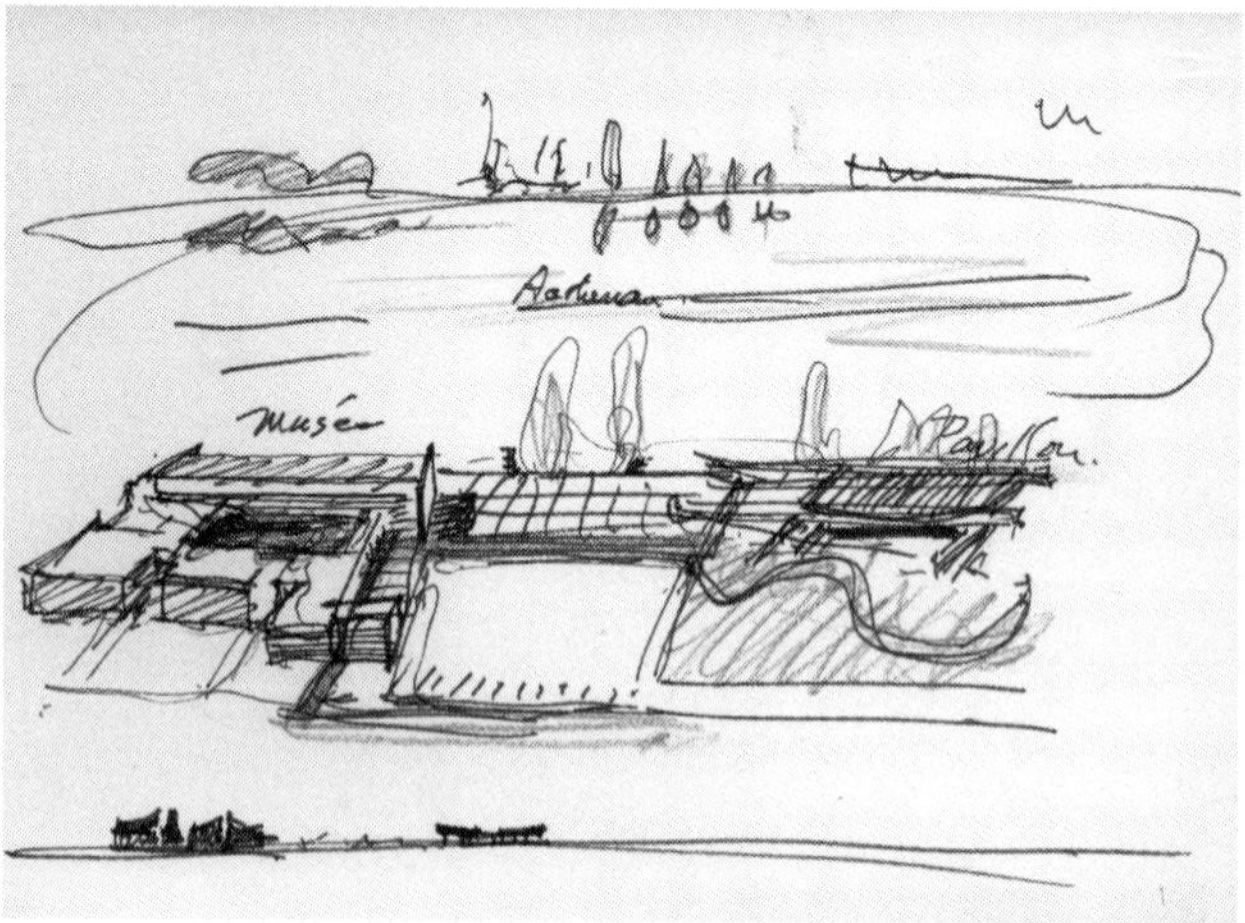

ケルン市立東洋美術館　前川直筆のスケッチ＊

（舗装した歩道）を連続させることにより、隣りの日本文化会館との調和の回復を図っていく」。

こうして、設計担当者の一人、田中誠の記した文章によれば、「環境尊重を最大のポイント」として、配置計画が生み出されていったのである。

ケルン市立東洋美術館（1977年）　西側からの全景＊

「水平に広がる池の水面と池畔の菩提樹の並木と散歩道、大学通りの道路から池へ向かっての緩い傾斜の芝地、こういった地形と風景から極く自然の成り行きとして、前面広場、アーヘン池の水を引入れた水面とその回りの庭園、さらにこれに対応する中庭とこれ等にからみあった建物の群、この様な平面的な展開と視覚的なつながりが創り出された。従って建物はマッシーヴな塊りをさけ、低くてスケールの小さい形態を鎖状にからみ合わせた構成となった。[13]」

ここに説明されたとおり、他のスケッチ・ブックに描かれた前川のスケッチからは、これらの設計意図が明快に伝わってくる。ケルン市立東洋美術館は、ほぼ同時期に設計に取り組んでいたニューヨーク世界博日本館や埼玉会館に比べて、周囲の池と緑に恵まれ、近景、中景、遠景という広がりのある環境の中に計画された。そのことも発想の幅を広げたのだろう。前川は、建築と自然との関係性に着目しながら、建築の内と外が周囲の環境にまで広がる、伸びやかな空間構成を実現させせようとしたに違いない。それは、遠く、戦時下の一九四三年に、「日本的なもの」への洞察を通して、在盤谷日本文化会館コンペ案でつかんだ、次のような方法論の自覚的な展開だったのではないか。

「ただ我々は建築が本来空間構成の芸術である事の根源に溯江して日本的建築空間と西欧的建築空間とのあり方の相

違にまで徹底する事に依ってのみ、真に日本建築伝統の継承者としての日本文化会館の意匠に参じ得るであろう。日本絵画のもつ空白が描かれた事物に対して「意味なき他者」であり得ぬ様に日本的建築の内部空間は常にその外部空間と暖かき血脈を通わして飽くまで「孤立せる個」を抹殺せんとする美しき日本建築精神のみちびきによって此の文化会館意匠のよすがとしたいと思う次第である。(…)本案に於ては各館の内部空間のみならず、その外部空間即ち各建築配置によって敷地内に作り出される建築外的空間、更に之等の建築外的空間がその敷地の外部に有つ環境的空間を常に緊張せる見えざる糸に結ばれたるが如き全体的空間構成を完成せんことにつとめた。[14]」

このような意味からも、ケルン市立東洋美術館のプロジェクトは、晩年に向かって展開されていく前川の空間構成の方法論をつなぐ水脈として、長くあり続けていくことになる。

ル・コルビュジエ追悼と二十世紀文明への問い

こうして、一九六四年から六五年にかけて、前川は、弘前市民会館やニューヨーク世界博日本館、そしてケルン市立東洋美術館などの仕事を通して、工業化や近代化という視点からは離れつつ、近代以前の長い歴史の中で育まれてきた、風土に根ざす名もない建築や町並みからの刺激を受けて、広い視点で自らの方法論を見つめ直す貴重な思考の時間を積み重ねていたのだ。一九三五年の事務所設立から三〇年、一九六五年五月十四日に還暦を迎えた前川は、七月初めにパリで開催されたＵＩＡ総会に出席した際、久方ぶりに、ル・コルビュジエのアトリエを訪ね、「たいへん元気に少し肥られ気味」の師との再会を果たしている。[15] しかし、それからわずか一カ月半後の八月二十七日にル・コルビュジエは地中海のカプ・マルタンで海水浴中に心臓発作で倒れ、還らぬ人になる。享年七十七歳だった。その突然の訃報を聞いた前川は、さまざまな思いが込み上げてきたのだろう、直後の九月四日付の追悼文に、次のような言葉を書きとめていく。

「かつて中世に、ひとびとはその仕事によろこびと誇りをもっていた。しかるに近代工業はこうした人間のよろこびと誇りを奪い去って、残るものは空しい疎外感でしかない。

かつてあれほど生き生きとした人間の環境は、汚辱と悪徳にみちあふれた猥雑なものになりさがってしまった。

つい五〇年前までパリでさえ人間は一日一六時間も働いていた。それが今日では一日八時間。しかも一週五日働けば充分という。人間が空を飛ぶスピードは二〇倍にもなった。望めば月までも火星までも旅行する事がさ程遠い夢ではないというのに、どうして万人が幸福な「家」をもつことが出来ないのであろうか。地表わずか五%の建蔽率で、数百万の人口を収容する大都会がつくれるのに、そして残りの九五%は緑で蔽われた太陽のふりそそぐ大都会をつくる力を、われわれはもっているのに、どうして足のふみ入れる場もない乱雑なスラム同然の町がつくられてゆくのか。技術の幼稚だった中世の人たちの方が、遥かに生き生きとした人間環境を享有して、はるかに高い文化的な生活をもっていたではないか。(…)[16]」

そして、この追悼文をこう締めくくったのである。「コルビュジエはこうした問に苦しんでいた。「二十世紀は金のタメに建設をしたけれど人間のタメには何も建設しなかった」というコルビュジエの嘆きを、われわれは真剣に考えなければならないということは、何よりもわれわれの生活環境の現実が有力に証言している。人間のタメとはどういう事か、人間の真の要求とは何であるのか、われわれは真剣に考えるべき時が来ているのである。」

ここには、一九三五年、ル・コルビュジエがニューヨークを初めて訪れた際に綴った『伽藍が白かったとき』の言葉を思い起こしながら、師の求めたものを見つめ直そうとする前川がいる。そして、その思いを胸に、続く時代を前川は一人歩み始めるのである。

都市へと手を差し伸べる方法論の展開

蛇の目ミシン本社ビルという到達点とジレンマ

東京都中央区京橋に一九六五年八月に竣工する蛇の目ミシン本社ビルは、一九五〇年から前川事務所で始められたテクニカル・アプローチの到達点と言える建物である。そこには、同じ中央区の日本橋呉服橋に建つ日本相互銀行本店（一九五二年）の竣工から一三年に及ぶ技術的な試行錯誤の蓄積が盛り込まれていた。実は、建設工事が始まる直前の一九六三年七月には、建築基準法の改正により、容積率制が導入される。これによって、一九一九年の市街地建築物法の施行以来、長く規定されてきた三一メートルの絶対高さ制限が撤廃となり、超高層ビルの時代が始まろうとしていた。その意味で、この建物は、ほぼ同時期に建てられた芦原義信のソニービル（一九六六年）や日建設計（林昌二）のパレスサイドビル（一九六六年）、村野藤吾の大阪ビルディング八重洲口（一九六七年）と共に、旧制限下に建設された最後のビルの一つとなる。そのため、日本相互銀行本店と同じく、軒高三一メートルの下に九層の階を入れ込む形となった。しかし、そこには、日本相互にはなかった、約二・七メートルの天井高を確保しつつ、梁の露出のないフラットな天井面と、構造壁も柱もない自由な間仕切りが可能な約一四メートル×三六メートルの執務空間が南北二カ所に実現する。そのためにまず、全体の土台となる地下三階から三階の床までを通常の鉄筋コンクリート造とし、約三六メートル×四〇メートルの平面の中央に東西を貫くコアが配置される。そして、その上に載る七層の階で試みられたのが、鉄筋コンクリート造の中央コアと、南北立面を特徴づける十字形のプレキャスト・コンクリートで覆われた鉄骨ユニット・フレーム、そしてT字型のプレストレスト・コンクリート製のジョイスト・スラブを組み合せた、まったく新しい構造体による構法だった。

このビルの設計が、どのような経緯で前川に依頼されたのか、詳細は分からない。しかし、竣工記念パンフレット[17]によれば、このビルは、「昭和三十年当初の立案計画」にもとづく自己資金の蓄積による、蛇の目ミシンの「本社社屋の建設」であり、「理想的な用地」の買収と、前川に「すべてを託して本格的な近代建築を要望[18]」したことに始まるという。そのため、取得した敷地の一部に残存していた六階建てのビルの撤去までを行って、万全の設計条件が整えられていく。その意味では、すでに見てきたように、日本相互銀行本店、紀伊國屋ビルディング（一九六四年）と同じく、前川にとって、施主との信頼関係に支えられた「本社ビル」の計画という恵まれた条件のもとで試みることのできた、数少ない民間の建築だった。このビルに採用された新しい構法には、竣工後の座談会で構造を担当した木村俊彦が語った、次のような意図が込められていた。

「前川先生は呉服橋の日本相互銀行の設計の頃から、いわゆるコルビュジェ精神を引き継いで建築のいろいろな部品の工場生産化という問題を自

蛇の目ミシン本社ビル（1965年） 撮影／渡辺誠＊

蛇の目ミシン本社ビル　前川國男の直筆スケッチ＊

分のテーマとして取組んでおられ、外壁・サッシュ・床なんかについてもいろいろプレキャストで工夫されていました。しかし構造自身の工場生産化は比較的置き去りにされていたんです。（…）私はかねがね建築工事の何割かを占める構造部分について工場生産化を進めない限り、本当の工場生産化の目的は達成できないんじゃないかと考えた（…）その一つの方法としていわゆる構造体自身を合理化して、そこから出てくる新しい空間、新しい形をデザインのベースにすることを考えました。（…）その辺から自然にファサードの十字架、ユニットフレームが芽生えてきたと思うんです。[19]」

ここで明快に語られているように、建物を構成する単なる部品としてではなく、構造体自体の工場生産化によって、建物の外観ファサードを構成できるシステムとして、十字形のユニットフレームが考案されたのである。それは、林原美術館（一九六三年）、学習院大学図書館（一九六三年）、世田谷区郷土資料館（一九六四年）などを通して、地道に積み重ねてきたプレキャスト・コンクリートを用いた構法の経験と蓄積があったからこそ可能となったものだった。その意味で、蛇の目ミシン本社ビルは、構造体を含めた建築の工場製品化の徹底による完成形と呼べる造形になっている。しかも、施主から外観について求められたのは、「顧客の対象は若い婦人層であるから清楚な感じのものにしたい」、「正面入口が北側なので陰気な感じにならないように注意してほしい」という希望だった。[20]そこで、世田谷区郷土資料館の外壁のような、即物的な堅い形状で冷たい質感のプレキャスト・コンクリートの地肌のままではなく、優雅な曲線を描く十字形フレームの形状が生み出され、その表面に、当時日本での製造と市販が始まったばかりの、硅砂を主原料とし、化学薬品で特殊調整した釉薬《うわぐすり》を素材に吹き付け、養生することによってタイル状に仕上げる「ボンタイル」と呼ばれる化粧材で、白く輝くようなコーティングが施された。[21]前川の直筆スケッチにも、このファサードのイメージが描かれている。さらに、京橋という東京都心の一等地の角地に建つ本社ビルの顔として、鍛冶橋通りに面する一階には吹き抜けのショールームが設けられ、北西二面の足元には回廊状の公共的なスペースが取られたのである。こうして、蛇の目ミシン本社ビルは、紀伊國屋ビルディングの両側の打込みタイルの壁に囲まれた前面の小広場の試みに続くかたちで、街角に公共性と彫りの深い表情を与えながら、都市へと手を差し伸べる方法論を具現化した建築として完成する。

おそらく、そうした成果が評価されたのだろう。この建物は、前川にとって六度目で史上最多となる一九六五年度日本建築学会賞（作品賞）を受賞する。推薦理由には、次のように記されていた。

「この建築にみられる、構造技術と空間機能と造形表現のゆるぎない緊密な総合は、前川建築事務所の長年に亘る一かんした合理的姿勢に裏づけられたものであり、そのもっとも充実した高さを示しており、今後のオフィスビル建築の一つの指標となるであろう[22]。」

しかし、「今後のオフィスビル建築の一つの指標」と高く評価されたものの、その一方で、構造を担当した木村は、先述した同じ座談会で、こう発言していた。

「ほんとうのところプレハブというにはおこがましい感じがしないでもないんです。というのもあれは非常に一品生産的な味をもったプレハブなんです。（…）一つの事務所が一つの建物でどうこうしようと思ってもそれはしょせんプレハブの一つの試作に過ぎない[23]。」

「一品生産」の「一つの試作に過ぎない」、こう自嘲的に木村が語らずにはいられなかったように、蛇の目ミシン本社ビルは、推薦文にある通り、「前川事務所の長年に亘る」技術的な構法の蓄積があって実現できた成果だった。ちなみに、開発された十字形のユニット・フレームの製作は、江東区の「砂町に六〇〇坪ほどの土地」を借りて臨時の工場を造って行われ、吹付け化粧材のボンタイルの試作に一年近くかけるなど、「プレファブにおける日本の後進性を痛感」しながらの建設だった[24]。しかも、そこには、国際文化会館（一九五五年）以来、京都会館（一九六〇年）、東京文化会館（一九六一年）など、長年にわたり

蛇の目ミシン本社ビル　1階ショールーム　撮影／渡辺義雄＊

蛇の目ミシン本社ビル　足元の回廊　2005年撮影

前川事務所のプレキャスト・コンクリートの開発と製作を担ってきた湊建材工業の外川貞頼という職人気質の技術者の存在があった(25)。設計チーフを務めた雨宮亮平も、建設中に、次のように書き留めていた。

「私たちはこの建物の設計にあたって、これが特殊なケースの特殊な建物に終わらないように、逆にできるかぎり将来への前進の因子となりうるように、平面・断面・部材等を整理してきた。そして工費の上でも、他の構造に比べて決して高くはないことを確信したのであった。(…)建築の工場生産化の前進はまだまだ容易でない。私たちにはそのために破格の費用を使うことも許されないし、また無理な冒険もなさるべきではない。しかし、このような技術、構法の問題において、ひとつの経験が次の飛躍への大きな力になることを思えば、やはり可能なところからひとつひとつ解決してゆく積重ねが、「近代化」の大きな力になるように思うのである(26)。」

ここに記されているように、前川事務所のテクニカル・アプローチは、「将来への前進の因子」となることを目標に進められてはいたが、「特殊なケース」と言われかねない孤独な中に置かれていたのだ。雨宮は、他の文章の中でも、日本相互銀行本店で先駆的に試みた「全鉄骨、全溶接等という方法は、日本の現状では全く破格のゼイタクだとされて、逆に現在に至るまでもほとんど日の目を見ずに終わっている状態」であり、「わが国において、建築の工業化が長い間ほとんど問題にならなかったのは、建築生産が安い豊富な労働力にささえられて来たからであろう」と指摘していた(27)。だが、蛇の目ミシン本社ビルの現場を担当した施工技術者は、竣工後の座談会で、こう発言している。

「建設労働者の量が先細りだということはどこでもいわれているわけです。工事の量が依然として伸びていくのに、労務者の供給が先細りのことを考えると、いきおいプレハブの要素に頼らざるを得ないということは必然的だろうと思うんです(28)。」

ここに露呈していたのは、高度経済成長下における急激な建設需要の増大に伴う労働者不足と労賃の高騰によって、施工の合理化と工場製品化の促進が要請される事態になった時代の趨勢である。そして、そのことは、前川事務所のテクニカル・アプローチの蓄積が、それに続く者を見いだせないまま、より大きな建設ラッシュの波に飲み込まれて孤立化し、「特殊なケース」へと追い込まれていくことでもあったと思う。蛇の目ミシン本社ビル建設中の一九六四年五月に横山不学のもとから独立し、大高正人と共に構造家として歩み始めていた木村俊彦は、一九六五年の竣工時に、次のように記していた。

「今日、都市や建築はますます大きくかつ難しい問題を抱えてきつつある。そしてそれらの解決にこれからの新技術や使いこなされてきた技術がどのように、どこまで役に立つものであるかということはやはり「技術性」の重大な課題である。しかしまたまた一方で、都市はどんなに大きい社会のふくらみであるとしても、それはひとつひとつの建築の集合である。従ってひとつひとつの建築が「技術性」と「造型性」をどう捉えるか、ということの集積によって、将来の軌道もまた自ら規定されるであろう。その方向はいまだ不明である。[29]」

木村には、同じ文章に記された蛇の目ミシン本社ビルで実現した「構造がそのまま造型に結びついた系列」へのさらなる期待と抱負があったに違いない。そして、ここに書き留めたとおり、木村は、「いまだ不明」な時代の変化を肯定的に捉えた上で、大髙と組んで、千葉県文化会館（一九六七年）、千葉県立中央図書館（一九六八年）、栃木県庁舎議会棟（一九六九年）を通して、建築の技術性と造型性の課題に、次々と挑んでいくことになる。一方、前川は、蛇の目ミシン本社ビルの竣工パンフレットに寄せた文章に、次のように書き留めたのである。

「近代建築が誕生して半世紀、その草創の時代に、「機械時代」の新しい可能性、新しい美学といったものに、胸おどらした先駆者達の期待を裏切って「建築」は倦怠にうちしをれ、都会は華麗に粧われても棲む貴人もなき有様です。人間の内実の「慾求」が一体何であるか、万人の人生が意味深いものとして自覚されるために、そして建築が、都市が、総じて人間環境がその生気をとりもどすために、どうしてもまづ、この手強い疑問の壁が打ちくだかれねばなりますまい。

われわれはこうした難問を未解決に背負ったまま、此の建築を完成したという事自体、甚だ不遜のそしりを免れないかもしれないとおそれています。然しそうした迷いの多い人間であればこそ此の建築を完成し得たという自負もなかなかに捨て切れないでおります。[30]」

この言葉からは、一九五二年、日本相互銀行本店の竣工パンフレットに記した「一つの技術の進歩はやがて人々の幸福に連なると云う確信に支えられてここまで辿りついた[31]」という技術に対する信頼の念を読み取ることはできない。一九六五年の時点で前川の抱えていた苦悩が見えてくる。それは、後の一九六九年に記した次の言葉へとつながっていく。

「現代は悲しい時代である。芸術家はよりよいものを作ろうとせずに、より変わったものを作ろうとばかりする」と、音楽、彫刻をやっているバッシェという人がいいました。建築家も例外ではありません。こうして街はますますおちつきのない、さわがしく醜いものになってゆきます。(32)」

そして、続いて、前川は、近代建築の目指すべき道筋について、改めて自らの考えを書き留めた。

「近代建築の本道は、建築家の個性的な精神によって検証されたところの、ひとつの「原型」としての建築を創造することであったはずなんです。つまり、近代社会が生み出すマス状況（人口や、人間の活動、生産物などが都市に集中し、大量化するような社会の状況）に対応しなければならないという、社会的な関心が底辺にあったわけです。「原型」であればこそ、近代建築は当然、社会性と普遍妥当性をもっていたはずなんですね。」

文中にある「はずなんです」という言葉に、前川が抱えていたジレンマを読み取ることができるだろう。自らの求める近代建築の本道がなぜ共有されていかないのか、なぜ「社会性と普遍妥当性」へと結びつく「原型」が生み出されていかないのか。そうした「難問」に苦しみつつも、その道を歩むことの意味を一人噛み締めようとしていたに違いない。

埼玉会館における群造形のさらなる展開

そのような思いを前川が抱く中、ほぼ同時期に計画と建設が進んでいたのが、翌年の一九六六年四月に竣工する埼玉会館である。敷地は、浦和駅と埼玉県庁を結ぶ国道沿いに位置し、岡田信一郎の設計した旧・埼玉会館（一九二六年）の跡地だった。周囲には駅から続く商店街があり、北隣には県立図書館（一九六〇年）が建っていた。この約七千平方メートルの敷地に、一五〇〇席と五〇〇席の大小ホールと、展示室や郷土資料室、集会室や食堂など、延床面積約一万八千平方メートルの文化センターが計画された。

ここで前川が試みたのは、敷地の高低差を活かしながら、建物を大・小ホールと集会室が入る管理棟の三つに分棟化し、それらをつなぐロビーやホワイエ、展示室や郷土資料室なども含めて全体の六〇％を地下に埋め込み、その屋上部分を、スペイン語で平坦地を意味する「エスプラナード（esplanade）」と名づけた公共的な広場として開放する、というまったく前例のない方法だった。さらに、広場を取り囲む外壁を、先の紀伊國屋ビルディングで試みた打込みタイルで覆い、床面も炻器質タイルで仕上げることによって、建物全体を初めてセラミックス（陶磁器）でまとめ上げたのだ。しかも、広場を取り囲む群造形の中に、隣接する既存の図書館を繰り込むことによって、単体の建物が、全体として街並みそのものを構成することを目指したのである。

ここに実現した建築による公共的な広場の造形について

は、一九六六年の竣工時に記された槇文彦による指摘が、その意味を正確に伝えている。

「この会館が、画期的とも思われる点は、（…）オーディトリアム、展示室への入口が、広場と広場のレベル差を利用してほとんどなに気なく、ガラス・スクリーンで構成されている点である。こうした広場を中心に展開する空間とビスタは、（…）独自の主体性をこの外部空間に与えている。換言すれば、建築あっての外部空間でなく外部空間が先見され、デザインされ、そのまわりに建物がとりついたといった感じをすら（…）与える自然さがそこにある。[33]」

埼玉会館（1966年）　南側から見た外観　撮影／大橋富夫＊

ここで槇が評価したように、余白としての外部空間ではなく、外部空間を生み出すために建築が配置されるという、地と図を反転させて等価に扱う方法は、後に見ていくように、前川の建築にとって一つの大きな道筋になっていく。それは、藤井正一郎の言う「空間の発掘」[34]と呼べる新しい方法論でもあったに違いない。この広場としてのエスプラナードのデザインについては、担当した中田準一が、後年、証言を残している。一九六五年四月に入所した中田は、設計チーフの大沢三郎から、「赤と黒の半分ずつもう手配したから、それで絵を描きなさい」と言われ、来年一九六六年の二月から貼り始めるから「一〇カ月ぐらいは十分に考えられる」との指示を受ける。すでに一九六三年十一月から建設工事は始まっており、鉄骨が立ち上がっていた。こうした中で設計に取りかかった中田は、「一〇カ月あればどうにかなるかなと思ったら、もうとんでもない話で」、「一色で貼るといったって」、「三通りか四通りしかない」とすぐに行き詰まり、「一カ月ぐらいしたらノイローゼ」になってしまう。前川にも、「夏ぐらいまで、ぜんぜんみてもらえなかった」という。それでも、「一年も床のタイルを描かせてもらえたということは、完全に人格を再編成されるような感じ」があったと回想する。[35]そして、中田が

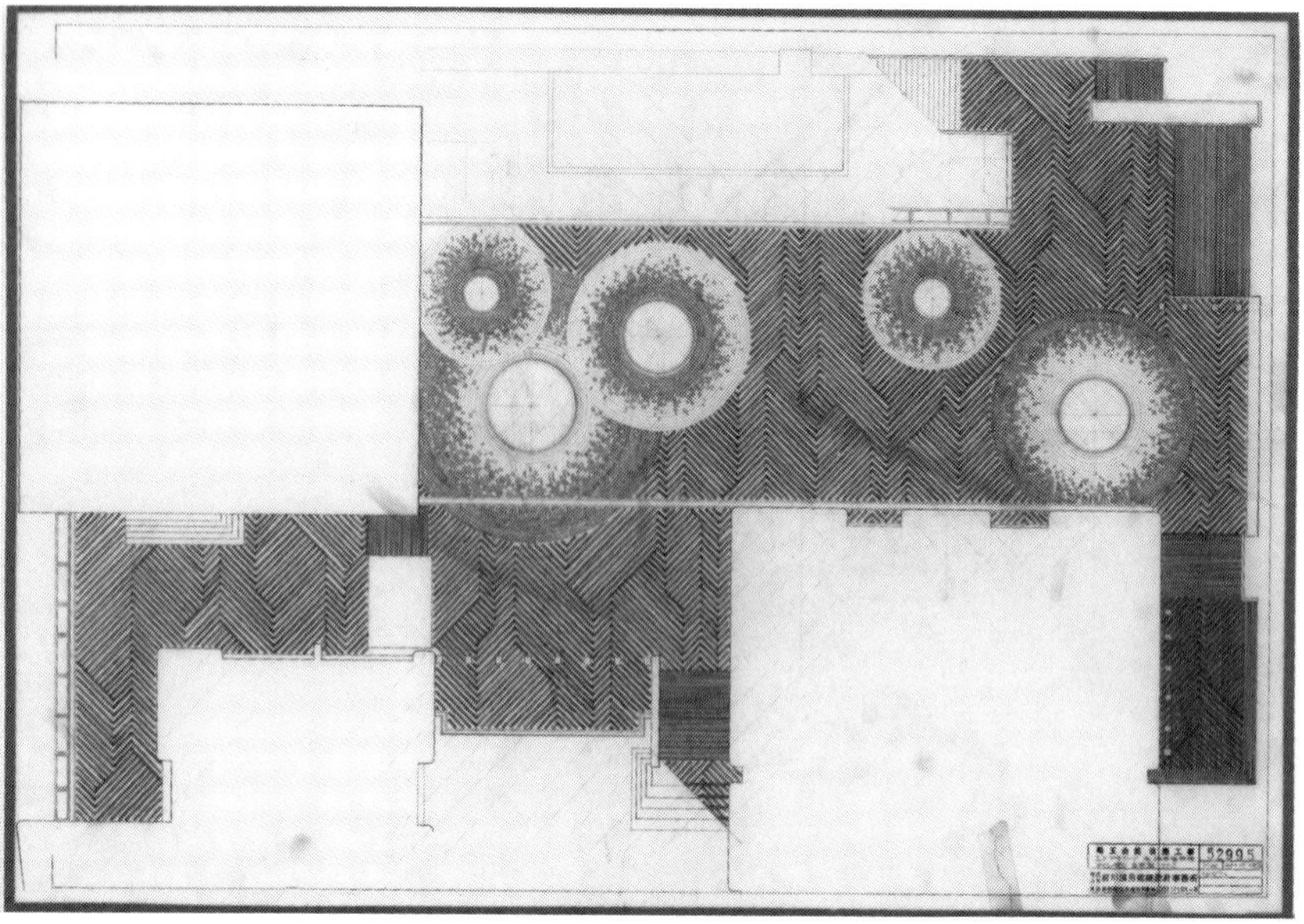

埼玉会館　エスプラナード床タイル張り変更図*

苦心の末まとめ上げた床タイル割図によって、エスプラナードは、各所に大小配置された丸型の植込みから広がる波紋のイメージと、こげ茶色とレンガ色の炻器質タイルによる、網代張りを基調とするリズミカルな図柄の構成となり、「人の心の素朴な感情に働きかける魅力[36]」を持つ豊かな表情の広場として実現する。

それでは、前川は、どのようなことを考えていたのだろうか。後年の一九七七年十一月、朝日新聞社の主催で、前川と編集者の宮内嘉久の公開対談が行われた。その席で、宮内が、前川建築に見られる特徴として、京都会館、埼玉会館などの「中庭」を挙げた上で、「広場というか、もうちょっといえば出会いの空間を大事にする、という考え方を前川さんがもっていらっしゃるようにお見受けするんですが」と問いかけたのである。それに対して、前川は、ル・コルビュジエと交わしたエピソードを紹介している。

「私はね、戦前にコルビュジエとルーヴルの庭――チュイルリ公園につながって庭がね、ウイングがずっと出てる――、その庭を横切ってバスが通っている、そのバスに偶然乗り合わせていたの。そしたらコルビュジエが僕にね、このスペースがとてもいいんだという。つまり、物があるんだけどその物を感じさせない、しかもなにか包み込まれているような感じがここにはあるだろう。こりゃあいいなあってことを、しきりに僕に言うんだ。なるほどと思ったんだな、僕はそのときね。その言葉がひじょうに記憶に残ってたということはあるわけです。[37]」

そして前川は、続いて、埼玉会館で試みたエスプラナードの設計意図について、次のように述べたのだ。

「僕はだから埼玉会館を頼まれたときに、あの後ろに図書館がある。失礼な話だけれどもあまり上出来とは言いがたい図書館がある。あの前に建物を建てて隠しちまおうかっていう誘惑にちょっとかられたんだけど、しかしそれよりも、あれに一役買わしてね、なにかで囲まれた空間ができた方がいいんじゃないかと思って、それで思い切ってあれを出しちゃったわけですよ。そのことは僕はよかったと思ってる。館長さんはひじょうに感激してお礼を言われたけどもね。図書館も、あのエスプラナードのおかげでとても感じがよくなったですよ、中から見ると。ほんとに。」

埼玉会館　管理棟からエスプラナードを見下ろす
撮影／渡辺誠*

埼玉会館の広場を中心とする造形には、遠くパリで、三十数年前にル・コルビュジエと交わした会話が一つの手がかりになっていたのだ。こうして、一九六〇年代の後半という時期に、前川は、回廊と広場を用いた都市における二つの公共的な空間を生み出す方法論を試みながら、同時に、建築の外壁を構成する十字形ユニット・フレームの構造体と、打込みタイルという時間に耐える素材を用いた構法を獲得する。だが、その一方で、自らの目標とする近代建築の本道が見失われつつある状況とも対峙していくことになる。

「もうだまっていられない」と書き留めて

現代建築への懐疑と本質的なものへの希求

一九六〇年代の半ばに、蛇の目ミシン本社ビルや埼玉会館などを通して、都市への提案を試みた前川は、建築を作り上げる素材や構法についても、焼物を用いた打込みタイルによって確かな手応えを得ていた。それらは、自らが目指した近代建築を、誰もが共有できる普遍性をもった「原型《プロトタイプ》」として提示しようとしたものだったに違いない。しかし、その一〇年以上にわたる地道な技術的蓄積によって実現できた方法は、広く共有されることなく、高度経済成長下の建設ラッシュの中で次第に孤立化し、「特殊なケース」として受け取られてしまう事態にも陥っていた。その一方で、前川は、一九五〇年代後半からの度重なる海外渡航と長期滞在で得た知見もあり、素材や構法、都市への提案といった具体的なテーマを超えて、建築とは本来人間にとってどのような存在なのか、その本質に迫るために近代建築に今求められることとは何かという、より根源的な問いと向き合い始めていた。この章では、一九六〇年代の前川の思考と心情のありかを探るために、その間に記された言説を辿っておきたい。蛇の目ミシン本社ビルが建設中の一九六三年、同社の機関紙に寄せた文章の中で、前川は次のように記している。

「「立派な建築」とはどんな建築の事なのか、建築の設計を職業としているわれわれが、ときどきハッキリしなくなると申せば随分おかしな話です。大理石がピカピカ光っていれば人はそれを立派な建築だという。ステンレスが輝いていれば、人はそれを美しい建築という。勿論それは建築の美しさ立派さの一要素であるには違いない。然し建築のもつ本質的な美しさとか立派さとかは、実はこうしたものにはかかわりはない。桂の離宮は美しいと人がいう。然しそこにあるのは庭の中に置かれた古ぼけた木造家屋である。そこは磨かれた大理石もステンレスも見当たりはしない。

では何が人の心をうつのだろう。その建築を築き上げている柱や梁の寸法釣合い、屋根の大きさや傾斜、そうした実体によって創り出された内外の空間、そうしたものの美しさが人の心をゆり動かす。そうした感動のみが人の心の支えとなる。

いつの頃からか、われわれはこうした建築の本質的な美や力を見失って、表面的な美しさ豪華さにのみ心を奪われるようになってしまった。いわば官能的なこころよさは究極人間の心を打つ永遠の力をもち得ない。飽きがくる。すたりが来る。それが現代文明の本質であるというのかもしれない。もしそうだとすれば、現代建築に人間精神の安住の地を求める事は、も早や不可能となるだろう。そして都市は永遠に精神の砂漠になってしまうだろう。

建物がひとつ建てられると、勿論その内部の使い勝手のよさわるさ、中に住む人の快よさとかが問題になるけれど、同時にその建物が外部に出来上がった空間とか空地とかいったものの出来不出来というものが、たとえば常時その街に住み、その街を歩き廻る人達の快不快に大きな影響を与える。

つまり建物を建てる人は、そうすることによって同時に社会的な責任を負う事になる。今日自分の金で建てるんだから、どんな建物を建てようが勝手だという時代は過ぎ去ってしまった。矢張り自分の金を使うにしても、その使い方に社会的な責任が生れてくる。そうした時代にわれわれは生きているように思われる。

蛇の目ミシンの本社社屋は建築家としてのそうした自覚にもとずいて非力のかぎりをつくした心算でおります。[38]」

当時の前川には、建設ラッシュで次々に都市へ建てられていく華やかな「現代建築」の中に、桂離宮がもっていたような、建築の本質的な美しさや立派さが失われているのではないか、という懐疑の念が膨らみ始めていたのだ。同時に、敗戦直後の厳しい経済からは脱して、潤沢な予算で続々と建設される建築に、表層的な豪華さや刹那的な危うさを読み取っていたのだろう。そして、それらの集積である都市が、本来もつべき公共性への視点をもつ利他的なものとしてではなく、自己利益の拡大へと突き進んでいるのではないか、という根本的な疑問を抱かざるをえなかったのだ。だからこそ、蛇の目ミシン本社ビルでは、同社の信頼を得て、街角を占める建築の「社会的な責任」を果たそうとしたのだと思う。
それでは、前川がこのように苛立っていた一九六〇年代には、どのような都市の風景が広がっていたのだろうか。一九六四年の東京オリンピックをめぐって、評論家の上野昂志は、著書『戦後六〇年』の中で次のような指摘を行っている。

「東京オリンピックは、何もかもひっくるめて一兆円かかったという。一兆円というのは、当時の国家予算と同じだが、（…）大部分は、東海道新幹線や道路、地下鉄、上下水道やゴミ焼却施設、さらにホテルやNHK放送センターなどの建設に当てられたのである。（…）東京という街が、いつでも「普請中」なのは、明治以来の習いではあるが、それにしても、わずか四、五年の間にこれだけの工事が行われれば、街中がほじくり返されたようになるのも無理からぬところだろう。それによって、東京の風景が一変すると同時に、オリンピックを招致して都市の再開発をするという方式が、開発途上国の一つのパターンになったのである。（…）東京オリンピックがもたらした最大のものは、東京という都市そのものの歴史からの切断と、新たな遠近の力学による東京一極集中の本格化という事態である。[39]」

この著書は二〇〇五年の発行であり、当時を相対化できているからこそ、それがもたらした「歴史からの切断」と「東京一極集中の本格化」という事態をつかみえているのだろう。上野の指摘は、戦後の建築界に、それまで経験したことのない構造的な変化が起きていたことを示唆している。ちなみに、統計資料にもとづいた当時の分析[40]によれば、戦前の日本の年間の建設投資量は、国民総生産（GNP）の九％前後だったが、一九六三年には二二％弱に達し、国民経済における比重をきわめて重いものにしていた。そのため、「建築工事量の増大、工事規模の拡大と高度化、生産資源の不足、建築費の値上り」に対して、建築生産の現場では、「工業化」が急速に進み、「手工業的生産から機械性生産への移行」が起こっていた。しかも、一九六六年版の『建設白書』によれば、東京オリンピックの前年の昭和「三十八年を境として、非木造の占める割合が木造の割合をこえ[41]」、日本は木造文化の国ではなくなる時代へと質的な構造転換を遂げていたのだ。当時のすさまじい建設投資額の増大と、木造からコンクリートへ、手仕事から機械生産へ、の転換の推移については、二つの統計グラフが明快に示している。

一方、その同じ一九六四年に、前川は「文明について」と題するインタビュー談話の中で、「われわれは今日も先を争って工業化に奔走している。そのことが、人間の真の幸福とどのように結びつくのか、ということを、くりかえし考えてみる必要がありはしないか」と述べた上で、広く歴史を見通した文明論のかたちで、次のように指摘していた。

「私が思い起すのは、フランス革命のころの無政府主義者たちの考え方です。彼らは、〝国家〟よりむしろ〝社会〟に、〝資本の利潤〟よりはむしろ〝人間的必要〟に重点をおいた。(…)あの時代に〝権力国家〟に対して〝人間社会〟をおきかえ、〝資本の恣意〟に対して〝人間の必要〟をおきかえようとした無政府主義の存在した事実に私は多大の共感をもつ。

今日、資本はますます結集されて国家資本、国際資本とその強大さをまし、国家権力は官僚機構を強化してゆく。洋の東西を問わず、一貫した楽観主義的な工業化がわれわれの生活を非人間化し、近代建築の〝使命感〟をひずめ、〝初心〟を曇らしている、と私は考えざるをえない。こう考えてくるとき、近代社会の揺籃期にすでにこの点を予見した無政府主義のあったこと、あの基礎的な考え方が、非常に人間的なひびきをもって思い出されるのです。[42]」

ここで前川は、高度経済成長の背後に、それを突き動かしている資本主義そのものの持つ危うさを見て取り、改めて若い頃に読んだクロポトキンらが唱えた無政府主義の「人間的なひびき」への共感を口にする。そして、目の前で始まろうとする東京オリンピックが呼び込んだ都市の再開発によって建設ラッシュが続く中、やみくもに進む工業化

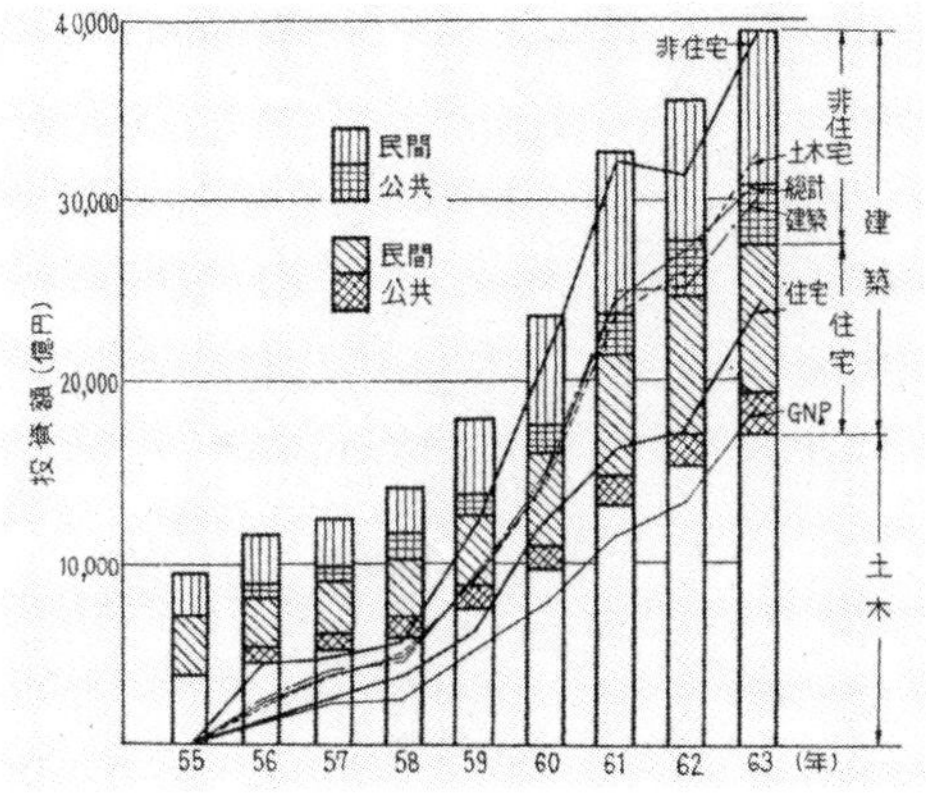

建設投資額の内訳　『国際建築』1965年8月号より転載

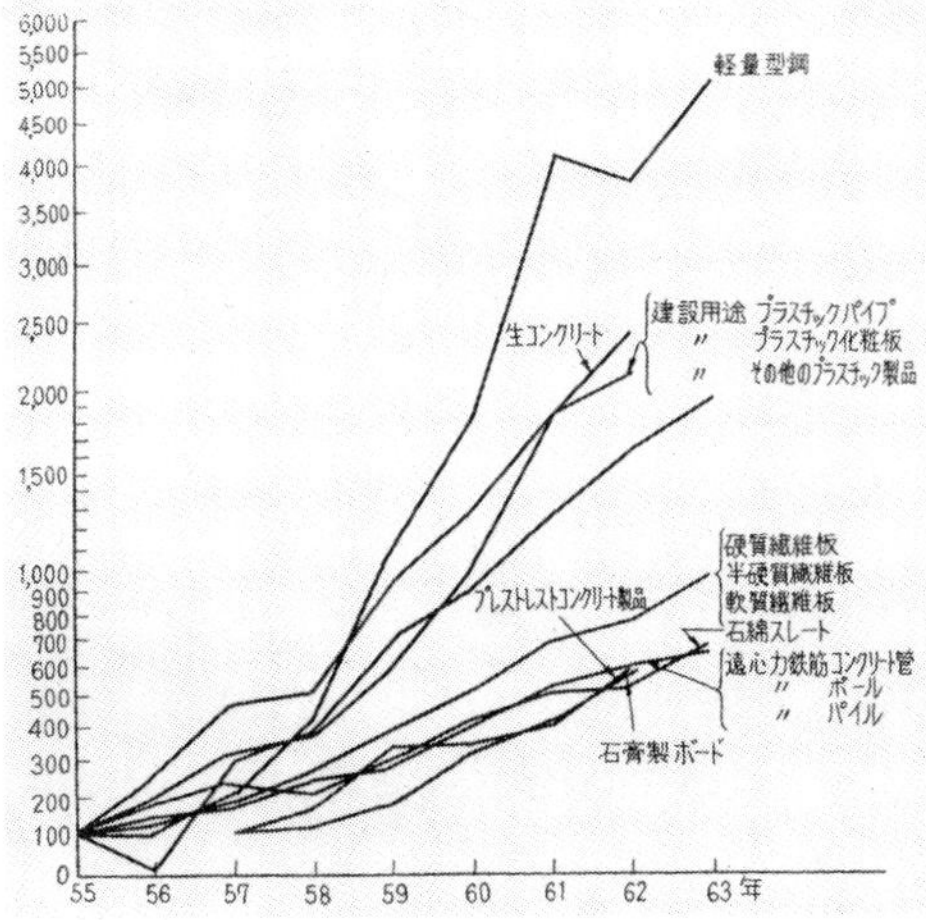

新材料の生産量の増加　同上

が、果たして「人間の真の幸福」へとつながっているのか、と問おうとしたのだ。だが、時代は、この前川の問いかけを無視するかのようにして、経済成長へと突き進んでいた。建築史家の村松貞次郎は、一九六六年の日本建築家協会の「設計受注をめぐる問題点」と題したシンポジウムの終了後に、前川がふと口にしたつぶやきを紹介している。

「「だけどなあ、村松よ、人類の運命はどうなるんだろう」。前川国男はきくともなしにつぶやくようにいった。暗いバーの一隅である。ゴリラのような肉体に、おそらく現代日本の建築家の中で最高級の叡智を宿しているこの巨人の横顔は、心なしか淋しそうであった。[43]」

だが、こう記した村松自身も、『新建築』一九六六年六月号から、「建築・明治百年」という連載を小能林宏城と共にスタートさせ、その中で「西欧文明そのものが反省期に到達しているのは事実のようだ」と記し、「西欧をモデルにして近代化を進めてきた日本」も「重大な転機に、いやおうなく立たされた」と指摘している。[44] 一方、小能林は、前川の苦悩を共有していたのか、同号の巻頭に「理念の喪失」と題する文章を書き留めていた。

「数年前から、私は、建築家や都市計画家がなにか大きなもの、なにか大切なものを忘れているのではないか、ということが気にかかってしかたがない。（…）ひと口にいうと、それは近代の建築家が保持していなくてはならぬ理念であり、矜持である。（…）それでは今日、建築家や都市計画家が喪失した理念とは、いったいなんであろうか。それは、抽象的・概括的にいうと、近代社会の理念であるところのデモクラシイに根ざす社会的意識であり、それを実践してゆく基本的態度である。（…）民主主義に根ざした社会を職能的実践を通じて築きあげてゆくことであり、さらによりよき社会を目ざして社会を変革してゆくことなのである。[45]」

小能林も、前川の眼差しと重なるように、理念と矜持を喪失し、社会変革を目指す実践が見えない建築界の現状に苛立ちと焦りを覚えていた。

百花繚乱の建築界と建築家像のゆらぎの中で

おりしも、埼玉会館が竣工したその同じ一九六六年に、日本建築学会は、創立八〇周年を記念した展覧会「日本近代建築展——建築百年の歩み」を開催している。『建築雑誌』に掲載された報告記事の中の開催趣旨には、こう綴られている。

「明治百年が近づいた。近代日本の建築のあゆみも一世紀をこえ、日本建築学会は創立八〇周年をむかえる。この機会に、過ぎ来し方をかえりみ、あわせて日本建築の未来を想うための展示をここに行なう。（…）歴史は問いかけるものに答える。現代に生き、ここより出発して未来へ向おうとするわれわれは、又、現代に先行するものとしての過去に深い関心をもつ。（…）おのおの方が自らの歴史を編み、その中からあらたなる前進の智恵と勇気を育てあげられんことを願う。[46]」

こうした文面からも、敗戦から約二〇年が経ち、高度経済成長下の建設ラッシュが続く中で、一九六八年の明治維新から百年という節目を目前に、近代建築百年の歴史を振り返ろうとする気運が起こっていたことが読み取れる。この展覧会を担当した小委員会の委員長で、前川とほぼ同世代で、大成建設の技師を経て一九六五年から日本大学教授となっていた清水一は、同じ誌面で、展示の感想を記している。

「この一世紀間、近代建築に関するかぎり、日本人は幼年期からいきなり成年期にまで成長するという芸当をやってのけた。結果は現在見るような百花繚乱の姿だが、ここに達するまでにはいかにも育ちざかりの若者らしい迷いや彷徨をくりかえし、無我夢中で西洋にすがったり、逆に伝統というものについて考えこんだり、そんなことをしながらすこしずつ伸長してきた。この展覧会を見るとその姿がいかにもはっきりとわかり、その点特に私にとっては面白く感じられる。」

ここで清水が指摘しているように、明治から太平洋戦争までの展示では、「新しきものの導入」と「伝統の認識」の二点を「特に注視」して紹介された。だが、敗戦から成年期に成長した「結果は現在見るような百花繚乱の姿」を呈していたのだ。そして、展示パネルの最後には、次のような解説文が記されたのである。

「一九六〇年、人工衛星がはじめて宇宙を飛ぶ。日本には安保闘争がおこる。未来の歴史家は、ここにピリオドを打つだろう。だが、日本の現代建築は、ある苦渋を抱きここを過ぎる。よき作品の数は多い。それらを支える技術水準は高く、経済成長も著しい。だが、この頃の作風に類型化が見られる。それは進歩・発展の普遍化がもたらした、高水準での平均化作用であろうか。

人びとはさらに前進しようとしている。ある者は現代を混沌《カオス》と観じ、自己の主体性を再確認しようとする。また、妥協せず組織と個の対決を試みる。

これより先は、さまざまな動きを示す。歴史は今、さらに書きつづけられている。」

この解説文からも、一九六〇年代の「現代建築」が「類型化」に陥っていたことがわかる。実は、興味深いことに、「百花繚乱」と評した清水は、偶然にも、一九六六年度の日本建築学会作品賞の審査委員会部会長を務めており、この感想には、候補となった史上最多の三七点に上る建築作品の与える印象が大きく影響したのだろう。そのことは、主な候補を挙げるだけでも容易に想像できる。神奈川県庁舎／坂倉準三、千代田生命本社ビル／村野藤吾、パレスサイド・ビルディング／塚本猛次・林昌二、都城市民会館／菊竹清訓、山梨文化会館／丹下健三、香川県文化会館／大江宏、津山文化センター／川島甲士・木村俊彦、国立劇場／竹中工務店岩本博行、大阪府総合青少年野外活動センター／大阪府営繕課・坂倉準三建築研究所、国立京都国際会館／大谷幸夫、埼玉会館／前川國男、国際ビル（帝国劇場）／阿倍建築事務所・谷口吉郎、ソニービル／芦原義信、大分県立大分図書館／磯崎新など、幅広い作風の個性的な建築が目白押しだった。そして、この中から受賞作に選ばれたのが、大分県立大分図書館と大阪府総合青少年野外活動センターである(47)。

前者の磯崎新は、この時三十五歳。しかも、この図書館は、続いて一九六八年度の建築年鑑賞も受賞し、時代の転換点を象徴する。建築評論家の藤井正一郎による選評には、学会賞候補であった前川の埼玉会館との比較が、次のように記されていた。

「わたしは最後の投票まで、埼玉会館と大分県立大分図書館という全く異質な二つの建物に心をひかれていた。

前者は、ヨーロッパ的広場の空間に触発されながら、建築の外部空間と内部空間とのみごとな関係を設定することに成功し、そこを訪れる者に静かなやすらぎの気分を与えてくれるのである。そしてそのやすらぎは、その建物の設計者のこれまでの苦闘を経た後での大成の心情を反映するものであるかのようである。（…）それは、いうなれば、古典的やすらぎであったのかもしれない。

そのようなわけで、わたしは埼玉会館に心ひかれながら、心のどこかでふくらんでくる不満を同時に覚えていた。そしてその不満に賭ける意味もあって、大分図書館の不完全な「美」に一票を投じたのである(48)。」

そして藤井は、続いて磯崎の建築に対して、次のような視点から評価を下していく。

「現代建築のうえに新しいページが開かれつつあることを予感させる。コンクリートはコンクリートらしく、木は木らしく、アルミはアルミらしくという近代建築の規範が、わたしたちの潜在的な固定観念になりかかっていたことへの一つの衝撃である。」

ここで注目したいのは、「現代建築」いう言葉に託された意味である。藤井は、磯崎の建築に、「らしさ」を身上とする「近代建築」の固定観念を打ち破る「現代建築」の出現を見ようとしている。この言葉の意識的な使い分けは、何を意味するのだろうか。そこで起きていたのは、近代建築の硬直化と変質に伴う共通目標の喪失と、歴史の切断という事態だったのだろう。すなわち、膨大な建設ラッシュによる戦後建築界の構造的転換の中で、前川がル・コルビュジエから学んだ近代建築の理念と方法を、誰もが共有できる普遍性をもち、日本の気候風土に適合するものへ育て上げていこうとした道筋が見失われ、形骸化した近代建築の新たな突破口を、現代建築というまったく次元の異なる前衛性に求め始めたのではないだろうか。大分図書館の学会賞の推薦理由に記された「ユニークな新鮮な取扱が密度高くされた建築の一つとして高く評価できる」という言葉がそのことを象徴する。

第一回日本建築学会大賞を受賞して

だが、このように、近代建築の理念や矜持が共有されることなく、現代建築の可能性が語られていく中で、一九六八年、前川は「近代建築の発展への貢献」を受賞理由に、この年に新たに創設された栄えある第一回日本建築学会大賞の受賞者に選ばれたのである。その推薦の言葉には、次のように記されていた。

「前川君の幾多の作品は、数を重ねるごとに新たな問題の解決と手法の開発とによって、造形芸術として建築の質的向上を示しており、わが国の近代建築がきびしい諸条件のなかにあって戦時中の空白を埋め、さらに前進をはかり、近代建築の大道を築かれたあとをふり返るとき着実な作風によって確固たる指標を示した前川君の業績は高く評価されるべきである。[49]」

こう評価されたように、前川には、すでに史上最多となる六度に及ぶ日本建築学会作品賞を受賞した輝かしい業績があった。その意味でも、この受賞は「大賞部会全員一致」にもとづくものだった。しかし、その受賞者の言葉として前川が記したのは、唐突にも、「もうだまっていられない」と題された文章であり、次のような言葉で始まっていた。

「この度はからずも日本建築学会大賞の第一回受賞者として選ばれましたことはまことに身に余る光栄でありますと同時に、「近代建築の発展に貢献」という受賞の理由にいささかとまどいを感じております。つまりかんじんの受賞の対象である「近代建築の発展への貢献」そのものがどうやら怪しくなって来たような現象が私の心を脅やかしているからであります。[50]」

続いて、建築界の状況と人間環境について、指摘を加えていく。

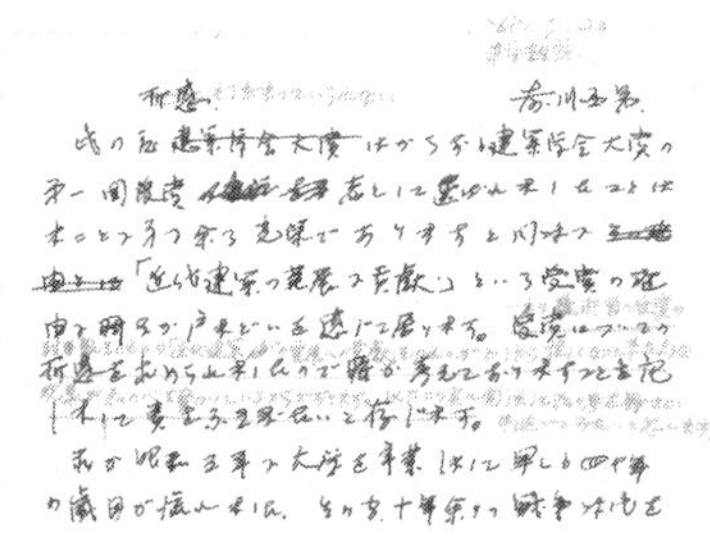

前川國男「もうだまっていられない」『建築雑誌』（1968年10月号）の直筆原稿＊

「戦争による空白にもかかわらずこの間の日本の建築界の進歩発達は目ざましく建築人口の膨張も恐ろしい程の勢であります。

　このようなめざましい建築技術の進歩、建築界の発展は、しかしそれだけ建築がやさしくなったという事を意味していないのであります。逆によい建築の生れることはますますむずかしくなり、人間環境は改善の兆しが見えるどころか悪化の一途を辿っているというのが実情でありましょう。」

　さらに、前川は、その「直接の原因」は、「建築行政、建築施工、建築設計等々の各部門を横に結ぶ、連帯意識の欠如」と、「自由競争を信条とする現代資本主義体制のうちに在る」と記し、「技術」の進歩の陰で「精神」がないがしろにされ、建築教育の現場が、「精神のない、建築家の形骸が建築予備軍として年毎に千単位で建築界に送りこまれている」と指摘する。そして、改めて、次のように呼びかけたのである。

「建築家は社会環境に対しての責任を負わねばならない。（…）建築家はその精神の自由を確保して、時流にも、営利にも権力にも、悪徳にも歪められることなく、刻々のきびしい決断を集積してその建築を築かねばならない職能人だった筈なのです。しかし今日何人の建築家が果して、このような精神の自由をまもり続けているのでしょうか。ルーチン・ワークの反覆に何等の懐疑も、反省もない建築家達か、「個性的」という美名にかくれて最も「非個性」的なハレンチも恥としない建築家達といった両極端に分裂していく兆候が認められないでしょうか。（…）

「時勢がかわったから建築家だって変わるのだ」と事もなげに放言する建築家がいます。「資本主義社会においては建築家だって市場に投げ出された商品にすぎない。」なる程建築家だって変る面もあるかもしれません。しかし建築家が建築家である限りにおいて変らぬ面だってある筈ではありませんか。つまり建築家における自由な立場こそ時勢のうつりかわりにかかわりなく不易の立場として守るべき正念場ではないでしょうか。（…）

　人間における不易なもの、そして建築家において不易なもの、それを守り続ける意気地がなくてどうして人間に生れ建築家を志した効がありますか。」

また、こう記した三日後の一九六八年七月十八日、日本建築家協会の「私の建築観」と題した講演会では、前川はこのように語ったのである。

「二十世紀初頭近代建築家のパイオニア達は折衷主義的な当時の建築環境に対する自由な批判者として登場し、この戦いを積み重ねながら独立した社会的地位を獲得したのであった。

こうしてアカデミズムに対する反逆として出発した近代建築も、誕生以来半世紀そこそこの今日すでに新しいアカデミズムに堕落しつつあるではないか。(…)

こうした事態に対して、今日ふたたび自由な建築家はその自由の名誉を守って新たな戦いをいどむべき大切な勇気をふるい起すべき時期にさしかかっていると思われる。法燈を掲げて苦難のみちを歩む若者は誰だろうか。[51]」

「若者」に向けるように、こう語った前川は、直後の十一月二十九日、日大全共闘の学生たちの招きに応じて、自主講座の講師としてバリケード封鎖中の構内に入り、対話を行っている。またこのとき、前川に講師を依頼した日本大学学生の橋本功は、この出会いが機縁となり、一九七〇年に前川事務所に入所する[52]。おりしも、前川が中心となって、建築家たちの「処士横議の場」として建設された建築家会館が竣工したのは、一九六八年十二月のことだった[53]。

こうして、一九六〇年代に記された言説を中心に振り返ってきたが、そこからは、近代建築の目ざしたものの意味を頑なまでに一人見つめていた前川國男の姿が浮かび上がってくる。

建築家会館 1968 年外観全景　設計／進来廉　写真：© 村井修
『建築』1969 年 3 月号より転載

同上 1 階のクラブ室と前川が常連だったバー　同上
写真：© 村井修

「何も建てない建築家」という逆説の中で

建築家の職能への懐疑から

一九六〇年代の建設ラッシュが続く高度経済成長下に、前川は、自らの求める近代建築を成立させる条件が揺らぐ事態に遭遇し、建築家の職能に対する懐疑を深めつつあった。そんな最中の一九七〇年十一月、日本建築家協会の第一回大会が京都で開催される。ちなみに、当時の会長は前川と東大建築学科の同級生だった市浦健であり、大会実行委員長を前川のもとから独立し、デビュー作の東京経済大学図書館・研究室（一九六八年）で日本建築学会作品賞を受賞したばかりの鬼頭梓が務めた。「建築家の職能——七〇年代の建築家の役割」という統一テーマのもと、「建築家と公害」と題された分科会の討議で、前川は語っている。

「あるひとつの職能が確立する過程を考えてみますと、その職能というのはその発生の当初においては、その職能を取り囲んでいるところの環境に対するレジスタンスとして、抵抗として必ず生まれてきているということがあるんではないかと思います。たとえば、近代建築が二十世紀の初頭に生まれてきましたときに、近代建築のパイオニア達は当時の十九世紀的な折衷主義建築環境に対する抵抗の運動として、それをはじめたのですが、そういったような近代建築の運動というのが、これが半世紀足らずして体制に埋没するといいますか、日常茶飯事といいますか、だれもそれを特別扱いしない日常の当り前のこととして考えるようになりますと、これがそのまま体制に埋没しまして、今日われわれの周囲を取り囲んでいる建築的環境というようなものを作りだしているというような考えを、私は持たざるを得ない。今日において新しい職能の確立ということは、今日的な建築の環境に対する抵抗でなければならないというのが私の基本的な考え方でございます。[54]」

前川が訴えたのは、ル・コルビュジエら近代建築の先駆者たちがそうであったように、建築家の職能の確立は「今日的な建築の環境に対する抵抗でなければならない」という建築家の社会的使命に対する自覚の大切さである。前川は続いて言う。

「なぜ建築家が自由な立場でなきゃならんかというようなことは、つまりそういう抵抗の姿勢をとる必要上、絶対に必要欠くべからざる基本的な姿勢ではないかと、かように考えるわけです。」

前川は、目の前の建築的環境に対する「抵抗の姿勢」を堅持するためにも、建築家は「自由な立場」を守らなければならないと問いかけたのである。このことについては、一九六八年に日本建築家協会で行われた誌上座談会でも、次のように語っていた。

「いま建築家協会にいる建築家といわれている人たちのうち、果してどれだけ自由の立場を確保しているかという問題に立返らざるをえないわけです。（…）それじゃあ、根底をゆさぶられている原因は、一体どこにあるのか？ ひらたく云えば今日の産業社会を育てて来た経済第一主義というた社会原理でありましょう。この共同の敵にいろいろな意味においてわれわれが協力してたちむかっていくところに、新しい建築界の連帯感が生れて来なければならないと、ぼくはかねがね考えているのです。[55]」

こうした動機から、前川は、建築家の「自由な立場」を守るために、「建築界の連帯感」の必要性を訴え続けたのだ。また、そうした背景に「建築教育における技術偏重」という、より根本的な問題が横たわっていることも認識していた。一九六九年のインタビューにおける発言が残されている。

「日本の教育で、一番問題点は、明治以来先進国に追いつき追いこせという富国強兵の目的をかかげた技術の教育に終始し、西欧技術を生みだした精神的背景については殆んど何も教えず、工学はもとより、法律や経済においても、それを技術として教えたということにあると思う。建築教育においても、佐野さんの教育に象徴されるように、技術教育に偏向していたということがいえる。建築というものはもともと人間が使い、人間が住むためのエンバイロメントをつくるという技術であるので、人間の精神の問題を素通りすることは本来できないものであったにも拘らず、日本の建築教育が技術教育一辺倒に固ってしまったために、今日社会のあらゆる分野の建築技術者が「建築」そのものについての統一的イメージをもつことができないので、お互いに足をひっぱり手をひっぱるという悲惨な状況を現出しているのだと思う[56]。」

ここで戦時下に絶大な影響力をもっていた構造学者の佐野利器を名指ししているように、前川には、戦前から続く日本の建築教育をめぐる精神不在の問題に気づいていたのである。それは、たとえば、教育社会学者の苅谷剛彦が『追いついた近代、消えた近代』[57]という二〇一九年の著書の書名に込めた通り、日本の近代が、果たして、一九一一年に夏目漱石が記した「内発的」[58]なものとしてあったのか、というより本質的な問いを引き寄せる。しかし、高度経済成長下の日本は、前川の切実な問いを置き去りにするかのように、「経済第一主義」のもとで建設と開発へと突き進み、一九六八年に国民総生産（GDP）が西ドイツを抜いてアメリカに次ぐ世界第二位となる一方で、水俣病や四日市喘息《ぜんそく》、光化学スモッグなど、公害と環境問題が次々に顕在化し、一九七一年には環境庁も発足する。

一九七二年の夏、こうした時代の推移から催されたのだろう。同じく日本建築家協会の主催で、「建築はどうなる」と題された、槇文彦との公開対談が行われる。その場で前川は、より切実に「現代文明は「一巻の終わり」ではないか」と問いかけ、現代建築の抱える困難について、語りかけたのである。

「われわれの日々の生活、日々の人生というものが、なんか途中で中絶されたような感じ、未完成の感じというものを免れない。だからこそ人は、何か手ごたえのあるものに、自分の人生の足跡を残したい。つまり芸術というようなものは、そういったような人間の気持から作られてきたものではないかと考えるわけです。（…）現代の社会になると、その様な、「モノの手応え」をたよりにして創造される芸術が非常に衰えてきているということがいえるんじゃないかと思うんです。（…）今日の建築家は「材料」の「手応え」どころか、設計する作業一つとってみても、「手ごたえ」というものを失いつつあるというようなことを、私は痛感するんですが、次から次と出てくるものを取捨選択して、ものを捨てていく。そして、いわゆる〝消費は美徳である〟というようなキャッチフレーズが横行するような時代になってしまったわけです[59]。」

こう述べた上で、建築をつくることとの功罪について、疑問を提示していく。

「遺憾なことに、建築環境、人間環境というものが、日に日にいい方に向いているとはちっとも思えない。われわれが仕事をすればするほど、環境が悪くなっていくような、そういうジレンマに陥っているような気がするんです。」

建築を建てること自体が環境を悪くしているのではないか、と問いかけたのだ。そして、そのような時代の趨勢の中で、建築家という職能が陥っている危機的な状況について、意見を述べる。

「いちばん重大な問題というのは、つまり、建築家がなぜこの建物を建てるか。また、何を建てるかという決定の問題、つまり「これを建ててくれ」「はあ、そうですか」という一方的な、おかかえ大工的な態度と姿勢というのは、もはやまずいのではないかという時期にきているんだと私は思うんです。」

こう述べた上で、たまたま目にした海外のデザイン雑誌*Mobilia*の記事に触れながら、次のように指摘したのである。

「デンマークの、「モビリア」という雑誌がありますが、あれをめくっていましたら、〝何を、なぜ、デザインするか〟 What and Why? という（…）文章が目についたんですが、（…）身につまされることが書いてあった。今、ビッグ・インダストリーに働いているデザイナーは、（…）軍隊にいる若者みたいなものだ。軍隊にいる若者はある意味において非常に安泰である。つまり、雨露をしのぐ兵営というものは与えられる。食べ物はカロリーをちゃんと整ったものを与えられる。そして、デシジョンというのは自分でする必要はない。ほかのところで、だれかのやるデシジョンに従えばいいんだ。（…）非常に示唆的な文章だったと、私は記憶しているんです。」

そして、前川は、建築家が置かれている状況の変質についても語っている。

「今考えてみると恥かしいんですが、とにかく、ある建物の企画があると、どうせ建てるんなら、あの連中がやるよりは、おれがやったほうがいいんだという、非常にエゴイスティックな思い上がった、生活態度を取り続けてきたという記憶があるんですが、これはどうもまずかったと痛感するわけです。

建築家という、職能を持った人が、いったいこれからどうやって生きていくのか。（…）制度としての建築家というのは、十八、九世紀の資本主義社会の発生とともにその社会の要請から生れて来たものですが、（…）まだ矛盾なく発展を続ける段階においては、制度としての建築家というものは、資本主義社会の要請にこたえるようなものを、右から左とこれをさばいて、（…）スムースに社会が運行した時期があったと思うんですが、（…）われわれの社会が退廃してくると、どうもそうばかりはまいらんということが起ってくるわけで、その建築家の中に、自分たちはいったいこういうことをやっていていいのかなという反省が当然起ってくるはずだと思うんです。」

さらに、前川は、「建築家というのは常にオーナーでなくて、ユーザーの立場にたってものを考えるべきだということを、痛感している」と述べた上で、会場からの、恵まれた立場にいる「大家」として建築家の職能確立を訴えてほしい、との質問に答えるかたちで、自らの事務所経営に触れながら、建築家が抱える今日的なジレンマを語り始める。

「あなたは非常に誤解をしている点が一つある。私が功成り遂げて、だまっていても仕事がくると考えておられるようだけれども、それはとんでもない誤解です。（…）私は、これが最後か、これが最後かと思い続けて三五年、事務所をやってきているのです。今だにそれが続いている。（…）資本主義社会における建築家の立場が、ほんとうに危機に瀕しているということは、あなた方よりむしろぼくのほうが激しいと思うんです。（…）この狭い国にこれだけ建築家がひしめいている。みなそれぞれにチャンスがあるものと、率直に言って幻想にとらわれて、毎日一生けん命やっているわけです。この状況は一体どういうことなんであるかということを、時々私は考えさせられているわけです。（…）やらなければ食えないんだと、食えなければ野たれ死より仕方がないんだ、だとしたら目をつぶってそういう仕事もやらなければならないんだという御質問だと思うのですが。

だけれども、建築家としてやっていけない、自立のステータスが保てなくなったら、やめるよりしようがないんじゃないかしら。」

厳しい競争社会のもとで、設計事務所の経営がままならない中で、それでも、建築家としての矜持を守ることの意味を噛み締めようとする。そして最後に、前川は、思わず、こう口にしたのである。

「私は、今日ある意味で一番えらい建築家というのは、何も建てない建築家だと、そういう逆説の成り立つそういう時代じゃないかと時々思います。」

これは、建築をつくることの原罪性を問おうとする、建築家としての自己否定に等しい発言だった。前川は何を見つめていたのだろうか。実は、この発言の背景には、あるコンペの審査をめぐる手痛い挫折の経験があった。

箱根国際観光センター公開コンペにおける挫折

それが、この対談の前年の一九七一年に最終的な審査結果が発表された箱根国際観光センターの公開コンペである。このコンペは、運輸省大臣官房観光部からの依頼を受けた設計競技業務受託共同体（日本建築家協会・日本建築学会・日

本建築士連合会）が主催し、一段階目の公開コンペ（一九六九年十月—一九七〇年二月）と、それによって選ばれた四者による名前を伏せたままの指名コンペ（一九七〇年八月—一九七一年三月）からなる二段階方式で行われた。建設予定地は、国立公園の箱根芦ノ湖の南端に位置する畑引山という芦ノ湖と富士山を望む景勝地である。そこに、国際会議、展示、研修、観光客の休憩などに利用される延べ約二万平方メートル、工事費三〇億円程度の施設を建設する計画だった。前川國男が審査会の会長を務め、建築系の審査員として、前川が信頼を寄せる四人の建築家、大江宏、大谷幸夫、白井晟一、吉村順三が名を連ねた。募集要項には、「地形の変更、樹木の伐採は最小限にとどめるよう留意する必要がある」と明記され、応募設計図書として、五〇〇分の一の一般図、二〇分の一の断面詳細図の他に、「「人工と自然」についての設計者の思想をとくに重視する」と但し書きされた「設計要旨」（三千字以内）と「敷地全体計画要旨」（千字以内）など長文の説明書の提出が求められた。(60) 募集要項の「まえがき」には、運輸省大臣官房観光部名で、コンペの趣旨が次のように謳われていた。

「現代の都市化にもとづく容赦もない「自然破壊」が、ようやく重大な社会問題としてわれわれの関心をひいている。人間による「自然」の破壊は文明社会の宿命として基本的には避けがたいことであるが、その過程のなかで人間による新しい「自然」の創造こそが、「自然」の部分としての人間に当然求められる責任であろう。その責任に対する自覚も努力もないところには、おそるべき人間自体の頽廃が待ちかまえている。人間による「自然」の「経済開発」には、必ずこれに平行して「自然」の「人間的復権」が必要となるゆえんである。

われわれがこの観点にたって本センターの建設計画にきわめて慎重にのぞみたいと願うのは、この計画が今後の日本国土の諸開発事業の指標となってほしいと思うからである。

以上の理由からわれわれは在来の設計競技の枠をこえて、設計条件および工事費は大綱を示す参考基準とするにとどめ、まず公開企画設計競技を行なって応募建築家各位の深い思索の開花を期待する次第である。(61)」

こうした文章からも、このコンペには、どこか屈折した当時の時代状況が陰を落としていることが読み取れる。急激な都市化と国土開発による「自然破壊」を問題視する一方で、この巨大な建設計画が「自然破壊」を免れることができるのか。また、それが「今後の日本国土の諸開発事業の指標」となりうるのか。そして、そのための「深い思索の開花を期待する」とは何を意味するのか。きわめて不透

明で説明不足の一方的なコンペの開催趣旨になっている。しかも、設計者と施工者の分離という原則を厳格に守るべく、選ばれた「担当建築家が建設業者に所属する場合は所属業者との身分の分離を必要とする」と明記された。この条件設定については、「公的な建築である場合、建築家はあくまで「公正」な第三者であるべき」とする、審査会長の前川國男名による「私の考え」と題する声明書も公表されたが、建設業協会から反対の声が挙がっていた[62]。前川は、中立的で自由な立場にいるはずの建築家の応募案の中から、最善の案を選び出したいと考えたに違いない。また、だからこそ、一九六九年十二月十五日付で公表された、前川によるものと思われる質疑応答書の前文で、次のような期待を書き記したのだろう。

「日本の工業化の進行に伴う「自然破壊」が、単に美しい自然の直接的な破壊に止まらず、その環境に抱擁された人間そのものの頽廃につながるという意味において、重大な社会問題となりつつあることは、本設計競技要項の前文に述べられた通りである。

この事実から、今日まで日本の環境創造の直接担当者としての建築家の責任及び関係法規並びに諸制度の不備が問われているものと考えざるを得ない。われわれは、既成の建築家の姿勢を以ってしては、もはやこの重大課題との対決は絶望であるという認識に立って、自由な立場に立つ建築家本来の主体性に基づいた積極果敢、しかも充分に説得力をもった提案を期待するものである[63]。」

だが、実際にふたを開けてみれば、応募総数三九〇点の中から最優秀に選ばれたのは、大手建設会社に所属する村瀬夘市（竹中工務店名古屋支店設計課長）の計画案であり、指名コンペに残った他の三者も、横山誠一（安井建築設計事務所大阪事務所設計部長）、藤堂隆（大林組東京本社設計主査）、山下司（工学院大学助教授）の独立した建築家ではなかった。おそらく、審査会長の前川が自ら執筆したのだろう、審査結果の経過報告[64]では、第一段階の「企画設計競技」を実施した理由について、改めて付け加えられている。

「建設予定地が、重要な国立公園の一部に属する箱根・芦ノ湖畔の畑引山であるという点から、先ず、いかなる建築面積の建築物を畑引山のいかなる地点に、どの様に建築すべきかという諸点について建築家の基本的な考えを求めたいということでありました。」

そして、続く審査評に至っては、長文の説明がされていく。

「募集要項の中で、われわれは、特に「自然と人工」に関する建築家の深い思索に期待する旨を強調しました。申すまでもなく、近年漸く高まる世論の焦点に絞られた「環境

破壊」の問題について、人間環境の責任者として建築家の考えを先ず確認することが必要と考えたためです。

四〇〇に近い多数の応募者の計画案は、大きく見て、これを二つの型に分類することが出来ます。ひとつは、近代建築に対する無邪気とさえ思われる信頼と自信を持って、畑引山の頂点（山の頂点は、水際と共に「弱い自然」に属するといわれます。）を無残に剝ぎとって、そこに建築の「威容」を誇示しようという種類の計画であり、応募案の大多数はこの部類に属していました。他のひとつは逆に、ただひたすらに自己の姿を自然の中に埋没隠蔽することによって「自然」との和解を計ろうという種類の計画案でありました。」

こう記した上で、「結論から申せば、この二つの態度とも、我々は再生し難いと思います」と断じたのである。続いて、次のような考えが提示される。

「廃墟となって土に還るまで永遠の価値を保ちつづける古代・中世の建築と反対に、何の支障もなく無疵のままに立ちながら、経済的耐用年限の終末を迎えてその価値を喪失する近代建築とは、根本的に、その素材、構法、労力に於て異質であります。石とか土とかを素材として、人力を唯一の頼りとして築き上げられ、いやでも「自然」に溶け込まざるを得なかった古代・中世の建築とは、根本的に出生の素地を異にする近代建築は、もともと自然との決定的な対立をその宿命として背負っています。しかも、今日我々は、もはやこの近代建築を捨てて古代・中世に還るわけにはいかないとすれば、「自然」の裡に姿をくらますことは出来ません。」

そして、現代建築の果たすべき使命について、指摘したのである。

「私達には、現代建築が「自然」と対立するものであることを前提としながら、しかもなお両者のかかわりあいを探求することによって、新たな「環境」を創造して行く以外に途はありますまい。」

これまで見てきたことから判断して、この文章が前川の執筆であることはほぼ間違いない。ここで前川が掲げたのは、「石とか土とかを素材」とする「古代・中世の建築」とは「出生の素地」が異なり、「自然との決定的な対立」を「宿命」として背負っている「近代建築」は、どうすれば好ましい新たな「環境」を創造する「現代建築」へ脱皮することができるのか、という問いだった。前川は、自らにとって切実に思えるこの問いに応えてくれる設計案と建築家の出現を切望したに違いない。だが、その思いは空回りして、しかも、入選案についてさえ、「箱根につくる会議場を何故これほど、閉鎖的に作ろうとするのか理解に苦

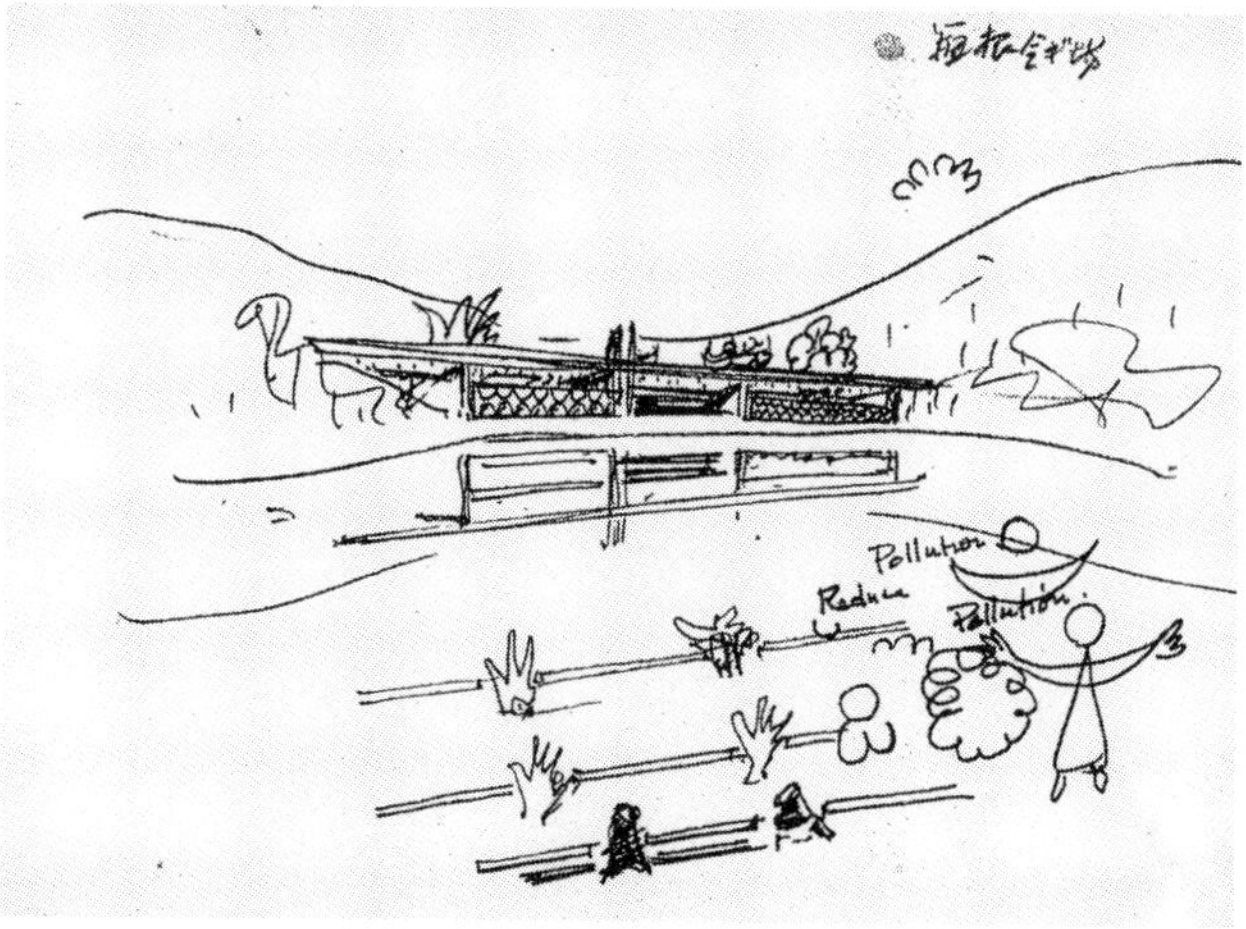

箱根国際観光センター　前川の直筆スケッチ＊

しみます」と疑問を記すなど、宙ぶらりんの評価のまま、このコンペは失敗に終わる。

そして、審査結果の公表から半年後の一九七一年九月、この建設計画の事業主体である運輸省の「外務省国際会議場及び民間施設等多数が整備された現状から」、国が「建設費全額を負担することを認めることは困難」という政治的判断と、それを受けた神奈川県の「建設費に県費を支出することは出来ない」とする回答により、建設計画そのものが「断念」され、あっけなく「中止」されてしまうのである。[65]

先に触れた一九七二年の槇文彦との対談では、建設計画が頓挫した後の後日談として、話がしやすかったのだろう。会場から、この箱根のコンペにおいて、どのような考えからコンペに踏み切ったのか、と質問された前川は、次のように語り始める。

「いろいろな問題を起こしてしまった箱根のコンペですが、結局私は、最初に審査委員長を引き受けてくれといわれたときに現場を見せてくれといったわけです。現場を見ましたところが、どうもここは建てないほうがいいんじゃないかという感じを非常に強く持ったんです。ところがいろいろな事情を聞いてみますと、（…）コンペはどうしてもやらなきゃならんという話があったわけです。（…）やるならば、ぼくらがやったほうが、少くともほかの人がやるよりはうまくいくだろうという。すけべ根性もありまして、引き受けることに踏み切ったというのが真相なわけです。」

これに対し、同じ質問者が、「最後まで、建築家協会のコンペの審査委員会として、建てることは反対だというこ

とは、表明しなかったわけですね」とさらに詰め寄ると、前川は、素直にそれを認めた上で、「建築家はそれじゃいかんのだ。いけないときにはいけないといって、最後まで反対運動というか、そういうものに踏み切るべきだったと思います」と反省の弁を口にしたのである。

こうして振り返るとき、箱根コンペをめぐる不透明な経緯と屈折を含んだ前川の文章の真意が浮かび上がって見えてくる。ここに露呈したのは、建築家という職能の果たすべき社会的使命やそれに伴う見識が、建築界ではまったく共有されていない現実の生々しい姿だった。実は、この発言にもあるように、前川は、建設地を見た上で、事務所の所員に検討作業を行わせ、自らの腹案を温めていた。[66]スケッチ・ブックには、前川直筆のスケッチも残る。また、何の目的で作成されたのかは不明だが、前川の手形が捺された色紙のための「自然と人工」のスケッチが、同じスケッチ・ブックには描かれていた。前川がこの箱根のコンペを通して図らずも向き合うことになった建築と自然環境との関係性についての方法論の探求は、続くプロジェクトの中で温められていく。

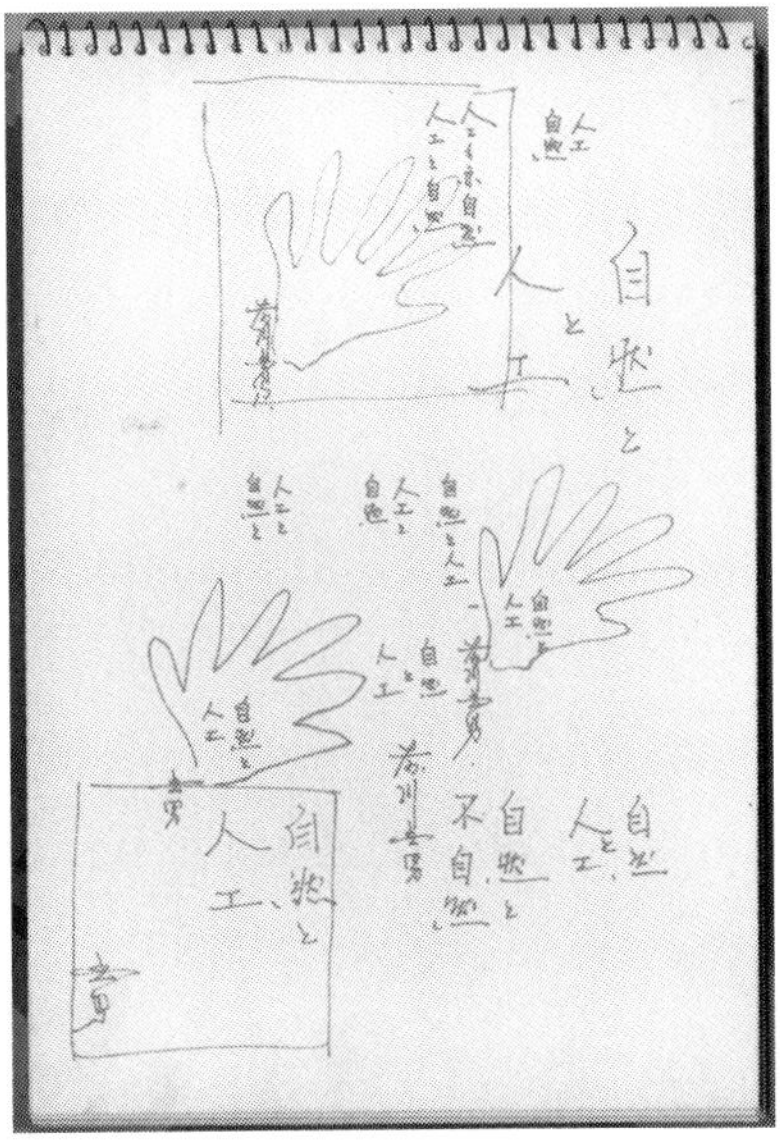
同じスケッチ・ブックに描かれた「自然と人工」の色紙の下書きスケッチ＊

「自然と人工」というテーマと向き合う

埼玉県立博物館における試み

一九六九年から七一年にかけて行われた箱根国際観光センター公開コンペの審査で、手痛い挫折を味わっていた前川が、図らずも、ほぼ同時期に設計を進めていたのが、一九七一年に竣工する埼玉県立博物館である。注目したいのは、箱根コンペに対する自らの検討案のスケッチや審査のテーマとして掲げた「自然と人工」のメモ書きが残る、同じ前川直筆のスケッチ・ブックには、この博物館のスケッチが描かれていたことだ。ちなみに、設計（一九六八年十一月―六九年十月）と建設工事（一九七〇年一月―一九七一年七月）の期間は、偶然にも、そのまま箱根コンペの審査の時期に重なる。また、敷地は、大宮市郊外の大宮公園の一角に位置し、樹齢百年を超える赤松林に囲まれ、春は数千本の桜とツツジが咲き誇り、秋は美しい紅葉に包まれる。四季の変化に富む自然環境に恵まれた場所であり、その点からも箱根コンペとテーマ自体も共通していた。

この施設は、埼玉県百年記念事業により、埼玉県に残された考古・歴史・民俗資料と美術工芸品を収蔵展示する総合博物館として構想された。そのため、延床面積一万九六四平方メートルの中に、歴史展示、美術展示、近代美術展示、特別展示、季節展示に供する約三千平方メートルの展示室と約一四〇〇平方メートルの収蔵庫をもち、二〇〇人収容の講堂や郷土学習室、食堂、屋外展示スペースなどを含む本格的な施設となる。設計にあたって前川とスタッフが何よりも重視したのが、景観との調和というテーマだった。一九六九年七月付の基本設計説明書には、「敷地の性格と配置計画」として、次のような方針が記されている。

「敷地内は松楢そろ等、高さ約一五メートル位の樹木（二百数十本）におおわれており、敷地の南東西側の公園の樹木と連続した一体の景観をなしている。（…）第一にこの美しい景観を破壊しない様、建物を樹木の間を縫って配置し建物の高さを樹木の高さより低くして、樹木の間に全体が溶け込む様なデザインとする。[67]」

　この言葉どおり、配置図からは、敷地内に残る既存の樹木をできるだけ残しつつ、展示室の性格や機能によって全体を複数の棟に分棟化して配置し、エントランス・ロビーを基点に、それらが枝分かれしながら、敷地全体に大きく羽を広げるような、明快な空間構成が読み取れる。また、周囲の自然に溶け込むような、落ち着いた静かなたたずまいの実現が目指されたのだろう、エントランスを敢えて敷地の奥深くに取り、分棟化された箱型の展示室のブロックによって、訪れた人々が、前庭から中庭を通ってごく自然にエントランスへと誘われ、室内へと導かれていく、巧みな演出のア

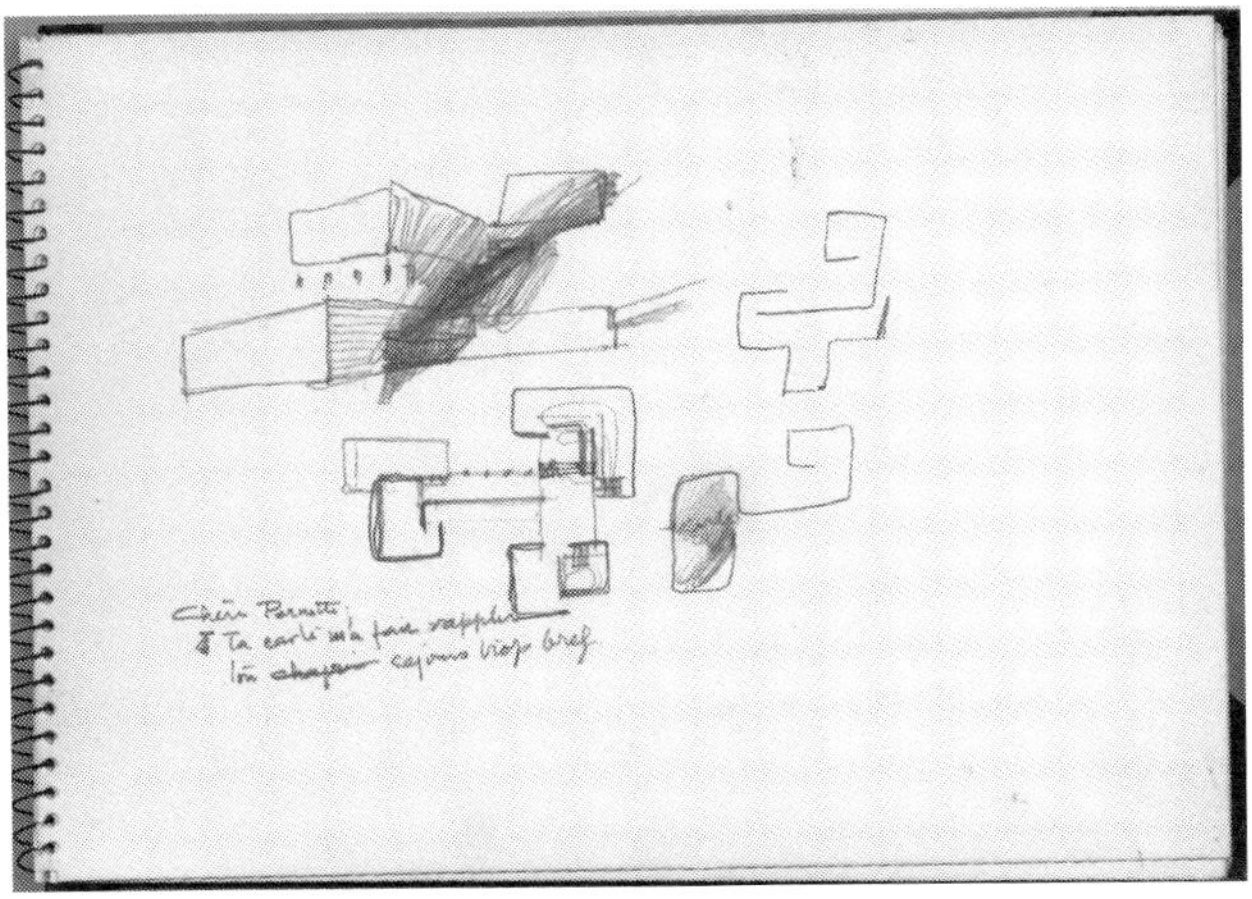

埼玉県立博物館　一筆描きプランのスケッチ＊

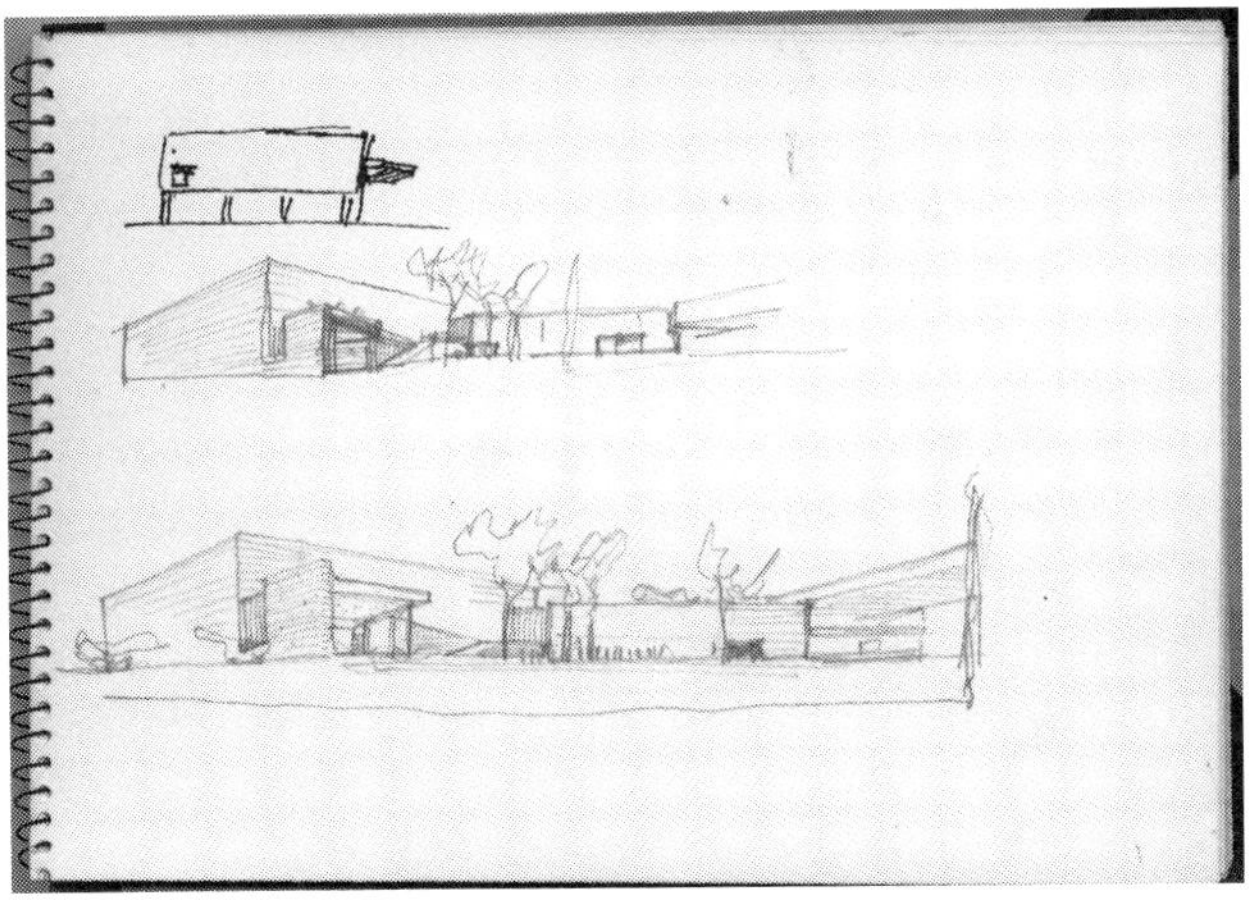

埼玉県立博物館　外観スケッチ＊

プローチ路が生み出されたのである。しかも、周囲の自然環境をより良くすることも意図されたのだろう。配置図記載のリストにもあるように、高さ一五メートルを超えるナラとソロの既存樹三本を移植して残す一方で、欅一九本、黒松六本、椎二本、竹三〇〇本、リューノヒゲとクマザサなどが新たに植えられた。そして、構造体の使い分けにも

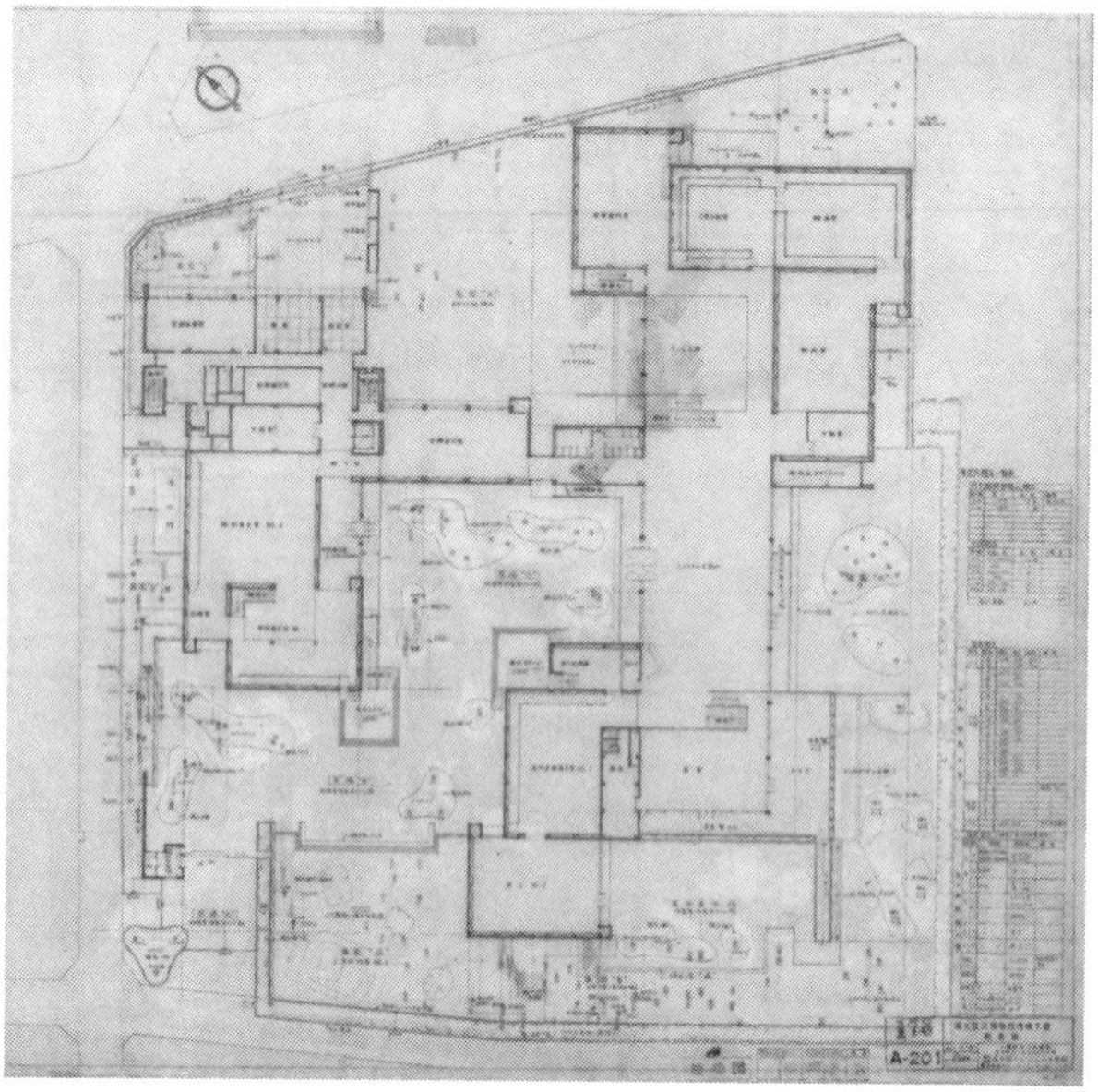

埼玉県立博物館　配置図＊

工夫が施され、事務室棟は一般のラーメン構造だが、展示室棟は梁のない鉄筋コンクリート造のボイドスラブとリブ付きの壁構造、エントランス・ホールは一八メートル×七・二メートルグリッド上に配置された十字形の独立柱とジョイスト梁による壁のない大空間とするなど、それぞれの空間特性に相応しい構造体が採用されていく。さらに、壁構造の展示室の外壁は、長年にわたって技術的な開発を続けて来た炻器質の打込みタイル構法で覆われ、二色の網代貼りの床タイルと共に、そのまま室内へと連続する。同時に、岡山美術館（一九六三年）で試みられたL型の壁が流れるように展開する空間構成の方法も盛り込まれたのだ。一方、エントランス・ホールは、全面ガラスのスチール・サッシュとコンクリート打放しの梁下の天井高が四・八メートルの大架構に覆われた約一三〇〇平方メートルの大空間となり、右手の中二階の食堂や左手奥の地階ホールへと続く吹き抜けとも相俟って、手前の中庭と奥の広場と視覚的にも連続する、伸びやかで象徴的な空間が誕生する。こうして、スケッチ・ブックに描かれた前川直筆のスケッチから読み取れるように、ここには、遠く戦時下の前川國男自邸（一九四二年）のスケッチや在盤谷日本文化会館コンペ案から連綿と温められてきた「一筆描き」のプランと、建物が創り出す「余白」としての外部と内外空間の連続性

という方法の洗練された姿が結実したのである。竣工パンフレットには、前川の次のような言葉が記されている。

「美しい大宮公園の環境にどのような博物館を建てたらよいのか。博物館のこの敷地に於ける「たたずまい」とその建築素材の選定にいささか心胆をくだいたつもりであります。(68)」

　この言葉からも、前川が「たたずまい」と「建築素材の選定」をテーマにしていたことが分かる。竣工直後に行われた浜口隆一との紙上対談でも、前川は語っている。

埼玉県立博物館（1971年）　前庭から中庭を見る

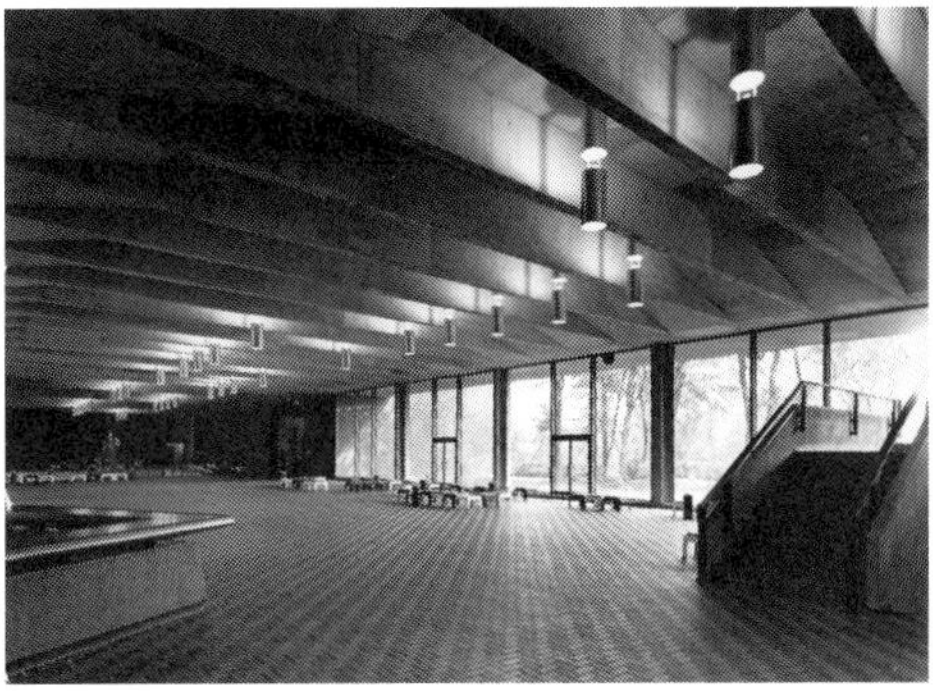

埼玉県立博物館　エントランス・ホール　撮影／畑亮＊

「ぼくは素材を土に限った。つまり陶器タイルというので、全部やったわけです。ガラスと鉄に限ったということは現代の消費文明に対するぼくの姿勢というかそういうことを反映していると取ってほしいと思う。あのタイルは十何年かかって開発したタイルでやっとあそこまできたんですがね。この頃になってあれが全部トンネル窯になっちゃった。あまりにきれいに揃いすぎている。(69)」

　前川は、高度経済成長下に加速した消費社会への抵抗という意味も含めて、最も歴史の長い素朴な建築素材である土と鉄とガラスによって建物全体を形づくろうと考えたのだ。しかし、ここで前川が嘆いたように、大量生産時代の趨勢から、長い時間をかけて開発してきた陶器タイルも、それまでの「石炭ガマ焼成」ではなく、より効率的な「トンネル窯」で焼かれるようになり、直前の紀伊國屋ビルディング（一九六四年）や埼玉会館（一九六六年）の磁器質タイルに見られたような、独特の風合いと質感は薄れ、均質化され始めてしまう。それでも、埼玉県立博物館の炻器質タイルは、「朱泥粘土をベースに、シャモットとマンガンを混入して茶褐色の濃淡数種」を作り、その表面を「ピアノ線切断によるスクラッチ

前川國男自邸（1942年）の一筆描きのスケッチ＊

肌」とすることによって、少しでも豊かな質感を保持しようと工夫されていた。[70] 建築素材ひとつにここまで精力を注ごうとする前川には、何が見えていたのだろうか。竣工パンフレットの冒頭には、唐突にも、およそ「設計者のことば」というタイトルにはそぐわない言葉が記されていた。

「「現代は悲しい時代である。新奇なものをつくることに憂身をやつすばかりで、よりよいものをつくろうとしない。」と嘆いた詩人がありました。

　現代は「使い捨ての時代」であるといい、消費は美徳であるとさえいわれます。このようにして「物」を粗末にする現代はやがて「物」にひそむ「人の心」を傷つけずにはいません。結果はみられるとおりの環境破壊と人心の荒廃であります。

　われわれは経済の繁栄を謳歌して来ました。しかし西欧文明を輸入してこの方、所謂明治百年は美しい日本の破壊と人心退廃の歴史であったのではありませんか。これが日本人の百年の努力の成果だったと顧みて今更のように愕然とする次第ですが、もはやわれわれは好むと好まざるとにかかわらず、この近代文明と運命を倶《とも》にせねばなりますまい。とすればわれわれに残された道はただひとつ、破滅に向うこの文明の進路是正に努力することでありましょう。[71]」

「物」を粗末にして「消費は美徳」と「使い捨ての時代」が続く中、「明治百年は美しい日本の破壊と人心退廃の歴史であった」と断言するほど、前川の現代文明に対する憂慮は深まっていたのである。そこには、遠い幼少期に慣れ親しんだ江戸の情緒が色濃く残る関東大震災以前の落ち着いた木造の街並みへの愛着もあったに違いない。しかし、時代は、「人類の進歩と調和」をテーマに開催された一九七〇年の日本万国博覧会に代表されるように、先へ先へと前のめりに建設と開発へと突き進んでいた。また、そうした時代を象徴する出来事として、一九六八年七月、「未来予見のための新しい学問」の探求を目的に、日本未来学会が設立される。[72] 発起人には、丹下健三や浅田孝ら建築関係者も加わっていた。一九七〇年四月には、前川も公開コンペの審査員を務めた大谷幸夫の京都国際会館（一九六六年）において、「未来からの挑戦」をテーマとする国際未来学会も開催される。前川は、こうした動きに強い違和感を抱いたのだろう。浜口との対談に、次のような発言が残されている。

「ぼくは未来像というものは大きらいなんです。（…）現在というものの完全な燃焼なしに未来というものは生れてこないと思います。（…）今日ただいまを大事に生きることを忘れて、本当の生活はもっとよそにあると言うんで今日をうかうかと過している。そのはかない希望を未来へかけているという未来論、それではいけないと思うんです。
　人間が今日ただいま百パーセント充実して生きるという生の実感をわれわれが持てるような社会にしなければいけない。そこの環境に住んでいるホントにいきいきした人間が生の実感を持てないならばその環境に美しさが出てくるはずがないと思うんです。
　そういう意味で環境のデザイン、環境の設計、環境の創造というものが非常に大事なものではないかという気がします。[73]」

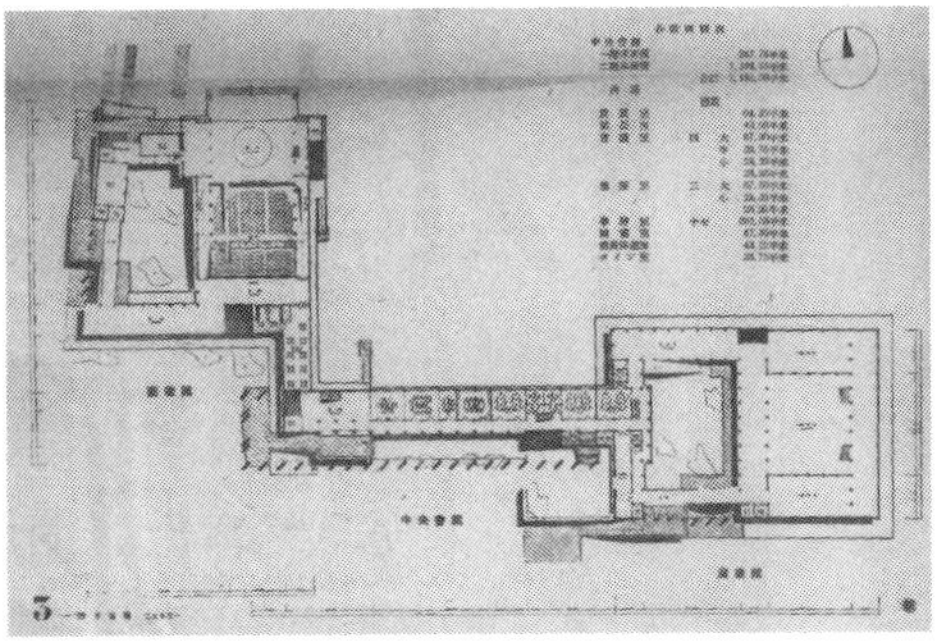
在盤谷日本文化会館コンペ案（1943年）1階平面図　『新建築』1944年1月号より転載

　目の前にある環境を、「いきいきした人間の生の実感」が持てるものへと育て上げること、そのことに建築家は仕事を集中すべきではないか、と前川は問いかけていたのだ。まただからこそ、同じ対談では、続いて、完成した博物館を前に次のような期待を口にする。

「建物はできたけれども、さてそれをどう使うか。本当に人間の生きがいを感じさせるような使い方ができなければ意味がない。（…）博物館ではありますが、あの広い中庭、広々としたロビーをフルに生かす使い方というものを発見してほしいんです。夜でも市民を中庭で散歩させて、ベンチでも置いてポカンとしている時間を味あわせてあげてほしいし、要するに皆が自分の生きがいを大事にするという雰囲気が出てくれればもっとよくなると思うんですが、今はとてもそこまでいっていないんです。」

　実際には、前川の期待するような使われ方になってはいなかった。逆に言えば、ここに露呈したのは、具体的な使い方が共有されることなく建築が造られていく時代の危うさである。前川の思いは空回りしていたのだ。また、実現した広い中庭とロビーの使い方への抱負を語る前川には、この一〇年前に開館した東京文化会館の大ホールホワイエの外部に、観客が幕間に交歓する場所として設けたテラスについての苦い経験があった。

「ぼくが手がけた東京の文化会館の使い方を見ていますとテラスがいまだに使われていないわけです。それは初代の管理者が外から無断で入って来るというので閉ちゃった。そういう一つの前例ができると代々の管理者がそれを踏襲するんですね。あのテラスが一度も使われていないのは残念で仕方がない。[74]」

　こうした発言からも、前川が建築という「物」に何を託そうとしていたのかが浮かび上がって見えてくる。同じ対談では、発言は続く。

「大事なことは建築じゃなくて人間の生活です。人間の生活ができ上らないといい環境、いい建物はできないということは当り前の話だと。県民の人たちが環境によってどれだけ生活実感というものを回復できるかということの経験をしてもらいたい。

　ぼくも現代の社会にスポイルされている人間だということとは確かだから十分とまではいかないけれども、少なくともそういう自覚を持って建物を設計したことは事実なんですから。」

　人々が環境によって「生活実感」をいかに回復できるのか、そのために建築はどうあることが求められているのか、そのような問題意識を前川は抱き始めていたのである。興味深いことに、こうした発言を裏付けるかのように、この博物館の他のスケッチの余白には、「画家はいつその画筆を擱くのか、下手の考え休むに似たり、一期一会　消費文明とは何か、現在の完全燃焼なくして未来はない。何故建築は醜いのか、何故近代都市は醜いのか、未完の建築　中絶の建築」と、前川のメモ書きが残されている。

毎日芸術賞の受賞と建築界の評価の狭間で

　竣工した埼玉県立博物館は、栄えある一九七一年度の第一三回毎日芸術賞を受賞する。審査員を務めた建築評論家の神代雄一郎は、「自然との和ここに」と題して、「すべてに確実で質の高い材料が選びぬかれ、それらによって構成された落着いたふんいきは、とかく新材料で奇をねらう最近のデザインの風潮に、強い反省を投げかけている[75]」と高く評価した。だが、建築界の評価の大半は決して芳しいものではなかった。より若い世代の建築家・宮脇檀は、次のような言葉を前川に投げかける。

「端正なたたずまいの建築であった。折目正しく、完璧な技術を身につけ、非の打ちようもなくそれはそこにあった。そしてそれだけだった。まったく僕たちと無縁な存在として（…）前川さんがここまで後退して防御の姿勢をとることを僕たちはどう受取めたら良いのだろう。このところとんと悲観主義者になってしまった前川さんの残るものが、職人的なテクニカル・アプローチの部分だけであるとしたら淋しいことだ。文明に悲観的であるからといって自分や自分の建築にまでこう絶望する必要があるのか。老さらばえての枯れた境地に踏み込んだのだとしたらいやだいやだ。頑張って下さいよ前川さん。[76]」

また、建築評論家の長谷川堯は、「現代の技術を駆使して実現されたものか疑わせるほど今日性の主張をおし殺しているように思われて、とくにそのアプローチは、どこかでアアルトを想起させるにしても、古いヨーロッパの街の一角、といった雰囲気を出していた」と記しつつ、「老境を衒うところがみえすぎる」と辛らつに批評した[77]。二人の言葉からは、近代建築の先駆者としてテクニカル・アプローチを実践してきた前川の印象があまりにも強かったのか、前川の保守化に対する失望感が読み取れる。一方、匿名のS・T名の批評は、こうであった。

「博物館は木々に隠れ、あるいは地肌にちかい外壁のためか、殆んど見えない。それがこの建物の設計主旨のひとつでもあるようだ。たとえば、前川國男のかつての作品のいくつかを、東京文化会館でも京都会館でもいいのだが、見るとき、この作品の異質さが目立つ。(…)自の勇姿を誇示するかのように都市環境のなかに屹立する近代建築的な作品に較べ、なんとこの博物館が、遠慮がちに、ひっそりと佇んでいることだろう、ということである。[78]」

さらに、この筆者は、箱根コンペにも触れながら、次のように指摘する。

「これを、前川の場合、年齢による帰巣本能と見るよりは、一昨年来とみに喧伝された公害・環境破壊へ呼応した姿勢と見るべきであろう。自然との融合という困難な問題を、前川國男は苦慮し、彼なりに消化してきたと見るべきであるし、とくにこの建物の設計段階に於いて、彼が「自然と人工」を標榜した、例の箱根国際コンペの審査会長であったことを考えあわせると、符丁もあう。」

そして、こう結論づける。

「〈近代建築はなにもなしえなかった〉というル・コルビュジエの言葉を、いま前川國男自身もある感慨をもって、かみしめているような気がする。(…)それは、日本の建築界のみならず、CIAMを通して前川の体現したところの西洋近代主義そのものの転機を意味するのかもしれない。そうした意味で、恵まれた環境をあたえられたこの作品は、近代建築の、まさに正統的な嫡男としての前川國男ならびに前川事務所の、昨今の環境破壊云々にたいする、苦渋にみちた暫定的な結論とも、あるいは新しい出発の布石であるとも受けとれるようである。」

この指摘は、より時代状況に即した前川の立ち位置の理解にはなっているが、前川の抱えていた真意に届いているのだろうか。一方、日本建築家協会の専務理事として、前川の仕事を共感をもって長く見続けてきた藤井正一郎は、次のように指摘していた。

「この建物のもつ、わたしにとってもっとも重要な意味は、その建物内部での体験の流れ＝動線を、これまた流れるように「建築化」し、しかも、外部からの人びとの流れを誘い込むように意図されているという点にある。すなわち、「場所」のイメージからやがて生まれてくる新しい建築の素型が、そこにある。しかし、（…）それは悲劇的な形においてである。[79]」

文末にある「悲劇的な形」とは何を意味するのか。それは前川が竣工後の使い方に対する期待と不満にもつながる。藤井は、開館記念特別展に、「明解な自治意識の欠如」による精神の不在を感じ取っていたのである。それでも、この建物に「新しい建築の素型」を読み取ろうとする点で、前川の考えを正確に理解していると思う。それでは、前川自身は、この建築をどう捉えていたのだろうか。興味深いことに、後年の一九七八年に、建築写真についてのあるインタビューの中で、前川はこう発言している。

「外部空間を重視する発想は、埼玉会館以来の一つの傾向となりまして、この流れが埼玉県立博物館に引き継がれています。だからこの建物とそのまわりの空間をどのように画面の中に取り入れていったらよいかと写真家の方でも随分苦心したらしいという話を聞かされましたが、私はさもありなんと、ひそかにほくそえんでいた次第です。（…）写真家自身が、レンズというかカメラ自身が、建物によって囲まれている空間になっている。カメラが建物の中に入っちゃって、全部外から包まれている状態だから、どのように空間を切り取っていくかということが、非常にむずかしい。[80]」

ここで自覚されているのは、写真には写りにくい建築の存在意味であり、その場に立つことによって初めて理解できる包み込まれた空間の持つ価値である。同じインタビューの続きで、前川は述べている。

「建築とは何か。これは我々建築家が常に模索していますが、一生かかってこれに問いかけるのが我々の仕事というか、業みたいなものといえます。建築とはこうあるべきだとはおぼろげながらありますが、結論に達せず試行錯誤をくりかえしています。（…）目まぐるしく変化する中で、一つのことに没頭することは非常にむずかしい。建築も、そんなに変わるものではない。つまり、一人の人間として建築家が仕事に情熱を傾けられるのは、四〇年とか五〇年とか限られた期間であるのに、それが猫の目のように次から次へと変わっていくのは、理解できないことです。

日本は食いちらしの文化だと思います。つまり、ある一つのものを徹底的に、一生かかって追求するという、持続性のある人は少ないようです。(…)持続性のない人がこんなに多くてよいものだろうか。これは建築とか、写真に限らず、文化全体の、いや社会全体の大問題だと思うのです。」

こうした発言から見えてくるのは、物としての存在感を持つ建築を、手持ちの建築素材と方法によって、いかにしたら実現できるのか、その作業に集中しようとする前川の設計に対する持続的な意志と覚悟である。その意味からも、埼玉県立博物館は、前川にとって、「建築とは何か」という問いに対する一里塚となる手応えをつかみえた建築だったに違いない。しかし、一九六〇年代の後半から一九七〇年代の初頭にかけて、前川の目の前には、最大の試練と苦悩をもたらす困難なプロジェクトが立ちはだかっていた。それが、東京海上ビルディング本館である。

IX　都市の巨大化と建築の危機のもとで

超高層ビルへの挑戦の中で考えたこと

東京海上から突然の設計依頼を受けて

前川國男が、東京海上火災保険株式会社から、東京丸の内のお濠端に建つ本社ビルの旧館（設計／曽根中條事務所一九一八年）の建て替え計画について最初の相談を受けたのは、前川の記憶[1]によれば、一九六五年正月のことだった。背景には、一九六三年七月の建築基準法の改正により、戦前から長く日本の建築の形態を制約してきた三一メートルの絶対高さ制限が撤廃されて、容積制（延床面積／敷地面積）の導入という新しい法制度への切り替えという大きな動きがあった。しかも、東京都心に位置する丸の内地区は、容積率が最大値の一〇〇〇%を認める「第10種容積地区」に指定され、敷地面積の一〇倍の床面積をつくることが可能となった。そんな動きの中で、東京海上は、すでに一九六一年頃から、旧館の「建物の老朽化および地盤沈下に伴う建物の沈下と傾斜」という深刻な問題や、「営業規模の拡大に伴う面積の狭隘化、土地利用度の低さ（容積率約四〇〇%）」等の理由で、容積制への移行を視野に入れた超高層ビルへの建て替えの検討を始めており、一九六三年七月には施設調査室を発足させていた[2]。そのため、この法改正を受けて、急きょ動き出すことになったのである。一九七四年の本社ビルの竣工後、前川を交えた社内関係者の座談会の中で、この計画を推進した同社会長の山本源左衛門は、次のように証言している。

「私が考えていたのは、首都の玄関で、皇居外苑に通じた重要な場所なんで、日本の代表的建造物をつくりたい。とくに、海上ビル旧館は建築史上大変意味のあるものなので、これを建てかえるにはそれなりの物をつくらなければダメだということでした。

しかし、当社は保険会社でこの方面は素人ですから、建築家の権威をよんで話を聞こうということで、最初は竹山さん(元建設省建築研究所長)、吉武さん(東大教授)などに伺いました。

そのうち、設計建築を誰にお願いするのかしぼって行こうということで諸先生に集っていただいて推薦を受けたのが前川先生です。[3]」

構造学者の竹山謙三郎と計画学者の吉武泰水らが前川を推薦したのは、日本相互銀行本店(一九五二年)、紀伊國屋ビルディング(一九六四年)、当時竣工直前だった蛇の目ミシン本社ビル(一九六五年)などの実績と人柄への信頼感があったからなのだろう。吉武はこの後、東京海上の基本設計に協力し、後年には、前川のことを「決して器用な建築家ではないと思っていた。(…)しかし、何ていうか、彼はきっと建築というものが本当に好きだったのだろうな。要するに立派だという感じでした。態度がね」と回想している。[4]話を戻せば、前川は、一九六五年正月の東京海上からの設計依頼について、竣工後、建築史家・伊藤鄭爾との対談の中で語っている。

「私は、もともと東京海上の方をどなたも存じあげなかったのです。それでいきなり設計をやってくれるかどうかと聞かれましてね、多少は面くらいましたけれども、もし建てることになったら、あそこのたたずまいがどのようなことに相成るのだろうか。(…)こうなるという見当がついたら超高層ビルにしたいのだというお話が(…)あって、とにかく二週間のうちに決心をきめてくれといわれた。(…)それでぼくは、果たして一〇〇〇%建てるのに超高層の形をとるのがいいのかどうか、ひとりで図面を書いてみたのです。そして小さな五〇〇分の一のモデルもつくってやってみたのです。[5]」

こう回想するように、突然に、山本会長から「なにも条件はつけませんから、あそこに最もいいと思われるものをお考えいただきたい」と依頼を受けた前川は、「堀ばたのこれだけの世界一の場所に建てるということは、東京海上の建物として考えるだけではなく立派なものを建てたい。とくに堀ばたと松と建てるビルとの調和が非常に大事だ」として、検討のために「二ヶ月位時間」が欲しいと答えたという。しかし、「二ヶ月はまてない。二週間ほどでお願いしたい」と言われたので、「大急ぎでやり」、「やはりあの場所に建てるなら超高層だという結論」を得て、三月十九日に五〇〇分の一の模型と平面図・立面図を提出する。[6]前川のスケッチ・ブックには、そのために最初に描かれたと思われるスケッチが残されている。東京海上旧館の隣には、同じ設計者による新館（一九三〇年）が建っており、超高層ビルは、旧館に続いて新館を建て替える二棟のツインビルとして構想されていた。そこで前川は、「新館と旧館の建っている地所をワン・ブロックにして建てる場合、敷地面積の一〇倍の建物をどのようにあんばいして建てるか」、「恰好よく二つの同様の建物が建つか」を検討し、「三〇階」建ての超高層という方針を導き出したのである。

実は、東京海上は当初、この超高層ビルの設計を資本系列の関係で三菱地所へ依頼しようと考えていた。しかし、丸の内地区の「大部分の土地を所有し、旧法内による同地区再建計画がほとんど終りかけている三菱地所にとっては、その真中に超高層を建てられたくない」との理由から、「難色」を示したのだという。[7] そこで、一九六四年末、三菱地所とは手を切り、急きょ前川に依頼することにしたのである。[8] そこには、図らずも、直後に起きる「美観論争」の伏線が潜んでいた。実際に、後日談だが、横浜市役所の都市プランナーとして、みなとみらい地区の整備を担当し

東京海上ビルディング初期計画案　模型

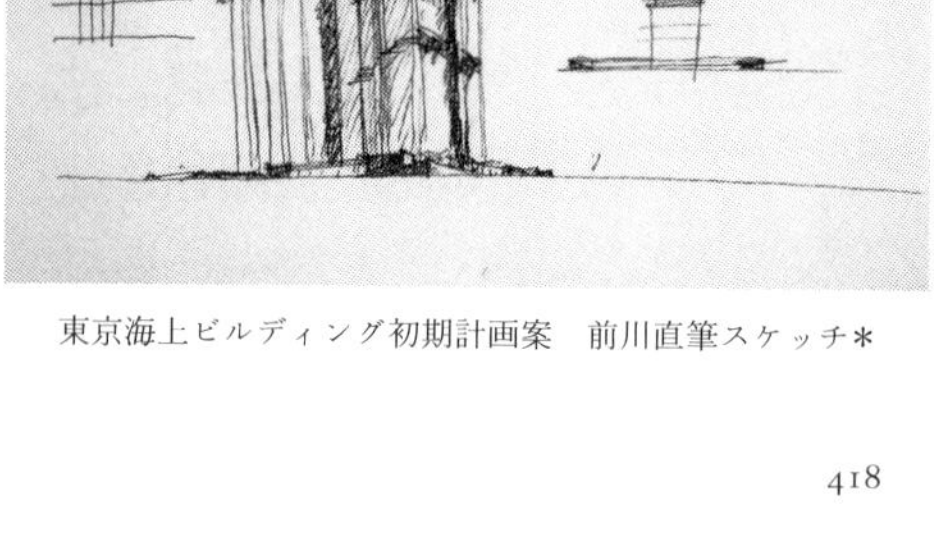

東京海上ビルディング初期計画案　前川直筆スケッチ＊

ていた田村明は、一九六七年頃、三菱地所の会長だった渡辺武次朗と飛鳥田一雄横浜市長との面談に同席した際、「東大の丹下の弟子」と紹介されたことで前川一派だと誤解されて、渡辺から、「戦前からこの地区を美観地区として、関係者で集まってお堀端の姿を維持してきた。それを勝手に壊しよって」と怒鳴られたという。[9] おそらく、こうした複雑な事情があったからなのだろう、前川事務所での検討案の作成は内密に進められ、模型も模型制作に秀でた所員の仲邑孔一の自宅で作られたという。[10]

それでは、この急ぎ作成された検討案で、前川は何を考えようとしたのだろうか。特徴的なのは、ツインビルの基準階プランを、二つの長方形をずらして鎖状に重ね、プランの重なる部分はエレベーターやトイレ等のコアとすることによって、一つのタワー状の建物に入隅と出隅のある陰

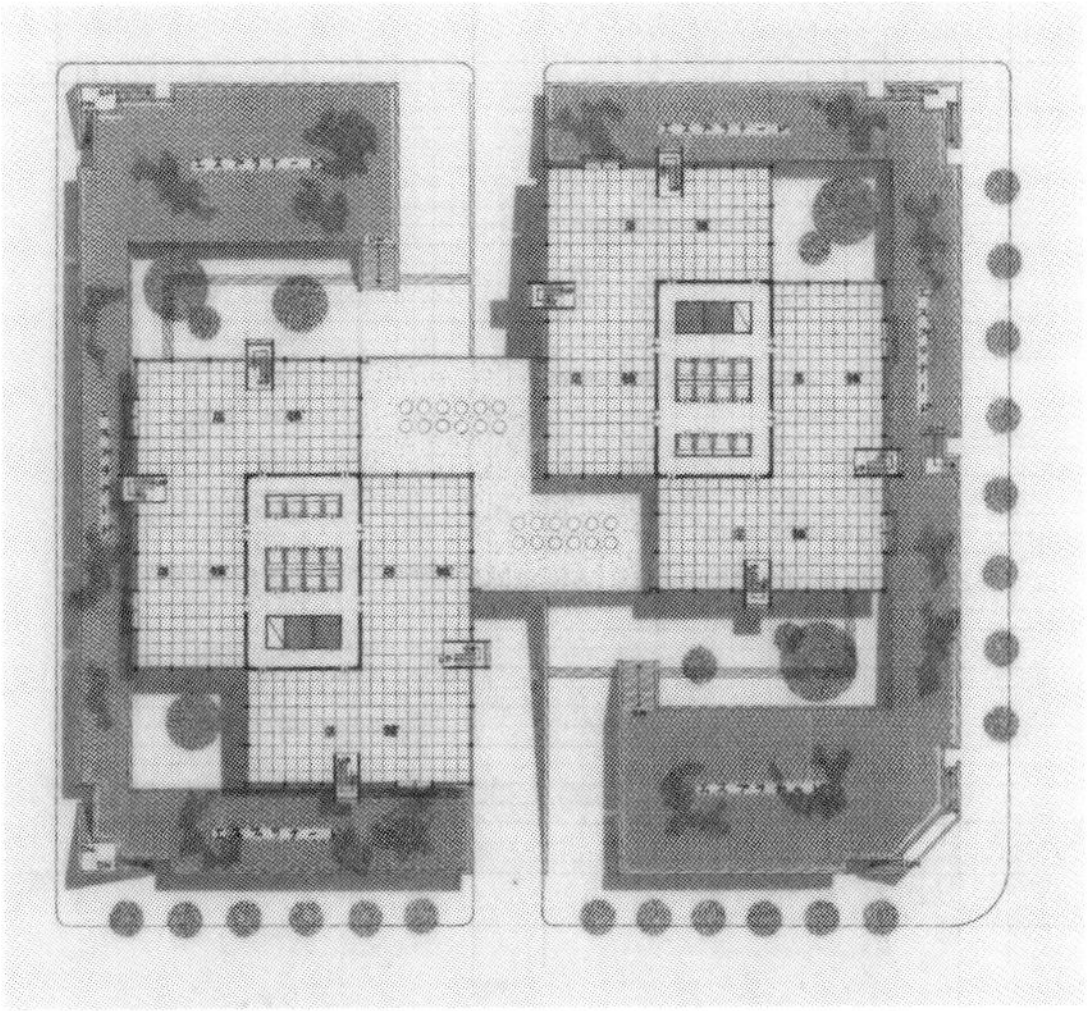

東京海上ビルディング初期計画案　2階平面図*

東京海上ビルディング初期計画案　西側立面図*

東京海上ビルディング初期計画案　前川直筆スケッチ＊

同上＊

影を作り出し、内部もL形の変化のある執務空間となっていることである。また、二階平面図や立面図、模型から読み取れるように、ツインビルの足元は、店舗の入った一階が中庭を囲んで取り巻く形になっており、屋上には、当時建設中の埼玉会館（一九六六年）に実現する「エスプラナード」と呼ばれる屋上庭園が描かれている。そして、前川のスケッチからは、この陰影のある形の超高層ビルが、将来的に丸の内に建ち並んでいったときに、そこにどのような風景が生まれるのか、という都市の景観に対する意識をうかがうことができる。

トロント市庁舎コンペ応募案（一九五七年）を発展させて

さらに、前川には、長く追求してきた平面の形式（システム）による空間構成の方法、プランニングの方法論への強いこだわりがあった。建築評論家の藤井正一郎による最晩年のインタビューの中で、前川はその追求の歩みについて回想している。

「自分で設計していてちょっと気がつくことがあるんだね。(…) トロントのコンペをやった時、後でこの建物は四分の一が増築される。増築の前後において姿が変っては困る、ということを考慮に入れて設計しろという但し書きがあったんだ。その時ドミノでやったらいいんじゃないかと思ったんだけれど、それをやったのがトロントであり、レオポルドヴィルのコンペの最終案も増殖の問題になんとか応えようとしたんだよ。

学習院のピラミッド、トロントの新市庁舎、レオポルドヴィル、それらは、だんだん成長していくということが想定された時、成長していく場合に成長の始まった時点と終わった時点で姿が同じようでなければいけないと考えた。それはその後もぼく自身のひとつのテーマになっているよ。」(11)

ここに出てくる「トロントのコンペ」とは、一九五七年、カナダのオンタリオ州の州都トロントに建設される新しい市庁舎のために開催された国際公開コンペのことを指している。審査員に、アメリカを代表する建築家エーロ・サーリネンらが名を連ね、世界四二カ国から五〇〇を超える応募案が寄せられた。フィンランドの建築家V・レベル案が当選し、一九六五年に竣工する。これほどの応募案が集まったのも、超高層の市庁舎が対象だったからに違いない。おそらく、前川も、そのことがあって挑戦したのだろう。

結果は落選に終わったが、応募案には、当時の日本では実現がかなわなかった超高層ビルに対する前川の初心的な憧れと期待が込められていたのだろう。コンクリートの大架構で支えられた飛行機の翼のような大きな屋根の議会棟と、真中の太いコンクリートの芯柱一本に支えられた正方形の単位空間の組合せによる高層棟から構成された軽快なシルエットが印象的だ。そこには、同じインタビューで語られた前川の考え方が盛り込まれていた。

「トロント市庁舎の高層部分がドミノなんだね。プランを

トロント市庁舎コンペ応募案　模型＊

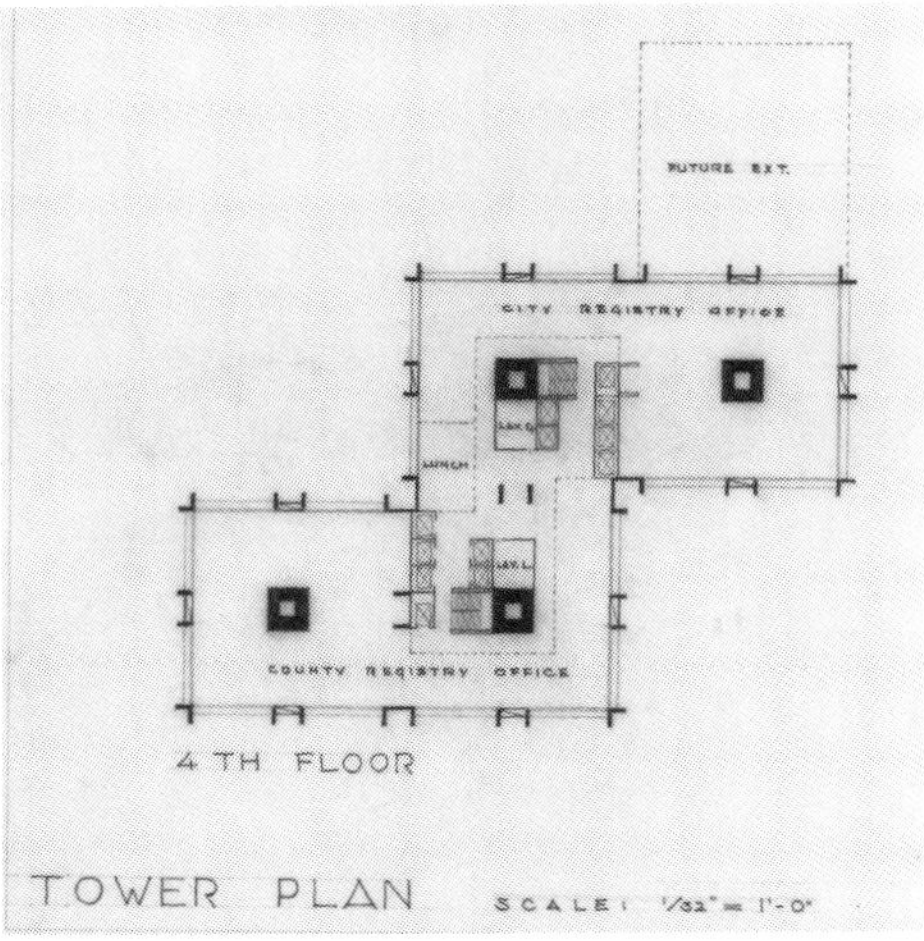

同上　4階平面図＊

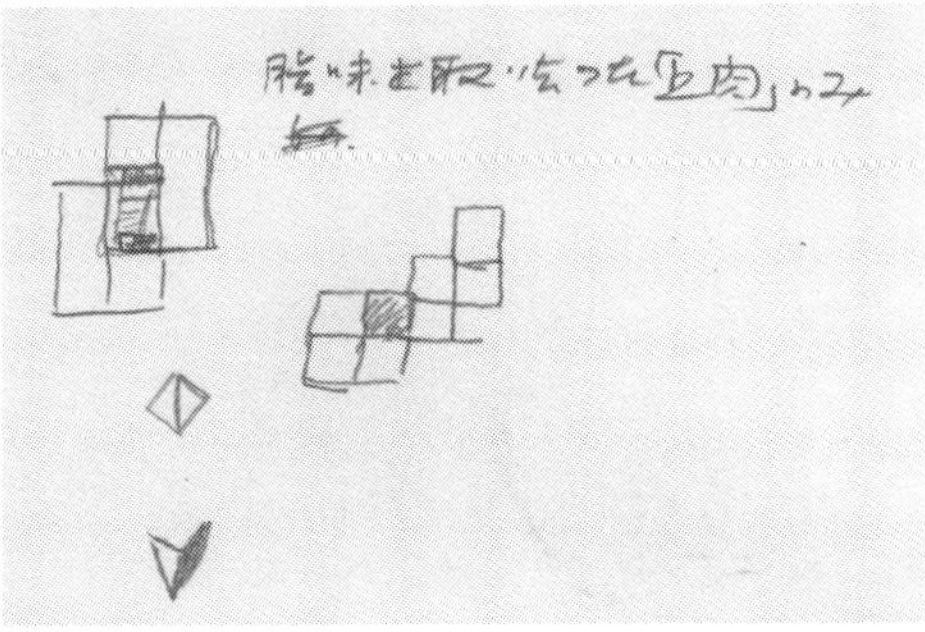

トロント市庁舎コンペ案と東京海上ビルディングと思われる前川直筆スケッチ＊

みるとわかるんだが、五つの真四角なエレメントが一駒ずつずれながらつながって、Wの型になっている。（…）ぼくはね、コルビュジエの思想の中でドミノ形式というのは非常に高く評価しているし、自分では好きなものなんだね。しかしあれもね、マダム・マンドゥローの家くらいのスケールで実現されている時にはいいけれども、ジュネーヴの国際連盟みたいなものでやられたら、みんな迷惑するんじゃないかという気がするんだよ。ぼくは空間の単位としてドミノを考えた時に、ある大きさをもった単位があるはずだと思う。（…）戦前に、富士通信機の工場（案）をやった時には、建物を耐震的に自立できるある単位ユニットで切っちゃって、そういうユニットを連結して構成していくという考え方をとったわけだが、それはひとつにはコルビュジエのいくらでも長くできるんだという思想に対するアンチテーゼとして考えたわけだ。」

　こうした発言からも読み取れるように、前川には、遠くル・コルビュジエに学んだ単位空間による構成システムとしてのドミノに対する批評性を持った追求や、富士通信機製造工場指名コンペ応募案（一九三七年）の試みを発展させようとする意図があったのだ。そうした視点から、トロント市庁舎コンペ案の高層棟の基準階平面図を見るとき、そこには、この発言どおり、単位空間の連続によるドミノを応用したプランニングの試みを読み取ることができる。そして、レオポルドヴィル文化センター公開コンペ応募案（一九五八年）と学習院大学ピラミッド校舎（一九六〇年）を経て、東京海上では、その方法をさらに深化させるべく、長方形の平面を鎖状に重ね合わせるプランニングを試みようとしたのだろう。残された直筆のスケッチには、東京海上のプランの原形と思われるものが描かれ、その横には、「脂味《ママ》を取り去った「上肉」のみ」とメモ書きされている。そこには、より豊かな空間性をもつプランニングの方法論への期待を読み取ることができると思う。晩年の宮内嘉久のインタビューでも、前川は、「四角い空間が組み合わさった形の……」、「プランが、本当に完成すれば、何か一筆描きで描けるような、ね。そういうものでないと満足できないっていうか」として、「ラーメン構造は得体が知れない。相互貫入すれば、オーダーが高次元になった気がする」と語っている。[12] 前川は、戦前から温めてきた「一筆描き」と鎖状プランを統合させて、プランニングの方法論をより深化させようと考えたのだ。また、先に触れた伊藤鄭爾との対談でも、前川は、東京海上のプランについて次のように述べている。

「超高層ビルというと長方形の真中にコアがあるのが常識的ですけれども、ぼくはその形がいいとは思っていなかった。長方形というのは、特殊解だという考え方をしていたのです。一般解というのは、ちょうど写真機の距離計をのぞいてピントが合うとふたつの画像が重なりあいますね。そういうものだと逆に考えていたわけです。(…)もうひとつには、入隅のほうのコーナーですね、ああいう空間にちょっと執着があったのですよ。何か袋みたいなところがほしいなという気がしていたのです。それはただエクステリアの問題ではなく、将来二棟の海上ビルが建つとき、ツインビルとして完成するときのイメージからあの形が良いと考えていました[13]。」

東京海上ビルディング基本設計案　模型　撮影／渡辺誠＊

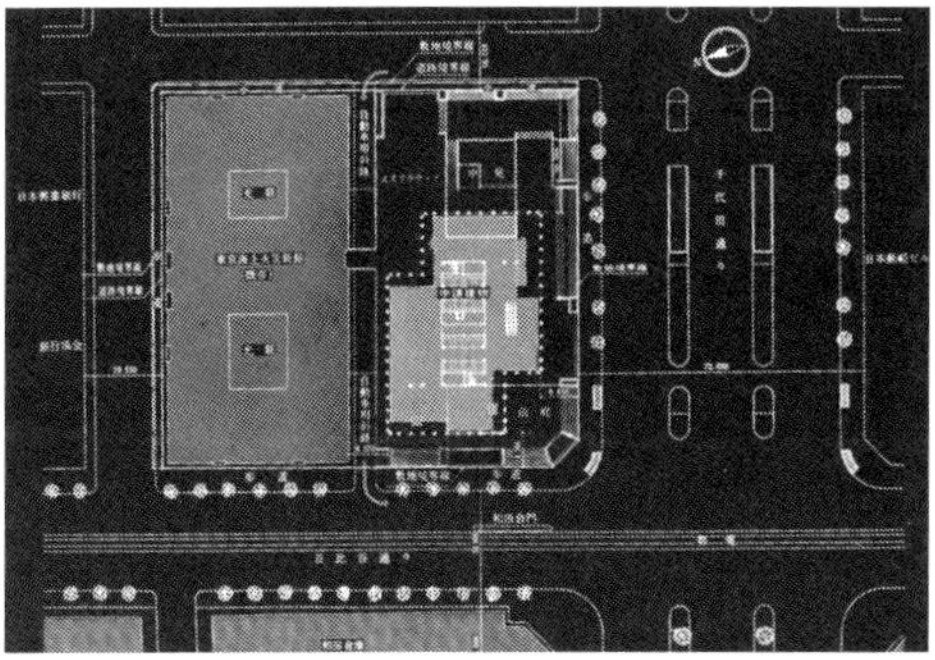

東京海上ビルディング基本設計案　配置図　北隣の既存の新館と比べ敷地の３分の２を広場として開放する提案になっている＊

以上のような経緯を振り返るとき、東京海上には、それまで蓄積してきた方法論の考え方が数多く盛り込まれていることがわかる。こうして、一九六五年三月に提出された模型と検討案が東京海上に了承されて、五月から基本設計がスタートする。そして、九月二十日の設計監理契約の正式調印を経て、翌一九六六年三月に基本設計が終了する。

おりしも、ニューヨーク世界博覧会日本館(一九六四年)の現場に、所員の奥村珪一と奥平耕造を派遣していた。そのため、前川は、「アメリカの超高層建築をよく見てくるように[14]」と指示を出し、一九六五年五月に帰国した二人と早川秀穂に、そのまま基本設計を担当させていく。

重厚な外観と敷地の三分の二を開放した広場

先の前川の発言にもあったように、基本設計では、基準階の床面積を約一七〇〇平方メートル（約五〇〇坪）とし、地上三二階、高さ一三〇メートルの超高層ビルが提案された。このとき、タワー部分が敷地に占める割合は約三四%、すなわち、敷地の三分の二が広場として開放される。配置図からは、北隣りにある既存の新館が敷地いっぱいを占めているのとは対照的に、空地としての公共的な広場の創出が図られている。そして、模型写真にあるように、基壇としてのエスプラナードや地階へ自然光を導く中庭など、足元まわりにレベル差と変化のある外部空間が計画された。ここには、明らかに、一九六六年四月に竣工する埼玉会館の方法が踏襲されている。

東京海上ビルディング基本設計案　模型　1／200
撮影／渡辺誠＊

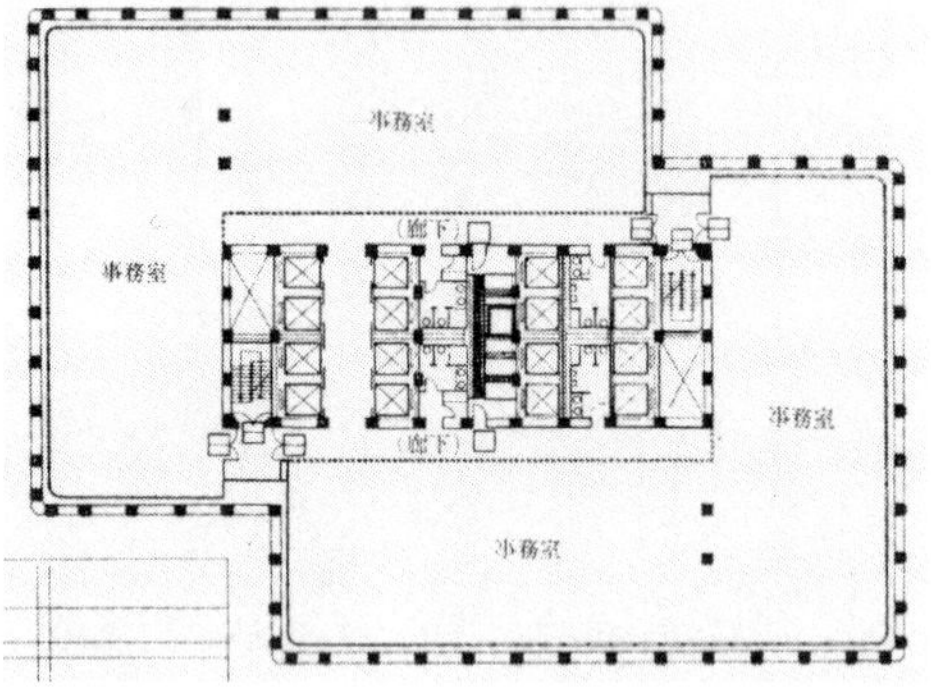

東京海上ビルディング基本設計案　基準階平面図
『国際建築』1966年12月号より転載

一方、基準階のプランは、構造形式が曖昧だった最初の検討案を進化させて、柱間三メートルピッチで柱列をぐるりと四周にめぐらせ、ガラスのサッシュ面をその内側に引っ込める納まりとなった。このことによって、室内は、凹凸のないプレーンな空間となり、窓際は、構造体の柱と梁によって守られ、超高層の不安感を払拭する落ち着いた雰囲気となる。それは、前川のメモした「脂味を取り去った「上肉」のみ」の考え方の実現だった。そして、外部に露出した格子状の構造体は、テクニカル・アプローチの蓄積から得た信頼できる構法として、磁器質タイルを打ち込んだプレキャスト・コンクリート版で覆われたのである。この超高層ビルの外装材にタイルを用いるという反時代的と言われかねない選択には、前川の次のような考えが働いていた。

「アルキャストではとても採算がとれません。そうかといってペラペラのアルミニウムのカーテンウォールはいやだし、そうなるとやはりタイルしかない。磁器質のタイルでやっていこうということになったわけです。天然自然の「土」を焼いたもの。[15]」

軽くて頑丈なアルミ製の鋳物、アルキャストによる外装は、村野藤吾が千代田生命（一九六六年）で実現させるが、コスト的に不可能であり、かといって日本相互銀行本店（一九五二年）で先駆的に試みたアルミ製のカーテン・ウォールではないと考え、タイルを選択したのだ。そこには、後年に田中誠が記した、次のような技術的な視点からの判断も含まれていた。

「建物を超高層化するためには、その構造工費は当然若干高くなる。これを在来のビルディングの単価に何とか近づけようとして、一九六〇年代の日本の超高層ビルではその単価をいかに安くあげるかに最大の努力がはらわれたように思う。そのせいか、超高層バラック等という言葉も現れ、事実日本の超高層ビルでは、その骨組を別にすれば、全く薄手で安直な材料工法がまかり通っていた。われわれはこのことに反発して、超高層ビルなればこそより高い耐候性と安全性が求められるべきものと考え、重さを若干犠牲にして、外装材としてのセラミックを登場させたわけである。[16]」

おそらく、前川からの指示があったのだろう。田中は、当時の日本には存在しなかった超高層ビルの歴史的な意味や役割、技術的な課題や都市再開発の意義などを確かめるべく、海外の先行事例などを調査し、一九六六年夏には現地視察にも出かけている。そして、それらの知見をまとめて、一九六八年十月に、コンパクトな新書版の『超高層ビルの話』[17]を出版する。そこには、東京海上の設計に活かされたであろう多くの情報と知見が掲載されていた。実は、前川自身も、東京海上ビルの設計依頼を受ける以前の一九六二年に、ニューヨーク世界博覧会日本館の仕事で約二週間渡米しており、そのときに目撃したアメリカの最新の建築の印象について、あるインタビューの中で感想を語っていた。

「アメリカでは、日本でぼくらが考えているような《いい建築》というものができ難くなってきている……そういう建築を作りだす社会のインスチチューションというか制度・組織が、そういうもののできにくくする方向へどんどん突っ走っている……ということです。[18]」

そして前川は、ニューヨーク州のマンハッタンに建つ、ミース・ファン・デル・ローエの代表作のシーグラム・ビル（一九五八年）の外装について、次のように見ていたと話す。

「ぼくは意外な感じがしたね。たとえばシーグラム・ビルのブロンズなんかが案外ベコベコでね。問題はやはり値が高すぎることですよ。だからガッシリした厚さのはできなくて、さすがアメリカでも、ずいぶんベコベコなものを使ってしまった、という感じだ。とにかくえらく貧相で、上が色で真黒になってるなり方なども、ちっとも良くねえナ、とおもって見てきた。」

こうした経験から、前川は、東京海上では「ぺったんこな陰影のないカーテンウォールはいやなのです。何かつまらないなあという感じがする」と思い、「新建材」に対する不信感」もあって、日本古来の確かな素材でコスト的にも見合うものとして、「赤い色を出すのにタイルではずいぶん苦労しましたね。なかなかむずかしい」[19]としながらも、最終的には、外装材として磁器質タイルを選択したのである。

一方、興味深いことに、田中の著書『超高層ビルの話』では、シーグラム・ビルが、ニューヨークの一等地にありながらも、建蔽率がわずか二五%に抑えられ、残りの七五%が広場として開放されており、その「活気に満ちた生活環境、つまり建築のつくり出す空間と人びとの心の交わりのようなもの」は、「心地よいものであった」との感想が記されている。また、竣工直後のエーロ・サーリネンのCBSビル（一九六四年）にも触れており、田中は、その「正方形の平面の外周には、三角形の柱が細かく配列され、しかも柱と窓がいずれも等しく、幅一・五メートルであって、格子のような外観」となっていること、中央の構造コアの周囲には、「完全に柱のない事務室空間がつくられている」ことに注目していた[20]。この田中の報告も活かされたに違いない。これら二つの超高層ビルの特徴は、いずれも、東京海上の設計に大きな手がかりを与えたと思う。

こうして見てくると、一九六六年三月にまとめられた東京海上の基本設計には、多くのアイデアが盛り込まれていたことがわかる。そこには、東京丸の内、お堀端に面する一等地に計画された日本最初となる超高層ビルへの前川とスタッフの意気込みがうかがえるだろう。

しかし、続く同年八月、この基本設計の確認申請を準備する中で、思わぬ事態に遭遇する。それが、その後丸四年にわたって続く、美観論争と呼ばれる不測の事態だった。

仕組まれた「美観論争」が露呈させたもの

美観条例制定の動きと確認申請却下の中で

一九六六年三月、地上三二階、高さ一三〇メートルの東京海上ビルの基本設計を、約一年かけて完成させた前川とスタッフは、実施設計に着手し、同年九月には東京都庁へと出向き、近日中に確認申請を提出する旨を通告する。[21] しかし、このときなのだろう、前川は、都の関係者から、「これはてこずりますよ。相当長くかかるんじゃないですか」と言われたという。[22] そして、この言葉どおり、十月五日に提出した確認申請は、「七項目にわたる疑義事項がある」との理由から、「期限内に確認できない旨の通知書」(十月二十二日付)が届き、保留扱いとなる。[23] 何が起きていたのだろうか。実は、あたかもこの確認申請に合わせるかのように、九月十二日、『読売新聞』は「お堀ばたビル 都が強く規制」「極端なノッポもダメ」との見出しで、名指しこそしないものの、明らかに東京海上ビルにねらいを定めるかたちで、東京都が、「皇居周辺を美観地区としてビル建築を強く規制する新条例をつくることになった」と突然報じたのだ。

同記事によれば、この「高層ビル論争」は、そもそも、「ある損害保険会社」が、「三十数階のビルを建てようと、都首都整備局に建築許可を打診してきた」一九六五年の暮れに始まるという。その時期とは、先に見たように、東京海上が高層化を拒んだ三菱地所と手を切り、前川に検討を依頼する直前にあたる。たしかに、一九六五年十二月十四日、同紙は、「皇居前に三〇階ビル」「建設案に論争おこる」との見出しで、東京都からの要請を受けて建設大臣が召集した「丸の内地区景観対策懇談会」の開催を大きく報じていた。しかも、この懇談会には、高山英華（日本建築学会会長）、丹下健三、内藤多仲、武藤清、坂倉準三（日本建築家協会会長）ら建築関係者の他に、江戸英雄（三井不動産社長）と渡辺武次郎（三菱地所社長）が名を連ねており、同記事は、「お堀と調和しながら一応高さのそろっているビル群の景観が、ぶちこわしにもなりかねない」という意見が出たことにも触れていた。すなわち、すでに一年も前から、水面下では高層ビル論争が燻り始めていたのである。またたからこそ、東京都は、一九六六年十月に東京海上から出された確認申請を保留扱いとする一方で、戦前の一九三三年に丸の内、大手町、霞が関一帯を指定した「美観地区」を引っ張り出し、そこに新たに建築物の高さ等の規制を加える「東京都美観地区建築規則条例」を制定することによって、半ば狙い撃ちのかたちで、東京海上の超高層化を阻止しようとしたのだ。

こうして、東京海上ビルは、一九七〇年九月二十四日に最終的に認定されるまで、通常なら半年程度で下りるはずの確認申請に四年余の時間を要し、東京都と国のレベルで、予期せざる抵抗に遭遇する異常な事態に巻き込まれていくことになる。これが「美観論争」の始まりだった。東京丸の内、皇居お堀端という一等地の立地も、注目を集めた大きな理由に違いない。その間、夥しい数の記事が、建築雑誌にとどまらず、新聞各紙に報道される。また、渦中にいた前川國男も、七度にわたりタイプ印刷の冊子を作成して各所に配布するなど、自らの考えを広く伝える活動を粘り強く精力的に続けたのである。

ところで、この美観条例の制定を推し進めようとしたのは、東京都首都整備局長の山田正男である。彼は、一九三七年に東京帝国大学土木学科卒業後、内務省に入省し、石川栄耀のもとで都市計画を学び、一九五五年、石川の推薦により東京都の建設局計画部長に就任、同年に急逝した石川の跡を継いで一九六〇年から局長を務めていた。山田は何を目指していたのだろうか。内務省時代を回想した一九六八年の文章がある。

「石川さんの下で、〝大学院〟に通って、紀元二千六百年記念事業として皇居外苑の地下自動車道計画や、同じ年に開催されることとなっていたオリンピック東京大会の駒沢主競技場計画を立案したりしました。私の都市計画的頭脳は、この三年間の〝大学院生活〟の成果です。」[24]

また、同じく美観論争最中の一九六七年の対談における発言も残されている。

「大学を出まして見習いやっているころは、しきりとヒットラーの防空都市計画とか、衛星都市計画を趣味でやって、大いに勉強しましたよ。[25]」

こうした言葉と発言からは、山田の官僚主導による都市計画の考え方が読み取れると思う。そこには、後に見るように、一建築家の都市への提案を聞き取ろうとする姿勢はなかった。歴史を振り返れば、岸田日出刀のもとで、前川が、幻に終わった一九四〇年のオリンピック東京大会の会場計画案を作成する際に参考にしたのは、ナチス・ドイツによる一九三六年ベルリン大会の壮大な会場であり、偶然にも、山田はその立案に携わっていたのだ。そして、すでに見てきたように、敗戦直後の一九四五年末、石川が作成した「帝都復興計画要綱案」の街路計画に対して、前川が「百メートル道路の愚」と題する文章[26]を新聞に投稿し、「都市計画は究極において建築の問題であり、住居の問題である」と抗議の声を上げたときと、何ら変わらない官僚の体質を、山田もそのまま受け継いでいたことがわかる。

一九六六年九月、こうして始まった「美観論争」の経緯については、長く取材を続けた『日刊建設通信』記者の高橋林之丈が、一九八一年に出版した著書『苦悩する建築設計界』の中で詳述しており、こう振り返っている。

「この事件は、合法的な建築に加えられた政治的圧力に対して建築界が幅広い世論の支援のもとで一致して抵抗した数少ないケースであり、またおりから建築基準法改正によってもたらされた超高層建築時代を迎えて、高層化によってオープンスペースを確保するという新しい都市の理念を市民とともに考える契機ともなった。[27]」

高橋がこう記したように、「美観論争」で問われたのは、一九六三年の容積制への移行を受けて合法的に計画された超高層ビルの建設計画が政治的圧力によって歪められたことであり、試されたのは、それに対して建築界がどのような立場と見解を社会に示すことができるのか、だった。そして、より本質的な課題として浮かび上がってきたのは、高層化によって都市の公共的な空間をどのように育てて整えていくのか、という合意形成の方法のあり方だった。はたして、それらの議論はどこまで尽くされていったのだろうか。

「美観論争」の推移と建築界の動き

そこで、時間をふたたび一九六六年十月に戻せば、東京都は、同年十二月の定例都議会に「東京都美観地区建築規則条例」案を提出すべく、早くも十月十四日に特別委員会を設置し、美観条例問題の協議を始めている。一方、建築界の動きも早かった。十月二一五日、日本建築家協会、日本建築学会、日本建築士連合会、建築業協会の四団体が懇談して条例化反対で意見を統一し、二十九日には、日本建築家協会が会長の坂倉準三名で、「美観の名をかりて新しく建てられようとしている建築に高さの規制が加えられることに反対である」として、「美観地区問題に対する要望書を、建設大臣、東京都知事などに送ったのだ。学会などもこれに続いていく。しかし、こうした動きを前にして、東京都は十一月十一日、「東京の中心、皇居お堀端周辺のビルが無制限に超高層化されたら美観はこんなふうに損なわれる」(28)として、九月に竣工したばかりのパレスサイドビルの屋上から撮影された写真に、幽霊のような墓石形の超高層ビルが林立する姿をモンタージュした醜悪な予想図を発表したのである。仕組まれた「美観論争」を象徴するような悪意に満ちた行為だった。だが、このような東京都のやり方には、一般世論も含めて批判的な空気が広まり、十二月二日、東京都の首脳部は、十二月都議会への美観条例の提案の先送りを決める。

こうして、美観条例の見通しが立たなくなった後も、東京都による理不尽な対応は続いていく。翌一九六七年の四月、今度は、「反対の理由が美観論から法律論へと移行し」(29)、「既存新館の敷地と、旧館を取り壊した跡地に新築する高層建築の敷地とは一団の敷地とはみなしがたい」との理由により、「容積率および斜線の規定に適合しない」旨の通知書（四月十五日付）が、東京都から届いたのである。これに対して、東京海上は、六月五日に都の建築審査会に審査請求を提出、この動きに続いて、日本建築学会や日本建築家協会などの団体も声明書を発表し、都知事らに要望書を提出する。そして九月二十六日、建築審査会は、「都の処分を取り消す」旨の裁決を下したのだ。これにより、建設へ向けた確認事務の手続きは大きく前進し、一九六七年十月には東京都の手を離れて建設省へと移り、構造審査の建設大臣認定を残すだけとなる。

政治問題化のもとでの決着と建設までの苦難

しかし、国のレベルへと移ったものの、さらに議論は紛糾していくことになる。十月二十五日、西村英一建設大臣は、「構造認定の申請を受けたが、重要な問題なので慎重に検討する」(30)との談話を発表する。これを受けて、十一月九日、東京海上の水沢謙三会長と山本源左衛門社長は、佐藤栄作首相を直々に訪ねて、建築計画を説明し、説得を試みる。だが首相は、「皇居前の美観をそこない、国民感情のうえからも難点があると判断、基本的には反対の意向」(31)を明らかにしたという。翌十日には、西村建設大臣も、「特別美観地区を設ける立法措置を検討したい」(32)との見解を表明するに至る。こうして、東京海上の超高層ビル計画は、「皇居前の美観」という本来の議論の筋道からは大きく逸脱して政治問題化し、暗礁に乗り上げてしまうのである。翌一九六八年には、まったくの硬直状態となり、その後も、国会の質疑などで繰り返し取り上げられたものの、出口の見えない店《たな》ざらしの状態が続いていく。

そして、このようにして迎えた一九七〇年の夏、急転直下、計画が動き出す。第三次佐藤内閣の根本龍太郎建設相が、「三菱グループ首脳に東京海上ビルの設計変更をしないかぎり許可する方針のないことが明らかにされ、三菱グループ内で意見調整に入っている」と報道される。(33) この水面下の意見調整の結果なのだろうか。九月十一日、東京海上は、「当初の計画をあきらめ」、「二五階建て、九九メートルに変更する」「構造認定申請書」を東京都に再提出し、「この申請変更で美観論争にもピリオドが打たれる見通しとなった」(34) と突如報じられたのだ。何が起きたのだろうか。筆者には真偽のほどは分からないし、検証も困難だと思われるが、一九八〇年に出版された、ある財界人の交友録(35) には、この土壇場での両者の調停に携わった生々しい証言として、「東京海上もホテルニューオータニと同じ一七階にするなら構わない」という意向を周囲にもらしていた佐藤に、「東京海上の三二階、佐藤首相の一七階——これを足して二で割ると、二五階になる」という「折衷案」が提示され、二五階建て、高さ一〇〇メートルになった、とその顚末が記されている。

こうして、再提出された申請書は、わずか一三日後の九月二十四日に認定が下り、一九七〇年十二月十七日、一九六六年十月五日に最初の確認申請の提出から実に四年二ヵ月を経て、東京海上は、東京都から建築確認書を受領し、ようやく着工へと踏み出すことができたのである。しかもこのとき、東京海上は、「平面計画を広げたりはしない」(36) として、前川の設計主旨を尊重する姿勢を堅持したのだ。また、そうした施主との信頼関係が守られていたからこそ、前川も、頭を切られる方針に従い、設計を最後までまとめ上げることができたに違いない。ちなみに、構造設計を担当した横山不学の証言によれば、着工に向けて粛々と進められていた当初の実施設計案の「全設計に要した延時間は八万五千時間余」、「整えられた図面の数は建築・構造・設備を含めておよそ五〇〇〇枚」に及んだという。(37)

そして、一九七〇年九月十一日の「折衷案」による二五階建て、高さ一〇〇メートルの方針変更により、再スタートを切った実施設計は、きわめて短期間に進められていく。確認書を受領したわずか六日後の十二月二十三日に着工し、三年三ヵ月の工事期間を経て完成し、一九七四年三月十二日に東京海上ビルは竣工式を迎える。前川が設計に着手してから九年もの歳月が流れていた。

前川が堅持しようとした都市への提案

では、思いもかけず「美観論争」に巻き込まれ、多大な時間と労力を費やして設計を進めざるをえなかった前川は、何を求めていたのだろうか。一九六七年七月十九日、確認申請が却下され、先の見えない渦中にあった前川は、タイプ版冊子を製作し、そこに「「美観論争」は不毛である」と自ら題した声明文を発表している。

「歴史は大きな曲り角にさしかかっています。(…)経済開発と人間尊重、掲げられたふたつの政策の柱は思えば矛盾にみちたものではありませんか。にもかかわらずこのふたつの調和こそ、現代の都市に与えられた基本的な命題であるに違いありません。

「現代の都市計画とはデガージュマン(取払うこと)である」という言葉があります。(…)黙っていてもつめ込まれてゆく都市空間をできるだけ取払って空地をつくり、風通しをよくして太陽と緑の空間を人間の手にとりもどすことが、つまり、現代の都市計画だという意味です。工業化した現代の建築に埋められた都市の中では、(…)建築物の壁面によってつくられる外部空間しかなくなるというのが実情でありましょう。高層ビルを建てることによる経済負担の増大をあえてしても、こうした建築の外部に空間をつくりだして、これを社会公共に役立てるということが、経済開発と人間尊重の二本の政策の柱にもっとも忠実な解決と考え、これを経済の暴力によって生まれた近代都市建築のアンチテーゼとして、太陽と緑の空間とを人間の手にとり戻すべきであるというのが東京海上高層ビルの基本的な主張です。[38]」

前川は、容積制が可能とした建築の高層化を逆手に取って、建物の地上部分を取り除き(degager)、都市の公共空間として開放する先駆的な事例を提示しようと考えたのだ。同年一月の冊子[39]には、「建物の内庭に死蔵された都市空間の社会化」という文言も綴られていた。また、その巻末には、丸の内地区の現状と、前川の思い描いた「都市空間の社会化」された姿の図面が添付されている。この比較図には、番頭格の所員の田中誠が一九六八年に上梓した著書『超高層ビルの話』に書き留めた、丸の内地区がもつ次のような都市景観への期待も託されていたに違いない。

「丸の内はそのブロック割りの形や大きさからいうと、超高層ビルを正しい姿で実現していけば、それこそ世界有数の美しいビジネス街になりうる素質をもった、おそらく日本で唯一の地域である。[40]」

また、前川は、建設中の一九七三年九月、『朝日新聞』のインタビューの中で、東京海上を超高層にしようとしたねらいについて、「超高層化による建築費の割高を覚悟で、周囲に空地をつくり小公園化、企業の負担でそれを社会還元してもらうため」と語り、それによって、「敷地いっぱいにべたっと建った現在の丸の内中層ビル街は、ほぼ日比谷公園大の採光用中庭を死蔵している。このスペースを、各ビルの超高層化で、外部にはき出させれば、従業員と都民の蘇生の場が誕生する」と説明していた。[41] だが、一方の東京都首都整備局長の山田正男は、一九六七年六月、日本建築家協会企画委員長の市浦健との紙上対談で、一九六六年十一月十一日に発表したモンタージュ写真を作成した意

1966年11月11日　東京都が発表したモンタージュ写真　右端に描かれたのが東京海上ビルディング

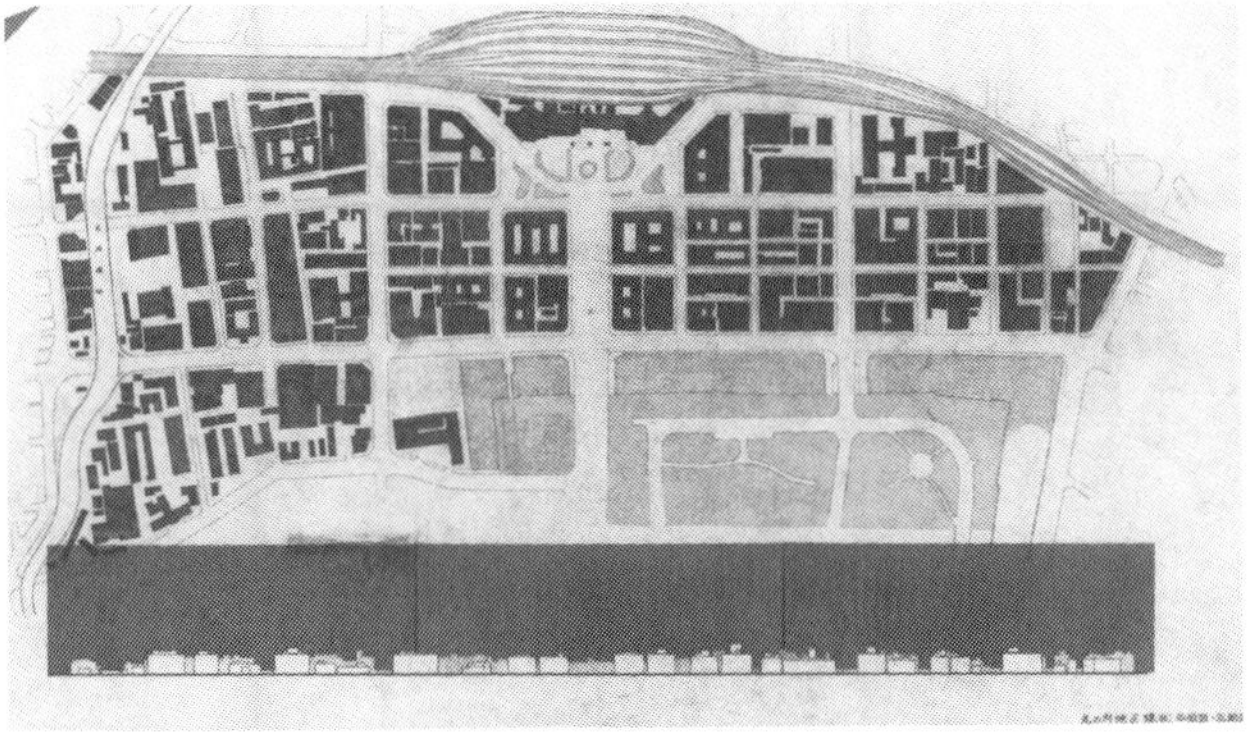

丸の内地区現状平面図・立面図　前川國男『丸の内景観論』冊子 1966年＊

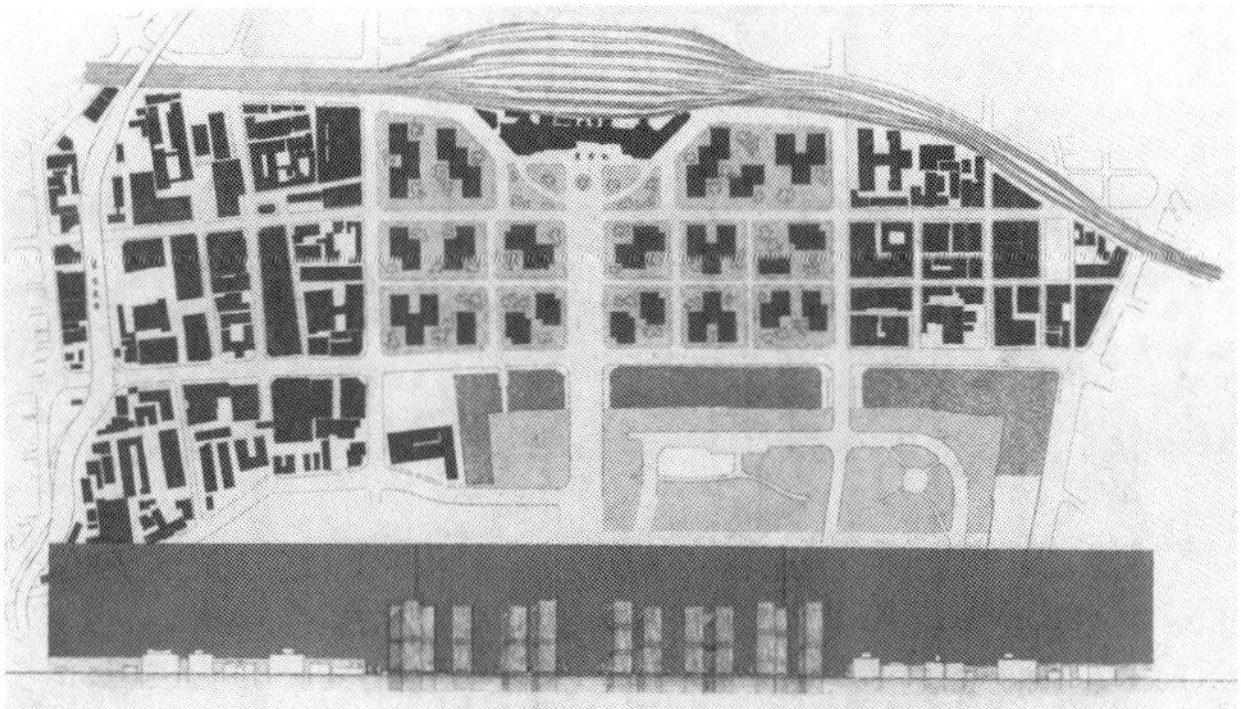

高層化した場合の平面図・立面図　同上＊

図について、次のように述べたのである。

「高さの問題は、都市空間、緑の空間、建築空間の接触をどういうふうに構成するのがいいか、ということだ。これもバランスの美とアンバランスの美と二つある。そのどちらの規制がやさしいかといえば、バランスの美の方がやさしいときまっている。（…）やはり規制する機関が必要だ。（…）特定の国家的な象徴である建物を高くすることはできるかもしれない。しかし特定の保険会社の建物を高くすることは、よほどの根拠がないといえない。（…）だから、私どもは特定の建物を相手にして美観論争をやりたくない。そういう意味で前に皇居周辺の高層建築を想定したモンタージュ写真を発表した。ところが、現代の建築家に任せればほっといたってあんなふうな醜悪なものは建てないと反論が起った。しかし、だれがそれを保証するか。建築家を信用してくれ、建築主を信用してくれというだけでしょう。[42]」

こうした発言からも山田の真意が読み取れる。同じ対談では、「パリにしろ、ニューヨークにしろ、どこの都市でも美観の規制は強くやっています」と述べ、「美観の規制はする必要はある」として、決めるのはあくまで行政だと主張したのである。ここに露呈したのは、都市は誰のものか、という問題だったのではないだろうか。この山田の発言の直後、川添登のインタビューに前川は答えていた。

「ぼくらがこんどの問題にぶつかって感じることは、都市計画、あるいは都市をつくるのは、官僚の仕事だという意識が、ひじょうに強くあるんですよ。

たとえばこんどの建築審査会で、ぼくが説明したのは、高く細くすることによって都市空間をつくりだす。そこに一つの新しい人間環境をつくりだすという意味を、超高層ビルはもっているんだ、ということを主張したんですね。そうすると、そんなことは一私人のなすべきことではない、という言い方で反論してくるわけですよ。（…）ぼくはそういう官僚独善的な考え方はおかしいと思うんですよ。都市計画というものは、大衆というか、国民、都民の協力なしにやろうなんて、とんでもないまちがいだと思うけれども、そういう官僚オールマイティ的な考え方が強いことを感じたんですよ。[43]」

二人の議論はまったく噛み合っていない。戦前から長く設計活動を続けてきた前川には、見えていたものがあったのだろう。同じく美観論争最中の一九六六年十二月、前川は、担当スタッフの奥平耕造と連名で記した文章の中で、次のように指摘していた。

「東京が大規模な都市計画を実施しうる機会は過去に二度あった。大正一二年（一九二三年）の関東大震災後の震災復旧と、太平洋戦争敗戦後の戦災復興とである。関東大震災は鉄筋コンクリート構造理論の優位をもたらしたが、都市計画は実現しなかった。戦後の戦災復興都市計画案は建築家が現実の都市計画に積極的に参画した稀有の出来事であったが、実施されたものは皆無にひとしく、ついに画餅となりおわった。都市計画法制定後の都市計画がたんなる法的規制の域をでず、市区改正いらい連綿とつづく区画整理事業と建築の取締行政に終始し、それを脱出することができず、都市の造形的創造にまで発展しえなかったからである。官僚都市計画家が行政官あるいは技術官として、計画実施のための調査および技術の蓄積に長じ、建築家は都市の造形的なプロジェクトを発表して建築ジャーナリズムで活動したが、具体化の方法と実施能力をかき、おたがいは顔をそむけて、積極的に協力する努力をしなかったからである。(…) 都市計画事業に建築家の創造的参加が欠落している事実は、わが国の都市計画の悲劇といわねばならない。[44]」

東京海上ビルディング外観(1974年) 1996年撮影

前川は、調査と技術の蓄積に長じるだけの「官僚都市計画家」と、「造形的なプロジェクト」の建築雑誌への発表に勤しむ建築家との分断によって、「都市計画事業に建築家の創造的参加が欠落している事実」こそ、「都市計画の日本的悲劇」と断じたのだ。また、一九六八年の座談会でも、こう語っていた。

「ぼくは日本の建築界で、ジャーナリストが作家論ばかりやるのはどういうわけだという気がするのです。つまり、建築を作るエンバイロンメント全体についてどうしてもう少し考えてくれないかという気がするのです。(…) 結局われわれの仕事は建築とは何だろうか、ということを毎日考えていることにつきると思います。[45]」

そして、一九七〇年九月二十四日、計画案の大幅な設計変更により、東京海上ビル問題が決着した際、前川は『新建築』のインタビューに答えて、改めて問いかけたのだ。

「私は建築界の連帯責任はなにもないとかねがね申してき

アムステルダム市庁舎公開コンペ応募案（1967年）　模型写真＊

パレスサイドビル屋上から見る丸の内ビル群　東京海上ビルディングは見えない。2022年2月8日　撮影／平林由梨

ましたけれど、考えてみれば近代社会そのものがそういう連帯感を失ってバラバラになっていると思うのです。（…）建築界において、よい建築、よい人間環境に対する情熱が失われてしまったというのが、バラバラの状況をつくりだしているのだと思います。考えてもごらんなさい。学界にしても、行政界にしても、業界にしても、設計界にしても建築の全体的イメージとか、情熱とかいったもっとも基本的なものが見失われてしまって、そこにあるものは、瑣末主義、商業主義といったもののエゴイズムだけではありませんか？[46]」

こうして見てくると、竣工した東京海上ビルの孤高さが浮かび上がってくる。そして、この問題にかかわり続けた歴史家の村松貞次郎が、同じ雑誌に寄稿した文章、「東京海上ビルの問題にふれて[47]」の副題を、「連帯感のない建築家たち」としたように、建築家たちは、「前川一人にけんかをさせておいて、それをとり囲んでけしかけていたにすぎないのではないか」。さらに、「さあ一〇〇メートルならお許しが出るぞ」と村松が予言したとおり、その直後に起きたのは、「〈皇居前一〇〇メートルライン〉という暗黙の規則[48]」に沿った超高層ビルの相継ぐ具体化だったのである。前川が求めようとした、建築界の連帯による好ましい都市景観創造への道筋はどうなったのか。前川は、東京海上ビルの計画が中断されている間も、担当スタッフの奥平らに、オランダのアムステルダム市庁舎の公開コンペ（一九六七年）の応募案を作成させて、都市における高層ビルのあり方を考え続けていた。しかし、その後に丸の内がたどったのは、前川が望んだ「都市空間の社会化」ではなく、際限のない敷地全体の囲い込みによる超高層ビルの林立という現実だった。

前川は、その最晩年に、ふたたび東京海上ビルと一人向き合うことになる。

皇居前広場から見る東京海上ビルディング遠景　2011年撮影　2023年建て替えのため解体された

日本万国博覧会の光と影の中で

あわただしい時期の万博への参加

一九六六年十月、着工へ向けて確認申請を提出した東京海上ビルは、「美観論争」に巻き込まれ、丸四年に及ぶ塩漬けの状態へと陥る。そして、一九七〇年九月、ようやく自主的な設計変更の「折衷案」による二五階建て、高さ一〇〇メートルで許可が下り、十二月に着工に漕ぎ着ける。

こうして、前川とスタッフが生みの苦しみを味わうことになる時期に、図らずも、それとほぼ並行して計画が進められたのが、一九七〇年三月から九月まで大阪の千里丘陵で開催された日本万国博覧会の二つのパビリオン、鉄鋼館と自動車館である。

この万博は、一九六四年の東京オリンピックに続き、「人類の進歩と調和」をテーマに掲げ、世界七六カ国の参加を得て日本で初めて開催された。一四〇館のパビリオンが建ち並ぶ史上最大の規模を誇り、会期中の総入場者数も最多の六四〇〇万人を記録するなど、高度経済成長時代を象徴する国家的なイベントとなる。また、そこには、会場建設費試算一二〇〇億円、道路や鉄道など関連事業費推計一兆六千億円もの予算が計上されていた[49]。ちなみに、一九七〇年度の国家予算の歳出決算額は約八兆二千億円[50]なので、その二割にも匹敵する規模の巨大な公共事業でもあった。

前川にとっては、すでに触れたように、一九五八年のブリュッセル万博、一九六四年のニューヨーク世界博の日本館に続く三度目の博覧会建築であり、初めての国内での仕事となる。前川の脳裏には、日中戦争により中止された一九四〇年の幻の日本万国博覧会で、「神妙の建築」というテーマを掲げて応募した建国記念館コンペのことが頭をよぎったかもしれない。(51) それから約三〇年、時代は大きく変貌し、前川の立ち位置も当時とはまったく違う。また、鉄鋼館は、それまでに手がけた仮設のパビリオンとは異なり、日本庭園、万国博ホール、万国博美術館、日本民芸館と共に、博覧会終了後も使われる恒久的な施設として計画されていた。そんな建物に、前川はどのようにかかわり、何を求めたのか。この章では、鉄鋼館を中心に、建設までの経緯と試みられた方法、万博の仕事がもった意味について見ていくことにしたい。

鉄鋼館の実現までの経緯

鉄鋼館は、「鉄の歌」をテーマに、日本鉄鋼連盟を事業主として建設された。「スペース・シアター」と名づけら

日本万国博覧会鉄鋼館（1970 年）　写真：© 村井修＊
ホワイエのサッシュにはＨ型鋼が使われた

日本万国博覧会自動車館（1970 年）　撮影／石元泰博＊
こちらは仮設建築として建設された

れた、まったく新しいかたちの音楽ホールである。前川事務所に残る設計資料[52]によれば、一九六七年十月から設計に着手し、翌一九六八年五月に基本設計がまとまる。また、竣工後に鉄鋼連盟が作成した記録集[53]によれば、建設工事の起工式は同年七月一日であり、その間に実施設計があわただしく進められたことが分かる。なぜ新たな試みにもかかわらず、設計に費やせる時間がこれほど短く限られてしまったのか。二〇二一年に日本万国博覧会記念機構の元職員の岡上敏彦がその間の経緯についてまとめた論考[54]には、鉄鋼館の実現に至るまでに紆余曲折のあったことが詳述されている。

それによれば、この新しい音楽ホールの構想は、一九六五年十月に発足した財団法人日本万国博覧会協会のテーマ委員会の委員で、倉敷レイヨン社長の大原總一郎の発案に始まる。大原は『音の方向性・音の遠近性・音の流動性を生かす新しい音楽会場（日本万国博への一提案）』と題した小冊子[55]を作成し、一九六六年五月のテーマ委員会で配布する。そこには、大原が温めてきた、森の中で聴く「小鳥の音楽会」を理想とする「球形（あるいは多面体）」の新しい音楽ホールのイメージが綴られていた。また、続く同年「初秋」に、この大原の着想を具現化する「附図」として、「多面体音楽堂」の設計案をまとめたのが、浦辺鎮太郎である。浦辺は、一九六四年に、大原のもとで長く勤めた倉敷レイヨンの営繕部長職を離れて退社し、建築家として歩み始めたばかりだった。一九六五年には、倉敷国際ホテル（一九六三年）により日本建築学会賞を受賞しており、大原と共に、この新しい音楽ホールの実現に大きな夢を抱いたに違いない。浦辺が作成した設計案には、外径約六三メートルの正十二面体の中央のエレベーター・シャフトに巻き付くように、三千人収容の客席がスキップ・フロアー状に配置され、聴衆は自由に移動しながら音楽に包まれ、楽器の中にいるような内部空間が描かれている。

この大原と浦辺の提案を受けた万博協会は、一九六六年十二月から一九六七年三月までの間、その具体化へ向けた検討作業を、外部機関へ委託し、「新しい音楽堂に関する調査研究」を進めていく。実はこの時点で、検討委員の一人として、取りまとめ役の音楽評論家・吉田秀和のもとに、前川國男が加わっていた。おそらく、神奈川県立音楽堂や東京文化会館の実績を認めた吉田が、前川のアドバイスを求めたのだろう[56]。三月中旬の中間報告には、浦辺の「多面体音楽堂」の改良案が提出される。しかし、三四億の建設コスト高や博覧会後の運営の見通しについての質問や、「高踏的で大衆性がないのではないか」という疑義が出された。そのため一九六七年三月三十日、万博協会は「間に合わない」との判断から、最終的に建設の断念を決定する。そして、まったく別のかたちで、日本鉄鋼連盟が事業主となるパビリオンの「鉄鋼館」として建設されていくことになる。

その間の動きと考えられる理由については、岡上が推察しているが、真相は分からない。一方、前川は、建設工事の着工に合わせて日本鉄鋼連盟の機関誌『鉄鋼界』（一九六八年七月号）に掲載された座談会で、鉄鋼館の設計依頼の経緯について発言している。

「これはもともと立体音楽堂といったような形で大原さんからご相談をうけていたことがあるのです。それは実際問題として政府のテーマ館として提案しようとしたのですが、政府の方ではどうしても理解してくれなかった。それにひきかえて鉄鋼連盟は理解してくださったということから考えまして、これもまた非常に象徴的であるというふうに思ったわけです。ともかく私は鉄鋼連盟のパビリオンというのは、後々まで残るものだということを条件として承わったわけです。」[57]

前川は、一九六五年に、彫刻家・流政之の協力により、八幡製鉄の出鋼一億トン記念碑「鉄の里」を手がけており、この時点から鉄鋼連盟の関係者とのつながりが生まれたと思われる。[58] そして、同じ座談会で、前川は「鉄鋼連盟から

浦辺鎮太郎「多面体音楽堂」外観スケッチ　『日本万国博への一提案附図』1966 年

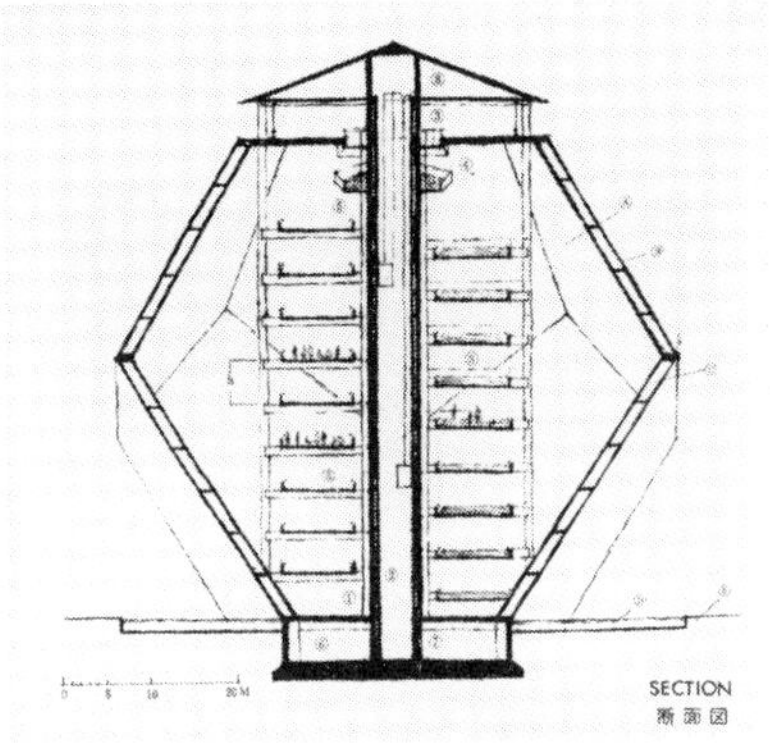

浦辺鎮太郎「多面体音楽堂」断面図　同上

浦辺鎮太郎「多面体音楽堂」聴衆席スケッチ　同上

どういうパビリオンをつくったらいいかというようなお話がございましたとき、とたんにこういったようなタイプの音楽堂を頭にもっていたのです」とも語っていた。これらの前川の発言が正しいとするならば、万博協会が大原と浦辺の提案した「多面体音楽堂」の建設を断念した決断を踏まえて、鉄鋼連盟からパビリオン計画立案の相談を受けた前川が、渡りに船と、「後々まで残る」恒久施設であることを条件に、立体音楽堂の提案を行い、了解を得たことになる。またそうした経緯を踏まえると、竣工後の鉄鋼館のパンフレットに掲載された、総合プロデューサー前川國男による次の説明文の意味も見えてくる。

「雲をつんざく雷鳴……木々を飛び交う鳥達のさえずり……野山をかけめぐる獣達の咆哮……交響曲『田園』を作曲したベートーベンは、古今多くの音楽家たちがそうであったように、音楽だけで、これを表現しようとしました。けれども、もし楽器としての「音楽堂」を与えられていたら、彼らのアイディアはさらに満ちあふれ、もっと違った新しい地平がひらかれたのではないでしょうか。こうした考えが〈SPACE THEATRE〉のもとになったのです。それは「音楽堂」というより、自由な発想を育くむ音場として、私達に無限の可能性を与えることでしょう。最後に、(…)この企画の立案者ともいうべき故大原総一郎氏の霊に深い祈りを捧げる次第です。[59]」

この文章からも、前川が、大原の思い描いた「小鳥の音楽会」や浦辺の考案した「多面体音楽堂」を引き継ぐかたちで、「楽器としての「音楽堂」」を構想していたことが読み取れる。また、結語にもあるように、大病を患っていた大原は、一九六八年七月二十七日に急逝したため、形を変えて完成した鉄鋼館の姿を見届けることはできなかった。

それでは、こうして前川が手がけることになった鉄鋼館の設計は、どのようなかたちで進められたのだろうか。

鉄鋼館の設計プロセス

先の日本鉄鋼連盟の機関誌『鉄鋼界』に掲載された一九六八年七月の同じ座談会には、作家の安部公房と作曲家の武満徹も出席していた。前川の発言によれば、武満の起用については、作曲家で音楽評論家の柴田南雄やグラフィック・デザイナーの杉浦康平、NHKの上浪渡、写真家の石元泰博ら、先に相談相手となっていた企画顧問のメンバーの意向があり、「聴覚に訴える」「音が主流のディスプレー」なので、「武満君に主力のプロデューサーになっていただきたい」ということになり、この「二月に帰って来られるのを待ちかまえて説きふせ」たという。また、建築界とは無縁の安部についても、「文学者は本質的にある社会に対する批判者の立場であるという基本的な考え方」から、「文学者をどうしてもいれなければならない」として、「安部君に是非助けてくれと頼んだ」という。この前川の発言を受けて、武満は、「音というものを中心としたパビリオン」への抱負を語り、安部も、「万国博でなければできないというものがある」と期待を述べている。そして、前川は、鉄鋼館に求める自らの思いを次のように語ったのだ。

「音楽堂がつくられたらいいなと思った一つの原因は、社会がこういうふうになってきますと、人間の集まる場所というのはいくらつくっても足りないんですよ。(…)ドイツロマン派の音楽が非常にヨーロッパの音楽界を風靡していた頃、ドイツの各都市の人口二万人当たり一つづつの音楽堂、オーケストラ、オペラハウス、コーラスがあったというんです。つまりドイツのあの時代の音楽界にはそれだけ裾野の拡がりがあったということをきかされているわけです。(…)ですから折角おつくりになったものが無駄になるということは絶対に無い。しかも一つの理想をもった新しい音楽堂、新しい楽器を作っておけば、これは他日必らず鉄鋼連盟の成果を高からしめることに役立つというような信念みたいなものがあったわけです。」

前川には、ヨーロッパの音楽が育ったような「裾野の拡がり」を築くために、「一つの理想をもった新しい音楽堂」を造ること、そして、それによって、都市への人口集中が進む中で、日本には乏しい「人間の集まる場所」を少しでも増やしていくきっかけにしたい、との思いがあったのだ。だが一方で、「無駄になるということは絶対に無い」という前川の発言からは、高度経済成長の追い風を受けて突き進む万博という巨大な国家的事業がもたらす、危うい高揚感を読み取ることができると思う。前川の理想とは裏腹に、この計画のもつ危うさは、次のようなことからもうかがえる。すなわち、こうしてベスト・メンバーを一堂に集めて計画はスタートしたものの、設計に与えられた時間はきわめて短かったこと。また、誰も見たことのない、雲をつかむような実験的な「楽器としての「音楽堂」」を、どのような建築として実現させるのか、本来なら、その検討のための基礎的な検討が不可欠であるにもかかわらず、残された設計資料からは、そのことについての前川の具体的な空間のイメージや確かな設計の方法論を読み取ることが難しいことである。

たとえば、一九六七年十二月の基本設計の草案には、「オーディオを主体においた催しの可能性を追求して見たい」との記述はあるものの、「どの様なホールを作るか」という項目では、音の可能性と豊かさを得るために、「出来る限り吸音された」、「性格をもたない大きな空間」とし

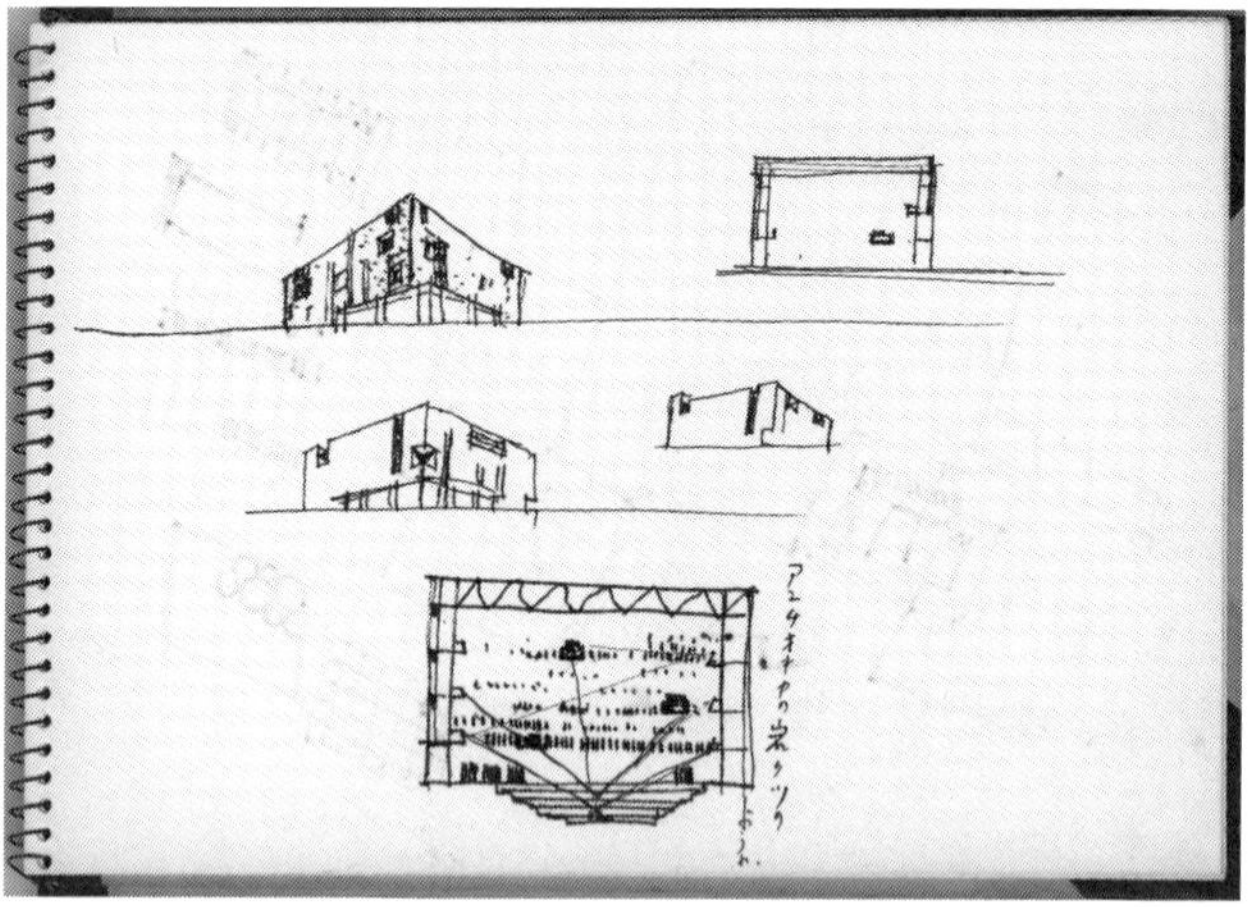

前川國男の鉄鋼館の直筆スケッチ　「アンチオキヤの岩クツのように」とメモ書きされている＊

て考えるべき、とだけ記されている。また、着工わずか二カ月前の一九六八年五月の基本設計説明書に至っても、「鉄筋コンクリートリブ付版構造」の「回廊」によって囲まれた「音と光を主とした演出が大々的に行われる一辺四六米、高さ約二五米の箱」と、「H型鋼による大架構方式」による「展示を主として行う低層のホワイエ」の「二つの部分」から構成される、という大まかなフレームの説明と、演出家の千田是也のアドバイスを受けて、廻し舞台と客席の一部が上下する迫り機構が盛り込まれたことが記述されているだけだ。さらに、設計資料に残された平面図の考え方にも、こうした拙速に進められた設計プロセスが反映しているのだろう、閉じたホールと開いたホワイエの二つの正方形を重ね合わせた当初の単純な形が、そのまま実施へと至っていく。そして、スケッチ・ブックに残る前川のスケッチにも、「アンチオキヤの岩クツのような」とメモ書きされているように、トルコ南東部のアンティオキア（現・アンタキヤ）にある世界最古の洞窟教会と言われる聖ペテロの岩窟教会をヒントにした、岩石のような厚みのある彫刻的な外観と巨大な内部空間の断面のイメージが描かれているに過ぎない。

おそらく前川は、工事スケジュールとの関係から、同じように、建設工事と併行して実施設計を進めざるをえなかった東京文化会館の経験に倣って、コンクリート駆体の大きなボリュームの建設を先行させつつ、残る音と光による演出方法などについては、その範囲内で、企画顧問のメンバーに任せてそこに盛り込んでいく、という戦略的な方法を取らざるをえなかったのだろう。そこには明らかに、回廊に囲まれ、内部に大空間を内包する東京文化会館の大ホール客席の構造体の考え方と、荒々しいコンクリート打放し壁による洞窟のような小ホールのイメージが踏襲されている。逆に言えば、音と光による演出方法が決まらない段階で建築を竣工させるために、そうするしか方法がなかったに違いない。そう考えるとき、設計スタッフの足立光章が竣工後に記した説明にも合点がいく。

「私たちはこのホールを利用する芸術家がいかようにも腕を振えるために、建築としては無色・無味・無臭のものを作るべきと考えた。それは建物の内外に統一的にいえることであって、(…)立方体の、なんの変哲もない形が与えられた。(…)こうしてできた巨大なコンクリートの箱は、一辺四六メートルの正方形・高さ二〇メートルのボリュームを持つ、中庭となるホールの部分は一辺三七メートル・天井の高さ一七メートルで、上野にある東京文化会館の大ホールの一・五倍の容量となる。このような閉鎖された空間を持つ大規模なホールの建物に対し、それへの導入部となるホワイエは、純鉄骨構造二層の完全にオープンな空間をもって、極めて対照的に扱われている(60)。」

　また、事業主の鉄鋼連盟から求められた「鉄を表面に出して使ってほしい」という要望に応えるかたちで、全面ガラス張りのホワイエの目に見える要素は、構造体の柱からサッシュの縦枠や庇の鼻先まで、すべて耐候性のH型鋼が使われる。また、閉じたホールの外壁

鉄鋼館ホール　円形舞台を取り囲む観客席　写真：© 村井修*

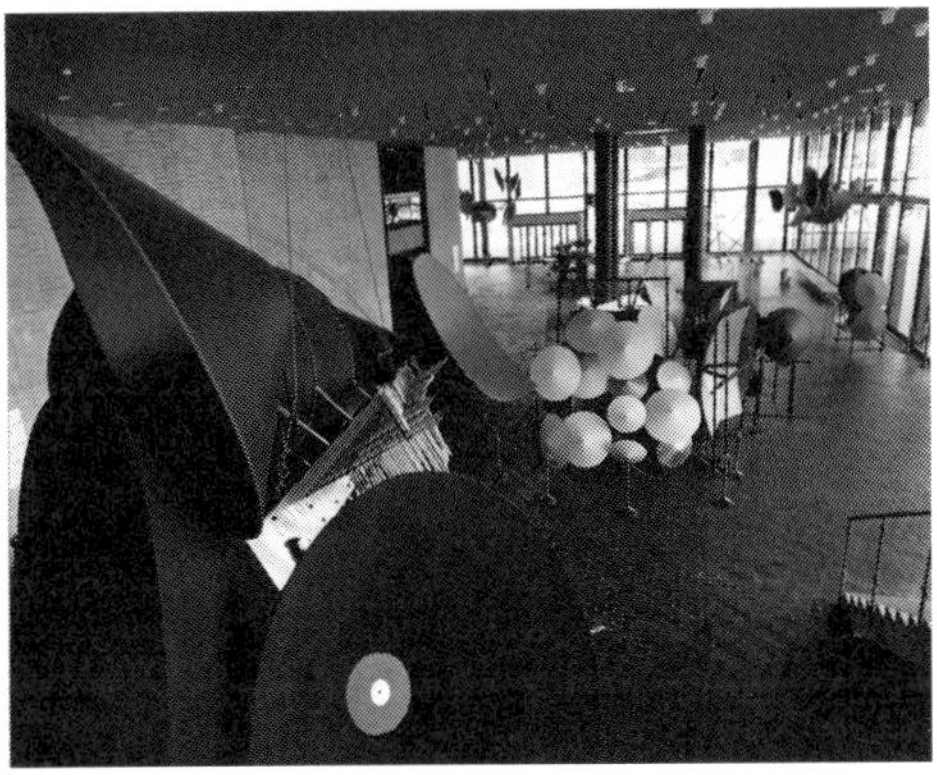

鉄鋼館ホワイエ　フランソワ・バシェの楽器彫刻17基が並ぶ。写真：© 村井修*

は、荒々しいコンクリート打放しとすることで、前川の求めた岩窟のような表情が作り出されていく。こうして、閉じた巨大なホールと開いた開放的なホワイエという二つの何もない空間が出来上がる。そして、ホールには、直径八メートルの昇降する円形の回転可能な舞台と、四分の一の可動席を含むアリーナ状の約千人を収容する客席の雛壇が設置され、天井から吊り下げられた巨大な球形のものを含め、壁面や座席の下部や舞台などに、合計一三〇〇個ものスピーカーが備えられた。また、天井高約六メートル、床面積約八二四平方メートルの広大なホワイエには、武満の提案により起用されたフランス人彫刻家フランソワ・バシェの制作したオリジナルの一七基の楽器彫刻と、鉄製の大きな振り子（ペンデュラム）が置かれたのである。

では、このように設計された鉄鋼館は、音響プロデューサーに起用された武満徹らには、どのように受けとめられていたのだろうか。

武満からの誘いを受けて、レーザー光線を用いた光の演出を担当した画家の宇佐美圭司は、万博開催中に記した文章の中で、「武満徹氏がプロデューサーを引き受けたのは、新しい音楽的環境として、すぐれたコンサートホールを造りたいという情熱であったと思う」[61]と記した上で、次のように書き留めている。

「武満氏にとって、そして私にとってもまたいちばん残念な妥協点は、客席という固定観念を打ちやぶるような、よりフレキシブルなシート構造と、実際にそれらが相互にエレベイションのズレをおこす設計にできなかったことであろう。それは予算並びに前川氏の基本設計と矛盾した。

総合プロデューサーであり、計画の立案者である前川氏は鉄鋼連盟の窓口として私の欲求をコントロールする立場にあったため、当然私は前川氏並びに設計事務所と何回も対立した。

武満氏との相互信頼と連帯がなければ、仕事を続けることができなかったと思う。」

また宇佐美は、その理由として、自分が加わった一九六八年四月の時点で、「建築の基本設計はすでに模型作成の段階を終えて」おり、「建築の構造、観客の導線の枠組が決定されていることは、私が作業に入るにあたって致命的な妥協だと考えられた」と記し、「もしスタッフの一員として当初より計画に参加していれば、統一的な空間計画が可能だったはずである」と、設計プロセスの問題点を指摘していたのである。

それでも、武満の立案した「音と光の演出に関する構想」により、ル・コルビュジエの設計スタッフとして一九五八年のブリュッセル万博のフィリップス館を担当した作曲家のイヤニス・クセナキスや、新進作曲家の高橋悠治にも依頼して、武満作曲のものも含めて、この鉄鋼館のために作曲されて録音された現代音楽が、会期中、毎日、ホールで演奏されていく。そこには、武満と高橋の作曲したバシェの楽器彫刻による演奏も含まれていた。また、宇佐美も、彼らの音楽に合わせて、客席の下に埋め込まれた四千個の色ランプやレーザー光線などを駆使した七二種類の光のパターンによって、幻想的な音楽空間を演出したのである。そうした武満らの努力が実り、日々演奏される現代音楽も注目を集めたのだろう。会期中の総入館者は七六〇万人を数えたという。

さて、こうして完成した鉄鋼館について、前川はどう思ったのか。開幕直前に行われた週刊誌の対談[62]では、「この間テストでバッハの曲を聞いたんですが、これは感激でしたね。地の底から揺り上げてくるような音ですからね」と語り、「なんでも聞かせてくれるものは聞きたいと思っています。ほんとは、どんなことになるのか、ぼくにもまだよくわからないんですよ。音に、完全に包まれるわけでしょ。こんな体験は、いままで一度もないでしょう」と興奮気味に話している。そして、鉄鋼連盟がなぜ一五億もの巨費をつぎ込んで恒久施設となる実験的な劇場を作ったのかと訊ねられた前川は、次のように答えたのだ。

「鉄のパビリオンだから鉄の生産量とか使用量をPRしそうなもんだと思われるかもしれませんが、世界第二の生産を誇る日本の基幹産業が、いまさら鍋窯の宣伝でもありませんでしょう。それよりも、あすの世界に対する芸術的関心のデモンストレーションこそが、基幹産業の王者としての風格をPRする最善のみちであると、われわれは確信して、これに踏み切ったわけです。」

こうした前川の発言からも、高度経済成長がもたらした時代の勢いと、その力を使ってまったく新しい音楽ホールを実現させることができた、という高揚感が伝わってくる。そうした恒久的な施設としての将来的な活用への期待が込められていたからなのだろう、会場で配布されたパンフレットの末尾には、こう記されていた。

「万国博が終わっても公共施設としてそのままの形で残されることが決定。音楽堂としてだけでなく、無限の可能性をひめたコンサートホールとして、多くの人々にいつまでも活用されることでしょう。[63]」

しかし、このように謳われていた鉄鋼館は、万博の会期終了後、自動車館など他のパビリオンと同じく、仮設の一時的な施設であったなら遭遇することはなかった厳しい現実に直面することになる。

鉄鋼館の「休眠」と万博の危うさをめぐって

万博終了後の鉄鋼館

日本万国博覧会の会期終了後の一九七一年、日本鉄鋼連盟がまとめた記録集に寄稿した文章の中で、前川は、鉄鋼館の設計趣旨について、改めて書き留めている。

「「百聞は一見に如かず」と古語にもいう通り、人間の眼の方が耳よりだいぶ上等に出来ている様であります。したがって博覧会の展示も視覚にうったえる展示が主流をなしているのが常であります。(…)鉄鋼館は展示として困難なことは万々承知のうえで聴覚展示に踏み切ったわけです。その理由の第一は、此のパヴィリオンが博覧会終了後も保存使用されるという条件があったことであります。もしも視覚展示のパヴィリオンを作ってこれを後に残すこととなれば、何か科学博物館的なものにならざるを得ない。だとすればそれは博覧会会期中の展示館としては甚だ魅力のうすいものにならざるを得ないでしょう。逆に困難ではあるけれど、聴覚展示つまり具体的には「新しい楽器」としての画期的な音楽堂をつくって、これを新しい音楽芸術創造の場として残すことが出来たならばこれこそ日本基幹産業の雄、鉄鋼連盟にふさわしい万国博への寄与であるとの確信から此のスペース・シアターの建築が決心されたのでした。[64]」

この言葉には、万博のパビリオンに求められる視覚的に斬新なデザインは、一時的な仮設建築だからこそ挑戦できる類いのものであり、恒久施設の場合には、時間の流れに耐えうるためにも堅実な建物とならざるをえない、とする冷静な判断を読み取ることができる。前川は、会期後も長く使われる予定の鉄鋼館では、視覚的に目立つデザインを施す必要はないと考え、時間に耐えうる強固なコンクリートの箱に包まれた「新しい楽器」を目指そうとしたのだ。しかしその一方で、前川は、「博覧会の出展物である以上聴覚一点張りというのも多少無理」との判断から、「レーザー光線の協演」を考えたとも記しており、何らかの演出が必要であることも認識していた。そして、そのために起用した武満徹や宇佐美圭司らとの協同作業を振り返って、この文章を、次のような結語で締めくくっている。

「何分にも協力する面々は、いずれも一国一城の芸術家であり、しかも御互に仕事のうえでは初対面の方々許りでありました関係上、その運営は、相当困難を極めましたことは当然であります。(…)しかし考えてみればこんなことでもなければ御互に分業化細分化された現代社会に於いてこれ程ちがったジャンルの人達が御互に接触する機会はついに持てなかったでありましょう。「博覧会だけは孫子の代まで手を出すな」とは申しますが、これも亦われらの人生の尊い、なつかしい思い出ではありませんか。」

一方、後年の前川没後の二〇〇六年だが、設計担当スタッフの足立光章は、前川の鉄鋼館設計の動機について推察している。

「前川の参加の図式は(…)日頃暖めてはいたが、それを検証する場の無かった課題について、悪く言えば万博を利用して実験してみたいという「うずき」が参加に踏みきらせたのであろう。鉄鋼館の場合それは音楽であった。[65]」

前川には、高度経済成長による未曾有の鉄鋼生産で隆盛を誇っていた鉄鋼業界の力を借りて、恒久施設として「画期的な音楽堂」を建設し、日本の音楽文化を底上げする公共的な施設を社会に提供したい、という思いがあったのだろう。同時に、「これまでの音楽では表現できなかった〝新しい音〟を創造する。過去のどの万博でも果せなかった夢を本格的な立体音楽堂で現実のものにするのですよ[66]」と、死の直前まで語っていたという大原總一郎の願いを何とか形にしたい、と考えたのだろう。さらに、そこには、武満を通じて鉄鋼館で演奏される現代音楽の作曲者としてイアニス・クセナキスを起用したことからも推測できるように、彼がル・コルビュジエのもとで担当し、電子音楽を奏でるパビリオンとして注目を集めた一九五八年のブリュッセル万博のフィリップス館を超える本格的な実験劇場を試みてみたい、という、やむにやまれぬ動機もあったに違いない。

余談だが、その点で興味深いのは、同じく前川が設計した日本自動車工業会の自動車館である。このパビリオンでも、ワイヤーとコンクリートパネルで自由なフォルムを実現させたフィリップス館に倣うかのように、鉄骨組みの円筒状シャフトの頂頭リングからワイヤーロープを吊るし、より軽やかなビニロンキャンバスの天幕に覆われた円錐形のフォルムでデザインされていく。この天幕構造の採用は、「仮設の短期間の建物に要求される」「建設撤収の容易性」、「コストの低減」、「大空間を柱なしで蔽いたい」という条件から導き出されたという。[67] 残された前川のスケッチと模型写真からは、鉄鋼館とは異なり、仮設であることを前提とする自由な造形への前川の志向性が読み取れる。

しかし、このような新たな造形に、二つのパビリオンで挑戦した前川だったが、先の同じ文章の中で足立が証言するように、万博終了後、こう語ったという。

「終わった時点で前川の「もう博覧会はいい」と言う嘆息が、この万博にかかわった約二年を何か締めくくるような言葉として感慨深く聞いたものである。」

ここには、博覧会の建築に対する前川の屈折した複雑な心境を読み取ることができると思う。何が起きていたのだろうか。

先に触れたように、日本万国博覧会記念機構の元職員の岡上敏彦が二〇二一年にまとめた鉄鋼館の経緯を詳述した論考[68]によれば、万博の会期終了後、鉄鋼館は会場の土地所有者である大阪府に寄贈される。だが、万博会場は地域冷暖房で賄われていたために、鉄鋼館には独自の空調設備が備わっていなかった。そのため、日本鉄鋼連盟は、新たに一億三千万円をかけて受電設備と空調設備の設置を行った上で、建物を寄贈したのだという。そこには、前川と思いを共有する鉄鋼連盟としての矜持と使命感があっただろう。

しかし、岡上の論考によれば、一九七一年一月の大阪府企画部教育文化課の内部文書には、「「現代音楽の実験の場」として世界に誇る機能が内蔵されているこの鉄鋼館の跡利用はきわめて困難なことが多い」として、「長期的展望のもとに慎重に検討されるべき」と、建物の寄贈をお荷物と受け取るような、消極的な記述が綴られていた。そして、鉄鋼館には当面手を付けない方針が決定される。その後、大阪府は、一九七一年に設立された日本万国博覧会記念協会に、鉄鋼館と民芸館を寄贈するが、この「相次ぐ引継ぎの中で、鉄鋼館の再開に必要なエネルギーや人間関係が失われていった」のである。その間、武満や前川らによる「鉄鋼館の音楽ホールとしての再開を要望した記録」も残されているという。だが、策定された「公園基本計画」では、鉄鋼館は「中核的文化施設」と位置づけられたものの、続くオイル・ショックによる厳しい財政事情もあり、その再開は先延ばしされてしまう。こうして、鉄鋼館は、万博の会期終了から四〇年にわたる長い「休眠」状態を経て、ようやく二〇一〇年、「ＥＸＰＯ'70パビリオン」という名称の記念館として整備されて、一般公開が始まる。しかし、それは展示施設に過ぎず、依然として、前川と武満らが待ち望んだような、実験劇場として再開されるには至っていない。

亀倉雄策が見抜いていた万博の問題点

さて、恒久施設として建てられたことによって、図らずもこのような不運な経緯を辿った鉄鋼館が孕んでいた問題点とは何だったのか。その手がかりが、先に触れた前川の文章の末尾に記された「博覧会だけは孫子の代まで手を出すな」という自省的な言葉にあると思う。実は、この言葉は、その七年前の一九六四年、前川の手がけたニューヨーク世界博覧会日本館（一九六四年）に協力し、展示デザインを担当したグラフィック・デザイナーの亀倉雄策が新聞に寄稿した「ニューヨーク博始末記」と題する記事の結語をそのまま受け継いだものだと思われる。亀倉は、日本館について、次のような感想を書き記していた。

日本万国博覧会自動車館　前川國男の直筆スケッチ＊

同上＊

日本万国博覧会自動車館　スタディ段階の模型写真＊

「前川さんの総指揮でニューヨーク博のプランをねったときは、かなり高邁な理想をかかげた。(…)田中一光、真鍋博、石元泰博といった才人を集めて日本館の壁面を構成したことを知っている人も多いと思う。私もできあがりは自信があった。ところが実際に建て物の内部におさめてみて、さっぱり生きないのに驚いた。建築の重さに押しつぶされたといった方がいい。(…)重量感を売り物の日本館の打ちっぱなしのコンクリートの厚い壁をはじきかえすには板ペラと紙細工ではどうにもならない。

内部にくらべると外側の石の城壁は見事に作家の強さをほこっている。流君のために日本館をつくったようなかっこうになったが、とにかく、ニューヨークの知識人の間でたいへん好評のようである。しかし石の壁を少しけずって内部にお金をかけてくれたらと、ひがみたくもなった。だれかが「博覧会の仕事は孫子の代までおことわりだ」といっていたが、その気持はよくわかる。[69]」

すでに見てきたように、ニューヨーク世界博の日本館では、彫刻家の流政之による外壁の石組みの力強い造形が高い評価を受けた。しかし、亀倉が遭遇したのは、限られた時間で進められた計画が孕むコスト配分の拙さがもたらした内部展示の貧困という現実だった。そのため、続く一九七〇年の日本万博には参加せず、五年後の一九六九年に同じ新聞に寄稿した「万国博は前衛芸術の大祭典か」と題する文章の中で、亀倉は、ふたたびニューヨーク世界博に触れて、次のように書かずにはいられなかったのだ。

「ニューヨーク世界博の日本館のディスプレイを私が担当した。この時の建設費が三億円で、ディスプレイ費がたったの五百万円だった。コンクリートのかたい建造物の内部に紙バリの陳列造型というのは悲しいまでに弱い。(…)この現実に私はすっかり万博ぎらいになってしまった。[70]」

こうして、当事者から一転して冷徹な批評家となった亀倉は、同じ文章の中で、「うわさによると宇佐美圭司のつくったレーザー光線の絵画は電気装置だけでも一億円はかかるそうだ」と、鉄鋼館の演出に注がれた巨額の費用にも触れている。そして、前川をはじめ、坂倉準三、丹下健三、磯崎新、菊竹清訓、黒川紀章、大髙正人、清家清、村田豊、原広司、芦原義信、岡本太郎、イサム・ノグチ、粟津潔、田中一光、石岡瑛子、横尾忠則、黛敏郎、市川崑、勅使河原宏、川添登、浜口隆一ら、万博に「大動員」された「そうそうたる」建築家や前衛芸術家、評論家の名前を列挙した上で、こう指摘する。

「いろいろな空想的なプランが次々と建築家の手によって出来上がっている。どうせ機能的な必要は無く、早く言えばムダだらけでも、珍奇で人目をひき、話題になればそれで目的を果したことになるんだから、こんな面白い仕事は一生に一度しか無いと思う。しかも気の遠くなるようなお金がこの建築群につぎ込まれる。もしこれで家の無い人にアパートを建てたらどのくらい建つだろうかと万博の仕事にあぶれた若い建築家たちは考える。」

亀倉が自らの手痛い経験から見抜いていたのは、万博が建築界にもたらした、一過性の話題になればそれで良しとする、パビリオンの建築がもつ必然性の希薄さと計画の危うさだった。

万博開催の背後で動いていたもの

それにしても、そもそも、万博は何のために開催されたのか、その目的はどこにあったのか。そのことを考えようとするとき、その推進母体として、一九六五年十月、通産省の管轄下で設立された財団法人日本万国博覧会協会が、一九六七年七月に発行した会報の巻末に記載された資料の「日本万国博の国民経済にもたらす効果」というタイトルと、そこに記された文言が、図らずも、そのすべてを象徴していることに気づく。

「道路、鉄道、公園、学術文化施設などの拡充強化による都市の再開発や、交通体系の整備、観光ルートの開発など、日本万国博を契機に、さまざまな公共投資が行われる。

これからの公共投資は、社会開発を促進するだけでなく、ぼう大な需要をつくり出す。一方、企業の関連投資や入場者の消費支出もある。日本万国博の需要造出効果は、きわめて大きいものとなるだろう。

このほか、外国の政府や企業の参加、外国人の観覧などによる需要が生れる上、海外市場を拡大し、輸出の飛躍的増大をはかることが期待できるなど、万国博の経済効果ははかりしれない。[71]」

ここに記された経済効果を至上目的とする万博開催という当時の状況について、より露骨な言葉で表現しているのが、通産省企業局の万国博覧会準備室に勤務していた若き官僚で、後に作家として活躍する堺屋太一が、一九六八年に本名で出版した著書『日本の万国博覧会』[72]の目次に掲げた「「もうかる」万国博」という見出しである。

そして、当然のことながら、万博の開催に対しては、おりしも、全国各地の大学で起きていた大学闘争や一九七〇年の日米安保条約の自動延長をめぐる反安保闘争、「べ平連」（ベトナムに平和を！市民文化団体連合）による反戦運動や成田空港をめぐる農民による三里塚闘争など、当時の幅広い市民運動を背景に、万博に異議を唱える広範な論争が展開されていく。たとえば、開催まで一年余りとなった一九六九年一月十九日号の『朝日ジャーナル』では、「特集・万国博——国民不在の祭典」が組まれ、評論家の針生一郎や建築編集者の宮内嘉久、大阪市立大学教授の吉岡健次らが論考を寄せた。また、他の雑誌でも、多木浩二や武藤一羊らが万博反対の声を上げていく。そして、同年五月には、それらの論考と資料をまとめた著書として、『われわれにとって万博とはなにか』[73]が緊急出版される。その巻頭の「はしがき」には、編者の針生一郎の言葉が記されている。

「一九七〇年に、大阪の千里丘陵で、「アジアで最初の」万国博がひらかれる。そのことはだれでも知っているが、この巨大な祭典が何をめざし、どんなしくみで準備され、わたしたちの生活にどんなかかわりをもつかは、いっこう明らかでない。万国博の計画や準備に加わっている人びとですら、厖大な機構の一部に組みこまれているだけで、全体をみわたすことはむずかしい状態にある。(…)わたしが嘆息したのは、これらの支離滅裂な策動が、それなりに体制の意志にあやつられていて、まさに無理想、無計画ともみえる混乱のうちに、いつのまにか「国家総動員」ともいうべき、強固な文化支配の構造が、うかびあがっていることである。」

さらに、針生は、この編著に再録された論考の中で、先の界屋の著書に触れて記していた。

「なるほどここには、万国博をとおして「世界」と「文明」に到達し、国威を発揚しようとした明治官僚の末裔がいる。「目的」と称してもっぱら「効果」を語り、多くの統計資料を使って「万国博がいかにもうかるか」を力説している実利主義も、開化期官僚そのままである。おどろくべきことに、これらの項目のなかに、国民全体の福祉や利益という観点は、きれいさっぱりぬけおちている。(…)資本という怪物が、需要のないところにも巨大事業をつくりだして利潤を生み、民衆生活を骨のずいまで食いつぶしてふとってゆく姿を、まざまざと思いうかべた。[74]」

一方、サブテーマ専門調査委員として、梅棹忠夫、開高健、桑原武夫、川添登らと、万博の企画立案の議論に加わった作家の小松左京は、万博終了後の一九七一年、雑誌に寄稿した手記の中で、当事者として巻き込まれた顚末について書き留めていた。

「私自身は個人的に、「人類の進歩と調和」というテーマをやや歯切れが悪いように感じていた。(…)しかし、テーマと基本理念ができ上がった時、協会の一部で、「これで〝お経〟ができたから、あとはこいつを神棚に上げて、実質的な仕事にかかるんだ」といっているときくと、さすがにちょっと不愉快になった。

オリンピックのあと、手のあいた東京の建築家の間で、

「理念は京都がつくった。だが、建築は東京がいただきだ」といっているという噂をきいた時、今さらながら、現実というやつは荒っぽいものだな、と思い知らされた。何でも「利害」の系に翻訳されてしまい、その系の中で、「なわ張り」をめぐって汗くさい死闘が展開される。[75]」

しかも、小松と共に同じ議論に加わった川添登は、万博の開会式に先立ち、メイン会場の「お祭り広場」で盛大に行われた前夜祭で、「なんともいえない淋しさ」を感じ、「大屋根を始めとする諸施設は、建築ではなくて、都市的な環境を物理的につくりだす装置になっているのであった、建築は、明らかに崩壊させられている」と記し、「近代建築はこの万国博において一つの終焉を迎えた、と思っている」と明言したのである。[76] また、鉄鋼館の演出に携わった宇佐美圭司も、万博開催中に記した文章に書き留めていた。「多くの作家（建築家・音楽家・画家などを含めて）が万博に結果的に参加した理由の一つは、日常、作家が仕事をする場そのものが、万博を特殊化して考えるほど豊かでも自由でもない地点にすでに追い込まれていることにあろう。（…）私は自己弁護するつもりはない。ただ仕事の内容について検討する以前に仕事自体を否定するほど私たちは特権的な場を持ち得ないことを留意したまでだ。[77]」

そして、宇佐美は、「批評の不在が私たちの仕事の商品化・風俗化を助成する」と記すのだ。

万博が孕んでいたのは、ここで川添と宇佐美が嘆いた建築の「終焉」という事態や建築とアートの「商品化・風俗化」に留まらない。後年の一九九二年に、社会学者の吉見俊哉が指摘するように、万博は、自由な表現が排除される創られた幻想のお祭りでもあったのだ。

「問題は、この「お祭り」が、誰による、誰のための、いかなる「お祭り」なのかという点であった。（…）たとえば、（…）テーマ館に展示が予定されていた原爆写真のうち、被災者の写真に政府から「なまなましすぎる」との横ヤリが入り、展示内容の変更を余儀なくされ、地方自治体館では、原爆や戦争にふれた展示物を、プロデューサーの了解もなく一方的に館側が撤去する事件も起きた。また日本館の歴史展示は、明治から現代へと飛び越えることで戦争の記憶を消去し、「GNP二位」の日本経済の成長ぶりを前面に出していった。さらに、会場入口で署名とカンパを呼びかけた水俣の巡礼団に対しては、協会側はカンパ・署名禁止の規則をタテに、カンパしようとする市民の手を押さえて制止するといったことまで行っている。大阪万博は、一方ではこうした異質なものを排除しつつ、「美と愛と希望」「生命の水」「創造の楽園」といったキャッチフレーズで、企業パビリオンが白々しくも演出する「お祭り」

のなかに、無数の大衆の幻想を包み込んでいったのである。[78]」

建築界の議論と伊藤ていじの問題提起

それでは、建築界では、どのような議論が交わされたのか。日本建築学会の機関誌『建築雑誌』では、一九六七年四月号の「特集・進歩と調和？」と、一九七〇年十一月号の「日本万国博覧会の成果」という開催前後の二度にわたり、総特集が組まれている。前者では、おりしも東京海上ビルによる「美観論争」の最中でもあったことから、前・編集委員長の池辺陽の提案で、万博のメインテーマ「人類の進歩と調和」に合わせ、「超高層ができるようになった進歩の面と、それがどういうふうに人間の社会に影響を与えるか、という調和の面」が議論された。また、後者では、「ぼう大なエネルギーを投入して企画・計画・建設に参加した建築界として、「この大事業の成果を反省もこめて収録すること」が意図された。しかし、「総動員」されたからなのだろうか。万博の実態は「建築家の解体」ではなかったか、という建築史家の福田晴虔や、「ごく少数の例外を除いては本質的に新しいものはなく」とした建築家の林昌二の指摘はあるものの、いずれも不十分な舌足らずの歯切れの悪い考察に留まっている。

そんな中で、万博が孕む問題点について誰よりも鋭い視点を提示していたと思えるのが、建築史家の伊藤鄭爾である。会期中の論考の中で、伊藤は指摘している。

「誰かが書いていた。万博に使われている技術は、未来の社会の中で建築を発展させ、人類の幸せを開発していくものだから、その意味で万博の価値を認めると。(…)この論理は少しおかしいと私は思う。手段さえ人間的な利用の可能性があれば、目的のほうはどうでもよいのだろうか。(…)どんな建築技術も都市計画技術も単にその発展のみを願い、その〈あり方〉を問うことがなければ、それは私たちを不幸にしたり、あるいはバラ色の幻想のもとで人びとをだますことにもなりかねない。[79]」

伊藤は、こう指摘した上で、「専門家とか芸術家といわれる人たちが、もし全国民の利益を考慮しないとか万博の理念を深く考えもせず、体制べったりとか個人の名声・利益とかにのみ走るならば、これほど危険なことはない」と記し、より根本的な問題点として、次のような事実にも触れていく。

「事務総長は鈴木俊一さんである。(…)問題は、彼が自治省から出向の人であり、彼の上に立つ石坂泰三さんは財界の主脳《ママ》だという事実である。このことは、万博協会の事務局が、政府の意向と万博によって利益をうける人たちと

ストレートに結びつく可能性が十分すぎるほどあることを示している。これは万博のあるべき根本理念や民主社会の原則にとって、重大なミスだったと思う。（…）本来事務局というのは、利益をうける団体とか政治とからは独立していなければならなかったのではないだろうか。」

そして、理念を喪失して進められた建設過程が持つ生々しい現実を、こう指摘したのである。

「理念を忘れた出発点は、その大阪万博の建設過程の順序にあらわれている。（…）第一に事務局が行なったことは、〈じょばわり（場所割）〉なのである。（…）次に決まったのが各パビリオンの予算であり、（…）最後に決まったのが、一番最初に決めるべきはずの各パビリオンの企画なのである。（…）とどのつまりが建築家たちは各パビリオンを食い物にし、百鬼夜行の会場とはなったのである。」

万博が引き起こしたのは、国家的イベントに便乗する形での都市開発事業の推進を至上目的とする事態であり、建設根拠の乏しい建築が、その手段として動員されていく時代への転換だった。前川もまた、そうした大きな流れに巻き込まれてしまっていたのだ。そう考えると、先に触れたように、一九七二年に、「建築はどうなる」というテーマで行われた槇文彦との対談で、「今日ある意味で一番えらい建築家というのは、何も建てない建築家だ」と発言することになる背景が浮かび上がってくる。そんなジレンマを抱えながら、前川は、自らの建築のよりどころとなる原点を見つめ直していく。

三三年後に実現した札幌オリンピック施設

一九七〇年の日本万国博覧会に続いて、前川は、一九七二年に開催される札幌オリンピックの恒久施設として国が建設する真駒内スピードスケート競技場の設計依頼を受ける。このとき、施設専門委員会の委員長として全体を統括したのは、一九六四年の東京オリンピックの際、岸田日出刀のもとで駒沢公園の全体計画に携わった東京大学名誉教授の高山英華である。公式報告書[80]によれば、冬季オリンピック招致のため、IOC（国際オリンピック委員会）に提出する施設計画の骨格がまとめられたのは、東京オリンピック翌年の一九六五年夏である。そして、具体的に動き出したのは開催決定後の一九六六年七月、スピードスケート競技場が国の建設に決まったのが一九六七年三月なので、この時点で前川に設計が依頼されたのだろう。おりしも、万博の鉄鋼館と自動車館の設計期間と重なっていた。

先に触れたように、一九六四年の東京オリンピックでは、メイン会場の一つとなる代々木競技場の設計者には、岸田の指名により教え子の丹下健三が抜擢され、駒沢公園の施設は、村田政真と芦原義信が担当する。そのため、一九三七年から一九三八年にかけて、日中戦争により幻に終わった一九四〇年のオリンピック施設の計画案を岸田のもとで作成していた前川は、日本で初めて実現した東京オリンピックに携わることはなかった。その間の経緯は不明だが、高山は、晩年のインタビューの中で、「岸田さんは、ともかく前川さんと坂倉さんがあんまり好きじゃねぇんだ。言うこと聞かねえから。それで丹下君を推したんだよ」と語

り、札幌では、「岸田さんは、おれはあんまり口出さないと言っているから、前川さんと坂倉さんをこっちへ入れたわけで、前川さんはスケート場、坂倉さんはスキー場」との証言を残している。[81] 岸田は一九六六年五月三日に没するから、このやり取りは、彼が委員長を務める東京オリンピックの施設特別委員会が設けられた一九六〇年の時点で行われていたことになる。また、高山の証言どおり、札幌オリンピックでは、スピードスケート競技場と同じく国が建設した大倉山ジャンプ競技場の設計は、坂倉準三が手がけている。また、岸田が前川と坂倉を「言うこと聞かねえから」と敬遠したのは、太平洋戦争下に交わされた大東亜建築委員会での議論[82]や、神奈川県立近代美術館への否定的な評価[83]、東京文化会館の初期案をめぐる公園審議会での判断[84]のほかに、年齢の近さによるものだと推測できる。だが、こうした紆余曲折はあったものの、前川は、三〇年前に岸田の指導のもとで計画案を黙々と描いていた冬季オリンピックのメイン施設を初めて実現する機会を得たのである。

前川國男　真駒内スピードスケート競技場（1970年）『建築と社会』1973年1月号より転載

坂倉準三　大倉山ジャンプ競技場（1970年）　坂倉建築研究所蔵

スピードスケート競技場の建設地は、札幌市の都心部から約七キロ南に位置し、一九六八年に開道百年を迎えた北海道が整備中だった真駒内自然公園の北側地域に計画された。また、オリンピックの開会式場を兼ねるため、観客五万人収容の規模が求められた。けれども、担当者の報告[85]によれば、「自然公園の環境と

の調和が強く要求され」、「巨大な構築物の屹立は忌避されるばかりでなく、その位置についても大きく制約された」という。そのため、高山の指導のもと、配置基本計画が修正されていく。

こうして、敷地の北側へ向かって下がる段丘状の地形を利用して、メイン・エントランスの車寄せがある北側のみを鉄筋コンクリート造の構築物とし、他の三方は、土盛りのスタンドとされる。また、土盛りされた外周部は、ゆるやかな芝生張りの法面《のりめん》として、公園になじませる工夫が施された。さらに、オリンピック後の使用状態も考慮し、一万七千人分のみを座席とし、残りは立見席として、大会後は芝生張りに改造する計画も盛り込まれたのである。おそらく、以上のような設計作業が前川のもとで進められたのだろう。残念ながら、前川の言葉は残されていないが、そこには、駒沢公園で培われた高山の都市計画的な知見と、遠く、前川が日中戦争下に学生の丹下と図面を描いた明治神宮外苑競技場の経験が活かされたに違いない。そして、ここで得た環境との調和という視点は、続く埼玉県立博物館へとつながっていったのだろう。

真駒内スピードスケート競技場は、一三億四二〇〇万円の建設事業費をかけて一九六九年三月に着工し、一九七〇年十二月に竣工する。また、土盛りされたメインスタンドの最上部には、柳宗理のデザインした青銅製の聖火台が設置され、一九七二年二月三日の開会式を迎えることになる。一方、大倉山ジャンプ競技場も、一九七〇年十一月に竣工するが、坂倉は、工事中の一九六九年九月一日に急逝したため、その完成を見届けることはできなかった。

顔の見えない中での設計というジレンマ

このように、一九七〇年前後に前川が手がけた日本万国博覧会と札幌オリンピックの施設群を見てくると、いかに高度経済成長による建設ラッシュが続いていたのかがわかる。その一方で、先に触れたように、行き過ぎた建設と開発は、公害と環境問題を引き起こして社会問題化し、一九七一年の環境庁の発足は、時代の転換点を象徴していた。そんな中、前川も、同じ年に、箱根国際観光センター公開コンペにおける審査委員長としての手痛い挫折を味わい、改めて建築家の社会的な責任を自覚し始めていた。同時に、自らの仕事でも、東京海上ビルの計画が、美観論争により四年間も塩漬けにされて、一九七〇年九月にようやく建設が認められる事態にも巻き込まれていく。そして、こうした状況に置かれていたからこそ、一九七〇年十一月、そうした只中で催された日本建築家協会大会の「建築家と公害」をテーマとする分科会において、前川は、「現代社会

における非常な問題点は、目的と手段の転倒ということにある」と問いかけ、次のように発言したのである。

「いまの時点において建築家の困難性というのはますますそのいい建築をつくるのがむずかしくなりつつある。(…)つまりある時点においては建築家は建築しないことが非常に建築家の大きな仕事であるというような、逆説が成り立つような時期にきているような気もするわけです。[86]」

前川は、戦後復興期に手がけた木造組立住宅プレモスや晴海高層アパートに象徴されるように、住宅不足の解消を目指して「手段」として建てられていたはずの建築が、高度経済成長の中で、いつのまにか「目的」化していく状況を前に、場合によっては、「建築しない」という立場を取らざるをえない逆説が成り立つと考えたのだ。その意味では、万博終了後の鉄鋼館が遭遇した「休眠」という思わぬ事態も、つくること自体が目的化することの危うさを前川に自覚させ、自省を促したに違いない。そして、前川は同じ分科会で、「都市環境」が「醜悪化」しており、そのことに建築家自身が「無感動」、「無神経」になっている、と指摘した上で、「社会学者のウェーバーが、現代社会というのは非常に多数の精神のない専門家と、それから趣味の悪い大衆を生みだしているんだと、生みだすであろうということを予言したらしいんですが、どうやらそういう状況にわれわれの社会がなりつつあるんだ」と問いかけたのである。一方、そうした中、自然公園内という恵まれた立地条件のもとで相継いで設計を進めた真駒内スピードスケート競技場と埼玉県立博物館を通して、自然と人工物としての建築との関係性についての思考を深めていったのだろう。そんな前川に、一九七一年十二月、東京都美術館(旧・東京府美術館)の改築という仕事が依頼される。

東京府美術館は、実業家の佐藤慶太郎の寄付により、岡田信一郎の設計で一九二六年に開館した、日本初の地方自治体が建てた公立美術館である。佐藤は、常設の美術館を求めていたが、「諸般の事情から美術公募団体への貸し出し会場中心の美術館[87]」となっていく。こうして、開館後の主たる展覧会は、帝展、二科展、院展などの公募展によって占められ、作家の画壇への登竜門として全国的に知られるようになっていく。その体制は戦後になっても変わらず、公募団体はさらに急増し、開館四〇周年を迎えた昭和四十年代には、公募団体数は一〇〇を超え、平均入館者数も常時一〇〇万人/年に達するようになる。その間、二度にわたる増築や改修工事は施されたものの、一九五六年に施行された都市公園法により、新たな施設の増設は不可能となり、建物の老朽化も加速する。こうして迎えた一九六五年四月、「美術館のあり方」を審議する運営審議会が発足し、改築計画が立てられることになる。

だが、一九六七年三月にまとめられた答申は、現在地での建替えによる従来の運営方針を踏襲する内容にとどまり、「使用者の固定化」や「陳列内容」の問題点の指摘と、自主事業の展覧会の開催や学芸員と司書の配属など、わずかな改善点が盛り込まれたに過ぎなかった。[88] そのため、都議会で改築予算案の審議が始まる直前の一九六九年二月に、美術評論家連盟（山田智三郎会長）から、次のような指摘と白紙撤回を求める声明書が出されたのである。

「現在までの都美術館は、美術館とは名ばかりで、系統的なコレクションも魅力ある企画展示もなく、社会教育的な活動もとぼしく、実質上は大きな貸画廊にすぎません。（…）私たちは、美術館本来のあり方を忘れた現在の状態で、建物だけが改築されることにつよく反対せざるをえません。[89]」

この声明書に続き、美術評論家の瀬木慎一は、「東京都美術館は美術館か」という長文の論考を発表し、「都と美術館が提示したのは、もっぱら建物としての美術館の建設計画であって、それ以外ではない。なぜ、新しい皮袋にみたすべき新しい酒については、ことさらふれようとはしないのか」と問いかけ、本来の美術館のあり方を提示していく。[90]

その後、利用団体の「陳情書」に記された工事期間中に「我々美術家の活動を休止させることがないよう代替の会場を」との要望を受けたのか、一九七一年五月、現在地での建替えではなく、南隣の野球場跡地に新館を建設することが決定される。そして、同年十二月、特命で前川へ設計が依頼されたのである。その間の建築計画の審議内容や設計者選定の経緯は不明だが、新聞報道によれば、「上野公園のムードをもっとも理解している人」という東京都の方針に沿って、前川が選ばれたのだという。[91] おそらく、同じ上野公園内に建つ東京文化会館（一九六一年）と埼玉県立博物館（一九七一年）が評価されたことによるのだろう。また、審議会のただ一人の建築専門委員であった谷口吉郎の存在も大きかったに違いない。

こうして、一九七一年十二月に設計に着手した前川は、限られた時間の中で、翌一九七二年三月に基本設計をまとめる。前川は、竣工後に新聞に寄稿した文章の中で、求められた設計条件について書き留めている。

「都の教育庁からこの設計の依頼のあった時点ではすでに（…）その骨格がまとめられていました。その建設プログラムを進める上に最大の難点はだいたい次のようなものでした。

①新美術館の工事中も現存の美術館の機能は一日たり

とも中断してはならない。②公園内の樹木は原則として切ってはならない。③新館の軒高は一五メートルに抑える。つまり現存の西洋美術館の軒高、東京文化会館の高さにそろえるなど。

以上の諸点は実際問題として、いずれも相当困難な条件でありました。(…)前より狭い敷地に前より大きな美術館を建てなければならない、しかも主展示場は四棟のいずれも甲乙の差のないものにする事というむずかしい要求がありました。[92]」

この文章からも、設計条件はすでに決められており、そこには、問題視された美術館のあり方に関する新たな方針はほとんど盛り込まれなかったことが読み取れる。求められた所要室は、公募団体八つが均等に同時使用できる、天井高五メートル程度、一棟あたりの展示壁面の長さが七二〇メートルを有する、四ブロックからなる展示室棟と、大小二つの彫塑室、収蔵庫の他に、小規模の企画展示棟と講堂・アトリエからなる文化活動棟、レストランである。このような困難な条件を受け止めた前川は、直筆のスケッチに描いたように、同じ文章に記した、次のような方法で全体を構成していく。

「このため建築の主体は地下にもぐる結果となりました。地上には中央の広場を囲んで独立した地上二階の団体展用の主展示場四棟、企画展示棟、文化活動棟が顔をのぞかせているだけですが、屋外展示場にも使える広場の下、地下一階でこれらの建物はすべてつながっています。入り口は広場の階段を下がって地下一階になります。要するに従来の美術館の入り口の階までがすっぽり地下に埋まった格好です。」

こうして、軒高を一五メートルに抑え、「前よりも狭い敷地に前よりも大きな美術館を建てなければならない」という制約のもとで、延床面積の約六〇％を地下に設け、メインフロアーは、地下一階の広場を中心に配置される。また、地上には、中央のエスプラナードの周囲に、合計六つの各棟とレストランが、島のように並ぶリズミカルな群造形が生み出されたのだ。しかし、ここに示されたのも、求められた条件にもとづく空間構成の処理方法であり、新しい美術館の姿を形にするものではなかった。このことについては、担当チーフを務めた大沢三郎が、前川没後の一九八七年、インタビューに答えて証言している。

「美術館の性格というのは、東京都美術館に象徴されるように、どんなものが来るかというのが決まっていないんですよね。僕は、基本的には、中に展示されるものが決まっている美術館のほうが、美術館としての性格がはっきりしていて、建物自体の構成も考えやすいような気がするんだけどね。そうでないと、多目的ホールみたいなもので、無性格になる（笑）。」[93]

この大沢の証言からも分かるように、美術評論家連盟の声明書や瀬木慎一が問いかけたような、新しい美術館像を共に描きながら設計を進める回路は、切り拓かれてはいなかったのだ。また、前川とスタッフが抱えていた、こうした顔の見えない中での設計のジレンマについては、一九六四年に前川の元から独立した鬼頭梓が、初めて手がけることになった山口県立美術館（一九七九年）の設計の経緯を回想した証言からも見えてくる。

「全然美術館の経験はありませんでした。ですから、前川先生に相談に行ったんですよ。「教えて下さい」と。そしたら「学芸員はいるか」と言うんですね。「今、勉強している人がいます」、「物はあるのか」、「香月（泰男）さんの作品があります」と言いますと、「どうして俺に聞くんだ。人と物に聞きなさい」と言われました。「私は人もいないし物もない美術館をつくるので苦労してきた。そういう時にどうしたらいいかという話なら、多少は教えることがあるかもしれないけれども、人と物があるなら、それに聞きなさい」と叱られたわけですよ。「あぁそういうことなのか」と思いましたね。」[94]

同じ鬼頭の証言によれば、山口県立美術館は、香月泰男のシベリアシリーズの寄付という話から美術館の建設準備が始まり、学芸員も揃えての建設計画が始められたという。逆に言えば、前川は、長く相手の顔の見えない中で設計する状況下にあり続けたことになる。

環境造形としての建築と語りかける質を求めて

東京都美術館に話を戻せば、だからこそ、一九七二年三月に提出された基本設計説明書の冒頭には、次のような建築のあり方についての考えが掲げられたのである。

「本計画の基本思想は、次の三点を、その構想の主軸とする。

1. 展示された美術品に対し、飽くまで「中立平静」な背景を提供すること
2. 外部環境の疎外を、出来得る限り避けること
3. 耐久性を顧慮した素材及び構法によって、「平凡な素材によって、非凡な結果を創出する。」こと」[95]

もちろん、この三つの基本思想は、これまで見てきたように、前川とスタッフが長年にわたる試行錯誤を経て到達した建築のあり方の原理を示すものであった。建築は、美術館の主役である美術品に対して控え目な背景としてあること。同じく、周囲の環境に対しても、建築をつくることがその良さを損うのではなく、むしろ活かすものであるこ

と。この点については、竣工後、大沢が書き留めている。

「敷地周囲には「銀杏」「椎」「欅」などの巨木が多く、往時を偲ばすたたずまいを残しており、周囲の上野公園の環境と一体として、これを如何に疎外しないように、建物の形や配置を決めるかが、設計に当っての最大の課題であった。[96]」

さらに、時間に耐える存在であること。そして、そのための「耐久性を顧慮した素材及び構法」の具体策として、外壁は大小二種類の大きさの大型炻器質タイルを打込み、床面の舗装も炻器質タイルを張り、笠木等には銅板を使用し、打放しコンクリート面は鉄筋被覆の厚さの確保のために厚めにする方法が採用されていく。また、開口部のスチール・サッシュは、京都会館や東京文化会館、鉄鋼館、埼玉県立博物館などの蓄積を元に、耐候性鋼のH型鋼で組み立て、手すりにも、無垢の耐候性鋼の平鋼を用いて、厳選された確かな素材で建築全体を構成することが徹底された。そして、多数の観客が行き来する要《かなめ》の空間であるエントランスホールやホワイエ、吹き抜けの大小彫塑室の天井は、

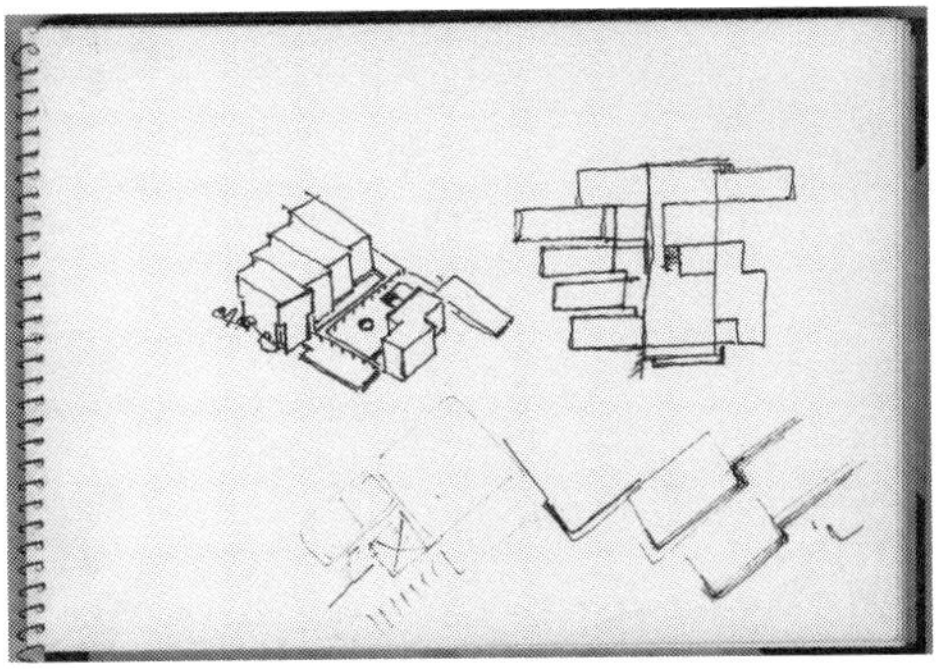

東京都美術館（1975年）　前川國男の直筆スケッチ　広場を囲む4つの公募展示棟と企画展示棟が描かれている＊

前川國男の直筆スケッチ　地階の大彫塑室とアーチ状の天井が描かれている＊

東京都美術館（1975年）　エントランスホール　2023年撮影

前川の直筆スケッチに描かれたように、それまでの建物には見られなかったアーチ状のリズミカルなデザインが試みられていく。具体的には、インド砂岩の砕石を打ち込み、小叩き仕上げを施したプレキャスト・コンクリート・パネル（PC版）が、鉄骨構造のフレームからボルトで直接吊る方法で取り付けられたのである。

そして、前川には、敷地内だけの建築のあり方を超えた視点、上野公園全体を視野に入れた環境造形とでも呼べる方法が自覚されていた。そのことが、基本設計説明書の模型写真と、「建物へのアプローチ」という項目に記された文章から見えてくる。

「観衆は、公園とのつながりを持ち、且つ美術館の雰囲気のにじみでた外部空間――エスプラナードに到り、さらに、一段低い「広場」へと導かれる。ここはエスプラナードより一段と高い芸術的雰囲気にあふれ、四周のガラス面をとおして、それぞれの展示場の様子がうかがえる。いわば、この美術館全体の「ヘソ」とも云うべきところである。外部より一挙に美術館心臓部である「ヘソ」へと導かれた観衆は正面エントランスロビーから、それぞれ目的のブロック――公募展・企画展・文化活動の場へと流れて行く。」

こうした視点と方法も、大宮公園からの長いアプローチ路や中庭を囲む配置計画を試みた埼玉県立博物館を引き継ぐかたちで展開されたものだろう。また、「ヘソ」という言葉には、世田谷区民会館・区庁舎の「コミュニティ・コア」の考え方が踏襲されており、さらに、そこには、前川の直筆スケッチに描かれたように、回廊やブリッジ、サンクン・ガーデンを組み合わせて、人々が自由に行き交い、寄り集うことのできる、より開かれた公共空間の実現が意図されていたのだろう。

興味深いことに、竣工から二年後の一九七七年、建築写真を特集した雑誌に掲載されたインタビューの冒頭で、前川は、「現代は「幻影の時代」とか、「情報の時代」とかよくいわれますが、実物の建築よりも写真の方がはるかによい場合が多いのはどんなものだろうか」と問いかけた上で、次のように語っている。

「現代建築の写真は、なんとなく物足りないような気がする。（…）人間的なあたたか味といったものが全然感じられない。

現代建築の写真を撮るんだったら、やはり人間の生きざまを記録する方がいい。建築は生きているのだから――。（…）私自身の仕事からいいますと、東京文化会館、京都会館、埼玉会館といった一九六〇年代の流れがあり、最近では埼玉県立博物館、東京都美術館、熊本県立美術館といった順で実現しています。特に後者の現代的な一連の建物は、前者の建物の流れとは違った狙いが出てきています。それは空間の処理の仕方というか、建物と空間をどう構成するかといった問題を、都市環境と人間生活との関わり合いから考えていこうとする市民生活的な視点が、重要な位置を占めてきているということです。そのような狙いがあるゆえに、最近の一連の建物に対しては、写真家が撮りにくくなっているんじゃないかと思います[27]。」

ここで語られているように、埼玉県立博物館以降の建築では、空間構成を写真には写りにくい「環境と人間生活との関わり合い」から考えようとする志向性が自覚されていたのだ。そして、この発言に続いて、前川は、東京都美術館に触れて、こう語ったのである。

「東京都美術館の設計ポイントも、建物に囲まれた空間や、外部空間をかなり意識して建てられています。つまり環境の中で捉えていこうという姿勢ですが、これも同じく写真家にとっては写しにくい建物だと思います。(…)特に都美術館にある企画展示室のガラス張りの窓からみえる新緑の美しさといったものは、圧巻といえるでしょう。」

上野公園全体の粘土模型　写真：© 村井修＊

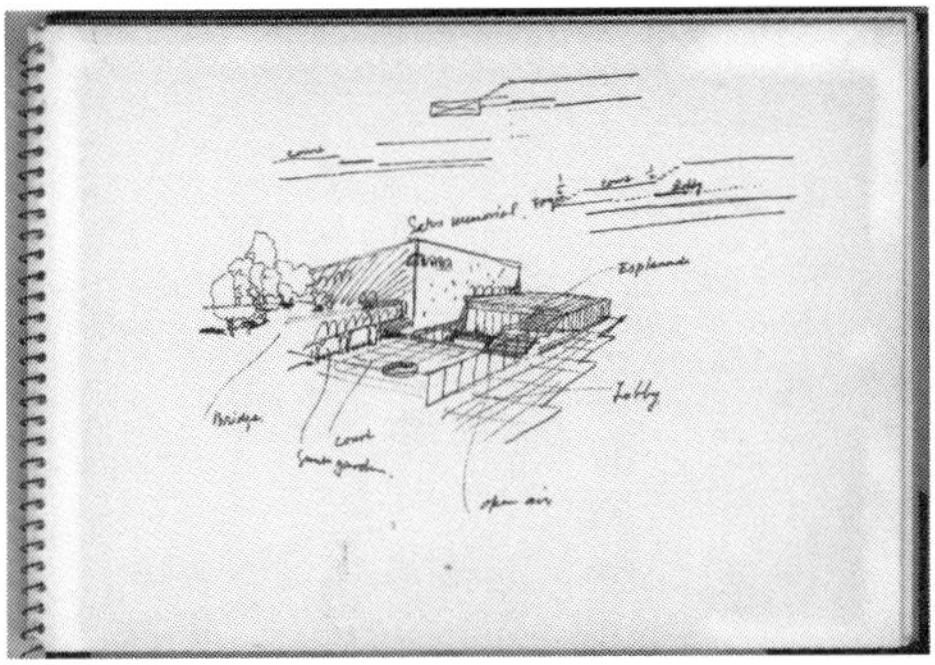

東京都美術館（1975 年）　前川國男の直筆スケッチ　地下広場の回廊と企画展示棟などが描かれている＊

東京都美術館（1975 年）　エスプラナードから広場を見下ろす。2010 年撮影

東京都美術館では、囲まれた空間を環境の中で捉えようとする姿勢が貫かれていたことがわかる。さらに注目したいのは、前川が、中庭に面した大きな開口部ではなく、上野公園の新緑の美しさを切り取った、東側の企画展示棟二階の北東角に開けられた小さなコーナー窓に触れていることだ。ここにも、埼玉県立博物館で気づいた窓のもつ意味についての理解の深まりを読み取ることができるだろう。また、アーチ状の天井を受けとめるコンクリート手ばつり仕上げの太い柱と梁は、蛇の目ミシン本社ビルの足元で実現させた、同じ柱間六メートル間隔の回廊の造形を、さらに発展させたものであると思われる。あるいは、そのことを考えようとした痕跡なのか、東京都美術館の直筆スケッチが描かれた同じスケッチ・ブックには前川のメモ書きが残されていた。

「かつて中世伽藍のポインテットアーチは天に昇り、ひたすら神に近づかんとする中世人の語りかけという意味をひめていた。美的な価値それ自体が独立して、その背景の「意味」をはなれ、[98]」

ここで前川が何を考えようとしていたのか、正確にはわからないが、建築の造形に込められた「語りかけ」の意味に着目し、即物的なデザインを乗り越えようとしていたのではなかろうか。そして、同じスケッチ・ブックには次のメモ書きもあった。

「現代建築のおかれた危機的状況のただなかに、建築家を真にその内面から支えるものが失われたことを自覚したひとびと。現代建築の活路をひらくものはその人の双肩にかかっていると信じる。その内面の支えは、何によって回復できるか。新しい「知」以外にはあるまい。人間はもともと、その精神的な背景の自覚認識によって常に勇気づけられ、常に支えられ、常に前進して来たものではなかったか。[99]」

一九七五年、前川は、東京都美術館を通して、自らの方法に対する確信を得る一方、その着地点の見えない中で、現代建築の危機的状況への思考を深めていこうとしていた。

熊本県立美術館に結実したもの

プロジェクトの積み重ねによる方法論の深まり

一九七一年十月、前川の作風の転換点を象徴するような埼玉県立博物館が大宮公園の緑深い杜の中に竣工し、翌一九七二年一月一日には、その設計により、栄えある第一三回毎日芸術賞の授賞が発表される。また、続く二月三日には、札幌市郊外の自然公園の一角に一九七〇年十二月に竣工した真駒内スピードスケート場で、約五万人の観客を集めた開会式により、札幌オリンピックが華やかに開幕する。すでに見たように、いずれの施設も、既存の自然環境の中に建築をいかに溶け込ませるのか、が設計の主要なテーマとなっていた。一方、前川は、毎日芸術賞の受賞者として、一九七二年一月十日付の新聞に寄稿した文章の中で、求められたであろう受賞の喜びではなく、現代の建築家の抱える問題点と果たすべき課題について、切実な問いかけの言葉を書き留めていた。

「現代の建築家たちは中世とちがって、自ら手を下して木材を刻み、石を刻んで建築を築き上げるかわりに紙にかいた「設計図」をつくって建設業者に発注する。(…)「モノ」をつくる手応えを自ら経験することもなく「世界を変えてしまう」工業技術の申し子であるといえる。

どうやら二十世紀の前半に「今日の建築家は極めつきの(プレコニゼ)技術要素の綜合によって建築をつくる」といったコルビュジエのことばが箴をなしたもようである。今日の建築家は新製品新技術の情報洪水の中から取捨選択に忙殺され、しかもその最終選択に確信をもち得ず、ついに一箇の「デザイナー」になり下がって現代の芸術とともに

「中絶」の建築への急坂を馳せ下ろうとしている。（…）産業社会の肥大とともに、いつのまにか組織人として巨大な社会組織の一員として組込まれ、「中絶」の建築を迫られる窮境に追込まれている。

「中絶」の建築は「中絶」の都市を生み、「中絶」の都市は、「流民のちまた」として廃棄物としての「人生」の堆積に埋もれて行くほかはないだろう。われわれは素朴な「モノ」の手応えに生きた牧歌的な昔にかえる事は出来ない以上、新しい「モノ」の手応えの、切実な心の渇きとしての実感をとりもどさなければならない。[100]」

この言葉からは、改めて当時の前川が建築への危機感を強く抱いていたことが読み取れる。そこには、一九七〇年十二月から建設が始まっていた東京海上ビルをめぐる状況や、一九七一年に大きな挫折を強いられた箱根国際観光センター公開コンペ、あるいは、一九七〇年の日本万国博覧会の会期後の鉄鋼館の「休眠」という事態がもたらした自省的な思いが影を落としていたに違いない。また、だからこそ、すでに見てきたように、一九七一年十二月から設計が始まった東京都美術館では、一九七二年三月に提出された基本設計に、「外部環境の疎外を、出来る限り避けること」という基本思想が盛り込まれたのだろう。そんな最中の一九七一年九月、前川に、また新たな建物の設計依頼が打診される。[101]それが、熊本県立美術館である。

残された資料[102]によれば、この前川への特命による設計依頼は、一九七〇年七月に発足した美術館建設準備委員会によって進められ、建設候補地の選定作業と共に、「どのような美術館をつくるべきかと検討を重ね、それに応えうる建築家を探すために識者に相談し、全国の主な美術館を見て回った[103]」上でのものだった。こうして、前川と担当スタッフは、一九七二年三月二十九日、建設委員会の初会合と、建設予定地と装飾古墳の視察を目的に、初めて熊本を訪れている。このとき熊本県から提示されたのが、三月二十五日に策定されたばかりの「設計の基本的要件」と題する書類だった。その冒頭には、「美術館建設の趣旨」として、次のように記されていた。

「美術館建設は、県民多年の願望であった。（…）この美術館は、地方美術館としての特色を発揮するため装飾古墳を取り入れることをはじめ、本県ゆかりの歴史的な美術品から現代美術までを対象とし常設的な展示室と、広く美術団体や企画展などに利用される展覧会場をともに含む総合的な美術館としての性格をもつ。（…）

美術館が建設される熊本城は、中世以来古城の遺跡を残しているところで、特に慶長年間、加藤清正によって築城された現存の城郭は、天下の名城として喧伝され、県民に親しまれてきた。（…）現在、国指定の特別史跡としてその現状変更については極めてきびしい制限を受けているが、単にそれにとどまらず、広く県民の愛惜の対象として、ここに唯一の建築物として建設される美術館は、熊本城の歴史の重みに堪え得るモニュメンタルな建物であることが期待されている。[104]」

この文面からも、熊本県の「地方美術館として特色」を持つ独自の美術館建設への願望と、敷地となる熊本城の歴史に拮抗できる「モニュメンタルな建物」への期待が読み取れる。また、国指定の特別史跡内という厳しい敷地条件のもとで、文化庁との調整が併行して進められていたのだろう。同じ書類の続きには、文化庁から示された「原則として、一棟平屋建」、「外観については、非公式ながら擬古的な建築が必ずしもよいとは考えていない」との意向も記されている。さらに、「建物の配置についての制限」では、「建設予定地の土塁の内側に建設する」と明記され、「立木を大事にしたい」という要望までが記載されていた。こうした記述の背景には何があったのか。そのことについては、竣工後、副館長の高浜幸敏が記した次の文章から見えてくる。

「熊本における加藤清正の治政は、三五〇年前のわずか一六年間であったけれど、今だに清正公さんとして熊本県民の間に広く慕われている。（…）清正の治政は、築城、水利、土木等極めて広範囲に及んでおり、（…）その最も顕著な例が熊本城である。その石垣の雄大さは、まことに天下の名城と呼ばれるのにふさわしい。

県立美術館の建設地は、この城郭の一角である二の丸が選ばれた。この地は、その数年前に、県庁舎敷地の候補にあげられたことがあるが、文化財関係者、文化人、市民の猛烈な反対でお流れになった曰く付きのところである。それほど、清正公さんと熊本城は、県民の象徴として心の中に重く染み着いている。今回は、美術館の建設地としてそれほど反対というほどのこともなく納得された。美術館という機能に対する理解と信頼が前提としてあったためであろう。それだけに、この地での建造物の建設は、きびしいチェックを意識しないわけにいかないところであった。[105]」

高浜は、続いて、「美術館についてだけ建築を許可し、他の一切の構造物も建造を許可しない」との文化庁から示された厳しい条件について触れながらも、「むしろ、オーナー、設計者を含めて、作る方の側からその規制は、自発的に支持される結果」となったと明かした上で、具体的な設計の取り組み方について証言している。

「建設地は、楠と榎の大木に囲まれた樹林のなかにある。周樹木は一本も切らないで建設するという賭がなされた。周囲の樹木の高さは二二〜三メートル、建物の高さはほぼ一〇メートル、一部一四メートルという高さで抑えられ、重厚な外観の近代建築を、徹底的に樹林の中に隠すという戦法がとられた。近代の建築が、ともすれば、自己顕示的になりがちなのに対して、この建築家はその逆の方法を選んだ。」

こうした背景があったからなのだろう、話を戻せば、興味深いことに、この一九七二年三月二十九日の前川の初めての熊本訪問は大きな意味をもつ、と関係者は受けとめていた。地元の新聞社が取材して、前川から、「設計をどうするかは、すべてこれからだが、立派なお城のある特別史跡内での仕事は初めてでもあるし、大問題だ。光栄だが、責任の重大さを痛感する」とのコメントを引き出し、次のような談話まで掲載したのだ。

「自然環境をいかにスポイルせずに建てるか、設計のポイントはこれに尽きる。都市という都市が建て物に埋められつつある〝建築公害〟の時代だけに、建てることよりあき地をつくるのが大切――。こんな逆説が説得性を持つような状況で〝自然と人工〟問題は、私自身の数年来の深い問題意識だった。思い悩んでいるが、むずかしいテーマだ。[106]」

この談話には、図らずも、一九六七年七月に東京海上ビルの「美観論争」下で訴えていた、「黙っていてもつめ込まれていく都市空間をできるだけ取払って空地をつくり、風通しをよくして太陽と緑の空間を人間の手にとりもどす[107]」という問題意識や、一九七〇年十一月の日本建築家協会大会で講演した「建築家と公害」というテーマ、一九七一年三月に箱根国際観光センター公開コンペの審査評に記した「自然と人工」という視点など、数年来抱えていた、建築をめぐる前川の思いが、そのままのかたちで吐露されている。また、同じ新聞が半年後に報じる内容だが、この初めての視察の際、前川は、「熊本城は、世界一のお城だ」と驚嘆し、思わず、「ここには、建て物を建てない方がいいのではないか」とつぶやいた上で、「建て物自体が、いばりかえって、存在を誇示するようなものでなく、この深い木立ちの中に、ひっそりと静まって目立たないものにしたい」と語ったという。[108]そして、これから見ていくように、この発言が、その後に進められる設計のテーマを暗示していた。

こうして、前川事務所は、一九七二年四月から基本設計に着手し、八月八日の県知事や建築課との第一二回建設委員会では、前川自らが草案について説明を行っている。[109]

周囲の環境から建築のたたずまいを構想する

それでは、その間の設計作業はどのように進められたのだろうか。このことについては、担当スタッフで現場常駐監理までを務めた中田準一が、前川との具体的なやり取りを含め、竣工後、詳細な記録を書き残している(110)。また、他の文章でも設計プロセスの一端を明かしている(111)。注目されるのは、熊本県は建設の候補地として、当初、市街地に一カ所、熊本城内に二カ所の計三カ所の敷地を用意しており、その中から、現在の建設地となる場所を前川が自ら選ぶかたちで決めた、という点だ。中田によれば、城内のもうひとつの候補地は、熊本城の西側に広がる二の丸広場の北側に位置していたが、前川は、熊本城と二の丸広場を挟んで「対峙」し、楠の林立する現在地を、美術館の建設地としてより好ましい、と考えて選択したのだという。竣工後に発行された書籍(112)の冒頭に掲載された配置図からは、この敷地選択の意味と、前川が熊本城から何を受け取り、何を考えて設計に活かしていったのか、その地と図の関係性が伝わってくる。

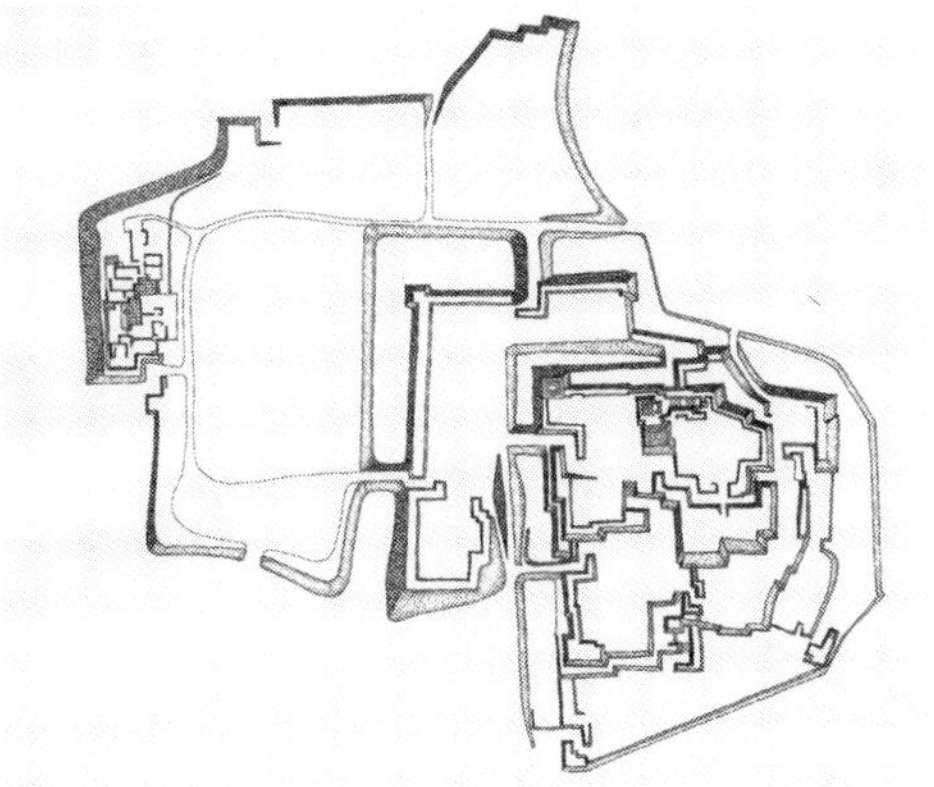

熊本県立美術館（1976年）　配置図　中央の二の丸広場を挟んで東側の熊本城と西側の熊本県立美術館が対峙する。前川國男・MID同人『前川國男のディテール―熊本県立美術館をとおして』彰国社 1979年より転載

同上　油粘土の模型　『熊本県立美術館基本設計説明書』1972年10月＊

　設計チームが最初に取りかかったのは、周辺を含む敷地模型の制作だった。「スケッチするスピードで模型づくりが同時進行できる即応性の高い材料」である油粘土を使って、三〇〇分の一で作られた。そして、現地調査による実測や公園管理事務所から借りた樹木配置図を参考に、模型の中に、既存の樹木を植え込んでいく。このとき、熊本県から提示された「立木を大事にしたい」という要望を受けて、前川はスタッフに「樹木を一本も切らずに建物を建てる」というテーマを与えつつ、中

田ら「われわれのスケッチには目もくれず、敷地模型の中に高さの異なるピースを置いて、来る日も来る日も腰をかがめ眺めていた」のだという。しかも、「プロジェクトを手がける冒頭」に、「埼玉県立博物館と同じ手法でまとめなさい」と指示を出したのだ。熊本県立美術館で設計チーフを務めた田中清雄と共に埼玉県立博物館も担当した中田は、この前川の指示を、「確立した手法」で「しっかりした建築をつくる」という意味で受けとめた、と回想している。

こうして設計を進めていく中で、課題となったのは、二の丸広場に面して南北方向に細長く広がる敷地内に点在する樹木のうち、楠や榎の大木など、配置上のポイントとなる樹木を上手に残しつつ、どのようにアプローチ路を設定するのか、であり、敷地模型に高さの異なるピースを置いて毎日のように眺めていた前川から出された「高さは一五〜一六メートルほどで押さえるように」との指示により、建物の高さを抑えつつ、求められた展示室などの諸室をどのように配置して構成すれば、前川の求める「深い木立ちの中に、ひっそりと静まって目立たない」、しかも豊かな内外の空間をつくり出すことができるのか、という点だった。そんな検討作業の中で、前川は、「全体の構成にムーブマン（mouvement）がなくては！」、「流れるようなプランに！」と、スタッフに繰り返し伝えたという。

そして、このような集中した設計案の検討作業と、何度にもわたる県との協議を経て、半年後の一九七二年十月三十一日、基本設計が提出される。その説明書の「序」には、前川のスケッチ・ブックの中に、同じ末尾の一節が書き込まれていることから、前川自らの執筆と思われる、次のような文章が綴られていた。

「熊本城の石垣は、高く聳えることと、「扇の勾配」と呼ばれる曲線を、裾広く拡げている。見事な姿において、世に有名である。要所の補いとしての石垣が、ここでは一層積極的に用いられていて、自然の露出を残さぬ程、地形を覆いつくしている。

この見事な石垣に囲まれて、本丸、午砲台、数奇屋丸、飯田丸、獄室丸、竹之丸の諸郭が、各々独立した空間を形成しつつ、互に依存し、貫入し、重層して、頂点である天主をめざして、除々にせりあがっていく、その流れは、右に左にと、方向をかえ、或は淀み、或は流れて、緩流の「ま」を保ちながら、閉じたり、開いたりする空間を連続的に展開している。この誘導と、近接の間あいを縫って、天主が、櫓が、時に現われ、時に消えていく。その変化に富んだ、空間体験に、人々はおもわず嘆声を放つ。

この素晴しい空間体験は、この城のもつ優れた「動態」

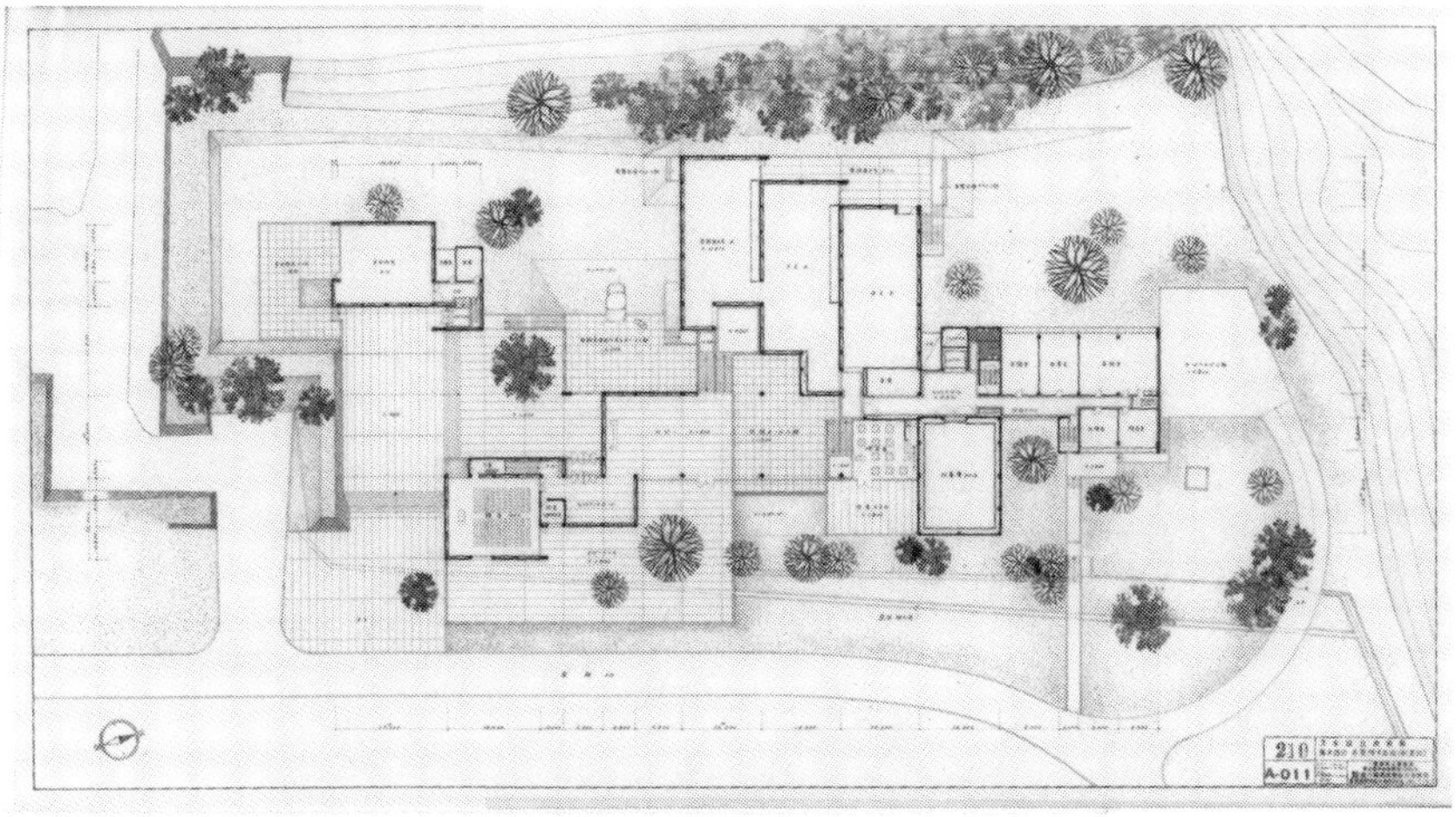

熊本県立美術館（1976年）　基本設計 基盤階平面図（配置図）＊

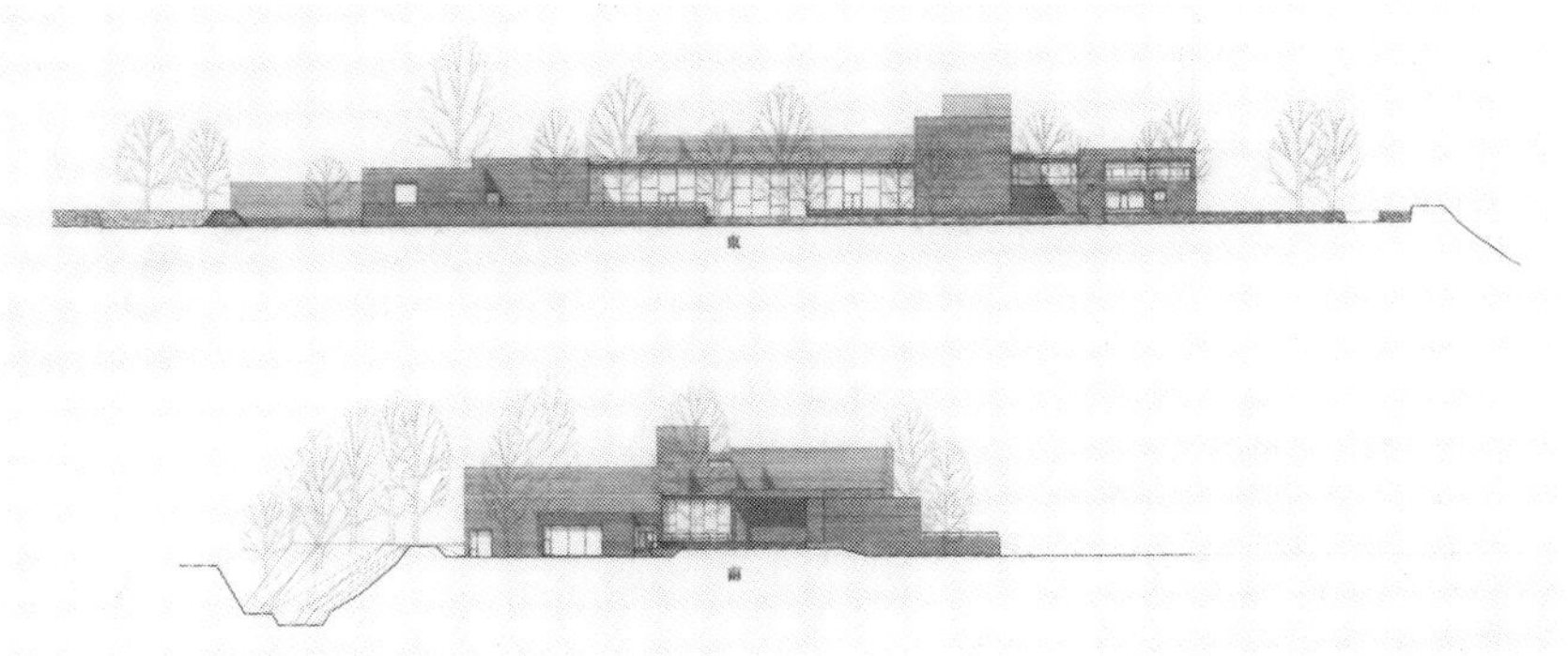

同上　基本設計 立面図（東・南）＊

から生まれるものである。この「動態」は体系化された空間構成の裡に、醸しだされるものであるが、今日人々は、それを概念でも、言葉でもなく、具体的な体験として、日常性の中に享受しているのである。これこそまさに、文化の在るべき姿と云うべきであろう。

　自然は自己に責任をもつ故に美しい、と云う。熊本城壁は、まさしく自己に責任をもつ「自然」に肉迫する「人工」の故に、ひとの心を、うつのであろう。これを措いてどこに、われわれの建築の指標を、求め得ようか。[113]」

　熊本城の石垣と諸郭がつくり出す変化に富んだ空間体験、その根拠となる「動態」という「体系化された空間構成」を、目指す美術館建築の「指標」とすることと。前川は、そのような確信をつかんでいたのだ。この「動態」というキーワードこそ、スタッフに繰り返し伝えた「ムーブマン」そのものであり、熊本城壁の律動的な連続性をヒントに、「流れるようなプラン」を生み出していく原動力となったものに他ならない。それにしても、基本設計説明書の冒頭に掲載された油粘土の模型写真と、巻末に添付された基盤階平面図（配置図）と立面図が、ほぼ竣工時点と変わらないことには驚かされる。このことからも、明晰な思考による方法論の追求が集中的に行われていたことがわかる。また、興味深いことに、雁行して並ぶ三つの展示室棟の形式は、基本設計が半年ほど先行していた東京都美術館と同じアイデアであり、高さを押さえるために敷地の高低差を活かして半地下に設定された一階の吹き抜けホールとサンクン・ガーデンとの組合せも、埼玉県立博物館で試みた方法の進化したものであることが読み取れる。そして、中田によれば、熊本県立美術館の最大の特徴となる、ロビーまわりの大らかな空間構成は前川の指示によって導き出されたものだという。

「われわれがロビーと展示室のつながりに四苦八苦していたとき、前川がやってきて、西側テラスと東側の公園を空堀りでつなげ、ロビーと展示室は階段橋でつなぐというアイディアを出してきた。一挙に全体がまとまり始める。(114)」

この前川の指示によって、屏風のようにジグザグに雁行する展示室棟の壁の連なりと、エントランス・ホールから続く広いロビー、そしてロビー対面の喫茶室が天井高八・四メートルの渓谷のような堀割りの吹き抜けホールを取り囲む、ダイナミックな空間構成が生み出される。さらに、その内部の広がりは、東側では、二の丸公園に向かって、ロビーと喫茶室の外部テラスへとそのまま伸びていく。しかも、このロビーから張り出されたテラスによって、そこに保存された既存の榎の大木が生気を吹き返したのである。一方、西側では、ロビーから展示室へ橋のように架け渡された階段を介して、内部空間が、屋外展示スペースからサンクン・ガーデンへと開いていく。スケッチ・ブックに残るサインペンで描かれた前川直筆のスケッチが、内から外へと広がる空間構成を発想した瞬間の喜びを伝えている。

素材と構法をめぐる方法の深化と洗練化

この一九七二年十月の基本設計の提出にあたっても、地元の新聞社から寄稿を求められたのだろう。前川は、美術館のもつ意味について書き留めている。

「戦後のひところ、世上を風靡した「文化会館」建設のブームが一段落して今度は「美術館」の建設が盛んに行われているという。しかしこのことが直ちに、われわれの「芸術文化」隆盛のしるしと、喜んでいいものかどうかは疑問である。逆にそれはわが国における「美」の危機感といったものの兆候と考えられないだろうか。（…）「美」は本来、人間生活の日常茶飯の「あたりまえ」のものであり、人間生命の「生ける証し」であり、そのまっとうな「方法」であったはずではなかったか。裸のままでこの世に生み出された人間は、その出生の始まりから全く無防備な、はかなく、頼りない人生を思い知らされる。彼は衣を身にまとい、棲処をつくる日常のいとなみの中に、その人生の頼りなさ、はかなさと闘って、自らの「生の想い」を何ものかに刻みつけておこうとする。それが彼の「生きるよろこび」であり「証し」であり、芸術であった。（…）今日、日本の津々浦々に、この「あたりまえ」の真に個性的な環境を見いだすことがはなはだ困難になってしまった。（…）風光明媚な観光地に行けば、その最も景勝の地点に、判で押したように、醜悪な展望台が建てられて、恵まれた「自然」を無残にブチ壊す露骨な商業主義が憶面もなく胡坐をかいている。（…）「明治百年は日本醜悪化の歴史」と言った人がいる。必死になって技術文明の効率文化を身につけようとしてわれわれは半面、大きな代償を払わされてしまった。（…）「美」の危機はまさに「人間」の危機である。現代の「美術館」がもはやその象牙の塔に安を偸むわけにはいかない所以である。」[115]

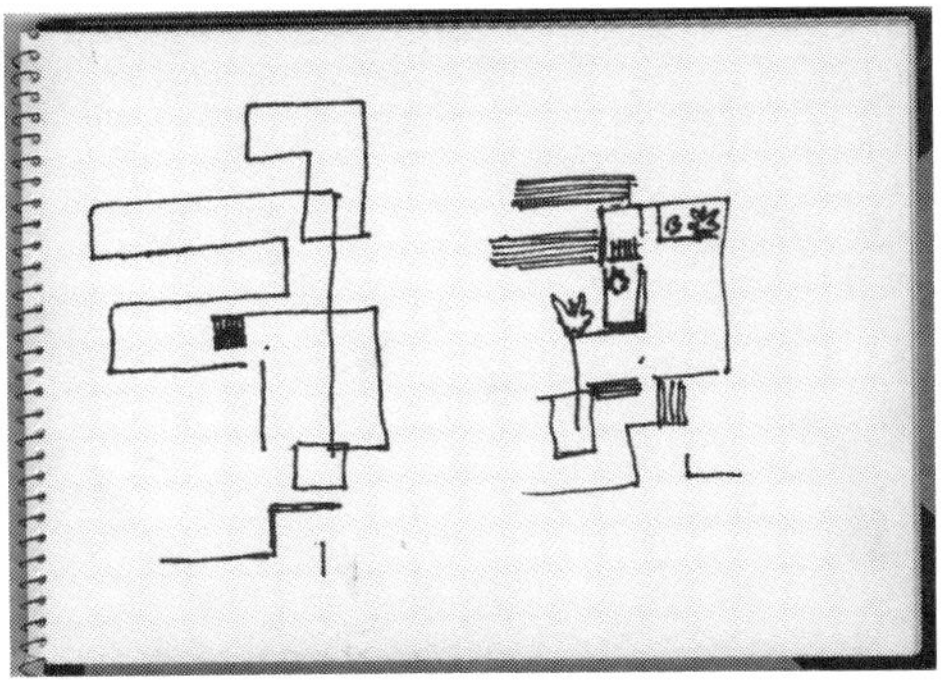

熊本県立美術館（1976年）　前川直筆の空間構成のスケッチ＊

同上　喫茶室から吹き抜けホール越しにロビーを見る
1998年撮影

　前川は、美術館の建設が盛んに行われる時代[116]の背後に横たわる「人間」の危機を前にして、その土地に根ざす建築の確かな姿を、日常に根ざす「生ける証し」として、見つけようとしていたのだ。そして、「モノ」としての建築の実在感を生み出すための方法についても、同じく、東京都美術館の基本設計に掲げた基本思想、「耐久性を顧慮した素材及び構法によって、「平凡な素材によって、非凡な結果を創出する」こと」が、そのまま遵守されていく。しかも、打込みタイルで覆われた壁は、ダイナミックな空間構成を生み出す原動力として明快さを極め、内から外へ「一筆描き」で連続して、閉じつつ開くリズミカルな流れを作り出し、建物全体に力強い骨格を構成する。一方、それと対比的に空間の性格を規定する要素として、打放しコンクリート製の直径七〇〇ミリの太さで一二メートル間隔に立つ独立の丸柱と、それに支えられた格子梁の天井は、連続する壁に囲まれた空間全体を覆う大らかな天蓋として、その平面的な大きさは約九三〇平方メートルにもなる。さらに、H型の耐候性鋼によるスチール・サッシュの全面ガラスの長大な開口部が、二の丸広場に面する東面では全長四二メートル、高さ五・四メートル、八・四メートルの大きさで、内外の空間の連続性を強調しつつ、光と緑を室内に呼び込んでいる。そして、内外の床面には、外壁と同質の赤褐色の炻器質タイルが貼られ、天井面と呼応するように、水平に伸びる空間の広りと足元の安定感をつくり出している。また、細部のディテールも洗練さを増しており、埼玉会館や埼玉県立博物館、東京都美術館などで蓄積されてきた、厚さ一二ミリの耐候性のある無垢の平鋼を用いた手すりや、吹き抜けホールの高い天井から吊られた銅メッキ製の円筒形の照明器具、鋼板製のH型の外壁のブラケット照明器具など、打込みタイルや打放しコンクリートの素材感と拮抗できるものが、細部に強い存在感を与えている。[117]

こうして、誕生した熊本県立美術館は、前川の求め続けてきた「モノ」としての実在感と、流れるように展開する空間構成が結実した前川建築の到達点とも呼べるだろう。そこには、計画時点で、「現在の前川事務所には創造に欠かせない想像力が貧しいこと」などを理由に、設計者に内定している前川ではなく、「公開の設計競技」によって、「新しく生まれる建築と建築家を育てることが熊本にとって文化の創造である」と、前川に手紙を送っていた熊本大学助教授の木島安史が、竣工後、「感心」したと記す、「建築の細部に支えられた表現として凝固した近代建築様式」の完成した姿があった。[118]

「中立平静」な背景」となる建築空間へ

熊本県立美術館で達成されたのは、木島安史の言う「近代建築様式」に留まるものではなかった。そこには、前川が、一九七〇年前後に気づいた建築の原罪性と呼べる現実を前に、より切実な環境論的視点から試みた、まったく新しい方法論が実を結んでいた。後の一九八七年、中田による、埼玉県立博物館の担当チーフだった大沢三郎へのインタビュー記録[119]の中に、その質的転換の核心部分に触れる証言が読み取れる。大沢の「(前川は)埼玉県立博物館で初めて、環境とどういうふうにやるかということは相当重要な問題だ、ということを意識したわけでしょうね」との発言を受けて、大沢のもとで埼玉県立博物館を担当した中田は、こう応えている。

「その前までは、前川先生は、(…)日本相互にしても上野の東京文化会館にしても、建物のプロトタイプといいますか、かなり明快なスキームみたいなやつをつくり出そうと考えていた。(…)それを環境の中に持ち込んで、(…)そのまわりに派生するようなことをどう処理するか、というような組み立て方をしているような感じがするんですがね。(…)ところが、大宮の公園内にある埼玉県立博物館になりますと、(…)環境に建築をどう入れていったらいいか、というふうになりましたね。(…)まず環境があって、その中にどういうスペースを入れていこうかと考えて、それを整理していく過程の中で、スキームが浮かび上がってくる。

だから、大宮のときに、基本設計を提出して一ヶ月たたないうちに全部かえちゃったんですよね。壁の恰好も。」

この中田の発言にあるように、それまでの前川の建築では、空間構成の体系=スキーム(scheme)を、普遍性のある原型=プロトタイプ(prototype)としてつくり出そうとする意識が強く働いていた。そこでは、建築の構築性への確信に支えられた造形=フォルム(form)の創出という行為は、まったく疑われていない。しかし、埼玉県立博物館と熊本県立美術館では、与えられた自然環境から潜在的な価値を引き出し、建築によってそれを顕在化させるような、数年来のテーマとしてきた「人工と自然」という構図における主と従、図と地を反転させる柔軟な思考回路が切り拓かれたのだ。すなわち、同じく東京都美術館の基本思想に掲げられた、「展示された美術品に対し、飽くまで「中立平静」な背景を提供すること」をより深化させて、建築空間そのものが、環境に対して「『中立平静』な背景」となる方法論へと、質的な転換を遂げたのだ。それは、戦前から近代建築の空間構成の方法論を追い求めてきた前川が、試行錯誤の果てにようやくつかんだ一つの到達点でもあった。その根底に変わらずに読み取れるのは、竣工から二年後の一九七八年、建築を学ぶ学生たちに語られた、次のような建築との向き合い方だったに違いない。

「人間というものがたよりなく、たよりない人生であると感じた時に建築家というのは、やはりその時点において、自分の実在と言いますか、実在感を求めて、コツコツと苦しい設計作業を続けるんだと思います。

建築家とは何であるか、建築とは何だろうかということを常に自分に問いかけながら仕事をするのが建築家であり、作品はその答えにあたるものだと思います。[120]」

一九三五年十月一日に三十歳で自らの事務所を設立してから約四〇年、七十代を迎えた前川は、さらに自らの方法論を突き詰めていくことになる。

ポスト・モダニズムと「建築の危機」の時代に

「坂倉準三への手紙」という論考の中で

一九六五年の東京海上ビル計画の着手から一九七六年の熊本県立美術館の竣工に至る間に、前川には、自らの試みてきた近代建築の方法論に対する自省的な視点からの大きな転換点があった。その思考の推移をうかがい知ることのできるのが、坂倉準三の七回忌に合わせて一九七五年に私家版として発行された『大きな声　建築家坂倉準三の生涯』に寄稿した「坂倉準三への手紙」と題する長文の論考である[121]。前川事務所に残る原稿は何度も書き直されており、そこには特別な思いが込められていたのだろう。ふり返れば、前川と坂倉の交友は、一九二九年八月、前川がバカンスで滞在中だったフランスの港町のホテルで、まったく面識のなかった坂倉から受け取った「ル・コルビュジエのアトリエに入りたいからよろしく頼む[122]」と書かれた一通の電報に始まり、一九六九年九月一日の坂倉の急逝までの四〇年に及ぶ。その間、パリ万国博覧会日本館、神奈川県立近代美術館、国際文化会館、ル・コルビュジエの国立西洋美術館の実施設計などで、競い合い、協同した間柄であり、良きライバルでもあった。そして、東京海上ビルの美観論争の最中には、坂倉は、日本建築家協会会長として前川を支援し、急逝する前年の一九六八年三月二十三日には、前川が建築家の「処士横議の場」として建設した建築家会館の地鎮祭で仲良く語り合うなど、心を許した盟友だった。

そのため、前川は、この論考を坂倉へ向けた書簡形式に仕立て、近代建築に対する自らの考えを改めて書き留めておこうと考えたのだろう。そこで、前川は、自らの出発点である学生時代（一九二五―二八年）を振り返り、「合理的建築にひかれてコルビュジエの門を叩いたのは何故だったのだろう」と自問し、次のように記すのである。

「僕個人に関する限り、それはラスキンの名著『建築の七燈』の影響、殊にあの本の第二章にかかれた「真実の燈」からうけた強烈な印象と、第一次世界戦争の戦後急激に起った住宅不足に対応すべきであるという建築家の使命感であった。（…）戦後のヨーロッパはお定まりの住宅難に苦しんでいた。それを救うために住宅の生産を近代工業生産にのせて、より早く、より安く、より安価に生産することに建築家は、その全力を傾ける社会的責任があると思われた。」

このように、前川は、第一次世界大戦後の住宅不足に対する「建築家の使命感」から「合理主義建築」に惹かれ、敗戦直後に自ら試みた木造組立住宅プレモス（一九四六―五一年）がそうであったように、「より早く、より安く、より安価に生産すること」に「全力を傾け」たのだ。しかし、その結果はどうだったのか。前川は続けていく。

「そこに求められていたものは飽くまで経済的合理性であり、一種の禁欲主義をよしとする、索莫とした合理性が巾をきかす情勢となって、新建築は次第にその造型的想像力の枯渇に不感症となってゆくわけである。」

そして、前川は、次のような視点を提示する。「ラスキンは、（…）「真実の燈」の一節に次のように書いた。

「……度重なる戦火の洗礼も、ゴシックを滅ぼすことはできなかった。しかしゴシックがその「真実の燈」が喪われた時、ゴシックはついに亡びた……」

建築に於ける「真実」とは一体何だろう。フランスの文豪ゾラに次のような言葉があるという。「……もしも細部の「真実」に支えられなければ「小説」という大きな「虚構」は忽ち崩壊してしまうだろう……」（…）建築もまた、その「細部の真実」に支えられたフィクションと考えられるのではないか。」

前川は、旧制高校時代に出会ったジョン・ラスキンの『建築の七燈』の「真実の燈」を心の支えに、近代建築の方法と向き合ってきた。だが、ここでは、ゾラの言葉によりながら、建築を作者の想像力によって創造された「小説（fiction）」という「虚構」とみなしつつ、そこに「細部の真実（truth）」を盛り込むことによって、即物的な経済合理性に絡め取られてしまった近代建築に、新たな生気を与える道筋を見つけようとしたのだ。そして、前川は、次のような言葉で、この論考を締めくくっている。

「合理主義的建築は今日一敗地にまみれたことは事実かも

しれない、だからといって今日の建築が合理的思考を捨て去るわけにはいかない。(…)単なる経済的合理主義の論理でなく、新しい価値観の論理を見出す「直感」こそが残された唯一の活路ではないか。」

注目したいのは、こう記した一九七五年の時点で、前川が、自らの追い求めてきた「合理主義的建築」の「今日」を、「一敗地にまみれた」、すなわち、再起不能になるほど大敗した、と認識していたことである。それでも、前川は、その先の可能性を見定めるべく、「唯一の活路」として、「単なる経済的合理主義の論理」を超えて「新しい価値観の論理」を見出す、「直感」というキーワードを掲げたのだ。この言葉の意味するものは何なのか。前年の一九七四年に行われたインタビューで、前川は、近代建築について語っていた。

建築家会館の地鎮祭での坂倉準三(左)と前川國男　1968年3月23日　資料提供/建築家会館

「建築の歴史をみるとね、だんだん建物の力骨になるのと外皮とが離れてきている。近代建築になると全く離れちゃって、コルビジェなんか自由な平面とかいってね、こう独立柱を並べてそこからキャンティ・レバーをつき出してやってるのが近代建築だって考えになってきちゃったわけです。そんなところが問題があるんじゃないかって気がしてる。月夜のカニみたいなもんだって、カニは月夜に痩せるんだってね、殻と臓物と別々になっちゃう。近代建築はそういうものなんじゃないかって笑ってるんだけどね。[123]」

興味深いことに、表紙に「JAN.1973 NO.1」と記された前川のスケッチ・ブックには、ここで語られた「近代建築は月夜の蟹の如し」や、「自然と人工の問題」、「建築の真実とは何か」、「Ramp of Truth Ruskin」、「ゾラのことば」など、当時の思考をうかがい知ることのできるメモ書きが残されている。こうした発言と言葉の断片から見えてくるのは、近代建築の合理主義の徹底がもたらす存在感の喪失への疑問である。

インタビューの発言に戻れば、「建築における地方性」をどう考えるか、と聞き手の山崎泰孝に問われて、前川は次のように語り始める。

「自然は自然自身に対して責任を持っている、だから美しいのだ、というようなことを（…）聞いたことがある。（…）四、五年前にペルーのクスコってインカの大都市に行ったことがあるんだ。インカの遺跡がみたくてね。そこへ行ってびっくりした。少し小高いところに町が出来ているのをみると土と同じなんだよ。非常に感動した。（…）あの土がそのまま持ち上げられてできたような風景だった。あれなんかも、自然が自然に対して責任を持っているから美しいんだ、というような説明がそのまま通るような感じだったよ。（…）つまりね、こうしかなりようがなかったんだというようなことを語りかけているような感じがするんだなあ。」

さらに、前川は、「どうなんだろうね、近代建築、近代材料にはそういうことは出来ないんじゃないか」と自問し、「本当のことをいうと、最後の土壇場で、ハタとゆきづまっちゃうんだ。結局、個性でやっているつもりなんだけど」と本音を吐露している。そして、「京都会館をつくりました時に、もう一度ヤキモノのことを考えてみる必要があるんじゃないかということになって、あそこで初めてスタートしたわけですよ。（…）ヤキモノは日本のお家芸の一つだからね、何かやってみようかと思ってはじめたのが、打ち込みタイルなんですね」と語ったのである。

前川は、合理主義建築の陥った隘路を乗り越えるために、建築を長い時間軸の中で捉え直しつつ、ようやく手にした「打ち込みタイル」という確かな構法を基に、「こうしかなりようがなかった」と語りかけるような、近代建築の必然的な形を見つけようとしたのだろう。そのとき、それまでの合理主義的な思考ではなく、むしろ感覚的に物事の真相を捉える「直感」を手がかりにしようとしたのだ。ここに、前川の新しい建築観の境地がうかがえる。そこで、そのことに関連すると思われる同時期の他の発言にも触れておきたい。

一九七七年、熊本県立美術館の翌年に竣工したケルン市立東洋美術館についてのインタビューの中で、現地を見た日本人建築家による、「どこかで見た感じ」との批評に対する感想を聞かれた前川は、自らの方法について述べている。

「技術の進歩に伴って建築の表現が多様になるのは一種の必然かもしれないが、それが単なるファッションに堕してしまうのはいかにもまずい。今のように、あれもこれもと著名な建築家の様式を食い散らすだけでは、いつまで経ってもがさつさから逃れられないのではないか。建築家として突き詰めて行けば、何か一つの様式に収れんしていくのは当然で、そうして始めて、都市環境にまとまった味を生み出していけるはずである。したがって「どこかで見た感じ」になるのは、私にとっては当然のことだ。[124]」

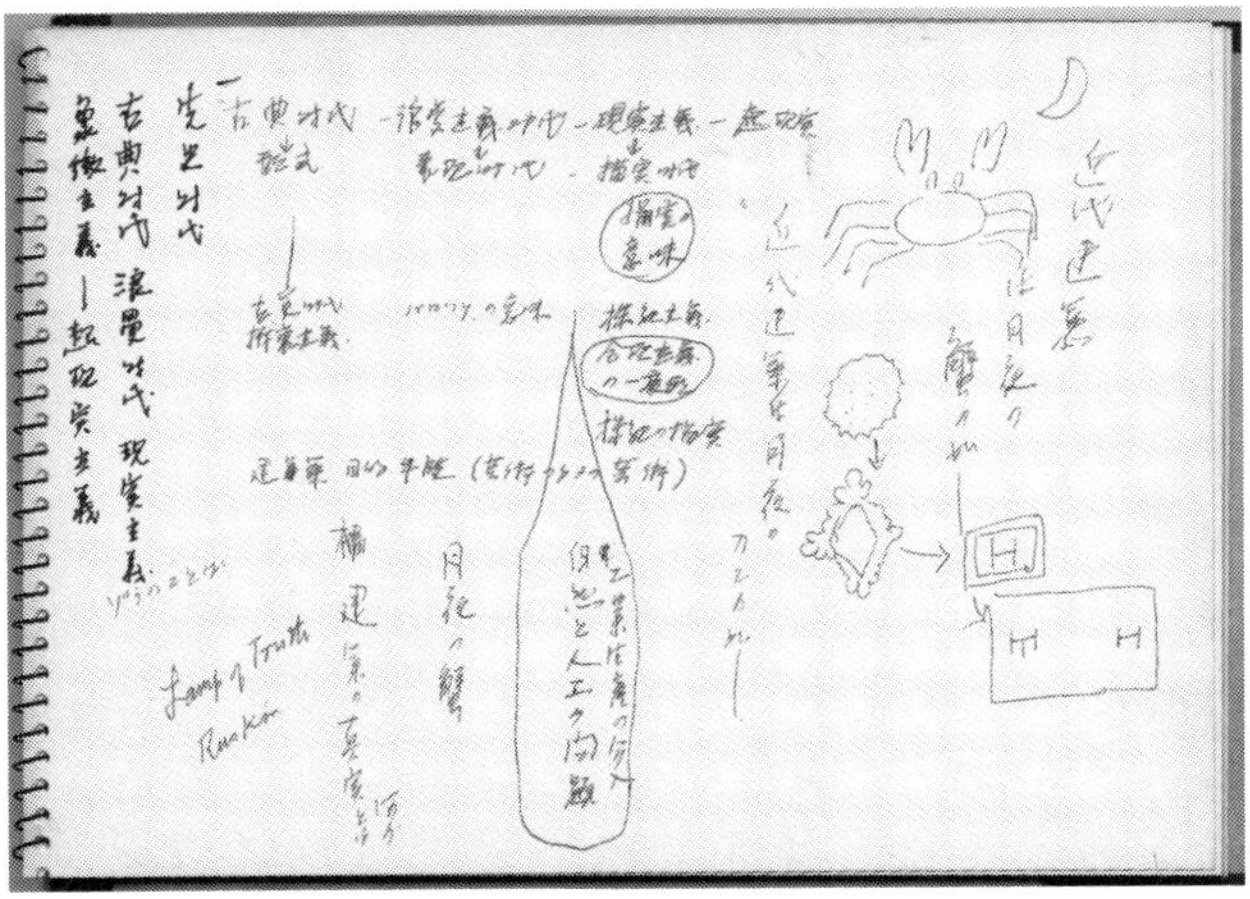

前川國男のスケッチ・ブックに残るメモ*

前川は、自らの建築が「一つの様式に収れんしていく」ことを良しとする自覚をもち始めていたのである。同じ年に行われた別の鼎談でも、次のように述べていた。

「ディテールのない建築なんて面白くないよ。例えばブラジリアの建築なんかは、ディテールがないね。模型をパッとふくらましたような建築ばっかりだよな。それで心ある建築家はかならずディテールをリファインしていく操作をやっていると思うんだね。そうするとひとつのスタイルというか様式というかが、できるはずだね。そういう建築家たちの様式がやがて社会的に時代の様式に収斂していくものなのかどうか、またそういった一つの様式にまとまっちゃいけないのかどうかね。[125]」

そして、こう続ける。

「むしろ、手段の建築たらざるを得ない宿命にあるとするならば、その宿命の中でディテールをリファインさせながら、建築家としての個性的な様式というかスタイルをつくりだしていかざるを得ないんじゃないかという気がする。[126]」

それでは、前川のつくり上げた「個性的な様式」は、同時代に理解されていたのだろうか。熊本県立美術館は、前川の代表作として、『新建築』一九七八年一月号の巻頭を飾っている。しかし、次号の批評欄「月評[127]」では、近藤正一に、「完結した前川國男の技術が、今までの仕事以上に、品良くまとめられ過ぎていて、印象に残らない」、「見事な樹木ばかりが目立ち過ぎる」と指摘され、黒川雅之には、「何と無害な建物であろう」、「老練なのか、クライアントへの媚なのか…」、「ここでの〝手の跡〟も、ここだけのことに終って、普遍への飛翔がない」と酷評されてしまうのだ。そこには、前川の思いを置き去りにするかのような、新たな動き、ポスト・モダニズムと呼ばれる地殻変動が始まっていた。

ポスト・モダニズムの潮流のもとで

一九六〇年代には前川の建築は海外の建築雑誌にたびたび紹介されるようになったが、そのことも大きかったのだろう、その仕事は、一九七〇年代に海外にも広く伝わり、しかも思いもよらぬかたちで、ポスト・モダニズムの潮流の一つとして論じられていくことになる。その口火を切ったのが、イギリスの建築評論家のチャールズ・ジェンクスである。

ジェンクスは、一九七六年の『現代建築講義』の日本版に追加収録された「最近の日本建築」の中で、前川國男に言及し、「西洋の建築家は、その古典の伝統に近づくにはアイロニーの逆立ちというような斜に構えたやり方によらざるを得ないのだが、前川のような建築家は彼の伝統に真っすぐに立ち入っていける」として、晴海高層アパートと東京文化会館を取り上げ、「伝統的モチーフがマッシブなコンクリートの表現主義へと変換された作品である」と評価していた。その上で、「最近の前川はこのレトリック的な伝統から離れ、「ヒューマニズム」の形態へと回帰し、レンガの建築によってエンクロージャーよりむしろ空間の方を強調するようになってきているのだが、このコンクリートの巨大趣味からの転身が惹き起こしたあらゆる種類の象徴的な反応性のうちのいくつかについては後に改めて論ずることになるだろう」と、暗示的な言葉で締めくくっていた。[128]

その続きなのだろう。ジェンクスは、一九七八年の『ポスト・モダニズムの建築言語』の日本版の序で、ポスト・モダニズムを「折衷的なもの」と定義づけ、それが「エリート主義に侵された」「モダニズム運動から出て何か別のもの――過去のもの、地域特有のもの、ヴァナキュラーのもの――へと向かう一つの発展である」とした上で、本論の中で、ポスト・モダニズムの切り拓いた潮流の一つに、「ネオ・ヴァナキュラー様式」と名づけた様式を挙げて、その代表的な事例として、ふたたび前川の建築に触れて、次のように論じたのだ。

「モダニズムによる再開発や広域的な復興計画の明らかな

失敗にたいする対応は「ある種の」ヴァナキュラー（土地の言葉）への回帰であった。（…）ヴァナキュラーは直進的復活主義でも、正確な複製でもなく、（…）モダンと十九世紀煉瓦建物との間に生れた混成品だったからである。様式というのは、しかしながら、明らかに見分けがつくものであり、またほとんどいつも勾配屋根だとか、がっちりしたディテールだとか、絵画的な空間形態だとか、さらに煉瓦、煉瓦、また煉瓦とかいうように、特性が指摘される。そして「煉瓦は人間的である」といったぐあいにそのスローガンは進むことになる（…）。煉瓦はそれほど人間的なものだから、元ブルータリストであるあの前川國男でさえ東京のド真中の高層建物に煉瓦を使って、「人間性」を呼び戻そうとしている（からかっているわけではない）[129]。」

ここに挙げられた「東京のド真中の高層建物」とは、東京海上ビル（一九七四年）に他ならない。しかし、ここでは、さまざまな都市への提案を含む前川の試みが、煉瓦による人間性の付与という様式上の狭い文脈に括られてしまっている。それは、前川の求めた「個性的な様式」という方法論とは相容れないスタイル論に過ぎなかったのではないだろうか[130]。

建築家の職能の危機に対する問いかけ

一方、一九六〇年からＲＩＢＡ（王立イギリス建築家協会）の主任情報官となり、機関誌の編集長を務め、イギリス現代建築の動きをつぶさに追ってきたマルコム・マッキューインは、一九七四年、建築家の職能に対する強い危機感からまとめた報告書『建築の危機』の中で、より踏み込むかたちで、近代建築の歴史的な意味について詳細に論じていく。マッキューインにはジェンクスの『現代建築講義』に対する批判的な視点があった。

「彼（ジェンクス）は、現代の建築のジレンマからのがれる道を見つけだそうとのたうち回る多くの輝かしく、才能のある、創造的な人びとの無駄な試みについての印象を述べている。そのような試みが今までのところ大きく失敗したとするならば、それは、彼らの才能や努力が欠如しているためではなく、むしろもっと深い何ものかのためであると、わたしは思う[131]。」

続いてマッキューインは、必要なのは、ジェンクスのように「様式上の答え」を探すことではなく、「政治、経済、そして人間関係の問題」を根本的に問い直すことだと指摘する。こう記す背景には、一九七三年のオイル・ショックによる西欧経済の停滞と、一九七二年、民間組織ローマ・クラブが、経済成長による資源消費で環境汚染の進む事態への警鐘としてまとめたレポート『成長の限界』(132)の存在があったのだろう。そのため、彼は序の中で、「現在の世界的な経済危機がどう進行し、どのような結果をもたらすのかは、予測できない。（…）危機の直接的な成り行きがどのようなものであれ、浪費的な資源開発の時代は終わらねばならない」と記し、「このような状況の中で、建築家やその同僚たちの職能の直面する任務が何であるかを確認することは、困難なことではない」として、四つの「任務」を挙げる。「エネルギーその他の稀少資源の消費を減らすこと」、「建築家たちの技倆と国民の稀少資源が、コミュニティの本当の要求を満足させるために使われること」、「公共・民間の実務のヒエラルキー的、官僚主義的な構造を打ち破る」こと、「建築家の職能団体の役割、機能、構造を考え直すということ」である。

　そして、一九六〇年代中頃から建築界を蔽う「極端な幻滅のムード」について、次のように指摘したのだ。

「公共・民間の法人規模や、それらの仕事量の増大、また、（…）建築物と消費者との間のギャップを、埋めもどすことができないほどの大きなものに広げてしまった。また、それらは、社会的な優先権なるものを歪めてしまった。（…）このような状況の中で、（…）建築家は、悪徳不動産業者や官僚と同一と見なされるようになってしまった。」

　さらに、「何が起ったのかを理解するためには、一九三〇年代に帰っていかねばならない」として、近代建築の草創期の意味を記すのである。

「近代建築とは、人びとの、なかんずくすべての貧しい人たちの生活条件がよりよいものに変革されていくはずの手段であったのである。（…）さらに、近代運動は、〝建築〟の限界を意識し、建築群の設計を考え、そしてその領域を拡大して、大きなオープンスペースや、町全体、都市全体の設計をもその領域に含ませようとしたのである。」

　ここで再確認されている近代建築の目的と都市への視点は、図らずも、前川の求めたものとそのまま重なっていることがわかる。それは、偶然の一致ではないと思う。すなわち、『建築の危機』で「建築家の職能の八〇％は、現在、サラリーマン建築家」であり、都市を覆い尽くしているのは「官僚主義と商業主義の産物であるような建築物とか場所である」と指摘するマッキューインの抱いた危機感は、前川が繰り返し問いかけた日本の現実と地続きであり、近代建築の出発点を改めて確認しようとする姿勢も前川と重なっていた。

　残念ながら、前川が『建築の危機』を手にしたのかは確認できていない。しかし、この著書の翻訳者は、日本建築家協会専務理事の藤井正一郎であり、「あとがき」で、前川が埼玉県立博物館の毎日芸術賞受賞の際に記した「中絶の建築」にも藤井は言及している。また、藤井の求めにより各章ごとにコメントを付したのは、前川事務所の元所員で法政大学教授の河原一郎であり、ある章のコメントに、河原は次のような日本の現実を指摘していた。

「戦後、日本の建築家と建築専門家は、戦時中の反省なしに、デザイン論と技術論に夢中になった。しかしそれらの中に一本の土性骨がなかったために、デザイン論は商業主義に、技術論は施行会社の利益のために利用された。建築の本質を忘れ、社会から遊離し、絶望的な無力化の中に追い込まれている。[133]」

また、この著書に先立ちマッキューインの報告書が掲載された *RIBA Journal* 一九七四年四月号の特集記事が、いち早く日本建築家協会の機関誌『建築家』秋号に要約版で掲載されたが、その翻訳者の一人は前川事務所の所員で東京海上ビルを担当していた大宇根弘司だった。さらに同号では、「特集―建築の危機」という六〇ページの特集が組まれ、誌上座談会では、大谷幸夫、横山公男、藤井正一郎らがこの報告書をどう受けとめるかを議論し、続くページには、田上義也、本間利雄、松村正恒ら、会員一九名の寄稿文が掲載されたのである。[134] 以上のことからも、マッキューインの投げかけた建築家の職能に対する警鐘が、大江宏が会長を務める当時の日本建築家協会で広く共有されていたことがわかる。

こうして、一九七〇年代半ばの前川が遭遇した時代状況の困難さが見えてくる。そこには、次なる「様式上の答え」を求めるポスト・モダニズムの潮流と、むしろその出現を促したとも思われる、資本主義経済の行き過ぎが招いた官僚主義と商業主義による近代建築の失速と変容、そして、建築家という職能の危機が巻き起こっていたのである。そんな中、前川は、自らの「直感」だけを頼りに、続くプロジェクトに取り組んでいく。

X　最晩年の思考と方法論の到達点

「ドミノ」の方法論を乗り越えて

ル・コルビュジエとの対話から

「結局、僕のやったことはドミノだった」、晩年の一九七九年と一九八一年に行われた編集者の宮内嘉久による長時間インタビューの中で、自らの方法論について改めて問われた前川は、最後にこう口にした。そして、ドミノ（Domino）という構造体のシステムをめぐって、かつてパリのアトリエでル・コルビュジエと交わしたやり取りを、次のように回想する。

「あのね、コルビュジエのところで、ぼくは例の最小限住宅をやらされたろう。ＣＩＡＭに出すまで、ずっとあれをいじってた。そのときコルビュジエがこう言ったんだ。これは最小限住宅のプランだが、これだけで完結しては困るんだ、と。これが核になって、いろんな展開が、住宅としてだけではなくて、だね、建築の空間として、ヴァリエイションをつくり出せるようなものでなくてはだめだ、ってそう言ったんだよ。その言葉が妙に頭にこびりついていて、ふりかえってみると、どうもぼくのやってきたことってのは、そこのところから一歩も出ていないんじゃないかって気がするんだよ。[1]」

　この発言からは、一九二九年、「最小限住宅」をテーマにドイツのフランクフルトで行われた国際建築家会議（ＣＩＡＭ）の第二回大会に提出されたル・コルビュジエ案を担当した経験が、前川のその後の半世紀にわたる設計活動の中で思考の軸となる決定的な意味をもち続けていたことがわかる。おりしも、ル・コルビュジエは、前川がアトリエに学んでいた最中の一九二九年十月、南米アルゼンチンに招かれ、一〇回の連続講演を行っている。その中で、ドミノのもつ革新的な可能性について、彼はこう語っていた。「自由な平面、自由なファサード。これが建築にとって意味するのは大いなる解放、石造住宅から偉大なる一歩を踏み出したということです。これは現代という時代のもたらした賜物であるのです。[2]」

壁で建物を支える石や煉瓦で造られていた建築が、十九世紀半ばに発明された鉄筋コンクリート構造によって、独立した柱だけで建物を支えることが可能となる。このとき、建築を制約してきた外壁と間仕切壁がすべて取り払われて、自由な平面、自由な立面（ファサード）が可能となる。このアイデアが、建築に「大いなる解放」をもたらすことを、ル・コルビュジエは高らかに語ったのだ。そして、図らずも、彼のもとで最小限住宅案を担当した前川は、その生成現場に立ち会っていたことになる。その意味からも、先の前川の発言が理解できるだろう。この章では、すでに何度も触れてきたが、晩年における前川の立ち位置を確認するためにも、ドミノに影響を受けた試みの軌跡を振り返っておきたい。

前川は、一九三五年の事務所設立後の一九三七年、富士通信機製造工場の指名コンペで、「工場空間の最大限度はどの程度が適当か」の解答を構造設計者に求め、「耐震的に自立できるある単位のユニット」を連結して構成する考え方にもとづく応募案を作成する。[3]また、敗戦直後に取り組んだ木造の組立住宅プレモス（一九四六―五一年）でも、ドミノの考え方と最小限住宅案を踏襲したパネル工法による単位空間の増殖システムを試みていく。さらに、一九五〇年代に始まるテクニカル・アプローチで最初に目標とされたのも、構造合理性と経済性を求める自由な平面と自由な立面の追求であり、日本相互銀行本店（一九五二年）や神奈川県立図書館・音楽堂（一九五四年）において、そのことが実践されていた。そして、同じ宮内のインタビューの中で、前川は、その後に相継いで手がけた、トロント市庁舎、レオポルドヴィル、東京海上ビル、東京都美術館、近作の山梨県立美術館を挙げて、それらで試みたプランの方法論について、次のように考えたと明かしたのだ。

「一番簡単なラーメン構造は得体が知れない。四角い空間が組み合わさった形の、相互貫入すれば、オーダーが高次元になった気がする。プランが本当に完成すれば、何か一筆描きで描けるような、ね。そういうのでないと満足できないっていうか。[4]」

前川はこの発言の直前に、自分のやってきたことは「システムかな、要するに」と語ったが、聞き手の宮内から、「あまり馴染まない言葉でしょうね」と即座に反論されてしまう。しかし、ル・コルビュジエは、ドミノを、もともと第一次世界大戦によって破壊されたフランドル地方の町村の住宅を急ぎ再建するためのアイデアとして考案し、特許取得までを目指していた。その意味で、あくまでも開かれた建設システムの提案だった。それに倣い、前川も、自らの手で空間構成の体系的方法＝systemをつくり上げようとしたに違いない。また、だからこそ、急速な工業化が進む中で、単純なラーメン構造へと収束する時代の流れに抵抗するかのように、ドミノを、四角い空間が鎖状に重なり合って相互貫入する、より高度な次元（order）に深化させ、かつ、空間が流れるように展開して「一筆描き」で描けるようなプランの構成方法を導き出そうと試行錯誤を続けていたのだ。スケッチ・ブックに残る鎖状プランのスケッチが、その思考の軌跡を伝えている。

さらに、前川は、同じ宮内のインタビューの中で、平面図と断面図の柱や壁など構造体の部分を黒く塗りつぶすポッシェ（pocher）というフランス語の動詞にも触れて、「ポッシェされる部分というのは、建築のエレメント、要素のわけだね。その要素には、それぞれのスケールなりテクスチュアなりの特質と限界がある。それを、しかし、つなぐことによってエレメントは増殖するわけだし、ヴォイドの空間っていうのは、そういうふうにして形づくられると思うんだ」と述べている。ここで前川は「建築のエレメント」、すなわち、建築において実際に使われる空隙（void）としての空間（space）を形づくる要素（element）に着目し、それがもつスケール感（scale）と質感（texture）の重要性を指摘する。同時に、その空間の質を決定づける要素が、近代建築では、それまでの石や煉瓦に代わって、大量生産による工業化製品となっていることを問題視しようとしたのだ。そして、「石というのは古くなればなるほどよくなるのに対して、鉄は逆だし、コンクリートは風化に耐えられない」と語り、こう自問する。

「だから、いったいどうしたらいいのか、が問われ続けている。にもかかわらず、わからないことばかしだね。……建築っていうのは、人生のはかなさに対する何らかの存在感を求めたい、というところに本当の意味があるんじゃないのかって思うんだな。（…）芸術というのも、そういう、いわば日常茶飯から始まるのであってね。そのことを抜きにして、たんにエステティックにのみ語られるのはおかしいと思う。やっぱりね、もしも建築が芸術であるならば、建築家っていうのは、骨身を砕いて存在感を求め続ける人間のことだよ、そうだろう？　そこに多くのひとたちとのコミュニケイションの絆があるんであってね。その一点を踏み外さなければ、独りよがりもまた避けられると思うんだけどね。」

　また、同じインタビューの中で、より端的に、近代建築の抱える問題点について語っている。

「近代以前と較べて、近代以降の建築は、その空白の部分――みんな空間空間というけどね――、それに、より重点が移ったと考えられる。そこに一つの問題がある、と思う。都市空間と呼ばれるものをも含めて、この、寒天を流しこんで鋳型をとったあとの虚の空間、ヴォイドの部分が、美しいか美しくないかって騒ぐわけだけども、そこに――言ってみれば虚実皮膜の間に、建築にとって大事な問題が隠されているんじゃないか、とぼくは思うんだ。」

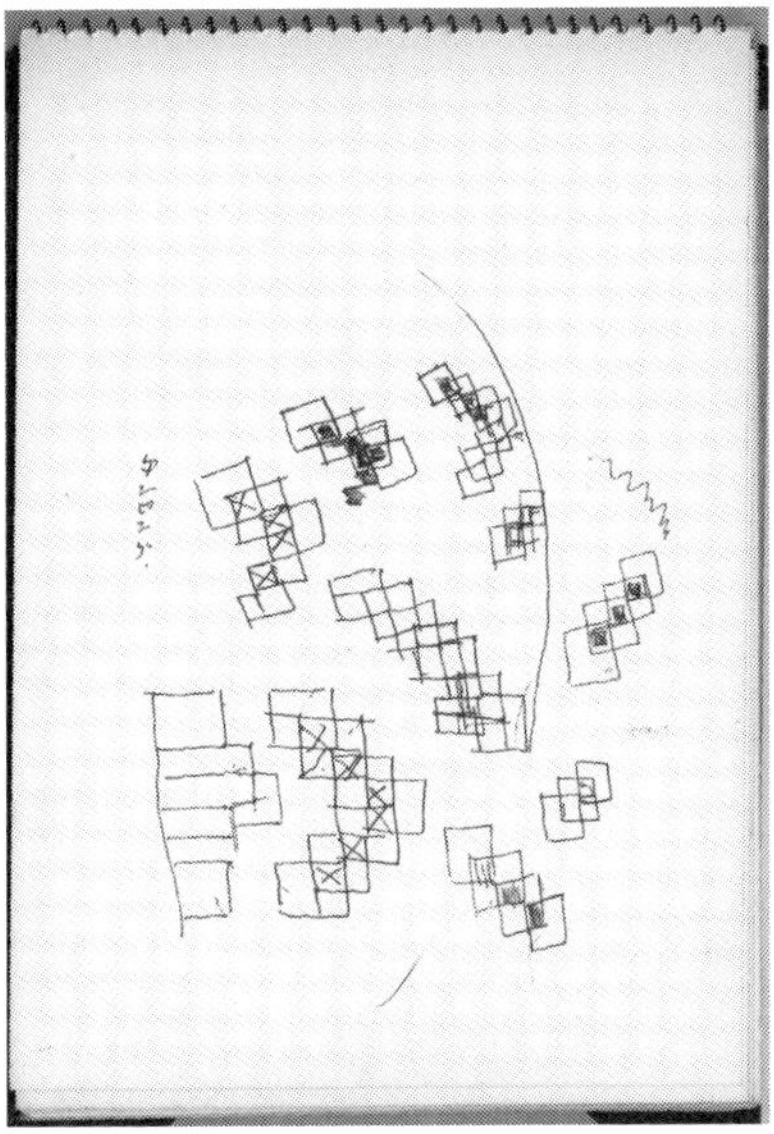
前川直筆の鎖状プランのスケッチ＊

　ここで口にした「虚実皮膜の間」という言葉の示唆するものこそ、前川が、建築に「存在感」を与えるものとして、素材と構法にこだわり続けた最大の理由だったに違いない。
　また、この発言の後、「美しい町はどうしたらできるか。家並み、建築の外の空間のたたずまいが大事だと思う」と述べたように、それらは、建築単体にとどまらず、好ましい都市空間を構成するものとしても捉えられていた。そして、前川は、長年にわたり開発に取り組んできたエレメントとしての打込みタイルに触れて、その思いを吐露したのである。
「ディテールの意味も、要するにそこに帰着するんだよね。ぼくが打ち込みタイルという方法に執着する背後には、いま言ったような考え方があるけれども、一方で、仮りにあれを、現状において考えられる最もいい解決だとしても、一般化するのにはためらいがあるしね。（…）表現の画一化という、ね。」
　ここには、ようやく手にした打込みタイル構法への執着と、その洗練がもたらす表現の画一化への危惧の念が表明されている。おりしも、一九七九年、こう発言したちょうど同じ頃に出版された熊本県立美術館の詳細図をまとめた著書の「ディテール」と題する序文にも、前川は書き留めていた。

「建築家が、その設計に苦心の努力を積重ねるのは、その建築の実在感、ひいては彼自身の「実存」のあかしをつかみたいからである。その「実存」を「構造」と「機能」に頼っている「建築」にとって、「ディテール」こそが、その構造を成立させる「実在感」の「手ざわり」といえるだろう。

建築家にとって彼の生き甲斐は、彼の作品の実在感に託す以外に道はない。したがって、「ディテール」こそが彼の主体性の棲みかであり、彼の個性の出生の場であるといえよう。(5)」

こうして、一九七〇年代の末に前川がたどり着いた境地と方法論の輪郭が浮き上がって見えてくる。そこに読み取れるのは、一九七二年の東京都美術館の基本思想に掲げた「平凡な素材によって、非凡な結果を創出する」ために、「耐久性を顧慮した素材及び構法」である焼き物による打込みタイルを採用し、建築にモノとしての「実在感」を与えながら、長く日常的に使われて人々の暮らしに溶け込む「実在感」の「てざわり」を求めて、「ディテール」に建築家としての「主体性」と「個性」を注ぎ込もうとする姿勢である。同時に、前川は、そうした確かなエレメントに支えられた空間が、単純さや単調さに陥ることなく、閉じつつ開き、流れるように展開する、高次元の秩序とリズムをもつような、プラン構築のシステムを発見しようとしていたのだ。

そして、時代との幸運なめぐり会わせなのかもしれないが、そうした考えを実践に移す絶好の機会として、一九七〇年代後半に、埼玉県立博物館（一九七一年）、東京都美術館（一九七五年）、熊本県立美術館（一九七六年）に続いて、四つの美術館のプロジェクトが相継いで依頼される。山梨県立美術館（一九七八年）、福岡市美術館（一九七九年）、国立西洋美術館新館（一九七九年）、宮城県美術館（一九八一年）である。これらを通して、前川は、プランと「虚実皮膜」にかかわる集中的な試みを展開していくことになる。

プランの探求と外壁の新構法の試み

ところで、ここに列挙したように、わずか一〇年という短い期間に、七件の博物館と美術館が全国各地に立て続けに竣工したことにも驚かされる。背景には何があったのだろうか。ここで詳述する力は筆者にはないが、芸術文化の助成制度に詳しい太下義之によれば、一九七〇年代は、「列島改造のための文化施設整備の時代」であり、一九六八年に発足した文化庁の都道府県への文化活動助成の開始や一九六九年の新全国総合開発計画の策定と一九七二年の増補、さらに、一九七二年の田中角栄首相の『日本列島改造論』などにより、地方中核都市における美術館等の文化施設の整備が「列島改造という構想」の中に改めて位置づけられたのだという(6)。それは、一九六〇年代の市民会館の急増に続いて、高度経済成長の時代を象徴する意図的な政策によってもたらされたものだった。

山梨県立美術館（1978年） 手前にヘンリー・ムーアの彫刻が設置されている。撮影／増田彰久＊

山梨県立美術館（一九七八年）

そのような時代背景の中、一九七四年三月に前川が設計依頼を受けたのが、置県百周年記念事業として計画された山梨県立美術館である。建設地は、甲府市の中心部から南西へ約二キロ、旧・農業試験場の跡地約六万平方メートルの広大な敷地で、富士山や南アルプスの山並みを望む恵まれた場所だった。当時の新聞記事によれば、一九七四年三月に三選を果たした田辺国男知事が、公約に掲げた「地方文化の向上」の目玉として、「乏しい一般会計から総額一七億円を美術館建設に投じた」のだという(7)。さらに、県企業局が南アルプスの豊富な水資源を活用した県営発電所の売電料の定期預金利息で捻出した二億五千万円の特別予算により、建設中の一九七七年四月、東京の画商を通してフランスの巨匠ミレーの代表作「種をまく人」と「夕暮れに羊を連れ帰る羊飼い」をニューヨークのオークションで落札し、イギリスの現代彫刻家ヘンリー・ムーアの彫刻と共に、美術館の「目玉商品」にしたのだ。一九七八年十一月三日、山梨県立美術館は、「ミレーの美術館」として開館する。

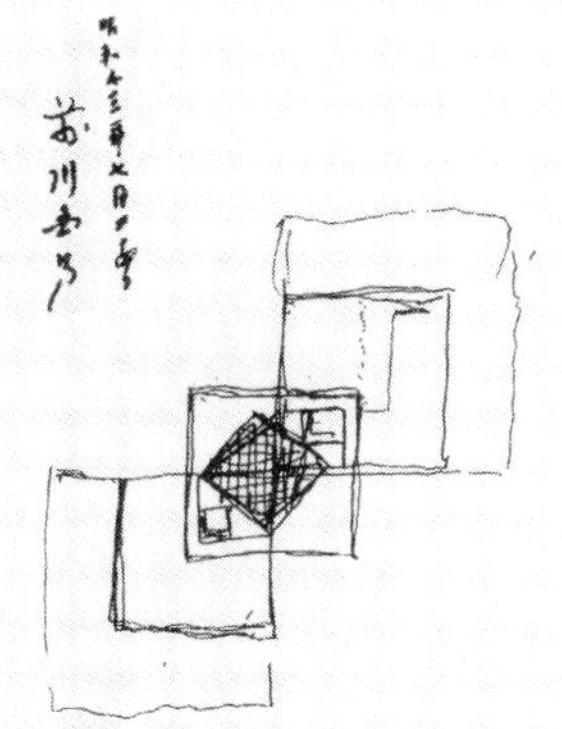

山梨県立美術館　前川直筆の平面スケッチ　『前川國男・弟子たちは語る』（建築資料研究社 2006年）より転載

おそらく、この半ば建物を置き去り

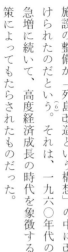

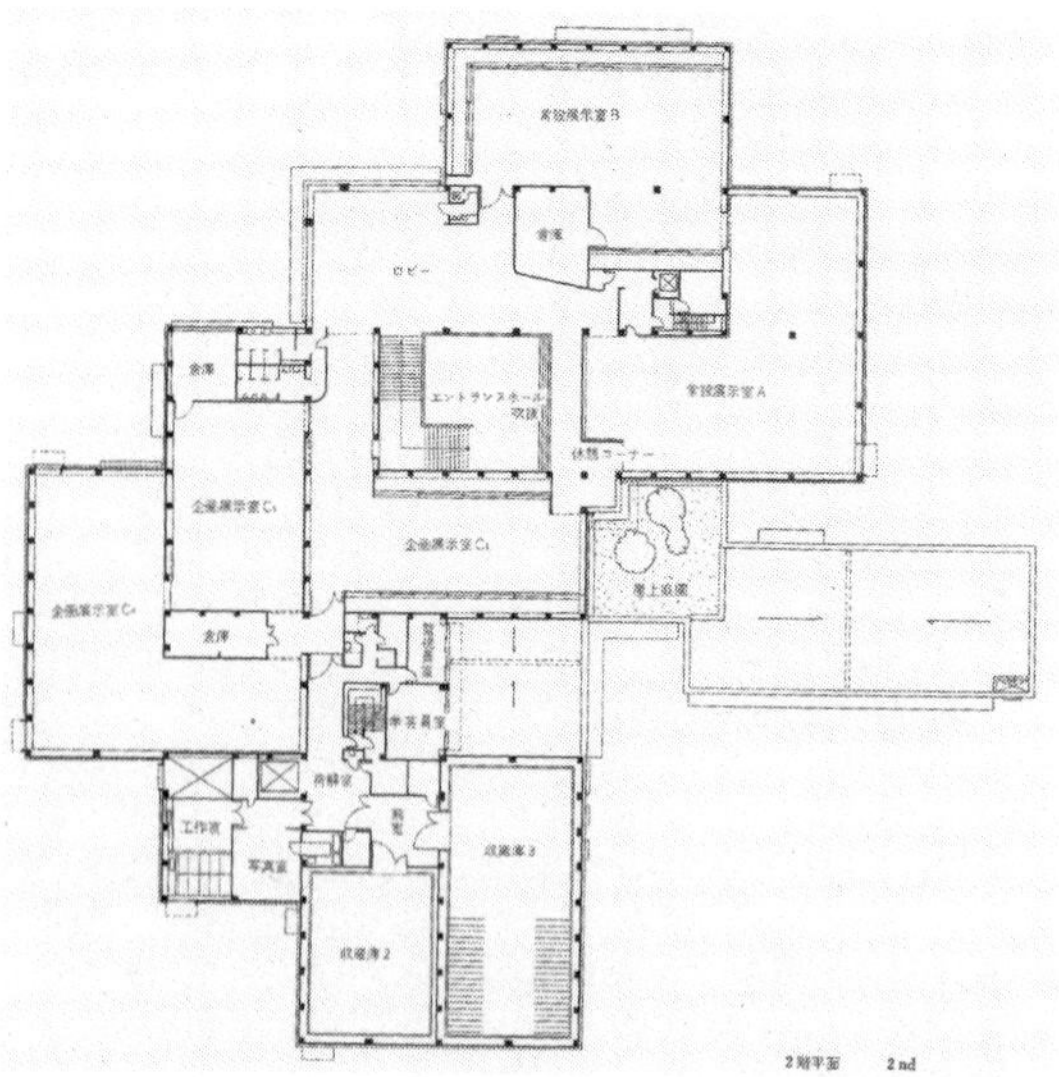

山梨県立美術館（1978 年） 2 階平面図 『建築文化』1979 年 1 月号より転載

にするような騒々しい動きに、前川とスタッフは戸惑ったに違いない。それでも、彼らが取り組んだのは、先に触れた鎖状に展開する四角形の重なるプランの追求と、テクニカル・アプローチによる新たな外壁の構法の開発という地道なテーマだった。また、その一方で、先の埼玉県立博物館や東京都美術館、熊本県立美術館とは大きく異なり、周囲にはプランの手がかりとなるような既存の大樹や歴史的遺構もなく、完結した自立的な建築を敷地に置く方法とならざるをえなかったと思われる。残された前川の初期の平面スケッチにも、敷地は描かれていない。

こうして、建物は、二階平面図から読み取れるように、二四×二四メートル角の正方形の単位空間が、重なりながら雁行するプランで構成されている。また、南側の入隅部分には、富士山を遠望する休憩コーナーと屋上庭園が取られ、逆にその対角線上の北側の出隅部分には、彫刻広場へと大きく開くロビーが配置される。しかし、窓のない展示室や収蔵庫のボリューム群でコンパクトにまとめられた外観は、それまでの作風とは異なり、寡黙で閉鎖的な印象を与える。もちろん、そのことは自覚されていたのだろう。担当者の後藤伸一は、「モニュメンタルな性格の内在を要請された建築物が、周辺環境からコンテクストとして認識、発見された共有可能な形態言語を持ちえない場合（…）、閉じられたシンボリズムによる自らの小宇宙の形成を計る」(8)と書き留めていた。この言葉どおり、一階の正面入口から中へ入ると、そこには、幅一二メートル、奥行一五メートル、天井梁下高さ一一メートルの、イタリア産のトラバーチンと呼ばれる光沢のある乳白色の自然石の床と壁に包まれた吹き抜けのエントランス・ホールが現れる。それまでの前川建築にはなかった艶やかな質感だ。

山梨県立美術館　エントランス・ホール
2018年　撮影／松隈章

山梨県立美術館　東側正面の開口部まわり
2018年　撮影／松隈章

一方、予算上の制約から小ぶりの大きさ（幅一九〇×高さ九〇×厚さ二五ミリ）となった、ワインレッド色の特注の炻器質タイルの外壁は、この「閉じられたシンボリズム」の「小宇宙」を強調するかのように、「見せかけの地方性、風土性を持ち込む事も避け」、平滑な質感による直方体の即物的な表情に徹底された。そして、外壁には、従来のコンクリート躯体と一体となる打込みタイルが抱えていた問題点を克服するため、「二重壁方式」による新たな構法が試みられたのである。それは、美術作品の展示や収蔵に支障のある昼夜の温湿度の変動の影響を最小限にとどめるために、コンクリート躯体の外側に断熱層を設け、その外側に、空気層を確保した上で、炻器質タイルをあらかじめ打ち込んだプレキャスト・コンクリート・パネル（PC版）を取り付ける方法である。

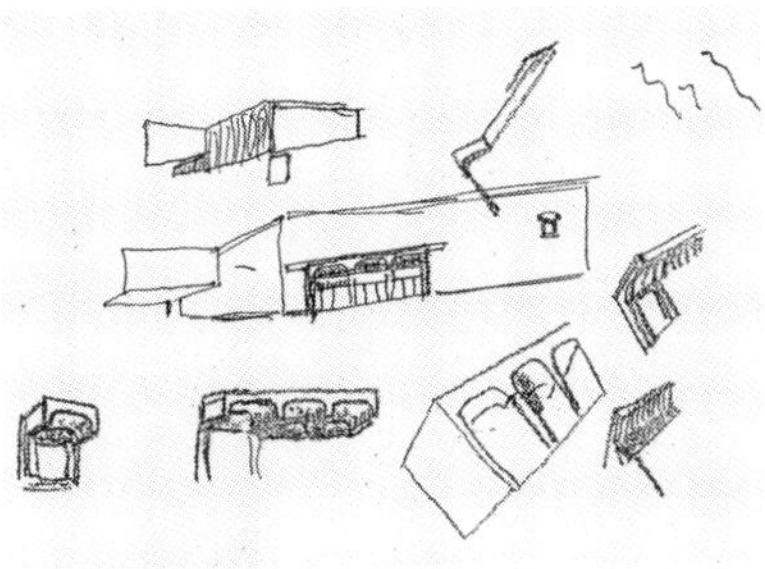

前川直筆の外観スケッチ＊

打込みタイルは、前川が信頼を寄せて育ててきた構法だった。しかし、型枠の内側にタイルを先付けするため、コンクリート打設の際に躯体の状態が確認できず、空洞が生じやすく、漏水の原因にもなること、完成後も、タイル面とコンクリート壁の熱収縮率の違いから、寒暖差による応力の歪みが生じてタイルの割れる心配があることなど、多くの弱点を抱えていた。また、一重壁のために、コンクリート躯体の内側で断熱せざるをえず、室内環境の熱負荷の軽減という点でも課題があったのだ。そのため、PC版による二重壁は、それらを克服できる構法として期待されたのである。[9]

そして、山梨県立美術館では、PC版に工場で打ち込まれたタイルのデザインについても、新たな試みがなされていく。打込みタイルでは、そのまま外壁面となるため、レンガ積みのイメージを踏襲するかたちで、縦目地が互い違いの「馬乗り目地」となっていた。しかし、山梨では、そのイメージを払拭し、「スキン（表皮）としての本来の表情を持たせるため」[10]、縦目地が上下ストレートになる「芋目地」が採用された。このデザインは、すでに東京海上ビルのPC版のタイルで試されていた。興味深いのは、スケッチ・ブックに残る前川のスケッチの存在だ。こうして設計が進むプレーンで即物的な外観に、何らかの語りかける要素を付加したいと考えたのか。そこには、東京都美術館のホワイエの天井に吊られたアーチ状のPC版を発展させたような庇のモチーフのアイデアが描かれている。実際に、小さな開口部の上部に、スケッチに描かれたアール状のコンクリート打放しの小さな庇が取り付けられ、外観のアクセントになっていく。こうした開口部をめぐる細部のデザインに、前川が何を建築に与えようと考え始めていたのかがうかがえる。

福岡市美術館（一九七九年）

そして、山梨県立美術館に続いて一九七六年六月、前川は福岡市美術館の設計依頼を受ける。翌一九七七年二月に基本設計がまとまり、同年十月の実施設計完了を経て、一九七八年一月に着工、一九七九年十月に竣工する。延床面積は山梨県立美術館の二倍を越える約一万四五〇〇平方メートルになった。計画の経緯や前川への特命の設計依頼の理由については不明だが、美術館建設の意向を阿倍源蔵市長が表明したのは、一九七二年一月の年頭記者会見の席だったという[11]。背景には、前年の一九七一年八月二十四日の閣議で、福岡市を、札幌市、川崎市と共に政令指定都市に昇格させることが決議され、一九七二年四月一日の施行という大きな動きがあった。これを受け、三期目の阿倍市長は、先の年頭会見で、念願がかなって九州の中核都市と認められたとの自負から、四選を目指す意向表明に合わせて、美術館構想を打ち上げたのだろう。[12] 大きな期待が込められていたに違いない。

敷地に選ばれたのは、福岡市のほぼ中央に位置し、約三九万八千平方メートルの広さをもち、その過半を周路二キロの大濠池が占め、全国有数の水景公園としても知られる大濠公園の一画である。もともとは、福岡藩初代藩主の黒田長政が築いた福岡城の外濠で、東隣には史跡の一部の土塁と樹々も残る。一九二七年に開催された東亜勧業博覧会を機に整備が進み、一九二九年に県営の都市公園として開園する。そのような風光明媚な好立地だったが、風致地区の指定で高さは一五メートルに制限され、地下水位も深さ約六〇センチと高く、美術館の収蔵庫や機械室を地下につくることは避けねばならなかった。また、池沿いに細長く伸びる敷地への南北二方向からのアプローチにも対応する必要があった。

このような難しい設計条件のもと、地階を設けず、地上二階建てとし、一辺三二メートル角の四つの棟の主要な常設・企画展示室とエントランス・ロビーが二階レベルに設

福岡市美術館（1979 年）　東側から見た全景＊

福岡市美術館　新設された広場から見上げた大庇　2022 年撮影

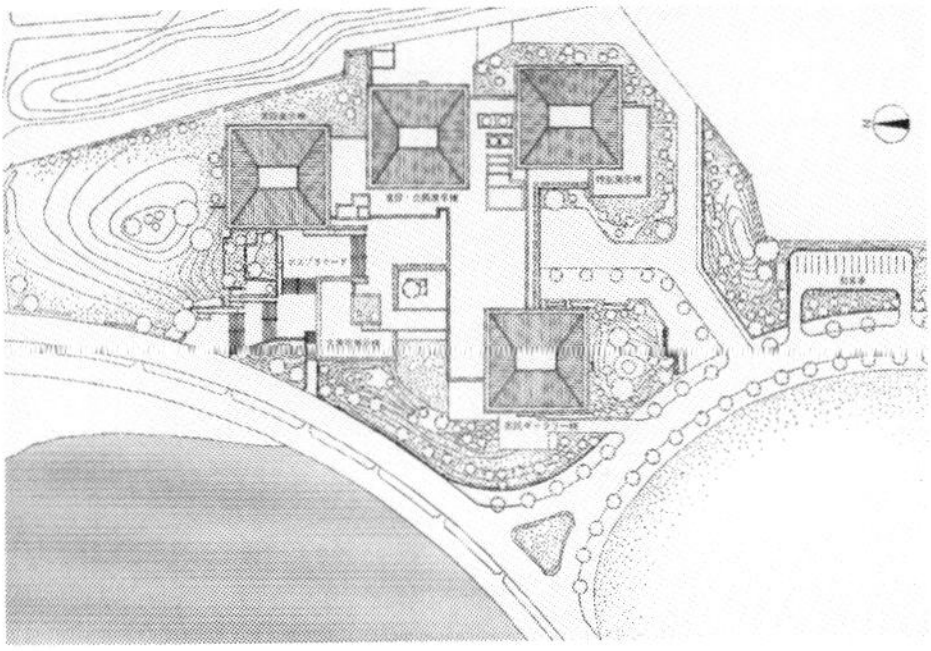

福岡市美術館　配置図　『前川國男建築設計事務所経歴書』1980 年版より転載

定される。そして、一階の古美術展示棟や収蔵庫と機械室の屋上部分を、エスプラナードと呼ばれる雛壇状の広場や屋外展示場として活用し、北側からの歩行者のアプローチを二階レベルへと緩やかに導くプランが編み出されていく。ここにも、埼玉会館で試みられた方法がより大きなスケールで継承されている。また、南側からのアプローチとして、一階にサブのエントランス・ロビーを設け、中庭に面した吹き抜けで二階へとつながる順路を設けた。そして、山梨県立美術館と同じ方針で、四つの展示棟の外壁は、コンクリート躯体の外側に断熱材を張り、空気層を挟んで、今回は、釉薬《うわぐすり》を施した光沢のある赤茶色の磁器質タイルを打ち込んだPC版で覆われた。

その際、山梨よりも大きく、単調な壁面になりがちなので、これを避ける方法として、組積造のような表現にはこだわらず、山梨で試みた芋目地の他に、正方形タイルを斜め四五度に打ち込むなど、外壁面に表情の変化をもたせる工夫が施される。さらに、展示棟の間をつなぎ、エントランス・ロビーを覆う天井は、東京都美術館の天井で試みられたアーチ状のPC版の連続するデザインを発展させて、山梨のスケッチに前川が描いたように、連続するアーチの形状がそのまま外まで伸びて、ハツリ仕上げの端部がタイルの外壁と対比する、新しい外観の表情が生み出されたのである。そして、閉じた小宇宙を意図した山梨のエントランス・ホールの艶やかな質感ではなく、むしろ、大濠公園に向かって開くパブリック・スペースとしてのたたずまいを重視したのだろう、内外の床や、展示棟のバルコニーまで、徹底してタイル張りの仕上げで統一される。さらに、四つの展示棟のコンクリートの屋根スラブの上には、鉄骨で下地を組んだ方形屋根が耐候性鋼板で瓦棒状に葺かれ、外壁と同じく、二重の屋根による風雨に対する万全の処置が施されたのだ。そこには、木村産業研究所や日本相互銀行本店などで幾度となく漏水に悩まされてきた前川が、当時のスケッチ・ブックに書き留めた次のような思いがあった。

「良心的な建築家にとって雨漏くらい骨身にこたえる失敗はないといってよい　いうまでもなく「雨露」をしのぐという事は建築を作る第一条件であるからである。[13]」

竣工直後のインタビューの中で、前川は語っている。

「この福岡市美術館は、貸ギャラリーを主体とする東京都美術館を除いては、企画・常設の展示場を持つ美術館として、恐らく日本で一ばん大きい施設だろうと思います。それだけに、市当局、専門家会議、私どもの間の打ち合せは、終始入念かつ真剣なもので、この打合せを通じて、私どもも大いに学ぶところがあり、さらに私ども建築家としての、専門意見も大いに取り入れていただきました。[14]」

続いて前川は、「風致地区という恵まれた環境を十二分に生かすために、建物を、その中に融けこませるようにしたかった」と述べ、「マッシブなボリューム感が出るのを極力抑え」、「周囲の景観になじませるためには、方形屋根の方が、素直で、自然だ」と語り、外壁を二重にした理由と、タイルを「ナナメ、タテ、ヨコに打ち込むことで、ちがった表情が出るように考慮」したことを明かしたのである。

こうして、一九七九年十一月三日、山梨県立美術館のわずか一年後の同日に、新たなデザインと確かな構法による自信作として、前川にとって最大規模となる地方自治体の美術館が誕生する。だがそれは、当時の新聞に書かれたように、「地方に広がる美術館ブーム[15]」という大きな流れの中で、前川の追い求めた「日常茶飯」から始まる芸術の姿が次第に見えなくなる時代の始まりでもあった。

建築の永遠性を求める内省的な思考へ

空前の美術館建設ラッシュの中で

山梨と福岡の美術館が相継いで竣工した一九七〇年代は、先述したように、前川の建築に限らず、空前の美術館の建設ラッシュが続いていた時代だった。そうした動きに対して、東京国立博物館の展示調整室長だった長谷川栄は、一九八二年、『これからの美術館』の「あとがき」に、美術館とは「過去の遺産といい、現代の創造といい、そこにある〈文化の所産〉を「一定の歴史観や批評の眼で位置づけ」、「人と物、人と情報との〈必然〉の〈邂逅〉の理由を見出しながら、そこに、力強い交流を起していくための〈触媒〉であらねばならぬ」と記し、「美術館運営の哲学」の必要性を訴えるべく出版した著書の中で、次のように指摘していた。

「戦後、各県で文化会館の建設が一巡したあと、美術館建設ブームが起きて、忽ちに各県に林立するようになった。いまではほとんどが美術館をもち、ない県はほんのわずかで、二、三を除いては巨大な県文化示威のための美の殿堂が威風堂々とそびえている。

最近の統計によると、五十五年（一九八〇年）中に開館した主な美術館・博物館・郷土資料館は七十二館にものぼり、うち県立の諸施設は九ヵ所である。[16]」

そして、山梨県立美術館を引き合いに出した上で、次のような苦言の言葉を書き留めたのだ。

「ミレーを購入した山梨県立美術館いらい、火に油をそそいだように、各県知事の名品？漁りがはじまったが、美術館を名所化し、有難い本尊を拝みに来る大衆の心理を巧みに利用した運営は、果たして、地についた文化行政といえるだろうか。（…）美術館の建物を、名品をと、ほとんど目にみえる近視眼的な〝成果〟の実現に奔走している全国の知事さんたち、目にみえない「文化の質」にこそ目覚めて、地道な努力によって、運営の手腕を、質を、発揮できるよう頭の切換えをはかってほしい。（…）中央文化のマイナーに甘んじないで、国際的な感覚をもって、もっと「地方文化」を勇敢に、ユニークに演出してほしい。そのことのほうが県民のためにただちに役立つ近道なのである。」

長谷川がこう指摘した背景には、東京都美術館の建て替えの際にも露呈したように、日本の美術館の「貸し画廊」的な体質や、系統的なコレクションも魅力ある企画展示も行ってこなかった歴史的な蓄積の希薄さが横たわっていた。また、だからこそ、文化行政の目玉としやすい美術館という箱物をやみくもに建てようとする動きが全国各地で加速していたのだろう。後の二〇二〇年に、日本博物館協会がまとめた報告書の中でも、[17]「日本の博物館は、いつ頃、開館された館が多いのか」という調査結果に、「昭和四十年代（一九六五～一九七四年）」が全体の二一・四％を占めて最も多く、それは、「明治百年」を記念する事業によるものと思われる、と指摘されることになる。そこに欠落していたのは内発性であり、美術館をつくることの必然性をもたない、現代へと続く危うい文化政策であった。

さらに広い視点から見れば、そうした流れを突き動かしていたのは、高度経済成長による社会構造の変容という、より根本的な時代の質的な転換だったのではなかろうか。長く出版業に携わる立場から日本の戦後史を考察した著書の中で、小田光雄は、一九七〇年代に急速に進んだ郊外化によって何が変わったのかについて、次のように指摘する。

「一九七〇年代前半の日本の社会とはいったいなんであり、なにが具体的に起きていたのだろうか。それはまずなによりも日本史上初めての産業構造の転換を体験しつつあったことだろう。一九五〇年には五〇％ちかくを占めていた第一次産業就業者数が二〇％を割り、八五年にいたっては一〇％以下になっていく。（…）当然のことながら増加していくのは、サラリーマン人口である。（…）七〇年代半ばには約七〇％に達している。

これらの数字が意味するものはなにか。それは、一九七三年から七五年にかけての日本社会がモノを生産する社会からモノを消費する社会へと突入したことを示し、あらゆるものの価値や思考が生産の側から消費の側へと転換したことを示している。文字通り大衆消費社会の到来を告げていた。[18]」

こう小田が指摘したように、高度経済成長による産業構造の劇的な転換によって、「モノを生産する社会」から「モノを消費する社会」へと変化する中で、一九七〇年代の建築もまた、消費を喚起するものへと急速に変質を遂げつつあったのではないか。そう考えるとき、唐突かもしれないが、ポスト・モダニズム建築の出現も、その流れに沿った出来事だと考えることができるだろう。そう考えると、都市社会学者のデヴィット・ハーヴェイが、一九九〇年に、著書『ポストモダニティの条件』の中で指摘した、「ポスト・モダニズム」とは、「モダニズムをたんに商業化し、飼いならしたものであり、すでに損われていたモダニズムの熱望を、自由放任で「なんでもあり」の市場の折衷主義に歪曲させたものにすぎないのか」[19]という問いかけが、ある説得力をもって迫ってくる。一九七〇年代に世界中の建築界を蔽ったポスト・モダニズムという潮流とは、実は、経済成長へ取り込まれたモダニズム建築を「商業化」し、そこに「なんでもあり」の折衷主義の要素を付け加えることによって、延命を図ろうとする市場原理への追従にもとづく、共通の目標もルールももたない、差別化のデザイン・ゲームの始まりに過ぎなかったのではないだろうか。

それは、ハーヴェイが、二〇〇五年の著書『新自由主義』の中で「一九七〇年代以降、政治および経済の実践と思想の両方において新自由主義への転換がいたるところで生じた。社会福祉の多くの領域からの国家の撤退、規制緩和、民営化といった現象があまりにも一般的になった」として明快に定義したように、「強力な私的所有権、自由市場、自由貿易を特徴とする制度的枠組みの範囲内で個々人の企業活動の自由とその能力とが無制約に発揮されることによって人類の富と福利が最も増大する、と主張する政治経済的実践の理論」[20]である「新自由主義」が世界を覆い始めた動きへと、そのまま接続されていったに違いない。

そのような中で、前川が追い求めてきた近代建築の理念と方法は、一九七〇年代以降、急速に見えなくなっていたのだ。

『建築の解体』による歴史の切断と前川國男

そうした時代の移り変わりと建築の捉え方の変容を象徴するかのように、一九七五年、磯崎新は、大分県立大分図書館（一九六六年）に続き、群馬県立近代美術館（一九七四年）により、二度目となる日本建築学会賞を受賞する。そして、同じ一九七五年四月に出版した著書『建築の解体』のあとがきで、近代建築の辿った軌跡について、磯崎は次のような分析を行っていた。

「一九二〇年代以来、近代建築は、テクノロジーを究極的に表現するという一点において、社会的コンセンサスを得るべく運動とプロパガンダをつづけてきた。そして、半世紀以内で、工業化、技術的表現、大量建設などの初期の目標は達成された感がある。（…）《建築の解体》と呼んだとき、「建築」は、いまのべてきたようないわゆる「近代建築」の概念をさし示そうとしたものであった。（…）近代建築が疑うべくもない究極的な主題に設定したテクノロジーが、かならずしもその絶対性を維持できなくなったというべきか。主題が消えてしまったのだ。[21]」

磯崎新　群馬県立近代美術館（1974 年）　2009 年撮影

これまで見てきたように、ここで磯崎が提示した、近代建築が「テクノロジーを究極的に表現する」ことを主題としてきた、という理解は、少なくとも前川には当てはまらない。前川にとって、テクノロジーとは、一九五〇年代に取り組んだ「テクニカル・アプローチ」がそうであったように、近代建築に確かな存在感を与えるための方法論を支える手段であり、「表現」とみなしたことは一度もなかった。また、「初期の目標は達成された感」との思いを前川がもつこともなかった。しかし、磯崎が指摘する、「主題の不在」による近代建築の失速と、それを受けた「反語的であり逆説的ですらある」「建築家の現実とのかかわりあい」という態度こそ、ポスト・モダニズムの実態を正確に言い当てている。続いて磯崎は、そうした中では、「建築家の存在を刻印したはずの、手の痕跡さえ不明瞭」となり、「建築家の存在証明が、具体的な物体によってでは不可能になってしまった」と言葉を重ねている。だが、一九七〇年代の前川が手放さずに試み続けていたのは、「細部の真実」と「平凡な素材」に支えられた「建築の実在感」の「手ざわり」そのものであった。ここに、前川の孤独な立ち位置が浮かび上がって見えてくる。

おりしも、一九七七年一月に掲載されたインタビュー[22]の中で、前川は、「建築技術が進歩したというけれども、どこが進歩したんだい」と問いかけ、次のように続ける。

「西洋文明という乗り合い船のお客さんになってしまった。ところが、その船の行く手がどうもおかしい。行く手があやしいということならば、なんとかしなければいかぬ。(…)現代文明の乗り合い船の乗客としてなすべきことは、新しい方向づけをして航路を変える、そういうことによる貢献しかできないんじゃないかという気がする。(…)これは建築だけでできる問題じゃないと思う。それで弱っているわけですよ。今日の世の中で建築家だけがシャンとしているなんて考えることはこっけいですわね。僕だって泥をかぶっているわけで、必死になって抵抗するわけだ。」

こう述べた前川は、続いて、「十九世紀の初めにセナンクールが言った言葉が忘れられない」として、その言葉、「人間は滅びるかもしれぬ。滅んだのちに残るものは、ただ虚無かもしれない。しかし、どのみち滅びるならば、抵抗しながら滅びようじゃないか」を紹介する。それは、四〇年以上前の一九五五年に書き留めた「白書」と題する建築家の職能に関する文章[23]の末尾に、共感をもって引用した言葉だった。そして、前川は、さらに以前の太平洋戦争下の一九四三年、所員の大沢三郎の出征を前に手にした本、岡本一平『かの子の記』の見返しに、「年々とわが悲しみは深くしていよよ華やいのちなりけり」昭和十八年七月二十五日(大沢君出征の前夜)」と書き込んだことを思い出したのだろう。[24]「一度読んで、いまだに覚えているんですが、岡本かの子は大したものだと思った」と述べたのだ。こうした発言からは、多くの美術館を手がけるなど恵まれた仕事をする中で、依然として、自らの求める近代建築が未完のまま絶望的な状況にあることを見つめていた、晩年の前川の心境が伝わってくる。そして、このインタビューが掲載された同じ一九七七年の十二月二日、遠く西ドイツに竣工したケルン市立東洋美術館の開館式に招かれた前川は、地元紙のインタビューに答えて語っていた。

「建築は目的のための手段になってしまいました。その目的とは可能な限り多くのお金をもうける事です。建築は人間的支配から自ら全く身を引いてしまいました。建築は人々にとって疎遠なものになり、その運営をせねばならない資本の利益に奉仕するのであります。(…)われわれは増大する金銭欲のためばかりでなく、大そう悲しむべき時代に生きていると私は思います。誰もが新しいものを作ろうと思い、よりよきもの、より美しいものを作ろうと苦労するものは誰もいません。単に新奇であることによって人々に印象づけようとすることは許されません。その人はそのことによって人を驚かすに過ぎないのです。私は建築は機能的であると共に芸術の如く、高いモラルを守らねばならないと思います。押しつけがましく作らない事です。(…)美術館は芸術が流れ去るものでない事を人々に示すためにそこに在るのです。美術館建築は決して支配的であってはならず芸術をかくまう為にその後ろに退いているべきです。[25]」

こうした発言からも、前川が、美術館を通して、建築や芸術が人間にとってどういう存在なのか、という視点を変わらずにもち続けていたことが読み取れる。

群馬県立近代美術館がもたらした断層

一方、『新建築』一九七五年一月号の表紙と巻頭を飾った磯崎の群馬県立近代美術館は、建築に対するまったく異なる考え方で作られており、理解しがたい建築でもあったのだろう。同誌に寄稿した作品批評の中で、イギリスの評論家チャールズ・ジェンクスは、「群馬の美術館に示された結果は、独創的であり、刺激的」と評しつつ、次のように指摘している。

「しかしながら、この建物についての疑問が即座に湧いてくる。現代的な伝統のとり入れ方において、少しばかり抜け目がなさすぎる。巧妙さ、歴史への参照、それ自身の設計過程は、普遍的で認識可能な価値以上のものをおさめることに成功している。この建物は何に似せてつくられたのであろうか。機能のレベルでは、化学か工業のプラント、研究所か学校、百貨店か発電所の一部に似ている。(…)この建物は、われわれの社会の機械的な機能のすべてを思いうかばせる。そして、それらはみな、美術館としての実際上の機能に適当であるとも、美術作品を観察するのに比喩的に適しているともいえない。[26]」

このジェンクスの批評そのものにも、美術館が人間と芸術にとってどのような存在なのか、という視点は欠落しており、建築の論じ方自体が、すでに建物の機能を問わない枠組みに変質していることがわかる。そのことは、彼が、同じ一九七五年に「ポスト・モダニズム」という言葉を初めて使用し、「一九七六年ごろから、正統派のモダニズムに対抗する最近の傾向を表すのに適切な言葉となってきた」と記し、一九七八年に、『ポスト・モダニズムの建築言語』[27]を出版する動機ともつながっていたに違いない。また、『新建築』の続くページの作品批評の中で、翌一九七六年に『生きられた家』を出版する批評家の多木浩二は、この美術館から受ける印象について書き留めている。

「この建築からうけた印象は不思議なほど透明である。(…)まるで蜃気楼のように実在感のない影像を見た感じが残っている。多くの建築が持っている威圧感、実体感を強調した表現形態などとはまったく無縁なのである。(…)もちろん、美術館、しかもいま各地に流行している地方自治体の文化的センターである。だから必然的に美術館としての機能をもち、地方文化の文脈のなかに出現してくる建築である。ところがこうした関連や機能よりも、この建築は建築自体にだけ目を向けさせるものを持っている。[28]」

ジェンクスと同じく、多木もまた、この美術館がそれまでの建築とはまったく異なり、「美術館としての機能」や「地方文化の文脈」とは無縁の、「建築自体にだけ目を向けさせるもの」であることを見抜いていた。そして、磯崎の提示した方法について、多木は続けて指摘している。

「歴史が解体され、並列し、共時化されるのは、磯崎がそう欲するからというより、むしろ現代の文化の自然な状況である。われわれはなんでもできる。だがなにひとつ有効ではない。かれは従来の様式主義と、テクノロジーと機能的合理性による近代建築との終末を、手法論というかたちで捕捉したといえよう。(…)磯崎にあっては建築は、社会的文脈のなかの断片ではなく、虚構のなかに状況の文脈があらわれる。自分自身を読みとる建築であり、自然な建築のありかたに対比してみれば、きわめて反建築的なありかたである。現実の世界でなく、鏡の中の世界の現実化である。

ひとつの建築をつくることはこのアイロニー以上のことではない、というのがソフィストケートされたかれの論理の根底にある単純な結論である。」

こうした文脈で語られる「アイロニー(irony)」としての建築、「現実の世界」に対する当てこすりや皮肉としての「反建築」という建築の在り方は、当時の前川に伝わっていたとは考えにくいが、伝わっていたとしても、理解を超えていたに違いない。また、建築界でも、さまざまな議論が交わされたのだろう。翌二月号の『新建築』の「月評[29]」の中で、宮脇檀は、「見終わった後の印象の冷たさは否定できない」としてこう指摘する。

「多分磯崎さんの体質なのだろうが、そこにあるのはこの美術館が地域に対してどういう意味を持っていて、どう存在しなくてはならないかという部分を切って捨て、自分の手法の世界の中にのめり込んでの結果としてのうまさが生む強さであり、冷たさなのだ。」

この宮脇の指摘には、彼自身が一九六六年からデザイン・サーベイと呼ばれる倉敷、馬籠、琴平など木造集落の実測調査を続けていたからなのだろう、地域の美術館の意味を問おうとするまっとうな自覚がある。また、同じ月評で、早稲田大学の大学院生だった内藤廣は、より直裁な言葉で、「まったくいやな物を見てしまった」、「確実にいえることは、もしこれが建築ならば僕は建築なんかつくりたいとも思わない……ということだけだ」と断じたのだ。今から振り返れば、こうした議論が交わされること自体に、近代建築が共通の目標を見失って失速し、そこに唐突に出現したポスト・モダニズムという混沌とした状況そのものが見て取れるだろう。こうした議論はどこまで尽くされたのか。一九七五年度の日本建築学会賞の「推薦理由」には、次のように記されたのである。

「従来より磯崎新君の作品はその奔放な独創的造型力をもって知られていたが、この群馬県立近代美術館をはじめ最近の作風は、正六面体・立方体あるいは正方形などのきわめて形式化された格子状の枠に、その卓抜した生来の造型力を嵌め込んで、そのエネルギーを制御する術を獲得されたかに見える。(…)本作品は現代建築の原点であるセセッションやバウハウスの精神、あるいはエスプリ・ヌーボーを継承しながら、それに磯崎君の独創的エネルギーを、巧みに制御して展開したものである。[30]」

こう記した審査委員が誰なのかは不明だが、この記述にも、建築家の個性や独創性を重視しようとする姿勢が顕著であり、美術館の在り方への視点は欠落していたことがわかる。また、ここには近代建築史に対する正確な理解があるとは思えない。セセッション、バウハウス、エスプリ・ヌーボーが脈絡もなく羅列されているだけだからだ。そして、受賞者の言葉として、磯崎は自身の設計意図を書き留めていく。

「立方体という日本の伝統的建築のなかにみいだしにくい形式を敢えて採用し、それを日本の風土に適合させ得るか否かを検証してみることが、この建築を設計するうえでの主要なモチーフでありました。(…)この建築において特徴的に試行したのは、いわゆる機能主義的方法の閉ざされた枠を崩し、フォルマリスムと呼んでもいいような観点から、鋭く建築の全歴史を遡行して、その根底にある形式性を参照し、もっとも今日的な美意識にそれを接続するという作業でした。[31]」

審査評と同じく、ここにも、美術館の在り方、建築と芸術が人間にとってどのような存在としてあり、現代に求められる関係性とは何か、についての考えはまったく示されていない。唐突なかたちで、日本の伝統的建築にはなかった立方体を持ち込んだ制作動機だけが綴られている。何が起きていたのだろうか。その手がかりが、続く結語に現れている。

「その点において現在外国において先端的な思考をつづけている建築家たちと参照すべき歴史的諸事実を共有していることから、同一の方向性をみいだすことができたのかも知れません。日本建築学会が、こういう世界的な視野のなかに置かれた問題意識を汲み取り、受賞の対象にされたことは、たんにこの作品ひとつに限らず、今後の日本建築界の動向に鋭い刺戟をあたえるものと思われます。」

ここで示されたのは、まさしく、ハンス・ホライン、アーキグラム、チャールス・ムーア、ロバート・ヴェンチューリら、『建築の解体』で考察された欧米の現代建築の最新動向、ポスト・モダニズムの方法に共振しようとする態度であり、それは、ごく限られた人にしか理解されることのない問題意識だったのではないだろうか。そこからは、前川が求めた、「近代建築の本道は、建築家の個性的な精神によって検証されたところの、ひとつの「原型」としての建築を創造することであったんです。（…）「原型」であればこそ、近代建築は当然、社会性と普遍妥当性をもっていたはずなんですね」[32]とするような姿勢を読み取ることはできない。またそれは、「機械文明に生きる人間に心の健康と喜びを与えること」[33]を目的に掲げた、ル・コルビュジエの目指した建築とも、まったく次元が異なっている。このような狭い枠組みでの評価が、結果的に、建築を、建築家の恣意的で個性的な芸術作品として流通させる回路へと閉じ込めていくことにつながってしまったと思う。そのことは、前年の一九七四年に同じ学会賞を受賞した山本忠司の瀬戸内海歴史民俗資料館（一九七三年）や浦辺鎮太郎の倉敷アイビースクエア（一九七四年）がもっていた、風土や地域性、歴史と伝統に根ざす、誰もが理解できる建築の在り方とは著しく異なることからも明らかだ。また、歴史を振り返れば、「近代建築の発展への貢献」を理由に、前川に日本建築学会大賞が授与された一九六八年から、わずか七、八年しか経っていない。「近代建築の発展」とは何だったのか。そう考えると、一九七〇年代の中頃に建築界で地殻変動のように起きていた、このような歴史の断層こそ、前川をして、先のインタビューで、セナンクールや岡本かの子の言葉に託した思いを吐露させた大きな要因だったことが見えてくる。

永遠性への回路を近代建築に求めて

そのような状況下で七十歳を迎えた前川は、建築の永遠性への思いを一人募らせていく。そのことは、残された複数の発言からも読み取れる。たとえば、一九七八年に発行された、ル・コルビュジエの翻訳書に掲載された誌上鼎談の中で、半世紀前に師と交わしたエッフェル塔（一八八九年）についての会話を、前川は次のように回想している。

「コルビュジエは、一九二五年の装飾芸術展覧会のころ、エッフェル塔は、水晶のように美しかったとどこかに書いているよね。ところが、コルビュジエはその後ぼくにね、エッフェル塔が本当に美しいのか美しくないのか、本当はよくわかってねえんだと言ったのよ。あと五〇年ぐらいたたないとわからないだろうって。なにかの用でね。バスの運転台のうしろのデッキに乗ってルーブルの中庭をつっきっているとき言ったんだよ。ちょうどあそこからみえるでしょう。[34]」

そして、続いて、永遠性について触れながらこう語ったのである。

「コルビュジエは「ペレニテ」、「永遠性」だな、「ペレニテ」の問題は相当重要視している気がする。「ペレニテ」というのはエンジニアの仕事にはない、芸術の領分にのみあるんだというんだろう。エッフェル塔がこれでよいのかどうか本当は分らんと言ったといったろ。コルビュジエが、いいのかどうか分らんといったそのことは、「永遠性」があるかどうかが分らんといってることと、ぼくはまあ理解したわけよ。」

こう前川が回想したとおり、ル・コルビュジエは、一九二〇年十月にオザンファンらと創刊した『エスプリ・ヌーヴォー』（新精神）の第二〇号に載せた「PÉRENNITÉ」（永遠性）と題するエッセイの中で、エッフェル塔を取り上げ、三〇年経っても新しいその姿への賛辞の言葉を書き留めていた。前川は、ル・コルビュジエのパリのアトリエでこの号を手にしたのだろう。おりしも、ル・コルビュジエは、前川がアトリエ在籍中の一九二九年十月に、南米アルゼンチンの講演で、黒板にエッフェル塔を描き、「この塔は、パリの人々にとって大事なものです。この塔は、はるか遠い国境の彼方でも、パリを想う人の心の中に刻まれているのです[35]」と讃えている。なぜル・コルビュジエはエッフェル塔に憧れ、そこに永遠性を見ようとしたのだろうか。作家の松浦寿輝は、『エッフェル塔試論』の中で、ル・コルビュジエの最初の著書『建築をめざして』の冒頭に記された、「〈技師〉の美学、そして、〈建築〉（…）しかし、前者はまさに隆盛を極めており、後者は情けない衰退に瀕している」という言葉の意味について分析している。

「ル・コルビュジエのモダニズム建築が、単なる機能的な有用性と効率性の追求に尽きるものではないという点は、どれほど強調しても強調しすぎるということがない。〈建築〉に対置されるべき概念として〈技師〉の美学という言葉を用いているル・コルビュジエは、あからさまに「美」について語っているのであり、（…）彼は、エッフェル塔に、鉄の時代の科学技術のみが可能にしうる「機械」を見て、この「機械」の「機械」としての「美」を讃えたのである。[36]」

こう松浦が記すように、ル・コルビュジエは、建築や都市計画の「最終目的は単なる有用性を超えること[37]」にある、と語っていた。また、松浦は同書で、「ル・コルビュジエにとって、「新精神」とは畢竟、エッフェル塔を美的対象として論じる能力を備えた精神のことではなかったか[38]」と問いかけ、エッフェル塔が体現したことの意味を、次のように謳い上げたのである。

「エッフェル塔は在るために在る。そして、在るために在るというこのオペレーションが完璧に実現されているがゆえに、それは美しい。（…）屹立するこの剝き出しの巨大鉄骨を眼前にするとき、われわれがその光景から受け取る心の昂りは、この〈塔〉を単に〈近代〉という鉄の時代の幕開きの象徴に還元するというイデオロギー的操作によるだけでは、到底汲み尽しえない種類のものである。そこに漲っている「美」の「力」は、われわれをふと「近代」の手前へと引き戻す両義的なたゆたいによって惹起された衝迫の力なのだ[39]。」

この松浦の指摘に、ル・コルビュジエがエッフェル塔に憧れ、そこに見定めようとした希望の在りかが示されていると思う。すなわち、ル・コルビュジエは、ギュスターヴ・エッフェルという一人の「技師」がつくり上げた鉄の塔が、パリの市民に愛され、それなしのパリを想像できないほどの永遠性を感じさせる、圧倒的な存在感と新しさを発信し続ける姿に、自らの試みる「新精神」の建築の理想像を見たのだ。そして、前川も、ル・コルビュジエと交わした会話を思い出しながら、ようやく手にした打込みタイルや型鋼のサッシュなどの手段を用いて、永遠性へとつながる建築の実在感をつくり上げようと願ったのである。

やや後年だが、最晩年に前川の秘書を務めた佐藤由巳子によれば、前川は、「自分は六十歳にして師であるコルビュジェを抜けた。七十歳になってやっと自分らしいものができるようになった。人生は短いね」と語り、「自分が建築に求めているのは、永遠性である。人間の命は儚いから、建築を通して永遠なるものを作りたい。ところが、最近の建築家は自分の命を永遠と勘違いして、建築を儚くしている」と嘆いていたという[40]。この発言どおり、一九七五年に七十歳を迎えた前川は、集中的に手がけていた複数の美術館を通じて、永遠性というテーマと静かに向かい合っていた。

ふたつの美術館と新・前川國男自邸

国立西洋美術館新館（一九七九年）

一九七五年三月に東京都美術館が竣工した翌月の四月、前川は、坂倉準三の没後、長く空席となっていた国立西洋美術館の評議員に建築専門の委員として加わり、同時に、新館の基本構想の検討を依頼される。五月十四日に七十歳を迎える直前のことである。この新館の計画には長い前史があった。坂倉と吉阪隆正と共に、前川もその実現に協力したル・コルビュジエの本館は、一九五二年の対日講和条約発効による独立を契機にフランスから返還された松方コレクションを常設する美術館として、一九五九年に開館する。だが、もともと展示面積が狭く、特別展の開催のたびに松方コレクションを撤収する必要があるなど、不便な状態が続いていた。敷地も限られており、坂倉が「将来のための示唆として基本設計に盛り込んでほしい」[41]と無理に頼み込んでル・コルビュジエの描いた、実験劇場や講堂、展示棟などを含む文化センターの全体計画案を実現できるような用地も確保されてはいなかった。そのため、五年後の一九六四年に、坂倉の設計により、窮屈な敷地の中に講堂と事務棟が増築されたに過ぎなかった。ようやく一九六八年に、本館の北側に約二二〇〇平方メートルの土地が購入されて、抜本的な改善となる新館の建設構想が進められていく。

この計画を美術館側で主導したのは、同じ一九六八年に初代の富永惣一に代わり、第二代の館長に就任した山田智三郎である。山田は一九二七年にドイツに留学してベルリン大学などに学んだ美術史家で、ほぼ同時期にベルリンの

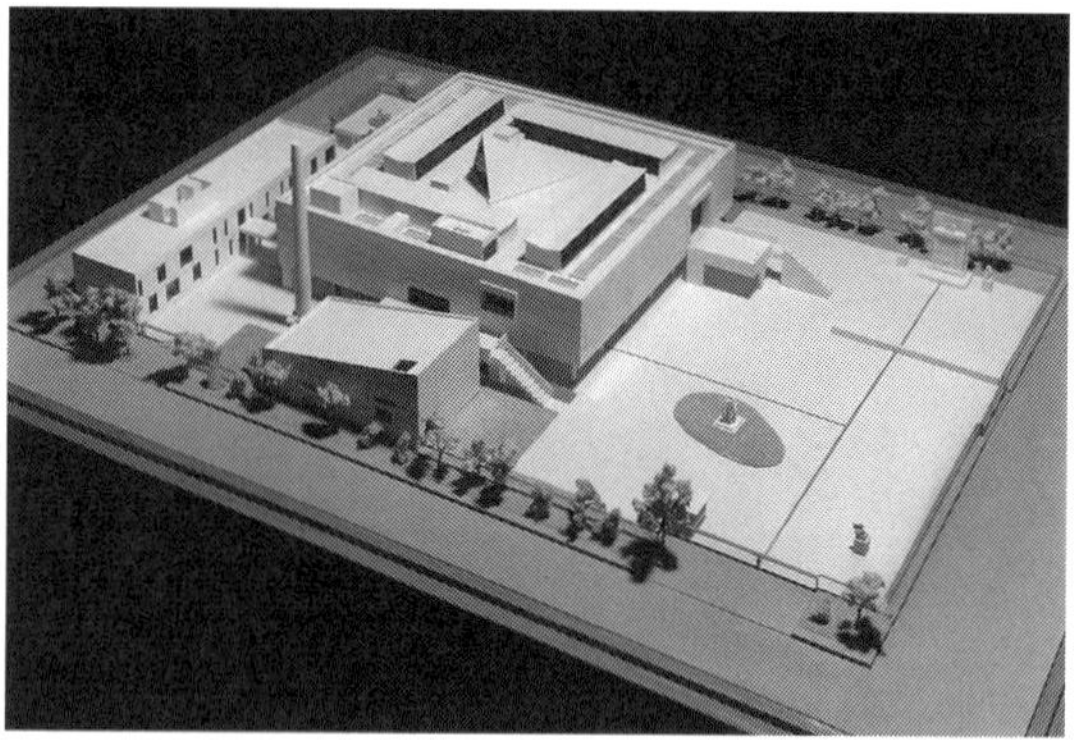

1964年に事務棟と講堂が増築された国立西洋美術館の模型写真　坂倉建築研究所蔵

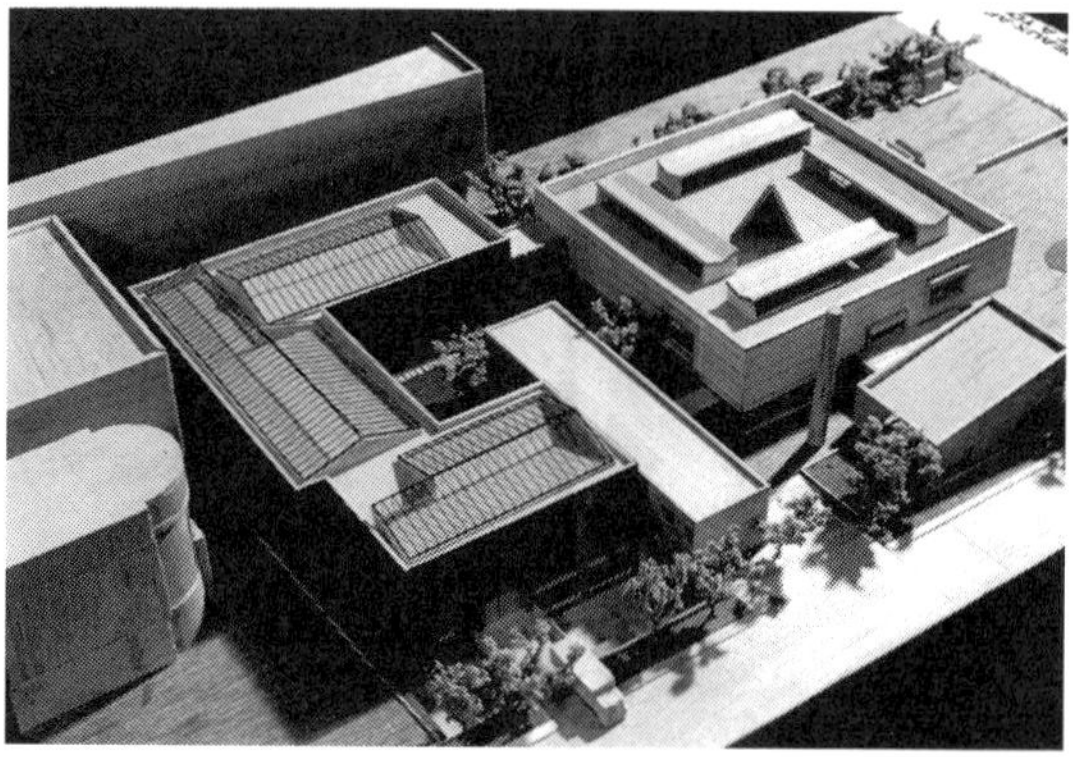

1976年の国立西洋美術館新館基本設計の模型写真＊

ヴァルター・グロピウスのアトリエに学んでいた建築家の山口文象と交流があった。また、帰国後には、白いモダンな北鎌倉の自邸（一九三四年）の設計を山口に依頼するなど、建築にも造詣が深かった。おそらく、そのような経歴から、新館を実現する適任者として館長に選任されたのだろう。また、山口と戦前からの友人である前川との信頼関係も築かれていたに違いない。こうして新館は、前川にとって、それまでの美術館以上に相手の顔の見える恵まれた条件のもとで進められていくことになる。

一九七五年に前川に提示された新館の「建設要綱[42]」に盛り込まれたのは、本館を松方コレクションの常設専用に特化させ、その北側奥に特別展用の新館を建設する計画だった。しかも、「本館一階の東側をエントランス・ホールに改修し、更に新館との間を連絡通路で結ぶ」ことによって、「一体的に使用できる」平面計画が求められた。また、山田館長の意向が反映されたのだろう[43]、要綱には、新館の展示室には「自然光を取り入れる」こと、新館のデザインは、本館に「とらわれず、独自の構想によること」も明記された。おりしも、世界各地では、ルイス・カーンのキンベル美術館（一九七二年）やリートフェルトのファン・ゴッホ美術館（一九七三年）、アルヴァ・アアルトの北ユトランド美術館（一九七二年）など、「自然採光の美術館が相次ぎ、自然光が再評価されつつある[44]」中で、自然光を取り入れた新しい展示空間の実現が要望されたのである。

　前川は、図らずも、同じ上野公園内で、東京文化会館と東京都美術館に続き、ル・コルビュジエの本館改造と新館建設という難しい仕事に携わることになる。それはまた、亡きル・コルビュジエと坂倉が思い描いた文化センター構想を、一人残された前川が具現化させていくことでもあった。振り返れば、本館の設計協力では、坂倉と吉阪が建築を担い、前川は設備と構造を分担していたため、ル・コルビュジエの建築と向き合うことはなかった。しかし、新館では、その間の二〇年近くに及ぶ自らの経験を踏まえた上で、師の建築との直接的な対話を交わすことになったのだ。そこでは、遠い昔のル・コルビュジエとの会話を反芻しながら、晩年の前川が追い求めた建築の永遠性というテーマも自覚されていたに違いない。

中庭から見た国立西洋美術館新館（1979 年） 2023 年撮影

　翌一九七六年二月にまとめられた基本設計では、本館の柱間の割付を踏襲しつつ、渡り廊下によって本館と一続きに連続させ、坂倉の手がけた事務棟をコの字に取り囲むような配置計画が提案される。また、この空間構成によって生まれた中庭は、本館の開放的な前面広場とは対照的に、「インチメート（intimate）」な、親密な庭となり、本館一階には喫茶室、新館一階には休憩室、二階には外部テラスが設けられる。さらに、前川直筆の小さな平面スケッチに斜線で描き込まれたように、自然光を取り入れる大小の展示室がリズミカルに配置される。そして、本館から続く最初の第一展示室は、吹き抜けとすることによって、本館中央の十九世紀ホールと呼応する象徴的な空間となる。
　一方、展示室に自然光を取り入れる採光方式については、

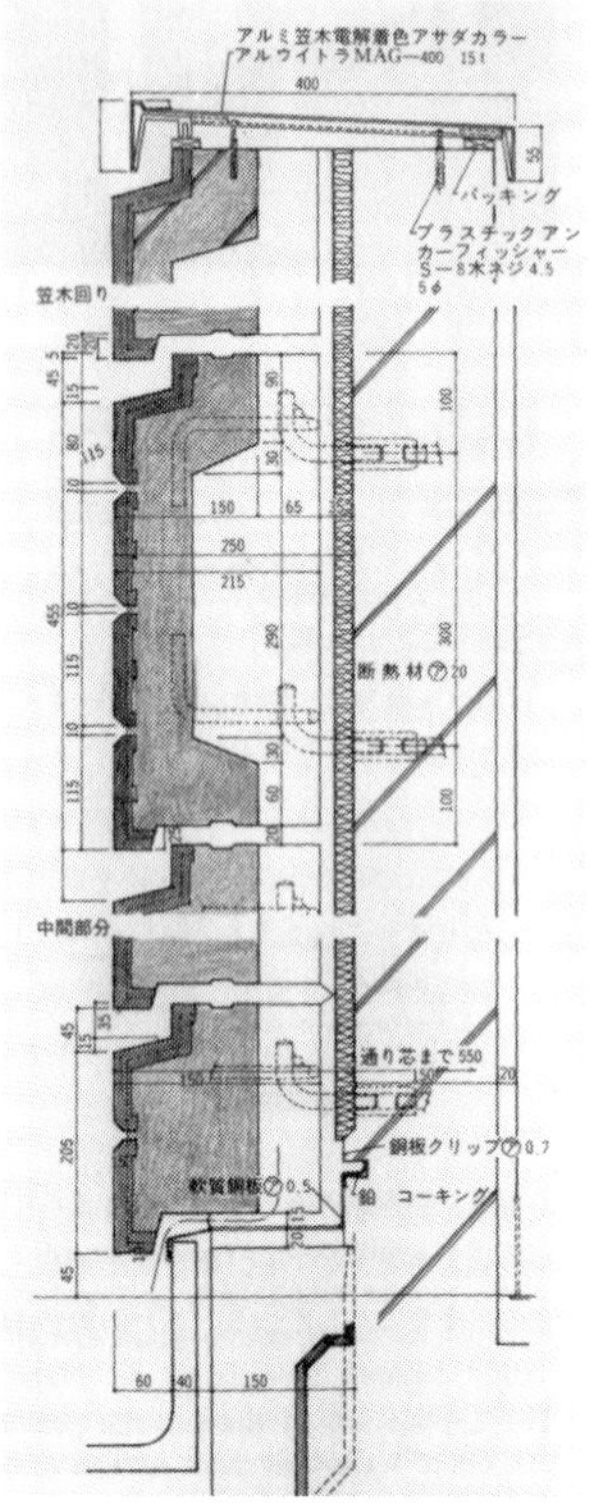

国立西洋美術館新館外壁詳細図
『PROCESS:Architecture』第43号
1984年より転載

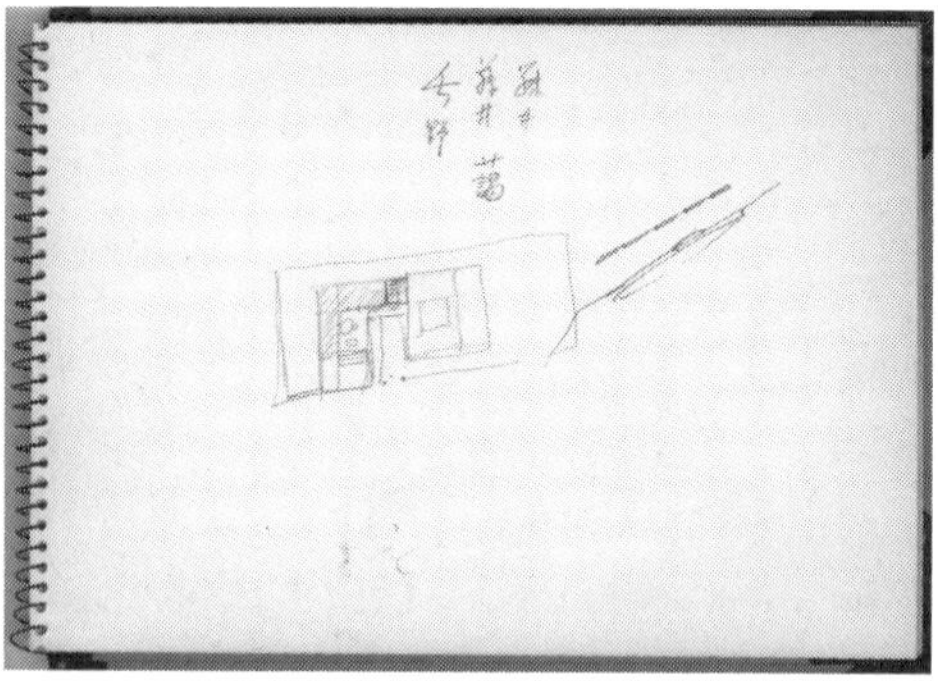

国立西洋美術館新館（1979年）前川國男直筆の平面スケッチ＊

1976年の国立西洋美術館基本設計の第1展示室透視図＊

天井面に多数の穴（ピンホール）を開けることによって光が拡散する特性を活かした「多数ピンホール方式」が採用される。そのため、展示室の上部に採光のためのガラス屋根を架け、複層ペアガラスを使用する方法が考案された。さらに、自然光の変化に応じてピンホールの開口部の大きさが自動調整できる制御機構については、カメラの絞りを応用した装置が開発されていくことになる。こうした方法の実現にあたっては、基本設計の後、前川事務所から委託した建設省建築研究所による模型実験[45]や複層ペアガラスの開発など、さまざまな検討が重ねられた。

　建物の外壁についても、山梨県立美術館から始まるプレキャスト・コンクリート・パネル（ＰＣ版）による二重壁方式に、更なる改良が加えられていく。すでに本館でも、縦長のＰＣ版による二重壁が使われていた。しかし、新館では、縦方向の継ぎ目からの雨の侵入を軽減させ、より万全な雨仕舞いを考慮して、ＰＣ版は継ぎ目が水平に伸びる全長約三メートルの横長の大型パネルが考案される。また、開口部に合わせてパネルの高さを五〇五ミリと二五五ミリの二種類とし、表面に打ち込むタイルの割付けに変化をもたせつつ、パネル上下端部のタイルの形状にも工夫を施して、水切りを兼ねた継ぎ目の深さを六〇ミリ確保することによって、陰影と深みのある表情をつくり上げた。さらに、ＰＣ版のコンクリート壁への取り付け方法にも改良を加えて、縦横の継ぎ目をすべて空気の通り抜けるオープン・ジョイントにすることで、雨水の浸入を防ぐ方法を進化させた。そして、新館が本館に対して控え目な背景となるように、ＰＣ版に打ち込む炻器質タイルは、「織部焼の緑」[46]を手がかりに、釉薬《うわぐすり》を施してトンネル窯で濃淡のある若竹色に焼き上げ、前川の求めた「プロテクトしてやるんだという意味合いをわれわれに語りかけてくれる」[47]外壁を実現させる。

宮城県美術館（1981 年）　正面外観　2017 年撮影

宮城県美術館　中庭　2020 年撮影

　こうして、設計から竣工まで四年半を費やして完成した新館は、本館と一体となった一筆描きの流れるような空間構成と、閉じつつ開く内外空間の連続性、本館とは対照的な象徴性と親密さを併せ持ち、堅固な鎧をまとった時間に耐える永遠性を獲得した美術館として誕生したのである。それは、前川にとって、遠く半世紀前の一九三一年の東京帝室博物館コンペ応募案に始まる、師ル・コルビュジエとの持続的な対話による、上野公園の一連の仕事の最後を締めくくるものでもあった。[48]

宮城県美術館（一九八一年）

　国立西洋美術館建設中の一九七八年十二月から、それに続くようなかたちで設計が進められたのが、一九八一年五月に宮城県仙台市に竣工する宮城県美術館である。建設までの経緯と盛り込まれた理念について、既往の論考[49]などからたどると、次のようになる。もともと、宮城県が美術館の建設計画に具体的に踏み出したのは、一九七二年二月、宮城県芸術協会が二万七四〇二名の署名を集めて、県立美術館建設促進の要望書を山本壮一郎知事に提出したことに始まる。これを受け、一九七三年の建設準備委員会と一九七七年の建設懇談会の設置を経て、一九七八年に基本構想が答申される。注目されるのは、「開かれた美術館」という基本原則のもとで、単なる展示場にとどまらず、創作、研修活動のセンターとしての生涯教育の場を提供する運営を求め、原則として貸館業務は行わないと明記されたことだ。また組織面でも、学芸部から独立した普及部を設け、専任の学芸員を配置するという、それまでの地方美術館には前例のなかった方針も示された。こうした新たな方針が打ち出された背景には、先に見てきたように、東京都美術館の改築の際に論議を呼んだ、美術館は「貸し画廊」なのか、という根本的な問いかけや、先に開館した栃木県立美術館やパリのポンピドゥー・センターが、「開かれた美術館」という設立理念を掲げるなど、美術館の在り方をめぐる議論が活性化していた状況があった。一方で、そこには、一九七七年十一月の閣議決定でスタートした第三次全国総合開発計画に掲げられた「定住圏構想」という政策も働いていた。すなわち、一九七三年のオイルショック以降の低成長時代を迎える中で、「国による公共投資にかわり、地方がそれぞれ知恵をしぼって自前で開発を進めてほしいという要請」を言外に含みつつ、「地方の定住」を促進しようとする新たな開発方式[50]が国によって示され、宮城県も、それに沿うかたちで大型予算を組み、美術館建設を進めたのである。

　そして、それまでの一連の美術館の実績が評価されたのだろう。前川は、これまでと同じく、一九七八年十二月、特命随意契約により設計依頼を受ける。しかしこのとき、前川にとって、それまでの地方美術館の設計着手時とは大きく違っていたのは、宮城県が、十一月に建設準備室が発足する直前の夏に、他の美術館で実績を重ねた二人の学芸員、和歌山県立近代美術館の酒井哲朗と北海道立近代美術館の西村勇晴を県職員に迎えていたことである。そして、翌一九七九年四月には、普及部で教育普及活動の組み立てを担う学芸員として、宮城教育大学卒業後に渡米してブルックリン美術館のアートスクールで学んで一時帰国していた齋正弘が採用される。この起用には、初代の学芸部長となる酒井の先見性と、齋の恩師で美術館の理念立案にも大きな役割を果たした美術評論家の三井滉ら、著名な教育学者の林竹二[51]学長のもとで独自の教育を実践していた宮城教育大学の存在が功を奏していた[52]。こうして、宮城県美術館では、設計の企画段階から、美術館の理念と運営方法を組み立てる当事者のいる環境が整えられていたのである。

このような体制があったからなのだろう、前川のもとで設計チーフを務めた大宇根弘司は、現地調査の後、建設準備室で、酒井や西村らと初顔合わせした際、酒井から、開口一番、「美術館は学芸員にとって主戦場なのです。わたしたちの言う通りに造ってください」と厳命されたという。[53]また後年、齋は、教育普及に関係する諸室の配置計画について、「その活動の中心となる創作室は、最初に計画されていた建物の最上階から、展示室と同じフロアに移され、かつ、そこからある程度離れた場所に、できるだけ広く作られることになった。実際の活動を考える担当者と建築家との話合いが、展示関係の打ち合わせと同じウェイトでもたれ、その具体的な活動のイメージから、部屋の作り方が決められるという、理想的な作り方がここではなされた」[54]と証言している。そして大宇根も後に、当時を振り返って、酒井ら学芸員とのやり取りを、「実に手ごわい相手でした。学芸の方々は十分な経験と哲学を持っていて、わたしたちはそれを空間化する作業を分担したというのが実感でした」[55]と回想する。文字通り、宮城県美術館は、前川と担当スタッフにとって、学芸員と顔を突き合わせながら、設計案を煮詰めていく初めての経験となったのだ。

続いて、建物について見ておきたい。敷地は、仙台市川内地区にある面積約二万二千平方メートル、南北の長さ約二五〇メートル、最大幅約一〇〇メートルの元・国有地で、北側には広瀬川が流れ、南西には青葉山を背景に東北大学の川内キャンパスが広がる恵まれた場所だった。しかし、起伏のある敷地には五メートルの段差があり、南側の地下には仙台西道路のトンネルが走り、その上には建物を建てることができず、北側も広瀬川の断崖が迫っており、仙台市の条例もあって、川の近くには高い建物を建てられないなど、難しい条件を抱えていた。それでも、大宇根らスタッフは、こうした条件を逆手に取り、南側の正面アプローチでは、前面道路から折れ曲がりながら少しずつ階段を上り、ヘンリー・ムーアの彫刻が設置された正面広場を通り、美術館の正面玄関まで、一〇〇メートル以上の長さのゆったりとしたアプローチ路を配置する。また、その手前右側には、回廊のある一辺が二八メートルの正方形の中庭を設け、その周囲を、三〇〇席の講堂と市民が自由に使える創作室、子供たちの造形遊戯室、食堂と売店が取り囲む空間構成を創り上げていく。そして、中に入ると、吹き抜けの高い天井高の広いエントランス・ホールを中心に、一、二階の常設と企画の展示室が時計回りに展開する。さらに、北側には、広瀬川の河岸へと続く屋外の展示スペースの庭

宮城県美術館　エントランス・ホール　2020年撮影

宮城県美術館　外観窓回り　同上

が拡がっていく。

このように、周囲に対して閉じつつ開く伸びやかなたたずまいも、美術館の運営理念として掲げられた「見る、触れる、創る」に沿って、学芸員と重ねた打合せと議論を経て、生み出されたに違いない。残念ながら、直筆のスケッチも残されておらず、前川の意図がどのように反映されたのかは分からない。わずかに、一九八〇年一月二十九日の起工式の際に受けた地元紙のインタビューで、前川は、美術館は「日常生活とかけ離れた特殊な存在」ではなく、「人生そのものにも直結している大事なものだ」と述べた上で、「美術を正しく見せるためのバックグラウンド、つまりわき役でしかない」と、いつもの持論を語っていた。[56] おそらく、七十歳代後半に差しかかっていた前川は、自らの年齢と老いを自覚し、次第に実力をつけてきた中堅所員の持ち味とチームワークの特性を活かした多様な展開を良しとしたのだろう。それは、後に触れるように、前川が敗戦直後に思い描いた自立した建築家集団としてのＭＩＤ同人構想をふたたび形にして、自らの亡き後の事務所の姿を考え始めたことを意味するのかもしれない。[57]

ちなみに、宮城県美術館の設計担当者は、山梨県立美術館と同じメンバーだった。そのため、竣工後、チーフの大宇根が記したように、組積造のイメージを払拭した山梨の外壁をさらに進化させて、ＰＣ版の形状を「横に長く、目地を深くすることでできるだけ水平線を強調」し、そこに打ち込む磁器質タイルも、これまでとは異なる質感と色調を求めて唐津産の土を使い、一九〇ミリ角の正方形の淡いモスグリーン色となる。また、東京都美術館や福岡市美術館に吊られたアーチ型天井のコンクリート製のプレキャスト版を、明るいベージュ色のインド砂岩の砕石を打ち込んだ、より軽いGRC（ガラス繊維強化セメント版）に変更するなど、他のチームとは異なる新たなデザインが試みられていく。[58] こうして、時間に耐える素材とディテールを駆使して美術館は竣工し、一九八一年十一月三日に開館、創作室も始動する。その後、順調に普及活動が重ねられたのだろう。前川没後の一九九〇年には、独立した大宇根の設計により、佐藤忠良記念館が増築される。そして、そこで積み重ねられた文化活動が地元に根づいた成果なのだろう、二〇一九年十一月、宮城県が突如公表した移転集約による取り壊しの危機という事態を前に、多くの市民や美術関係者、東北大学の教員有志らが連携して立ち上がり、現地存続を呼びかける粘り強い活動を展開し、翌二〇二〇年十一月、一転して村井嘉浩知事が移転断念を表明する結果を得ることができたのである。[59] 宮城県美術館は、前川の願いどおり、時を重ねながら、人々の日常に溶け込む存在となっていた。

新・前川國男自邸（1974 年）　正面外観

新・前川國男自邸（一九七四年）

これまで見たように、一九七一年の埼玉県立博物館から一九八一年の宮城県美術館まで、前川は、わずか一〇年の間に、計七件のミュージアム建築を全国各地に竣工させたことになる。その間、美術館を取り巻く状況は刻々と変化し、国の政策も含め、建設の背景もさまざまだった。そこからは、図らずも、美術館を取り巻くこの国の文化の成熟度の実像が透けて見えてくる。[60] それでも、幸いなことに、いずれの建物も前川への信頼と実績にもとづく特命の設計依頼によって進められ、最後の国立西洋美術館や宮城県美術館に象徴されるように、相手の顔の見える体制も整えられていった。同時に、多くの仕事を通して、所員たちが実務経験を重ね、それぞれの持ち味を発揮する力を蓄えてきた。さらに、建築を構成する素材と構法についても、松嶋健壽の不二窯業（打込みタイル）、外川貞頼の湊建材工業（PC版）、石井均の昭和鋼機（型鋼サッシュ）など、職人的な技術者との長い協働作業によって、確かな信頼のできるものへと育て上げられていた。[61] その意味で、これら一連のミュージアム建築は、ケルン市立東洋美術館（一九七七年）を含めて、それらの要素が結実した前川晩年の到達点を示すものだと言えるだろう。

　ここで、閑話休題。その間の前川の内面をうかがい知ることのできるエピソードとして、戦時下に建てられた木造の旧・自邸の改築で、一九七四年に竣工する新・前川國男自邸にも触れておきたい。所長室の戸棚などから没後に発見されたものを含め、前川のスケッチ・ブックは約六〇〇冊が残されている。そこには、延べ一六〇〇ページを超える直筆のスケッチやメモが描かれているが、中でも新・自邸のスケッチが格段に多く、その数は約一五〇点にも上る。担当者の長澤甫明によれば、新・自邸の設計に着手したのは一九七〇年の夏であり、一九七二年冬に着工、一九七四年春に竣工する。興味深いのは、新・自邸のスケッチは、これまで取り上げてきた東京海上ビル、蛇の目ミシン本社ビル、箱根国際観光センター、埼玉県立博物館、万博鉄鋼館と自動車館、東京都美術館、熊本県立美術館、西洋美術

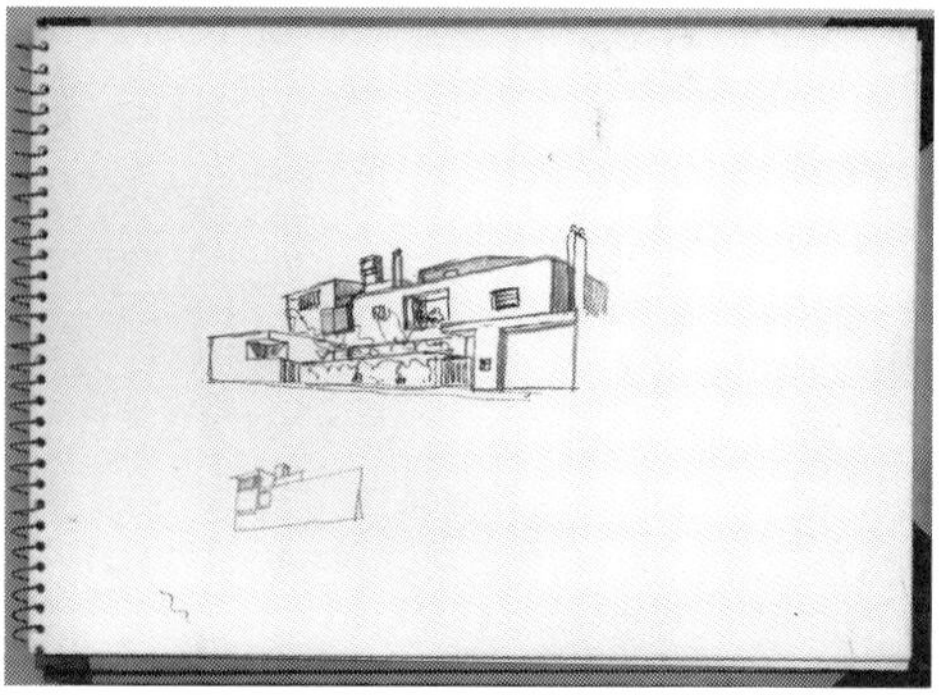
新・前川國男自邸　前川直筆の外観スケッチ＊

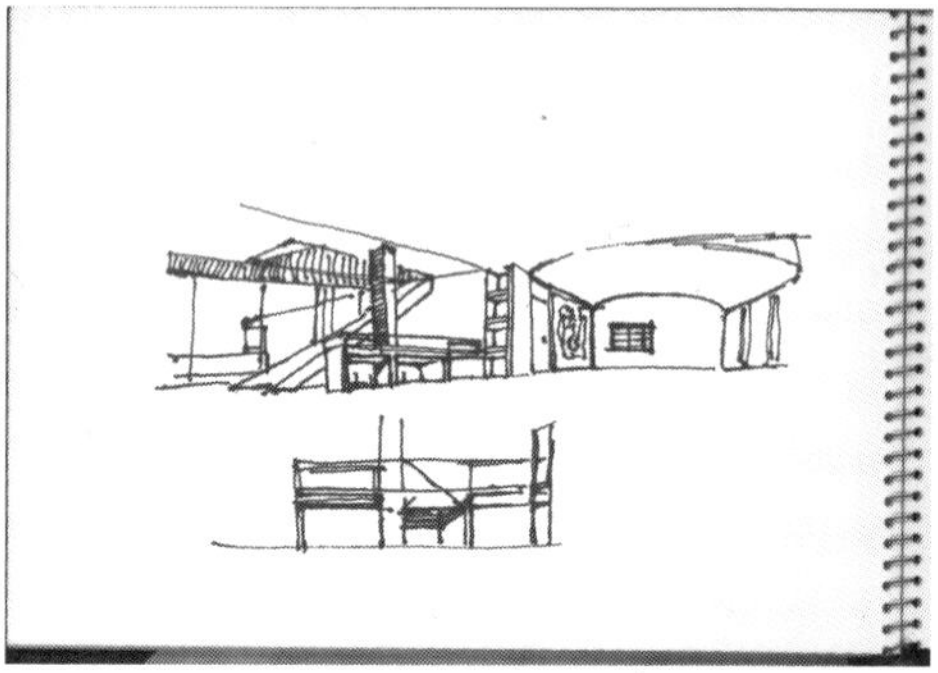
新・前川國男自邸　前川直筆の内観スケッチ＊

MIDビル製図室で新・自邸を検討する前川國男　1970年夏頃
撮影／渡辺義雄＊

館新館など、主要な建築のスケッチに入り混じるようにして描き込まれていることだ。その内容も幅広く、プランや外観、リビングまわりの内観にとどまらず、和室の襖や浴槽回りの詳細や、鉄格子、手すり、照明器具、仕上げ材料の検討まで、こと細かい。また、偶然にも、前川事務所MIDビル三階の製図室で担当者の長澤が描いた平面図に向き合う前川の写真も残されている。その表情と大量のスケッチからは、自邸という掌の中に入る仕事だからこそ可能な、自由に発想を拡げて楽しもうとする喜びのようなものが伝わってくる。制約と困難の多いプロジェクトが続く中で、それは、つくることの初心に立ち戻ることにもなっていたのだろう。しかも竣工後、前川は、「長澤ががんばってくれて、迷所をいろいろ造ってくれた」と「くつくつ笑いながら、皆に挨拶して」いたという。[62] その一方で、間のページに書き込まれた次のようなメモにも、当時の前川に去来していた思いが読み取れる。

「現実から生れない思想はあり得ない　しかし現実から離れてひとり歩き出来ない思想はどうして思想としての力をもち得ようか[63]」

「現代建築は手段の多様化と目的としての建築への転化の時間も余裕もなく中絶の建築をしいられている。いわんや様式として結晶するなんていう事は望まれべくもない（…）大切なことは平凡な素材を駆使して非凡な結果を得ることではなかったか　アンリー四世式な平凡な建築のrez-de-chausee（一階）を様々な意匠に装うことによって多様なパリの街の情景をつくり出す　全体の統一と個々の多様性（…）凡ゆる現代建築の問題が「人間的要求」の所産ではないことが問題である[64]」

そして、あるメモには、「無償の建築→それ自身が目的の建築」と「合目的の建築→手段としての建築」が上下に並列され、それら二つが一つになって、「エステティックとしての建築→環境建築」になると書かれている。[65] ここに示された「環境建築」こそ、前川の追い求めた究極の建築の姿だったのではないだろうか。晩年に相継いで手がけた美術館と新・自邸の間で、前川は、広く社会的存在としての建築のありようを見つめていたのである。

弘前のその後に見る晩年の境地

弘前との縁が紡ぎ続けられて

敗戦後、幸いなことに空襲は免れたものの、明治から軍都として陸軍の第八師団を抱えていた弘前市には、膨大な数の軍事施設や防空施設が残存しており、その転用や撤去が大きな課題となった。[66] ちなみに、前川が弘前市からの依頼で最初に手がけた弘前市庁舎（一九五九年）は、第八師団長官舎を移設した跡地に建てられたものだった。また、弘前城の南東側をL字型に大きく取り囲む三の丸と呼ばれる広場一帯にも兵器支廠と火薬庫が置かれていたが、戦後に総合運動場として市へ払い下げられ、一九四八年に市営野球場、一九五〇年に地下弾薬庫の窪地を利用した市営相撲場が完成する。この相撲場を撤去して建設されたのが、弘前市民会館（一九六四年）である。その間、弘前市は、軍都から観光都市への転換を図るため、弘前城址のある弘前公園一帯を国の史跡指定地とすべく申請を続け、一九五六年十月に指定を受ける。また、市自らも文化財保護を進めるべく、一九六〇年に文化財保護条例を定める。同年には弘前城址が都市公園法にもとづく公園に指定された。

そして、このような戦後復興の中で、一九五六年二月に市長に初当選した藤森睿は、以後五期二〇年間にわたり市長を務め、前川と共に、公共施設群の整備を進めていくことになるのである。藤森は、退任後の回想談の中で、前川に市庁舎の設計を依頼した経緯について、次のように語っている。

「新庁舎建設で、（…）前川國男先生に出会えたのも私の幸運だったと思う。（…）私どもの心を打ったのは、弘前市民の気性、風格、伝統に先生の作品が相通じ合うことだった。（…）作品には近代的な感覚のうちに何ともいえぬ朴とつ、いや素朴さがあるんだ。

市庁舎は市民の象徴であるとよく言われるからには、単に実用の面からだけではなく、市民に対する語りかけが欲しいね。質実剛健も良いが、然し私は近代的な感覚によって磨きをかけることが大事と思うがどうだろう。[67]」

市長が求めた「市民に対する語りかけ」の「素朴さ」をもつ造形こそ、前川が目指したものに他ならない。その意味で、弘前の戦後にとって重要な時期の「幸運」な出会いであった。前川から「市長としての希望はないか」と聞かれた藤森は、「津軽十万石追手のご門と堀をへだてて、向いあう庁舎の事だから、追手の門に位負けしない庁舎をつくって下さい」、「雪国に多いすがもりのない建物に」、「退庁にあたって机上に一物をも残さない用意のため各部屋に書類を入れる大きな戸棚がほしい」と三つの願いを申し入れたという。この希望を聞いた前川は、改めて弘前城に象徴される歴史の重さを意識しただろう。また、そこには、木村産業研究所が被った積雪のつらら状の凍結による「すがもり」と呼ばれる被害を未然に防ぎ、雪国の厳しい風土に耐えうる近代建築をいかにして実現させるのか、というより大きなテーマも自覚されていたに違いない。この発言の後、藤森が、「その後、第二庁舎、市民病院、博物館も先生にお世話になった」と語ったように、市民会館に続くかたちで、前川の試みがさらに積み重ねられていくことになる。この章では、その後の弘前の仕事を見ていくことにしたい。

弘前市立病院（一九七一年）

経緯は不明だが、前川事務所に残るリストによれば、市民会館に続き依頼されたのは体育館の計画だった。だが、不測の事態により、体育館に替わって急きょ設計を手がけることになったのが、市立病院である。一九五八年に青森県から移管され、弘前市国民健康保険・津軽病院として使われていた木造の建物が、不運にも、一九六九年一月三十一日の火災で全焼してしまったのだ。そのため、市民から本格的な総合病院としての設備と機能を求める要望が上がり、鉄筋コンクリート造による再建案の設計が前川に委ねられたのである。当然ながら、設計も急がれたのだろう。早くも同年の十月には着工し、一九七一年三月に竣工する。竣工パンフレットに、前川は、病院建築について書き留めている。

「近来病院建築は大変進歩して参りました。（…）医療施設もこれに平行して整備されつつあります。（…）通院患者が、これらの進歩した医療一般を享ける時間の短かさに比して、病を抱き、不安と孤独に戦き乍ら順番待ちをさせられる時間の方が、遥かに長いのは事実であります。このような進歩の蔭に隠れた欠陥の在りようは重大であります。この過去の多くの病院建築が看過したこのような問題も、患者サイドで考えれば当然そこに新しい建築的な解答が得られる筈であります。私は患者の暗い焦燥と不安の順番待ちに深い同情を抱かざるを得ません。外来部各科の待合室の処理に払った私の努力は、この心情の表現に他なりません。

私は、また入院患者が狭い病室内のベッドの上だけに限定された療養生活に、飽々している事にも同情致します。離床患者は、病床から解放され、食事、談話面会、日光浴を楽しむ事が許されてよいのではなかろうか。そこで私は病棟部の中枢部にデイルームと呼ぶ生活空間を設定しました。[68]」

ここには、従来の病院建築が抱える根本的な問題点が指摘され、それに対する「新しい建築的な解答」として、患者の立場に立った方法が提示されている。前川は、建築の空間の在り方を、そこで過ごす人間の心と身体の側から具体的に捉えようとしたのだ。ここにも、人間と建築との関係性を重視しようとする前川の姿勢が読み取れる。おそらく、急きょ進められた計画だっただけに、建設コストは厳しく制限されていたに違いない。そのため、コンクリート打放しの簡素な建物となった。それでも、前川の言葉どおり、二五六床のベッド数を有する地上六階建ての本格的な病院として竣工した建物の一階には、三方向から自然光の入る吹き抜けの大きなエントランス・ホールが設けられ、上階の雁行する病棟の中央には、患者が寛ぐことのできるデイルーム（dayroom 談話室）が配置され、一、二階の各科には、窓のある待合が確保された。また、低層部と病棟の屋上には、円形の植込みを配した屋上テラスを設けるなど、患者とその家族が、居心地良く過ごせる空間を盛り込んだのである。[69]前川は、文字通り、病院（hospital）を、その派生語である hospitality、温かく迎え入れる雰囲気を持つ空間として実現しようとしたのだ。さらに、市民会館のロビーで試みたスリット状の開口部のスチール・サッシュを雨雪から守る方法を応用したのだろう、アルミ・サッシュの窓面を柱の内側に引っ込め、彫りの深い厚みのある外観とすることで、積雪による被害を防ぎながら、病室に守られた安心感を与える工夫も施された。前川は、先の文章の末尾に、次のような言葉を記している。

「私は、この病院が遠からぬ日に、市街地条件の悪化に撒き込まれる危惧を予感せずにはおられません。市街地の病院は利用至便である反面、病院環境は著しく低下しつつあります。しかも現在の規模においても、この病院の敷地保有量は少なすぎます。環境悪化を補うのは、敷地に対し建物面積の比率を低めるのが唯一の方法なのであります。

　一朝にして事は成らざるものが既にありますが、永い歳月を課しても目標達成するの気概は持ち続けていただきたいと祈る次第であります。

　建築は引渡しの日より、私の手から離れます。しかし建築は生き続けます。どのように生きるのか、それは以後の管理の手綱さばきにかかわる事であります。健やかな生育を期待申上げる次第であります。」

　弘前市からの信頼に感謝しつつも、前川は、都市計画的、環境論的、持続的な視点から、竣工後に起こりうる問題点と、長く生き続けるための方策への希望を伝えずにはいられなかったのだ。ここにも、万博鉄鋼館の「休眠」など、さまざまな経験から得た見識を読み取ることができるだろう。そして、この言葉どおり、竣工後の病院は、四度にわたる増築を重ねて延床面積は約一・五倍にもなっていく。そのため、特徴的な車寄せは撤去され、屋上テラスも失わ

弘前市立病院（1971 年）　西側からの外観＊

弘前市立病院　吹き抜けのエントランス・ホール＊

弘前市立病院　6階屋上テラスとデイルーム　以上3点、撮影／田中昌彦＊

れるなど、空間の余白は次々に削ぎ落とされてしまう。それでも、一階の吹き抜けのエントランス・ホールは、看護師らによるコンサートが開かれるなど、雪に閉ざされる冬の間を含めて、患者たちの心の拠りどころとして機能し続けた。(70)

弘前市庁舎増築棟（一九七四年）

前川が、病院に続いて設計を手がけることになったのが、市庁舎の増築棟である。増築後に本館と呼ばれる旧庁舎は、骨太な鉄筋コンクリート打放しの柱と梁、積雪を避けるために周囲に大きく張り出した水平の庇と軒裏の鮮やかな色使いが特徴的だった。しかし、増築棟では、その間の十数年間に蓄積した打込みタイル構法が全面的に採用されていく。また、本館東側の狭い場所に増築するため、本館と接続する一、二階の一部の約八〇〇平方メートルを取り壊し、そこに、地下一階、地上六階建て、約五千平方メートルの増築棟が計画される。

こうして、必然的に垂直的な形態となり、水平性の強調された本館とは対比的な表現を試みたのだろう。本館では、むしろ、柱と梁の骨組みが裸で表出していたが、増築棟では、壁の厚みと温かな素材感による表現への転換が図られる。赤い炻器質のやや小ぶりの打込みタイル（幅四〇〇×高さ一二〇ミリ）で建物全体を包み込み、病院と同じく、窓面を柱の内側奥に引っ込めて、彫りの深い外観の表情が創り出されていく。しかも、興味深いことに、前川の直筆スケッチに描かれたように、階段室とエレベーターが納まる塔状のコアの頭部は、タワー状に垂直性を強調しつつ、ギザギザの段状の装飾的な造形でまとめられたのだ。それは、ベルギーのブリュージュなど、ヨーロッパ中世の古い街のたたずまいに魅せられた前川が、即物的で堅苦しくなりがちなタイルの造形に、少しでも心を通わせることのできる細部の表情を与えようと施した工夫なのだろう。さらに、本館の計画時に藤森市長から望まれたとおり、弘前城の追手門と堀割の対面という都市景観にも配慮して、増築棟の建設に合わせて、北東角に本館とL字型に囲むような形で木陰をつくるケヤキの高木と円形状の植栽を配した広場を整備し、床面に炻器質タイルを敷き詰めて、小さいながらも、雪に閉ざされる冬の間も温かな印象を与える街角を創り出したのである。

前川は、竣工時に記した文章(71)の中で、「様々な歴史的建築」が遺る弘前で、「再三にわたり、「建築」する機会を得られた事に対し、私は深い感謝の念と共に、その責の重さを痛感せずにおられませんでした」と書き留めている。そして、増築棟では、「由緒ある弘前城の追手門を展望し、且つこの一画を組み入れて、市民広場をつくり出すという構想」で取り組んだと、設計の意図を明かしている。この言葉には、弘前で最初に手がけた木村産業研究所から四三年、単体の建築から都市の景観へ、歴史や風土との対話を通した建築の在り方へと理解を深めた、前川の晩年の境地を読み取ることができるだろう。

弘前市立博物館（一九七六年）

市庁舎増築に続いて前川が手がけたのが、市民会館の北側に計画された博物館である。この計画は、一九五六年に博物館設置の請願が市議会に提出されたことに始まるという。そして、一九七四年に弘前相互銀行から創業五〇周年記念として一億円が市に寄付されたことで具体化し、建設準備室が発足する。[72] 現在の整備された姿からは想像もできないが、計画時点では、すぐ横に市営野球場のスタンドが残されており、恵まれた条件の敷地ではなかった。そのことが、設計担当者の仲邑孔一が竣工後に書き留めた、次の文章から見えてくる。

「弘前城址には土坡が多い。土をたたいて築き上げた土坡である。石垣を積んだものは天守閣の回りだけであろうか。だからどことなく人にやさしい感じがする。（…）春、桜、人、人、人。眼のさめるような新緑も、ねぷたを過ぎれば

弘前市庁舎増築棟（1974年）　北側からの外観　撮影／平尾良樹

弘前市庁舎増築棟　前川國男の直筆スケッチ＊

弘前市庁舎増築棟　前庭広場　撮影／平尾良樹

あっというまにひっそりと紅葉してしまう。

こうした美しさも博物館の主要な展示品にしてしまいたいと、むずかしい条件の中で敷地の決定がなされた。あの古い野球場裏の杉の大橋の解体の古材が放り出されていた三角の敷地にこだわった弘前の人たちの卓見だ。[73]」

この仲邑の証言と現況の配置図から読み取れるように、博物館の竣工後、東側の市営野球場の跡地は、三年をかけて整備され、多くの樹木が植えられた市民広場となり、博物館は、その緑の中に隠れるように、周到に計画されていく。外観は、市庁舎の増築と同じく、赤い炻器質の打込みタイルで全面を覆われたが、より小ぶりなサイズ（幅三六〇×高さ一二〇ミリ）に変更されている。また、建物のボリューム自体も小さく抑えられ、同時期に設計が進められた山梨県立美術館（一九七八年）と同じく、正方形の単位空間が重なりながら雁行するリズミカルなプランによって、市民会館の巨大なボリュームの陰に寄り添うようなかたちでまとめられた。注目されるのは、市民広場に面する玄関側の寡黙な表情とは一転して、反対側のロビーは、高さ五・八八メートルの天井まで大きく開いたL字型のガラス窓により、その外側に広がる既存樹木を残したテラス越しに、弘前城二の丸未申櫓《ひつじさるやぐら》と遠く岩木山を望む、明るく居心地の良い空間を創り出したことである。こうして、博物館の建設は、むしろ、その外部に広がる周辺環境を緑に包まれた公園へと成熟させる意味を含んで計画されていたことがわかる。この博物館にも、当時の前川がスケッチ・ブックに書き留めた「環境建築」という考え方、すなわち、自然環境の側から建築の在り方を抽出していく方法が意識されていたに違いない。

緑の相談所（一九八〇年）

こうした経緯を振り返ってみると、続いて建設された「緑の相談所」と呼ばれる緑化思想普及の拠点となる小さな施設も、同じような視点で計画されていたことが、設計担当者の島義人が竣工後に記した文章からも見えてくる。

「この建物は敷地との出会いから生まれた。五十四年（一九七九年）一月、私たちは小雪が舞い、時折青い空が走り抜ける弘前城三の丸の敷地で、足元から立ち上がる寒気を耐えながら長い時間、あれこれと想像をめぐらせていた。（…）敷地内には移転されることになっている江戸時代の古い番小屋があり、桜の大樹ともみじが点在していた。（…）城の中では打ち捨てられたようなひっそりしたこの敷地に、城の景観を損うことなく樹々の個性を引き出すような建物をつくり出したいというのが私たちの共通した目標であった。[74]」

この言葉からも、環境先にありき、で建築の在り方が検討されていったことがわかる。同じ島の文章によれば、「十数案の推敲」を経て、「できる限り作為を感じさせないことを旨」とし、「建物の構成・形態」も、「樹木をはじめとする自然環境から決められた」のだという。そして、この建物では、前川の建築にとって初めての試みとなる、鉄筋コンクリート造の屋根スラブによる勾配屋根が架けられたのだ。設計段階における前川とのやり取りについては、後年、同じく設計チーフの仲邑が証言を残している。

「「緑の相談所」は最初は公園を散歩してきた人が休む「茶店」が欲しいという話でした。公園を良く知る人が私の耳元で囁きました。「公園の中で一番もみじのよい場所だぞ、桜ばかりに気をとられて木を切るな!」「野鳥もこの近隣では一番種類が多く、趣味の人たちが朝早くから集まっている、みんなどうなるか心配しているよ」とハッパをかけられました。木を切らないで全部残す、テニスコートも使う、というのを解決するのは至難の技でした。大将は判っている癖にテニスコートにわざと建物を置くスケッ

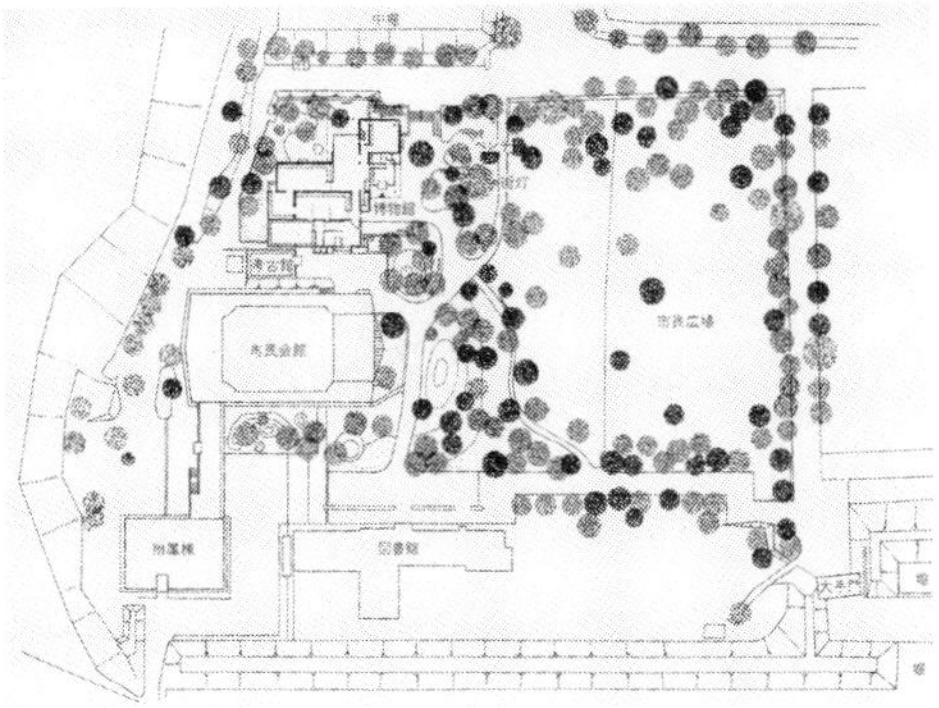

弘前市立博物館（1976年）　配置図　『建築文化』1981年8月号より転載

弘前市立博物館　東側からの外観　撮影／畑亮夫＊

弘前市立博物館　ロビー　撮影／畑亮夫＊

緑の相談所（1980年）西側からの外観　2004年撮影

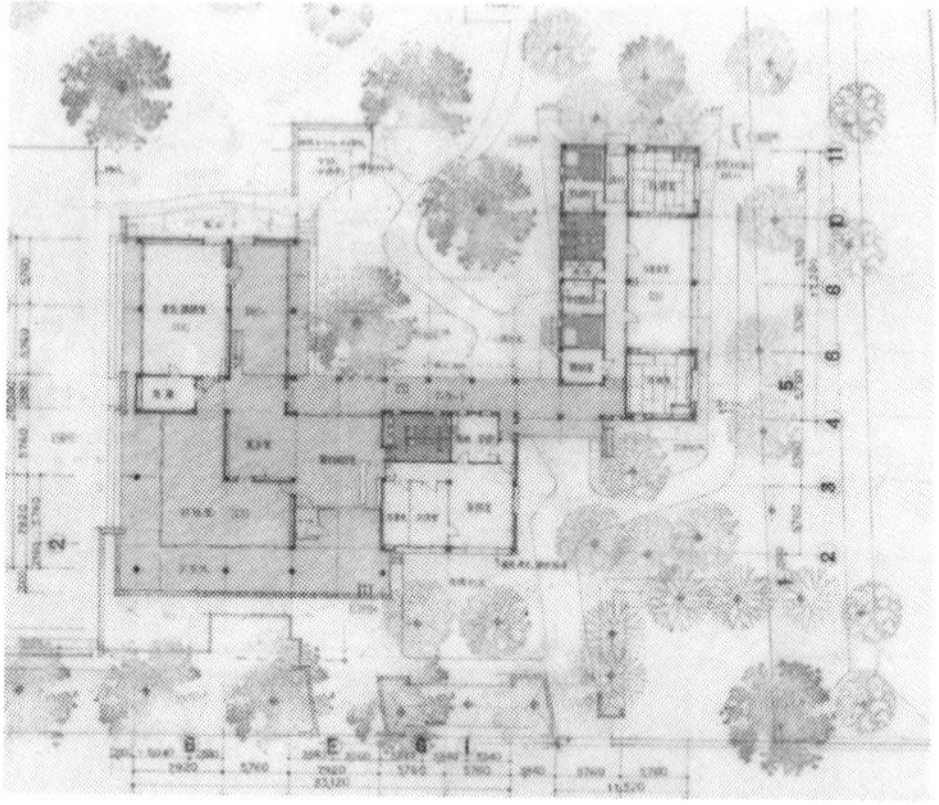

緑の相談所　1階平面図＊

チを描くのです。「もみじ」は無視で「さくら」も何本か切っているし「テニスコートをなくせ！　仲邑め何とかして来い」と無言で圧力を掛けてきたのです。[75]」

そして、仲邑は、次のように大将（前川）に提案したのだという。

「でも市民にとっては思い出深いコートなのです。だったら「茶店」からテニスを見せたらどう？　テニスの休憩所にもなるし…番小屋の跡と老いた桜を囲んで「人に丁度よい大きさの」塊を木と混ぜて雰囲気よく分散させたらどうかな？…木と混ぜるには建物が四角くて高いと「喧嘩」してしまい梢が延びません。（…）流れ勾配の屋根はここでは自然に出て来るものです。」

こうして前川を説得して出来上がった建物は、平面図から読み取れるように、後に移転されて庭園に整備される西側のテニスコートを残しつつ、日本最大の幹周りを誇るソメイヨシノの大樹など、既存の樹木を取り囲むように、所要室がコの字型に配置されていく。また、アーケード（回廊）とその上に屋上テラスを取ることで、木々の緑を味わう場所も確保された。また、南西角の休憩室にはL字型の外部テラスを設け、そこに銅板葺きの勾配屋根を差し掛けて、和風の茶店のような寛げる軒先空間を創り出したのだ。しかも、勾配屋根のスプルス材を縁甲板張りした天井は、北側のソメイヨシノの大樹などを鑑賞する方向へ向かってそのまま伸びており、吹き抜けの二階の窓を通して緑が目に入る。そして、奥の高い天井をもつロビーの大きな窓からは、中庭の緑が目の前に眺められるのである。この緑の相談所は、約一千平方メートルの小さな規模ながら、勾配屋根と打込みタイルの外壁を組み合わせつつ、周囲の自然環境から形態と空間構成を決定する新しい方法が示された建築であり、続く斎場の設計にも引き継がれていく。

弘前市斎場（一九八三年）

弘前で積み重ねられてきた前川の仕事を振り返ってみると、すでに引用した文章からもわかるように、「弘前係」と呼ばれていた仲邑孔一の存在が浮かび上がってくる。仲邑は、一九五九年に入所し、弘前市民会館の現場監理までを担当したチーフの鬼頭梓のもとで設計に加わった一九六一年から、弘前の仕事に携わり始める。そして、弘前市立病院で現場監理を担当して以来、断続的に続く弘前の仕事を一手に担うことになっていく。弘前との付き合いは三八年間に及ぶという。そのことは、時間をかけて、仲邑が他の誰よりも深く、弘前の気候風土や歴史、市民のことを理解し、市からも信頼される所員となっていったことを意味する。そうした蓄積があったからなのだろう、前川にとって最後を締めくくる仕事となる弘前市斎場の設計依頼のきっかけについても、仲邑は証言を残している。

「博物館の前庭の工事で、夕方、コブシの木をどちらに向けるか、やいのやいのやっていると、当時の中村課長が自転車で急いできた。「相談があるのですが…。大先生のような建築家に焼場なんかの設計頼めますかね」。

なにがなんでもやると思いました。私は弘前に住んで、津軽の人が、死者ととても身近に暮らしているのに驚いていたので、これは何とかしなくてはと気が逸りました。（…）敷地を見に行ったのはどしゃ降りの雨の日でした。気の進まない大将（前川）は、それでも雨の中を車から降りてぐるりと見て、「岩木山とりんご畑と後ろの杉山」と、むっつり。

現状の火葬場を使いながらの工事、しかも相手は山。条件が悪いので「やってもいいけど、君が苦労するだけだぞ」。でも死の国の斎場、やらなきゃ弘前の仕事が完結しないと思いました。[76]」

冒頭に出てくる「博物館の前庭の工事」こそ、先に触れたように、一九七六年の博物館の竣工後に、隣に残っていた市営野球場のスタンドを撤去し、三年をかけて進められていた外構の整備を指している。こうしたさりげないやり取りから設計が始められたのだ。一九八一年、前川と共に現地を視察した仲邑は、後年記した別の文章に、こう書き留めている。

「何年か前の芥川賞、重兼芳子の『やまあいの煙』の冒頭で、小高い丘にある火葬場へ息子が亡くなった母親をリヤカーに乗せ毛布をかけ、ひとり黙々と長い坂をあがってくる描写が、とても悲しい風景として印象に残っていました。この弘前の斎場も、赤いレンガの煙突と原っぱの真ん中にぽつんと建物がある淋しい風景でした。[71]」

　この言葉のように、市から求められたのは、旧火葬場の現地での建て替えだった。敷地は、市の中心部から南西に二キロほどの距離にあり、約六〇〇メートルの並木沿いに三三の寺が並ぶ禅林街の最奥にある長勝寺を抜けた突き当たりに位置する。手前の坂道から俯瞰すると、先の前川の言葉どおり、遥か遠くに岩木山を望み、背景に杉山を控え、南側にはりんご畑が広がる。そこに、仲邑は、次のような

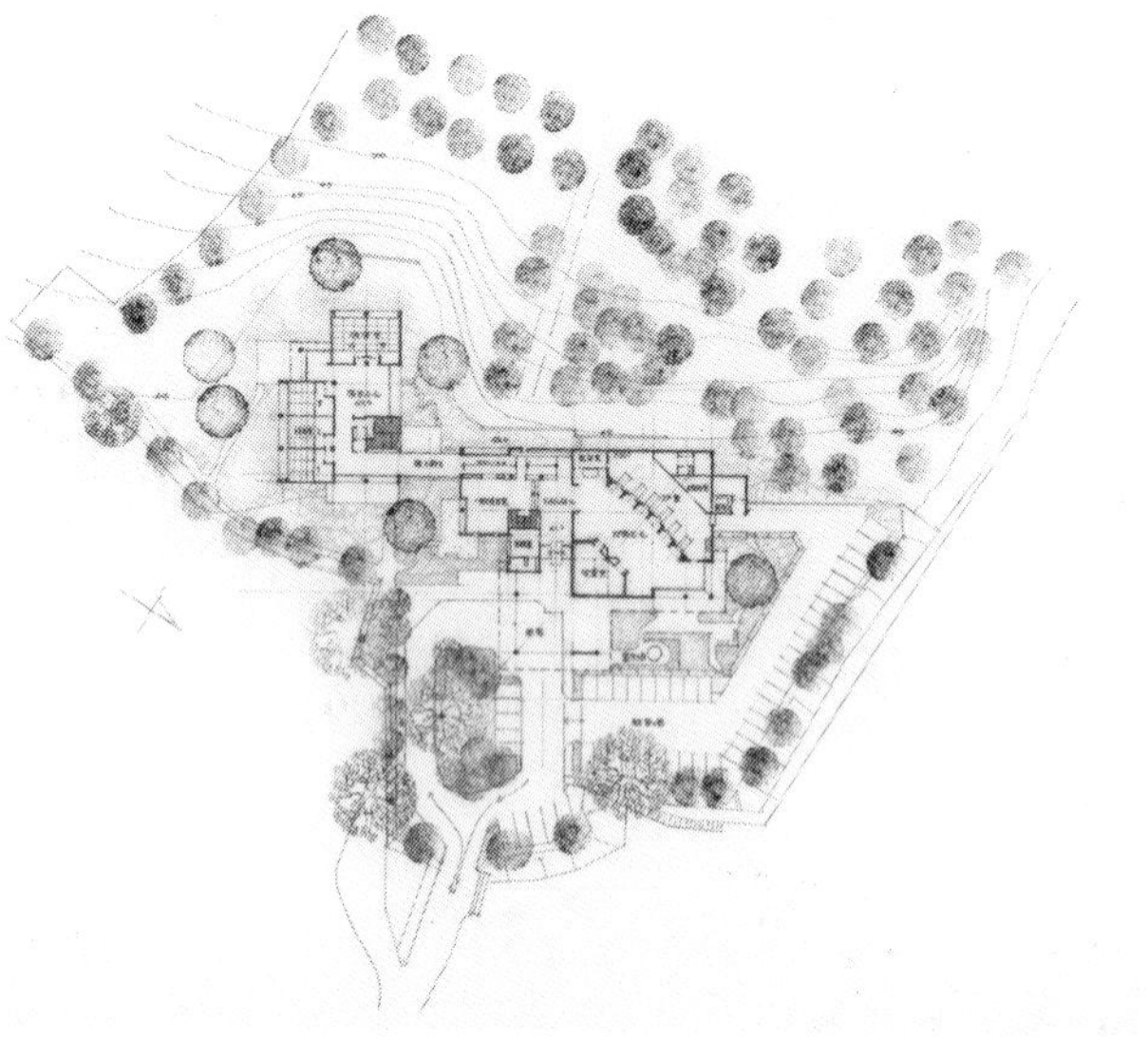

弘前市斎場（1983 年）　配置図＊

弘前市斎場　立面図＊

方針で設計を進めていったという。

「杉山をバックに大きな屋根が力強く豊かに待ち構えている安心感、桜を並木にしてぐるりと廻って大きな屋根の下が車寄せ、屋根は特殊鋼板の段葺き、外壁は優しい感じの打ち込みタイル。屋根雪はひっそり乗せたまま静かに埋もれるようにしよう。(78)」

弘前市斎場　東側からの外観　1999 年撮影

この方針に沿って仲邑が描いた配置図と立面図からは、緑の相談所で試みた勾配屋根と打込みタイルの壁の組み合せによる造形を踏襲し、周囲の緑に溶け込むようなかたちで考え出されたことが読み取れる。これらの図面をめぐる光景だったのだろう。設計の始まる一九八一年に入所し、仲邑のもとで図面を描いた星野茂樹は、前川と仲邑のやり取りを書き留めていた。

「前川さんはそれほど多くの注文を出しませんでした。仲邑さんもなかなか読みがいいのか、大きな立面図を色鉛筆で描き、わざと自分のいない時に製図台の上に置いたままにしておくのです。翌日、前川さんがやって来てそこに座り、その立面図のスケッチを長いことしげしげと眺めていました。とても印象的なシーンで今でもよく覚えています。(79)」

そして、同じ文章の中で、星野は、博物館の四角いボリュームの重なるプランを発展させて「空間に動きを出させる」「mouvement／動き」があると「躍動感のあるよい建築」となる、と仲邑から伝えられたという。こうした証言からも、この斎場の設計が、仲邑の提案を前川が受け入れるかたちで進められたことがわかる。そして、こうして竣工した弘前市斎場は、緑の相談所で試みた勾配屋根をさらに発展させて、コンクリート打放しの骨太な格子梁による車寄せと死者を見送る炉前ホールを包み込む天井を覆い、そこに自然光を取り入れるトップライトの小屋根を載せた象徴的な造形でまとめられる。また、緑の相談所と同じく、周囲の自然環境を取り込みつつ、待合室のある待合棟と渡り廊下でつなぎながら、敷地に手を広げるように、伸びやかに展開する空間構成を編み出したのである。その姿に前川も満足したに違いない。一九八三年十月、弘前市斎場の竣工式に美代夫人と出席したのだ。七十八歳の前川は、その帰路の列車の中で、「最初から最後まで建築家の尊厳を認めてくれた施主さんは弘前だけ。それでいい仕事をたく

弘前市斎場　車寄せ　2006年撮影

さんしたのだから、仕事が来て、まだできるけれども遠慮しようよ[80]」と、仲邑に語ったという。一方、仲邑は後に、当時の前川の思いを回想に書き留めている。

「弘前市斎場の竣工式に、大将は奥さんを同伴された。今から思えば、お二人は奥さんの死を意識していたのかもしれない。ガン発病、入退院。誰も気がついていなかった。みんな、大将の体のほうを心配していた。大将は「死」というものがとても嫌いな人だった。でも弘前の斎場はとても気に入っていた。だから二人で来たのだ、きっと。[81]」

前川は、「頑張ってこんなにたくさん仕事するなら、弘前分室つくってもよかったね」とも語ったという。そこに

弘前市斎場　炉前ホール　写真：© 村井修＊

は、遠い昔の戦前の上海や奉天、戦後直後の鳥取など、分室というかたちで所員の自立的な仕事を促すことにもなった、自らの夢想した事務所の姿が頭をよぎったに違いない。最晩年に秘書を務めた佐藤由巳子が聞いた前川の所員への接し方や組織の考え方にも、そのことが読み取れるだろう。

「先生は所員から「大将、大将」と慕われていました。大将というのは方針を変えない、責任は取るという人をいうのです。ご自分が一度言った言葉に責任をもって下さいますから、下に付く人は安心して付いて行けるのです。(…)決して自分の意見を押しつけることはなさいませんでした(…)最初は、担当者に自分のアイデアでやってみろとお

っしゃって、ご自分は部屋に入ってその対抗案を考える。そして、それを担当者にぶつけるのです。これを繰り返して案を練り上げていくのです。（…）先生は人をやる気にさせるのがとてもお上手でした。（…）そのために、とても良く人を見ておられましたね。その人のさり気ない言葉や所作から、本質を見抜くことができたのだと思います。（…）ご本人が小賢しい技巧を使われない方だったので、モノの本質が良く見えたのだと思うのです。でも、人に対してこうあるべきだとは思っておられなかったようです。例えば誰かが先生の前で他人を中傷をしたとすると、「君、君みたいな人ばかりでも困るよ。世の中は色々な人がいるから面白いんだよ」とおっしゃっていました。[82]」

仲邑に、前川は、「弘前に建築をつくるときは、健康優良児のようなものをつくりたいね、なんといってもボクの母方の里だから――[83]」と語っていたという。こうして、木村産業研究所から約半世紀、前川の弘前の一連の仕事は、それ自身の中に、他の場所では成しえなかった持続的な成熟を迎えて、この弘前市斎場で締めくくられたのである。

未完に終わったふたつの計画案

東京海上ビルディングとふたたび向き合って

さて、こうして弘前市斎場の竣工式から東京へ戻ったそのわずか数カ月後のことである。一九八四年の初頭、前川は、図らずも、かつて美観論争に巻き込まれ、「敗北の記念碑」[84]と呼ばれた東京海上ビルディングとふたたび向き合うことになる。一九七四年三月の竣工からちょうど一〇年が経過していた。すでに触れたように、一九六五年の計画当初に想定されていたのは、二本のツイン・タワーであり、隣には新館（一九三〇年）が建っていた。本来なら、その新館の場所に、同じ形の超高層ビルを建てる予定であった。だが、その設計依頼を受けないまま、時間だけが過ぎていた。そして、他の設計者による設計が進んでいたのである。そのことを伝え聞いた前川は、何の目当てもなくスケッチを始める。その間の経緯については、一九八三年九月から前川の秘書となった佐藤由巳子が証言を残している。

「私が直接この件を知ったのは、東京海上火災ビルの隣の敷地で根切りが始まっていると若手所員が事務所の前川の部屋で前川に聞かせてからである。その所員が部屋を出るやいなや、前川は私に東京海上ビルの模型写真をもってくるように命じた。（…）次の日から、午後一時にはきちんと事務所にきていた前川が、午後三時ころにやってきて、（…）机に座り込み、左肘を机の上にのせて頭を抱えながらスケッチ（エスキス）を始めた。老いて手先が利きにくく、字はひん曲がって読みづらかったが、描いている絵も小さくてごちゃごちゃして、覗き込んでも何を書いているのか、私には意味がわからなかった。（…）一週間も続いただろうか。ある日突然、所員の仲邑孔一氏を呼んでくれという。仲邑氏がくると、前川は、海上ビルの隣について話をし、自分はこういう提案をしたいと説明し出した。[85]」

ちなみに、前川が事務所に遅れて午後三時頃にやってくるようになった理由は、前川の公用車の運転手・原田政理の証言によれば、「東京海上火災の前をぐるぐる回って、ずっと車の中で見ていた」からなのだという[86]。この前川直筆のスケッチが、仲邑に自らの考えを最初に指示したものなのだろう。右下に、仲邑の筆跡で「59.1.9」(一九八四年一月九日)と日付がメモされている。そこには、一九七四年に竣工した二五階建ての本館の北側に、コの字型に中庭を囲むように、皇居側から右回りに、三階、一六階、一〇階建ての長方形プランの三棟が、鎖状に重なりながら展開する配置図のスケッチが描かれている。また、同じく前川が描いた皇居側からの外観スケッチを見ると、三階建ての手前の棟の足元にはピロティが取られ、中庭へと視線の抜ける工夫も施されていることがわかる。担当者の仲邑から聞いた同じ佐藤の証言によれば、前川は、「分棟にして、都市生活が楽しめる映画館やレストランのある中庭型のオフィス街にしたい」と考えていたのだという。けれども、なぜ前川は、計画当初に立案したツイン・タワーによる公共的な広場の創出という方針を変更し、低層、中層による

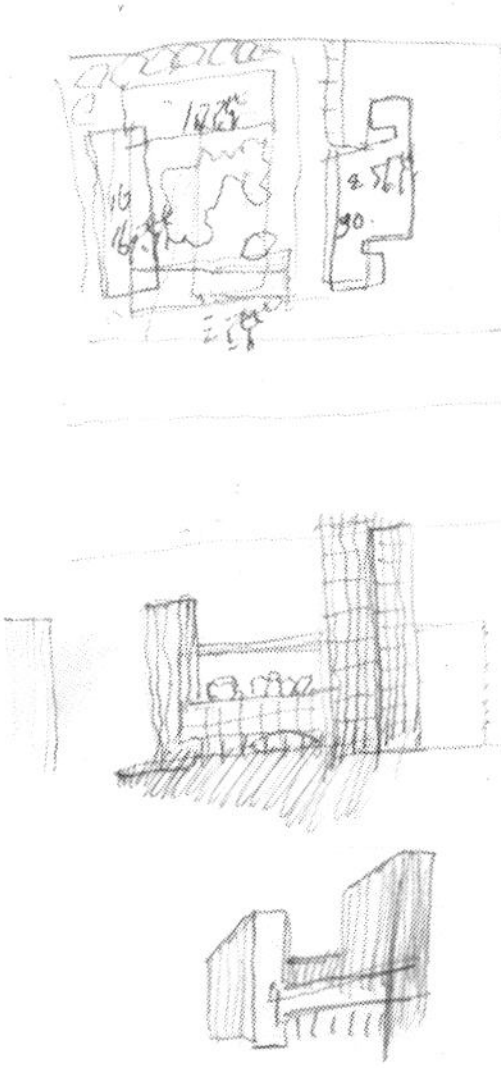

東京海上ビルディング新館の前川直筆のスケッチ。1984年1月9日＊

東京海上ビルディング新館の前川國男の外観スケッチ＊

複合的な群造形による構成を生み出そうと考えたのだろうか。おそらく、そこには、実際に建ち上がった高さ一〇〇メートルの超高層ビルの本館を目にした前川が、思わず吐露した、「とにかく「巨大なもの」というものに対しては、非常になんというかこのごろ一つ胸につかえるものがあるのですね[87]」という発言に象徴されるように、実感にもとづくある気づきがあったのだろう。また、すでに見たように、美観論争の最中に応募したアムステルダム市庁舎の公開コンペ案（一九六七年）で試みた、高層棟を低層棟が中庭を挟んで取り囲むようにして拡がる配置計画案で発見した方法も加味されていたのだろう。さらに、各地の美術館や弘前の仕事など、その間の一〇年で蓄積してきた都市環境を形づくる建築の在り方に対する思考の深化もあったに違いない。

こうして、前川は、自身のスケッチを元に仲邑が描いた検討図が出来上がると、佐藤に指示して東京海上火災に電話で会いたい旨を伝えさせ、わずか一ヵ月後の一九八四年二月六日、事務所に出向いた渡辺文夫社長と役員らを前に、自らが直接に説明を行ったのだ。もちろん、進んでいた新館の計画が変更されることはなかった。時は過ぎ、美観論争を乗り越え、前川と共に本館実現に尽力した山本源左衛門会長と関係役員もすべて入れ替わっていた。そのため、この日、前川の唐突な提案を受けた渡辺社長らは、「「私どもはサラリーマン役員でございます。したがって、いったん決定したことを翻すだけの力はございません。どうぞお察しください」と言い、深々と三人揃って頭を下げた[88]」のだという。おそらく、同社の社史に、高度成長の中で、「株式および金融市場における東京海上のシェアが上昇した結果、東京海上と三菱グループおよび三菱系金融機関と密接な取引関係にある企業との関係がより緊密となった[89]」と記されたとおり、本館では堅持されていた顔の見える信頼関係にもとづく設計依頼の回路は、より大きな流れの中で断たれていたのだろう。新館は、すでに三菱地所によって設計が進んでいたのである。

それでも、前川は、自らの思いを伝えることをやめなかった。今度は、所員の橋本功と日本大学建築学科の同級生で、橋本と共にバリケード内の自主講座で前川と議論し、今は三菱地所に勤めるある人物を思い出し、彼を通じて、新館の設計担当者を目黒の自邸に招いて、「スケッチを示しながら提案主旨と思いの丈を語った[90]」のだ。

前川を突き動かしていたものとは、何だったのか。唐突だが、こうした経緯から想起されるのは、半世紀以上前の一九三一年、東京帝室博物館コンペの際、応募案の説明書の末尾に、二十六歳の前川が綴った言葉である。

「よしんば不幸にして自分の計画に落ち度があるにしても、新しき文化十字軍の一員としての共同責務の一部を果たさんとせる努力に対する大きな満足がある。なぜならばこれが人生肯定者の義務の一歩であるから[91]。」

たとえ成算はなくとも、自らが構想した超高層ビルの計画の現時点における最適解を提示すること、そのような自覚からの行動だったのではないか。そこに堅持されていたのは、地位や立場を超えて、目の前にある建築や都市の現実に対して水平な眼差しで向き合い、対話しようとする姿勢である。それは、同じく東京帝室博物館コンペの落選後に記された言葉とも連続している。

「自分にとって、日本にとって、世界にとって重要なことは素晴らしき展望を許す水平線への努力である[92]。」

この態度は変わらずに続けられていた。

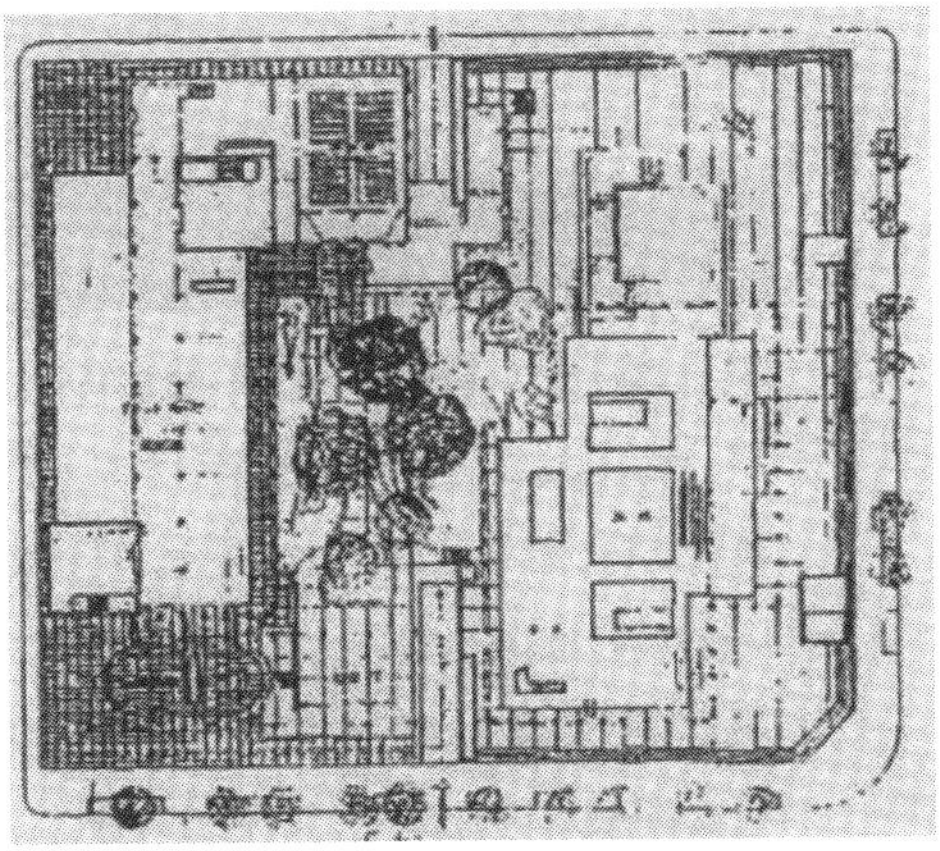
東京海上ビルディング新館　配置図＊

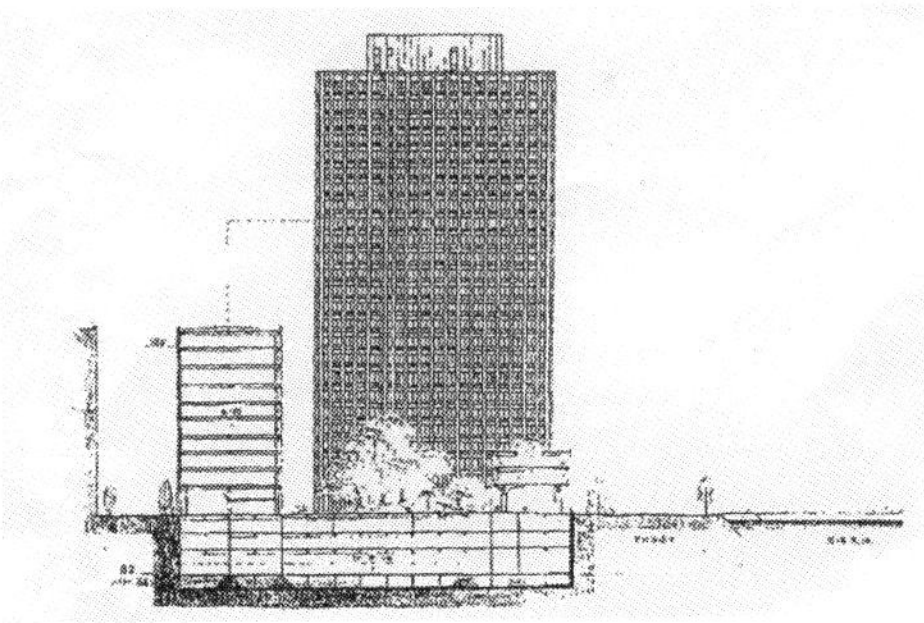
東京海上ビルディング新館　東西断面図＊

東京都芸術文化センター計画案に込められたもの

東京海上ビル新館に対する前川の提案は未完に終わった。だが、前川は、引き続き仲邑をつかまえて、もう一つのプロジェクトのエスキスに着手する。これもまた、具体的な設計依頼や契約のない中での取り組みだった。それが、前川亡き後の一九九〇年に、芦原義信の設計により池袋駅の西側に竣工する東京芸術劇場の前段階の計画案である。資料[93]によれば、「東京都芸術文化センター」と呼ばれたこの計画が具体的に動き出すのは、東京都が総合芸術文化施設建設懇談会を再設置した一九八〇年十一月からだ。そこには、「マイタウン東京」構想を公約に掲げて一九七九年に当選した鈴木俊一都知事が推し進めた文化施設の整備政策があった。敷地は、学芸大学附属豊島小学校の跡地であり、一九六九年に国から取得し、子供の遊び場として豊島区に管理運営を委託して開放されていた。ここに、二千席のコンサート・ホールと八五〇席の劇場、四五〇席と三〇〇席の小ホールなどからなる芸術文化センターを建設する構想であり、東京文化会館（一九六一年）に続く文化拠点として位置づけられていた。そのため、竣工した建物も、東京文化会館の二倍の延床面積約五万平方メートル、最高高さ約六〇メートル、総工費約三〇〇億円という破格の規模となる。

　それにしても、この文化施設の構想に、なぜ前川が取り組んでいたのだろうか。その経緯は不明だが、東京文化会館の実績から、前川への設計依頼も庁内で検討されていたのだろう。しかし、特命随意契約で発注されていた幸福な時代ではなくなっていた。公共建築の発注では、「設計入札」による設計者の選定が多くなる中で設計料のダンピングが横行し、一方で、「擬似コンペ」が行われるなど、設計受注をめぐる競争が激化し、混乱を極めていた。そのような事態を前に、一九八〇年には、前川のもとから独立した鬼頭梓ら有志が、「入札をしない建築家の会」を発足させる。[24]そして、こうした動きに呼応する措置なのだろう、一九八二年十月、東京都は、全国の自治体に先行するかたちで、「東京都設計候補者選定委員会」を設置する。それは、「高度の文化性、芸術性、創造性を要求されるものについて、その施設にふさわしい設計候補者を選定する」ことを目的とし、委員推薦を受けた「純推薦」や「公募」、「プロポーザル・ヒヤリング」のいずれかの方法による、「人を選ぶ」選定方式の始まりだった。[25]こうして、東京都芸術文化センターについても、一九八四年三月の「東京都芸術文化会館建設経営調査委員会報告」にもとづき、「純推薦」による設計者の選定作業が進められていく。ちなみに、東京都葛西臨海水族園（一九八九年／谷口吉生）や東京体育館（一九九〇年／槇文彦）も、この方式によって設計者が選ばれた建物である。

　そのような中で、前川は、同じ一九八四年三月に、「この建物で音楽ホールの創り方のおさらいをしたいんだ。君、頼むよ」[26]と仲邑に声をかけ、検討案のエスキスを重ね始める。前川直筆のスケッチが描かれたトレーシング・ペーパーには、仲邑が日付を書き込んでおり、最初の日付は一九八四年三月二十一日、その後に描かれた六〇枚以上のスケッチが確認できる。また、それとは別に、前川個人のスケッチ・ブックにも繰り返し登場する。興味深いことに、埼玉県立博物館や箱根国際観光センターが描かれた一九七〇年頃のスケッチ・ブックに、すでに同じ敷地とわかるスケッッチが残されている。さらに、あるスケッチは、一九七九年十一月から一九八〇年二月にかけて実施された指名コンペで実現する熊本県立劇場（一九八二年）のスケッチと入り混じっていた。そして、トレーシング・ペーパーのスケッチは、東京海上ビルディング新館案と一九八四年二月二十五日締切の公開コンペで佳作入選する駒ヶ根市文化会館応募案[97]のスケッチと同じ紙面に描かれている。ちょうど同じ頃、東京文化会館大ホール・ホワイエに面するテラスの地下では、一九八四年十一月に竣工する新リハーサル室が増築工事中であり、そのスケッチも描かれていた。

こうして見ると、前川は、仲邑に声をかける十数年も前から、他の劇場の試みも踏まえて、東京都芸術文化センターの構想を長く温め続けていたことになる。その意味では、美術館の蓄積と同じく、もう一つの仕事の主軸である劇場と音楽ホールについても、自らの設計方法論を突き詰めたいと考えたのだろう。八十歳前後の前川の思いの丈が伝わってくる。しかし、残念ながら、一九八五年一月、選定委員会は設計者として芦原義信を選び、前川の構想は未完に

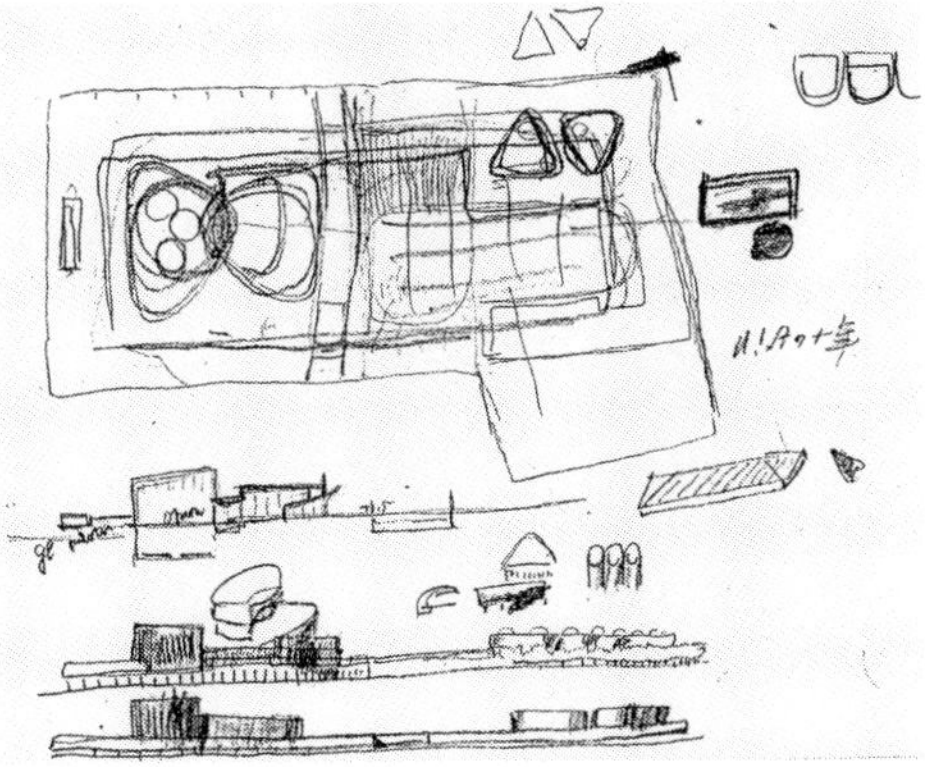

東京都芸術文化センターの前川直筆のスケッチ　1970年頃＊

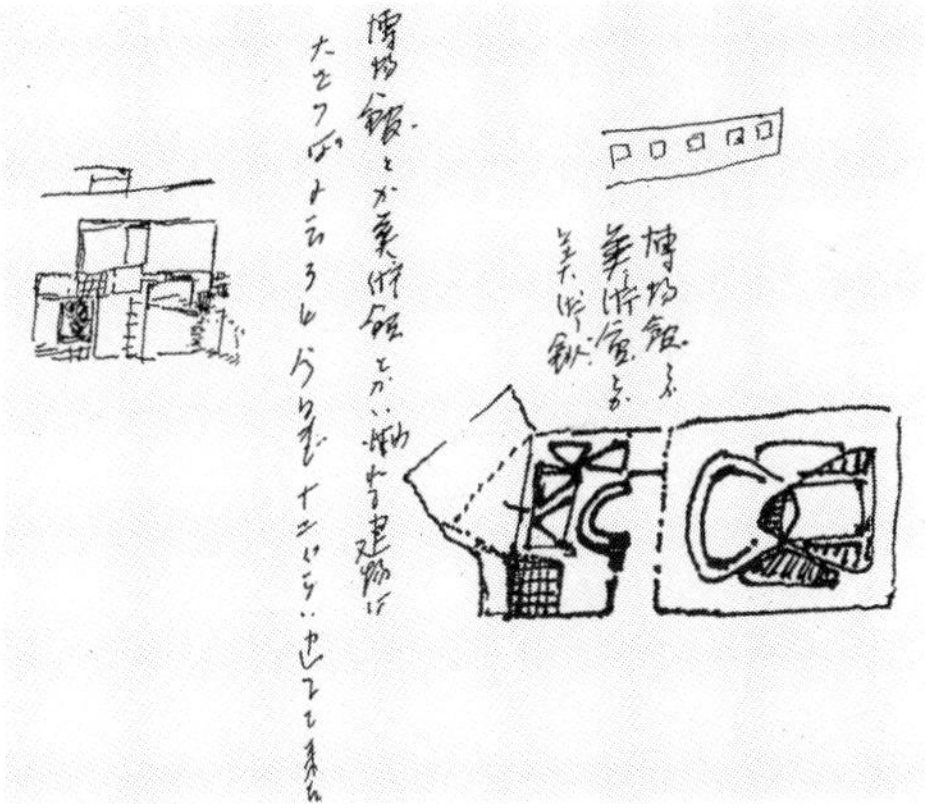

熊本県立劇場（左）と東京都芸術文化センターの前川直筆のスケッチ　1979年頃＊

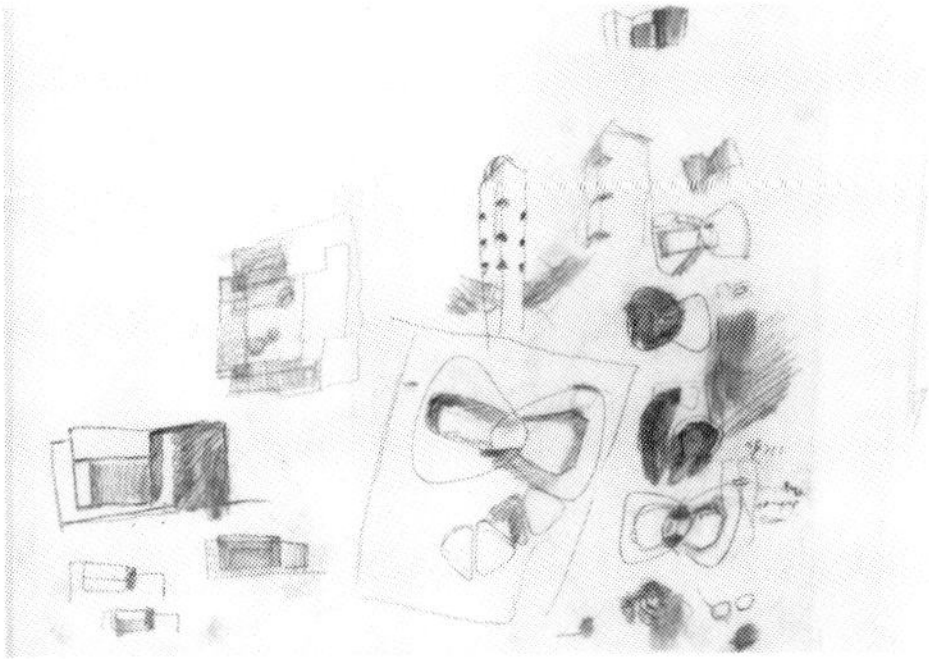

東京海上ビルディング新館（左）、駒ヶ根市文化会館（右上）と東京都芸術文化センターの前川直筆のスケッチ　1984年頃＊

東京都芸術文化センターの前川直筆のスケッチ　1984年9月25日＊

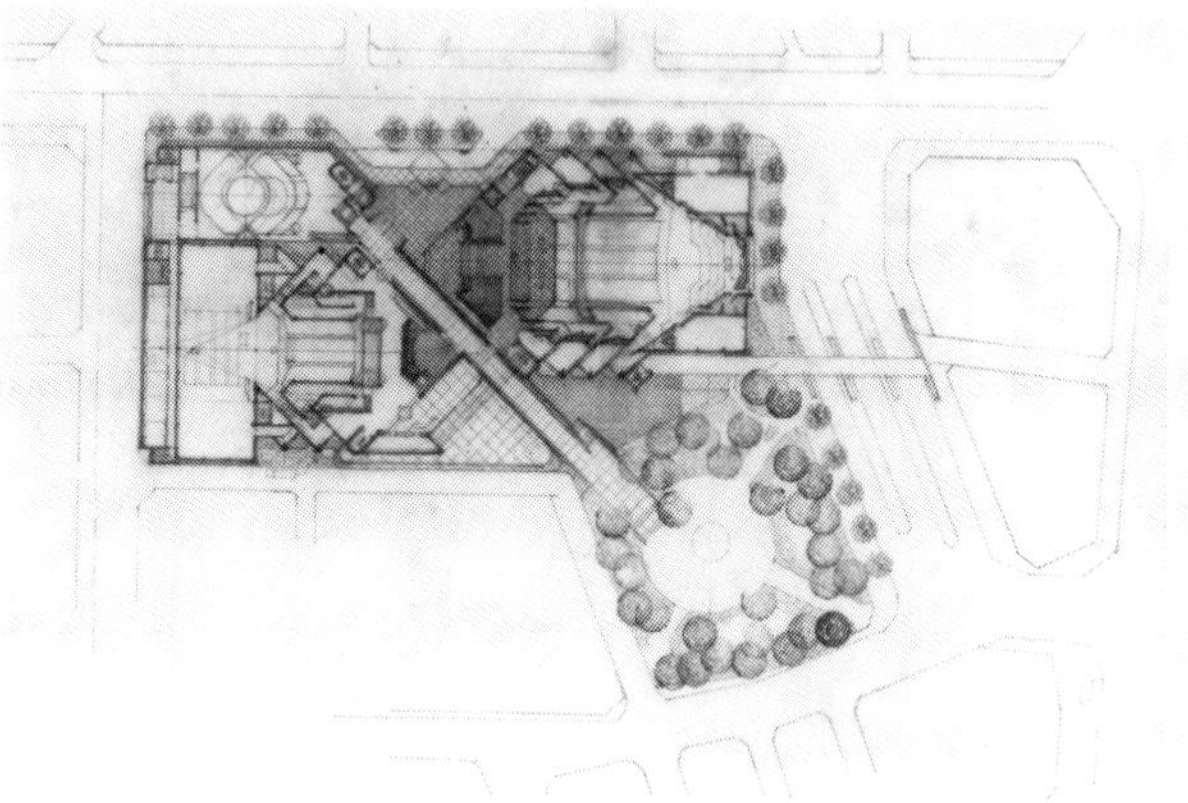

東京都芸術文化センターの配置図／仲邑孔一　1985年＊

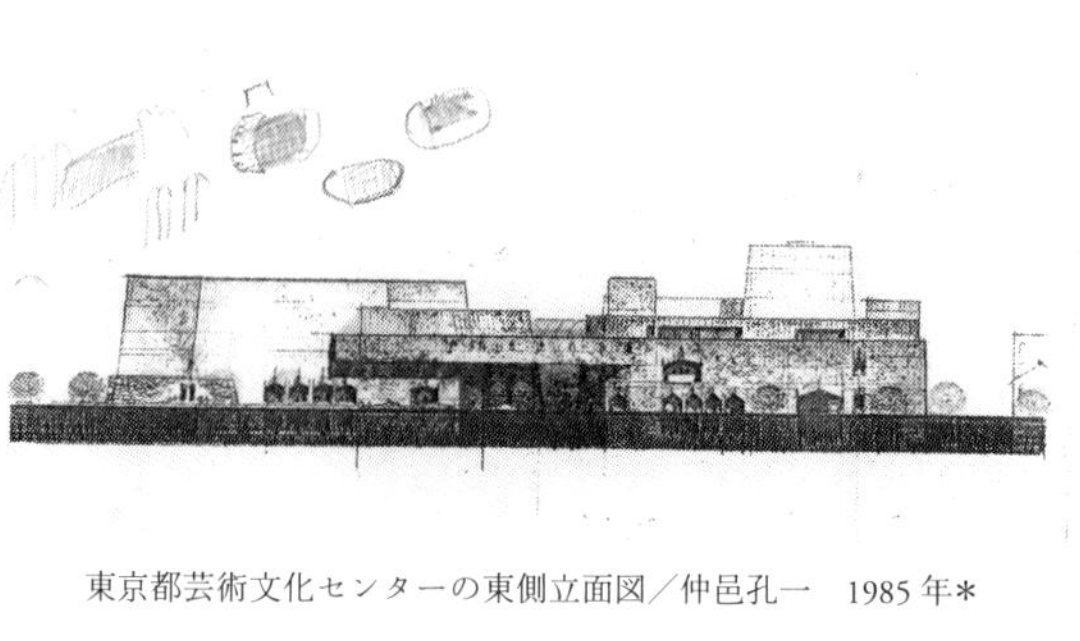

東京都芸術文化センターの東側立面図／仲邑孔一　1985年＊

終わる。それでも、前川はエスキスをやめることはなかった。最後のスケッチは、一九八五年八月十三日まで続けられていた。

こうして描かれたスケッチの最終形と、仲邑が描いた図面、仲邑の解説文を付した設計プロセスの記録(98)から読み取れるものとは何だろうか。当初、おむすび形の重なりから始められたプランだったが、前川の「人間的な単位空間を組み合せ連続していくと心地良い空間ができる」、「ずらした所に露が宿るんだよ」との指示から、ひし形プランの重なるカメラの蛇腹のような形へと整えられていく。また、それによって生まれた隙間には、「レギューム（legume）／野菜」と名づけた緑地を配し、池袋駅前の前庭から中央のホワイエへと続く斜めの「モール（mall）／散歩道」やレストランと組み合わせることによって、随所に陰影のある襞状の空間をつくり出す。さらに、全体の外観は、喧噪とした駅前の立地を考慮したのだろう、東京文化会館や万博の鉄鋼館と似たような、厚い石垣の外壁に包まれた量感のある、城砦のようなたたずまいにまとめられた。そこには、時間の流れに耐え、寡黙な存在感を湛える前川が最晩年に求めた建築の姿が読み取れるだろう。そして、前川が東京芸術文化センターの構想案を完成させたいと強く願ったのは、そこに、神奈川県立音楽堂や東京文化会館など、自らの手がけた劇場と音楽ホールで、いつも時間を共にしてきた美代夫人との想い出が込められていたかもしれない。大病を患っていた夫人は、設計者選定後もエスキスが重ねられていた一九八五年一月二十八日の深夜に他界する。前川にとって、この作業は、自らを支えるものであったのだろうか[99]。

指名コンペ当選案とＭＩＤ同人への思いを遺して

一九八四年から八五年にかけて、前川は、所員の仲邑孔一を相手に、未完に終わるふたつの計画案と一人向き合っていた。その姿は、とらわれるものの何もない自由な境地に達した、どこか余裕のある建築家の最晩年における理想的な仕事ぶりに見えるかもしれない。しかし、その軌跡を仔細に追ってみれば、前川にとって最後の一〇年間となる一九七六年から八六年までの日々は、そのような平穏無事のものではなく、事務所の組織体制の改変や世代交代など、大きな変化と多忙な中で慌しく、しかも精力的に重ねられていたことが分かる。また、その間、建築雑誌の特集号や著書、スケッチ集の発刊と、作品集企画の検討作業、著書の出版記念パーティー、事務所設立五〇周年など、さまざまな出来事も続いていく。そこには、ある意味で前川の生きざまが凝縮され、反映されていた。この章では、少し時間を巻き戻して、この一〇年間の前川の活動と胸の内の推移を確かめておきたい。

組織の改変と戦後派の運営が始まって

一九七六年十月一日、事務所の設立から四一年の節目の日に、「國男」の名を外した新しい株式会社として、Ｂ社と呼ばれる前川建築設計事務所が設立され、代表取締役に創立時からの所員の田中誠が就任する。これは、従来のＡ社（前川國男建築設計事務所）のままでは、前川が没したときに、その資産の評価額は莫大なものとなり、相続税の支払いのために事務所が解散に追い込まれてしまうので、それを回避し、資産をＢ社へ移してＡ社を縮小させ、前川亡き後もB社がその仕事を継承していくための方策だった。[100]また、この時点でA社には入社七年未満の所員だけが残り、それ以上の所員はB社へ移籍し、さらに三年を経て一〇年の実務経験を積んだ段階で見習い期間が終了し、B社の株を所有する権利をもつこととした。これにより、B社を前川亡き後に存続させる体制が整えられたのだ。そして、一九七八年、田中誠に代わり、株主となったB社の社員による選挙で、一九四七年入所の窪田経男が代表取締役に就き、他の四名の取締役も含め、戦後派による事務所の経営がスタートする。

こうして、長く前川のワンマン・コントロールによる強いリーダーシップで牽引されてきたアトリエ的な組織は、前川の手を離れ、より合理的な株式会社としての性格をもつかたちへと一新された。そして、一九七八年と八一年には、事務所設立時から前川と共に歩んできた田中誠、寺島幸太郎、崎谷小三郎と、大沢三郎、野々口夫の戦前派の所員五名全員が退職する。また、それと入れ替わるように、一九七九年から八二年にかけて、新卒の若手所員一〇名が入所し、一気に世代交代が進む。一九八二年四月時点の建築と設備の設計に携わる所員数は、一九三五年の設立以来最多の三五名となった。一方、その間の仕事は、すでに見たように、特命で設計依頼を受けた一連の美術館建築が、一九七九年竣工の国立西洋美術館新館と福岡市美術館、一九八一年竣工の宮城県美術館で終了し、最後の仕事として特命で手がけ、一九八六年に竣工する国会図書館新館を例外に、前川といえども厳しい受注競争と無縁ではいられない、群雄割拠のもとでの多難な時代を迎えていた。

連続する指名コンペと公開コンペ応募の中で

そんな中で、この新組織となった前川事務所に、一九七九年から八五年にかけて立て続けに持ち込まれたのが、指名コンペ参加の依頼だった。それら五件に上るコンペの応募期間と当選案の竣工年を列記すれば、次のようになる。①熊本県立県民文化センター（一九七九年十一月―一九八〇年一月／熊本県立劇場として一九八二年竣工）、②国立音楽大学講堂（一九八〇年三月―六月／一九八三年竣工）、③新潟市美術館（一九八二年六月―九月／一九八五年竣工）、④石垣市民会館（一九八三年六月―九月／一九八六年竣工）、⑤東京都新都庁舎（一九八五年十一月―八六年二月／落選）である。いずれの指名も、前川のライフワークと言える劇場と美術館、庁舎建築や超高層ビルの設計実績がもたらしたものに違いない。ちなみに、これらの指名コンペは、恩師の岸田日出刀と共に前川もその枠組み作りに加わり、長い議論を経て日本建築家協会が制定した「建築設計競技規準」[101]に従い、この時点における最良の方法によって実施された。そのため、「人を選ぶ」プロポーザルとは異なり、具体的な建築の計画案自体を選定する内容であり、いずれも、二〇〇分の一の図面と模型、詳細な説明書の提出を求めるなど、ハードルの高いものだった。そんな条件のもと、前川が七十四歳から八十歳にかけての応募となったが、都庁舎を除く四件で連続当選を果たすことになる。しかも前川は、その一方で、これらと併行するかたちで、果敢にも四件の公開コンペに連続挑戦したのだ。同じく応募期間を列挙すれば、①駒ヶ根市文化公園施設群（一九八三年十一月—八四年二月）、②全労災会館（一九八五年六月—十月）、③第二国立劇場（一九八五年七月—八六年四月）、④湘南台文化センター（一九八五年十月—八六年二月）となる。こちらは、二等に入選した①を除いていずれも落選し、成果を上げることはできなかった。このように、最晩年の前川は、残された時間を指名と公開のコンペ応募案の作成作業に集中させていくのである。それは、遠く半世紀前の事務所設立時に、「自分の主張する道は、コンペチション以外にはない」として、「すべて応募するというプリンシプルを立てた」[102]という初心に立ち戻る行為にも見える。そこには、どのような前川の思いが込められていたのだろうか。さらに時間を遡って考えてみたい。

自立した建築家の設計集団を育て上げるために

一九五〇年春、大学卒業を前に入所希望で事務所を訪ねた初対面の二十四歳の鬼頭梓に、四十四歳の前川はこう語りかけたという。

「僕の事務所は、僕と一緒に苦労を重ねて、死にもの狂いで仕事に励み、力をつけて来た人達が何人もいて、この事務所を支えている。建築の仕事は一人ではできない。この皆の力ではじめて仕事ができる。だから僕が死んだらそれで事務所も終わりというのでは、折角力をつけて来たこのチームが余りに勿体無い。何とかして仮令僕が死んでも生き続けていくことのできる組織にできないか、といつも考えている。君達もうちに来る以上このことを考えていってほしい。[103]」

この発言には、一九三五年の事務所設立から一五年、戦時下と敗戦後の苛酷な時代を共に生き抜いてきた所員たちの苦労と、育て上げてきた設計チームへの思いが読み取れる。また、だからこそ、こうした思いから、建築家としての自立心をもつ所員によって構成される設計集団「ＭＩＤ同人」構想を温めようとしたに違いない。そして、この思いを、前川は終生もち続けていく。この前川の言葉を聞いた鬼頭が一四年間の修業を終えて独立した翌年の一九六六年、前川は、戦前のコンペをめぐるインタビューの中で、次のように発言する。

「ぼくは、みなでここまで事務所をもってきたが、自分に子供があるわけじゃないから、みんなのために事務所を残したいと思っているが、それには、事務所の人が、自分の事務所だという意識を深めたいという気が一つあるんだね。(…)サラリーマン根性になっては困るということをしょっちゅういってきたが、これはなかなかむずかしいんだね。(…)なにかつねに問題意識を抱えているということが、人間には大事だと思う。そういう緊張感がないと、人間はなかなか生きてゆかれないんじゃないかという気がするものだから。要するにもう少しみなを鍛えたいと思っているわけですよ。[104]」

当時の前川は、東京海上ビルの美観論争に巻き込まれていた。そんな中で、MID同人構想を担う人材として期待をかけて育ててきた大髙正人や鬼頭、土屋巌ら戦後派の所員の独立が相次いだ。その一方で、「問題意識」を抱える所員が減り、「サラリーマン根性」に陥っているのではないか、そう痛感した前川は、自立できる所員は独立を果たし、残る所員はサラリーマン化する、という会社組織のもつジレンマを自覚せざるをえなかったのだろう。だからこそ、所員を「鍛えたい」と考えたに違いない。

そして、この発言から一七年の時を経た一九八三年十月、懸案だった作品集の出版企画にあたり、編集者の宮内嘉久や元所員の河原一郎、鬼頭梓、雨宮亮平と所員らを交えて、「前川研究会」と呼ばれる初回の会合が事務所で開かれた際、前川は語ったのである。

「日本の建築家は自分の方法を持っている人は少ない。近頃はコンペ、コンペと言われているが、方法のない人たちが何人集まっても日本の建築家はだめだと感じる。実際コンペをやっていいやと言うほどそう感じる。箱根のコンペで六〇〇もの作品が出たが、ひとつとして良いものは出ない。(…)あの状況が方法を持たない建築家の状況だ。[105]」

前川がここで繰り返し述べたのは、方法論をもたない建築家はだめだという実感であり、その卑近な例として、一九七一年に審査委員長として挫折を味わった箱根国際観光センター公開コンペに触れたのだ。続いて、建築に対する自らの考えを語り始める。

「我々は何故、なんで建築家を志したか。我々の生命を守るということからして建築を志した。つまり我々自身の生のはかなさを考えれば考えるほど何かしっかりしたものをつくりたい。自分のはかない人生に対する代行物として建築を、しっかりした存在の建築をつくりたいという願望にかられている。しかしながら、我々が現実にできる建築は、我々の手の届かない所で作られて我々の手の届かないものになってしまった。」

この発言には、すでに見たように、建築に存在感のある永遠性を求めようとしても、信頼の置ける素材や構法の蓄積の乏しい現状に対する前川の眼差しが読み取れる。そして、一九八三年十二月、第三回の研究会にふたたび出席した前川は、作品集のキーワードとして自らが提示した「プランの方法論」に触れた上で、所員たちに、こう問いかけていく。

「プランの方法論なんて、愚民を惑わすような言い方をして申し訳けなく思っています。だけども、君たちは一角の建築家になろうと入ってきたんだから、どうやったら一角の建築家になれるかを真剣に考える必要があると思うね。それで、僕は、近ごろ君たちがいくつになったのかと歳を非常に心配する気分になっているんだよ。（…）僕は四十歳で一角の建築家になることは非常に難しい（…）五十歳になってやっと先が見えてきたという気がしたというのが実情であって、その時がちょうどブラッセルの仕事にとりかかった時だと痛切に感じている（…）それから五十代、六十代、七十代とそういうゼネレーションを何とかものにしなければだめだという感じをもったんで、その線に従って努力はしてきたつもりだけど（…）ふと事務所の君たちのことを考えるわけよ。[106]」

こう述べた上で、前川は、改めて方法論の大切さを語った。

「それでね。一角の建築家というのは、（…）器用にものをまとめるというタイプの建築家であっては困るということなんで、それにはその人の方法論がしっかりしていなければだめだと痛切に感じているわけです。その方法論を確実にやって違うところに個性的であるという真の意味があると僕は考える。」

ここにある「個性的である」という言葉には、一九六九年に記した「近代建築の本道は、建築家の個性的な精神によって検証されたところの、ひとつの「原型」としての建築を創造することであった[107]」とする前川の考えが含意されていたのだろう。また、こうした発言からは、創造的な設計集団としてあり続けるためには、所員一人ひとりが自己鍛錬を通して独自性を開花させ、個性的で普遍的な方法論を追い求める力を獲得することが肝要だとする思いが伝わってくる。同時に、最晩年の前川が、なぜ指名コンペが続く多忙な中にありながらも公開コンペに挑戦しようとしたのか、その理由も見えてくる。すなわち、一九五〇年に鬼頭に語ったように、自身と戦前派の所員たちは、何も頼るもののない厳しい状況の中で、何ら後ろ盾のない弱小の事務所として、コンペという唯一許された機会を通して、自らの信じる新しい建築の方法論を切り拓いてきた。だが、今の事務所が、その同じ努力を持続する自立的な「一角の建築家」の集団となっていかなければ、「ＭＩＤ同人」構想は実現できず、「前川」の名前を引き継ぐ組織にはなれない。そのためにも、事務所創設時の初心に立ち返って、白紙の状態で公開コンペに挑み、所員が方法論を構築できる力を鍛えることが必要だ、そう考えたのだ。それは、同時に、指名コンペにおいても、担当者にその力があるのか、を応募案作成のプロセスを通じて、日々見定めていくことでもあった。こうして、前川の最晩年における胸の内にあった思いが初めて理解できる。

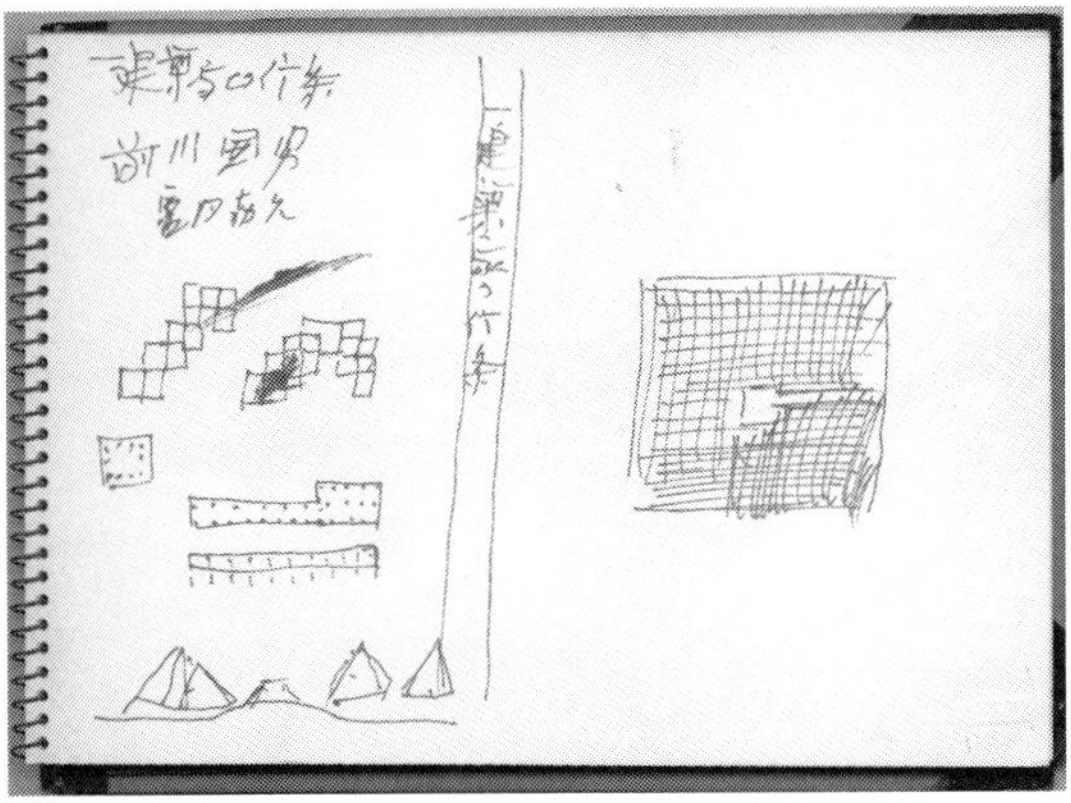

前川國男・宮内嘉久『一建築家の信條』 表紙デザイン案の前川直筆のスケッチ＊

前川國男と美代夫妻、村野藤吾（右）と宮内嘉久／『一建築家の信條』出版記念パーティー（1982年2月26日国際文化会館）京都工芸繊維大学美術工芸資料館所蔵・宮内嘉久関係資料

二冊の著書の出版を通して

ところで、このように、初心に立ち返ろうと前川が考えた背景には、一九八一年と八五年に相次いで出版された二冊の著書の存在があった。その一冊が、作品集の企画に先立ち、一九七九年から編集者の宮内嘉久が聞き手となって進められた、延べ二〇時間に及ぶインタビューの記録を中心に、前川の文章、宮内による論考や年譜を収録し、一九八一年に発刊された『一建築家の信條』[108]であり、その帯には、「近代建築は人間の建築としての「初心」をいまこそ思い出さなければならない」と前川の言葉が記される。また、この著書の表紙デザイン案の直筆スケッチも残されており、そこには、前川が長年にわたり追求してきたプランの方法論や

ポッシェと呼ばれる構造体を塗りつぶした平面図が描かれていた。そして、その出版記念パーティーが、一九八二年二月二十六日、六本木の国際文化会館で村野藤吾を主賓に迎えて開催される。その席で前川は、事務所創立翌年の一九三六年の二・二六事件当日に、佐野利器の自邸で、彼からの依頼を拒絶した決断が自らにとって大きな分かれ道となったと、この日を選んだ理由を明かしていた。[109] この著書の出版を進める中で、前川は自らの建築家としての歩みを反芻し、原点を見つめ直すことになったに違いない。

さらに、続いて進められたのだろう、一九八五年十月一日の創立記念日に、「前川國男建築設計事務所創立五十周年記念」として、前川の直筆スケッチと言葉をまとめた私家版の『前川國男＝コスモスと方法』が発刊され、二十四日に上野精養軒で開かれた小宴で出席者と所員全員に贈られる。編集に携わった宮内嘉久は、その「あとがき」に次のように記している。

「この小さな本は、前川國男という源泉から溢れ出たひとしずくにすぎない。「作品集」をあえて持とうとしないひとりの建築家の測りがたい存在感が、たとえかすかにでも受け手の心に影を投げかけることを希って編まれた。機縁は、昨一九八四年秋、再開された前川研究会において生れた。（…）前川は今年一月、その闘いを半生にわたって共にした美代夫人を喪い、五月には自身八十路を越えた。しかもなお、軀の不自由を押して前川は、日々事務所の先頭に立っている。[110]」

ちなみに、文中の「「作品集」をあえて持とうとしない」という言葉には、宮内が自著『廃墟から　反建築論』[111]に収録した「欠席」という文章で指摘したように、全二四巻の《現代日本建築家全集》（三一書房）に、なぜ前川の巻が含まれていないのか、という理由とも重なる。ここにも、前川の自らの職分に対する社会的な責任を自覚した自制的な態度があり、そのこともあって、作品集の出版企画はなかなか承認されず、結果的に、前川没後の一九九〇年の発行になってしまうのである。

それでは、それぞれの指名コンペで試みられた方法について見ていくことにしたい。

熊本県立劇場（一九八二年）

先の熊本県立美術館（一九七六年）に続き、前川が熊本で手がけることになった熊本県立劇場は、担当者の南條一秀の証言[112]によれば、美術館と同じく、建設準備室の長期にわたる企画検討によって計画され、七社の指名コンペによる設計者の選定が行われた。[113]求められたのは、従来型の多目的ホールではなく、一八〇〇席、一席当たり一〇立方メ

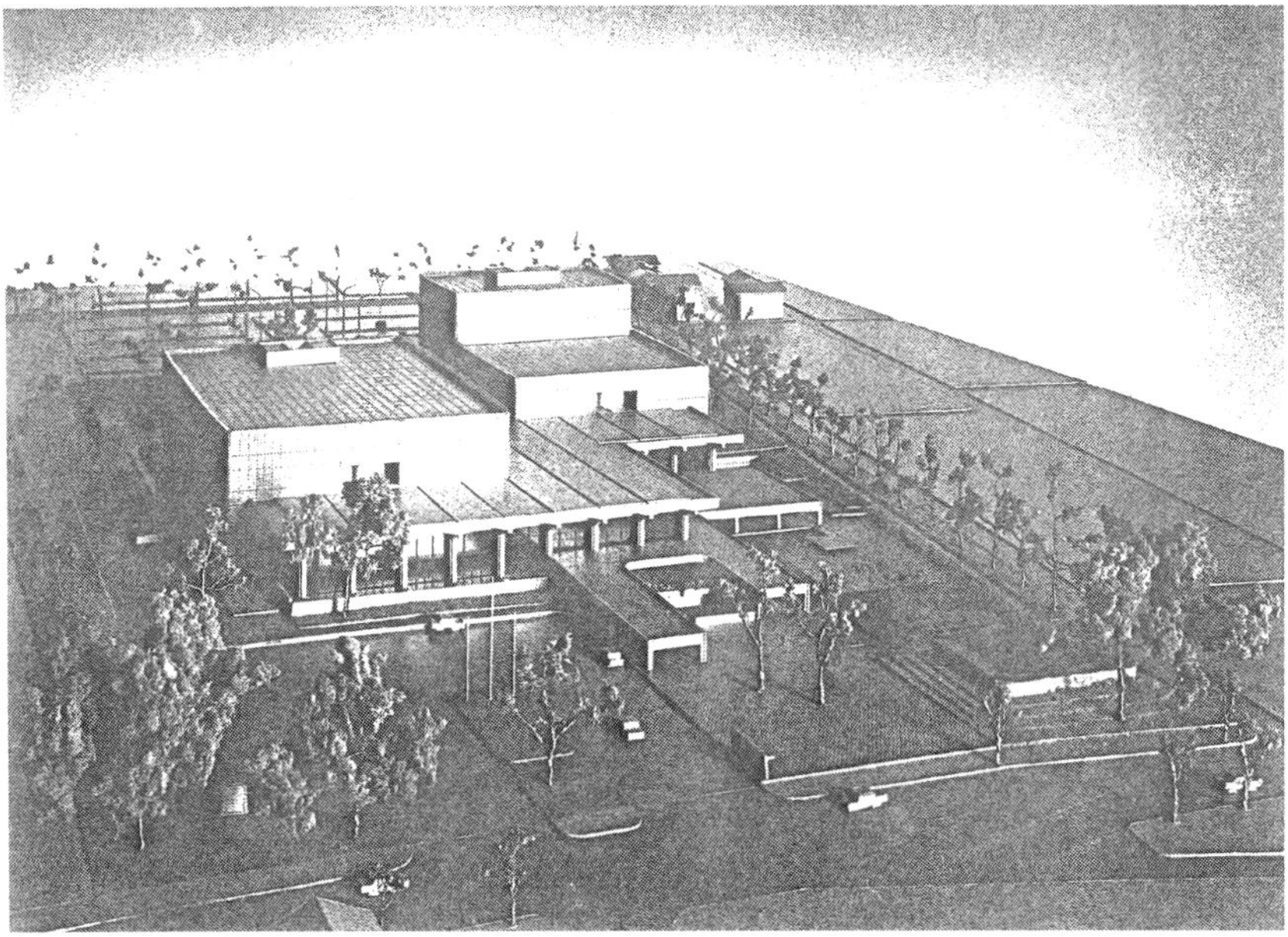

熊本県立劇場指名コンペ案（1980 年）　模型　撮影／畑亮＊

熊本県立劇場指名コンペ案　前川直筆の配置スケッチ＊

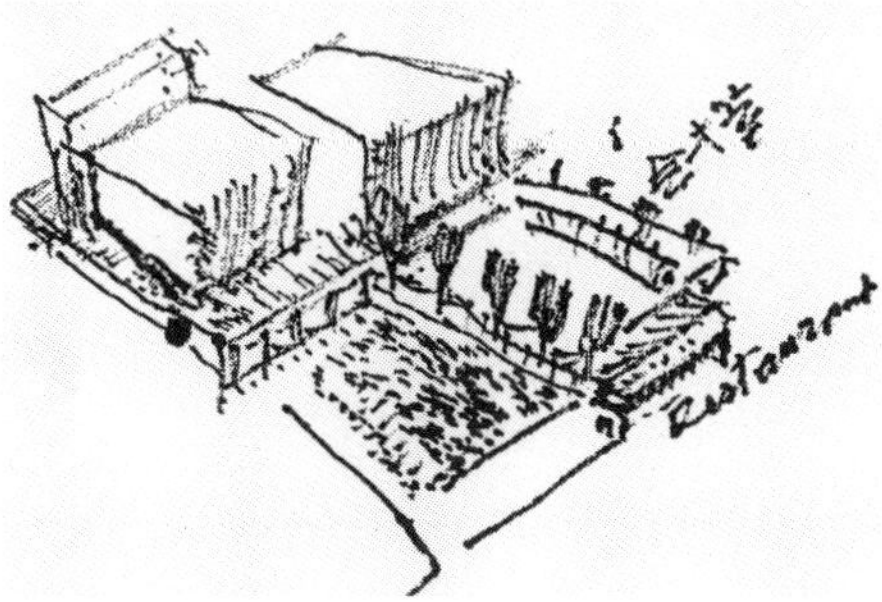

熊本県立劇場指名コンペ案　前川直筆の外観スケッチ＊

ートルの容積をもつコンサートホールと、千席、舞台のアクティングエリヤが一八メートル角、舞台から客席最後部まで二四メートルの近さの演劇ホール、という本格的な性能を備えた二つの専用ホールをもつ文化センターである。延床面積は約二万四千平方メートルで、東京文化会館の規模に匹敵する。敷地は、県立女子大学の跡地で、東西に細長い形状をしており、二つの大きなホールと五〇〇台を収容する駐車場をいかに配置して良好な環境をつくり上げるのか、が設計のテーマとなった。

そこで、二つのホールを前後に雁行させて並べ、その間に、手前西側の正面アプローチから東側奥の駐車場まで、串刺しのように通り抜ける「モール（mall）／散歩道」を設ける方法が取られていく。同じく担当者の後藤伸一によれば、このコンペ案の作成にあたり、「モール」という概念をホール建築のホワイエ空間に導入したらどうかというアイデア」を、模型を使って前川に提案したところ、「東京文化会館の流動する空間を範として、モールを単なる通り抜けスペースではなく、建築空間としてその密度を高めることを心掛ける」という基本的な骨格が導き出されたのだという。[114] 前川直筆のスケッチからも、モールに何らかの意味を与えようとした手の動きが読み取れる。また、量感のある二つのホールと、それらをつなぐ基壇と大庇、手前のアプローチに設けた長大な車寄せを描いたスケッチからは、未完に終わった東京芸術劇場のたたずまいへとつながる堅固な造形が意図されていたことが分かる。こうして、竣工した熊本県立劇場は、前川にとって、数多く手がけてきた劇場とコンサートホールの最終的な到達点と呼べるものとなった。

国立音楽大学講堂（一九八三年）

熊本県立劇場のコンペ案の提出直後に、続いて参加依頼を受けたのが、東京都武蔵村山市にある国立音楽大学の講堂の五社による指名コンペである。[115] 当時の学長で著名なモーツァルト研究者の海老沢敏は、竣工後に行われた鼎談[116]の中で、設計施工で計画が進んでいたが、大学創設五〇周年記念事業として、「徹底して素晴らしいホールをつくりたい」と考え、国内外のホールを視察した上で予定を変更し、日本建築家協会に相談して指名コンペを実施した経緯を明かしている。また、同席した同大教授で声楽家の小川京子は、神奈川県立音楽堂や東京文化会館の舞台に「何百回」と立った自らの経験から、前川案で完成した喜びを語っていた。求められたのは、一三〇〇席のオーケストラ演奏用の大ホールと五〇〇席の室内楽用の小ホール、スタジオなどを備えた本格的な音楽ホールだった。

国立音楽大学講堂指名コンペ案（1980年）　模型　撮影／畑亮＊

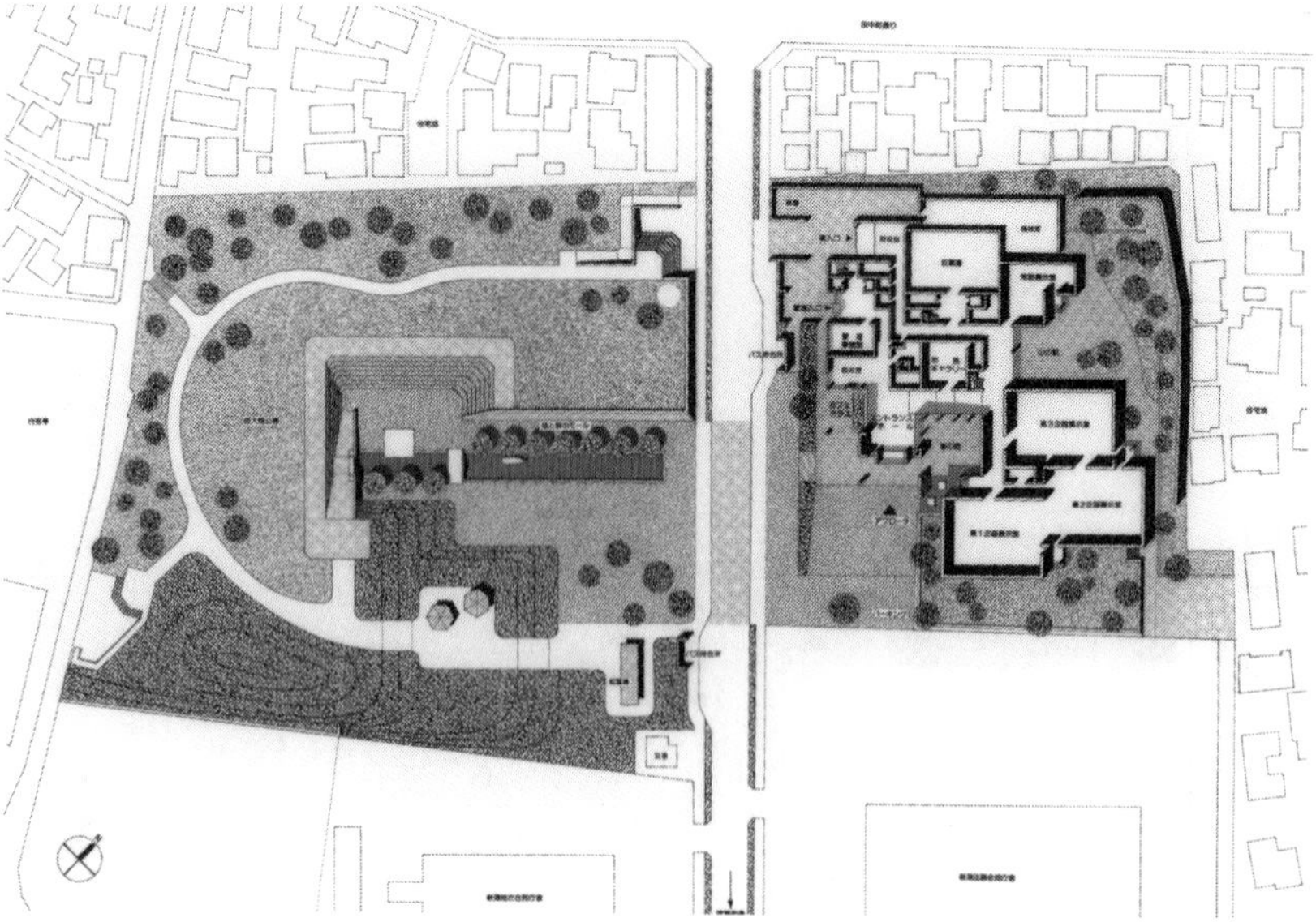

新潟市美術館指名コンペ案（1982 年）　配置図＊

前川案は、埼玉会館や埼玉県立博物館と同じく、打込みタイルで覆われた大小の棟が中庭を取り囲む造形で、それらをコンクリート庇でつなぐ手堅い方法でまとめられた。しかし、審査報告書には、「堅実な手法の中で学生の動きを忠実にフォローしている」点が「好感を得た」としつつも、「手馴れた手法に終始している」ので「新たな空間体験は期待出来そうもない」と評されてしまう[117]。当時の前川建築の置かれていた状況を、より如実に表しているのが、『新建築』一九八三年九月号である。表紙と巻頭を飾ったのは、丹下健三の赤坂プリンスホテル新館であり、巻頭には、丹下と篠原一男の対談、「ポストモダニズムに出口はあるか」が掲載される。また、同誌には、篠原一男の東玉川コンプレックスや象設計集団の宮代町立笠原小学校などが続き、国立音楽大学は作品紹介の末尾に掲載される。そして、続く十一月号の表紙と巻頭は、磯崎新のつくばセンタービルが飾り、「都市、国家、そして〈様式〉を問う」と題された論文には、「最初にひとつの選択を迫られていた。（…）与えられるべき建築様式は何か、ということになろうか。（…）この仕事に、私は、日本という国家の影を感じていた」という言葉が綴られていく。ここには、前川が「近代建築の本道」として求め続けた「「原型」としての建築」への回路を見出すことはできない。時代はポス

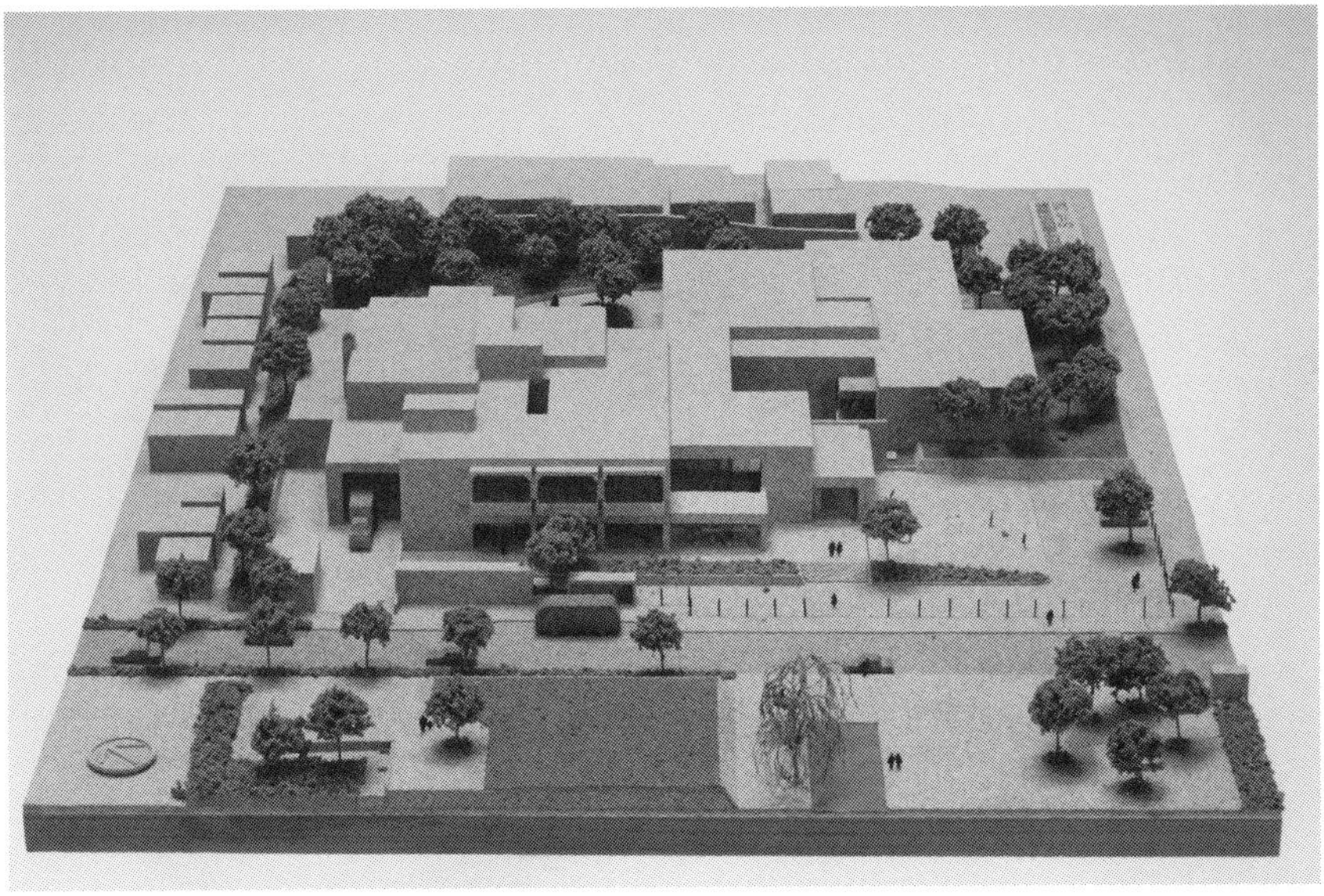

新潟市美術館コンペ案　模型　撮影／畑亮＊

トモダニズムへと大きく舵を切っていたのだ。唯一、十二月号の批評欄の「月評」で、坂倉建築研究所の太田隆信が、一九八三年に相次いで掲載された熊本県立劇場と国立音楽大学講堂に触れて、「あの綿密な計画は、やはり前川さんだけのもの。軽薄短小の時代に、誰が、どんな組織が、これを伝承してゆくのだろうか……。自分自身の問題として、言外の意を噛み締めてほしい」と評したに過ぎない。前川建築の孤立性は高まっていた。

新潟市美術館（一九八五年）

一九八二年六月、その国立音楽大学講堂の建設工事が進む中で、続いて参加依頼を受けたのが、新潟市美術館の五社による指名コンペである[118]。懐かしい生まれ故郷の新潟市からの依頼に、前川は特別な感慨と抱負を覚えたに違いない。後にまとめられた資料[119]によれば、建設が具体化したのは一九七八年、市民の公募展を運営してきた新潟市美術協会が、作品の制作や発表の行える公的な場を求めて美術館建設期成同盟会を結成し、市長に美術館建設を陳情したことに始まる。それは、山梨県や福岡市の文化政策と同じく、全国各地で起きていた美術館建設ブームの流れに沿ったものだった。ただ、設計チーフを務めた高橋義明の証言[120]によれば、新潟市の計画では、前市長の温めていた構想により、

新潟市美術館（1985年）　南側外観　2019年撮影

長岡ロングライフセンター（1980年）　開口部まわり外観　2001年撮影

隣接する西大畑公園で進んでいた整備工事を中断し、美術館の敷地と合体させた「美術館のある環境の創造」が意図され、コンペでも、「公園との一体化」を目指した計画と公園の「着工した部分を生かした新たな提案」が求められたという。敷地は、新潟駅から車で約一〇分、四〇〇メートル先に日本海が広がる場所にある旧刑務所の跡地で、周囲よりも約二メートルの台地状の地形をなし、約五メートルのコンクリート塀が残されていた。そのため、コンペ案の作成では、この敷地条件に逆らわず、最大限に生かすことを基本方針とした。また、上水面のレベルも高かったことから、地階を設けず、既存のコンクリート塀には手を付けず、庭園の修景要素として利用し、工費の節減も図られた。そして、海岸に近接することから、季節風を避ける平面計画と風上側に開口部を設けないことを原則にした。具体的な設計のプロセスと前川からの指示については、高橋と共に設計を担当した横山聡が、後年、次のように書き留めている。

「(前川)先生の案と(高橋)チーフ案が、並行してすすめられた。先生のスケッチを基に、案を検討するのが、私の役目だった。先生は、パーキンソン氏病で、手がふるえるようになっていたが、毎日のように私の机に来て、スケッチをして行く。平面や断面、立面、パースなどが、ロールトレペに描かれる。それを、翌日までに形にしておかなければならない。スタディ段階であるから、スケッチは矛盾に満ちている。一日で整理するのは、至難の業であった。スケッチとともに、単位空間の組み合わせ、チューブ、吹き抜け、自然採光、光のコンバイン、インバイティングな屋根、といったキーワードが示された。

どうしても、スケッチの翻訳がうまくいかず、自分の案でまとめると、「すぐにあきらめてはだめだ」と叱られた。先生は、良し悪しを見極めるまで、ひとつの案にこだわった。一ヶ月ほど検討したが、まだまだ私には力が足りなかった。時期がきて、二つの案は一本化された。[121]」

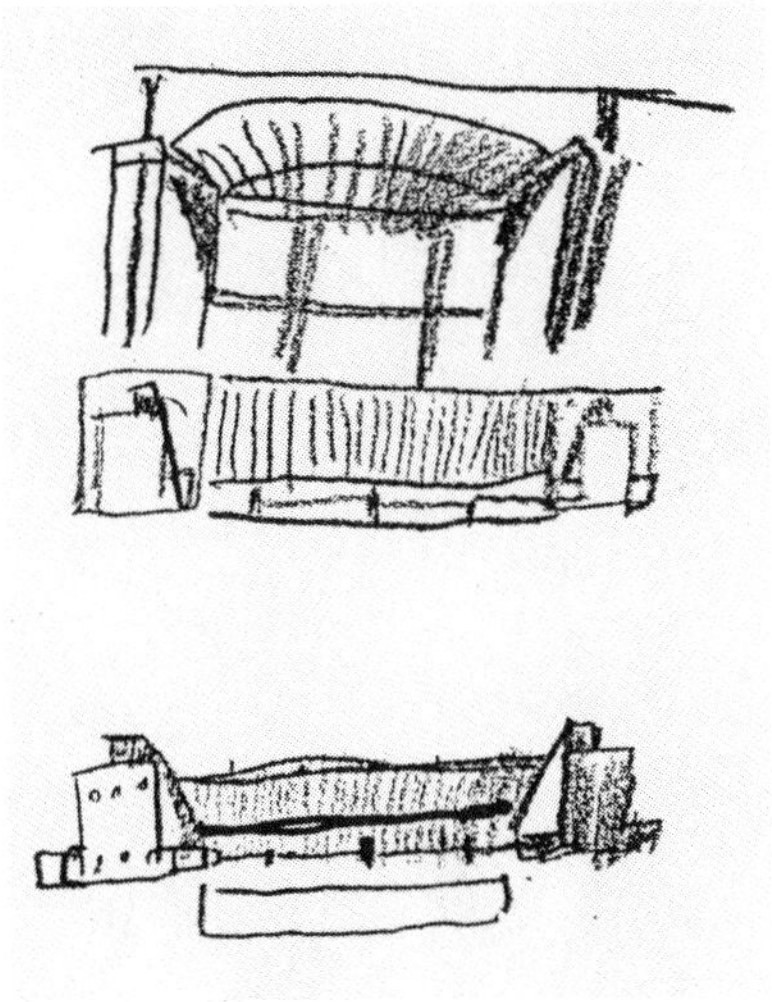

新潟市美術館　開口部まわりの前川直筆のスケッチ＊

新潟市美術館　開口部まわり　2019年撮影

コンペ案の配置図を見ると、横山の書き留めた「単位空間の組み合わせ」によるリズミカルな群造形が展開されており、それによって生み出された余白としての広場的な外部空間が、南西側の西大畑公園へと流れるように続いていることが分かる。また、海岸に隣接し、海風の影響や雪への対策からなのだろう、模型写真からも読み取れるように、熊本県立美術館や福岡市美術館で見られた大庇と大きなガラス面による開放的な造形は避けられ、量感のある閉じたボリュームの棟によって囲い込むような空間づくりでまとめられている。さらに、厳しい環境に晒される外壁には、釉薬《うわぐすり》を施した濃オリーブグリーン色の炻器質タイルを用いた打込みタイルで覆い、サッシュは耐候性鋼、窓ガラスはペアガラスとするなど、万全の構法と仕上げが盛り込まれていく。

特徴的なのは、公園側の正面ファサードの抉ったような彫りの深い開口部まわりである。このデザインは、新潟に先立ち、高橋と後藤の担当で、一九八〇年に、同じ新潟県の長岡市に竣工した福祉施設の長岡ロングライフセンターの開口部で、すでに試みられていた。後藤の証言[122]によれば、開口部まわりのデザインは、「この建物が全体の

石垣市民会館指名コンペ案（1983年）の模型　撮影／畑亮＊

コストバランスから（…）打放しを主体とした仕上げが決定され、われわれがボリュームの表現のスタディをはじめたとき」に、前川がふと呟いた、「開口部の形は近代建築でないものがよい。（積雪荷重による余分なロードをみなければならないことによって思うように）庇が出せないならば、それは厚い壁を手で掻き取ったような表現にしたらどうか」という一言から誕生したという。また、後藤は、この言葉の裏に、「生硬さの見える立面を多少でもなんとかなじめるものにしたい」という前川の直感を読み取っていた。そのような経緯から、同じ多雪地域に位置する新潟市美術館でも、直筆のスケッチから、長岡と同じく、打込みタイルの厚い壁を「手で掻き取ったような表現」の開口部まわりのディテールでまとめられたのだ。ここにも、前川の粘り強い探求心を読み取ることができるだろう。そして、前川の言う「近代建築でないものがよい」という言葉には、晩年に向かう中で、改めて開口部まわりの大切さに気づいた前川の、近代建築が失った厚みと存在感のある外壁を求めようとする思いが込められていたのだと思う。その意味を含め、結果的に前川にとって公立美術館の最後の仕事となる新潟市美術館は、郷里の新潟の風土が与えた地域的な条件を踏まえつつ、確かな手応えをもって完成させた建築となった。一九八五年十月十二日、開館記念式典に出席した八十歳の前川は感謝状を受け取っている。それは、直前の十月一日に事務所設立五〇周年を迎えた前川にとって、大きな節目として、ひとしお感慨深い瞬間となったことだろう。

石垣市民会館（一九八六年）

連続する指名コンペの当選案として、前川が最後に実現させたのが、沖縄県の八重山列島にある石垣島の石垣市民会館である。一九八三年六月、七十八歳の前川は、東京から一九五〇キロ離れた人口約四万人の石垣市から突然届いた指名コンペの参加依頼に、さぞかし驚いたに違いない。

そこは、年間の平均気温二四・五度、湿度七五パーセント、亜熱帯に属し、一度も訪れたことのない、異国とさえ思える見知らぬ土地だったからだ。先の新潟市美術館に続いてコンペ段階から携わり、現場監理まで担うことになる後藤は、当初、前川は、「本物のコンペかどうかわからん」と慎重だったと明かしている[123]。そのため、最初の現地説明会には、後藤と福岡市美術館を担当した南條一秀が「状況視察」に赴き、真っ当なコンペ要項[124]だと確認した上で参加を決め、三カ月間の応募案の作成がスタートする。その最中の八月、前川も、他の所員二名と美代夫人を伴って現地視察に訪れている。

　興味深いことに、偶然にも、その直後だったのだろう。コンペ案作成中の八月十九日、事務所で行われた藤井正一郎のインタビューの中で、「今の技術の中でどれだけ風土というものが通用するのかわかりませんが、いわゆる前川調といわれるひとつの様式と風土との関係はどうお考えですか」と問われた前川は、「ぼくらがいまやっている沖縄のコンペでそこに重点をおいてやっているつもりです。あのくらい風土が特殊になると変わらざるを得ないという気持が強いわけだな。しかし、たとえば新潟と山梨がどう違うんだというと、あまり違わないというのが本当じゃないかと思うんだ[125]」と答えていた。確かに前川の足どりをたどれば、この直前の七月に弘前市斎場の竣工式に美代夫人と出席し、前年の一九八二年には新潟市美術館のコンペの敷地視察にも出かけていた。そのため、この発言にあるように、前川自身も、気候条件の極端に異なる場所における近代建築の「風土」との関係性について改めて自覚的になったのだろう。同時に、コンペに指名された八社に地元沖縄の設計事務所三社が含まれており、同じ土俵で闘うためにも、風土に対する何らかの提案を盛り込もうと考えたに違いない。だが、担当スタッフも全員が沖縄の仕事は初めてだった。

　後藤の証言[126]によれば、南條と彼は、敷地視察の際、沖縄本島で見学した十七世紀頃の民家の「分棟式という南方建築独特のスタイル」に惹かれたという。そのため、石垣では、山梨県立美術館や新潟市美術館で試みられたプランの鎖状の重ね合せによる従来の方法論ではなく、「重なる中心の空間が空洞（外部）となる」「分棟式」を提案したという。これに対して前川は、「分棟になると建築の真ん中が抜ける」と気に入らない様子だったが、最後には、「これでやってごらんよ」と「根負け」して、分棟式を容認したという。さらに、コンペ案には、分棟式の空洞となる中心の空間を覆うための方法として、「八重山ルーフ」と名づけた日差し避けのパーゴラ状の大屋根の提案も盛り込まれていく。

その結果、審査では、パーゴラについては、「石垣島の強い日射にどこまで対応できるのか」、「耐候性」についても検討を要するなど、議論は分かれたものの、「簡明で魅力のある建築造形」と「表情に富んだディテールの処理」、「南北軸に大きく開いた通風への配慮」、「海や山への眺望」、「外構計画が簡潔で変化にとんでいる点」、「どの方向からも裏側を感じさせない点」など、前川が長年追求してきた方法論が評価され、実施案に選ばれたのである。(127) そして、後藤は、続く実施設計と現場監理を通して、褐色の炻器質打込みタイルの外壁とフッ素樹脂塗装を施したアルミサッシュによって、厳しい気候風土に耐えうる性能を確保しつつ、現イメージを竜宮城に求めて、コンクリート打放しの外壁や大庇のつけ根に、沖縄の伝統織物の模様をあしらうなど、独自の提案を大胆に持ち込んで、「その場所に在って、そこにしかない建築」を目指したのだ。(128) だがその一方で、後藤は、後に記したメモ(129)の中で、基本設計の際、前川から「客席の全周を舞台が取り囲むという驚くべき提案」が出されたが、「時間とスタッフの能力、八重山舞踏と多目的ホールという建築の性格上無理だ」ということで、「あきらめてもらった」こと、前川が「アイデアのレベルにおいて想像を超えており、最晩年に近かったが、不滅の建築家である、と強く感じた」と書き留めている。先述した新潟市美術館の横山の証言とも重なるが、前川の方法論の追求は、最後まで衰えることなく自由な発想で貫かれていたのである。

石垣市民会館は、約一年半の建設工事を経て一九八六年三月に竣工し、六月三日に開館する。だが、それに出席し、東京へ戻った後藤から報告は受けたものの、直後の六月二十六日に没する前川は、その完成した姿を見届けることはできなかった。

組織の刷新とミド同人構想の最終形

さて、こうして、一九七九年から一九八三年までの間に四件の指名コンペに連続当選を果たした前川は、戦後派と若手スタッフによる新しい体制の中で、自らの限りある生を見つめつつ、事務所の行方に対するある思いを募らせていたのだろう、一九八二年十月一日、新潟市美術館コンペの当選が発表された翌月の事務所創立記念日の宴席で、前川は所員たちを前に、突然「ミド同人」によるパートナーシップ組織論の構想を語り、「ミド同人一号」として、新潟市美術館コンペ案をまとめた高橋義明と後藤伸一を指名したのだ。(130) またその後、相継いで竣工する五件の建築の発表時に、設計者名として所員の個人名を併記させるよう指示する。因みに、『新建築』掲載順[131]に建物名（竣工年）／設計者名を列記すると、①弘前市斎場（一九八三年）／前川建築設計事務所、ミド同人 仲邑孔一、②学習院戸山図書館（一九八三年）／前川國男建築設計事務所、ミド同人 原田和雄、③東京文化会館新リハーサル室棟（一九八四年）／ミド同人 後藤伸一＋前川國男建築設計事務所、④石垣市民会館（一九八六年）／ミド同人 後藤伸一＋前川國男建築設計事務所、⑤国立国会図書館新館（一九八六年）／前川國男建築設計事務所＋MIDO同人 中田準一、となる。このA社（前川國男建築設計事務所）とB社（前川建築設計事務所）の表記の違いは、設計契約時の名義を踏襲した結果なのだろう。このような設計者名の表記は、国立国会図書館コンペ案（一九五四年）の「MIDグループ」、福島県教育会館（一九五六年）とシルクセンター指名コンペ案（一九五七年）の「ミド同人」として発表して以来途絶えており、二六年の時を経て、しかも今回は、より明快に、一人の所員の個人名で表記させたことになる。それは、これまで見たように、自らの亡き後の事務所の存続を願う前川の、自立した建築家の集団としてのMID同人構想に期待を込めた、最後のエールだったのだろう。

　しかし、この前川の願いとは裏腹に、一九八三年九月から秘書を務めた佐藤由巳子が目撃したように、新しい組織となったB社の経営は決して安泰ではなく、厳しいコスト管理を強いられる苦しい状況が続いていた[132]。また、B社の役員の一人が発し、宮内嘉久が書き留めた、「前川にはいまもう仕事も権限もないんですよ[133]」という一言に象徴されるように、B社の経営陣と前川のギクシャクとした関係の悪化も次第に顕在化していく。

　そんな最中の一九八三年の年末に起きたのが、東京都の設計者選定をダンピング入札で落札してしまった、夢の島熱帯生物館をめぐるB社の役員の躓き[134]である。すでに触れたように、前川は、鬼頭や宮内、武者英二、渡辺武信、大場則夫らが世話人となって一九八〇年一月に発足した「入札をしない建築家の会'80」の活動に賛同し、月例会にも欠かさずに出席していた[135]。そのため、この入札事件を知った鬼頭と宮内は、「前川に泣かんばかりに詰め寄った」のだ。その場に同席した秘書の佐藤は、事の顚末を書き留めているが、前川は、「弱ったなぁという顔をしているだけだった」という。さらに翌一九八四年夏、前川は、この入札事件が遠因となって顕在化した経営体制への疑問から、B社（前川建築設計事務所）の執行部役員の更迭という劇的な裁断を下していく。一九八四年八月二十一日、全所員を集めた会議で、前川は、事前に配布した「執行部をかえるにあたって」と題する一文を読み上げ、次のように語ったのである。

「今度の問題の根本にありますことは、「自由な精神をもった建築家をどうやって育てるか」ということで、自由の精神の根底を揺さぶる何かが、われわれを束縛している。（…）資本の論理に振り回されるB社的な考えはまずいと考え、また、人間的な組織というものにしたいし、また、自由の考えを大事にして、考えを自由に発揮できる組織にしたいと考えています。[136]」

こうした発言にも、前川の心の奥底にあった、自由な精神をもった建築家集団へのこだわりを読み取ることができるだろう。けれども、その一方で、後年、その経緯を論じた鬼頭梓の記述[137]によれば、この前川による突然の措置に対して、B社の代表取締役の窪田経男ら役員四名を含む七名の所員は、「パートナーシップを標榜して来たB社もまた、実は前川の個人事務所に他ならなかったことを示すものであり、B社は既にその初心を失ったとの一文を以て退職」していくのである。こうして、戦後派の窪田らがB社の経営を担うことになった一九七八年十一月から、わずか六年足らずで新体制は瓦解する。また、このとき、前川により、彼らに替わる新執行部の代表として、ただ一人残ったB社の役員で、熊本県立美術館や国立音楽大学講堂を担当した田中清雄が指名され、その補佐役として、国立西洋美術館新館や横浜市中区庁舎（一九八三年）を担当した永田包昭が初めて起用される。そして、この新たな経営体制により、前川は、一九八五年十月一日の事務所設立五〇周年の節目を迎えることになる。建築業界紙の特集ページには、前川の指示により、改めて、「前川國男建築設計事務所＋ミド同人―主要作品」として、田中清雄、永田包昭、高橋義明、仲邑孔一、原田和雄、後藤伸一が、担当した建築の設計者として紹介されたのである。[138]ここに、生前最後に前川が自らの意志を貫いて表明したミド同人構想の最終形があった。

公開コンペ連続挑戦と東京都新都庁舎

しかも、このような波乱の最中にあっても、前川の設計に臨む姿勢は、ぶれることなく、更なる実践に踏み出していく。石垣市民会館指名コンペの当選が決定した一九八三年十月の翌月に応募要項が発表された駒ヶ根市文化公園（仮称）施設群の公開コンペに、すかさず取り組み始めたのだ。公開コンペの挑戦は、一九七一年のポンピドー・センター国際コンペ以来一二年ぶりであり、B社による初応募となる。偶然にも、コンペ・チームの一員だった筆者は、応募案の作成プロセスを目撃したが、締切り間近の土壇場になって、コンペ案の未熟なプランにしびれを切らした前川は、ある日、意を決したようにやってきて、担当チーフ

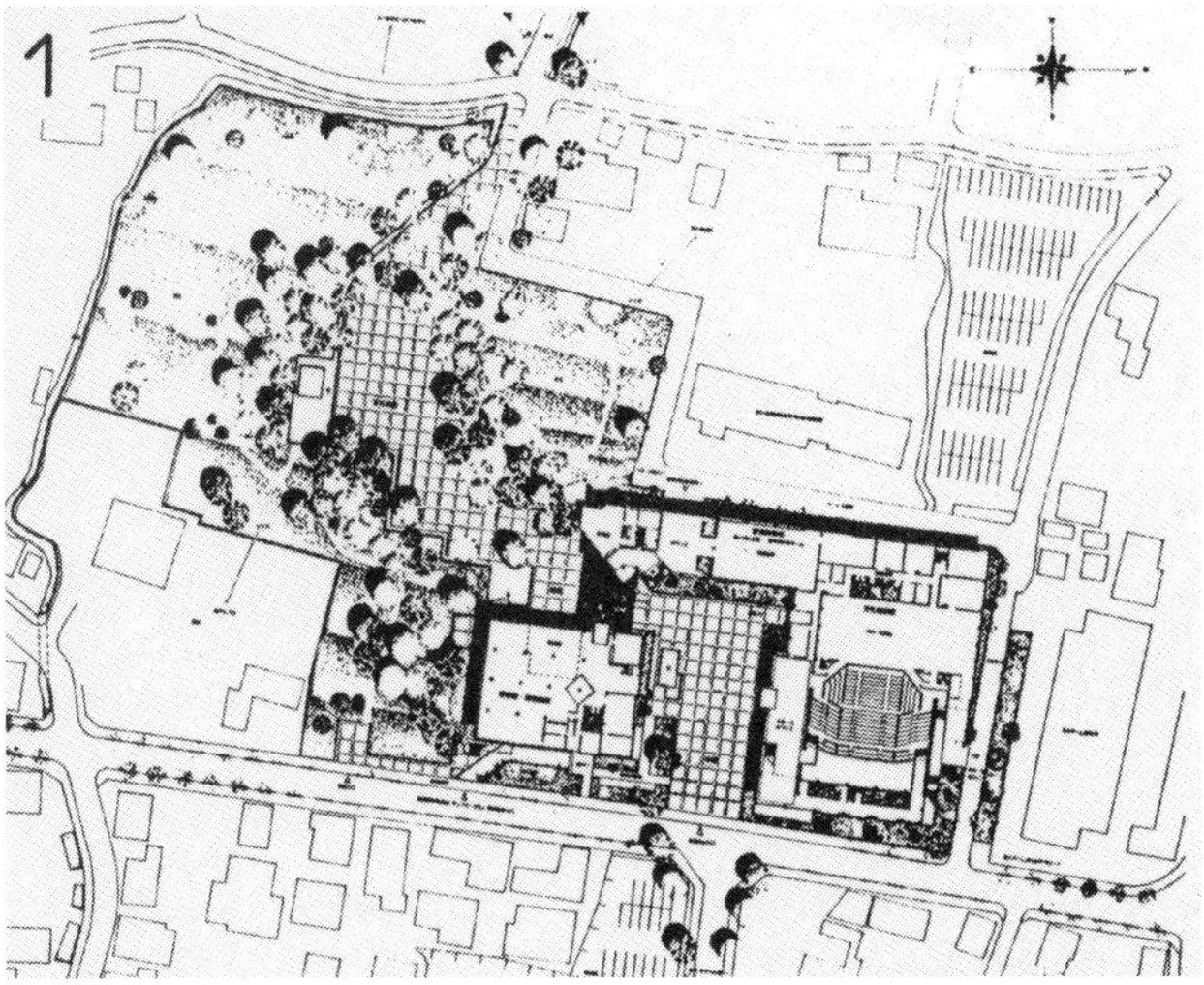

駒ヶ根市文化公園（仮称）施設群公開設計競技入選案（1984年）　配置図＊

の永田の図面にトレーシング・ペーパーを重ねてスケッチを描き始める。そして、目の前で、見る見るうちに「一筆描き」の流れるような空間の構成が浮かび上がり、案自体が生き生きと輝き出したのだ。[139] この鮮やかな前川のリードにより、配置図からも読み取れるように、隣接する「公園との関係を重視した数多くの提案の中で、もっとも優れた案」[140]と審査評で評価されて、最優秀に次ぐ入選を果たしたのである。

　さらに、一九八四年三月の駒ヶ根の入選に続き、同年夏の執行部の刷新を間に挟んで、全労災会館（一九八五年六月―十月）から、第二国立劇場（一九八五年七月―八六年四月）、湘南台文化センター（一九八五年十月―八六年二月）まで、B社による公開コンペの応募は続いていく。しかし、B社の取締役となった永田が国立劇場、代表取締役の田中清雄が他の二件のチーフを務めたが、いずれも落選する。また、これらと併行して、事務所設立五〇周年を迎えた翌月から、新潟市美術館のチーフを務め、ミド同人一号に指名された高橋義明がチーフとなって、東京都新都庁舎の九者による指名コンペ（一九八五年十一月―八六年二月）にも取り組んでいる。しかし、この新都庁舎の指名コンペでは、秘書の佐藤が書き留めたように、NHKによるインタビュー収録で、このコンペについて聞かれた前川は、「三つの敷地に何を入れるかだけでの、建築家の腕の振るいようのないコンペだと思っています」と答えたものの、記録されずに黙殺される目にも遭う。その一方で、わずか三カ月半の超過密スケジュールで担当スタッフが懸命に作成していた応募案には関心を示さず、所長室に戻ると、佐藤に、

「ありゃダメだね」と口癖のように語っていたという。[141] ちなみに、筆者は、国立劇場と湘南台、都庁舎のコンペ・チームに加わっていたが、湘南台では、チーフの田中を前に、「このプランには哲学がない」と前川が告げる現場を目撃している。他のコンペでも、佐藤の証言どおり、前川はスケッチで指示することはなく、それぞれの応募案は、チーフ以下、所員たちの力量を正直に映し出すものとなった。こうして、一九七九年から、遠い戦前の事務所設立時の初心に立ち戻ったかのように続けられた前川の指名と公開コンペの連続挑戦は、一九八六年四月、新都庁舎の丹下健三案の当選をもって締め括られたのである。

国立国会図書館新館の竣工を見届けて

そして、このような仕事と併行するかたちで、一九七六年一月の調査と企画検討のスタートから一九八六年五月の竣工まで、一〇年にわたって地道に計画が進められていたのが、国会図書館の新館だった。本館の北東側、最高裁判所の対面に増築された建物は、地上四階、地下八階、延床面積は約七万一千平方メートルで完成し、前川の手がけた最大規模の仕事となる。すでに見たように、振り返れば、本館の公開コンペの募集要項が官報で報じられたのが一九五三年、だが、当選者の著作権は認められておらず、吉阪隆正の問いかけにより、戦前から燻っていた著作権をめぐる大きな論争が起きる。その結果、要項の修正と募集期間の延長を経てコンペは実施され、前川も名前を連ねたMIDグループが一等入選する。しかし、蓋を開けてみれば、実体は異なり、要項に記載された内容は「コンペ用の作文」[142]に過ぎず、担当した田中誠と鬼頭梓は、設計を一からやり直すことになる。また、厳しい財政状況の中、建設工事も二期の分割発注となり、一九五六年に着工したものの、コンペから一五年後の一九六八年にようやく全体が完成する。その間も、国会図書館は、国内で発行されたすべての雑誌や図書の収蔵を基本方針としたから、高度経済成長による出版の活況もあって、増築計画の検討が急がれたに違いない。この仕事を担当した中田準一は、新館の建設計画の始まりについて、竣工直前に書き留めている。

「この仕事は「書庫が満杯になりかけてきて、図書館は困っている様子なので、個人レベルで相談にのってあげてほしい」という所内での打ち合せメモ（昭和五十一年）から始まっている。（…）当時、図書館の実体を把握する資料も乏しく、結局、図書館内部に入り込んで丹念に聞き取り調査を行い、集めた情報を、鵜飼いの糸をたぐるように整理する過程で徐々に図書館の本質を摑むという作業から始まった。[143]」

こうした地道な調査を通じた粘り強い検討作業が信頼を得たのだろう。同じ文章にあるように、前川事務所で基本設計をまとめた後、「実施設計の段階になって、基本設計者は、建物を一貫して見るべきであるという考え方に施主である図書館、建設省が理解を示し」、現場監理に至るまで、建設省との間で、「それぞれの得意の分野で仕事を分担し協力する」体制が整えられていったのだという。この建物に前川は何を求めたのか、残された資料からはほとんど読み取ることができなかった。そこで、中田に、設計の具体的なプロセスと前川とのやり取りについて質問したところ、次のような回答が寄せられた。

「国立国会図書館の仕事は、ミド同人田中誠の責任でコンペ以降行われていました。熊本県立美術館の常駐監理が終わって四谷に戻ったとき、田中さんから相談したいことがあるからということで、私が担当に指名されたことが始まりです。田中さんは、企画をまとめているあたりから体調を崩され、長期入院となりました。設計契約は田中さんの印で契約したと思いますが、監理の段階で田中さんの指示で、前川さんの印で仕事を進めるようにと手紙を通して指示がありまし

国立国会図書館新館（1986）吹き抜けホール　撮影／畑亮＊

国立国会図書館新館　光庭　撮影／畑亮＊

た。このような経緯から前川さんは国会図書館のプロジェクトに距離を置いていたように思えます。吹抜けホールの斜めの空間に対して反対されましたが、外壁の色を含め他の提案に対してはチェックはことさら入らず黙認でした。工事に入って前川さんが現場に訪れたのも五年間の工事で起工式・竣工式を含め四回ほどです。前川さんのスケッチはありません。(144)」

この証言によれば、コンペ時点から前川にこの仕事を一任されていた田中誠が、国会図書館との信頼関係を持続させていたのだろう。相談を受けた際、本館の完成を待たずに一九六四年に独立した鬼頭に代わり、一九七六年三月に熊本県立美術館の現場常駐監理を終えて東京に戻った直後の中田に声をかけたのだ。そして、自身の体調の悪化から、そのままバトンを手渡すかたちとなり、こうして新館の設計は、中田をチーフにまとめられていったのである。また、回答に記されたように、特徴的な吹き抜けホールに架けた傾斜屋根については、フラットルーフにこだわる前川が異を唱えたが、中田は、「二階エントランス・ホールから、四階の上まで片流れの屋根で覆い、閲覧空間を一体化し、分りやすい構成にする(145)」ことを重視して前川を納得させて実現させる。さらに、外壁の炻器質タイルを打ち込んだPC（プレキャスト・コンクリート版）による構法についても、独自の改良を重ねて、「巨大さを感じさせない、人間の手の内に納まるような感じの部材の使い方をしたい」と、高さ四一センチ、横七・五メートルの棒状のPCを丸太のように積み上げる方法を考案する。(146)こうした経緯から、最晩年の前川の立ち位置が見えてくる。ここにも、前川が自立した建築家の集団を求めて思い描いた別のかたちでの「ミド同人」による達成があったのである。竣工式当日の前川の様子について、中田は書き留めている。

「一九八六年六月三日、前川は、「国立国会図書館新館」の竣工引渡し式に出席し、式典の後で、秘書（佐藤）に体を支えられて、新しくできた新館を見てまわった。問題の吹き抜けホールでは、ひっくり返りそうな格好で見上げ、「ウンウン」といって何も言わなかった。それから、地下の書庫に行き、地下八階まで自然光を導く光庭を、地下四階で上部から差し込む光を受けて浮かび上がる砕り壁を前にして、しばらく足をとめ、「ウンーッ」となって、ポツリと「アイーダの第四幕だ」とつぶやいた。(147)」

「葬式にはヴェルディのレクイエムをかけてくれ(148)」と生前に語っていたほど、ヴェルディのオペラを好んだ前川は、屹立するコンクリートの荒々しい砕《はつ》り壁に、エチオピアの王女アイーダとエジプトの将軍ラダメスが、悲恋の果てに閉じ込められて殺される石づくりの墓を見たのかもしれない。またこのとき、中田から、「なぜ若輩の私が、国会図書館を担当させてもらえたのか」と聞かれた前川は、「君なら一〇年は持つだろうと思ったからさ」と答えて、長年の苦労をねぎらったという[149]。そして、この最後の大作となった建築の竣工を見届けたことで安心したのだろうか、それからわずか三週間後の六月二十六日午前九時三〇分、前川國男は、美代夫人と同じく、入院先の虎の門病院のベッドで、弟の前川春雄の家族と秘書の佐藤らが見守る中、静かに息を引き取り、八十一歳の生涯を閉じたのである。

建築と都市を見つめ続けて

前川は生前最後にどのような思いを抱いていたのだろうか。紙面に残るインタビューの発言を通して、そのことを確かめておきたい。亡くなる一年ほど前の一九八五年四月十五日、事務所の所長室で行われたインタビュー[1]で聞き手の狩野忠正から「現代の建築界とか設計姿勢において欠けているのはどんなことでしょうか」と問われた前川は、次のように語っている。

「それはいろんなものが欠けているけど、一番欠けているのは、建築というものに対する愛情じゃないかと思うんですよ。」

　こう述べた上で、前川は続いて、その原因についてこう指摘する。

「建築というものをあまり深く考えていないことが原因じゃないかと思いますが、とに角今、建築界全体が考えねばならないのは、町並ですね。これは大事なことじゃないかと思っています。建築の単体一つ一つの問題じゃなく、町並という建築の群としての佇まいがもっと人々の関心を引かないといかんと思っているんです。」

　そして、この一年前に所員の仲邑孔一に指示して作成させた新館増築の私案を思い出したのか、東京海上ビルの現状に触れながら、次のような考えを述べたのだ。

「町並がなぜ大事なのか、皆さんが熱心に関心を持たれて世論を高めて行くべきだが、建築界に一向に育たないんですね。（…）僕の東京海上火災というビルディングは、政治的な思惑・関心から一〇〇メートルで高さがちょん切られたんですが、あれ今度第二棟増築するんですよ。増築するについて、僕等に何の相談もなく進められた。なぜそういうことになるのか分らない。大事なことは、当事者達が町並に何ら関心を持たないで、ただもう旧館を打ちこわして目立つビルを建てたらいいというのがおかしい。初めツインビルで計画したんです。それが一つの敷地に互いに何の関係もない建物が建てられようとしています。あそこは東京の顔みたいなところです。あの辺の町並はそこらをよく考えて計画しないといけない。それが変るのを後で聞いて、私が描いたスケッチを付けてプランを出したんです。あの辺の町並を考慮して、石垣の高さに合わせた、広場を取り込んだものでしたが、遅かった。」

こうした発言からも、東京海上ビルの私案の発想の根本に、町並形成に対する自覚があったことがうかがえる。前川にとって何よりも無念に思えたのは、計画を進める当事者に町並への関心が希薄であり、そのために、丸の内という「東京の顔」としての街全体のたたずまいを考えようとする発想がまったく欠落していることだった。続いて、その半年後の一九八五年十月一日に事務所設立五〇周年を迎えるに当たって、業界紙で行われた大谷幸夫との対談(2)では、「日本の伝統と近代というようなことを含めて、いまどんなことを感じていらっしゃるかうかがえれば」と聞かれた前川は、自らが長く取り組んできた青森県弘前市の仕事に触れながら、こう語ったのである。

「このごろ、例えばぼくが青森へ行くとぼくの設計したものがところどころにポカッポカッと建っているわけです。ところが、それがいいことか悪いことか、ちょっと分からなくなっているという問題が一つあるわけです。(…)つまり、建築家というのはだれのためにあんなに苦労して建てるかというような問題にぶつかる。(…)建築の設計をするということは、何か自分のアイデンティティというものをそこへ露呈するというか、あからさまにするようなアイデンティティというものをつくりたいという頭がどこかに付随しているでしょう。ところが、そういうぼくならぼくのアイデンティティというものを確立するような建物が次から次とできるということは、どうも面白くないということがあると思うんですよ。そこで多くの矛盾にぶつかるわけだけど……。」

このとき前川は、二年前の一九八三年七月、美代夫人と共に出席した弘前市斎場の竣工式からの帰路の列車の中で、もう担当者の仲邑に、いい仕事をたくさんしたのだから、もう「遠慮しようよ」と語ったことを思い出したのだろうか。この発言からは、自らの建築の存在感が匿名的な存在となって町並みに溶け込むことはできないのか、という自問のようなものが読み取れると思う。そして同じく、事務所設立五〇周年を特集した別の業界紙の鼎談で、前川は、改めて建築家の職能に関わる問題点を伝えておきたいと思ったのだろう、大学における建築教育のことに触れて次のように語っている。

「建築家というのは施主の要望にこたえると同時に社会的な責任を持っています。この社会的責任というところでプロフェッショナル・インテグリティという、専門家のプロフェッションに対する倫理または誠実が大切なわけでして、これが非常に希薄になっているのが建築界の実情でございます。

事務所の経営に追われて社会的責務を果たせない。私はこうしたことの一つに建築学生を育てる学校の、教育のあり方にも大きな原因があると痛感しているようなわけでして、強い言い方をすれば数多いプロフェッサー・アーキテクトと呼ばれる人達の中には、このプロフェッショナル・インテグリティつまり「職業的誠実」というものを、身につけた人が非常に少ないのではないかと思うのです。その先生達に教わる学生は技術を習っても「建築家はいかに生きるべき」という一番大切なことは何も教わっていません。」(3)

こう述べた上で、この鼎談を前川は次のような言葉で締め括ったのだ。

「私はいつも例にして言うんですが、マックス・ウェーバーの「資本主義社会がこのまま進めば、社会は精神のない専門家と趣味の悪い市民の大群によって、占められてしまうだろう」という言葉を、思い起こさないわけにはまいりません。」

自らの追い求めてきた近代建築が果たして資本主義社会の中で確かなものとなりうるのか。『プロテスタンティズムの倫理と資本主義の精神』(一九〇五年)の末尾に記されたこの言葉を反芻しながら、前川は、そう問わずにはいられなかったのである。

未完のプロジェクトとしての近代建築

最晩年にこう語った前川は、実は、その四四年前の一九四一年三月十五日、太平洋戦争の開戦前夜に書き始めた日誌の冒頭にこう記していた。

「資本主義社会に於ける経済的合理主義と芸術との関係に就き一応考を纏めたき希望甚だ切なり　物質的重要性と芸術」(4)

何が前川をしてこのような視点で建築を考える道筋を与えたのだろうか。そのことを確かめるためには、前川がなぜル・コルビュジエのアトリエに学ぼうとしたのか、その出発点に着目する必要があるだろう。前川は、一九五七年、彼の著書『伽藍が白かったとき』の邦訳版に寄稿した文章の中で、ル・コルビュジエに学ぼうと決意したそもそもの動機について、次のように回想している。

「『…青年達にとって大都会はその扉にとざされて、人はそのなかにフォークの響きを耳にし乍らも空しく飢えに死なねばならぬ沙漠であった…』

『今日の装飾芸術』の巻末に誌されたコルビュジエ半生の「告白」を諳んじる程読み返した私はついに矢も盾もたまらなくなって一九二八年三月三十一日卒業式の夜、東京を発ってシベリヤの荒野をパリにはしった。(5)」

一九二七年十二月に提出した卒業論文『大戦後の近代建築 ル・コルビュジエ論』の巻末に、「告白」の全訳を掲載したことからも明らかなように、前川は、何よりも、目の前で苦しんでいる人々へと注がれたル・コルビュジエの建築家としての眼差しに強く惹かれて、彼のパリのアトリエに学ぼうと決意したのである。そこには、建築の果たすべき社会的な使命に対する自覚もあったに違いない。だからこそ、建築のあり方を大きく左右する資本主義社会を理解する必要性を痛感していたのだろう。そして、この四年後の一九六一年、東京文化会館の竣工時に行われた大谷幸夫との対談でも、前川は、次のように語っていた。

MID ビル 3 階所長室の蔵書棚　前川が 1960 年代から 70 年代にかけて集中的に読んだと思われるエーリッヒ・フロム、デイヴィッド・リースマン、W・H・ホワイト、ダニエル・J・ブーアスティンら社会学者の原著が並んでいる

「ぼくらが建築家としてものごころがついた時代というのは、（…）第一次欧州大戦後の疲弊の状態、住宅不足の状態で、住宅を早く安くつくらなければならないという要請があって、そういう線からスタンダードゼーション——工業化という問題が非常に論議もされたし、強く要請されていた時期ですね。（…）そういう意味で、今は雨露を凌ぐところがないという状況、極限の状況において、建築というものは一体どういうものであるかという問題を、ひとつ考えておく必要があるんじゃないかと思うんです。そうしないとあのころの建築がはっきりわからないんじゃないかという気がしますけどね。(6)」

「雨露を凌ぐところがない」極限的な状況を前にして、建築に何ができるのか。前川を突き動かしていたのは、そのような切羽詰った問いだったのだ。だからこそ、それに応えるための必要な条件として、建築の工業化を推し進めるテクニカル・アプローチをテーマに掲げて、戦後の設計活動を続けてきたのである。その地道な積み上げを踏まえて、近代建築を、時間に耐え、日本の気候風土に根づく確かな存在に育て上げようと考えたのだ。こうして、「平凡」なもの、「単純明快な素材と構法」によって、「非凡な結果」を得るべく、日本古来の焼物に着目した打込みタイルや型鋼のサッシュなどを開発する。また、ル・コルビュジエのドミノの考え方を批判的に乗り越えるべく、「人間には適正空間というものがあるからね、それをつないでいく方法がいいと思うんだ(7)」として、鎖状に重なるプランの方法論を追求していく。そして、一九八四年、石垣市民会館の実施設計中の後藤に語りかけた姿勢を、最後まで貫いたのである。

「ぼくが近代建築をやりはじめたころ、それを繰り返しやってみせてくれたひとは誰もいなかった。だからぼくがそれをやったにすぎないんだよ。どうして一度やそこらでわかった気になるのかね。繰り返し繰り返しやってみなきゃわかるはずがないんだけどね。(8)」

だが、このような前川の設計活動は、日本建築学会大賞を受賞した一九六八年頃を境に、いつしか特別扱いにされて、一九七〇年代に建築界を覆ったポスト・モダニズムの潮流と大衆消費社会の到来の中で、次第に見えないものとなっていく。しかし、今から振り返れば、前川の選び取った方法は、前川の建築にも関心を寄せていたアメリカの建築史家ケネス・フランプトンが提示した「批判的地域主義」という考え方に通ずるものがあったのではなかろうか。「今日建築がなお批判的実践でありうるとすれば、それは建築が「後衛主義」（arrière garde）の立場、すなわち啓蒙主義の進歩の神話からも、工業化以前の過去の建築形態へ回帰するという反動的で現実ばなれした衝動からも、等しく身を引き離すような立場を取る場合だけである。批判的な後衛主義は、進歩したテクノロジーの楽観主義からも、ノスタルジックな歴史主義や饒舌な装飾へと退行する絶え間ない誘惑からも、離れなければならない。私に言わせれば、ただ後衛主義だけが、普遍的技術を慎重に利用しつつ、同時に抵抗する文化や、アイデンティティを与える文化を展開することができるのである。[9]」

　もちろん、生前の前川がこの論考を手にしたわけではない。しかし、これまで見てきたように、一九七〇年代に埼玉県立博物館や熊本県立美術館で試みられていた方法には、フランプトンの言う「批判的実践」としての「後衛主義」の自覚を読み取ることができるだろう。それは、ポスト・モダニズム批判を通して、「啓蒙のプロジェクト」としての近代《モダニティ》の再考を促そうとしたドイツのフランクフルト学派の哲学者ユルゲン・ハーバーマスの呼びかけた考え方とも共振している。

「わたしの考えでは、近代《モダニティ》とそのプロジェクトを失敗だったとして投げ捨てるかわりに、われわれは近代《モダニティ》の止揚を企てたそうした極端なプログラムの失敗から、学ぶべきなのである。(…)近代《モダニティ》というプロジェクトはまだ完遂されてはいないのである。(…)近代というプロジェクトがめざすのは、近代の文化を、各々異なった側面において日常的な実践と再接合することである。[10]」

　前川は、「未完の建築」というジレンマを自覚しつつも、人々の日常的な生活のよりどころとなる「環境建築」の実現を目指していた。現代の私たちに求められるのは、ポスト・モダニズムによって切断されて見えなくなってしまった「未完のプロジェクト」としての近代建築の道筋を、前川國男の歩みを手がかりに再定義して、そこに新たな生命の息吹を注ぎ込むことではないか。そのとき、前川の仕事は、ある歴史的な厚みと意味をもって、生き生きと目の前に立ち現れ始めるだろう。

注

序論　前川國男の戦後をどうとらえるのか

（1）　山本義隆『近代日本一五〇年――科学技術総力戦体制の破綻』岩波新書、二〇一八年。

（2）　五十嵐敬喜「「復興期間」後を見据えて　復興政策を総点検する――復興庁の存続を」『世界』二〇一八年四月号。

（3）　原田泰『震災復興　欺瞞の構図』（新潮新書、二〇一二年）に次の指摘がある。「東日本大震災で被災した人々を直接助ければ四兆円の復興費ですむ。個人財産を政府の費用ですべて復旧したとしても六兆円で済む。（中略）なぜ震災復興に巨額の効果のないお金が使われるのか」（一八八ページ）。また、日野行介『除染と国家　二一世紀最悪の公共事業』（集英社新書、二〇一八年）、青木美希『いないことにされる私たち　福島第一原発事故一〇年目の「言ってはいけない真実」』（朝日新聞出版、二〇二一年）、烏賀陽弘道『福島第一原発事故一〇年の現実』（悠人書院、二〇二一年）、河北新報社編集局編『復興を生きる――東日本大震災被災地からの声』（岩波書店、二〇二二年）、山下祐介・横山智樹編『被災者発の復興論』（岩波書店、二〇二四年）などを参照のこと。

（4）　筒井清忠『帝都復興の時代――関東大震災以後』（中公選書、二〇一一年）に次の指摘がある。「東日本大震災の後、後藤新平と復興院の名が称揚されることが多くなった。しかも、国会では復興基本法の成立に際し、明らかに関東大震災後の復興院のことを念頭に置きつつ復興組織のあり方が議論され、復興庁の成立が決まった。しかし、日本近現代史を研究した者からすると、復興院は早い段階で廃止された組織であり、それを参考にするということ自体が不正確な歴史認識に基づく議論にしか思われないのである。そして、このまま放置しておくと、この先こうした一連の虚構に基づいた歴史認識から誤った政治的判断が行なわれかねない有様である」（二二ページ）。

（5）　NHKスペシャル取材班『縮小ニッポンの衝撃』講談社現代新書、二〇一七年。

（6）　根本祐二『朽ちるインフラ　忍び寄るもうひとつの危機』日本経済新聞出版社、二〇一一年。

（7）　五十嵐敬喜『「国土強靱化」批判――公共事業のあるべき「未来モデル」とは』岩波ブックレット八八三、二〇一三年、三ページ。

また、上岡直見『日本を壊す国土強靱化』（緑風出版、二〇一三年）を参照のこと。

（8）野澤千絵『老いる家、崩れる街——住宅過剰社会の末路』講談社現代新書、二〇一六年。また、本間義人『居住の貧困』（岩波新書、二〇〇九年）、平山洋介『住宅政策のどこが問題か』（光文社新書、二〇〇九年）、平山洋介『マイホームの彼方に——住宅政策の戦後史をどう読むか』（筑摩書房、二〇二〇年）、平山洋介『「仮住まい」と戦後日本』（青土社、二〇二〇年）などを参照のこと。

（9）宇沢弘文『社会的共通資本』岩波新書、二〇〇〇年、はしがき。

（10）松隈洋『建築の前夜　前川國男論』みすず書房、二〇一六年。

（11）ル・コルビュジエ『伽藍が白かったとき』生田勉・樋口清訳、岩波文庫、二〇〇七年、三二二—三二三ページ。

（12）前川國男・宮内嘉久『一建築家の信條』晶文社、一九八一年、一一三—一一四、一一〇、二二七ページ。

（13）「解説鼎談　前川國男・藤井正一郎・井田安弘」、ル・コルビュジエ『建築十字軍』井田安弘訳、東海大学出版会、一九七八年、一八一—一八三ページ。

（14）前川國男「ビルの建設・都市計画—建築家—」、松田道雄編『君たちを活かす職業3　生産にたずさわる仕事』筑摩書房、一九六九年、一〇二—一〇五ページ。

I　敗戦後の混乱の中から

（1）対談：前川國男・藤井正一郎「建築家の思想」『建築』一九六九年一月号。

（2）「前川國男建築設計事務所作品目録」。所員の高橋重憲により作成されたリスト。『建築』一九六一年六月号の前川特集に掲載された年表のために作られたものと思われる。冒頭には、現状確認のために所員に回覧した一九七三年十月八日付の高橋のメモが付されている。前川建築設計事務所蔵。

（3）「前川國男年譜」前川國男・宮内嘉久『一建築家の信條』晶文社、一九八一年、三二五ページ。

（4）吉川清『記憶帳』一九九九年、私家版。

（5）『復興情報』一九四六年六月号。

（6）日本建築学会編『近代日本建築学発達史』丸善、一九七二年、一〇九九ページ。

（7）『復興情報』創刊号、一九四五年十二月号。

（8）（6）に同じ、一一〇一ページ。

（9）越澤明『東京都市計画物語』ちくま学芸文庫、二〇〇一年、二七二—二七四ページ。

（10）二〇〇八年に提訴された「大阪空襲訴訟」の弁護団によってまとめられた著書（水島朝穂・大前治『検証防空法——空襲下で禁じられた避難』法律文化社、二〇一四年）に、上程時の内務大臣による法案説明について次のような指摘がある。「法案の趣旨説明では、一言たりとも「国民の生命を守るため」とは述べられていない。そこに防空法の核心がある。つまり防空法は、現実に予想される空襲から国民を守るための法律ではない。守るべきは都市であり、国土であり、国家体制である」（二一ページ）。

（11）越澤明『東京の都市計画』岩波新書、一九九一年、一九五ページ。

（12）（9）に同じ、二七四ページ。

（13）石田頼房編『未完の東京計画——実現しなかった計画の計画史』筑摩書房、一九九二年、一六二ページ。

（14）（11）に同じ、二〇三ページ。

（15）N・ティラッソー、松村高夫、T・メイソン、長谷川淳一『戦災復興の日英比較』知泉書館、二〇〇六年、第六章。

（16）同前、一九八ページ。

(17)「戦災復興・都市計画東京地方委員会会議録」、「東京戦災復興都市計画［資料1］」東京都公文書館内田祥三資料。

(18) 前川國男「百メートル道路の愚」『朝日新聞』一九四六年四月二日。

(19) 中島直人・西成典久・初田香成・佐野浩祥・津々見崇『都市計画家石川栄耀——都市探究の軌跡』鹿島出版会、二〇〇九年、二〇四—二〇五ページ。

(20) 足立光章「前川國男：日本における近代建築の源流」『PROCESS:Architecture』第四三号、一九八四年。

(21)『建築家会館叢書　都市の領域——高山英華の仕事』株式会社建築家会館、一九九七年、六七—六八ページ。

(22) 大髙正人「都市生活環境と建築家の役割」『都市住宅』一九七三年七月号。

(23) 塩崎賢明『復興〈災害〉——阪神・淡路大震災と東日本大震災』岩波新書、二〇一四年、山下祐介『「復興」が奪う地域の未来——東日本大震災・原発事故の検証と提言』岩波書店、二〇一七年などで指摘されている。

(24) 対談：前川國男・藤井正一郎「建築家の思想」『建築』一九六九年一月号。

(25) 日本建築学会編『近代日本建築学発達史』丸善、一九七二年、二四五—二四六ページ。

(26)『日本建築士』一九四一年一月号。

(27) 山本義隆『近代日本一五〇年』岩波新書、二〇一八年、一八〇ページ。

(28) 中澤誠一郎「建築聯合協議委員会の経過に就て」『日本建築士』一九四二年五月号。

(29)（27）に同じ、二二三ページ。

(30) 日本建築学会編『近代日本建築学発達史』丸善、一九七二年、一九八三ページ。および、占領軍調達史編さん委員会編『占領軍調達史—部門篇—Ⅲ　工事』調達庁総務部総務課、一九五九年。なお同書には、特別調達庁に対する進駐軍の設計発注にあたり、レーモンド設計事務所を特命とする強制的な契約締結の指示があった事例が紹介されており、注目される。三九七ページ。

(31) 三浦忠夫『日本の建築生産』彰国社、一九七七年、四四—四五ページ。ちなみに、三浦は前川の東京帝国大学工学部建築学科の同級生であり、横浜支店長時代に、神奈川県立音楽堂・図書館の施工を受注している。

(32) 秋尾沙戸子『ワシントンハイツ——GHQが東京に刻んだ戦後』新潮社、二〇〇九年、一五七—一五八ページ。

(33) 諫早信夫「現下の住宅諸政策」『建築雑誌』一九四六年十一・十二月、四頁。

(34) 住宅問題研究会『住宅問題——日本の現状と分析』相模書房、一九五一年、二六六ページ。

(35) 石原信之「日本建築設計監理統制組合日誌」、日本建築学会編『近代日本建築学発達史』丸善、一九七二年、二〇八六—二〇八八ページ。

(36)「日本建築士会作成パンフレット」（昭和十八年六月）に、「盟邦独逸に於ては夙に国家的見地よりして造形文化の作興と建築設計との関係を重視し、設計監理の衝に当るべき独立建築士の業務に対する規制と保護とを講ずる法律の制定を見」とある。日本建築学会編『近代日本建築学発達史』丸善、一九七二年、二〇八四ページ。

(37)（25）に同じ、二四六ページ。

(38) 阿部知義「坂倉君と私」『日刊建設通信』一九六〇年二月二十一日。文中の「Y先生」とは山下寿郎を指すと思われる。

(39) 国立公文書館アジア歴史資料センターグロッサリー検索「インターネット特別展　公文書に見る戦時と戦後——統治機構の変転」。

および、占領軍調達史編さん委員会編『占領軍調達史――占領軍調達の基調』調達庁総務部調査課、一九五六年、二九三ページ。

(40) 現在は文化庁国立近現代建築資料館蔵。

(41) (24)に同じ。

(42) 前川國男・川添登「対談・公共建築の設計を語る」『公共建築』一九六一年六月号。なお美川淳而「前川國男と私」『前川國男・弟子たちは語る』(建築資料研究社、二〇〇六年)には、前川が「私もGHQに呼び出され、レーモンドのところで働いていたなら、アメリカ軍のために働かんか、という話だった」と語っていたことが証言されている。

(43) 吉川清『記憶帳』一九九九年、私家版。

(44) 「持株会社整理委員会等文書・株式処分計画承認回議書綴82」五八―八四ページ。国立公文書館アジア歴史資料センター蔵。

(45) 田中誠「上海の前川事務所」『建築雑誌』一九八五年一月号。

(46) (43)の吉川の回想によれば、敗戦後の鳥取分室は、東京から崎谷小三郎と、復員した今泉善一、渡辺藤松、池田光夫が加わり、総勢七名となる。

(47) 前川國男「『プレモス住宅』の想出」『住宅』一九五五年九月号。

(48) 前川國男・宮内嘉久『一建築家の信條』晶文社、一九八一年、一三九ページ。

(49) 中野明『東京大学第二工学部』祥伝社新書、二〇一五年、六七ページ。

(50) 大髙正人の自邸に遺されていた資料に、「昭和十九年十月　大髙正人」と署名された「M氏邸」と題された前川國男自邸のトレース図面が含まれていた。『「建築と社会を結ぶ　大髙正人の方法」展図録』文化庁国立近現代建築資料館発行、二〇一六年、所収。

(51) 本多昭一『建築技術におけるプレハブ化の歴史に関する研究』東京大学博士論文、一九八五年。

(52) 今泉善一「住宅工場生産化への覚書――PREMOS・No7住宅の試作まで」『生活と住居』一九四六年十一月号。

(53) 今泉善一「住宅工場生産化への覚書(2)――PREMOS・No7住宅の試作まで」『生活と住居』一九四七年二月号。

(54) W・ボジガー、O・ストロノフ編、吉阪隆正訳『ル・コルビュジエ全作品集』第一巻、A.D.A EDITA Tokyo Co.,Ltd. 八三ページ。

(55) 田中誠「住宅量産化の失敗と教訓――プレモス前後」『今日の建築』玄々社、一九六〇年九月。

(56) (52)に同じ。

(57) 崎谷耿介「プレモス誕生」、MID編『PLAN1』雄鶏社、一九四八年二月。

(58) (55)に同じ。

(59) 吉川清『記憶帳』一九九九年、私家版。なお同書には、前川事務所の鳥取分室をめぐる次のようなエピソードも綴られている。「岸田(日出刀)先生の紹介で東京から疎開して来て工場に入った女の子が事務所の係りになって事務をやってくれた。佐々木のりえという。彼女は東京弁で活発に話すものだから工場内でも人目につく存在になった。体格の大きい子であった。彼女は東京へ引き揚げてから菊竹(清訓)の妻君になった」。

(60) (55)に同じ。

(61) 前川國男「「プレモス」について」『前川國男建築事務所作品集第一輯』工学図書出版社、一九四七年。

(62) 前川國男「坂倉準三への手紙」、「大きな声」刊行会編『大きな声　建築家坂倉準三の生涯』一九七五年。

(63) ル・コルビュジエ著、前川國男訳『今日の装飾芸術』構成社書房、一九三〇年、一六一―一六五ページ、および、同書の鹿島出版会SD選書版、一九六六年、一五二―一五四ページ。

(64) 前川國男「まえがき」、ル・コルビュジエ著、生田勉・樋口清訳『伽藍が白かったとき』岩波文庫、二〇〇七年。

(65) 東京大学工学部建築学科図書室所蔵。

(66) 誠文堂新光社発行。なお、小野薫の紹介で、後に編集者として活躍する教え子の宮内嘉久が、東京帝国大学第二工学部建築学科に在学中のまま、一九四七年暮れに準社員として同社へ入社し、一九四八年一月に『生活と住居』の編集部員となる。宮内嘉久『一編集者の記録一九四八—一九九九』二〇〇〇年八月十五日刊（非売品）参照。

(67) 前川國男「敗戦後の住宅」『生活と住居』一九四六年、第一巻第一号。

(68) 乾眞介「時局下の労務者住宅問題と其の対策」（出典不明）一九三九年六月五日住宅問題委員会（第一回）「供覧資料」／東京都公文書館内田祥三資料。

(69)『建築雑誌』一九四〇年十二月号。

(70) 早川文夫「住宅営団」、日本建築学会編『近代日本建築学発達史』丸善、一九七二年、一〇四〇ページ。

(71)『建築雑誌』一九四一年二月号。

(72)「国民住居懸賞募集規程」、東京都公文書館内田祥三資料。なお、同潤会の乾眞介もこのコンペ審査会の幹事に名を連ねている。

(73) 同上、および『建築雑誌』一九四一年二月号。

(74) 佐野利器「時局下建築家の覚悟」『建築雑誌』一九四〇年十二月号。

(75) 有沢広巳監修『昭和経済史［上］』日本経済新聞社日経文庫、一九九四年、三五五ページ。だが、このような過酷な戦時下に起きていた腐敗したグロテスクな大衆文化の実態については、ベンジャミン・ウチヤマ著、布施由紀子訳『日本のカーニバル戦争——総力戦下の大衆文化一九三七—一九四五』みすず書房、二〇二二年に活写されている。

(76) 東京日日新聞社から内田祥三宛の昭和十六年六月十二日付の案内状、東京都公文書館内田祥三資料。

(77)「第一五回建築展覧会出品募集」『建築雑誌』一九四一年六月号。

(78)「本会記事」『建築雑誌』一九四一年七月号。

(79)「国民住宅設計案審査所感」『建築雑誌』一九四一年十一月号。入賞には内田祥文や本城和彦、佳作には前川事務所所員の田中誠や後に所員となる日本大学学生の吉川清が入選している。

(80) 前川國男『日誌』、前川建築設計事務所蔵。

(81)（70）に同じ。一〇三九—一〇四一ページ。

(82)「住宅緊急措置令に就いて」『復興情報』創刊号、一九四五年十二月号。

(83) 早川文夫「復興住宅建設基準に就いて」『新建築』一九四六年五月号。

(84)「復興住宅建設基準」『復興情報』一九四六年六月号。

(85) 早川文夫「不足四二〇万戸の苦心」『住宅』一九五五年九月号。

(86) 大本圭野「住宅営団の閉鎖と戦後住宅政策の出立」、前田昭彦「占領期の住宅政策・住民運動と営団閉鎖」、西山夘三記念すまい・まちづくり文庫住宅営団研究会編『住宅営団第六巻　閉鎖と住民運動』日本経済評論社、二〇〇一年。

(87) 建設省住宅局『住宅年鑑一九五一』彰国社、一九五一年、八八—九一ページ。なお、住宅営団の閉鎖について同書では、「住宅営団の理事者が後年度に至る程、設立当初程に住宅の経営に対する熱意と工夫を欠くに至ったこと、特に戦後は経営の合理化に対して充分な配慮を払わなかったことが、収支の均衡破壊を促進し、住宅営団そのものの自壊作用を早めたことは否定することができない」と指摘されている。

(88) 佐々波英彦「戦後の住宅政策」、住宅問題研究会『住宅問題』相模書房、一九五一年、二六四—二六五ページ。

(89) 中村隆英『日本の経済統制』ちくま学芸文庫、二〇一七年、一七一ページ。

(90) (87) と同じ。七七ページ。

(91) 大本圭野『[証言]日本の住宅政策』日本評論社、一九九一年、七〇ページ。

(92) 三輪恒「炭鉱住宅」『新都市』一九四八年六月号。

(93) 水野直樹・文京洙『在日朝鮮人』岩波新書、二〇一五年、六六―八一ページ。

(94) (87) と同じ。七六ページ。

(95)「座談会・建築家の課題としての公共住宅建設」『国際建築』一九五六年五月号。

(96) 対談：前川國男・藤井正一郎「建築家の思想」『建築』一九六九年一月号。

(97) 田中誠「組立住宅プレモス七号」、MID編『PLAN』第一号、雄鶏社、一九四七年。

(98) 田中誠「住宅量産化の失敗と教訓――プレモス前後」『今日の建築』玄々社、一九六〇年。なお、山陰工業は一九四九年三月末日をもって解散している(「持株会社整理委員会等文書・株式処分計画承認回議書綴82」五八―八四ページ、国立公文書館アジア歴史資料センター蔵)。

(99) 主婦の友社編『明日の住宅』主婦の友社、一九四八年。

(100) (95) に同じ。

(101)「シャルロット・ペリアン」展会場での上映ビデオより。『SD』一九九八年十二月号。

(102) 前川國男「「プレモス住宅」の想出」『住宅』一九五五年九月号。

(103) 平山洋介『住宅政策のどこが問題か』(光文社新書、二〇〇九年)に詳述されている。

(104) 前川國男「覚え書――日本の伝統と創造について」『建築雑誌』一九四二年十二月号。

(105) 田辺茂一「私の履歴書――新しい書店」『日本経済新聞』一九七六年九月十五日。ただし、永江朗が『新宿で八五年、本を売るということ』(メディアファクトリー新書、二〇一三年)で指摘したように、田辺が野口邸を訪ねたのは「昭和二十二年」ではなく、昭和二十一年だと思われる。「着工が一九四六年七月」注(112)の書で設計担当者が記しているからである。

(106) 田辺茂一『わが町・新宿』紀伊國屋書店、二〇一四年、一九八ページ。

(107) 同前、一二二―一二三ページ。

(108) 吉川清『記憶帳』私家版、一九九九年。

(109) 寺島幸太郎「紀伊國屋書店に就て」『新建築』一九四七年八＋九月号。

(110) 田辺茂一『酔眼竹生島』創元社、一九五三年、二二六ページ。

(111) 笹川季男「紀伊國屋書店建築批評」『建築雑誌』一九四七年十一月号。

(112) 寺島幸太郎「紀伊國屋書店建築について」、MID編『前川國男建築事務所作品集』工学図書出版社、一九四七年。

(113) 前川國男「建築とインテリアを担当して四半世紀」『株式会社紀伊國屋書店創業五十年記念誌』一九九七年。

(114) 敗戦直後の日本の現実を、近年公開されたアメリカの機密文書を通して明らかにした貴志謙介『戦後ゼロ年東京ブラックホール』(NHK出版、二〇一八年)には、尾津組の新宿の闇市について、次のように記されている。「国家のエリートの多くは、占領軍にゴマをすって保身ばかりを考え、飢えに苦しむ敗戦国民のことは、ほったらかしにしていた。国は何もしてくれない――庶民の絶望は大げさではない。(…)新宿の廃墟から瓦礫を撤去したのはだれか。尾津組である。生産を停止した軍需工場に呼びかけ、軍需品を生活必需品に加工させたのはだれか。尾津組である。行き倒れとなった人々のため、ヤミ市の一画に無料診療所を設置したのも尾津組なら、引揚者や戦災者など行き場のない失業者に優先的に商売をさせたのも、尾津組である。みな本来なら国がやるべきことではないか」（三七ページ）。

(115) MID編『前川國男建築事務所作品集』工学図書出版社、一九四七年。

(116) 前川國男「計画説明」『新建築』一九四四年一月号。

(117) 浜口隆一「日本国民建築様式の問題」『新建築』一九四四年十月号。

(118) (110)に同じ。二二四—二二五ページ。

(119) 伊東豊雄「公共建築の死・前川國男を悼む」『住宅建築』一九八六年九月号。

(120) MID編『前川國男建築事務所作品集』工学図書出版社、一九四七年。ちなみに、当時の『新建築』は定価二五円だった。

(121) 生田勉「前川國男作品集刊行によせて」同前。

(122) 生田勉日記刊行会編『杳かなる日の生田勉青春日記　一九三一—一九四〇』麥書房、一九八三年。

(123) 前川國男「刊行のことば」、MID編『PLAN1』雄鶏社、一九四八年二月十五日発行。

(124)「対談・公共建築の設計を語る」『公共建築』一九六一年六月号。

(125) 浜口隆一『ヒューマニズムの建築——日本近代建築の反省と展望』雄鶏社、一九四七年十二月十日発行。

(126) 松隈洋『建築の前夜　前川國男論』みすず書房、二〇一六年、四五七—四五八ページ。

(127) 浜口隆一『ヒューマニズムの建築・再論——地域主義の時代に』建築家会館叢書、一九九四年。

(128)「編集後記」、前川設計研究所編『PLAN 2』一九四八年十一月十日発行。

(129)「建築家の世界／前川國男」『HIROBA』一九八五年六月号。

(130) 宮内嘉久編『前川國男作品集——建築の方法』美術出版社、一九九〇年。

(131) 鬼頭梓「前川國男における組織への思想」同前。

(132)「対談・建築家はいかに生きるべきか」『日刊建設工業新聞』一九八五年十月一日。

(133) (126)に同じ。三六四—三七九ページを参照のこと。

II　建築の工業化を求めて

(1) 日本建築学会編『建築学の概観（一九四一—一九五一）』日本学術振興会、一九五五年。

(2) 関野克「第一編　建築学研究機関」同前。

(3) 同前。および、「資料編　総合研究課題一覧」、日本学術振興会編『日本学術振興会三〇年史』一九九八年、三三九—三四二ページ。

(4) 松隈洋「近代建築に命を吹き込む——前川國男の求めたもの」『建築ジャーナル』二〇一五年一—七月号。松隈洋『建築の前夜　前川國男論』みすず書房、二〇一六年、三〇六—三六二ページ。

(5) (2)に同じ。

(6) 佐野利器「戦線の拡散」『建築雑誌』一九四一年十月号。

(7) 防空法の改正については、水島朝穂・大前治『検証防空法——空襲下で禁じられた避難』（法律文化社、二〇一四年）五四—八四ページに詳しい。

(8) NHKスペシャル取材班『本土空襲全記録』角川書店、二〇一八年。

(9) 内藤多仲「建築構造学の元祖佐野博士」（『建築雑誌』一九五七年二月号）に、「弟子の一人として多大のご恩に浴している」と記されている。

(10)「会告」『建築雑誌』一九四五年十一月号。
(11)内藤多仲「巻頭言」同前。
(12)「内藤会長の挨拶」『建築雑誌』一九四二年三月号。
(13)設立当初の名称であり、直後に復興建設委員会に改称される。委員には内藤会長の他に、明石信道、伊藤滋、内田祥文、岸田日出刀、今和次郎、高山英華、浜田稔らが選ばれている。しかし、この委員会設立の背景や設立までの議論の内容は不詳である。
(14)「本会記事」『建築雑誌』一九四六年一月号。
(15)「戦後都市計画及住宅対策に関する建議」『建築雑誌』一九四五年十二月号。
(16)「十一月十日役員会報告並に議案」、日本建築学会蔵の議事録。
(17)「本会記事」『建築雑誌』一九四六年二月号。
(18)内藤多仲「新会長に望む」『建築雑誌』一九四七年三・四月号。
(19)「本会定款改正要綱案に対する意見」『建築雑誌』一九四六年七・八月号。
(20)「役員の決定について」『建築雑誌』一九四七年三・四月号。
(21)岸田日出刀「現代建築」『現代建築』一九三九年第一号。
(22)岸田日出刀「新しい学会」『建築雑誌』一九四七年三・四月号。
(23)「建築設計競技執行規準」『建築雑誌』一九四八年十二月号。
(24)岸田日出刀「建築芸術」『建築雑誌』一九四八年一月号。『建築雑誌』一九五〇年一月号に建築作品賞の第一回応募規程が公示される。
(25)前川國男「岸田先生追悼」『建築雑誌』一九六六年八月号。
(26)「競技設計応募図案募集」『建築雑誌』一九四二年七月号。
(27)岸田日出刀「大東亜共栄圏建設記念営造計画の実現を望む」『建築雑誌』一九四二年八月号。
(28)「南方建築指針」『建築雑誌』一九四三年四月号。
(29)岸田日出刀『焦土に立ちて』乾元社、一九四六年。
(30)岸田日出刀「日本の建築はどう変る」『窓』相模書房、一九四八年。
(31)Claude Bragdon, *Architecture and democracy*, Alfred A. Knopf, 1918.
(32)この敗戦直後の翻訳作業については、加藤寛二が、「戦争が終わったとたんで、おかしな話だけれども、これを翻訳しろと、アメリカの大学教授の『デモクラシーの建築』という本を翻訳させられましたよ。先生が前から持ってられた本なんです」と証言している。『岸田日出刀』編集委員会編『岸田日出刀』相模書房、一九七二年、二四六ページ。
(33)疎開先での岸田の意気込みについては、高橋貴子が、岸田から「疎開の時が、一番自分は勉強したし、書いたし、(…)自分の一生を通じての建築観みたいなものは、全部それに入っていた」と聞いたと証言している。同前。二四六ページ。
(34)宮内嘉久『少数派建築論＝一編集者の証言』井上書院、一九七四年、二六—二七ページ。
(35)吉本隆明『高村光太郎』講談社文芸文庫、一九九一年、一七六—一七七ページ。
(36)岸田日出刀「建築時感」『窓』相模書房、一九四八年、五四—五六ページ。
(37)岸田日出刀「日本建築の再検討」、岡田復三郎編『日本文化の再検討』現代文化社、一九三五年、三二—三三ページ。
(38)岸田日出刀『過去の構成』構成社書房、一九二九年。
(39)松隈洋『建築の前夜　前川國男論』みすず書房、二〇一六年、四四二—四四九ページ。
(40)岸田日出刀「日本の近代建築」『扉』相模書房、一九四二年、二〇二—二〇三ページ。
(41)『建築雑誌』一九四三年十一・十二月号、八〇五ページ。
(42)宮内康「ファシズムと空間」、同時代建築研究会編『悲喜劇・

一九三〇年代の建築と文化』現代企画室、一九八一年、五三ページ註。

(43)『慶應義塾大学医学部六十周年記念誌』慶應義塾大学医学部、一九八三年。

(44) 同前、五八ページ。

(45) 同前、六一ページ。

(46) 一九四八年の小学校教員の初任給が二千円なので、現在に換算すると百倍の約二〇億円の工費になる。森永卓郎監修『物価の文化史事典』展望社、二〇〇八年、三三九ページ。

(47)『新建築』一九四九年二月号。

(48) (43)に同じ。六一ページ。

(49) (43)に同じ。同書掲載の構内建築物配置図（昭和五十五年五月現在）からは、病棟の西側部分が厚生女子学院校舎として使われていたことがわかる。

(50) 田中誠「森永製菓銀座売店」（『建築』一九六一年六月号）に、「この店舗は幸いにして一般の評判もよく、（…）十数軒の森永キャンデストアの設計を次々とやることになった。然し乍ら三田の森永の本社は参考案まで提出したのであるが遂にその仕事はわれわれには委ねられず、弱小事務所の悲哀を味わわされたのである」と記されている。

(51) この号の『新建築』は総七二頁、定価五〇円。ザラ紙の粗末な時代だった。

(52) 吉田秀雄「建築批評・慶應病院」、新日本建築家集団編集部編『NAUM—建築と社会と建築家—No.2』相模書房、一九四九年十一月五日発行。

(53) 布野修司『戦後建築の終焉——世紀末建築論ノート』れんが書房新社、一九九五年、一三六ページ。なお、新日本建築家集団の設立から消滅までの経緯については、本多昭一『近代日本建築運動史』（ドメス出版、二〇〇三年）に詳しい。また、こうした建築運動に対して、前川は、戦前の帰国直後に友人の谷口吉郎に連れられて参加した「新興建築家聯盟で幻滅を味わったもんだから、ぼくはあの種の運動には興味が持てなかったの」との回想を残している（前川國男・宮内嘉久『一建築家の信條』晶文社、一九八一年、一三七—一三八ページ）。松隈洋『建築の前夜　前川國男論』（みすず書房、二〇一六年）、八五—八九ページも参照のこと。

(54)『NAUM—建築と社会と建築家—No.1』相模書房、一九四九年六月五日発行、六二—六三ページ。

(55) 前川國男「覚え書」『建築雑誌』一九四二年十二月号。

(56) 竹中藤右衛門『私の思い出』全国建設業協会、一九六二年、三七—四三ページ。

(57) 浜口は、『ヒューマニズムの建築』の担当編集者が「高木さん」だったと次の著書で回想していることから、高木武の息子の章だと推測できる。浜口隆一『ヒューマニズムの建築・再論——地域主義の時代に』建築家会館、一九九四年、五七ページ。

(58) 前川國男・宮内嘉久『一建築家の信條』晶文社、一九八一年、一五〇—一五二ページ。

(59)「対談——建築家はいかに生きるべきか／前川國男・大谷幸夫」『日刊建設工業新聞』一九八五年十月一日。

(60) 浜口隆一「民間設計事務所の「典型」」『新建築』一九六二年一月号。

(61) 窪田経男「入所の頃の思い出」（『前川國男・弟子たちは語る』建築資料研究社、二〇〇六年）に、「当時、戦災復興院が大量採用しているが、その月給を一とすれば私の初任給はその四分の一であり、二ヶ月目からは約二分の一であった」と記されている。

(62)『日本相互銀行史』日本相互銀行、一九六七年。なお、日本相互銀行は、その後、普通銀行へ転換して太陽神戸銀行となり、さらに合併を繰り返して現在の三井住友銀行になる。

（63）同前、三三三ページ。

（64）同前、一二七ページ。

（65）三浦忠夫『日本の建築生産』彰国社、一九七七年、四六―四七ページ。なお、竹中が理事長を務めた日本建設工業統制組合による建設省設置陳情については、原信次郎編『日本建設工業統制組合沿革史・日本建設工業会沿革史』（一九四八年）の役員会の懇談報告事項（三四―三五ページ）に記載されている。また、日本建築学会でも、日本建設工業統制組合からの協力依頼により、一九四六年九月十四日の役員会で建議書の提出が決定された（『建築雑誌』一九四六年九・十月号、二六ページ）。しかし、その後、紆余曲折があり、最終的には、一九四七年六月二十七日に、日本建築学会ほか一二団体の連名で、建設省設置に関する建議書が政府に提出された（『建築雑誌』一九四七年十月号、二九ページ）。また、建設省の発足については、建設広報協議会編『建設省十五年小史』（一九六三年、三―四ページ）に、「連合軍総司令部の指令により昭和二十二年十二月末日をもって内務省は廃止解体され、翌二十三年一月一日から旧内務省国土局と戦災復興院とが合体して建設院が発足した。（…）その所管行政の重要性、実施業務を主体とする所掌事務の性格からして総理庁の外局であることが不適当であること等の理由により、世論の強い要望もあり、建設省設置法の制定により、僅か半歳にして同年七月十日、独立の省に昇格した」とある。

（66）同前、四八―四九ページ。

（67）木村俊彦「近代建築と技術をかえりみて――前川國男先生の建築」『建築技術』一九八六年十月号。なお、「インタビュー／テクノロジーの行方――木村俊彦氏に聞く」（『Glass & Architecture』Autumn1996 旭硝子株式会社）に日本相互銀行に関する木村の貴重な証言がある。松隈洋「課題としてのテクニカル・アプローチ――一九五〇年代前半期の可能性をめぐって」（『近代建築を記憶する』建築資料研究社、二〇〇五年所収）も参照のこと。

（68）前川國男「建築の前夜」『新建築』一九四二年五月号。

（69）前川國男・宮内嘉久『一建築家の信條』晶文社、一九八一年、一五三ページ。

（70）「座談会・半世紀の成果を支える」『日刊建設工業新聞』一九八五年十月一日。

（71）同前。

（72）前川國男「日本相互銀行本店」『建築雑誌』一九五三年九月号。

（73）前川國男「設計者の言葉」『日本相互銀行本店』竣工パンフレット、一九五三年。

（74）木村俊彦・小林陽太郎・山本学治・横山不学「カーテン・ウォール」『国際建築』一九五〇年十二月号。

（75）座談会「国際性・風土性・国民性」『国際建築』一九五三年三月号。

（76）田中誠「設計方針」『日本相互銀行本店』竣工パンフレット、一九五三年。なお、田中は、一連のテクニカル・アプローチの実践について、八回の連載「建築素材論」（『建築』一九六一年八月号―一九六二年六月号）にまとめ、それを元に博士論文「建築の設計における材料と意匠の関連について」を提出し、一九六一年に東京大学から工学博士号を授与されている。

（77）横山不学「構造」同前。

（78）（73）に同じ。

（79）（69）に同じ。一五三ページ。

（80）森丘四郎「現場人はこう見る」『日刊建設通信』一九五九年二月二十日。

（81）浜口隆一「日本近代建築のマイルストーン」『国際建築』一九五三年一月号。松隈洋「軽量化と工業化の求めたこと――日本相互銀行本店」（『近代建築を記憶する』建築資料研究社、二〇〇五年所収）も参照のこと。

(82) 前川國男「日本新建築の課題」『国際建築』一九五三年一月号。

(83)「現代建築におけるデザインと構造の在り方を語る」『建築文化』一九五四年三月号。

(84) 対談：前川國男・藤井正一郎「建築家の思想」『建築』一九六九年一月号。

(85) 前川國男「3＋3＋3＝3×3」『国際建築』一九三〇年十二月号。

(86) 前川國男「日本鋼材株式会社事務所」『新建築』一九三二年三月号。

(87) 木村俊彦「テクノロジカル・アプローチ［1］」『GA JAPAN』一九九四年〇七号。

(88) 田中誠「ディテールにもっと情熱を」『ディテール』七号、一九六六年一月号。

(89)「座談会・半世紀の成果支える材料、工法追求の姿勢」『日刊建設工業新聞』一九八五年十月一日。

(90) 前川國男「思わぬ贈物が期待できる気心を察してくれる職人さん」『日経アーキテクチュア』一九八四年八月二十七日号。湊建材工業株式会社『追悼　外川貞頼「私のプレコン人生」』一九九〇年（非売品）も参照のこと。

(91) 不二窯業株式会社『壁体打込ブリック』一九八七年に掲載された物件リストによる。

(92) 石井均・村尾成文「サッシュとカーテンウォール――ディテール開発の一軌跡」『ディテール』八五号（一九八五年七月号）。松隈洋「リーダーズダイジェスト東京支社（一九五一）戦後日本近代建築の出発点」（『再読／日本のモダンアーキテクチャー』彰国社、一九九七年）も参照のこと。なお、昭和鋼機は、二〇〇五年四月、会社更生手続開始を申し立てて倒産している（東京商工リサーチのウェブサイトによる情報）。

(93)「座談会・前川國男の世界　テクニカル・アプローチについて」『Glass and Architecture』一九八八年六月号、綜建築研究所発行。

(94) 山本学治「合理主義の系譜　日本の近代建築と前川國男の位置」『国際建築』一九六七年六月号。

III　コンペ挑戦の再開へ

(1) 展覧会の図録は、『建築家　前川國男の仕事』美術出版社、二〇〇六年として出版された。なお、弘前に続き、新潟市美術館（一九八五年）、福岡市美術館（一九七九年）へ巡回された。

(2)「前川國男の建物を大切にする会」ホームページ。http://maekawanokai.com/?cat=3

(3) 記念誌『建築家・前川國男生誕百年祭〈弘前で出会う前川國男〉』前川國男の建物を大切にする会、二〇〇八年。実は、鬼頭はこのときすでに重篤な病を患っており、弘前で若き日に手がけた講堂を見納めに駆けつけたことが後に判明する。松隈洋「捧げものとしての建築を求めて　追悼・鬼頭梓」『新建築』二〇〇八年十月号。

(4) 鬼頭梓＋鬼頭梓の本をつくる会編『建築家の自由――鬼頭梓と図書館建築』建築ジャーナル、二〇〇八年。

(5) 同前。

(6) 鬼頭梓「私のバッハ」『風声』第五号、後に、水脈の会編『内的風景』（而立書房、二〇〇一年所収）に、当時の心境が綴られている。

(7) 鬼頭梓「前川先生と私」、前川國男建築設計事務所OB会有志『前川國男・弟子たちは語る』建築資料研究社、二〇〇六年。

(8) 松隈洋「製図板上の思考から――前川國男の後ろ姿」『建築雑誌』一四五二号、二〇〇〇年。

（9）（4）に同じ。なお、文中の浜口と丹下の発言については、座談会「国際性・風土性・国民性――現代建築の造型をめぐって」（『国際建築』一九五三年三月号）において、前川と丹下が、太平洋戦争下の「日本国民建築様式」をめぐる議論として話題にしている。松隈洋『建築の前夜 前川國男論』（みすず書房、二〇一六年）、三三〇―三四六ページも参照のこと。また、「一筆描き」という前川のプランの方法を示すキーワードについては、所員の窪田経男が、「ぼくがいちばん記憶に残っているのは木造の慶應病院（一九四八）をやっている頃ですね」と証言している。「［座談会］一九五〇年代のテクニカル・アプローチを振り返る」『GLASS & ARCHITECTURE』旭硝子、Autumn1996。

（10）校史編纂委員会編『八十年史――青森県立弘前中央高等学校』青森県立弘前中央高等学校創立八十周年記念行事実行委員会。

（11）（3）に収録されたトークセッションでも、木村新吾の子息の木村文丸が、前川への設計依頼について証言している。

（12）「大切にする会」では、弘前市が寄贈した講堂椅子の補修プロジェクトを、青森工業高校建築科教諭の古跡昭彦の指導のもと、二年がかりで進め、二〇〇六年九月、八〇六席すべての補修を終えている。また、二〇一四年には、弘前市が講堂を景観重要建造物に指定している。さらに、二〇一五年には、DOCOMOMO選定建築にも指定された。

（13）前川國男「戦前の設計競技　私の体験から」『建築雑誌』一九五七年七月号。

（14）筆者の調べた限りでは、前川の戦前期（一九二八―四三年）のコンペ応募案は、図版の確認できないものも含めて、全二一件を数える。「前川國男の戦前のコンペ応募一覧」、松隈洋『前川國男の戦前期における建築思想の形成について』（東京大学学位請求論文）二〇〇八年、五六一―五六二ページ。

（15）審査員の今井兼次の長男・今井兼介によれば、今井は前川に審査員を依頼したが、前川はコンペ応募を望んだため断ったという（二〇〇六年七月四日付の笠原一人宛の書簡）。この証言から、今井が「審査所感」（『建築雑誌』一九四八年八月号）に記した「一少壮建築家に審査員を依頼したのであったが熟慮再考の結果、この栄ある聖堂に一案を捧げることこそ自分の責務であるとして辞退」したのは、前川國男だったことがわかる。

（16）岸田日出刀「一等必選」『建築雑誌』一九四八年七月号。こう批判した岸田は、翌一九四九年に自らが審査員を務めた「広島市平和記念公園及び記念館競技設計」で、丹下案を一等に選出することになる。また、興味深いことに、「アンケート一九五四年の建築」（『新建築』一九五四年十二月号）で、岸田は、竣工した村野の聖堂を取り上げて、「清新にして見飽きぬ情趣豊か」と高く評価し、続いて一九五五年度の日本建築学会賞の作品部会長（幹事は丹下健三）として、聖堂を作品賞に選んだのである。

（17）「建築設計競技執行規準に付て」『建築雑誌』一九四八年十二月号。

（18）今井兼次「審査所感」『建築雑誌』一九四八年八月号。

（19）今井兼次「審査に携わりて」『平和記念広島カトリック聖堂建築競技設計図集』洪洋社、一九四九年。

（20）堀口捨己「内輪話」『建築雑誌』一九四八年八月号。

（21）村野藤吾「審査」同前。

（22）吉田鉄郎「広島平和記念カトリック聖堂の建築競技設計について」。（19）に同じ。

（23）「海外の同類の聖堂建築」とは、「ブラジルに建てられたOscar Niemeyerの設計になる聖フランシス聖堂」であると今井が指摘している。（18）に同じ。

（24）『建築雑誌』一九四八年八月号。

(25) 同。

(26)『世界平和記念聖堂の建築をめぐって――講演と対談』（「建築家村野藤吾さんと世界平和記念聖堂を語る会」編集・発行、一九八四年）の中で、フーゴ・ラッサール神父（帰化名・愛宮真備）が、「設計募集するために、一ついい案（募集要項）をつくったんです。その案づくりの一人が、村野先生なんです」と述べ、「応募した中からは、決まらなかったので、最後には、だれに設計を頼むかということになって、やっぱり村野先生になりました」と証言している。

(27) 村野藤吾「聖堂の建築」『建築雑誌』一九五六年六月号。

(28) 村野藤吾「世界平和記念聖堂の設計について」『世界平和記念聖堂献堂式記念プログラム』一九五四年八月六日。ちなみに、「神父さんの一念」に「非常に感動した」から、設計料は受け取らなかったことを、最晩年の村野は、一九八三年七月十七日に聖堂で行われた対談講演会（(26)に同じ）で述べている。

(29) 近江榮『建築設計競技――コンペティションの系譜と展望』鹿島出版会、一九八六年。

(30) 指名コンペ時点では、鎌倉近代美術館と呼ばれたが、竣工後、神奈川県立近代美術館が正式名称となる。

(31) (29)に同じ。二六五ページの年表による。

(32) 佐々木静一「鎌倉近代美術館の出発」『神奈川県立近代美術館三〇年の歩み　資料・展覧会総目録』一九八二年。なお、総工事費は約二七八七万円だった。『建築文化』一九五一年十二月号。

(33) 阪田誠造「六週間の秀作」（『大きな声　建築家坂倉準三の生涯』、一九七五年九月一日発行）を参照のこと。

(34) 前川事務所の作品目録に記載はないが、大髙正人が、後年、このコンペを担当し、前川案が「次点だったと思うな」と証言している。また、大髙は、「東京都庁舎もやったし、広島の平和記念館もやったね」と語っているが、「平和記念館」とは、丹下が一等となった「広島平和記念公園及び記念館」ではなく、村野が設計した「世界平和記念聖堂」を指していると思われる。「インタビュー時代の肉声　大髙正人」『建築文化』一九九四年九月号。

(35) (29)に同じ。一五四―一五五ページ。なお、参加報酬はなく、当選者のみに三〇万円が支払われた。日本銀行金沢支店は一九五四年に竣工し、現存する。

(36) 外務省庁舎については、結果発表の時点で、「外務大臣官房会計課」が「新庁舎計画について」（『建築雑誌』一九五三年九月号）を公表する。そこには、予算も決まらない中で、「一国の表玄関とも言うべき外務省の建物として相応しいものを広く求めたい考えから、当代一流の建築家に新庁舎の設計参考案を作って頂くこと」にし、「小坂秀雄、佐藤武夫、丹下健三、長谷部鋭吉、村野藤吾、山下寿郎、山田守、吉田鉄郎の八氏にその作成を依頼した」と報告されている。しかし、「設計案の取扱い」については、「建設費の確定に先立って、参考案として依頼するものであるから、実施設計に当っては、変更する場合もあり、又採用しない場合もある」と明記された。そして、設計案展示会の案内の備考には、「この設計は競技設計ではありません」と但し書きされたのである。ここにもコンペの方法をめぐる混乱があった。

(37) 後の一九五七年二月に、岸田が委員長、前川が幹事、市浦健や谷口吉郎、吉阪隆正らが委員を務めて組織された日本建築家協会、日本建築学会、日本建築士連合会の「設計競技規準に関する連合委員会」により、「建築設計競技規準協定」がまとめられる。『国際建築』一九五七年三月号。

(38)「東京都本庁舎設計審査報告」『建築雑誌』一九五二年十二月号。

(39) 浜口隆一「近代美術館について」『建築文化』一九五三年三月号。

(40) 宮内嘉久編「浜口隆一年譜　一九一六―一九九五」、浜口隆一

の本刊行会編『市民社会のデザイン　浜口隆一評論集』而立書房、一九九八年、三九一ページ。
(41)　内山岩太郎「わが文化政策」『芸術新潮』一九五六年六月号。
(42)　内山岩太郎「わが文化政策」『神奈川県立近代美術館年報』一号。
(43)　『反骨の七七年――内山岩太郎の人生』神奈川新聞社、一九六八年。
(44)　『神奈川新聞』一九五二年九月二十三日。
(45)　『神奈川新聞』一九五二年十二月四日。筆者の調べたかぎり、コンペの報告書である「図書館基本設計審査報告書」(『神奈川県立図書館五〇年の歩み』二〇〇四年、五ページ)は残されておらず、審査員全員の名前や詳しい審査経過は不明であり、前川案も含めコンペ応募案も現存しない。
(46)　吉原は、後に、神奈川県立川崎図書館(一九五八年)の設計を手がけている。松隈洋『モダニズム建築紀行――日本の戦前期・戦後一九五〇年代の建築』(六耀社、二〇一六年)、二〇五―二〇九ページ。
(47)　『神奈川文化』一九五八年十一月号。
(48)　「座談会:神奈川県立図書館・音楽堂が今日あることの意味と価値」『建築ジャーナル』一九九三年八月号。
(49)　前川國男「計画要旨」『新建築』一九四四年一月号。
(50)　「生きた建築を求めて」、前川國男・宮内嘉久『一建築家の信條』(晶文社、一九八一年)、一六四ページ。
(51)　水之江忠臣「家具におけるテクニカル・アプローチ」『建築』一九六一年六月号。
(52)　岡山県庁舎建設誌刊行会編『岡山県庁舎建設誌』一九六七年十二月一日発行(非売品)。この指名コンペについても、審査の経過や内容、他の応募案など詳しい資料は残されておらず、竣工から一〇年目に編集されたこの建設誌が今のところ唯一の資料となる。
(53)　岸田日出刀「岡山県庁舎競技設計審査報告書」同前。
(54)　「設計の概要」同前。および『新建築』一九五三年九月号を参照。
(55)　足立光章「新しくサッシュを解剖する――日本相互銀行蔵前支店、神田支店のサッシュを基として」『建築文化』一九五五年三月号。
(56)　前川國男「感想」『岡山県政情報』一九五四年八月一日。
(57)　田中誠「岡山県庁舎の設計について」。(52)に同じ。なお、コンペ段階から現場監理までを担当した吉川清の証言が『建築ジャーナル』一九九五年八月号に収録されている。
(58)　長田三六「指名懸賞設計」『新建築』一九五三年十二月号。
(59)　羽仁五郎「委員長報告――参議院における国会図書館運営常任委員会委員長としての報告」(『国民に訴う――国会からの報告』潮流社、一九四九年)。羽仁五郎『図書館の論理――羽仁五郎の発言』(日外アソシエーツ、一九八一年)に収録。同書の「国立国会図書館の創立」の中で、羽仁は、一九二〇年代初めのヨーロッパ留学の際、フライブルグ大学図書館の玄関の上の石に刻まれた聖書の言葉「真理がわれらに自由を得させる」を見た経験から、この前文を自ら起草したことも記している。一六二―一六三ページ。
(60)　『官報』第八〇六五号、一九五三年十一月二十日。『建築雑誌』一九五三年十一月号にも概要が掲載された。
(61)　吉阪隆正「国立国会図書館懸賞競技設計規定について」『新建築』一九五四年一月号。
(62)　『朝日新聞』一九五三年十二月二十二日。この記事は、内田が携わった外務省庁舎と羽田空港ターミナルビルの指名コンペの不祥事にも詳しく触れている。
(63)　『新建築』一九五四年二月号。

(64) 丹下健三「建築著作権について」『朝日新聞』一九五四年一月二十一日、金森徳次郎「丹下氏の質問に答える」同、一月二十七日。

(65) 「国会図書館設計懸賞期限延長さる」『新建築』一九五四年三月号、「国会図書館懸賞設計の期限五月末に」『国際建築』一九五四年三月号。

(66) 「国会図書館建築設計公募ボイコット運動の波紋」『新建築』一九五四年四月号、「不可解な質疑応答書」『新建築』一九五四年六月号、「審査員はもっと勉強を」『国際建築』一九五四年六月号。

(67) 林田二郎（林昌二）「審査結果は遺憾、私は丹下案を支持する」『新建築』一九五四年八月号。

(68) 武基雄「国民建築の夜明け前」『新建築』一九五四年九月号。

(69) 『新建築』一九五四年九月号、二三ページ。

(70) MID「空間を創造する二原則」『新建築』一九五四年九月号。

(71) このプレキャスト・コンクリート枠格子は、西原衛生工業所本社ビル（一九五四年）の外壁で実現する。『建築文化』一九五五年四、五月号、『ディテール』一号、一九六四年七月号。

(72) 「国会図書館の建築設計決る」『朝日新聞』一九五四年六月二十一日。

(73) 『国立国会図書館建築設計応募図案概略説明書』暗号回／前川建築事務所蔵。同文が『新建築』一九五四年九月号にも掲載されている。

(74) 田中誠「国立国会図書館問題の経過」『設計と監理』第一巻第四号、一九五五年十月。

(75) 「私の原点　鬼頭梓インタビュー」、鬼頭梓『建築家の自由　鬼頭梓と図書館建築』企業組合建築ジャーナル、二〇〇八年、一八ページ。また、鬼頭は、「機能的ということ」（『現代の図書館』日本図書館協会、一九七八年十二月）の中で、次のように指摘している。「戦後日本の図書館界にとって最大のできごとの一つは国立国会図書館の誕生であったと思う。（…）その公募の要項に盛られた国立国会図書館の構想は、すぐれて機能的なものであったと私は考えている。（…）国の最大規模の中央図書館に相応しく、整然として論理的な機能の体系であった。だがこの機能の体系は、ついに募集要項の中だけで終ってしまった。どんな理由でそうなったのか、そのいきさつは私は知らないし、それを詮索する心算もない。私は唯日本における機能としての図書館は、その緒戦において先ず敗退したのだと、やや独断的に理解しているのである」。

(76) 『国際建築』一九五七年三月号。

(77) 中田準一「最晩年の前川さん」『前川國男・弟子たちは語る』建築資料研究社、二〇〇六年。

(78) 前川國男「コンペの現状と問題点」『建築雑誌』一九六六年十一月号。

Ⅳ　集合住宅の実践を通して

(1) スタニスラウス・フォン・モース著、住野天平訳『ル・コルビュジエの生涯』彰国社、一九八一年、一九〇—一九四、二一七—二二一ページ。および、「議題・CORE「核」の解説」『国際建築』一九五一年二月号参照。

(2) ジョン・ピーター著、小川次郎・小山光・繁昌朗訳『近代建築の証言』TOTO出版、二〇〇一年、三四〇ページ。

(3) 「CIAMに前川・丹下氏渡英」『国際建築』一九五一年七月号。

(4) (2)と同じ。三三四—三三九ページ。前川國男「『ル・コルビュジエ全作品集』第一巻によせて」、ウィリ・ボジガー／オスカル・ストノロフ著、吉阪隆正訳『ル・コルビュジエ全作品集　第一巻』(A. D. A. EDITA Tokyo Co., Ltd. 1979) の表紙カバー。なお、前川が晩年に暮らした新・前川國男自邸（一九七四年）食堂の収納棚には、セルトの肖像写真が飾られていたことを筆者は記憶している。

また、セルトがグロピウスの推薦でハーバード大学大学院デザイン学科（GSD）の建築学部長に着任し、都市デザインの専門コースを開設した一九五三年に、日本から留学生として入学したのが槇文彦である。槇文彦『建築から都市を、都市から建築を考える』岩波書店、二〇一五年、一七―一九ページ参照。

（5）吉阪隆正旧蔵資料／現在はアルキテクト事務局蔵。

（6）丹下は後のインタビューでル・コルビュジエに会った際の様子を語っている。「巻頭インタビュー　丹下健三：焼け野原から情報都市まで駆け抜けて」『建築雑誌』一九八六年一月号。また、東京大学退官記念で出版した作品集の序文、丹下健三「アーバンデザインへ――序にかえて」（『建築と都市』世界文化社、一九七五年）でも、「三十代の私にとって、ル・コルビュジエやグロピウス、またギーデオンといった歴史的人物の謦咳に接したことは忘れがたい感銘でした」と回想している。

（7）（3）に同じ。

（8）吉阪隆正「現代人の孤独を救う？　CIAMのCORE論議」『国際建築』一九五一年九月号。

（9）Edited by J. TYRWHITT, J. L. SERT, E. N. ROGERS, *CIAM8 The Heart of the City*, Lund Humphries, London 1952/KRAUS REPPINT Nendeln 1979（復刻版）。

（10）"Conversation at CIAM8" 同前 pp. 39–40.

（11）「広島計画・平和都市の建設」として『国際建築』一九五〇年十月号に掲載。

（12）丹下健三「ヨーロッパの郷愁」『国際建築』一九五一年十月号。

（13）「鼎談・欧米社会と近代建築の潮流／丹下健三・前川國男・生田勉」『国際建築』一九五一年十二月号。

（14）前川國男「展望・文明と建築」『建築年鑑一九六四年版』美術出版社、一九六四年。ちなみに、ここで触れられた「ペレーの建築あたりから出直す」プロジェクトとして前川が試みたのが、三等に当選した東京市庁舎コンペ応募案（一九三四年）である。「座談会1」『建築雑誌』一九六八年八月号の前川の発言も参照のこと。

（15）「ミド同人によるカーテンウォール」『国際建築』一九五六年三月号。

（16）「建築家の思想――対談：前川國男・藤井正一郎」『建築』一九六九年一月号。

（17）寺島幸太郎「マンテルの工場生産と軽量化」『国際建築』一九五五年一月号。

（18）寺島幸太郎「打放しコンクリートの仕上」『建築文化』一九五五年一月号。

（19）前川國男「神奈川県立図書館並びに音楽堂」『建築雑誌』一九五五年七月号。

（20）同前。

（21）「表彰業績に対する推薦理由」『建築雑誌』一九五五年七月号。

（22）田中誠「足もとから固めてゆく努力を」『国際建築』一九五五年一月号。

（23）鬼頭梓「日本式超重構造とのたたかい」『国際建築』一九五六年三月号。

（24）「対談＝人間と建築・その13　前川國男・村松貞次郎」『新建築』一九七五年一月号。

（25）前川國男「今日の日本建築」『建築知識』一九三七年十二月号。

（26）（24）に同じ。

（27）（24）に同じ。

（28）『国立国会図書館建築設計応募図案概略説明書』一九五四年。前川建築設計事務所蔵。『国際建築』一九五四年八月号に採録。

（29）宮内嘉久「建築家前川國男の仕事」、前川國男・宮内嘉久『一建築家の信條』晶文社、一九八一年。

(30) 丹下健三「現代日本において近代建築をいかに理解するか――伝統の創造のために」『新建築』一九五五年一月号。

(31) 前川國男邸の隣家に育ち、幼少期に前川夫妻に可愛がられたという小沢友二氏に宛てた美代夫人の一九五四年八月十四日付の手紙(二〇一七年九月二日に筆者は本人からコピーを受け取る)には、次のような一文が記されていた。「長い間同居いたしておりました事務所が八月三日に引越ましてやっと静かになりました。(…)目下我家は雨天体操場みたいです」。この文面から、敗戦直後の八月十九日に結婚した美代夫人にとって、吹き抜けの居間は、このとき初めてその本来の大きさを実感できたことがわかる。

(32) 建設広報協議会編『建設省十五年小史』建設広報協議会、一九六三年、三―四ページ。三浦忠夫『日本の建築生産』彰国社、一九七七年、四六―四七ページ。

(33) 建設広報協議会編『建設省十五年小史』建設広報協議会、一九六三年、一八三ページ。

(34) 同前、一八五―一八六ページ。

(35) 早川文夫「アパートの変遷」『建築雑誌』一九五七年五月号。宮脇檀編『日本の住宅設計／作家と作品――その背景』彰国社、一九七六年、八四―八六ページ。

(36) 「建築家の課題としての住宅問題」『国際建築』一九五四年一月号。

(37) この発言については、翌年に、自らの設計監理費の内訳を「白書」として公表し、より踏み込んだ大学批判と設計事務所経営についての悲痛な問題提起を行っている。『新建築』一九五五年七月号。

(38) 鈴木成文「庶民住宅の過去が教えるもの」、内田祥哉・大場則夫・菅野義隆「生活の近代化をはばむ平面構成」『国際建築』一九五四年一月号。

(39) 「空に伸びる住宅　あぱァとラッシュ時代」『いえなみ』一九五六年四月号。

(40) 古垣鐵郎『心に生きる人びと』(朝日新聞社、一九七三年)に佐藤尚武に触れた文章が綴られている。一一六―一一九ページ。

(41) 「某氏邸」(『新建築』一九四八年十月号)として掲載され、今も現存する。『住宅建築』二〇一一年四月号で現状の内外の姿が紹介された。

(42) 一九九八年五月に筆者は元居住者にアンケートしたが、ある回答には、「当時の第二池上寮はエリート中のエリートが入居したもので、職員全体から羨まれたものです。間取りも広く快適でした」とあった。

(43) 「ミド同人によるカーテンウォール」『国際建築』一九五六年三月号。

(44) (38)の後者に同じ。

(45) 「手仕事のモダニズム　高橋義明さんに聞く」『住宅建築』一九九七年一月号。

(46) 元居住者の一人は、筆者のアンケートに対して、「眺望や通風は最高でした」、「外観はなかなかのものでした。恐らく近所の人達には、さすがにＮＨＫだという印象があったのではないでしょうか」と答えている。

(47) 日本住宅公団史刊行委員会編『日本住宅公団史』日本住宅公団、一九八一年、四ページ。

(48) 大本圭野『[証言]日本の住宅政策』日本評論社、一九九一年、三四〇ページ。

(49) 経済企画庁編『経済白書昭和三十年度』大蔵省印刷局、一九五五年。

(50) 塩田丸男『住まいの戦後史』サイマル出版会、一九七五年、八〇ページ。

(51) 本間義人『産業の昭和社会史5　住宅』日本経済評論社、一九八七年、一五八―一五九ページ。

(52) 尚明「今日の高層アパートの性格」『新建築』一九五八年十二月号。

(53) (48)と同じ。三四〇―三四一ページ。

(54) (48)と同じ。五二四ページ。

(55) 木村肇「公団が誇る晴海団地」『いえなみ』一九五六年十月号、日本住宅公団。

(56) 野々村宗逸「初の高層住宅―晴海」。(47)に同じ。一五二ページ。

(57) 建設省住宅局住宅建設課『高層公営住宅設計資料集成』一九五三年。なお、野々村宗逸「高層アパート建たざるの記」(『国際建築』一九六〇年五月号)でも、「次のステップとして高層アパート建設のための準備を開始した」として、この調査研究に触れられている。

(58) 松隈洋『建築の前夜　前川國男論』みすず書房、二〇一六年、一九六―二一四ページ。

(59) 大高正人「東京晴海の公団アパート」『国際建築』一九五六年十一月号。

(60) 大高正人「設計の概要」『建築文化』一九五九年二月号。

(61) 奥村珪一「表現について」『新建築』一九五九年一月号。

(62) 実際に、一九九七年の建物解体時に、床スラブと戸境壁を取り払った可変性検証の実験が行われた。住宅・都市整備公団(現・UR都市機構)は、晴海高層アパート取り壊し直前の一九九四年十月に、日本建築学会に対して、「わが国における集合住宅計画の萌芽期における先達の試みを、その器に棲み続けた人々の生活記録という形で残すこと」を主旨に、調査研究を委託した。学会に設置された特別調査委員会(主査:初見学東京理科大学教授、他八名の委員)により、調査研究が行われた。その報告書として作成されたのが、『晴海高層アパートの記録』(一九九六年五月)である。また、その続編として、技術的な検証、部分的移築復元の記録と、一九九七年七月十九日に開催された「晴海高層アパートの教え」と題するシンポジウムと見学会の記録集として作成されたのが、『晴海高層アパートの教え』(一九九八年十月)である。いずれも貴重な歴史的資料となっている。

(63) 林田二郎(林昌二のペンネーム)「耐火アパートのすまいと暮し」『建築知識』一九五九年一月号。

(64) 大高正人「1.その造形」『国際建築』一九五九年三月号。

(65) 野々村宗逸「矩計図詳細図及び建具廻り詳細」『新建築』一九五九年二月号。

(66) 野々村宗逸「いつまでも豊かさを――技術が奉仕するもの」『建築文化』一九五九年二月号。

(67) 木村俊彦「2.その構造」『国際建築』一九五九年三月号。

(68) 加納久朗「わが住宅問題の地位」『建築雑誌』一九五七年三月号。

(69) 本間義人『居住の貧困』岩波新書、二〇〇九年、一一〇ページ。

(70) (50)に同じ。二―三ページ。

(71) 本城和彦「心に沁みる作業の厳しさ」『日刊建設通信』一九五九年二月二十日。

(72) 前川建築設計事務所蔵。この草稿は手直しされて、『建築文化』一九六三年十二月号に掲載された。「……」は判読不明部分。

(73) 日本住宅公団『日本住宅公団一〇年史』一九六五年、一五八ページ。

(74) 『住宅建築』一九九六年四月号、三浦展編、大月敏雄・志岐祐一・松本真澄著『奇跡の団地　阿佐ヶ谷住宅』王国社、二〇一〇年、えんぞうENZO『阿佐ヶ谷住宅』リブロアルテ、二〇一三年。

(75) 渡辺曙(聞き手・植田実)「日本におけるケース・スタディ・

ハウス」、岸和郎・植田実監修『ケース・スタディ・ハウス』（住まいの図書館出版局、一九九七年）の「栞（しおり）」でも、大高の試作住宅は取り上げられており、渡辺は、その住宅が「小川正隆邸」だと証言している。

(76) 渡辺覚一「設計の新システム」『いえなみ』一九五九年二月号、日本住宅公団。

(77) 大髙正人「公団住宅の設計に対する批判」『建築雑誌』一九五七年五月号。

(78) 「インタビュー　市民の庭としてのコモン――阿佐ヶ谷住宅の場合」財団法人政策科学研究所『21世紀フォーラム』第五七号、一九九六年六月三十日発行。

(79) (74)の『奇跡の団地　阿佐ヶ谷住宅』八二ページの情報に補足した。

(80) 「津端修一さんに聞く　市民の庭になるコモン」『住宅建築』一九九六年四月号。

(81) 松隈洋「阿佐ヶ谷住宅というユートピア」、えんぞうENZO『阿佐ヶ谷住宅』リブロアルテ、二〇一三年。

(82) (78)に同じ。

(83) 尚明「初年度計画二万戸の達成に総力結集」、日本住宅公団史刊行委員会編『日本住宅公団史』日本住宅公団、一九八一年、一一ページ。

(84) (73)に同じ。一六〇ページ。

(85) 蓑原敬・松隈洋・中島直人『建築家大髙正人の仕事』エックスナレッジ、二〇一四年。

(86) 津端修一・津端英子『高蔵寺ニュータウン夫婦物語』ミネルヴァ書房、一九九七年。東海テレビ放送制作・配給の映画「人生フルーツ」（二〇一六年）でも紹介された。筆者も津端邸を訪ね、手紙のやり取りなど交流の機会をいただいていた。

V　歴史との対話と方法論の構築

(1) 日本建築設計監理協会の機関誌『設計と監理』一九五七年第三巻第九号、「本会記事」五四ページに、一九五六年十一月に藤井を「事務員に採用」と記されている。

(2) 藤井正一郎「建築家の職能――その小史」、藤井正一郎・鶴巻昭二『日本の建築家職能の軌跡』日刊建設通信新聞社、一九九七年、六ページ。

(3) 『日本建築士』一九四一年一月、「第一六回臨時総会の決議」三ページ。

(4) 『日本建築士』一九四一年十月、「会員増減一覧図表」一八〇ページ。

(5) 『日本建築士』一九四二年六月、「日本建築士公用団々報」一四五ページに、「昭和十六年十一月及十二月二回に亙り団員技術者及設計能力調査書を海軍施設本部宛提出せり」と報告されている。

(6) 石原信之「日本建築設計監理協会の生いたち」、社団法人日本建築設計監理協会『設計と監理』第一巻第一号、一九五五年一月二十日発行。日本建築学会編『近代日本建築学発達史』丸善、一九七二年、村松貞次郎「5章　建築士法の制定まで（戦後）」二〇八五―二一一七ページにも詳しい経緯が記されている。

(7) 村松貞次郎「戦前における建築士法制定運動」、日本建築学会編『近代日本建築学発達史』丸善、一九七二年、二〇八一ページ。

(8) (2)に同じ。五五ページ。

(9) 『日本建築士』一九四一年六月、「日本建築士公用団設立経過報告」一四五ページ。

(10) (6)の前者に同じ。

(11) 北代禮一郎「推薦に代えて」、藤井正一郎・鶴巻昭二『日本の建築家職能の軌跡』（日刊建設通信新聞社、一九九七年）に、ハーグのUIA総会に出席した北代によるその間の経緯が記されている。
(12)『設計と監理』一九五七年第三巻第九号に、会名改称披露宴の際の松田軍平会長の挨拶として、「重要な国家政策に関して、国家の為に建築家の立場において貢献して参った」という発言など、日本建築設計監理協会の敗戦後の歩みが報告されている。
(13) 松田軍平「社会と建築家」『設計と監理』一九五六年第二巻第七号。
(14) 藤井正一郎「(社)日本建築家協会(JAA)の歴史」、藤井正一郎・鶴巻昭二『日本の建築家職能の軌跡』日刊建設通信新聞社、一九九七年、三二ページ。
(15) 前川國男・宮内嘉久『一建築家の信條』晶文社、一九八一年、一三〇—一三五ページ。
(16)『日本建築士』一九三九年六月、「会員動静」二三四ページ。
(17)『日本建築士』一九四二年八月、「日本建築士公用団々報」一九八ページ。
(18)(14)に同じ。五四ページ。
(19)『日本建築家協会ニュース』四一号(一九五九年六月十五日発行)、三ページ。
(20)(14)に同じ。五五ページ。
(21)「協会の経済的基礎を強固に——前川会長のテーブル・スピーチ」『日本建築家協会ニュース』四三号(一九五九年七月十五日発行)、二ページ。
(22)『建築家会館竣工パンフレット』一九六八年十二月、建築家会館『会館小史——建築家会館落成二〇周年記念』一九八八年に収録。
(23) 藤井正一郎編「前川國男アンソロジー」『建築家』一九八六年、Vol. 19 No. 43.
(24)(2)に同じ。一九—二〇ページ。
(25) 岸田日出刀「建築設計競技規準協定について」『設計と監理』一九五七年三巻一〇号。
(26)「建築設計競技執行規準」『建築雑誌』一九四八年十二月号。幹事に浜口隆一、委員に前川國男、佐藤武夫、谷口吉郎、丹下健三、松田軍平ら。
(27)「座談会・建築設計競技規準をめぐって」(『建築雑誌』一九五七年十一月号)の前川の発言からも、果たした役割の大きさが読み取れる。
(28)「建築設計競技　世田谷区民会館及び庁舎」『設計と監理』一九五七年三巻一一号。近江栄「公正なる「設計者選定方式」の模索　藤沢方式への期待」(『新建築』一九八五年十二月号)に、このコンペの実現した経緯が綴られている。
(29)「世田谷区民会館及新区庁舎競技設計説明書」前川建築事務所蔵。その概要は『国際建築』一九五七年九月号にも掲載された。
(30)「鼎談・欧米社会と近代建築の潮流」『国際建築』一九五一年十二月号。
(31) 鬼頭梓「区民会館の設計で考えたこと」『建築文化』一九五八年六月号。
(32) 奥村珪一「コンクリートで空間を創る」『新建築』一九五九年七月号。
(33) 加々美孝春「鉄筋コンクリート折版構造の公会堂」『新建築』一九五九年七月号。
(34) 鬼頭梓「世田谷区民会館を設計して」『新建築』一九五九年七月号。
(35)『建築家の自由　鬼頭梓と図書館建築』建築ジャーナル社、二〇〇八年、一七ページ。
(36) 鬼頭梓「配置計画のことなど」『建築文化』一九六一年五月号。
(37)「設計事務所に聴く」『近代建築』一九六一年五月号。
(38) 鬼頭は、敗戦直後の学生時代に海外の建築雑誌の閲覧について、次のように回想している。「戦後、GHQが日比谷の日東紅茶のパーラー（日東コーナーハウス、竹中工務店、一九三八年）を接収して作ったCIEの図書室（一九四六年）には、よく通いました。林昌二さんも通っていたらしいね」。鬼頭梓『建築家の自由』建築ジャーナル社、二〇〇八年、二〇ページ。
(39) 松隈洋『建築の前夜　前川國男論』みすず書房、二〇一六年、三一四―三五六ページ。
(40) 林田二郎「アトリエから脱皮して共同体へ」『新建築』一九五七年八月号。
(41) たとえば、神奈川県立図書館・音楽堂（一九五四年）の設備工事を除く建設コストの坪単価は七万二千円であり、当時の事務所建築と同程度に過ぎず、戦前の建設コストの坪単価一六―二〇万円（国会議事堂は六〇万円）の半分以下に過ぎないという（『建築文化』一九五五年一月号）。
(42) 「座談会1　作家という立場からの発言」『建築文化』一九五七年七月号。
(43) 大高正人・木村俊彦「コンクリート建築へ」『建築文化』一九五六年十月号。なお、大高によるこれらの造形表現の試みについては、次の拙文でも詳述している。松隈洋「生活世界を構築する――大高正人の求めたもの」、蓑原敬・松隈洋・中島直人『建築家　大高正人の仕事』（エックスナレッジ、二〇一四年）二四三―二五九ページ。
(44) 大高正人「アンケート」『新建築』一九五六年十二月号。大高の個人アルバムには、松井田町役場を見学した際の写真も残されている。
(45) 『新建築』一九五七年九月号。
(46) 浜口隆一「表現と機能の統一的把握に欠けるところあり」『新建築』一九五七年九月号。
(47) 山本学治「課題のあり方自体を検討しなければならない」『新建築』一九五七年九月号。
(48) 晩年の鬼頭にも次のような回想がある。「時代の変化は確かにありましたね。前川さんも音楽堂と神奈川県立青少年センターとの間には、苦渋の跡が見えます。戦後しばらくは、鉄筋コンクリートでいかに少ない材料で薄い断面で設計するかという大きな潮流がありました。リーダーズ・ダイジェストは、かなり印象的でした。その後は、近代建築に対する反動のようなものがなんとなくあった。このままこっちに進んでも、あまり先がないんじゃないかとね」。
(38) に同じ。二七ページ。
(49) 前川國男「東京文化会館」『建築雑誌』一九六二年七月号。
(50) 松隈洋『建築の前夜　前川國男論』（みすず書房、二〇一六年）に詳述している。一三九―一五五ページ。
(51) 日本貿易振興会編『一九五八年ブリュッセル万国博覧会報告書』日本貿易振興会、一九五九年。
(52) 『工芸ニュース』一九五八年三、四月号。
(53) (51) に同じ。
(54) (51) に同じ。現在の貨幣価値に換算すると、それぞれ九〇億、一億四四〇〇万円となる。『戦後値段史年表』（朝日文庫、一九九五年）の「銀行の初任給」の比較による。
(55) 「特集：ブラッセル万国博日本参加計画の全貌」『工芸ニュース』一九五八年三、四月号。
(56) 斉藤は会期中に「ブラッセル博の日本館」（『工芸ニュース』一九五八年五月号）、「ブラッセル万国博を現地に見る（1）」（七月号）、「同（2）」（八月号）を執筆し、終了後も、「ブラッセル万国博閉幕に思う」（『国際文化』一九五八年十一月号）を記している。
(57) 前川國男「ブラッセル萬國博覧会」『芸術新潮』一九五八年七月号。

（58）（51）に同じ。
（59）三上祐三「ブラッセル世界博の日本館について」『工芸ニュース』一九五七年六月号。ちなみに、「日本からもっていった建設材料は庭石だけ。京都の貴船、賀茂、鞍馬などのもので、据え石約四〇トン、撒き石約六〇トン、最も大きなものは約四トン」（注（52）の記事より）あったという。
（60）座談会「日本人の手と機械」『国際建築』一九五八年八月号。
（61）一九三六年七月十七日付のル・コルビュジエ宛の手紙。松隈洋『建築の前夜　前川國男論』一四八―一四九ページ。
（62）*Le Peuple*《人民》（ベルギー社会党日刊紙）一九五八年五月二十三日／『建築文化』一九五八年十月号に訳出転載。
（63）斉藤重孝「ブラッセル博の日本館」『工芸ニュース』一九五八年五月号。
（64）（51）に同じ。
（65）前川國男／聞き手・藤井正一郎「建築における《真実・フィクション・永遠性・様式・方法論》をめぐって」『新建築』一九八四年一月号。
（66）『一九五八年ブリュッセル万国博覧会報告書』日本貿易振興会、一九五九年、九四ページ。
（67）『設計と監理』一九五六年二巻八号、四八ページ。
（68）同前、五一ページ。
（69）（66）と同じ。および『設計と監理』一九五七年三巻一一号、七〇ページ。
（70）『日本建築家協会ニュース』二〇号、一九五八年七月十五日発行、六ページ。
（71）三上祐三「ヨーロッパを楽しむ前川國男」『前川國男・弟子たちは語る』建築資料研究社、二〇〇六年。
（72）三上祐三「前川國男とヨーン・ウツソン」『JIA news』二〇〇一年十二月号。
（73）三上祐三『シドニーオペラハウスの光と影――天才建築家ウッソンの軌跡』彰国社、二〇〇一年。
（74）「ヨーロッパ各地を廻って――ＵＩＡについて感じたことなど前川会長のテーブル・スピーチ」『日本建築家協会ニュース』五三号、一九五九年十二月十五日発行。「ＵＩＡリスボンの実行委員会及び総会の報告――前川國男」『日本建築家協会ニュース』五五号、一九六〇年一月十五日発行。
（75）この北欧旅行の背景には、前川の一九五九年のスウェーデン王室名誉勲章授与があると思われる。
（76）（74）の前者に同じ。
（77）前川國男「疑わしい〝新しい希望〟ブリュッセル万国博から帰って」『読売新聞』一九五八年八月五日夕刊。
（78）前川國男「ロンシャンの教会」『建築と社会』一九六〇年十月号。
（79）「〝現代建築の条件〟を語る」『科学読売』一九六〇年六月号。
（80）前川國男「一枚のレコード」『朝日新聞』一九六二年六月二十八日。

Ⅵ　時間の中の建築を志向して

（1）前川國男「京に思う（66）平俗化を恐れる」『京都新聞』一九六〇年三月九日。
（2）中西宏次『戦争のなかの京都』岩波ジュニア新書、二〇〇九年。
（3）吉田守男『日本の古都はなぜ空襲を免れたか』朝日文庫、二〇〇二年、二〇七ページ。
（4）西川祐子『古都の占領――生活史から見る京都一九四五―一九五二』平凡社、二〇一七年。
（5）望月秀祐「回顧・京都会館」『政経リポート　畿内見聞録』平

成十八年二月二十五日発行。

(6)「説明書」前川建築設計事務所蔵。

(7)「日本相互銀行・亀戸支店」『新建築』一九五七年八月号。

(8)前川國男「京都会館」『京都会館五年の歩み』京都会館、一九六五年。

(9)田中誠「京都会館メモ」『建築文化』一九六〇年七月号。

(10)「放談オリンピア前川国男氏」『日刊建設工業新聞』一九六一年六月一日。

(11)田中誠「京都会館に使われた二〜三の建築材料について」『近代建築』一九六〇年七月号。

(12)田中誠「セラミックスと建築」『現代建築』一九七六年六月号。

(13)南條一秀「建築の素材——材料の選択について」『建築』一九六〇年九月号。

(14)フランソワーズ・ショオエ「なまのままの純粋な美しさ」『新建築』一九六〇年七月号。

(15)『建築雑誌』一九六一年七月号。

(16)藤井正一郎「転身の意味」『建築年鑑'61』美術出版社、一九六一年。

(17)前川國男「京都会館」『建築雑誌』一九六一年七月号。

(18)「第一巻　日誌　昭和十六年三月　前川國男」前川建築設計事務所蔵。

(19)「佐野利器博士還暦祝賀会記」『建築雑誌』一九四〇年五月。

(20)加藤周一著、鷲巣力編『加藤周一セレクション3　日本美術の心とかたち』平凡社ライブラリー、二〇〇〇年、四五六—四六〇ページ。

(21)(17)に同じ。

(22)前川國男「平俗化を恐れる」『京都新聞』一九六〇年三月九日。なお、京都会館のロームシアター京都（二〇一六年）への改築をめぐる問題点については、次の拙稿を参照されたい。「京都会館と建築家・前川國男の求めたもの①〜④」『ねっとわーく京都』二〇一一年十月号—二〇一二年一月号、「京都会館／再読関西近代建築——モダンエイジの建築遺産」『建築と社会』二〇一二年二月号、「合意形成のプロセス——近年の保存運動から」、日本建築学会編『モダニズム建築の評価——保存のコミュニケーションをめぐって』二〇一二年九月発行、「京都会館と二十世紀建築遺産の行方」『SD』二〇一二年十二月号。

(23)「建築における《真実・フィクション・永遠性・様式・方法論》をめぐって」『新建築』一九八四年一月号。なお、東京文化会館の設計者に正式に選ばれて基本設計に着手したのは一九五七年七月であり、このとき前川は五十二歳だった。

(24)「対談＝人間と建築・その13　前川国男・村松貞次郎」『新建築』一九七五年一月号。レーモンド事務所時代のコンクリート打放しの試みについては、「打込みタイルと美術館」(『新建築』一九八〇年一月号)のインタビューでも前川が語っている。また、その中で前川が紹介した吉村順三がプランを担当した川崎守之助邸と、京都会館の設計チーフを務めることになる田中誠が現場を担当した赤星鉄馬邸は、『アントニンレイモンド作品集一九二〇—一九三五』(城南書院、一九三五年)に収録されている。

(25)田中誠「セラミックスと建築」『現代建築』一九七五年六月号。

(26)望月秀祐「回顧・京都会館」『政経リポート　畿内見聞録』平成十八年(二〇〇六年)二月二十五日発行。

(27)南條一秀「砂町の相互銀行」『近代建築』一九六二年一月号。

(28)田中正雄「コンクリートの外壁は二重にしなければならない」『国際建築』一九六三年五月号。前川事務所におけるホロー・ブリックの開発経緯についても詳述されている。

(29)崎谷小三郎「学習院大学について」『新建築』一九六〇年十月

号。

(30) 学習院大学五十年史編纂委員会編『学習院大学五十年史』二〇〇〇年、学習院大学発行。

(31) 同前。四五五ページ。

(32) (29) および (30) と同じ。なお、富永は東京帝国大学文学部美学美術史学科で坂倉準三と同級生であり、一九五九年に国立西洋美術館の初代館長に就任する。

(33) (30) に同じ。四五六ページ。

(34) (30) に同じ。四五八ページ。

(35) 河原一郎「建築計画について」『新建築』一九六〇年三月号。

(36) 前川國男「学習院大学新築工事に関して　高さ制限緩和許可理由書」、東京都公文書館内田祥三資料。

(37) 崎谷小三郎「褪せた写真」『追悼　前川國男』一九八七年。

(38) コンペの報告記事が『新建築』一九五九年七月号に掲載されており、前川案は落選するが、早稲田大学吉阪研究室案が三等入選を果たしている。

(39) 山本学治「「内向き」のブロックプランに疑問」『新建築』一九六〇年十月号。

(40) 「建築における《真実・フィクション・永遠性・様式・方法論》をめぐって」『新建築』一九八四年一月号。

(41) 前川國男「設計者のことば」草稿。前川建築事務所蔵。

(42) 長佐古美奈子「学習院目白キャンパスの建造物の文化財登録化について」『学習院大学史料館紀要』(第一六号、二〇一〇年三月)。

(43) ピラミッド校舎の取り壊し問題については、日本建築学会関東甲信越支部や、卒業生有志と筆者らが結成した「学習院大学ピラミッド校舎群の保存活用を願う会」による保存要望書の提出やシンポジウムの開催などが行われた。その経緯については拙稿「保存運動と建築アーカイブズ――「学習院大学ピラミッド校舎群の保存活用を願う会」の活動から」『ディテール』(第一七七号、二〇〇八年)を参照のこと。また、学習院大学史料館は、「さよならピラミッド校舎」イベントや講演会を開催し、解体中の姿を克明に記録した写真集『ピラミッド校舎の記録』二〇〇八年を発行している。

(44) 小杉山禮子「東京文化会館　誕生物語 (1)」『がいど』No. 194, 一九七八年六月。東京文化会館。

(45) 平田誠剛「音楽の殿堂を造った人々」、東京新聞編『響きあう感動五〇年　音楽の殿堂　東京文化会館ものがたり』東京新聞、二〇一一年。

(46) 前川國男「東京文化会館竣工二〇周年」『がいど』No. 225, 一九八一年一月。東京文化会館。

(47) 東京新聞編『響きあう感動五〇年　音楽の殿堂　東京文化会館ものがたり』東京新聞、二〇一一年。

(48) 小杉山禮子「東京文化会館誕生物語 (2)」『がいど』No. 195, 一九七八年七月。東京文化会館。

(49) 詳しい経緯については、拙稿「神奈川県立図書館・音楽堂ができるまで」『神奈川文化』五〇号、二〇一二年二月、神奈川県立図書館を参照のこと。

(50) (45) に同じ。

(51) 前川國男「東京文化会館をつくる」『朝日ジャーナル』一九六一年五月十四日号。

(52) 『朝日新聞』一九五五年十一月六日 (夕刊)。

(53) 『読売新聞』一九五五年十二月十三日。当時の上野公園の様子については、石井光太『浮浪児一九四五――戦争が生んだ子供たち』新潮社、二〇一四年 (一三二―一七一ページ)、本橋信宏『上野アンダーグラウンド』駒草出版、二〇一六年 (一六九―一七六ページ) でも触れられている。

(54) 『読売新聞』一九五九年二月二十八日。

(55) 小杉山禮子「東京文化会館誕生物語(4)」『がいど』No. 197, 一九七八年九月。東京文化会館。
(56) (45)に同じ。
(57)「奥平耕造氏を囲んで(東京文化会館)」一九九一年十一月一日、前川建築設計事務所の研究会記録メモ。
(58) 大髙正人「おぼえがき」『建築』一九六一年六月号。
(59) 吉川清『記憶帳3』私家版、一九九九年。
(60)『東京都記念文化会館　基本設計説明書』前川國男建築事務所、一九五八年三月。
(61) 木村俊彦「構造設計家の思索と方法2」『建築』一九六二年一月号。
(62)「対談・公共建築の設計を語る　前川國男・川添登」『公共建築』一九六一年六月号。
(63)「対談：建築と都市計画を語る　前川國男・大谷幸夫」『建築』一九六一年六月号。ちなみに、京都会館(延床面積約一万六八五〇平方メートル)の設計時間は三万五九一六時間で、東京文化会館はその一・三四倍になる。総工費は八億八〇〇万円で、東京文化会館の建設単価はその一・六倍になる。
(64)「奥平耕造氏を囲んで(東京文化会館)」一九九一年十一月一日、前川建築設計事務所の研究会記録メモ。
(65) 奥平耕造「先生と大将と仕事」『前川國男・弟子たちは語る』建築資料研究社、二〇〇六年。
(66) 三上祐三「ヨーロッパを楽しむ前川國男」同前。
(67) 大髙正人「おぼえがき」『建築』一九六一年六月号。
(68) 吉川清『記憶帳3』私家版、一九九九年。
(69) 前川國男「東京文化会館をつくる」『朝日ジャーナル』一九六一年五月十四日号。
(70)「現代の建築　設計者の意図——政治に期待する　東京文化会館」『東京新聞』一九六一年十月三十一日。
(71) アントニン・レーモンド「才能豊かな前川国男の大交響楽」『新建築』一九六一年六月号。
(72) 内田祥哉「近代合理主義と装飾主義の交錯」同前。
(73) 伊藤ていじ「始まって終わった建築」『建築文化』一九六一年六月号。
(74) 大髙正人「東京文化会館以後」『新建築』一九六一年六月号。
(75) 川添登『建築家・人と作品』(井上書院、一九六八年)にも大髙への期待が綴られている。
(76) 川添登「現代文明における群造形の意義」『近代建築』一九六一年六月号。
(77)「奥平耕造氏を囲んで(東京文化会館)」一九九一年十一月一日、前川建築設計事務所の研究会記録メモ。
(78) 木村俊彦「構造設計家の思索と方法2」『建築』一九六二年一月号。
(79) 前川國男「東京文化会館の完成におもう」『近代建築』一九六一年六月号。
(80) 前川國男「東京文化会館をつくる」『朝日ジャーナル』一九六一年五月十四日号。
(81) 前川國男「歴史的体験者からみた設計者のための制度」『建築雑誌』一九七三年十月号。
(82)「東京文化会館新リハーサル室棟」『新建築』一九八五年二月号。
(83) 島義人「東京文化会館のリニューアル——三八年間、共に生きてきた人々の思いを反映」『劇場演出空間技術』三三号、一九九九年。
(84) 近江栄「前川國男の戸惑い」『追悼　前川國男』前川建築設計事務所発行、一九八七年。

Ⅶ　都市への提案を重ねる中で

(1)『日本建築家協会ニュース』第八一号（一九六一年三月一日発行）。

(2)『日本建築家協会ニュース』第一三一号（一九六三年五月一日発行）。

(3) 前川國男「下関市庁舎競技設計に関連して」『建築雑誌』一九五一年五月号。

(4) 帰国直後に行われた誌上座談会の記録（「鼎談・欧米社会と近代建築の潮流」『国際建築』一九五一年十二月号）がある。

(5)（3）に同じ。

(6) 前川國男「新建築様式の積極的建設」『国際建築』一九三三年二月号。

(7) 前川國男「序文」、日本建築家協会編『建築のディテール　コンクリート造・1』彰国社、一九六〇年。

(8) 中真巳（佐々木宏）は、「近代建築発展三段階説について　前川國男序論」（『建築』一九六一年八月号）の中で、「前川自身が到達したと考えている第三の段階、それはたしかに現代建築の百花繚乱といった状況への突入である。前川が描いていたような〈人間性を求めての〉建築デザインであるかどうかは現在のところ明らかではない。なぜなら、かかる人間性を求めての傾向もあるとはいえ、あまりに多様的であまりに混沌としているからである」と指摘している。

(9)「今日のヨーロッパ建築界のあれこれ――オーギュスト・ペレー賞をうけて／前川國男・浜口隆一」『近代建築』一九六三年六月号。

(10)「サンモリッツUIA実行委員会について――前川国男氏報告」『日本建築家協会ニュース』第一三四号（一九六三年六月十五日発行）でドクシアディスの仕事について触れている。

(11) C・A・ドクシアディス著、長島孝一訳『ドクシアディス　現代建築の哲学』彰国社、一九六七年、一二三ページ。

(12) 同前、七八―七九ページ。

(13)「対談：建築と都市計画を語る／前川國男・大谷幸夫」『建築』一九六一年六月号。

(14) 前川國男「設計者の言葉」『日本相互銀行本店』竣工パンフレット、一九五三年。

(15)「雑報」欄記事による。『日本建築家協会ニュース』第八一号（一九六一年三月一日発行）。

(16)「芸術家の歩む道」と題されたこの対談は、他の対談と共に、日刊建設通信社出版部編『建築夜話』（日刊建設通信社、一九六二年）にまとめられた。さらに、巻頭に解説・鈴木博之「戦後日本建築第一級の証言集――建築夜話の魅力」が追加されて、株式会社日刊建設通信新聞社編『復刻建築夜話――日本近代建築の記憶』（株式会社日刊建設通信新聞社、二〇一〇年、非売品）として発行された。

(17) この前川の発言にあるサン＝テグジュペリの言葉の出典は確認できていない。ご教示いただければありがたい。

(18) 木村俊彦『構造設計の初心――木村俊彦＝初期の軌跡』企画・編集／宮内嘉久、木村俊彦構造設計事務所発行、一九九八年、五二―五四ページ。

(19) 木村俊彦「建築の造型性と技術性――蛇の目ビルの完成に際して」『新建築』一九六五年十月号。

(20)「序」『岡山県庁舎建設誌』岡山県庁舎建設誌刊行会、一九六二年。

(21) 田中誠「岡山県庁舎の設計について」同前。

(22)『新建築』一九六二年七月号。

(23)「完成した岡山県新文化センター」『山陽新聞』一九六二年六月

十日。
(24) 大熊立治「すべての人に自由に」『岡山県総合文化センターの建設』一九六〇年三月三十日発行。
(25) 奥村珪一「岡山美術館と世田谷区立郷土資料館について」『新建築』一九六四年十二月号。
(26) 『新建築』一九六四年十二月号掲載図面などの表記による。
(27) 「設計を開く1　打込みタイルと美術館」『新建築』一九八〇年一月号。残念ながら、ここで前川が語っている事務所の前の道にあった炻器質タイルについては確認できていない。
(28) 「今日のヨーロッパ建築界のあれこれ――オーギュスト・ペレー賞をうけて／前川國男・浜口隆一」『近代建築』一九六三年六月号。
(29) 浦辺鎮太郎「石井記念館愛染園の一建築」『新建築』一九六一年十一月号。
(30) 「鼎談・村野藤吾の設計態度／村野藤吾・浦辺鎮太郎・西沢文隆」『近代建築』一九六四年一月号。
(31) 学習院大学五十年史編纂委員会編『学習院大学五十年史』二〇〇〇年、学習院大学発行、六四三―六四五ページ。なお、旧・図書館（現・史料館）の保存と文化財登録化への経緯については、次の資料に詳述されている。長佐古美奈子「学習院目白キャンパス建造物の文化財登録化について」『学習院大学史料館紀要』第一六号、二〇一〇年三月、学習院大学史料館発行。
(32) 美川淳而「学習院大学図書館／計画案」『建築文化』一九六三年三月号。
(33) 同前。
(34) 『建築』一九六四年一月号。
(35) 河原一郎「建築計画について」『新建築』一九六〇年三月号。
(36) 木村俊彦「DT版による組立工法〈世田谷区立郷土資料館〉」『新建築』一九六四年十二月号。
(37) 木村俊彦「PCの建築」『新建築』一九六四年二月号。
(38) 木村俊彦『構造設計の初心――木村俊彦＝初期の軌跡』企画・編集／宮内嘉久、木村俊彦構造設計事務所発行、一九九八年、四三ページ。
(39) (37)と同じ。
(40) 松隈洋「生活世界を構築する――大髙正人の求めたもの」、蓑原敬・松隈洋・中島直人『建築家大髙正人の仕事』エックスナレッジ、二〇一四年、二七五―二八二ページ。
(41) 木村俊彦「近代建築と技術をかえりみて――前川國男先生の建築」『建築技術』一九八六年十月号。
(42) 建設省編『建設白書』昭和三十七年版、一九六二年、二五四ページ。
(43) 三浦忠夫『日本の建築生産』彰国社、一九七七年、九九ページ。
(44) 前川國男「下関市庁舎競技設計に関連して」『建築雑誌』一九五一年五月号。
(45) 古川修『日本の建設業』岩波新書、一九六三年、一六三―一六四ページ。
(46) (42)に同じ。二四九―二五〇ページ。
(47) 村松貞次郎「設計施工を推す」『新建築』一九六二年五月号。村松の主張に対する反論をアントニン・レーモンドが書き留めている。「建築家とはなにか」『新建築』一九六二年六月号。
(48) この連載は、浜口隆一・村松貞次郎『現代建築をつくる人々』（世界書院、一九六三年）にまとめられて発行された（一九七〇年に南洋堂から復刊）。その際、新たに加えられた補遺「建築家における西欧的呪縛――むすびに代えて」には、日本建築家協会事務局の藤井正一郎による「建設業設計部礼讃も誤り」とする批判に対する村松の反論が記されている。また、藤井も後に次の共著で触れている。藤井正一郎・鶴巻昭二『日本の建築家職能の軌跡』日刊建設通信新聞社、一九九七年、一〇一ページ。いずれも、一九六〇年代の建設産業の隆盛と建築家の職能や現代が抱える問題に関する示唆的な内容になっている。

(49) 建設大臣官房広報室編『建設双書3　建設産業の動向』建設広報協議会、一九六五年、六六ページ。

(50) 吉川洋『高度成長——日本を変えた六〇〇〇日』読売新聞社、一九九七年／中公文庫、二〇一二年。

(51) 建設大臣官房広報室編『建設双書1　国土建設と建設省』建設広報協議会、一九六五年、一二六—一二七ページ。

(52) 松原治「私の履歴書」『日本経済新聞』二〇〇四年二月十七日。

(53) 前川國男「設計者の言葉」『紀伊國屋ビルディング竣功記念パンフレット』一九六四年。

(54) 吉川清『記憶帖4』私家版、一九九九年。

(55) 土屋巌「前川國男の教え」、前川國男建築設計事務所OB会有志編『前川國男・弟子たちは語る』建築資料研究社、二〇〇六年。

(56)『新建築』一九六四年五月号。

(57)『建築』一九六四年五月号。

(58) 古跡昭彦『ぷらっと建物探訪　古い建物のはなし』私家版、二〇〇五年。月刊タウン誌『弘前』の連載をまとめた同書には、弘前中央高校講堂について、「できた当時から、現在の弘前市民会館ができるまでの間、弘前の市民劇場としての機能の一役も果たしていた」と記されている。古跡は弘前工業高校建築科の教諭を務め、中央高校講堂の椅子改修プロジェクトの指導にも携わった。また、同校の卒業生の一人は、同窓会で語られた講堂の印象について、「音の響きがとても良い」、「立派な講堂があることがうれしく、自慢でもあった」との声を書き留めている。清藤紀子「前川國男生誕百年　魅力的な存在の講堂」『陸奥新報』二〇〇六年七月十五日。なお、講堂の音響設計を、神奈川県立音楽堂と同じく、石井聖光が手がけたことを、筆者が電話（二〇一五年七月七日）で確認し、「音が良く客席に届くように、前川さんと鬼頭さんと打合せして、天井をギザギザにしました」との証言を得ている。

(59)「新編弘前市史」編纂委員会編『新編弘前市史　通史編5（近・現代2）』（弘前市企画部企画課刊行、二〇〇五年）に、藤森市長が、東京文化会館と世田谷区民会館等を視察した結果、「前川作品にひときわ心を惹きつけられ」、「そこに弘前市民の気性や風格、伝統と相通じ合うもののあることを感じ取り、新庁舎の設計は前川以外にはないと覚ったという」（九三一—九三二ページ）と説明されている。また、竣工後に、著書の藤森睿『過ぎにしかた』（東奥日報社、一九八二年）の中で、「何ともいえぬ素朴さ」を感じたと回想している。

(60) 前川國男「贅句一束」『東奥日報』一九五九年四月五日。

(61) 吉川清『記憶帳4』私家版、一九九九年。

(62) 富沢稔「ランダム・ウォールの建物の構造設計について」『建築文化』一九六四年十月号。

(63) 南条一秀「弘前市民会館の設計について」同前。

(64) 速記録「大沢三郎氏に聞く——美術館のプランニング」一九八七年七月十五日、前川建築設計事務所蔵。

(65) 前川國男「現代建築の課題」『朝日新聞』一九六二年二月三日。

(66)「カテドラル」設計依頼要綱」『建築』一九六二年七月号。

(67) 同前。

(68)「「東京カテドラル」指名設計競技丹下案にきまる」『建築文化』一九六二年七月号。

(69)『平和記念廣島カトリック聖堂建築競技設計図集』洪洋社、一九四九年。この聖堂の設計は、審査員だった村野藤吾が無償で携わり、世界平和記念聖堂（一九五四年）として完成する。

（70）前川案の作成に携わった所員の鬼頭梓は、丹下の空間に対する違和感を、「わたくしの疑問　東京カテドラルの印象」（『国際建築』一九六五年八月号）に記している。

（71）早川秀穂「ニューヨークフェアと日本館」『国際建築』一九六四年六月号。『ニューヨーク世界博覧会報告書』ニューヨーク世界博協力会、一九六六年。

（72）「この人 ニューヨーク世界博の日本館を設計した前川國男」の新聞記事一九六四年四月五日（出典不明）。前川建築設計事務所蔵。

（73）奥平耕造「ニューヨーク世界博・日本館」『国際建築』一九六五年二月号。

（74）筆者は、二〇〇四年にニューヨークのコロンビア大学で開催されたDOCOMOMO世界大会で前川國男について発表した際、*Progressive Architecture*誌の元記者から、「前川の日本館は良い建物だったね。会期終了後、一部が移築されたことを知っているかい」と話しかけられた。注（71）の『ニューヨーク世界博覧会報告書』によれば、州内のマンハッタンビル・カレッジに寄贈され、移築されたが、現存するかについては不明。

（75）特別記事「山本忠司と喫茶・城の眼」『住宅建築』二〇一七年四月号。

（76）前川國男「真の日本館を望む」『国際建築』一九六五年二月号。

（77）「前川國男　建築としての展望はあるか」『続・現代建築の再構築』彰国社、一九七八年、七二ページ。なお、カーソンの著書は、青樹簗一訳『生と死の妙薬』新潮社、一九六四年として邦訳されたが、文庫化にあたり『沈黙の春』と改題された。

（78）レイチェル・カーソン著、青樹簗一訳『沈黙の春』新潮文庫、一九七四年、三五四ページ。

（79）前川國男「文明と建築」『建築年鑑一九六四年版』美術出版社、一九六四年。

（80）大宇根弘司「私がレンガで建築をつくる理由」、前川國男建築設計事務所ＯＢ会有志編『前川國男・弟子たちは語る』建築資料研究社、二〇〇六年。ジェイン・ジェイコブズ著、山形浩生訳『アメリカ大都市の死と生』鹿島出版会、二〇一〇年。

（81）「ＮＨＫテレビセンター競技設計の投げかけた波紋」『新建築』一九六二年二月号。

（82）宮内嘉久「コンペ問題債権等の契機」『建築文化』一九六二年二月号。

（83）岸田日出刀「ＮＨＫテレビセンターのワシントンハイツ内建設計画に就いて」、「岸田日出刀」編集員会編『岸田日出刀』相模書房、一九七二年、一四七―一五〇ページ。松隈洋「繰り返される「競技場問題」」『世界』二〇一六年二月号を参照のこと。

（84）山本学治『日本建築の現況』彰国社、一九六九年、四三―四四ページ。

Ⅷ　文明論からの問いを抱えて

（1）松隈洋『建築の前夜　前川國男論』みすず書房、二〇一六年、一五六―一八三ページ。

（2）吉見俊哉『東京復興ならず』中公新書、二〇二一年、一五二―一五四ページ。

（3）石塚裕道・成田龍一『東京都の一〇〇年』山川出版社、一九八六年、三二六―三二八ページ。

（4）小林信彦『私説東京繁盛記』中央公論社、一九八六年。

（5）前川國男「埋もれた伽藍」『新建築』一九四一年四月号。

（6）開高健『ずばり東京』光文社文庫、二〇〇七年、四一六―四一八ページ。

（7）前川國男「設計者のことば」『紀伊國屋ビルディング竣工パンフレット』一九六四年。

（8）「ＵＩＡ実行委員会に出席して――前川国男氏報告」『日本建築家協会ニュース』一七四号（一九六五年三月十五日）に、「私は今度はじめてこの機会にアンダルシア地方の新旧いろいろの都市をみて廻ったのであるが、非常によかったと思っている。特に住宅地にみられるヒューマン・エンビロンメントには感激するものがあった」と記されている。

（9）前川國男「コルドバの住宅地」『建築東京』一九六六年六月号。なお、「一昨年の春匆々」とあるが、注（8）からも、実際は一九六五年であり、「昨年」の間違いだと思われる。また、コルドバについては、後の鼎談でも、「決してぜいたくな家じゃないんですが、その住宅の並んでおる一角というものは、一種独特の上品な、何とも楽しげな雰囲気が漂ってる、そういうような町でして、私はもう本当に動けなくなってしまった。あまりに美しいんで」と感動を語っている。「ある建築家の生きざま　前川国男＋浦辺鎮太郎＋高橋靗一」『建築家』一九七六年春号・通巻第二六号。

（10）前川が恩師の伊東忠太に書き送ったアルハンブラ宮殿の絵葉書が日本建築学会建築博物館の伊東忠太資料に収蔵されている。そこには、軒先のグロテスクな鳥獣彫刻の雨水の落し口である「カーゴイルを見て伊東先生の顔を思い出しました」とユーモアあふれる言葉が綴られている。

（11）「ケルン市の美術館を設計　前川国男氏」『朝日新聞』一九七〇年五月二十九日夕刊。

（12）「ニュース〈建築〉ケルン東亜美術館（西独）」『日経アーキテクチュア』一九七八年九月十八日号（第六五号）。

（13）田中誠「ジャポニカに流れることを避けて」同前。

（14）前川國男「計画説明」『新建築』一九四四年一月号。

（15）前川国男「ル・コルビュジエ追悼」『国際建築』一九六五年十月号。一九六五年七月二、三日に、パリでＵＩＡ第九回総会が開催され、前川はＵＩＡの第二副会長に選任された。『日本建築家協会ニュース』一八五号（一九六五年九月一日）。

（16）前川國男「ル・コルビュジエのこと」『うえの』一九六五年十月号。

（17）『ジャノメミシンビル竣工記念』パンフレット、一九六五年。

（18）木村俊彦「構造設計」『建築文化』一九六五年十月号。

（19）「座談会　蛇の目ビルのプレハブリケーション」『近代建築』一九六五年十月号。

（20）寺島幸太郎「蛇の目ミシン本社ビルの建築計画」同前。

（21）「《ボンタイル》について（ボンタイルＫ．Ｋ．提供）」同前。

（22）「表彰業績に対する推せん理由」『建築雑誌』一九六六年七月号。

（23）（19）に同じ。

（24）雨宮亮平「蛇の目ビルを設計して」『新建築』一九六五年十月号。

（25）『追悼　外川貞頼「私のプレコン人生」』湊建材工業株式会社、一九九〇年（非売品）。なお、外川はその後も東京海上ビル（一九七四年）、国立国会図書館新館（一九八六年）など、前川の主要な建築に携わっていく。

（26）雨宮亮平「蛇の目ミシン工業本社ビルにおける〈P．C構法〉と〈デザイン〉」『建築文化』一九六四年七月号。

（27）雨宮亮平「基本設計」『建築文化』一九六五年十月号。

（28）（19）に同じ。

（29）木村俊彦「建築の造型性と技術性　蛇の目ビルの完成に際して」『新建築』一九六五年十月号。

（30）前川國男「設計者のことば」。（17）に同じ。

（31）前川國男「設計者の言葉」『日本相互銀行本店竣工パンフレット』、一九五二年。

（32）前川國男「ビルの建設・都市計画―建築家―」、松田道雄編

『君たちを生かす職業3 生産にたずさわる仕事』筑摩書房、一九六九年、一〇四―一〇五ページ。
(33) 槇文彦「公共空間へのアプローチ」『新建築』一九六六年七月号。
(34) 藤井正一郎「空間の発掘」同前。
(35) 「速記録　大澤三郎氏に聞く――埼玉会館について」一九八七年九月二日。前川建築設計事務所蔵。
(36) 中田準一「エスプラナードの床パターンについて」『建築』一九六六年七月号。
(37) 「対談・建築家としての展望はあるか　前川國男＋宮内嘉久」『続・現代建築の再構築』彰国社、一九七八年、六五ページ。
(38) 前川國男「設計者のことば」『蛇の目エコー』一九六三年八月号。
(39) 上野昂志『戦後六〇年』作品社、二〇〇五年、一六〇ページ。
(40) 水田喜一朗「第二次大戦以後の建築生産」『国際建築』一九六五年八月号。
(41) 建設省編『建設白書（昭和四十一年版）』大蔵省印刷局、一九六六年、二九七ページ。
(42) 前川國男「文明について」『国際建築』一九六四年九月号。
(43) 村松貞次郎「前川國男のつぶやき」『新建築』一九六六年十月号。
(44) 村松貞次郎「建築・明治百年　序章：今日はいかなる時か？」『新建築』一九六六年六月号。
(45) 小能林宏城「理念の喪失」同前。
(46) 『建築雑誌』一九六六年十二月号。
(47) 「昭和四十一年度学会賞候補一覧」『建築雑誌』一九六七年八月号。
(48) 藤井正一郎「現代建築の新しい切断面」『建築年鑑一九六八年版』建築ジャーナリズム研究所、一九六八年。
(49) 「推せん理由」『建築雑誌』一九六八年十月号。
(50) 前川國男「もうだまっていられない」同前。なお、直筆原稿では、元のタイトルの「所感」が赤字で消され、「もうだまっていられない」に書き換えられていた。
(51) 前川國男「私の建築観」『建築家』一九六八年秋号。
(52) 橋本功「焦点 日大闘争を内側から記録する――叛逆と超克の狭間に」『建築年鑑一九六九年版』建築ジャーナリズム研究所、一九六九年、橋本功「忘れ得ぬ出会いの頃と在りし日々」、前川國男建築設計事務所OB会有志編『前川國男・弟子たちは語る』建築資料研究社、二〇〇六年。
(53) 『建築家会館竣工パンフレット』建築家会館、一九六八年十二月。
(54) 「第四分科会・建築家と公害」『建築家』一九七一年春号。
(55) 「座談会　建築家のプロフェッションとはなにか」『建築家』一九六八年秋号。
(56) 前川國男「ヨーロッパ文明と建築家」『建築家』一九六九年秋号。
(57) 苅谷剛彦『追いついた近代　消えた近代』岩波書店、二〇一九年。
(58) 夏目漱石「現代日本の開化」、三好行雄編『漱石文明論集』岩波文庫、一九八六年。
(59) 前川國男・槇文彦対談「建築はどうなる」『建築家』一九七二年夏号。
(60) 「箱根国際観光センター（仮称）企画設計競技募集要項の概要」『日本建築家協会ニュース』二七九号、一九六九年十月一日発行。
(61) 「箱根国際観光センター（仮称）企画設計競技募集要項の概要」『建築』一九六九年十一月号。

(62) 前川國男「私の考え」『新建築』一九六九年十月号。
(63)「箱根国際観光センター(仮称)企画設計競技質疑応答書前文」『建築文化』一九七〇年二月号。
(64)「箱根国際観光センター設計競技経過報告並びに審査評」『近代建築』一九七一年五月号。
(65)「箱根コンペの終焉が意味するもの」『建築』一九七一年十二月号。
(66) 大宇根弘司「私がレンガで建築をつくる理由」『前川國男・弟子たちは語る』建築資料研究社、二〇〇六年。
(67) 前川国男建築設計事務所『埼玉県立博物館基本設計説明書』一九六九年七月。
(68) 前川國男「設計者のことば」『埼玉県立博物館要覧』一九七一年。
(69)「対談:埼玉の未来と県立博物館/前川國男・浜口隆一」『埼玉新聞』一九七一年十一月三十日。
(70) 打込みタイル実施例一覧表(一九六〇―一九七七年)。「前川國男建築設計事務所のセラミックスと建築」『現代建築』一九七七年六月号。
(71) (68)に同じ。
(72) 日本未来学会ホームページ等の記載による。
(73) (69)に同じ。
(74) 東京文化会館の大ホールホワイエのテラスが開放されて利用される光景を生前の前川は見ることができなかった。
(75) 神代雄一郎「自然との和ここに」『毎日新聞』一九七二年一月一日。
(76) 宮脇檀「月評」『新建築』一九七二年二月号。
(77) 長谷川堯「メスの建築思想の復権へ」『新建築』一九七二年六月号。
(78) S・T「埼玉県立博物館を見て」『近代建築』一九七二年一月号。
(79) 藤井正一郎「埼玉県立博物館をみて」『新建築』一九七二年一月号。
(80) 前川国男「スポンターニティが息ずく生活空間を求めて」『Commercial Photo Series』玄光社、一九七八年。

IX 都市の巨大化と建築の危機のもとで

(1) 前川國男・宮内嘉久『一建築家の信條』晶文社、一九八一年、二〇八ページ。
(2) 財団法人日本経営史研究所編『東京海上火災保険株式会社百年史 下』東京海上火災保険株式会社、一九八二年、五三六ページ。
(3)「〈座談会〉東京海上ビル本館落成記念」『東海月報』第二二九号(一九七四年四月)。
(4)『建築家会館叢書 建築計画学の創成=吉武泰水』建築家会館、一九九九年、七一ページ。
(5)「超高層ビルの社会的意義への確信」『新建築』一九七四年六月号。
(6) (3)に同じ。
(7)「東京都美観地区建築条例をめぐって」『新建築』一九六六年十二月号。
(8) 村松貞次郎「都条例問題の究明――当事者のインタビューを通して」『国際建築』一九六六年十二月号。
(9) 田村明『都市プランナー田村明の闘い――横浜〈市民の政府〉をめざして』学芸出版社、二〇〇六年、一一三―一一四ページ。
(10) 奥村珪一「東京海上ビル設計と美観論争の経緯」、TMIBを愛する会編『えっ!ホントに壊す!?東京海上ビルディング』建築ジャーナル、二〇二一年。

(11)「建築における《真実・フィクション・永遠性・様式・方法論》をめぐって」『新建築』一九八四年一月号。
(12) 前川國男・宮内嘉久『一建築家の信條』晶文社、一九八一年、二二五―二二六ページ。および、文字化されなかった録音テープに残された前川の発言による。
(13)（5）に同じ。
(14) 奥村珪一「私の想い」。(10)に同じ。
(15)（5）に同じ。
(16) 田中誠「東京海上本社ビル」『現代建築』一九七七年六月号。
(17) 田中誠『超高層ビルの話』日経新書、一九六八年。
(18)「現代文明と日本の建築家」『建築文化』一九六三年二月号。
(19)（5）に同じ。
(20) 田中誠『ニューヨーク世界博覧会報告書』、一三八―一四〇、一四四―一四六ページ。なお、村野藤吾もCBSビルを訪れており、東京海上ビル隣地の日本興業銀行本店（一九七四年）の設計にその影響が見られる。村野藤吾「都市雑感」『朝日新聞』一九六六年一月十八日。松隈洋「ガラス張りの近代建築を超えて」『村野藤吾のファサードデザイン』国書刊行会、二〇一三年。
(21) 村松貞次郎「都条例問題の究明」『国際建築』一九六六年十一月号。
(22)（3）と同じ。
(23)「東京海上ビル問題経過概要 その一―四」前川國男建築設計事務所作成資料。「「丸の内地区問題」関連記事」『国際建築』一九六六年十一月号、三菱地所株式会社社史編纂室編『丸の内百年のあゆみ 三菱地所社史 下巻』一九九三年、二三四―二四〇ページ。
(24)「拝啓、故石川栄耀殿」『都市計画学会法人化記念特集56』日本都市計画学会、一九六八年。山田正男『時の流れ・都市の流れ』都市研究所、一九七三年（非売品）に再録。
(25)「対談 第三のディケードに入った東京」『土地住宅総合研究』一九六七年春号。(24)と同じ著書に再録。
(26) 前川國男「百メートル道路の愚」『朝日新聞』一九四六年四月二日。
(27) 高橋林之丈『苦悩する建築設計界』相模書房、一九八一年、二一三ページ。
(28)「美観をやはり損う 皇居周辺の超高層ビル」『毎日新聞』一九六六年十一月十二日。なお、同日の『読売新聞』の見出しは、「皇居前の〝ビル論争〟大詰め 大勢は規制に賛成」となっていた。
(29) 財団法人日本経営史研究所編『東京海上火災保険株式会社百年史 下』一九八二年、五三八ページ。
(30) 同前、五三七ページ。
(31)「首相、海上ビル反対〝皇居前の美観こわす〟」『読売新聞』一九六七年十一月九日。
(32)（29）に同じ。および、「高層ビル美観で立法を示唆 西村建設相」『読売新聞』一九六七年十一月十日。
(33)（27）に同じ。二三一ページ。
(34)「美観論争ビル〝折れる〟東京海上火災二五階に削って申請」『読売新聞』一九七〇年九月十三日。
(35) 今里廣記『私の財界交遊録』サンケイ出版、一九八〇年、一七〇―一七八ページ。
(36)（27）に同じ。二三二ページ。
(37) 横山不学「踏みにじられた美と真実」『建築東京』一九六七年五月号。
(38) 前川國男「美観論争は不毛である」、タイプ版冊子一九六七年七月十九日。後に『新建築』一九六七年九月号に掲載される。
(39) 前川國男「丸の内景観論」、タイプ版冊子一九六六年一月二十七日。後に「超高層と都市美」と題して『建築士』一九六六年四月号に掲載。

(40) 田中誠『超高層ビルの話』日経新書、一九六八年、二〇〇ページ。なお、田中は、美観論争の渦中にあった一九六七年十二月、日本建築家協会の機関誌『日本建築家協会ニュース』二三七号（一九六七年十二月一日）に、「東京海上ビル問題について会員諸兄に訴える」と題する長文を寄稿して、重要な指摘を行っていた。「丸の内地区では容積地区制によって建築の容積が一〇〇〇％と決められてい乍ら、ここで再び高さを抑えたならば、いきおい建物は敷地一杯となり、道路を拡げ、広場を作る等の都市環境改善の可能性を全く圧殺することになるのに、どうして今になって高層建築を阻止せねばならないのか、われわれ建築家には全く不可解なのであります。処がここに丸の内の大半の土地を所有し、戦後盛に低層のオフィスビルを作り、比較的小さい投資で地の利によって莫大な利益をあげていた会社がある。彼等にとって高層オフィスビルが目の前に建つ事は強力な敵の出現であり、丸の内の王者の面目にかけても高層阻止に狂奔するのも無理からぬことなのであった」。

(41) 「東京海上ビルと前川国男氏——ある近代主義建築家の軌跡」『朝日新聞』一九七三年九月十日。

(42) 「対談　都市美をどう守る——皇居周辺の超高層ビルをめぐり」『朝日新聞』一九六七年六月二十二日。(24)と同じ著書に再録。

(43) 「連載対談94　皇居前超高層ビルは不敬か　前川國男・川添登」『週刊朝日』一九六七年十月二十七日号。

(44) 前川國男・奥平耕造「都市美観の歴史」『建築文化』一九六六年十二月号。

(45) 「座談会1」『建築雑誌』一九六八年八月号。

(46) 「東京海上ビル・大幅な設計変更」『新建築』一九七〇年十一月号。

(47) 村松貞次郎「東京海上ビルの問題にふれて」『新建築』一九七〇年十一月号。

(48) 「皇居前に二つの超高層ビル具体化」『建築文化』一九七一年一月号。

(49) 針生一郎編『われわれにとって万博とはなにか』田畑書店、一九六九年、二五四ページ。

(50) 『物価の文化史事典』展望社、二〇〇八年、四二二ページ。

(51) 松隈洋『建築の前夜　前川國男論』みすず書房、二〇一六年、一九六―二二四ページ。

(52) 『ＥＸＰＯ'70鉄鋼パビリオン第一次案企画書』一九六七年十月、『ＥＸＰＯ'70鉄鋼パビリオン草案』一九六七年十二月、『ＥＸＰＯ'70鉄鋼館基本設計説明書』一九六八年五月。

(53) 『日本万国博覧会鉄鋼館の記録』日本鉄鋼連盟、一九七一年。

(54) 岡上敏彦「大阪万博の鉄鋼館——その起源から休眠まで」『ＥＸＰＯ'70　大阪万博の記憶とアート』大阪大学出版会、二〇二一年。

(55) 浦辺設計蔵。大原と浦辺の音楽ホール構想については、西村清是「大原總一郎の夢」（『建築家浦辺鎮太郎の仕事』学芸出版社、二〇一九年）を参照のこと。

(56) 吉田秀和「私はここで、美しく充実した時を過した」『響きあう感動五〇年　音楽の殿堂　東京文化会館ものがたり』東京新聞、二〇一一年。

(57) 「座談会　ＥＸＰＯ'70と鉄鋼館」『鉄鋼界』一九六八年七月号。

(58) 奥村珪一「先生と私」『前川國男・弟子たちは語る』建築資料研究社、二〇〇六年。『読売新聞』一九六九年三月十四日に関連記事掲載。

(59) 日本鉄鋼連盟『SPACE THEATRE = 鉄鋼館ＥＸＰＯ'70パンフレット』一九七〇年。

(60) 足立光章「鉄鋼館をめぐっての思い出」『前川國男・弟子たちは語る』建築資料研究社、二〇〇六年。

(61) 宇佐美圭司「スペース・シアター――鉄鋼館がつくる〝音場〟」『美術手帖』一九七〇年六月号。
(62)「スター対談 ハロー!!万博〈5〉音を動かす〝楽器〟の殿堂」『週刊読売』一九七〇年三月二十日号。
(63)（59）と同じ。
(64) 前川國男「鉄鋼館の思い出」『日本万国博覧会鉄鋼館の記録』日本鉄鋼連盟、一九七一年。
(65) 足立光章「鉄鋼館をめぐっての思い出」『前川國男・弟子たちは語る』建築資料研究社、二〇〇六年。
(66)「館全体が巨大な楽器 夢の立体音楽堂」『読売新聞』一九六九年三月十四日。
(67) 商店建築三月号臨時増刊『装置空間EXPO'70』一九七〇年三月二日発行。
(68) 岡上敏彦「大阪万博の鉄鋼館――その起源から休眠まで」『EXPO'70大阪万博の記憶とアート』大阪大学出版会、二〇二一年。
(69) 亀倉雄策「ニューヨーク博始末記」『読売新聞』一九六四年七月二十二日、亀倉雄策『デザイン随想 離陸着陸』美術出版社、一九七二年に所収。
(70) 亀倉雄策「万国博は前衛芸術家の大祭典か」『読売新聞』一九六九年二月二十一日、同前所収。
(71)『日本万国博覧会会報』第二巻第三号、一九六七年七月一日発行。
(72) 池口小太郎『日本の万国博覧会』東洋経済新報社、一九六八年。
(73) 針生一郎編『われわれにとって万博とはなにか』田畑書店、一九六九年。
(74) 針生一郎「くるったイデオロギー――国威発揚と経済合理主義」『朝日ジャーナル』一九六九年一月十九日号。
(75) 小松左京「ニッポン・七〇年代前夜」『文藝春秋』一九七一年二月号、『やぶれかぶれ青春記・大阪万博奮闘記』新潮文庫、二〇一八年に所収、三〇三ページ。
(76) 川添登「俗の俗」『SD』一九七〇年八月号。
(77) 宇佐美圭司「参加の論理」同前。
(78) 吉見俊哉『博覧会の政治学』中公新書、一九九二年、二二六―二二七ページ。
(79) 伊藤ていじ「馬の前の荷車」『SD』一九七〇年八月号。なお、鈴木俊一は、後の東京都知事。
(80)『第一一回札幌オリンピック冬季大会公式報告書』一九七二年。
(81) 高山英華『都市の領域――高山英華の仕事』株式会社建築家会館、一九九七年。
(82) 松隈洋『建築の前夜 前川國男論』みすず書房、二〇一六年、三一四―三四一ページ。
(83) 岸田日出刀「鎌倉の近代美術館を観る」『建築文化』一九五二年二月号。
(84) 本書Ⅵ注（57）（59）を参照のこと。
(85) 遠藤明久「札幌オリンピック冬季大会の施設計画について」『建築界』一九七〇年三月号。
(86)「第四分科会・建築家と公害」『建築家』一九七一年春号。
(87) 真室佳武「開館八十周年を迎えて」、東京都美術館編『東京都美術館八〇周年記念誌 記憶と再生』東京都美術館、二〇〇七年。
(88)『東京都美術館のあり方について 第二次答申』東京都美術館運営審議会、一九六七年三月、東京都立中央図書館蔵。
(89)『東京都美術館改築計画に伴う参考資料』東京都美術館、一九六九年三月、東京都立中央図書館蔵。
(90) 瀬木慎一「東京都美術館は美術館か――改築をめぐる文化論争」『朝日ジャーナル』一九六九年三月九日号。
(91)「〝上野の森〟に一役買う前川国男氏」『朝日新聞』一九七二年

二月七日。
(92) 前川國男「新しい都美術館が完成して」『読売新聞』一九七五年六月十三日。
(93) 「速記録　大澤三郎氏に聞く――美術館のプランニング」一九八七年頃。前川建築設計事務所蔵。
(94) 「内井昭蔵・鬼頭梓対談：使い手の側に立って、謙虚に、地道に」『INAX PERORT No. 136』一九九八年、内井昭蔵監修『モダニズム建築の軌跡』ＩＮＡＸ出版、二〇〇〇年に所収。
(95) 『東京都美術館基本設計説明書』前川國男建築設計事務所一九七二年三月。
(96) 大沢三郎「東京美術館設計要旨」『新建築』一九七七年一月号。
(97) 前川國男「スポンターニティが息ずく生活空間を求めて」『Commercial Photo Series』玄光社、一九七八年。なお、前川の蔵書には、Ｄ・Ｊ・ブーアスティン『幻影の時代』東京創元社、一九六四年が残されている。
(98) スケッチ・ブックに残る前川國男の直筆メモ、一九七一年頃。
(99) 同前。なお、真駒内スピードスケート場は、真駒内セキスイハイムスタジアムとして現存し、聖火台も含め、竣工時の状態を維持したまま、現役で使われている。また、東京都美術館も、二〇一二年に、前川建築設計事務所の設計により、企画展示棟の増改築を含む全面的な改修工事が行われたが、原形を良くとどめながら、現役で使われている。
(100) 前川國男「「中絶」の建築に反省」『毎日新聞』一九七二年一月十日夕刊。
(101) 中田準一「失われた共通言語を求めて」『建築文化』一九七八年一月号。
(102) 『熊本県立美術館建設の経過』一九七五年、熊本県立図書館蔵。
(103) (101)と同じ。
(104) (102)に同じ。
(105) 高浜幸敏「或る地方美術館の試み――熊本県立美術館」『博物館研究』一九七六年九月号。なお、熊本城をめぐる建設地決定までの経緯については、熊本県文化協会会長の荒木精之「熊本城と美術館」『近代建築』一九七八年一月号に詳述されている。
(106) 「応接間 県立美術館設計者 前川国男氏」『熊本日日新聞』一九七二年三月三十日。
(107) 前川國男「「美観論争」は不毛である」『新建築』一九六七年九月号。
(108) 『熊本日日新聞』一九七二年九月二十五日。
(109) (102)に同じ。
(110) (101)に同じ。
(111) 中田準一「建築の生涯――前川建築の軌跡（4）」『住と建築』二〇〇二年四月号。
(112) 前川國男・ＭＩＤ同人『前川國男のディテール――熊本県立美術館をとおして』彰国社、一九七九年。
(113) 前川國男建築設計事務所『熊本県立美術館基本設計説明書』一九七二年十月。
(114) (101)に同じ。
(115) 前川國男「美術館に思う　迫る〝美の危機〟」『熊本日日新聞』一九七二年九月二十五日。
(116) 前川が指摘した文化施設の建設ブームの背景については、太下義之『アーツカウンシル』（水曜社、二〇一七年）に詳述されている。一〇二―一二五ページ。
(117) 前川國男・ＭＩＤ同人『前川國男のディテール――熊本県立美術館をとおして』（彰国社、一九七九年）に、素材や構法、ディテールの蓄積の経緯が記載されている。
(118) 木島安史「水平線の彼方」『新建築』一九七八年一月号。

（119）『速記録 大澤三郎氏に聞く――美術館のプランニング』一九八七年頃。前川建築設計事務所蔵。

（120）『前川國男講演会〝建築を志す者へ〟』（一九七八年十月十九日講演会記録）一九七九年、企画・編集／名古屋工業大学建築学科科会。

（121）前川國男「坂倉準三への手紙」、大きな声刊行会編『大きな声 建築家坂倉準三の生涯』鹿島出版会、一九七五年。ただし、この論考で前川が引用している文豪ゾラとされる言葉だが、文芸評論家の中村光夫『小説入門』（新潮文庫、一九五九年、四六ページ）によれば、バルザックの言葉であり、前川の勘違いだと思われる。また、中村は、前川の弟の春雄と第一高等学校の同級生で前川とも戦前から親交があり、太平洋戦争下の『文學界』一九四二年十月号の「近代の超克」特集に中村が寄稿した「「近代」への疑惑」を読んでいたことが推察できる。それを裏付けるように、一九七一年に、前川は、建築家会館での「日本の近代」と題する講演を中村に依頼し、当日の講師紹介の際に、そのことに触れて、「戦中の有名なシンポジュウム「近代の超克」といったような討論にも参加されました」と説明している。日本建築家協会機関誌『建築家』一九七一年春号。

（122）前川国男「坂倉準三君を悼む」『朝日新聞』一九六九年九月四日夕刊。

（123）「インタビュウ 作家と風景 前川國男」『SPACE MODULATOR』四六号、日本板硝子（株）、一九七五年九月。

（124）『日経アーキテクチュア』一九七八年九月十八日号。

（125）ブラジリアについては、あるエッセイ（前川國男「行ってみれば幻滅だけ」『科学朝日』一九七六年一月号）の中で、「ディテールのない張り子の虎」と評し、「皮肉なことに、窓から見たブラジリアで一番いきいきとした町のたたずまいは、ブラジリア建設に働く労働者が住むバラック街でした」と記していた。

（126）「解説鼎談：前川國男・井田安弘・藤井正一郎」、ル・コルビュジエ著、井田安弘訳『建築十字軍 アカデミーの黄昏』東海大学出版会、一九七八年。

（127）月評『新建築』一九七八年二月号。

（128）チャールズ・ジェンクス著、黒川紀章訳『現代建築講義』彰国社、一九七六年、三二三―三二五ページ。

（129）チャールズ・ジェンクス著、竹山実訳『ポスト・モダニズムの建築言語』a＋u、一九七八年、一一〇―一一一ページ。

（130）佐々木宏「「ポスト・モダニズム」とは不毛で奇妙な表現ではなかろうか」（『新建築』一九八二年四月号）では、ジェンクスの著書が次のように批判されている。「Modern Movement（近代運動）の多様な創造性の精神は、今日でも大きな遺産となっているのであり、（…）したがって、「近代建築は死んだ」というのは、たとえひとつのレトリックであるとしても、あまりに軽率であり不適当なものといえるだろう」。

（131）M・マッキューイン著、藤井正一郎訳／河原一郎コメント『建築の危機』鹿島出版会、一九七六年、三一ページ。

（132）D・H・メドウズ他著、大来佐武郎監訳『成長の限界――ローマ・クラブ「人類の危機」レポート』ダイヤモンド社、一九七二年。

（133）（131）に同じ。一二〇―一二一ページ。

（134）「特集―建築の危機」『建築家』一九七四年秋号、日本建築家協会。

X 最晩年の思考と方法論の到達点

（1）前川國男・宮内嘉久『一建築家の信條』晶文社、一九八一年、二二四―二二九ページ。

（2）ル・コルビュジエ著、井田安弘・芝優子訳『プレシジョン

(上)』鹿島出版会SD選書、一九七九年、七八ページ。

(3) 松隈洋『建築の前夜　前川國男論』みすず書房、二〇一六年、一八六—一九〇ページ。

(4) (1)に同じ。なお、文字起こしされていない発言をオリジナルの録音テープから復元して追記した。

(5) 前川國男・MID同人『前川國男のディテール　熊本県立美術館をとおして』彰国社、一九七九年。

(6) 太下義之『アーツカウンシル』水曜社、二〇一七年、一〇二—一〇六ページ。

(7) 「ミレー名画二億円　稼ぎ出したのは発電所」『読売新聞』一九七七年九月十二日夕刊。

(8) 後藤伸一「桃源郷の美術館——存在形式の溶融」『近代建築』一九七九年一月号。

(9) 大宇根弘司「私がレンガで建築をつくる理由」『前川國男・弟子たちは語る』建築資料研究社、二〇〇六年。

(10) (8)に同じ。

(11) 福岡市美術館ホームページの沿革年表から。

(12) 「阿倍・福岡市長四選出馬を表明」『読売新聞』一九七二年一月五日。

(13) 東京海上ビルや熊本県立美術館のスケッチなどが描かれた同じスケッチ・ブックに記された手書きのメモ。

(14) 「前川国男氏に聞く」『日刊建設通信新聞』一九七九年十一月二日。

(15) 「地方に広がる美術館ブーム」『読売新聞』一九七九年九月十一日。

(16) 長谷川栄『これからの美術館』鹿島出版会、一九八二年。

(17) 公益財団法人日本博物館協会「令和元年度　日本の博物館総合調査報告書」二〇二〇年。古賀太『美術展の不都合な真実』(新潮新書、二〇二〇年)にも日本の美術館の実相が概説されている。

(18) 小田光雄『〈郊外〉の誕生と死』青弓社、一九九七年、九八—一〇〇ページ。

(19) デヴィッド・ハーヴェイ著、吉原直樹監訳『ポストモダニティの条件』ちくま学芸文庫、二〇二二年、九〇ページ。

(20) デヴィッド・ハーヴェイ著、渡辺治監訳『新自由主義』作品社、二〇〇七年、一〇—一一ページ。

(21) 磯崎新『建築の解体』美術出版社、一九七五年、四〇二—四〇三ページ。

(22) いんたびゅー「資本の論理へ必死に抵抗　滅びるなら抵抗しながら…」『日経アーキテクチュア』一九七七年一月十日号。

(23) 前川國男「白書」『新建築』一九五五年七月号。

(24) 松隈洋『建築の前夜　前川國男論』みすず書房、二〇一六年、三八五ページ。

(25) 「前川国男氏西独ケルン市新聞誌上でインタビュー」。出典は未詳だが、「1978.2.7　株式会社志野陶石」と表記され、浜口隆一の「解説」に、ケルン市の新聞 *Kölner Stadt-Anzeiger* 一九七七年十二月五日芸術面掲載の独文記事を前川事務所の田中誠が訳したとある。前川建築設計事務所蔵。

(26) チャールズ・ジェンクス「磯崎新の逆説的立体」『新建築』一九七五年一月号。

(27) チャールズ・ジェンクス著、竹山実訳『ポスト・モダニズムの建築言語』a+u、一九七八年、七—一一ページ。

(28) 多木浩二「鏡の中の世界」『新建築』一九七五年一月号。

(29) 「月評」『新建築』一九七五年二月号。

(30) 『建築雑誌』一九七六年八月号。

(31) 同前。

(32) 前川國男「ビルの建設・都市計画—建築家—」、松田道雄編

『君たちを生かす職業3　生産に携わる仕事』筑摩書房、一九六九年、一〇二―一〇五ページ。

(33) ル・コルビュジエ著、生田勉・樋口清訳『伽藍が白かったとき』岩波文庫、二〇〇七年、七三ページ。

(34) 「解説鼎談：前川國男・藤井正一郎・井田安弘」、ル・コルビュジエ著、井田安弘訳『建築十字軍』東海大学出版会、一九七八年、一八三―一八四ページ。

(35) ル・コルビュジエ著、井田安弘・芝優子訳『プレシジョン（下）』鹿島出版会SD選書、一九八四年、七六ページ。「永遠性」については、「対談　加藤唐九郎・前川国男」『C＆D』一九七五年二月号でも触れられている。

(36) 松浦寿輝『エッフェル塔試論』ちくま学芸文庫、二〇〇〇年、一三〇―一三一ページ。

(37) (33)に同じ。七三ページ。

(38) (36)に同じ。一四〇ページ。

(39) (36)に同じ。九二―九三ページ。

(40) 「談話室：佐藤由巳子さん 鋭かった「本質を見抜く眼」〝最後の秘書〟が見た前川國男」『日経アーキテクチュア』一九八七年六月一日号。

(41) 坂倉準三「国立西洋美術館の完成まで」『美術手帖』一九五六年六月号。

(42) 「国立西洋美術館新館建設要綱」国立西洋美術館蔵。

(43) 前川自身の「山田館長が、ぜひトップライトで絵を見たいというんですよ」という証言が残されている。「打込みタイルと美術館」『新建築』一九八〇年一月号。

(44) 永田包昭「UNUNIFORMITY」『新建築』一九八〇年一月号。

(45) 受託研究報告書『西洋美術館の採光に関する実験的研究』一九七七年。前川建築設計事務所蔵。

(46) 内田祥士「国立西洋美術館と前川國男」『SD』一九九二年四月号。

(47) 「建築における《真実・フィクション・永遠性・様式・方法論》をめぐって」『新建築』一九八四年一月号。

(48) 松隈洋「ル・コルビュジエが蒔いた一粒の種子」『開館五〇周年記念 ル・コルビュジエと国立西洋美術館展カタログ』国立西洋美術館、二〇〇九年。

(49) 瀧端真理子・大嶋貴明「宮城県美術館における教育普及活動生成の理念と背景」『博物館学雑誌』第三〇巻第二号、二〇〇五年三月。

(50) 本間義人『国土計画を考える　開発路線のゆくえ』中公新書、一九九九年、七六―八三ページ。

(51) 林竹二、教育哲学者。東北大学教授、宮城教育大学学長を歴任。著書に『田中正造の生涯』『教育の再生を求めて――湊川でおこったこと』『問いつづけて――教育とは何だろうか』他多数。

(52) 大和田雅人『宮城県美術館　誕生から移転断念まで　未来へつなぐ四〇年の軌跡』プランニング・オフィス社、二〇二二年、六七―六八ページ。

(53) 同前、八〇ページ。

(54) 齋正弘「宮城県美術館　教育普及活動の視点から」『SPACE MODULATOR』八三号、日本板硝子（株）、四―五ページ。(49)より転載。

(55) (52)と同じ。八〇―八一ページ。

(56) インタビュー前川国男さん「宮城県美術館を設計して」『河北新報』一九八〇年二月六日。

(57) このインタビュー直前の一九七九年十二月、前川は自宅前の路上で交通事故に遭い、肋骨を骨折して入院していた。

(58) 大宇根弘司「宮城県美術館の外壁について」『建築文化』一九

八二年一月号。
(59) 宮城県美術館の現地存続を求める県民ネットワーク編著・発行『みんなでまもった美術館　現地存続運動全記録』二〇二一年、芳賀満「前川國男による宮城県美術館の除却問題――文化財の保存と活用の理論と実践」『日本の博物館のこれからⅣ』二〇二三年二月。
(60) 太下義之『アーツカウンシル』水曜社、二〇一七年、一〇四―一〇九ページ、古賀太『美術展の不都合な真実』新潮新書、二〇二〇年、一二六―一三二ページ。
(61) 「座談会・半世紀の成果支える材料、工法追求の姿勢」『日刊建設工業新聞』一九八五年十月一日、「座談会・前川國男の世界」『Glass and Architecture ガラス88』綜建築研究所、一九八八年六月号。
(62) 長澤甫明「新・前川自邸について」『住宅建築』二〇〇六年一月号。
(63) スケッチ・ブック32–1153（整理番号）年代不詳。
(64) スケッチ・ブック34–960（整理番号）一九七二年。
(65) スケッチ・ブック33–1136（整理番号）年代不詳。
(66) 「新編弘前市史」編纂委員会編『新編弘前市史』弘前市企画部企画課刊行、二〇〇五年、津軽ひろさき検定実行委員会編『津軽ひろさき・おべさま年表』社団法人弘前観光コンベンション協会、二〇〇九年。
(67) 『過ぎにしかた　前弘前市長藤森睿回想談』東奥日報社、一九八二年、二七―三〇ページ。
(68) 前川國男「市立病院竣工に際して」『弘前市立病院竣工パンフレット』一九七一年四月。
(69) 足立光章「弘前市立病院」『病院建築』No.21、一九七三年十月。
(70) 弘前市立病院は、国立弘前病院との統合により二〇二二年三月末に閉院したが、隣接する小学校跡地と共に、「健康づくりのまちなか拠点」としての整備計画が検討されている。
(71) 前川國男「弘前市庁舎増築及び改修工事完成に際して」、出典不明の清書原稿。「一九七四年七月二十二日、弘前市へ二部郵送」とメモ書きされている。前川建築設計事務所蔵。
(72) 「新編弘前市史」編纂委員会編『新編弘前市史』弘前市企画部企画課刊行、二〇〇五年。
(73) 仲邑孔一「弘前市立博物館」『建築文化』一九八一年八月号。
(74) 島義人「弘前市緑の相談所」『建築文化』一九八一年八月号。
(75) 仲邑孔一「勾配屋根に和の精神　緑の相談所設計、建築」『陸奥新報』二〇〇六年五月二十日。
(76) 「仲邑孔一さんに聞く⑧　弘前斎場のこと」『Ahaus アーハウス』No.1創刊号、二〇〇五年一月。
(77) 仲邑孔一「前川國男生誕百年⑯　黄泉への優しい空間　魂と語る弘前市斎場」『陸奥新報』二〇〇六年五月二十七日。重兼芳子「やまあいの煙」は、一九七九年に芥川賞を受賞している。
(78) 同前。
(79) 星野茂樹「前川さんとの五年間」『前川國男・弟子たちは語る』建築資料研究社、二〇〇六年。筆者も当時の仲邑の席の近くにいたため、同じ光景を目撃している。「建築家の〈遺作〉01 前川國男「弘前市斎場」談／松隈洋」『LIXIL eye』No.16、二〇一八年六月参照。
(80) 「講演「弟子から見た師匠」／仲邑孔一」、記念誌『建築家・前川國男生誕百年祭〈弘前で出会う前川國男〉』前川國男の建物を大切にする会、二〇〇八年。
(81) 仲邑孔一「「大将」と弘前」『Ahaus アーハウス』No.1創刊号、二〇〇五年一月。
(82) 「談話室：佐藤由巳子さん　鋭かった「本質見抜く眼」〝最後の秘書〟が見た前川國男」『日経アーキテクチュア』一九八七年六月一日号。
(83) 仲邑孔一「津軽と前川さん」『建築文化』一九八一年八月号。

(84) 宮内嘉久「「敗北の記念碑」としての東京海上ビル」『建築』一九七四年六月号。

(85) 佐藤由巳子「私の見た晩年の前川國男 大将の器 第2話 幻の東京海上火災ビル第二棟」『建築ジャーナル』一九九六年八月号。

(86) 佐藤由巳子「人間・前川國男を語る」とびらプロジェクトオープンレクチャー Vol. 2 二〇一三年十月二十六日／東京藝術大学、東京都美術館。

(87) 対談／前川國男＋宮内嘉久「東京海上ビルについて」『建築』一九七四年六月号。

(88) (85)に同じ。

(89) 『東京海上火災保険株式会社百年史 下』一九八二年、六四六ページ。

(90) 橋本功「忘れ得ぬ出会いの頃と在りし日々」『前川國男・弟子たちは語る』建築資料研究社、二〇〇六年。

(91) 前川國男「計画説明書」『国際建築』一九三一年六月号。

(92) 前川國男「負ければ賊軍」『国際建築』一九三一年六月号。

(93) 東京都『東京都政五十年史 通史』ぎょうせい、一九九四年、四六三―四六六ページ。

(94) 藤井正一郎・鶴巻昭二『日本の建築家職能の軌跡』日刊建設通信新聞社、一九九七年、三二〇―三二三ページ。

(95) 「東京都設計候補者選定委員会要綱・選定方法運営細目」、建築ジャーナル別冊『公共建築の冒険 東京都設計候補者選定委員会一〇年の歩み』一九九二年。

(96) 佐藤由巳子「私の見た晩年の前川國男 大将の器 第4話 逃がした東京芸術劇場の設計」『建築ジャーナル』一九九六年十月号。

(97) 「駒ヶ根市文化会館（仮称）施設群公開設計競技入選発表」『新建築』一九八四年四月号。

(98) (96)に同じ。

(99) 浜興治「ある早春の土曜日の午後」（『前川國男・弟子たちは語る』建築資料研究社、二〇〇六年）に、最晩年の前川の孤独な姿が書き留められている。

(100) 鬼頭梓「前川國男における組織への思想」（宮内嘉久編『前川國男作品集――建築の方法』美術出版社、一九九〇年）に詳しい経緯と前川の孤独な葛藤の姿が綴られている。

(101) 高橋林之丈『苦悩する建築設計界』相模書房、一九八一年、六四―七二ページ。

(102) 前川國男「戦前の設計競技――私の経験から」『建築雑誌』一九五七年七月号。

(103) 鬼頭梓「前川先生と私」『前川國男・弟子たちは語る』建築資料研究社、二〇〇六年。

(104) 「コンペの現状と問題点」『建築雑誌』一九六六年十一月号。

(105) 「第一回前川研究会一九八三年十月二日議事録」。前川建築設計事務所蔵。

(106) 「第三回前川研究会一九八三年十二月八日議事録」。前川建築設計事務所蔵。

(107) 前川國男「ビルの建設・都市計画―建築家―」、松田道雄編『君たちを生かす職業3 生産にたずさわる仕事』筑摩書房、一九六九年。

(108) 前川國男・宮内嘉久『一建築家の信條』晶文社、一九八一年。

(109) 松隈洋『建築の前夜 前川國男論』みすず書房、二〇一六年、三六一―三六二ページ。

(110) 前川國男／宮内嘉久編『前川國男＝コスモスと方法』前川國男建築設計事務所、一九八五年。

(111) 宮内嘉久『廃墟から 反建築論』晶文社、一九七六年。

(112) 『建築文化』一九八三年五月号。『日経アーキテクチュア』第一八六号（一九八三年五月九日）にも関連記事がある。

(113) 石本、久米、佐藤武夫、日建設計、日本設計、松田平田と前川が指名され、審査員を吉武泰水、浦辺鎮太郎らが務めた。
(114) 後藤伸一「前川先生の東京駅「見送り事件」について」『前川國男・弟子たちは語る』建築資料研究社、二〇〇六年。
(115) 佐藤武夫、レーモンド、日建設計、坂倉建築研究所と前川が指名され、審査委員長を大江宏、審査員を石井聖光、高橋靗一らが務めた。
(116) 「てい談 音楽とホール建築」『日刊建設通信』一九八五年十月一日。
(117) 「国立音楽大学ホール設計競技 参加者の好評得た運営「説得力欠く審査報告」の声」『日経アーキテクチュア』第一一五号（一九八〇年八月十八日）。
(118) 大髙正人、環境・建築研究所、佐藤武夫、新潟県建築設計協同組合、安井と前川が指名され、審査員を芦原義信、近江榮、池原義郎、本田久雄らが務めた。
(119) 星野立子「三〇年間、使い続ける——新潟市美術館の建築とその歴史」『新潟市美術館・新潟市新津美術館紀要』第四号、二〇一六年。
(120) 高橋義明「新潟市美術館＋西大畑公園 美術館のある環境の創造」『日刊建設工業新聞』一九八五年十月一日。
(121) 横山聡「前川國男の最晩年」『前川國男・弟子たちは語る』建築資料研究社、二〇〇六年。
(122) 後藤伸一「丘の上のパティオ」『建築文化』一九八一年三月号。
(123) 後藤伸一「前川先生の東京駅「見送り事件」について」『前川國男・弟子たちは語る』建築資料研究社、二〇〇六年。
(124) 八重山設計JV、二基建築設計室、国建設計工務、増沢洵、日本設計、佐藤武夫、石本と前川が指名され、審査委員長を吉武泰水、審査員を吉井澄雄、清水裕之らが務めた。
(125) 前川國男「建築における《真実・フィクション・永遠性・様式・方法論》をめぐって」『新建築』一九八四年一月号。宮内嘉久「前川國男の現在」『建築画報』一九八三年十月号にも当時の前川の様子が詳述されている。
(126) (123) に同じ。
(127) 『石垣市民会館指名設計競技作品集』一九八四年。
(128) 「建築の風景 石垣市民会館」『沖縄タイムス』一九九〇年九月九日。
(129) 後藤伸一「石垣市民会館誕生メモ（当時の担当者として）」。
(130) 「座談会 前川事務所その伝統と組織、そして未来」『日刊建設通信』一九八五年十月一日の高橋義明の発言による。橋本功「歴史のなかでＭＩＤの変遷」『Glass and Architecture ガラス 88』綜建築研究所、一九八八年六月号も参照のこと。
(131) 『新建築』一九八四年七月号、一九八五年二月号、一九八六年七月号。
(132) 佐藤由巳子「私の見た晩年の前川國男 大将の器 第3話 組織経営——前川國男のニヒリズム」『建築ジャーナル』一九九六年九月号。
(133) 宮内嘉久「年譜ノート——前川國男小史」、宮内嘉久編『前川國男作品集——建築の方法』美術出版社、一九九〇年。
(134) 夢の島熱帯生物館は、前川の辞退の申し出を受けて、東京都設計候補者選定委員会にかけられ、純推薦により、一九八四年十二月、宮城県美術館を担当して一九八二年に独立した元所員の大宇根弘司に設計が依頼され、前川没後の一九八七年九月に竣工する。
(135) 「入札をしない建築家の会'80——毎月第一月曜日に定例会」『新建築』一九八〇年十月号。
(136) (132) と同じ。
(137) 鬼頭梓「前川國男における組織への思想」、宮内嘉久編『前川

國男作品集——建築の方法』美術出版社、一九九〇年。

(138)『日刊建設工業新聞』一九八五年十月一日。また、その間の前川とのやり取りについては、橋本功「忘れ得ぬ出会いの頃と在りし日々」『前川國男・弟子たちは語る』（建築資料研究社、二〇〇六年）に詳述されている。

(139) 松隈洋「「生誕百年・前川國男建築展」という出発点」『前川國男・弟子たちは語る』建築資料研究社、二〇〇六年。

(140)「駒ヶ根市文化公園（仮称）施設群公開設計競技入選発表」『新建築』一九八四年四月号。残念なことに、前川直筆スケッチの現存は確認できていない。

(141) 佐藤由巳子「私の見た晩年の前川國男 大将の器 第5話 新東京都庁舎コンペをめぐる話」『建築ジャーナル』一九九六年十一月号。

(142)「私の原点 鬼頭梓インタビュー」、鬼頭梓『建築家の自由 鬼頭梓と図書館建築』企業組合建築ジャーナル、二〇〇八年、一八ページ。

(143) 中田準一「国会図書館新館の仕事」『日刊建設通信』一九八五年十月一日。

(144) 中田準一からの回答メール、二〇一三年一月十二日。

(145) 中田準一「前川國男の最晩年の思考」『建築家 前川國男の仕事』美術出版社、二〇〇六年。

(146)「現場打ち込みとPCを併用 国会図書館別館で見せた技」『日経アーキテクチュア』一九八五年十月二十一日号。

(147)（145）に同じ。

(148) 島義人「前川國男との出会いと別れ」『前川國男・弟子たちは語る』建築資料研究社、二〇〇六年。

(149) 中田準一「最晩年の前川さん」『前川國男・弟子たちは語る』建築資料研究社、二〇〇六年。

結章 前川國男の求めたもの

(1)「建築家の世界／前川國男」『HIROBA』通巻二五四号、一九八五年六月号。

(2)「対談 建築家はいかに生きるべきか／前川國男・大谷幸夫」『日刊建設工業新聞』一九八五年十月一日。

(3)「てい談 音楽とホール建築／前川國男・海老沢敏・伊藤京子」『日刊建設通信』一九八五年十月一日。

(4)『第一巻 日誌 昭和十六年三月 前川國男』。前川建築設計事務所蔵。

(5) 前川國男「まえがき」、ル・コルビュジエ著、生田勉訳『伽藍が白かったとき』岩波文庫、二〇〇七年。

(6)「対談：建築と都市計画を語る」『建築』一九六一年六月号。

(7) 前川國男『前川國男＝コスモスと方法』前川國男建築設計事務所、一九八五年。

(8) 同前。

(9) ケネス・フランプトン「批判的地域主義に向けて」、ハル・フォスター編、室井尚・吉岡洋訳『反美学——ポストモダンの諸相』勁草書房、一九八七年、四七ページ。

(10) ユルゲン・ハーバーマス「近代——未完のプロジェクト」同前、三三——三五ページ。

あとがき

「あっという間だったよ」、八十歳の前川國男はそう答えた。一九八五年十月二十四日、上野精養軒で催された事務所設立五〇周年記念の会の会場で、「五〇年を振り返ってみていかがですか」と、不躾にも質問した二十七歳の筆者に対する返答だった。

本書を書き終えた今、この言葉が重みを増して迫ってくる。前川の建築家としての歩みは、息つく暇もなく、野を越え山越え、山あり谷ありの孤独な苦闘の連続であったことが鮮明に見えてきたからだ。けれども、「近代建築の闘将」と称されることも多かった前川は、私たち所員の前ではいつも朗らかな自然体であり、上下分け隔てなく水平に接し、製図室ではユーモアあふれる闊達な会話が交わされていた。そして、わからないことはわからないと謙虚に言葉にしつつ、どこまでも原理的な問いを立て、全力で設計に取り組む姿勢を最後まで崩すことはなかった。

この記念の会の終了後、前川は参加者一人一人にお礼を言って見送っていたが、最後に私たち若手所員が通り過ぎようとしたとき、頭を挙げた前川は、「なんだお前たちか。頭を下げて損しちゃったよ」と笑顔で口にしたのである。実際には、九ヵ月前の一月二十四日に大病で美代夫人を亡くして一人きりとなり、持病のパーキンソン病を悪化させるなど、失意のどん底にあったはずだ。だが、微塵もそれを感じさせることはなかった。そんな前川を、所員は「大将」と呼んで慕い、敬愛していた。

振り返ってみれば、身近に接していたがために、一人建築を通して社会と真摯に対峙し続けた前川の建築家としての偉大さも孤独も人間性の深さも見えてはいなかったのだろう。そして、この発言から八ヵ月後の一九八六年六月二十六日、前川は八一年の生涯を静かに閉じたのである。あっけない別れとなった。

六月二十九日、品川区上大崎の自邸で執り行われた通夜では、親交の深かった吉村順三が玄関先で涙をこらえて仁王立ちする姿を目撃する。また、七月二十五日の青山斎場での告別式では、一般参列者の長蛇の列の最後尾に磯崎新の姿を見かけた。そこで、「あそこに関係者専用の列があり、早く済みますのでそちらへどうぞ」と声をかけたところ、「いいえ僕はここでけっこうです」と返された。いずれも前川の交友と人柄が偲ばれる印象的な光景だった。

続いて急きょ開催されたギャラリー・間《ま》での追悼「前川國男」展（八月十八―二十七日）では、冊子に寄せた「追悼前川國男先生」の中で、村松貞次郎が次のように書き留めた。

「前川國男先生は、日本で初めて一人前の近代主義建築をつくった人である。心身の骨格の逞しい、背骨のシャンと伸びた建築家であった。（…）建築の美学に淫することも、また声高に天下国家を論ずることもなく、さりとて権力や左右の思潮に迎合することもなく、その実力をもって障害を排除しつつ、悠々と近代建築の王道を歩いた類い稀れなる建築家であった。（…）先生の開拓された近代建築は、きびしく、しかも人間性回復の理想に燃えたものであった。（…）複雑に交錯する近代日本の光と影の中で、前川先生は、しっかりと大地に根を張って、向日葵《ひまわり》のように光を追い求めた永遠の青年でもあった。

その花が天に昇って、蒼穹に大きな穴があいた。さて、何をもってそれを埋めるか。」

東京海上ビルディングが美観論争に翻弄された際、前川を支援した村松の「向日葵」という言葉が、前川の時代に対する立ち姿と重なる。このほか新聞や雑誌に掲載された十数件の追悼文の中でひときわ印象に残ったのが、伊東豊雄の「公共建築の死・前川國男を悼む」（『住宅建築』一九八六年九月号）である。伊東は、少年期に接した木造の紀伊國屋書店と大学入学時に竣工した東京文化会館について、「建築以上でもなく、建築以下でもなく、建築そのものとしか言いようのない安らぎと昂まりを覚える建築であった」と論じた。そして、前川建築の「後衛性」と「泰然さ」に、「畏敬の念」と「苛立ち」とを覚えたと記したのだ。この「後衛性」という言葉は、前川の建築思想と方法論を読み解く大きな手がかりとなった。

前川最晩年の一九八〇年に筆者が入所した時点では、打込みタイルも型鋼のサッシュもタイル打込みＰＣ板も完成された構法として定着していた。前年の一九七九年に相継いで竣工した福岡市美術館と国立西洋美術館新館も、びくともしない存在感と時間に耐える質感を湛えていた。右も左もわからない若輩の筆者には、どのような経緯をたどってそれらが生み出されたのか、について知る由も術《すべ》も力もなかった。入所希望のそもそものきっかけとなった京都会館を含め、前川の建築が放つ、人の生を肯定し、大樹のように受けとめる大らかなたたずまいは、どのようにして生み出されたのか。前川の没後、主を失い、空虚さ漂う事務所の所長室で追悼展の準備に追われながら、わずか六年間しか生前の前川に接することができなかったからこそ、いかにして前川國男は私たちの知るような建築家となったのか、そのことを確かめてみたいと思った。そして、事務所の将来に不安を抱く中で遭遇した次のふたつの出来事が、戦前期を振り返った前著と本書執筆の直接の動機となった。

ひとつは、翌一九八七年に出版された井上章一の著書『アート・キッチュ・ジャパネスク――大東亜のポストモダン』による戦前期の前川の建築思想を根本的に問い直す指摘である。これにより、東京帝室博物館コンペにおける「プロテスト」や、在盤谷《バンコク》日本文化会館コンペでの「転向」と「日本回帰」という従来の前川理解の構図は解体された。その衝撃は大きかった。提示された論点をより詳細に追究して、前川の戦前期の思想形成の軌跡を明らかにすること、それが二〇〇八年の学位論文と二〇一六年の前著にまとめる主要なテーマとなった。その過程で何より参考としたのが、科学史研究者の廣重徹の著書『科学の社会史――近代日本の科学体制』である。廣重が緻密に論じた総力戦へ動員されていく科学研究体制の状況は、そのまま現在の大学自治をめぐる危機的状況や日本学術会議の任命拒否問題で露呈した構図と同じであり、同書は、戦前戦後の建築界の動きを考える上で大きな示唆を与えてくれた。

もうひとつは、一九九三年から九五年にかけて、建築界にとどまらず、大きな議論を巻き起こした神奈川県立図書館・音楽堂の取り壊し問題である。それは、一九九三年六月に「紅葉ヶ丘文化ゾーン基本構想」で公表され、舞台芸術の新たな拠点として建設する芸術センターのために、隣接する青少年センターを含め、図書館・音楽堂のすべてを取り壊す、という計画だった。また、それに先立ち同年一月に県に提出された『音楽堂の歴史的評価に関する報告書』の結語は、不遜にも、「神奈川県立音楽堂の死は、日本の文化がさらなる発展を試みる一石でありたい」と結ばれていた。竣工から四〇年足らずで、このような歴史を軽んじる無謀な計画が前川の没後数年で浮上したこと自体に愕然とした。同時期に、『建築文化』の「モダニズム・ジャパン一九五〇S'→一九七〇S'」の連載企画に携わり、焦土と化した横浜の戦後復興を象徴する音楽堂の歴史的な意味と価値を認識し始めていたからだ。

幸いにも、一九九四年二月、音楽堂の舞台に立った音楽家や市民、建築関係者が立ち上がり、同じく存続の危機が取り沙汰されていた神奈川県立近代美術館を含め、「神奈川県立図書館・音楽堂と近代美術館を考える会」が結成され、広範な保存運動が展開されていく。おりしも同月二十五日、県が取り壊しの露払いに主催したシンポジウムでは、登壇したパネリストの中で、東京大学教授・鈴木博之がただ一人、「なぜ解体へ向けて意図的に誘導するのか」と問いかけ、満場の拍手を受ける印象的な場面もあった。この県の動きに対して強い危機感を抱いた考える会のメンバーは、フェリス女学院大学教授のピアニスト山岡優子の協力を得て、五月十七日、音楽堂を借り切り、「県立図書館・音楽堂を見、聞き、語る会」というユニークな組み合わせの見学会・シンポジウム・演奏会を手弁当で実現させる。延べ四時間に及んだこの会は、参加した七五〇人全員の合唱で締めくくられた。また、その間、山田太一、永六輔、浅井慎平、篠田正浩、池辺晋一郎、三善晃、小川待子、吉村順三ら、多くの著名人からメッセージも寄せられた。山田太一のメッセージにはこう綴られている。

「古い建物をこわせば、その分私たちは過去を失います。新しいものにとりかこまれれば、その分私たちは現在だけの人間になります。現在だけの浅薄な人間は、次々といまある新しい建築も、古くなったとこわして行くでしょう。古きものへの敬意なくして、どうして老人を大切にする心など生れましょうか。古いものがなくて、どうして精神の深度を手に入れられましょうか。ほどのいい不便、ほどのいい貧乏、ほどのいい汚れが紅葉坂に残りますように。」

この保存運動を最も持続的に報じたのが『建築ジャーナル』誌であり、筆者も、一九九三年八月号に掲載された音楽堂をめぐる緊急の座談会に、石井聖光、鬼頭梓、進来廉、浜口隆一、平良敬一、宮内嘉久らに交じって加わって以来、迷うことなく保存運動に深くかかわっていくことになる。

しかし、まったく予期していなかったのが、先の催しの前後に伝わったのだろう、事務所の所員会議の席で、「前川事務所の所員が音楽堂の保存運動にかかわっていると県から聞いた。県を敵に回すのか、仕事が来なくなるじゃないか」、「僕たちを巻き込まないでくれ」と詰問されたことだ。その場では、「困難な中で心ある人たちが大勢立ち上がって保存を訴えているのに、肝心の事務所が何も言えないのですか」と返答したが、誰一人賛同してはくれなかった。悔しかった。設計のメインの仕事からも外されてしまう。

それでも、人の縁とは不思議なもので、考える会の中心メンバーの林昭男、野沢正光、黒木実や、明晰な論陣を展開した花田佳明ら、この保存運動を通してたくさんの人たちと出会うことになる。結果的に、音楽堂は、保存運動の広がりとバブル経済崩壊後の県の財政難により、一九九五年十二月、知事が計画の見直しを表明して取り壊しの危機が土壇場で回避される。

そして、DOCOMOMOの活動に誘われて鈴木博之先生との交流が始まり、『建築の前夜――前川國男文集』の編集に携わり、国立西洋美術館の資料調査を担当し、仲邑孔一のもとで改修工事の担当者として弘前に通う中で、木村産業研究所の存在を知ることになる。また、浜口隆一、鬼頭梓ら音楽堂の誌上座談会の出席者をはじめ、吉村順三、丹下健三、柳宗理、駒田知彦、大谷幸夫、大髙正人、池田武邦、槇文彦、神谷宏治、林昌二、阪田誠造、菊竹清訓、木村俊彦、奥平耕造、津端修一、松本哲夫、宮脇檀、東孝光、藤木忠善、谷口吉生、亀倉雄策、村井修、山田脩二、三沢浩、内田祥哉、山口廣、近江栄、稲垣栄三、藤井正一郎、川添登、佐々木宏、長谷川堯、宇波彰、柏木博、松山巖、布野修司、藤森照信、堀勇良、内藤廣、松原隆一郎らの謦咳に接する機会にも恵まれていく。もし音楽堂の保存運動にかかわっていなかったら、これほど多くの人たちとつながることも、前川の建築思想と方法論をより深く知りたいと思うこともなかったに違いない。その意味で本書の出発点である。

本書は、前著と同じく、『建築ジャーナル』誌に連載した「前川國男論・戦後編」（二〇一八年五月号―二〇二三年五月号）をもとに、加筆と訂正を施して編集したものである。また、巻末には、連載後に気づいた点も含めて大幅に追記した注と関係資料を収録した。このような形にまとまるまでには、本当にたくさんの方々のお世話になった。

まず、前回に続いて五年間に及ぶ長期連載の機会を与えてくださった編集長の西川直子さんと山崎太資さん、前担当者の雨宮明日香さんに感謝申し上げたい。同誌との関係は一九九三年からなので三〇年に及ぶ。一九九四年の音楽堂の催しでは西川さんが司会を務めていたので感慨深い。音楽堂の保存運動では同誌の山口真実さんの活躍も忘れられない。

前川建築設計事務所の所長の橋本功さんと江川徹さんには、設計原図や前川のスケッチ、原稿、竣工写真など貴重な資料の閲覧と掲載用データの提供をしていただいた。お二人の協力なくして本書は成り立たなかったし、橋本さんから教えられたことも多い。感謝の言葉もない。

各地の前川建築の資料収集にあたっては、弘前の「前川國男の建物を大切にする会」の葛西ひろみさんと弘前市役所の平尾良樹さん、宮城県美術館の松崎なつひさん、新潟市美術館の元学芸員の松沢寿重さん、東京都美術館の河野佑美さん、神奈川県立音楽堂の前館長の伊藤由貴子さん、岡山県庁の片山大輔さん、熊本県庁の西本志織さんにお世話になった。西本さんには、熊本県立美術館の資料調査で県立図書館に足を運んでくださるなど、ご負担をおかけした。また、京都会館については京都市土木建築部の技師として現場監理も担当された望月秀祐さん、鉄鋼館については大阪府万博記念公園事務所におられた岡上敏彦さん、美観論争については東洋大学准教授の大澤昭彦さん、山陰工業については清水建設の平井直樹さん、大髙正人のケース・スタディ・ハウスについては『モダンリビング』元編集長の志水りえさん、日本建築家協会の資料については本部事務局の村山智子さん、建築家会館については田辺靖さん、吉阪隆正の資料については齊藤祐子さんにそれぞれお世話になった。前川晩年の建築の設計プロセスと関係資料では、設計担当者として、国立国会図書館新館については中田準一さん、石垣市民会館については後藤伸一さんにご協力いただいた。ブリュッセル万博日本館と前川の欧州縦断旅行については三上祐三さんから託された資料なしには記せなかった。

前著と同じく、元所員の吉川清さんが書き残された『記憶帳』は貴重な証言記録となった。掲載写真では、前川事務所ＭＩＤビルの地階に事務所を構え、長く前川建築を撮り下ろし続けた渡辺義雄を中心に前川事務所の所蔵写真をたくさん使わせていただいた。また、晩年の前川建築を撮り続けた畑亮さんと、多比良敏雄のご子息の多比良誠さん、村井修のご息女の村井久美さん、毎日新聞社の平林由梨さんにもお世話になった。その他、すでに鬼籍に入られた方も多いが、ご協力くださったすべての方々に改めて感謝の言葉を申し上げたい。もちろん、前任校を含め、同僚の教員の方々と学生たちの協力と支えが大きな力を与えてくれた。なお、文献調査では、京都工芸繊維大学美術工芸資料館と図書館、日本建築学会図書館、大阪府立中之島図書館の協力を得た。

そして、厳しい出版事情のもと、前著よりも大部となる本書の出版を実現させ、自ら編集を担当してくださったのは、みすず書房の守田省吾さんである。もし少しでも読みやすくなっているとすれば、守田さんのていねいな編集による。また、打合せを繰り返す中での対話も本書には活かされている。深く感謝の言葉をお伝えしたい。

最後に、私事ながら、二〇一一年の京都会館の保存運動では事務局を務め、二〇一三年に森まゆみさん、大橋智子さん、多児貞子さんらと結成した「神宮外苑と国立競技場を未来へ手わたす会」では現在も続く神宮外苑の再開発問題にかかわり、本書では資料調査や校正のための数度の朗読など舞台裏を支えてくれた妻の森桜と、聴竹居（一九二八年／藤井厚二）の保存活動に携わり、建築の良き相談相手でもある双子の弟の章の名前を記すことをお許しいただきたい。そして、本書を、亡き父の義則が手に取ることのできなかった前著を何度も読み返しながら本書の出版を心待ちにしていた亡き母の緑に捧げたい。横浜に長く暮らした両親は、神奈川県立音楽堂のコンサートをいつも楽しみにしていた。

執筆を進める上で何よりの励みとなったのは、全国各地で前川の建築を大切にする活動を続けている人びとの存在だった。ことに、連載中の二〇一九年十一月に突如浮上した宮城県美術館の移転統合による取り壊しの危機では、東北大学の森一郎、野家啓一、尾崎彰宏、芳賀満、五十嵐太郎ら教員有志と、西大立目祥子さんら多くの市民によって、新型コロナ感染拡大による不自由な状況下に、広範な保存運動が展開され、翌二〇二〇年十一月、計画は白紙撤回された。感銘を受けたのは、美術館に設けられた創作室で育った市民が保存運動の中心を担っていたことだ。

また、二〇一六年、八つの前川建築の存在する弘前市の呼びかけで、東京都、神奈川県、埼玉県、岡山県、熊本県、福岡市、新潟市の八つの自治体によって結成された「近代建築ツーリズムネットワーク」が節目とはなったが、神奈川県立音楽堂の伊藤由貴子さん、東京都美術館の河野佑美さん、埼玉会館の小澤信子さん、岡山県庁舎の江端恭臣さん、岡山県天神山文化プラザの山﨑美幸さんら、その前後からボランティアスタッフと共に前川建築の魅力を市民に伝える発信活動を地道に続けているたくさんの方々がいる。その成果なのだろう、二〇二一年に神奈川県立図書館・音楽堂が神奈川県指定重要文化財になり、二〇二三年に岡山県の林原美術館、二〇二四年に岡山県庁舎が国の登録有形文化財に登録されることが決まった。その一方で、東京海上ビルは、二〇二三年、建て替えのため、五〇年足らずで姿を消し、二〇二四年、長く保存運動が続けられてきた世田谷区民会館・区庁舎も、過大な新庁舎の建て替えにより、区民会館の舞台と客席だけを残して解体されてしまった。無念でならない。けれども、いずれの建物でも、元所員の奥村珪一さん、大宇根弘司さん、水野統夫さんらが活発に発信されていたのが印象的だった。

振り返れば、二〇一六年に過剰な建て替えによって半身を失った京都会館の保存運動でも、槇文彦、富永譲、吉村篤一、前田忠直、山崎泰孝、藤本昌也、横内敏人、花田佳明、上西明らの尽力が思い出される。ほかにも、晴海高層アパート、阿佐ヶ谷団地のテラスハウス、学習院大学ピラミッド校舎など、取り壊しの動きが起こるたびに、必ずと言ってよいほど、前川の建築に心を寄せる人たちが声を挙げていた。そこにも、前川の建築が持ちえた実在感と生きられた時間の厚みが人びとの心へ届いていたことを認めることができるだろう。

二〇二五年は、前川國男の生誕一二〇年、事務所設立九〇年、師ル・コルビュジエの没後六〇年の節目の年にあたる。一九二三年、ル・コルビュジエは、最初の著書『建築をめざして』の結語を、「建築か、革命かである。革命は避けられる」と結んでいる。青年期にロシア革命と第一次世界大戦を目撃した彼は、流血を伴う革命ではなく、建築によって社会を変革しようと志し、建築を独学で学び、モダニズム建築運動（Modern Movement）を始めたのである。その著書に共感した前川は、五年後の一九二八年、パリのアトリエに入所する。それからおよそ一〇〇年、彼らが追い求めた人びとの心のよりどころとなる建築や都市は実現できたのか。また、私たちの身近な環境に、前川に師事した鬼頭梓が戦後型の図書館の姿に託して追い求めた「生活の根拠地」は存在するのか。都市の巨大再開発がとまらず、ますます混迷を深める現代にあって、建築への信頼と希望はどうしたら見出すことができるのだろう。

一九三一年、前川は、「自分にとって、日本にとって、世界にとって重要なことは、素晴らしき展望を許す水平線への努力である」（『国際建築』六月号）と記し、戦時下の一九四二年、「一にも二にも「よき建築家」の輩出を祈る。一羽の燕は未だ春を告げる事は出来ない」（『建築雑誌』九月号）と書き留めていた。本書が、見えにくくなった未完のモダニズム建築の道筋を再発見し、再構築するためのささやかな道標となることを願う。

二〇二四年十月一日　横浜港を見下ろす丘の上で

松隈　洋

人名索引

ア行

カ行

サ行

タ行

ナ行

ハ行

マ行

ヤ行

ラ行

ワ行

前川國男年譜

西暦	年齢	略歴・受賞歴	作品・コンペ応募歴
1905	0	5月14日、父・貫一、母・菊枝の長男として新潟市学校町に生まれる	
1909	4	父・貫一の転勤で東京に転居、以後終生東京で暮らす	
1918	13	東京府立第一中学校に入学	
1922	17	四修（旧制中学最終学年を飛び級）、第一高等学校理科甲類に入学	
1925	20	第一高等学校を卒業、東京帝国大学工学部建築学科に入学、同級生に市浦健、太田和夫、谷口吉郎、横山不学らがいる 5月徴兵検査に扁平足で丙種合格、以後兵役を免れる	
1927	22		
1928	23	3月東京帝国大学工学部建築学科を卒業 3月31日パリへ旅立つ 4月18日ル・コルビュジエのパリのアトリエに入所	3月卒業設計「10キロ放送局」 ガブロニッツ町役場コンペ案（落選）
1929	24		ザグレッブ公共建築コンペ案（落選）
1930	25	4月2年間の修業を終えて帰国 8月レーモンド建築設計事務所に入所	名古屋市庁舎コンペ案（落選） 明治製菓売店（本郷）コンペ案（失格）
1931	26		東京帝室博物館コンペ案（落選） 明治製菓銀座売店コンペ案（1等・実現）
1932	27		木村産業研究所（デビュー作） 第一生命保険相互会社本館コンペ案（落選）
1933	28		東京水交社コンペ案（入選）
1934	29		日本タイプライター社屋コンペ案（佳作） 東京市庁舎コンペ案（3等）
1935	30	9月30日レーモンド建築設計事務所を退所、10月1日前川國男建築設計事務所を設立	森永キャンデーストアー銀座売店（独立後の第1作）
1936	31		ひのもと会館コンペ案（1等） 巴里万国博覧会日本館指名コンペ案（1等）

著作・論文歴	社会と建築界の動き
	フランク・ロイド・ライト来日
	東京帝国大学安田講堂（内田祥三・岸田日出刀）
12月卒業論文「大戦の近代建築（ル・コルビュジエ論）」	
	第1回CIAM開催
	第2回CIAM開催
ル・コルビュジエ著、前川國男訳『今日の装飾芸術』構成社書房	新興建築家連盟結成・解散
「3＋3＋3＝3×3」『国際建築』12月号	
「負ければ賊軍」『国際建築』6月号	サヴォア邸（ル・コルビュジエ）
「新建築様式の積極的建設」『国際建築』2月号	バウハウス閉鎖
	ブルーノ・タウト来日
	第3回CIAM開催・アテネ憲章発表
	ル・コルビュジエ『輝く都市』が出版される
	日本工作文化連盟発足
「巴里万国博覧会日本館計画所感」『国際建築』9月号	落水荘（F・L・ライト）

西暦	年齢	略歴・受賞歴	作品・コンペ応募歴
1936	31		愛育研究所コンペ案（選外2席）
1937	32		昭和製鋼所事務所本館コンペ案（1等・3等） 日本万国博覧会建国記念館コンペ案（落選） 富士通信機製造工場指名コンペ案（落選）
1938	33	本郷の実家から九段の野々宮アパートへ転居、一人暮らしを始める	大連市公会堂コンペ案（1等） 秋田日満技術工養成所
1939	34	8月上海分室を開設	笠間邸 九州日満技術工養成所 立命館日満高等工科学校
1940	35	5月上海でシャルロット・ペリアンと再会	忠霊塔コンペ案（落選） 満州興業銀行コンペ案（落選）
1941	36		岸記念体育会館 華興商業銀行総合社宅
1942	37	奉天分室を開設 野々宮アパートから上大崎の自邸に転居	前川國男自邸 東京市忠霊塔コンペ案（結果不明）
1943	38	上海分室を閉鎖 東京帝国大学第二工学部建築学科非常勤講師（～1949年）	在盤谷日本文化会館コンペ案（2等）
1944	39	1月鳥取分室を開設	
1945	40	5月25日空襲で銀座の事務所と本郷の実家を焼失 事務所を上大崎の自邸に移す 8月三浦美代と結婚	
1946	41	鳥取でプレモスの生産開始	プレモス7型 銀座消費観興地区コンペ案（3等）
1947	42	MIDを組織し、出版活動を展開 『前川國男建築事務所作品集』を刊行	紀伊國屋書店
1948	43	『PLAN』1号、2号を刊行	慶應義塾大学附属病院

著作・論文歴	社会と建築界の動き
「主張」『建築知識』11月号	
	巴里万国博覧会日本館（坂倉準三）
	宇部市民館（村野藤吾）
「今日の日本建築」『建築知識』12月号	鉄鋼工作物築造統制規則施行
	慶應大学日吉寄宿舎（谷口吉郎）
	東京女子大学講堂（A・レーモンド）
	第一生命本館（渡辺仁・松本與作）
	国家総動員法公布
	産業報国会結成
	大阪中央郵便局（吉田鉄郎）
	マイレア邸（A・アアルト）
	国民徴用令公布
	ドイツ軍ポーランド侵攻、第二次世界大戦が始まる
	森の火葬場（G・アスプルンド）
	ナチス、パリ占領
	日独伊軍事同盟調印
	大政翼賛会創立
「埋もれた伽藍」『新建築』4月号	住宅営団発足
	太平洋戦争が始まる
「建築の前夜」『新建築』5月号	ミッドウェー開戦で日本軍敗北
「一羽の燕…」『建築雑誌』9月号	都市疎開実施要項発表
「覚書—建築の伝統と創造について」『建築雑誌』12月号	学徒出陣壮行会挙行
「日泰文化会館競技設計総説及び計画説明要旨」『新建築』1月号	雑誌『新建築』・『建築雑誌』休刊
	日本建築設計監理統制組合発足
	広島・長崎原爆投下
	ポツダム宣言受諾、敗戦
「敗戦後の住宅」『生活と住居』2月創刊号	日本国憲法公布
「百米道路の愚」『朝日新聞』4月2日	国際建築家連合（UIA）発足
	雑誌『新建築』復刊、『建築文化』創刊
「明日の住宅—象徴と機械」『婦人公論』10月号	CIAM 再発足
「「プレモス」について」『前川國男建築事務所作品集第一輯　商店建築』工学図書出版社	国土計画審議会発足
	浜口隆一『ヒューマニズムの建築』
「100万人の住宅プレモス」『明日の住宅』主婦の友社	ベルリン封鎖、東西対立激化

西暦	年齢	略歴・受賞歴	作品・コンペ応募歴
1948	43		平和記念広島カトリック聖堂コンペ案（3等） 日本相互銀行支店群（1948–62）
1949	44		
1950	45		鎌倉近代美術館指名コンペ案（落選）
1951	46	6月事務所を株式会社に改組 7月ロンドンのCIAM8回大会に出席、ル・コルビュジエと再会	日本銀行金沢支店指名コンペ案（落選）
1952	47		日本相互銀行本店 東京都庁舎指名コンペ案（落選） 神奈川県立図書館・音楽堂指名コンペ案（1等・実現） 国立近代美術館
1953	48	日本建築学会賞を受賞（日本相互銀行本店）	岡山県庁舎指名コンペ案（1等・実現） NHK日光寮
1954	49	2月株式会社ミド設計研究所を設立 8月事務所を四谷のMIDビルに移す	MIDビル 弘前中央高校講堂 神奈川県立図書館・音楽堂 NHK富士見ヶ丘クラブハウス NHK第二池ノ上寮 国立国会図書館コンペ案（MIDグループ・1等・実現）
1955	50	日本建築学会賞を受賞（神奈川県立図書館・音楽堂） 日本大学理工学部建築学科客員教授（～1969年）	国際文化会館
1956	51	日本建築家協会理事となる 日本建築学会賞を受賞（国際文化会館、坂倉準三、吉村順三と協同設計）	福島県教育会館 横浜市庁舎指名コンペ案（落選）
1957	52		岡山県庁舎

著作・論文歴	社会と建築界の動き
「刊行のことば」『PLAN1』雄鶏社	極東国際軍事裁判
	藤村記念堂（谷口吉郎）
	中華人民共和国成立
	新制大学発足
	広島平和記念公園及び記念館コンペ
	朝鮮戦争勃発
	警察予備隊創設
	建築基準法、建築士法公布
	建築資材統制解除
「感想―下関市庁舎競技設計に関連して」『建築雑誌』5月号	リーダーズ・ダイジェスト東京支社（A・レーモンド）
	神奈川県立近代美術館（坂倉準三）
	対日講和条約・日米安全保障条約調印
	ユニテ・ダビタシオン・マルセイユ（ル・コルビュジエ）
	血のメーデー事件
「日本新建築の課題」『国際建築』1月号	法政大学大学院校舎（大江宏）
「国際性・風土性・国民性　現代建築の造形をめぐって」『国際建築』3月号	厚生年金病院（山田守）
	ロンシャン礼拝堂（ル・コルビュジエ）
「建築家の課題としての住宅問題」『国際建築』1月号	自衛隊・防衛庁発足
	世界平和記念聖堂（村野藤吾）
「白書」『新建築』7月号	日本住宅公団発足
	広島平和記念資料館（丹下健三）
	ル・コルビュジエ来日
	シドニー・オペラハウスコンペ（1等ヨーン・ウツソン）
	グッゲンハイム美術館（F・L・ライト）
	日本建築家協会設立
「蓄積」『新建築』1月号	東京都庁舎（丹下健三）

西暦	年齢	略歴・受賞歴	作品・コンペ応募歴
1957	52		シルクセンター指名コンペ案（落選） NHK 職員住宅羽沢アパート 世田谷区民会館・区庁舎指名コンペ案（1等・実現） 京都国際文化観光会館指名コンペ案（1等・実現） トロント市庁舎コンペ案（落選）
1958	53		晴海高層アパート 阿佐ヶ谷団地テラスハウス ブリュッセル万国博覧会日本館 レオポルドヴィル文化センターコンペ案（落選）
1959	54	6月日本建築家協会会長に就任 スウェーデン王室名誉勲章を受章	世田谷区民会館 弘前市庁舎
1960	55	メキシコ建築家協会の名誉会員となる	京都会館 世田谷区庁舎 学習院大学校舎群
1961	56	株式会社建築家会館を設立し、社長に就任 アメリカ建築家協会（AIA）の名誉会員となる 日本建築学会賞・建築年鑑賞を受賞（京都会館）	東京文化会館 日本相互銀行砂町支店 NHK テレビセンター指名コンペ案（落選）
1962	57	日本建築学会賞を受賞（東京文化会館） 朝日賞を受賞（東京文化会館ほか一連作品に示された近代建築への貢献）	神奈川県青少年センター 岡山県総合文化センター（現・天神山文化プラザ） 東京大司教区カトリック聖堂指名コンペ案（落選）
1963	58	国際建築家協会（UIA）オーギュスト・ペレ賞を受賞（日本における国際的近代建築への貢献） イギリス王立建築家協会（RIBA）の名誉会員となる	岡山美術館（現・林原美術館） 学習院大学図書館
1964	59		紀伊國屋ビルディング 弘前市民会館 世田谷区立郷土資料館 ニューヨーク世界博覧会日本館
1965	60	UIA 第9回総会で第2副会長に選任される（1969年まで）	蛇の目ミシン本社ビル

著作・論文歴	社会と建築界の動き
	読売会館・有楽町そごう（村野藤吾）
「二段階競技をかえりみて」『国際建築』9月号	シーグラムビル（ミース・ファン・デル・ローエ）
	香川県庁舎（丹下健三）
	東京タワー（内藤多仲）
	スカイハウス（菊竹清訓）
「前川國男建築設計事務所戦後作品集」『日刊建設通信』2月20日	国立西洋美術館（ル・コルビュジエ）
	ラ・トゥーレット修道院（ル・コルビュジエ）
「戦前の設計競技」『建築雑誌』4月号	フランク・ロイド・ライト没
「現代建築の条件を語る」『科学読売』6月号	日米安保反対闘争
	世界デザイン会議
	池田内閣所得倍増計画
	東京計画1960（丹下健三）
「建築と都市計画を語る」『建築』6月号	群馬音楽センター（A・レーモンド）
	千里ニュータウン着工
「現代建築の課題」『朝日新聞』2月3日	全国総合開発計画閣議決定
「一枚のレコード」『朝日新聞』6月28日	森の中の家（吉村順三）
	建築基準法改正、高さ制限撤廃
	日比谷日生ビル（村野藤吾）
	倉敷国際ホテル（浦辺鎮太郎）
	ベルリン・フィルハーモニーホール（ハンス・シャローン）
「文明と建築」『建築年鑑』1964年版	東海道新幹線開通
	オリンピック東京大会
	国立屋内総合競技場（丹下健三）
	東京大学都市工学科開設
「ル・コルビュジエ追悼」『国際建築』10月号	ル・コルビュジエ没

西暦	年齢	略歴・受賞歴	作品・コンペ応募歴
1965	60	ペルー建築家協会の名誉会員となる	
1966	61	日本建築学会賞を受賞（蛇の目ミシン本社ビル）	埼玉会館
1967	62	フィンランド国勲章を受章	アムステルダム市庁舎コンペ案（落選）
1968	63	第1回日本建築学会大賞を受賞（近代建築の発展への貢献） 6月日大闘争、バリケード内の自主講座で講演	最高裁判所コンペ案（落選）
1969	64	箱根国際観光センター・コンペの審査委員長を務める 9月30日　日本大学客員教授を辞任	ウィーン国際会議場コンペ案（落選）
1970	65		日本万国博覧会鉄鋼館 日本万国博覧会自動車館 真駒内スピードスケート競技場
1971	66		埼玉県立博物館 弘前市立病院 パリ・ポンピドゥーセンターコンペ案（落選）
1972	67	毎日芸術賞を受賞（埼玉県立博物館）	
1973	68	腹部の神経性皮膚炎に悩まされ、以後病魔と闘う	
1974	69	日本芸術院賞を受賞（埼玉県立博物館） 日本建築学会名誉会員となる	東京海上ビルディング本館 横浜市教育文化センター 弘前市庁舎増築棟

著作・論文歴	社会と建築界の動き
「ル・コルビュジエのこと」『うえの』10 月号	大学セミナーハウス（吉阪隆正）
	ベトナム戦争
「都市美」『新建築』12 月号	中国文化大革命
	国立京都国際会館（大谷幸夫）
	大分県立大分中央図書館（磯崎新）
	パレスサイドビル（日建設計・林昌二）
「都市像の変遷」『朝日新聞』1 月 11–13 日	親和銀行本店（白井晟一）
「大髙君への手紙」『新建築』5 月号	
「超高層ビルの意味」『朝日新聞』12 月 20 日	
「もうだまっていられない」『建築雑誌』10 月号	東大闘争・日大闘争
「私の考え」『新建築』10 月号	パリ五月革命
	帝国ホテル取壊し
	霞が関ビル
	千葉県立中央図書館（大髙正人）
「対談・建築家の思想」『建築』1 月号	アポロ 11 号月面着陸
「法と建築の主体性」『建築雑誌』9 月号	ヒルサイドテラス第 1 期（槇文彦）
	東名高速道路全面開通
	新全国総合開発計画閣議決定
	日本万国博覧会
	光化学スモッグ発生
「「泥足」の達人」『朝日新聞』8 月 18 日	環境庁設置
	沖縄返還協定調印
「中絶の建築に反省」『毎日新聞』1 月 10 日	冬季オリンピック札幌大会
	田中角栄『日本列島改造論』
	沖縄県発足
	日中国交正常化
	キンベル美術館（ルイス・カーン）
	ワールド・トレード・センター（ミノル・ヤマサキ）
	ベトナム和平協定調印
	石油ショック
	シドニー・オペラハウス（ヨーン・ウツソン）
	瀬戸内海歴史民俗資料館（山本忠司）
「敗北の記念碑としての東京海上ビル」『建築』6 月号	国土利用計画法公布
「合理主義の幻滅」『C&D』10 月号	町並み保存連盟結成

西暦	年齢	略歴・受賞歴	作品・コンペ応募歴
1974	69		新・前川國男自邸
1975	70		東京都美術館 国際文化会館増築
1976	71	「風声同人会」の結成に参加、同人となる	熊本県立美術館
		10月株式会社前川建築設計事務所を設立	弘前市立博物館
1977	72		ケルン市立東洋美術館 白河市文化センター スリーレークスカントリークラブ　クラブハウス
1978	73		山梨県立美術館
1979	74	フランス国勲章を受章	国立西洋美術館新館
		12月自宅前で宅急便の車に轢かれ、肋骨を骨折して入院	福岡市美術館 藤枝市立図書館 白河市歴史民族資料館
1980	75	1月に発足した「入札をしない建築家の会」の月例会に欠かさず出席する	熊本県立県民文化センター指名コンペ案（1等・実現） 国立音楽大学講堂指名コンペ案（1等・実現） 弘前市緑の相談所 長岡ロングライフセンター
1981	76		宮城県美術館 埼玉県立自然史博物館
1982	77		熊本県立劇場 新潟市美術館指名コンペ案（1等・実現） 国際基督教大学博物館湯浅八郎記念館
1983	78	作品集検討のための「前川研究会」が発足し、月1回の勉強会を続ける この頃からパーキンソン病のため、歩行が困難になる	弘前市斎場 国立音楽大学講堂、銀杏寮、附属幼稚園 石垣市民会館指名コンペ案（1等・実現） 学習院大学戸山図書館 横浜市中区役所

著作・論文歴	社会と建築界の動き
	群馬県立近代美術館（磯崎新）
「対談・人生は正しく建築家は常に間違える」『新建築』1月号	ベトナム戦争終結
「坂倉準三への手紙」『大きな声』9月	
「レーモンドのこと」『日経アーキテクチュア』12月29日号	ロッキード事件 ポンピドゥー・センター（レンゾ・ピアノ、リチャード・ロジャース） 住吉の長屋（安藤忠雄）
「資本の論理へ必死に抵抗」『日経アーキテクチュア』1月10日号	アントニン・レーモンド没 日本赤軍ハイジャック事件
	新東京国際空港（成田）開港 草月会館（丹下健三） 資生堂アートハウス（谷口吉生）
前川國男・MID同人共著『前川國男のディテール—熊本県立美術館をとおして』彰国社	スリーマイル島原発事故 ソ連アフガニスタン侵攻 名護市庁舎コンペ（象設計集団、アトリエ・モビル、81年竣工）
	ポーランド自主管理労組（連帯）創設 モスクワ・オリンピック開催、日米不参加 生闘学舎（高須賀晋）
前川國男著・宮内嘉久編『一建築家の信條』晶文社 「巴里の「エンチャン」」『追悼—弘子の一周忌を迎えて』私家版	住宅・都市整備公団発足 スペース・シャトル初飛行成功 中国残留孤児正式来日 石水館（芹沢銈介美術館、白井晟一）
「張り切っていた山口文象君」『建築家山口文象・人と作品』相模書房	フォークランド戦争 東北新幹線開業 中曽根康弘内閣発足
「インタビュー回想のディプロマ」『建築ノート』6月号	フィリピン、アキノ大統領暗殺
	つくばセンタービル（磯崎新）
	国立能楽堂（大江宏） 土門拳記念館（谷口吉生）

西暦	年齢	略歴・受賞歴	作品・コンペ応募歴
1984	79	パーキンソン病が悪化し、入院、通院を繰り返す	駒ヶ根市文化公園施設群コンペ案（2等） 東京文化会館新リハーサル室棟 国立音楽大学附属小学校体育館 長岡市北部体育館
1985	80	1月24日、美代夫人が永眠（享年68歳） 東京都文化賞を受賞	新潟市美術館 東京大学山上会館 国立音楽大学通学生用練習館 全労災会館コンペ案（落選）
1986	81	6月26日、心不全のため永眠（享年81歳） 7月25日、青山斎場で葬儀・告別式 千駄ヶ谷の仙寿院の自作の墓に眠る 8月「前川國男追悼展」がギャラリー・間で開催	東京都新都庁舎指名コンペ案（落選） 第二国立劇場コンペ案（落選） 湘南台文化センターコンペ案（落選） 国立国会図書館新館 石垣市民会館

著作・論文歴	社会と建築界の動き
『プロセス・アーキテクチュア』第43号、特集「前川國男：近代建築の源流」 「追悼 白井さんと枝垂桜」『風声』17号	ロサンゼルス・オリンピック、ソ連・東欧不参加 シルバー・ハット（伊東豊雄） 伊豆の長八美術館（石山修武）
「前川國男建築設計事務所50周年特別号」『建設工業新聞』・『建設通信』10月1日 10月1日、事務所創立50周年を記念して『前川國男＝コスモスと方法』を刊行	筑波科学技術万国博覧会 日航ジャンボ機墜落 スパイラル（槇文彦） NTTと日本たばこ産業発足 湘南台文化センターコンペ（長谷川逸子、90年竣工） 東京都新都庁舎指名コンペ（丹下健三、91年竣工）
	チェルノブイリ原発事故 香港上海銀行本店（ノーマン・フォスター） ロサンゼルス現代美術館（磯崎新） ヤマトインターナショナル（原広司）

引用文献リスト

・前著『建築の前夜　前川國男論』（みすず書房、2016）の文献も加えた
・文献は掲載順にしるす

『建築の前夜 前川國男論』

丹下健三『一本の鉛筆から』日本図書センター 1997 年
宮内嘉久編『前川國男作品集』美術出版社 1990 年
稲垣栄三『日本の近代建築』鹿島出版会 SD 選書 1979 年
村松貞次郎『日本近代建築の歴史』NHK ブックス 1977 年
井上章一『アート・キッチュ・ジャパネスク―大東亜のポストモダン』青土社 1987 年
藤森照信『日本の近代建築』岩波新書 1993 年
丹下健三、藤森照信『丹下健三』新建築社 2002 年
八束はじめ『思想としての日本近代建築』岩波書店 2005 年
長谷川堯『建築の出自』鹿島出版会 2008 年
大熊孝『増補 洪水と治水の河川史』平凡社ライブラリー 2007 年
河上肇『貧乏物語』岩波文庫 1947 年（2008 年改版）
根本祐二『朽ちるインフラ―忍び寄るもうひとつの危機』日本経済新聞社 2011 年
岸田日出刀『過去の構成』改訂版、相模書房 1938 年
佐藤尚武『回顧八十年』時事通信社 1963 年
ル・コルビュジエ著、前川國男訳『今日の装飾芸術』構成社書房 1930 年
佐々木宏編『近代建築の目撃者』新建築社 1977 年
『東京帝室博物館建築懸賞設計図集』東京国立博物館蔵
東京国立博物館編『東京国立博物館百年史資料編』1973 年
竹内芳太郎『年輪の記―ある建築家の自画像』相模書房 1978 年
『建築家山口文象　人と作品』相模書房 1982 年
ブルーノ・タウト著、篠田英雄訳『日本美の再発見』岩波新書 1939 年
ブルーノ・タウト著、篠田英雄訳『日本―タウトの日記― 1935 ～ 36 年』岩波書店 1975 年
アントニン・レーモンド著、三沢浩訳『自伝アントニン・レーモンド』鹿島出版会 1970 年
『アントニン・レイモンド作品集 1920–1935』城南書院 1935 年
三沢浩『アントニン・レーモンドの建築』鹿島出版会 1998 年
『佐野博士追想録』1957 年
岸田日出刀『第 11 回オリンピック大会と競技場』丸善 1937 年
日本万国博覧会協会『紀元二千六百年記念日本万国大博覧会』1935 年
吉田光邦編『図説万国博覧会史』思文閣出版 1985 年
永井松三編『第 12 回オリンピック東京大会組織委員会報告書』1939 年

『オリンピックと東京市』東京市役所 1937 年
『第 12 回オリンピック東京大会東京市報告書』1939 年 3 月 31 日発行
橋本一夫『幻の東京オリンピック』日本放送出版協会 1994 年
田野大輔『魅惑する帝国』名古屋大学出版会 2007 年
『日本体育協会 75 年史』日本体育協会 1986 年
『都市の領域―高山英華の仕事』株式会社建築家会館 1997 年
古川隆久『皇紀・万博・オリンピック』中公新書 1998 年
後藤米太郎『戦時建築統制法規の解説』丸善 1940 年
ヴィトリオ・M・ランプニャーニ著、川向正人訳『現代建築の潮流』鹿島出版会 1991 年
パオロ・ニコローゾ著、桑木野幸司訳『建築家ムッソリーニ　独裁者が夢見たファシズム都市』白水社 2010 年
『財団法人日満技術員養成所概要』1940 年 4 月 1 日発行
秋田日満同流会編『俺たちの学校の軌跡―秋田日満技術工養成所から秋田日満工業学校へ』1998 年
立命館五十年史編纂委員会編『立命館五十年史』1953 年
立命館百年史編纂委員会編『立命館百年史』1999 年
黒瀬郁二『東洋拓殖会社』日本経済評論社 2003 年
岡崎嘉平太伝刊行会編『岡崎嘉平太伝』ぎょうせい 1992 年
岡崎嘉平太『私の記録』東方書店 1979 年
『聞き書きデザイン史』六耀社 2001 年
日本デザイン小史編集同人編『日本デザイン小史』ダヴィッド社 1970 年
多川精一『戦争のグラフィズム『FRONT』を創った人々』平凡社ライブラリー 2000 年
山名文夫、今泉武治、新井静一郎編『戦争と宣伝技術者　報道技術研究会の記録』ダヴィッド社 1978 年
山名文夫『体験的デザイン史』ダヴッド社 1976 年
難波功士『「撃ちてし止まむ」　太平洋戦争と広告の技術者たち』講談社 1998 年
越沢明『満州国の首都計画』筑摩書房 1997 年
嘉門安雄『ナチスの美術機構』アルス社 1941 年
伊藤ていじ『谷間の花が見えなかった時』彰国社 1982 年
廣重徹『科学の社会史（上）戦争と科学』岩波現代文庫 2002 年
浜口隆一『ヒューマニズムの建築―日本近代建築の反省と展望』雄鶏社 1947 年
吉田裕『アジア・太平洋戦争』岩波新書 2007 年
日本建築学会編『建築学の概観（1941–1951）』丸善 1955 年
佐野博士追想録編集委員会編『佐野利器追想録』1957 年
ジョン・W・ダワー著、明田川融監訳『昭和　戦争と平和の日本』みすず書房 2010 年
金子淳『博物館の政治学』青弓社 2001 年
朝日新聞「新聞と戦争」取材班『新聞と戦争』朝日新聞社 2008 年
小林敏明『廣松渉―近代の超克』講談社 2007 年
廣松渉『〈近代の超克〉論　昭和思想史への一視覚』講談社学術文庫 1989 年
高坂正顕『歴史哲学と政治哲学』弘文堂書房 1939 年
柳沢健遺稿集刊行委員会編『印度洋の黄昏　柳澤健遺稿集』1960 年

山口諭助『無の芸術』理想社 1939 年
綾村勝次『書の美』全国書房 1943 年
高坂正顕『歴史的世界―現象学的試論』岩波書店 1940 年
満州飛行機の思い出編集委員会編『満州飛行機の思い出』1982 年
藤田親昌編『世界史的立場と日本』中央公論社 1943 年

『未完の建築　前川國男論・戦後編』

山本義隆『近代日本 150 年―科学技術総力戦体制の破綻』岩波新書 2018 年
筒井清忠『帝都復興の時代―関東大震災以後』中公選書 2011 年
NHK スペシャル取材班『縮小ニッポンの衝撃』講談社現代新書 2017 年
根本祐二『朽ちるインフラ　忍び寄るもうひとつの危機』日本経済新聞出版社 2011 年
野澤千絵『老いる家、崩れる街―住宅過剰社会の末路』講談社現代新書 2016 年
ル・コルビュジエ著、生田勉、樋口清訳『伽藍が白かったとき』岩波文庫 2007 年
前川國男著、宮内嘉久編『一建築家の信條』晶文社 1981 年
ル・コルビュジエ著、井田安弘訳『建築十字軍』東海大学出版会 1978 年
松田道雄編『君たちを活かす職業 3　生産にたずさわる仕事』筑摩書房 1969 年
日本建築学会編『近代日本建築学発達史』丸善 1972 年
越澤明『東京都市計画物語』ちくま学芸文庫 2001 年
水島朝穂、大前治『検証防空法―空襲下で禁じられた避難』法律文化社 2014 年
越澤明『東京の都市計画』岩波新書 1991 年
石田頼房編『未完の東京計画―実現しなかった計画の計画史』筑摩書房 1992 年
N・ティラッソー、松村高夫、T・メイソン、長谷川淳一『戦災復興の日英比較』知泉書館 2006 年
中島直人、西成典久、初田香成、佐野浩祥、津々見崇『都市計画家石川栄耀―都市探究の軌跡』鹿島出版会 2009 年
『建築家会館叢書　都市の領域―高山英華の仕事』株式会社建築家会館 1997 年
塩崎賢明『復興〈災害〉―阪神・淡路大震災と東日本大震災』岩波新書 2014 年
山下祐介『「復興」が奪う地域の未来―東日本大震災・原発事故の検証と提言』岩波書店 2017 年
占領軍調達史編さん委員会編『占領軍調達史―部門篇―Ⅲ 工事』調達庁総務部総務課 1959 年
三浦忠夫『日本の建築生産』彰国社 1977 年
秋尾沙戸子『ワシントンハイツ― GHQ が東京に刻んだ戦後』新潮社 2009 年
住宅問題研究会『住宅問題―日本の現状と分析』相模書房 1951 年
占領軍調達史編さん委員会編『占領軍調達史―占領軍調達の基調―』調達庁総務部調査課 1956 年
前川國男建築設計事務所 OB 会有志編『前川國男・弟子たちは語る』建築資料研究社 2006 年

中野明『東京大学第二工学部』祥伝社新書 2015 年
W・ボジガー、O・ストロノフ編、吉阪隆正訳『ル・コルビュジエ全作品集』第 1 巻、A. D. A. EDITA Tokyo Co., Ltd. 1979 年
「大きな声」刊行会編『大きな声　建築家坂倉準三の生涯』1975 年
ル・コルビュジエ著、前川國男訳『今日の装飾芸術』構成社書房 1930 年，鹿島出版会 SD 選書版 1966 年
有沢広巳監修『昭和経済史［上］』日本経済新聞社日経文庫 1994 年
ベンジャミン・ウチヤマ著、布施由紀子訳『日本のカーニバル戦争―総力戦下の大衆文化 1937–1945』みすず書房 2022 年
西山夘三記念すまい・まちづくり文庫住宅営団研究会編『住宅営団第 6 巻　閉鎖と住民運動』日本経済評論社 2001 年
建設省住宅局『住宅年鑑 1951』彰国社 1951 年
中村隆英『日本の経済統制』ちくま学芸文庫 2017 年
大本圭野『［証言］日本の住宅政策』日本評論社 1991 年
MID 編『PLAN』第 1 号、雄鶏社 1947 年
主婦の友社編『明日の住宅』主婦の友社 1948 年
平山洋介『住宅政策のどこが問題か』光文社新書 2009 年
永江朗『新宿で 85 年、本を売るということ』メディアファクトリー新書 2013 年
田辺茂一『わが町・新宿』紀伊國屋書店 2014 年
田辺茂一『酔眼竹生島』創元社 1953 年
貴志謙介『戦後ゼロ年　東京ブラックホール』NHK 出版 2018 年
MID 編『前川國男建築事務所作品集』工学図書出版社 1947 年
生田勉日記刊行会編『杳かなる日の生田勉青春日記 1931–1940』麥書房 1983 年
浜口隆一『ヒューマニズムの建築―日本近代建築の反省と展望』雄鶏社 1947 年
浜口隆一『ヒューマニズムの建築・再論―地域主義の時代に』建築家会館叢書 1994 年
宮内嘉久編『前川國男作品集―建築の方法』美術出版社 1990 年
日本建築学会編『建築学の概観（1941–1951）』日本学術振興会 1955 年
日本学術振興会編『日本学術振興会 30 年史』1998 年
水島朝穂、大前治『検証防空法―空襲下で禁じられた避難』法律文化社 2014 年
NHK スペシャル取材班『本土空襲全記録』角川書店 2018 年
岸田日出刀『焦土に立ちて』乾元社 1946 年
岸田日出刀『窓』相模書房 1948 年
「岸田日出刀」編集委員会編『岸田日出刀』相模書房 1972 年
宮内嘉久『少数派建築論＝一編集者の証言』井上書院 1974 年
吉本隆明『高村光太郎』講談社文芸文庫 1991 年
岡田復三郎編『日本文化の再検討』現代文化社 1935 年
岸田日出刀『過去の構成』構成社書房 1929 年
岸田日出刀『扉』相模書房 1942 年
同時代建築研究会編『悲喜劇・1930 年代の建築と文化』現代企画室 1981 年
『慶應義塾大学医学部六十周年記念誌』慶應義塾大学医学部 1983 年
森永卓郎監修『物価の文化史事典』展望社 2008 年

新日本建築家集団編集部編『NAUM—建築と社会と建築家— No.2』相模書房 1949年
布野修司『戦後建築の終焉—世紀末建築論ノート』れんが書房新社 1995年
本多昭一『近代日本建築運動史』ドメス出版 2003年
新日本建築家集団編集部編『NAUM—建築と社会と建築家— No.1』相模書房 1949年
竹中藤右衛門『私の思い出』全国建設業協会 1962年
『日本相互銀行史』日本相互銀行 1967年
原信次郎編『日本建設工業統制組合沿革史・日本建設工業会沿革史』1948年
湊建材工業株式会社『追悼 外川貞頼 「私のプレコン人生」』1990年(非売品)
記念誌『建築家・前川國男生誕100年祭〈弘前で出会う前川國男〉』前川國男の建物を大切にする会 2008年
鬼頭梓+鬼頭梓の本をつくる会編『建築家の自由 鬼頭梓と図書館建築』建築ジャーナル 2008年
水脈の会編『内的風景』而立書房 2001年
『平和記念広島カトリック聖堂建築競技設計図集』洪洋社 1949年
近江榮『建築設計競技 コンペティションの系譜と展望』鹿島出版会 1986年
浜口隆一の本刊行会編『市民社会のデザイン 浜口隆一評論集』而立書房 1998年
『反骨の77年—内山岩太郎の人生』神奈川新聞社 1968年
羽仁五郎『図書館の論理—羽仁五郎の発言』日外アソシエーツ 1981年
スタニスラウス・フォン・モース著、住野天平訳『ル・コルビュジエの生涯』彰国社 1981年
ジョン・ピーター著、小川次郎、小山光、繁昌朗訳『近代建築の証言』TOTO出版 2001年
ウィリ・ボジガー、オスカル・ストノロフ著、吉阪隆正訳『ル・コルビュジエ全作品集 第1巻』(A. D. A. EDITA Tokyo Co., Ltd. 1979年
槇文彦『建築から都市を、都市から建築を考える』岩波書店 2015年
丹下健三『建築と都市』世界文化社 1975年
建設広報協議会編『建設省十五年小史』建設広報協議会 1963年
宮脇檀編『日本の住宅設計/作家と作品—その背景』彰国社 1976年
古垣鐵郎『心に生きる人びと』朝日新聞社 1973年
日本住宅公団史刊行委員会編『日本住宅公団史』日本住宅公団 1981年
経済企画庁編『経済白書 昭和30年度』大蔵省印刷局 1955年
塩田丸男『住まいの戦後史』サイマル出版会 1975年
本間義人『産業の昭和社会史5 住宅』日本経済評論社 1987年
建設省住宅局住宅建設課『高層公営住宅設計資料集成』1953年
本間義人『居住の貧困』岩波新書 2009年
三浦展編、大月敏雄、志岐祐一、松本真澄著『軌跡の団地 阿佐ヶ谷住宅』王国社 2010年
岸和郎、植田実監修『ケース・スタディ・ハウス』住まいの図書館出版局 1997年
蓑原敬、松隈洋、中島直人『建築家大髙正人の仕事』エックスナレッジ 2014年
津端修一、津端英子『高蔵寺ニュータウン夫婦物語』ミネルヴァ書房 1997年
藤井正一郎、鶴巻昭二『日本の建築家 職能の軌跡』日刊建設通信新聞社 1997年
日本貿易振興会編『1958年ブリュッセル万国博覧会報告書』日本貿易振興会 1959年
週刊朝日編『戦後値段史年表』朝日文庫 1995年

三上祐三『シドニーオペラハウスの光と影―天才建築家ウツソンの軌跡』彰国社 2001 年
中西宏次『戦争のなかの京都』岩波ジュニア新書 2009 年
吉田守男『日本の古都はなぜ空襲を免れたか』朝日文庫 2002 年
西川祐子『古都の占領　生活史から見る京都 1945–1952』平凡社 2017 年
加藤周一著、鷲巣力編『加藤周一セレクション 3―日本美術の心とかたち』平凡社ライブラリー 2000 年
学習院大学五十年史編纂委員会編『学習院大学五十年史』2000 年
東京新聞編『響きあう感動 50 年 音楽の殿堂 東京文化会館ものがたり』東京新聞 2011 年
川添登『建築家・人と作品』井上書院 1968 年
『追悼　前川國男』前川建築設計事務所発行 1987 年
C・A・ドクシアディス著、長島孝一訳『ドクシアディス　現代建築の哲学』彰国社 1967 年
株式会社日刊建設通信新聞社編『復刻建築夜話―日本近代建築の記憶』株式会社日刊建設通信新聞社 2010 年（非売品）
木村俊彦『構造設計の初心―木村俊彦＝初期の軌跡』企画・編集／宮内嘉久、木村俊彦構造設計事務所発行 1998 年
『岡山県庁舎建設誌』岡山県庁舎建設誌刊行会 1962 年
建設省編『建設白書』昭和 37 年版 1962 年
浜口隆一、村松貞次郎『現代建築をつくる人々』世界書院 1963 年／南洋堂 1970 年
建設大臣官房広報室編『建設双書 3　建設産業の動向』建設広報協議会 1965 年
吉川洋『高度成長―日本を変えた六〇〇〇日』読売新聞社 1997 年／中公文庫 2012 年
建設大臣官房広報室編『建設双書 1　国土建設と建設省』建設広報協議会 1965 年
『ニューヨーク世界博覧会報告書』ニューヨーク世界博協力会 1966 年
西山夘三、前川國男、宮内嘉久、大髙正人、槇文彦、武藤清、東孝光、宮脇檀、藤井博巳、浦辺鎮太郎、川添登、長谷川堯『続・現代建築の再構築』彰国社 1978 年
レイチェル・カーソン著、青樹簗一訳『沈黙の春』新潮文庫 1974 年
ジェイン・ジェイコブズ著、山形浩生訳『アメリカ大都市の死と生』鹿島出版会 2010 年
山本学治『日本建築の現況』彰国社 1969 年
吉見俊哉『東京復興ならず』中公新書 2021 年
石塚裕道、成田龍一『東京都の 100 年』山川出版社 1986 年
小林信彦『私説東京繁盛記』中央公論社 1986 年
開高健『ずばり東京』光文社文庫 2007 年
上野昂志『戦後 60 年』作品社 2005 年
『建築家会館竣工パンフレット』建築家会館 1968 年
苅谷剛彦『追いついた近代、消えた近代』岩波書店 2019 年
財団法人日本経営史研究所編『東京海上火災保険株式会社百年史　下』東京海上火災保険株式会社 1982 年
『建築家会館叢書 建築計画学の創成＝吉武泰水』建築家会館 1999 年
田村明『都市プランナー田村明の闘い―横浜〈市民の政府〉をめざして』学芸出版社 2006 年
田中誠『超高層ビルの話』日経新書 1968 年
三菱地所株式会社社史編纂室編『丸の内百年のあゆみ 三菱地所社史 下巻』1993 年

山田正男『時の流れ・都市の流れ』都市研究所 1973 年（非売品）
高橋林之丈『苦悩する建築設計界』相模書房 1981 年
今里廣記『私の財界交遊録』サンケイ出版 1980 年
針生一郎編『われわれにとって万博とはなにか』田畑書店 1969 年
『物価の文化史事典』展望社 2008 年
『日本万国博覧会鉄鋼館の記録』日本鉄鋼連盟 1971 年
『EXPO'70　大阪万博の記憶とアート』大阪大学出版会 2021 年
亀倉雄策『デザイン随想 離陸着陸』美術出版社 1972 年
小松左京『やぶれかぶれ青春記・大阪万博奮闘記』新潮文庫 2018 年
吉見俊哉『博覧会の政治学』中公新書 1992 年
『第 11 回札幌オリンピック冬季大会公式報告書』1972 年
東京都美術館編『東京都美術館 80 周年記念誌 記憶と再生』東京都美術館 2007 年
内井昭蔵監修『モダニズム建築の軌跡』INAX 出版 2000 年
前川國男、MID 同人『前川國男のディテール―熊本県立美術館をとおして』彰国社 1979 年
太下義之『アーツカウンシル』水曜社 2017 年
ル・コルビュジエ著、井田安弘訳『建築十字軍　アカデミーの黄昏』東海大学出版会 1978 年
チャールズ・ジェンクス著、黒川紀章訳『現代建築講義』彰国社 1976 年
チャールズ・ジェンクス著、竹山実訳『ポスト・モダニズムの建築言語』a ＋ u 1978 年
M・マッキューイン著、藤井正一郎訳／河原一郎コメント『建築の危機』鹿島出版会 1976 年
D・H・メドウズ他著、大来佐武郎監訳『成長の限界―ローマ・クラブ「人類の危機」レポート』ダイヤモンド社 1972 年
ル・コルビュジエ著、井田安弘、芝優子訳『プレシジョン（上）』鹿島出版会 SD 選書 1979 年
長谷川栄『これからの美術館』鹿島出版会 1982 年
古賀太『美術展の不都合な真実』新潮新書 2020 年
小田光雄『〈郊外〉の誕生と死』青弓社 1997 年
デヴィッド・ハーヴェイ著、吉原直樹監訳『ポストモダニティの条件』ちくま学芸文庫 2022 年
デヴィッド・ハーヴェイ著、渡辺治監訳『新自由主義』作品社 2007 年
磯崎新『建築の解体』美術出版社 1975 年
松浦寿輝『エッフェル塔試論』ちくま学芸文庫 2000 年
『開館 50 周年記念 ル・コルビュジエと国立西洋美術館展カタログ』国立西洋美術館 2009 年
本間義人『国土計画を考える　開発路線のゆくえ』中公新書 1999 年
大和田雅人『宮城県美術館　誕生から移転断念まで　未来へつなぐ 40 年の軌跡』プランニング・オフィス社 2022 年
宮城県美術館の現地存続を求める県民ネットワーク編著・発行『みんなでまもった美術館　現地存続運動全記録』2021 年
「新編 弘前市史」編纂委員会編『新編 弘前市史』弘前市企画部企画課刊行 2005 年
津軽ひろさき検定実行委員会編『津軽ひろさき・おべさま年表』社団法人弘前観光コンベン

ション協会2009年
『過ぎにしかた　前弘前市長藤森睿回想談』東奥日報社1982年
東京都『東京都政五十年史　通史』ぎょうせい1994年
ハル・フォスター編、室井尚、吉岡洋訳『反美学―ポストモダンの諸相』勁草書房1987年

前川國男建築設計事務所所員動静リスト

氏名	入所時の最終学歴	在籍年	備考
田中誠	東京帝国大学工学部建築学科	1935–1981	
寺島幸太郎	東京高等工業学校	1935–1978	
崎谷小三郎	早稲田高等工学校建築学科	1935–1978	
大沢三郎	東京美術学校建築科	1936–1981	
中島俊夫		1936–1937	
道明栄次	早稲田高等工学校建築学科	1937–1947	
佐世治正		1937–1945	
佐野喜一郎		1937–1942	
丹下健三	東京帝国大学工学部建築学科	1938–1941	
館村治郎		1938–1943	
池田光夫	京都洛陽工業高等学校	1938–1945	
野々口夫	日本大学工学部建築科	1938–1978	
浜口ミホ(美穂)	東京女子高等師範学校家事科	1939–1948	旧姓：濱田
渡辺藤松	日本大学専門部工科建築科	1940–1951	(構造)
浜口隆一	東京帝国大学工学部建築学科	1941–1945	
寺島正和		1941–1945	
吉川清	日本大学工学部建築学科	1942–1965	
水之江忠臣	日本大学専門部工科建築科	1942/ 1953–1963	(家具)
広川勇一郎		1942–1946	
金忠国		1942–1944	
今泉善一	早稲田高等工学校建築学科	1944–1947	
河原一郎	東京帝国大学第二工学部建築学科	1947–1960	
窪田経男	東京帝国大学第一工学部建築学科	1947–1984	
田中清雄	東京帝国大学第一工学部建築学科	1948–2002	
高橋重憲	東京帝国大学工学部建築学科	1948–1978	
大髙正人	東京帝国大学大学院特別研究生	1948–1961	
田島敏也	早稲田大学専門部工科建築科	1949–1964	
鬼頭梓	東京帝国大学第一工学部建築学科	1950–1964	
進来廉	東京帝国大学第一工学部建築学科	1950–1955	
小崎嘉明	日本大学工学部建築学科	1950–1960	
木村俊彦	東京帝国大学第二工学部建築学科	1950–1951	(構造)
鮎貝竜之介	東京高等工科学校建築科	1950–1954	
雨宮亮平	東京帝国大学第一工学部建築学科	1951–1970	

氏名	入所時の最終学歴	在籍年	備考
寺岡恭次郎	東京帝国大学工学部機械科	1951–1980	(設備)
足立光章	東京帝国大学第二工学部建築学科	1951–1984	
永田包昭	東京大学工学部建築学科	1954–1996	
南條一秀	東京大学工学部建築学科	1954–1984	
早川秀穂	東京藝術大学美術学部建築科	1954–1968	
奥平耕造	東京大学工学部建築学科	1954–1970	
高橋義明	日本大学工学部建築学科	1955–1996	
横山錠司	東京藝術大学美術学部建築科	1956–1984	
奥村珪一	早稲田大学理工学部建築学科	1956–1970	
三上祐三	東京藝術大学美術学部建築科	1956–1958/ 1968–1969	
新雅夫	早稲田大学大学院工学研究科建設	1956–1978	(設備)
井上茂雄	慶應義塾大学工学部電気工学科工学専攻	1957–1997	(設備)
田中正雄	東京大学工学部建築学科	1957–1963	
美川淳而	東京大学工学部建築学科	1958–1963	
土屋巌	東京芸術大学美術学部建築科	1958–1965	
早間玲子	横浜国立大学工学部建築学科	1959–1970	
仲邑孔一	明治大学工学部建築学科	1959–2001	
川上玲子	女子美術大学短期大学生活デザイン科・桑沢デザイン研究所リビングデザイン科	1960–1962	旧姓：佐藤
関沢弘子	日本大学理工学部建築学科	1962–1967	旧姓：遠藤
中川帛子	聖心女子大学文学部英文科	1962–1978	旧姓：加藤(家具)
太田守一	早稲田大学大学院理工学研究科建設工学課程	1962–1979	(設備)
西野正子	明治大学工学部建築学科	1963–1969	
永井耿次	関東学院大学工学部建築学科	1965–1967	
中田準一	横浜国立大学工学部建築学科	1965–2013	
大宇根弘司	東京大学工学部建築学科	1965–1982	
川島一夫	日本大学理工学部建築学科	1965–1994	
高橋邦夫	中央工学校機械科	1965–2002	(設備)
長沢甫明	千葉大学工学部建築学科	1966–1984	
水野統夫	東京大学工学部建築学科	1966–1970	
横山禎徳	東京大学工学部建築学科	1966–1975	
田中鴻一	早稲田大学大学院理工学研究科建設工学課程	1967–2006	(設備)
原田忠弘	東京都立大学工学部建築学科	1968–1984	(設備)
井出一済	東京藝術大学美術学部建築科	1969–1971	
島義人	早稲田大学理工学部建築学科	1969–2009	
角田憲一	芝浦工業大学工学部建築工学科	1970–1986	
橋本功	日本大学理工学部建築学科	1970–	
増田康而	京都大学工学部建築学科	1971–1995	増田友也の長男
原田俊昭	早稲田大学理工学部建築学科	1971–1996	(設備)
原田和雄	京都大学大学院工学研究科建築学専攻	1973–1987	

氏名	入所時の最終学歴	在籍年	備考
児玉一男	日本大学藝術学部美術学科	1973–1984	(家具・サイン)
後藤伸一	早稲田大学大学院研究科都市計画課程	1974–1986	
橘川雄一	早稲田大学大学院研究科建設工学課程	1975–1987	
東原克行	九州大学工学部建築学科	1977–2016	
押上光子	東京藝術大学美術学部建築科	1979–1985	旧姓:石塚
横山聡	日本大学理工学部建築学科	1980–1992	
松隈洋	京都大学工学部建築学科	1980–2000	
浜興治	東京都立大学大学院工学研究科建築課程	1980–	(設備)
宮川真由美	東京都立大学工学部建築学科	1980–1986	旧姓:前田(設備)
細山田良裕	九州大学工学部建築学科	1981–1996	
星野茂樹	東京大学工学部建築学科	1981–1996	
坂田泉	京都大学大学院工学研究科建築学専攻	1982–2011	
中川龍吾	日本大学理工学部建築学科	1982–1998	
横内敏人	マサチューセッツ工科大学大学院	1982–1990	
佐藤由巳子	明治大学大学院工学研究科建築学専攻博士課程	1983–1987	(秘書)

＊ 生前の前川に師事した所員で事務職員は除く。最終学歴は一部不詳

著者略歴

（まつくま・ひろし）

1957年兵庫県生まれ．1980年京都大学工学部建築学科卒業，前川國男建築設計事務所入所．2000年4月京都工芸繊維大学助教授，2008年10月同教授，2023年4月から神奈川大学教授．京都工芸繊維大学名誉教授．工学博士（東京大学）．専門は近代建築史，建築設計論．主な著書に『建築の前夜　前川國男論』『ル・コルビュジエから遠く離れて』『モダニズム建築紀行』『ルイス・カーン』『近代建築を記憶する』『坂倉準三とはだれか』『建築家・坂倉準三「輝く都市」をめざして』『残すべき建築』など．「生誕100年・前川國男建築展」事務局長，「文化遺産としてのモダニズム建築―DOCOMOMO20選」展と「同100選」展のキュレーションの他に，アントニン・レーモンド，坂倉準三，シャルロット・ペリアン，白井晟一，丹下健三，村野藤吾，谷口吉郎・谷口吉生，吉村順三，大髙正人，増田友也，山本忠司，浦辺鎮太郎，瀧光夫，鬼頭梓など，多くの建築展に携わる．DOCOMOMO Japan代表（2013年5月～2018年9月），文化庁国立近現代建築資料館運営委員（2013年4月～2020年3月）．同志社大学兼任講師（2009年4月～2012年3月，2018年4月～2021年3月），京都芸術大学非常勤講師（2011年～）．2019年『建築の前夜　前川國男論』により日本建築学会賞（論文）受賞．本書は『建築の前夜　前川國男論』（みすず書房 2016）の続編にあたる．

松隈 洋

未完の建築

前川國男論・戦後編

2024 年 12 月 2 日　第 1 刷発行

発行所 株式会社 みすず書房
〒113-0033 東京都文京区本郷 2 丁目 20-7
電話 03-3814-0131（営業） 03-3815-9181（編集）
www.msz.co.jp

本文組版 キャップス
本文印刷・製本所 中央精版印刷
扉・表紙・カバー印刷所 リヒトプランニング
装丁 安藤剛史

ISBN 978-4-622-09740-2
［みかんのけんちく］

建築の前夜 前川國男論	松隈洋	5400
ル・コルビュジエから遠く離れて 日本の 20 世紀建築遺産	松隈洋	3600
アイリーン・グレイ 新版 建築家・デザイナー	P. アダム 小池一子訳	5400
安藤忠雄 建築を生きる	三宅理一	3000
寝そべる建築	鈴木了二	3800
集合住宅物語	植田実	4600
集合住宅 30 講	植田実	4200
建築の難問 新しい凡庸さのために	内藤廣	3600

（価格は税別です）

昭　和 戦争と平和の日本	J.W.ダワー 明田川融監訳	3800
日本のカーニバル戦争 総力戦下の大衆文化 1937-1945	B.ウチヤマ 布施由紀子訳	4200
リニア中央新幹線をめぐって 原発事故とコロナ・パンデミックから見直す	山本義隆	1800
核燃料サイクルという迷宮 核ナショナリズムがもたらしたもの	山本義隆	2600
福島の原発事故をめぐって いくつか学び考えたこと	山本義隆	1000
福島第一　廃炉の記録	西澤丞	3200
森のなかのスタジアム 新国立競技場暴走を考える	森まゆみ	2400
住み家殺人事件 建築論ノート	松山巖	2000

（価格は税別です）